離別

南渡北歸

第三部

Contents 目次

離

南渡北歸

別

第三部

第一章

浮海說三千弟子

一、歸骨於田橫之島

一九四九年一月二十日，傅斯年正式就任臺灣大學校長。時臺大中文系教授黃得時仰慕傅的聲名，請其寫幾個字留念。尚以齊魯之士自居和自豪的傅斯年，揮毫寫下了「歸骨於田橫之島」短幅相贈。[1]眾人見之，頓生悽愴之感，更想不到竟一語成讖。

抵臺後的傅斯年仍兼任隨遷的中央研究院歷史語言研究所所長，但主要精力則投入臺大的光復改革之中。

臺灣大學的前身為臺北帝國大學，是日本在中日甲午海戰之後，從清政府手中割占臺灣並於一九二八年創建的一所綜合性大學。一九四五年抗日戰爭勝利，臺灣回歸中國。國民政府派中央研究院植物研究所所長羅宗洛赴臺接管該校，並改名為國立臺灣大學，羅任校長。此時的臺大經濟拮据，舉步維艱，剛上任的羅宗洛大有亂桿子撲頭——痛中帶暈之感，於是很快掛冠回滬，專任他的植物研究所所長去了。此後國民政府又相繼委派中央大學教授陸志鴻和北平研究院研究員莊長恭出任臺大校長，此二人又都因地方長官的冷漠和校內種種困難而辭職。當傅斯年執掌臺大時，已是抗戰勝利之後第四任校長，而這個時候正是國民黨大撤退，臺灣大動盪、大混亂、大失控時期。學校內部房舍狹小，經費奇缺，校務混亂，學潮迭起。再加上一百多萬從大陸撤退的國民黨政府軍政人員及家眷蜂擁而至，要求入學就讀者驟然增加。原在「臺北帝大」時代只有幾百人的校舍，根本無法容納狂潮一樣洶湧而來的學生，一旦權要顯貴人物的子女親屬有入學者稍不如願，高官大員們便憑藉手中權力橫生枝節，給學校當局製造麻煩甚至災難。傅斯年接手後仍是這種令人激憤和無奈的局面。

在「臺北帝大」時代，學生大都是富家子弟，全部走讀，學校不設宿舍。傅斯年執掌臺大後，本著「絕不讓任何學生因經濟拮据而喪失他的學業」的辦學宗旨，不論學生出身貧富，一律按招考標準予以錄取，從而使貧苦人家的孩子得有入學就讀的機會。經此嬗變，出

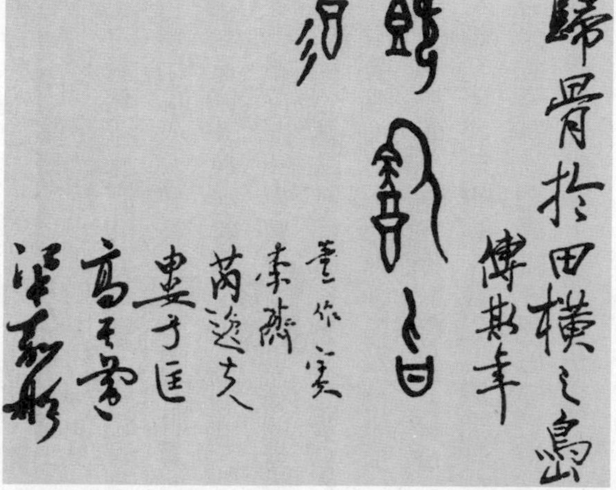

右為傅斯年手書「歸骨於田橫之島」，左為董作賓用甲骨文補寫的「既飲旨酒」，其他為史語所人員簽名。（臺灣中央研究院歷史語言研究所提供）

身貧窮且遠離家鄉的學生不斷增多，臺大的師資力量更顯得異常缺乏。儘管在撤離大陸時，朱家驊、傅斯年對這一問題有前瞻性考慮和準備，無奈被「搶救」到臺灣的學人實在太少，著名的教授只有沈剛伯、錢思亮、毛子水、鄭通和、余又蓀、臺靜農、姚從吾、王國華、方東美、夏德義、李宗侗、英千里、楊樹人、潘貫、薩孟武、杜聰明、彭九生、陳振鐸等三十幾人，顯然無法填補大多數學科一流座椅的空缺。所幸的是中央研究院歷史語言研究所大部分人員與數學所幾位菁英遷往臺灣，才算把臺大各院系勉強充實起來。如史語所抵臺的李濟、董作賓、淩

純聲、芮逸夫、石璋如、勞榦、高去尋、屈萬里，連同晚一輩的陳槃、王叔岷、嚴耕望、周法高等年輕學者，皆應聘到該校兼課。因了這些條件，臺大的師資力量才有所改觀。

當然，此時的傅斯年一直沒有忘記繼續拉攏大陸學人赴臺。據留在北大的鄧廣銘說：傅氏做了臺灣大學校長，「此後便經常以朱家驊的名義給北大鄭天挺先生打電報，號召北大教授到臺灣大學去任教，有時也指名道姓，說要某某人去。記得點過張政烺先生的名，也點過我的名。當時鄭先生問我去不去，我說，『要論和傅先生的師生關係，我應該響應他的號召，到臺灣去。不過，傅先生與蔣介石關係密切，所以跟他去。我與蔣介石沒有什麼關係，不願跟他到那孤島上去。』我還和別人開玩笑說，『如今國民黨的軍隊是不戰、不和、不守，我的態度是不死、不降、不走。』我沒有做過蔣介石的官，和國民黨沒任何關係，用不著為他們盡節殉死。我和共產黨沒仇恨，我在大學教書，人民政府是否讓我繼續教下去，當然還很難說，但這並不是一個投降不投降的問題。我不跟傅先生去，也不跟國民黨走，決意留在北京大學」。[2] 鄧是北大歷史系學生，與傅斯年的侄子傅樂煥既是同班同學又是好友，深得傅的賞識。鄧畢業後受傅的邀請赴昆明和李莊出任北京大學文科研究所助教，其間一直受傅的提攜。兩年後，鄧廣銘離開李莊，受傅斯年之薦任復旦大學副教授，抗戰勝利後隨傅到北大出任校長室不掛名的祕書，直到胡適接掌北大仍任此職。再後來轉入北大史學系任副教授、教授，並一度出任過歷史系主任，算是與北大瓜葛較深的一人。

鄧氏所說，是一九四九年初期事，直到一九五〇年年初，傅斯年一直未放鬆努力，像北京方面的鄭天挺、羅常培、向達、湯用彤、馮友蘭、饒毓泰、葉企孫、曾昭掄、錢三強、周一良、沈從文，特別是在南京停留了一宿就由上海轉往嶺南大學的陳寅恪，多次受到傅的邀請，只是受邀者出於多方面考慮未做回應，仍留在大陸「靜觀待變」，或躺在床上打著自己的算盤，做著「走進新生活」的美夢。據當年北大文科研究所研究生、後來成為哲學家的任繼愈在談到鄭天挺去留問題的一個片段中說：「鄭先生接受我們黨的指示精神，堅守崗位，安心迎接解放，北大的絕大多數教授在黨的影響下沒有南逃。當時的一些高級知識分子，雖說不上對共產黨有多少了解，但對國民黨幾十年來的日暮途窮，倒行逆施，毫無希望，是十分清楚的。有一次有事到辦公室，正遇上有位清華大學教授和他通電話，問他走不走。鄭先生用安詳穩定的口氣，慢條斯理地說：『不——走。』胡適在南京天天盼北平來的飛機，離開北平最後一架飛機，胡親自去飛機場迎接。只接到北大一位歷史系的教授毛子水。這個人與國民黨特務頭子戴笠是好朋友，他心虛，倉皇逃走了。鄭先生把北京大學的物資、檔案，完整地移交到人民手中。舊北大從此結束，新北大從此開始。」[3]

任氏所言鄭天挺答覆清華教授「不走」二字應是事實，就鄭當時的地位和條件，假若要走，自然是近水樓臺先得「機」，但他還是留下了，其中的原因固然複雜，但最後留下來當是鄭天挺的本意。至於說到胡適接機與毛子水出逃外加一個特務頭子戴笠等人事糾葛，似是一部反諜電影故事，可惜與事實相去甚遠。當時欲南飛的人員多多，只要回顧一下「中鼎」號軍艦向臺灣運送故宮與史語所等機構的國寶時，各色人等爭相登船並令百感交集的海軍司令桂永清淚水漣漣一幕即可推知，更從梅貽琦出走以及與學院派教授有明顯區別的戲劇理論家、梅蘭芳好友齊如山的出走，可見當時的緊迫慌亂情形。

就在海峽兩岸紛亂動盪的特定歷史階段，還有一些不為人知的明爭暗鬥和黑幕，據說當時傅斯年很想邀請哲學名家朱光潛到臺大任教，但他手下的文學院院長沈剛伯生怕朱到臺後，對自己的地位形成威脅，從中作梗，把邀請信息暗中壓下，祕而不宣，直到大陸完全解放，朱才得到消息。按朱後來的說法他沒有去臺之意，但就當時的情形，縱然想抽身啟程已無能為力矣。

當時拒絕傅氏敦請赴臺而堅持留在大陸的知識分子，除大部分堅守北平、南京、上海等中心城市外，尚有一小部分轉赴偏遠的嶺南、廣西和長白山等一帶大學任教。逯欽立算是這類學人的一個代表。

一九四六年晚秋，李莊姑娘羅筱蕖隨夫君逯欽立攜懷中的幼子，在親友的淚光裡作別故鄉，輾轉來到了南京，與中央研

1949年秋冬，臺北松山機場接待人員列隊恭候國民黨撤臺軍政人員。

究院歷史語言研究所同人一道在廢墟上再造家園，構築未來的輝煌夢想。一九四八年年底，當國民黨軍潰敗，江山撼搖，傅斯年來回奔波，竭力動員史語所同人遷臺之時，作為新生代學者隊伍精銳的逯欽立自是在被動員之列。只是，出乎傅斯年意料，逯羅夫婦卻猶豫不決，個中原因除了對國民黨沒有好感，更多的是不忍遠離故土，再加上當時夫婦二人已有三個孩子，且與逯的母親在一起生活，怕到臺灣這座孤島之後生活無以為計，當時盛傳到臺灣的人只靠吃香蕉皮度日，故拖延下來。正在這時，羅筱蕖收到了她的五哥、中共地下黨員羅叔諧自家鄉發來的書信，謂「盼了那麼多年的解放，臨解放又要離開大陸，你們都不是國民黨員，不要隨他們去殉葬」云云，勸其留下。逯羅夫婦認為此說有理，決心不去臺灣，此舉令傅斯年大為不快。

傅斯年與逯欽立屬於相隔不遠的魯西小同鄉，傅又是師輩人物，對忠厚聰明的逯氏甚有好感，加上他又是逯、羅婚配的媒人，儘管心中懷有不快與不甘，但也無可奈何。據羅筱蕖回憶：「當最後一次傅先生來我們住處勸說時，知道我們留意甚堅，眼睛都紅了，淚在眼眶中打轉，好像馬上就要溢出來。他站起身對逯君說：『你們都不願同我下火海，只好我自己去跳了。但筱蕖是我從李莊帶出來的，我要對她負責。』遂表示願意介紹逯欽立到當時尚算安靜的廣西大學任教。」[4]該大學的校長陳建修是北大老教授，與傅斯年友善，逯欽立夫婦接受了傅的好意，於這年初冬攜家帶口離開南京抵達桂林，任廣西大學副教授。對於這個轉折，一九五四年逯欽立填寫「幹部履歷自傳」呈交東北師大當局的時候有過較為詳細的提及，內中寫道：

一九四八年歷史語言研究所決定逃往臺灣的時候，經過反覆考慮，我終於決定不隨同該所前去。首先，我想到我沒有義務做「白俄」，一個清白的知識分子，不能和反動派混在一塊，而且如果到臺灣去，一定會受美國鬼子的氣。其次，我設想到一個偏僻區域大學去教學，這樣，既可避開戰亂，又可以調換一下工作，唯一可慮的是怕師友責斥我不忠於傅斯年，及大學工作的不容易找到。後來，即以家庭人多母親年老為辭，對傅說明不去臺灣的理由，並請求他幫助介紹四川大學或廣西大學。結果，廣西大學來電相約，我的計畫終於實現。不去臺灣，說明我的相信解放事業的必然勝利，相信黨的革命政策，也說明經過幾年抗日戰爭我深深感到流浪生活的痛苦，不願意離開鄉土，有著一定程度的民族思想和愛國主義思想。當然，這還是從個人利益出發的，當時並沒有一個正確的立場。[5]

這份「自傳」儘管有著政治高壓下的時代特點，但基本事實還是不差的，這一說法後來得到了臺灣中央研究院歷史語言研究所著名史家王汎森的證實，王撰文說：「一九四八年秋，因為政治上的歧見，逯欽立轉赴廣西大學中文系任教。」[6]南京一別，成為逯氏夫婦與傅斯年及史語所同人的最後一面。

一九四九年秋，西南戰局緊張，國民政府大廈將傾，設在桂林的廣西大學陷入空前混亂，校領導人與大部分教授紛紛逃往香港躲避。在國民黨徹底崩潰的前夜，傅斯年懷著最後一線希望，再度致函逯欽立，勸其出走桂林，隨史語所最後一批人員遷臺，並寄來了旅費與三個月的薪水。當年嫁給史語所工作人員的幾位李莊姑娘如張素萱、張彥雲等，此時都已隨夫渡過了臺灣海峽，而跟董作賓見習的李莊籍青年劉淵臨也已遷往臺灣，羅筱蕖成為從李莊走出的史語所人員、家眷中唯一一個未成行者。傅斯年的信函是歷史賦予她的最後一次赴臺機會，但經過思考權衡，逯、羅還是沒有成行。

一九四九年十一月，桂林被解放軍攻陷，受中共地下黨指示，逯欽立等少數幾位沒有逃亡的教授出面維持廣西大學校園秩序，並堅持為學生開課。逯在軍管會和中共代表的領導下，參加了全校接管工作並被任命為中文系教授、負責人。一九五一年，逯被選為桂林市人民代表。同年十月，根據中共的號召以及隨之展開的對科教隊伍調整政策，逯羅夫婦被調入長春東北師範大學，逯被聘為中文系教授，後出任古典文學教研室主任。羅筱蕖在教材科圖書館工作。自此，夫婦二人開始了悲欣交集的人生之旅。[7] 而一直盼望他們赴臺的傅斯年，此時早已氣絕身亡，歸骨於田橫之島了。

1948年冬，逯欽立與羅筱蕖在廣西大學宿舍前。（逯弘捷提供）

二、傅斯年之死

坐上臺大校長交椅的傅斯年，再度「聊發少年狂」，施展出當年敢打硬衝，「凡事先騎上虎背」的本領，對臺大積習實實在在地來了一番大刀闊斧的改造，不論是通過誰的條子和門路，後臺有多硬，凡不合學術水準、濫竽充數的教授，全部驅逐出校門。校內職員，特別是原「帝大」時遺留的醫務人員，凡無醫療常識，不知救死扶傷為何事，只想自己的薪水待遇者，一律解聘。未出幾個月，傅斯年掄圓了手中的權力之刀，如同切西瓜一樣「喊里喀嚓」，將七十餘名不合格教授與職工切掉，趕出校園。自此，臺大面貌為之一新，形成了一個蓬勃向上的局面。許多年後，無論是傅的追捧者還是被趕走的對立面，在回憶這段往事之際，都不得不承認，假如沒有傅斯年，臺灣大學在那樣動盪的時局中，想要在短時間中迅速崛起，奠定一個現代大學的基礎，確是難以想像和不可能的。據陳雪屏回憶，傅赴臺時健康情形已很是令人擔憂，「但他一方面心憂大局，同時銳志要把臺大建設成一個夠世界水準的學府，殫精竭慮，竟無一刻的輕鬆」[8]。也正由於世事紛亂與勞累過度，導致傅斯年英年早逝。

傅在臺大的改革使一部分人為之叫好歡呼的同時，自然觸及了許多權貴者的利益，令對方極為不快和惱怒。當時臺大師生抗議國民黨腐敗無能、以權謀私等令人激憤的醜行，學潮一浪高過一浪，而傅的對立面藉學潮運動趁機發難。有國民黨政客在報紙上發表致傅斯年的公開信，指責臺灣大學優容共產黨，並指名道姓地說法學院院長薩孟武「參共親共」，某某院長、系主任是「共產黨分子或參共分子，他們把持院系，排除異己」，把各院系變成培植親共勢力的溫床等，企圖置傅氏於不忠、不孝、不仁、不義的絕地。

傅斯年對臺大師生特別是臺灣一幫鬧「獨立」的「土著」反蔣倒蔣活動一直深惡痛絕，對學生中有真憑實據的共產黨員亦不寬容，每有發現均嚴懲不貸，其態度與他處理西南聯大學潮時並無二致，曾不止一次地喊出了「讓布爾什維克滾出臺大！」的響亮口號。但他同時認為，如沒有真憑實據，當局不能肆意進入校園在師生中搜查，更堅決反對隨意指責他人為共產黨。當年西南聯大爆發學潮，並鬧出了人命，他在致俞大綵的信中謂西南聯大學潮「地方當局荒謬絕倫，李宗黃該殺，邱清泉該殺」等，便是他做人處世的主張與原則。

正是緣於這一指導思想，傅斯年讀了報上對臺灣大學師生的指責後，既惱又怒，毫無顧忌地以「他媽的！」開罵起來，爾後採取以牙還牙的戰略進攻態勢，在報上兩次發表措辭強硬的檄文予以反擊：「學校不兼警察任務」，「我不是警察，也不兼辦特工」，「若當局有真憑實據說某

位於臺大校園中椰林大道旁的行政樓，傅斯年辦公室即在其中。（作者攝）

人是共產黨，我將依法查辦，但是我辦理這種事，絕不能含糊其辭，血口噴人」。最後聲明：「反共須有反共的立場，貪官汙吏及其他既得利益階級而把事情辦壞了的，我不能引以為同志。」[9]傅氏聲色俱厲與咄咄逼人的態勢，令對方不得不暫時退卻，伺機而動。

機會很快到來，一九四九年三月底，臺灣省立師範學院與國立臺灣大學學生聯合鬧將起來，並且高呼中國大陸的學運口號「反內戰、反饑餓、反迫害」等，引發當局的嚴重關切，認為臺灣校園確實受到共產黨的統戰與滲透，必須捉拿主謀分子，給予嚴厲懲治。臺灣省主席兼警備總司令陳誠，命令警備副總司令彭孟緝率部緝拿。四月六日，臺北大批軍警按預定計畫闖入校園欲開殺戒，傅斯年對當局不經法律程序進入臺大校園內逮捕師生表示不滿，親自找國民黨最高當局交涉，要求逮捕臺大師生必須經過校長批准。傅對前往執行任務的彭孟緝道：「我有一個請求，你今天晚上驅離學生時，不能流血，若有學生流血，我要跟你拚命！」彭孟緝禁於傅的氣勢，不敢造次，遂當場保證：「若有人流血，我便自殺。」[10]未久，臺大被捕的學生多數放回，而師範學校不但近百名學生被送進監獄，還有七名學生以「反革命」罪名被槍殺。事件過後，省立臺灣師院受到了停課整頓，師生重新登記並接受軍訓、校園戒嚴等懲處。而國立臺灣大學雖受波及，但比之師院要好得多，此皆得益於傅斯年竭力庇護、斡旋之功。許多年後，臺灣師大師生還就這次事件與臺大相比，並大罵當年的學校領導者軟弱無能，幾乎就是一文不值的臭狗屎一堆，而對傅斯年誇讚不絕。

一九五〇年新生入學考試，國文卷由傅斯年親自命題，其最重要的一題摘自《孟子・滕文公下》中的一段：

> 居天下之廣居，立天下之正位，行天下之大道。得志，與民由之；不得志，獨行其道。富貴不能淫，貧賤不能移，威武不能屈，此之謂大丈夫。

此題可視作傅斯年赴臺後「雖千萬人吾往矣」的心志獨白，也是對臺大學生精神層面上的心靈寄託。

這年一月，風浪再起，校外校內傳言傅斯年「將去國，將辭職」。針對傳言，傅氏在二十三日的校刊上發表了〈致臺大同事同學〉的公開信，信中說：「半年多來，校外攻擊斯年者，實不無人，彼等深以不能以臺大為殖民地為憾。然彼等原不知大學為何物，故如遂其志，實陷本校於崩潰。鑑於一年來同事同學對斯年之好意，值此困難之時，絕不辭職，絕不遷就，絕倍加努力，為學校之進步而奮鬥！」[11]

正是這種內外交困局面與其人剛烈不屈的性格，導致傅斯年血壓驟然升高，身體很快垮

傅斯年在臺灣大學校長辦公室（臺灣中央研究院歷史語言研究所提供，以下同）

了下來。一九五〇年夏天，傅身患膽結石，不得不到醫院做手術。出院時醫生勸他至少要在家中休養一周，但臺大的事務紛亂如麻，根本無法辦到。對此，隨國民黨赴臺的朱家驊曾以十分傷感的心情回憶道：「在他（傅斯年）去世的前幾天，閒談之中，他忽然對我說：『你把我害苦了，臺大的事真是多，我吃不消，恐怕我的命欲斷送在臺大了。』當時我只以為他因感覺辦事的辛苦，而出此苦語。不意數日之後，便成讖言。」[12]

像冥冥中有一種淵藪，傅斯年於心力交瘁中，生命的步伐戛然而止，一頭扎進了煙雨迷濛的黃泉古道。對其情其景，俞大綵有一段深情的回憶：「三十九年十二月十九日，他去世的前夕，是一個寒冷的冬夜，我為他在小書室中生炭盆取暖。他穿著一件厚棉袍伏案寫作。我坐在對面，縫補他的衣襪。因為他次日要參加兩個會議，我催他早些休息，他擱下筆抬頭對我說，他正在為董作賓先生刊行的《大陸雜誌》趕寫文章，想急於拿到稿費，做一條棉褲。他又說，你不對我哭窮，我也深知你的困苦，稿費到手後，你快去買幾尺粗布，一捆棉花，為我縫一條棉褲，我的腿怕冷，西裝褲太薄，不足以禦寒。」[13]

傅氏說到這裡，俞大綵一陣心痛，欲哭無淚。儘管當時臺灣的經濟狀況極度混亂糟糕，但比抗戰時期在昆明和李莊總要好一些，傅斯年作為當時臺灣島內唯一一所大學的校長兼中央研究院歷史語言研究所所長，一般人也許覺得他不該再像李莊時代那樣鬧窮了，殊不知當時傅領的只是臺大的一份薪水，時其子傅仁軌仍在美國讀書，他和時任臺大英語系副教授的夫人俞大綵兩個人的收入，僅能維持最低限度的生活。此前傅斯年拿到一筆報刊文章的稿費，想託衛生署的官員劉瑞恆出差到香港時買一套現成的西服，但把稿費和家裡的存款加起來一算，只能買一件上衣。傅斯年只好說：「幸虧我還有沒破的褲子，那就只買件上衣吧。」[14]

在這個暗伏不祥之兆的冬夜，正當俞大綵為家中的窮苦生活黯然神傷時，傅斯年起身滿臉疲倦地打了個哈欠，突然指著壁上的書架說：「這些書，還有存於史語所一房間的書，我死後留給兒子。我要請董作賓先生製一顆圖章，上刻『孟真遺子之書』。」言畢，長歎一聲，一反常態地對俞大綵說道：「你嫁給我這個窮書生，十餘年來，沒有過幾天舒服的日子，而我死後，竟無半文錢留給你們母子，我對不起你們。」[15]俞大綵聽到這裡，大為驚駭，急忙起身摀住了傅斯年的嘴巴，沒讓他繼續說下去。

後來俞大綵回憶這個夜晚的凶兆時說：「我一向不迷信，難道這幾句話就是他的遺言？夜深了，窗外吹起一陣寒風，室內盆中的炭已化成灰，我猛然感到一陣透骨的寒冷。」[16]

不幾日，當董作賓含淚把稿費送到傅家時，俞大綵雙手捧著裝錢的信封，悲慟欲絕，泣不成聲。用心血換取的稿費到了，但此時的傅斯年已命赴黃泉，不再需要為自己的雙腿做禦寒的棉褲了。

一九五〇年十二月二十日上午，傅斯年出席由蔣夢麟召集的農復會的一次會議，討論農業教育改進和保送臺大學生出國深造的問題。會上，傅提了不少意見，據現場的人回憶說，他一會兒用漢語講話，一會兒用英語和美國人交談，一會兒漢英交雜，滔滔不絕地大發宏論。兩個多小時的會議，他講的話比任何人都多。午飯後稍事休息，傅又於下午二時許趕往省議會廳，列席「臺灣省參議會」第五次會議。這一天，「參議會」所質詢的問題全是有關教育行政方面的事務。會議開始後，傅斯年登臺講話，但主要由時任臺灣省教育廳廳長陳雪屏作答。大約到了五點四十分，「參議員」郭國基突然站出來質詢有關臺大的問題。這郭國基乃臺灣省屏東人，生於一九〇〇年，曾留學日本。此人好勇鬥狠，在日本留學時就開始率領一些志同道合者，打起「蒼天已死，國基當立」的大旗或明或暗地搞運動。抗戰勝利後，他對國民政府派員接收臺灣極不甘心，開始糾集蔣渭川、王添灯等一批人，與以國民政府接收大員陳儀為代表的臺灣省行政長官公署官員公開叫起板兒來，對大陸赴臺軍政官員極盡醜化、汙蔑之能事。向以鐵腕著稱的陳儀對臺灣人在日治時期的遭遇、命運深表同情，因而保持了克制，遲遲不忍動武，並有些浪漫地認為自己的善意總有一天會得到同樣的回應。但不久之後情況急速惡化，終於在一九四七年二月二十八日因當局取締私煙的事件，引爆了一場社會暴亂。以臺灣土著郭國基、蔣渭川、王添灯等為首的人，召集本島內部與海南島等地歸臺的群眾，成立了「臺灣省自治青年同盟」、「大同青年同盟會」（服役日軍陸軍者）、「海南島歸臺者同盟」（海南島歸臺者）、「若櫻敢死隊」（服役日軍海軍自殺艇隊員）等組織。而王添灯擬組織「臺灣省臨時民主自治政府」，自任主席。各種運動組織一時聚集了十餘萬眾（一說共十四萬人），聯合一處，兵歸一家，成立聯軍，身穿日本浪人服裝，其編制一如日本軍隊，帶隊者自封隊長，肩扛長槍，揮舞東洋刀，高唱日本國歌，甚至叫喊「皇軍馬上就要回來了」等口號，開始瘋狂地攻擊、占領臺灣長官公署與臺灣廣播電臺，企圖透過廣播號召全臺人民加入運動隊伍。同時四處搶奪各地倉庫之械彈，以大規模武裝力量攻占軍事要地，整個臺島浸染在一片暴亂槍聲與血汗之中。當時國民黨駐臺北軍隊不足千人，臺當局陳儀等人採取保持克制的策略，未克彈壓。但近兩萬大陸赴臺軍公教人員，如墜淵坑，面臨著生命危險。短短幾日，就被打死槍殺約兩百人，傷約八百眾。守臺的國民黨軍隊遭到攻擊，開始反擊。

事發當日，陳儀曾致電蔣介石：「奸匪勾結流氓，乘專賣局查禁私煙機會，聚眾暴動，傷害外省籍人員。」但陳氏仍糊塗地認為事態不大，僅要求將二十一師部分兵力調返臺灣即可（該師曾赴臺接受日軍投降，後大部撤回大陸）。陳儀的善意與克制，被郭國基、蔣渭川等人曲解成懦弱無能；陳氏的讓步令對手以勝利者的姿態步步進逼。在政府公署官員們被脅迫與運動頭目的談話會上，高雄要塞司令彭孟緝應邀出席。郭國基狂妄至極，竟跳到桌子上指天戳地大肆叫罵，譏諷國民黨軍乃一群不堪一擊的烏合之眾，並指著彭孟緝的鼻子高聲說道：「我懷疑你們沒有什麼戰鬥力。」彭孟緝意識到對方可能要攻擊臺島要塞軍事要地，遂趁間隙悄悄離開會場潛回要塞應付緊急事變。面對危局，中統局臺北站極為清醒並富有遠見地密電南京，「今日之問題，已非陳儀能否統治臺灣，而為祖國能否保有臺灣」。[17]蔣介石一聽這幫人要分裂祖國，哪還了得！於是在震怒中高聲罵道：「娘希匹！我看是敬酒不吃吃罰酒，謀反作亂，分裂中國，此乃十惡不赦的逆天之罪，格殺勿論！」立即命令駐防江蘇崑山的二十一師師長劉雨卿，率一個精銳整編師火速乘船赴臺平叛。同時命令海軍司令桂永清調派「太康」、「伏波」兩炮艦開赴基隆，歸陳儀指揮，炮轟暴徒陣營；空軍司令周至柔調派飛機抵達臺島上空偵察敵情，與陸海軍配合聯絡，並散發傳單，勸臺灣民眾「勿受人煽動，勿犧牲自己的生命，做野心家的工具」，等等。

三月九日，兩萬國民黨軍精銳在基隆、高雄相繼登陸。在隨後的戰鬥中，郭國基方面除少數人退往中央山脈進行游擊鬥爭外，大隊人馬很快被各個擊破。王添灯等數百人被擊斃，郭國基、蔣渭川等數百人被俘、藏匿。這就是臺灣現代史上著名的「二二八」事件。此事件對臺灣的政局產生了深遠的影響，也為後來的動盪局面埋下了伏筆。

隨著國民黨撤往臺灣，為安撫當地土著領導人，同時也受當地政客要脅，國民黨高層決定從「二二八」事件中選出幾個著名領導人為省「參議員」，以達到平衡與和稀泥的效果。如此這般，郭國基被關押了一百二十多天後，隨著國民黨新政策的到來，順利出了監獄。未久，又成為具有正義化身的臺灣省參議會的議員和立法委員。坐上政府大員專用木頭皮椅的郭國基，喜歡直抒胸臆地發一些火藥味甚濃的長篇宏論，江湖上人送外號「郭大炮」。

意想不到的是，作為臺大校長的傅斯年竟與這樣一個人物在議會大廳遭遇了。

當時的臺灣大學屬臺灣省政府撥款，具體通過省教育廳長，也就是當年在西南聯大為平息學潮出力甚多，於「搶救學人」中在南京出謀畫策的陳雪屏具體操作。故「郭大炮」便以臺灣土著的身分，向「傅大炮」斯年開起火來。據在場者事後透露，郭的發難主要是國民黨「教育部」從大陸搶運來臺並存放於臺灣大學的器材如何處理，以及放寬臺大招生尺度等問題。此事看起來簡單，但又十分敏感、複雜、棘手。如臺大招生，尺度已盡量放寬，招生人數已達最高限度，但各界仍不滿意，特別是郭國基等人認為臺大虧待了當地生源，便宜了國民黨官僚的後代，並以各種方式和手段向學校施加壓力，惹得傅氏極其惱火憤怒。今日郭氏質詢，當然須由傅斯年親自答覆，於是傅不得不第二次登臺講話。在回答完上述兩個問題之後，郭又提出臺灣大學用的是臺灣人的錢，就應該多聘臺籍教授，多取臺灣土著學生，否則便是與臺籍人民作對等。針對郭的提議，傅斯年予以反擊，在講臺上大談其辦學的原則、規矩、計畫與理想，並云臺大考試，對臺籍學生已盡量照顧，考慮到臺籍學生的國語水準較差，光復未久，專門規定國文科分數比大陸學生降低十分錄取等。講著講著，傅氏情緒激動起來，說道：「獎學金制度，不應廢止，對於那些資質好、肯用功的學生，僅僅因為沒有錢而不能就學的青年，我是萬分同情的，我不能把他們摒棄於校門之外。」又說：「我們辦學，應該先替學生解決困難，使他們有安定的生活環境，然後再要求他們用心勤學。如果我們不先替他們解決困難，不讓他們有求學的安定環境，而只要求他們用功讀書，那是不近人情的……」[18]言畢，大約是六時十分，傅斯年滿含怨氣地慢步走下講壇。就在即將回歸座位時，突然臉色蒼白，步履踉蹌，坐在臺下的陳雪屏見狀，趕緊上前攙扶，傅只說了一句：「不好！」便倒在陳雪屏懷中昏厥過去。近旁的議員劉傳來疾步向前，把傅斯年扶到列席人員的座席上，讓其躺下，順便拿陳雪屏的皮包做了枕頭。從此，傅斯年進入昏迷狀態。

劉傳來本身是臺大的醫學教授，經他初步診斷，傅是高血壓病發作，於是一面用冷毛巾貼額，一面打電話通知臺大附屬醫院和俞大綵。傅原定當天晚上六點鐘在家中召集有關人員開會，商討臺灣省政府和臺灣大學合辦「血清疫苗製造所」事宜，下午兩點多鐘還打電話給校長室祕書那廉君，讓他把自己親筆擬定的合作辦法準時送到家中，以便開會時用。五點多鐘，那廉君來到傅家，俞大綵以為眾人在家裡開會，自己不便打攪，準備外出去吃飯。不一會兒，傅的司機老楊氣喘吁吁地跑進來呼喊：「校長不行了，校長暈倒了！」俞大綵、那廉君等急忙驅車趕到省議會廳。

大約六時三十分，臺大附屬醫院院長魏火曜，臺大醫學院代院長葉曙、副教授王大杰亦趕到會場。經王大杰診斷，傅斯年得了腦出血，當即採取急救措施。此時，臺灣的陳誠、何應欽、王世杰、程天放、羅家倫、朱家驊等政界要人，以及學術界人士李濟、董作賓、毛子水、薩孟武、英千里、勞榦等紛紛趕來探視病情。蔣介石聞訊，立即指令陳誠動員臺灣所有名醫，不惜一切代價搶救傅斯年的生命，並要陳誠每過半小時打一次電話報告傅斯年的病情。陳誠得令，竭盡全力組織臺灣一流醫務人員進行搶救。病床上的傅斯年仍處於昏迷中，西裝已被剪開，頭部堆滿了冰塊，醫生、護士跑前跑後地緊張忙碌。滿臉焦慮之色的陳誠在會議室來回踱步，周圍站立的一圈黨政要人均不敢坐下，神態凝重地觀望著來自病室的風吹草動。

九時三十分左右，傅斯年的血壓漸降至一百八十左右，體溫亦降至攝氏三十八度，情況稍有好轉。至十一時二十三分，仰躺著的傅斯年突然睜開了眼睛，床前的醫護人員驚喜交加，以為傅氏終於醒了過來。醫師急忙走過來按了按脈，抬手合上了眼皮，一聲不吭地退後低下了頭。這時眾人才頓悟——傅斯年走了。門外的俞大綵會意，疾步進來抱著傅斯年號啕大哭：「孟真呵，孟真……」陳誠等人聞訊，衝出會議室呼呼隆隆地向病房奔來。傅斯年就此與大家永別了。

第二天，臺灣省議會副議長李萬居召開新聞記者招待會，宣布臺大傅斯年校長於二十日夜「棄世」。李萬居乃臺灣土著，國語水準極差，有大陸籍記者誤把「棄世」聽成「氣死」，[19]於是馬上傳出消息，說傅斯年參加「省議會」，被「參議員」郭國基活活氣死。當天臺灣報界刊發消息，稱「郭大炮」與「傅大炮」兩門大炮不幸交火，「大炮議員郭國基罵倒傅斯年，傅氏絕命身亡」云云。

十二月二十一日，臺灣大學宣布停課一天，悼念校長並降半旗誌哀，由各院系學生代表聯合會組織學生排隊前往極樂殯儀館致唁。當學生們聽說傅斯年是被郭國基活活氣死的消息後，心中的悲痛立即轉為憤怒，紛紛衝出靈堂，打著「失我良師」的白色橫幅，向省議會廳擁去。學生們聚集在省議會廳門口，強烈要求氣死傅斯年的郭國基出來述說昨日會場中質詢經過。郭國基隔著門縫一看，學生們包圍了參議會，並高聲怒吼：「郭國基有種你出來，你出來……」衝在前方的學生喊叫著與阻攔的議會人員扭打在一起。躲在門後的郭國基見狀，立即意識到事態嚴重，怕遭到對方的群毆，張狂之氣頓消，乃悄悄溜出後門，老鼠一樣逃竄了。副議長李萬居一看郭氏溜之乎也，萬般無奈中，只得硬著頭皮出面向學生解釋，說郭國基昨天提出的質詢沒有傷害傅校長處，言辭也不過分等等，學生們置之不理。陳雪屏又出面加以解釋說：「昨天的質詢，總共有六項，我本人回答了四項，傅校長回答了兩項，那些問題都不是什麼難題……」[20]但學生堅持要郭國基出來答話。人越聚越多，有人喊出了「殺郭國基為傅校長報仇雪恨」等口號，並開始衝撞議會大廳，局面異常緊張，臺北市警察局長親臨現場指揮大批警察維持秩序。此時陰風頓起，大雨驟降，風雨交織中現場更加混亂。憤怒的學生終不肯離去，繼續衝擊議會大廳，並與警察發生肢體衝突。直至下午一時二十分，臺灣大學訓導長傅啟學冒雨趕來，向群情激憤的學生高聲喊話：「我跟傅校長一塊

臺大學生含淚瞻仰傅斯年遺容

在北大時，即是好朋友，我到臺大也是由於傅校長讓我來的，這次出事我十分憤慨。不過現在大家只有百多人，我們回去聚集全校師生開會討伐他。而且現在是戒嚴時期。」[21]傅氏轉頭看了一下全副武裝的憲警，又說：郭國基在議會裡講話，可以不負責任，他所問的問題，都是些沒有常識的問題。傅校長是學術界第一流的人物，拿他和一個毫無常識的參議員是不能相比的。今天大家到這裡來，是出於對傅校長的敬愛，假如他在世的話，一定不願大家這樣做。「如果今天諸位同學出了事，叫我如何對得起地下的傅校長。」言畢，傅啟學已是淚流滿面。學生們見狀，悲從中來，同聲哭泣，淚水和著雨水在整個議會大廈前瀰漫流淌。眼看已是黃昏時分，傅啟學含淚表示將同學們提出的問題交省參議會，由參議員做書面答覆，尚未吃中午飯的學生已是饑腸轆轆，聽說郭國基已從後門逃跑，一時難以抓住，只好拉隊返校。

十二月二十二日，傅斯年遺體大殮，自早晨七時起，前來弔唁者越來越多，殯儀館的屋子和院子幾無立足之地。在上千弔唁者中，有臺灣學者、名流，國民黨軍政大員，傅斯年的親友、同事和臺灣大學的學生。國民黨元老于右任扶杖前來，陳誠哭得兩眼紅腫，王寵惠、蔣夢麟、羅家倫、王世杰、朱家驊、李濟、董作賓、毛子水等人，另外加上一個剛從香港赴臺，與傅斯年生前關係並不融洽的錢穆，都站立在人群中默然相送。十時三十分，傅斯年的遺體送往火葬場，上千人冒著大雨，踏著泥濘的道路，慢慢行走。熱淚橫流的學生們手執小旗，上面寫著：「校長，回頭來瞧瞧我們！」一望之令人心碎。目睹此場面的臺灣記者于衡在後來回憶自己採訪生涯的長文中說：「傅斯年先生逝世，是我採訪二十五年中，所見到的最真誠、最感人的一幕。」[22]

十二月三十一日，亦即一九五〇年的最後一天，治喪委員會在臺灣大學法學院禮堂（當時臺灣大學本部尚無大禮堂）舉行傅斯年追悼會。禮堂正中，懸掛著蔣介石親筆書寫的「國失師表」輓章，國民黨高級官員、名人學者的輓章和輓聯分掛兩旁。蔣介石親臨致祭，各界要人亦皆前來，竟日致祭者達五千餘人。據統計，當時各界致送輓聯達兩百七十餘副，輓詩六十餘首，輓詞二十餘首，祭文六篇，唁電唁函九十餘封。各報章、雜誌、專刊登載紀念文章一百一十餘篇。

中央研究院歷史語言研究所同人的輓聯：

廿二載遠矚高瞻，深謀長慮，學術方基，忍看一瞑；
五百年名世奇才，閎中肆外，江山如此，痛切招魂。

臺灣大學全體師生的輓聯：

早開風氣，是一代宗師，吾道非歟？浮海說三千弟子；
忍看銘旌，正滿天雲物，斯人去也，哀鴻況百萬蒼生。

國民黨大老于右任輓聯：

是子路，是顏回，是天下強者；
為自由，為正義，為時代青年。

蔣夢麟輓聯：

學府痛師道，舉國惜天才。

蔣介石於十二月二十二日發唁函致俞大綵夫人，十二月三十日又頒布褒獎令。傅氏身後可謂備極哀榮。

臺灣大學為紀念傅校長開創臺大一代風氣的功績，按照美國維吉尼亞大學為哲斐遜（Thomas Jefferson）專門在園內建造陵墓的成例，特在臺大實驗植物園內劃出一塊地建造羅馬式紀念亭，亭中砌長方形墓一座，同時按中國傳統，墓前立無字碑一座，設紀念亭，另有噴水池搭配，形成獨特的景觀。一九五一年十二月二十日，傅氏逝世一周年忌辰，舉行安葬儀式。典禮由繼任校長錢思亮主持，俞大綵親手將傅斯年的骨灰安置在大理石墓槨中。現場有兩千餘人觀禮，氣氛莊嚴肅穆。自此，此處被稱為「傅園」，墓亭定名「斯年堂」，與周圍景致渾然一體，蔚為壯觀。兵工署特別捐贈一座紀念鐘，鐘上鑄有傅斯年提出的「敦品勵學，愛國愛人」八字校訓。後來，這座鐘架設在行政大樓前的水池和椰林大道之間，名為「傅鐘」，成為臺大精神的象徵。

傅斯年溘然長逝，遠在美國的胡適聞訊，立即給俞大綵發來唁電：「孟真的去世使中國失去了一位最有天才的愛國者，我自己則失去了最好的朋友、諍友與保護人……」[23]

隨著媒體報導，在海峽另一邊的學術界人士，也透過不同的管道陸續得到消息並有不同的反應。已成為中國科學院副院長的竺可楨在日記中寫道：「閱《參考消息》知，傅孟真於星期三下午列席臺灣省參議會，報告臺大狀況，皆即患腦充血，於晚十一點二十餘分去世，年五十五歲。孟真為人專斷，才大而私心太重，解放前將史語所全移臺灣，並影響數學所，實研究院之罪人也。」[24]

稍後，一九四八年秋自美返國並出任北大教授、文學研究所所長的羅常培，在得知傅斯年去世的消息後，藉給學生講「現代漢語語法」的機會，坐在講臺一張藤椅上說：「我有高血壓，站不了。我的老友傅孟真去年就因高血壓在臺灣大學死了。」據當時在臺下聽課的學生白化文後來回憶：「我聽了一愣，心想，您真敢說。」[25]白氏的意思是傅斯年已被宣布為「人民公敵」了，你老先生還公然與他稱朋道友，這不是拿頭向牆上撞，找死嗎？然而，羅氏卻以留在大陸知識分子少有的勇氣與膽量，冒著相當的政治風險，向學生委婉地傳達傅斯年去世的信息，並藉以表明自己的政治態度和對老友的情感。

差不多也在這個時候，蟄居嶺南的陳寅恪亦得知傅的死訊，想起與傅的交情，特別是抗戰八年傅氏給予自己的幫助與關懷，悲從中來，賦詩一首為之追念。鑑於當時的天命、人事以及嚴酷的政治氣氛和壓力，陳氏不能直白地剖露心跡，只能採取歷來知識分子慣用的「曲筆」手法，以〈霜紅龕集望海詩云「一燈續日月不寐照煩惱不生不死間如何為懷抱」感題其後〉為題而作，以此表達心中的哀悼之情。詩云：

不生不死最堪傷，猶說扶餘海外王。
同入興亡煩惱夢，霜紅一枕已滄桑。[26]

臺大政治系學生李德進手捧傅斯年骨灰走進墓園

此乃仿明末著名學者，明亡後毀家紓難，嫠不恤緯，反清復明失敗而隱居山寺，並號朱衣道人的傅山（青主）之詩而作。傅青主原詩云：

1950年傅園落成，傅斯年安葬於該園內。（臺灣中央研究院史語所提供）

臺灣大學校園內的傅鐘，鐘體銘文鐫刻傅斯年生前名言：「一天只有二十一小時，剩下三小時是用來沉思的。」直到現在，臺大每天上下課都要敲傅鐘二十一響。（作者攝）

關窗出海雲，著被裹秋皓。
夜半潮聲來，鼇抃郁州倒。
佛事要血性，此近田橫島。
不生不死間，如何為懷抱。[27]

陳詩透過仿傅青主之意，隱晦地悼念「歸骨於田橫之島」的亡友。這是當時整個中國大陸對傅斯年唯一一份文字紀念。[28]

三、胡適：青山就是國家

傅斯年去世後，臺灣政學兩界許多人的目光集中到臺大校長那把粗腿椅子上，各色學者、政客視臺大校長職位如一塊肥肉，施展平時練就的老鼠與黃鼠狼般蓋世武功上躥下跳，四處鑽營，欲把這塊肥肉吞入自已欲壑難填且已散發著霉爛氣味的酒囊飯袋中。就在鼠輩們絞盡腦汁爭奪與相互傾軋之際，居於臺北官邸深宮的蔣介石瞇縫著眼睛不動聲色，靜觀群醜表演，最後把視線移離臺灣孤島，在更大的範圍內尋找真正的大腕前來維持局面。思慮再三，把目光投射到遠在美國的胡適身上。

一九四九年一月二十一日，即傅斯年離開南京飛臺的第三天，胡適打消了把夫人江冬秀送往安徽老家暫避的念頭，親自將其送往上海和俞大綵一起登上開往臺灣的輪船，以便在臺島暫避。當夜，胡適返回南京，本欲和蔣介石見面，想不到蔣已偕夫人宋美齡於當天下午四點離開南京，直飛杭州轉奉化老家隱居去了。

正當胡適蹲在屋子裡為自己何去何從愁思鬱結之時，突然收到了總統府祕書長吳忠信送來的函件及「總統府資政」聘書，胡當場表示自己不做這個空頭「資政」，願以北京大學校長或個人名義，為政府做一點力所能及的工作。一月二十四日晨，胡寄函吳忠信：

依據「大學組織法」，國立大學的校長都不得兼任為俸給的職務。現在我還是國立北京大學校長，因時局關係，此時尚不能辭職。故請先生千萬代我辭去總統府的名義與俸津。聘書也請先生代為收回，並乞先生勿發表此事，以免報界無謂的猜測與流言。適明晚與梅校長同車去上海小住，特來告辭，恐不能相見，故帶此信留呈先生，懇求先生念我愚誠，代我打消此事，不勝感謝！[29]

此時胡適赴美的決心已下，自然不樂意在這個敏感時期戴上這頂不能為自己幫忙、很可能添亂的緊箍咒式的空帽。一月三十日，胡適拿到了美國護照簽證，赴美已成定局。二月十三日，國民政府教育部代理部長陳雪屏來電，謂行政院副院長吳鐵城希望胡適出面做駐美大使，胡表示堅決不重做馮婦。第二天一早，胡覆電稱：

弟深信個人說話較自由，於國家或更有益，故絕不願改變。[30]

二月十五日，胡適在上海銀行分行與避住此處的老同學、時任浙江大學校長的竺可楨約談半小時，就時局發表看法。竺可楨在當天的日記中說：「八點至霞飛路……晤適之……適之對於中共與中央和談之成功甚悲觀，但謂北京之解放未始非福。渠不久將赴美國，或將赴臺灣一轉。」[31]正是胡適已清醒地意識到和平已不可為，李宗仁的談判方案是瞎子摸象式的胡扯淡，才下定決心接受蔣介石旨意赴美，為救國民黨政府之危亡，做一次私人外交的最後努力。

三月二十二日，胡適飛抵臺灣，與夫人江冬秀短暫團聚，第二天拜訪此前赴臺的王世杰、傅斯年等人。三月二十七日，由傅斯年等陪同到中山堂做「中國文化裡的自由傳統」演講，二十九日返回上海。經過幾天緊張的準備，四月六日，胡適心懷對前途暗淡的憂慮，自上海乘「克利夫蘭總統」號輪船，赴美國「看看」。這是胡適一生中第六次出國，想不到這一「看」就是九年。

四月二十一日，胡適乘坐的輪船抵舊金山，還未進港檢，海關人員就帶來一批新聞記者，夾著報紙呼呼隆隆地前來訪問並要求談話。面對蜂擁而至的新聞記者，胡適一時不知說什麼好。對於這一特殊而尷尬的場景，幾年後，胡氏仍記憶猶新：「我已經有十多天沒有看到報紙了，連忙接過報紙時，我首先看的消息，是國內和平決裂，共軍已經渡江。在這種情形下，要與外國的新聞記者談話，是多麼困難。」一面對中共百萬大軍橫渡長江，國民黨政權即將徹底崩盤的局面，胡適表示：「不管局勢如何艱難，我願意用我道義力量來支持蔣介石先生的政府。」又說：「我的道義的支持也許不值得什麼，但我說的話是誠心的。因為，我們若不支持這個政府，還有政府可以支持？如果這個政府垮了，我們到哪兒去！」[32]

四月二十七日，胡適抵達紐約，仍寓東八十一街一〇四號。此前的一九四二至一九四五年三年間，他從駐美大使位子上卸任後即居住此處。

稍作安頓，胡適即登臺亮相，開始了投石問路式的私人外交活動，而首次會晤的美國官員是國務院的老朋友洪北克（Hornbaek）。洪一向熱心支持國民黨政府，胡適一連兩天與其會談並共進午餐，企圖從這位老朋友處投石問路，試探華府的態度。令胡氏頗為失望的是，見風使舵的美國佬看到國民黨大勢已去，不但袖手旁觀，甚至早已做好幫中共方面猛踩國民黨一腳，或乾脆落井下石，把國民黨砸於泥水中變為蝦蟹魚鱉混合而成的蝦醬的打算了。五月二十八日，胡適接到了蔣介石密信，明確指示：

此時所缺乏而急需要於美者，不在物質，而在其精神與道義之聲援。故現時對美外交之重點，應特別注意於其不承認中共政權為第一要務。至於實際援助，則尚在其次也。對於進行方法，行政與立法兩途，不妨同時並進，但仍以行政為正途，且應以此為主務。望先生協助少川大使，多加工夫為盼。[33]

從這封密信的口氣與內容可以看出，胡適赴美絕不是蔣介石當初說的「出去看看」那

普林斯頓大學圖書館

麼簡單，胡適心中當然清楚，自己是負有重大使命前往美利堅這塊土地的，無論是為了國民政府還是蔣介石本人，他都要盡自己的心力做最後一搏。信中的少川大使，指顧維鈞，此時正在美國全力尋求援蔣辦法。而就在蔣介石給胡寫這封密信的第二天，上海解放。國民黨政權崩潰如此之速，令遠在萬里之外的胡顧二人與他們的美國朋友都感到吃驚。

隨著國內局勢迅速變化，國民黨兵敗如山倒，再無翻盤的可能。胡適深感大勢已去，在國際友人間已抬不起頭，精神苦悶至極，遂不願再出頭露面丟人現眼。六月十二日，在廣州新上任的行政院院長閻錫山倉卒發表胡適為外交部長。胡氏聞訊，堅辭不就，仍表示以個人名義自由活動。七月二十六日，胡適清楚地意識到自己在美國所謂民間外交的各種努力都歸於無效，美國佬見風使舵、欲徹底拋棄國民黨政權的面目越來越明顯，胡氏書生脾氣爆發，索性一咬牙，通知國民政府駐美國大使館，取消自己與美國政界人士的一切約見，以表示對美國「拋棄」國民政府的抗議。

八月十六日，胡適在寫給趙元任的信中，敘述了自己「精神上十分苦悶」的緣由，並表示「不願意久居外國」，「更不願留在國外做教書生活」。[34]此時國民黨正在大舉潰退，客觀的環境與政治關係又使胡適不得不強撐著留下來，以戰敗政府臣子的身分繼續在美國等待可能翻盤的機會。

一九五〇年五月十四日，在艱難困苦與尷尬中苦撐了一年多的胡適，接到普林斯頓大學聘請，出任該校葛思德東方圖書館館長，簽約為期兩年，自七月一日正式履職。此時，國民黨政權已在臺灣另起爐灶，美國的態度尚不明朗，胡適於鬱悶憋屈中不得不考慮找份工作謀生，同時也呼吸幾口新鮮空氣，於是有了普林斯頓大學的聘請。按校方對外的宣傳，普林斯頓葛思德東方圖書館所藏中國文獻甚為可觀，多達十萬冊，有相當一部分面色蠟黃的中國職員工作其間，但與北京圖書館的規模與藏書數量判若天壤。即便如此，要謀到一份館長的差使也頗為不易。據幾十年後在該大學就讀的華裔博士周質平從當年存留的圖書館檔案查考，像胡適這樣一個曾領中國近代學術風騷數十年的宗師碩儒，在應聘之時，也要像普通職員甚至臨時工一樣填寫工作申請表，一樣要接受異族主人的考核，一樣要面對罷官停職的殘酷命運。如此際遇，從另一個側面也可看出這位胡老師在顛沛流離的困阨中，不降格，不辱身，不消沉，始終保持獨立人格的學者風範與志向。當然，胡適選擇這份職業，除了經濟上的考慮，還有想利用該館所藏文獻繼續做點學術研究的考慮。在他出任國民政府駐美大使期間，曾與該圖書館高層人士建立了深厚的友誼，並利用內部許多珍貴藏書做過《水經注》考證等。

令胡適稍感慰藉的是，除謀到了一份職業，他的那位小腳太太江冬秀已於六月九日由香港轉赴紐約，這對飽經戰亂的老夫婦又在異國他鄉得以團聚。只是江冬秀不懂英語，無法與外邊人員打交道，胡適於工作之餘，不得不親自料理日常生活。當時客居紐約的華人朋友，經常看到胡氏抱個黃紙口袋到市場買菜買米，悽悽惶惶，如一條被切斷尾巴的喪家之犬，內心抑鬱愁悶的情緒一覽無餘。在長達九年的漫長歲月裡，胡適一直住在紐約東八十一街一〇四號那座舊式公寓，唯一比較體面而有固定收入的工作，就是普林斯頓大學葛思德東方圖書館館長一職。

一九五一年年初，胡適突然接到蔣介石讓其出任臺灣大學校長的電報，胡氏考慮再三，婉拒了蔣的好意，其理由在胡適一九五一年一月六日寫給俞大綵的信中有所披露：「臺大的事，政府頗有意要我做孟真的繼任者。為亡友，為臺大，我確曾考慮過，但我沒有孟真的才能。他那樣才大心細，尚不免以身殉校，我最不能辦事，又最厭惡應付人、應付事，又有心臟病，必不能勝任這樣繁難的事，所以我堅決辭謝了。」[35]辭謝後的胡適根據肥水不流外人田的古訓，順勢推薦了他的好友，留美博士，原北大化學系教授、主任錢思亮繼之，自己仍留在葛思德東方圖書館一邊工作，一邊關注著時局的變化。想不到胡適的飯碗未保多久就被砸破了。

一九五一年十二月十三日，普林斯頓大學總圖書館代理館長寫了一份備忘錄，記錄的是前天下午一次討論葛思德圖書館問題的會議，其中第四點提到胡適的館長一職去留問題。學校當局為了節省開支，有意擢升胡適的助手童世剛為館長，並按合同在一九五二年終止與胡適的聘約。一九五二年二月一日，總圖書館代理館長又寫了一份備忘錄給校長，正式提出胡適年薪五千兩百美元的聘約於年底終止，另由年薪為三千四百八十美元的童世剛接任。校長看了這份備忘錄之後，當場同意代理總館長的提議，但同時對如何向胡適說明解聘之事頗為躊躇，也頗費腦筋。因為胡適畢竟是中國最著名的學者，又做過駐美大使，且還有一堆耀眼的博士帽子（南按：據周質平查考的檔案材料顯示，當時胡適在申請表上填的是「學士，康乃爾大學，一九一四；博士，哥倫比亞大學，一九一七。包括普林斯頓大學在內的三十二個榮譽學位」，另有北京大學校長和戰時中國駐美大使等職務），必須顧及他的情緒和面子，讓他感到合理而自然地被踢出圈外。最後幾個美國佬商量的辦法是，要「深通東方禮節的微妙。中國的禮節必須做到在這封信的措辭上，不能有任何蛛絲馬跡能被解釋為『解聘』」。[36]到了這年的四月，校長和總圖書館的大小官僚們終於想出了一個讓雙方都能保全面子的辦法，那便是按照中國官場的特色，在解除胡適館長職務的同時，聘請其為終身的榮譽館長。

「絕妙」主意打定，這群黃髮碧眼、毛髮飛揚的「夷人」官僚，又圍繞胡適知不知道這個榮譽館長的職位是不支薪的問題展開了討論，因為按中國官場的做法，館長雖屬沒有實權的「榮譽」，但工資是一分不少拿的，且一旦有機會還要偷偷貪上幾筆，即使在吃喝拉撒的小事上也要占一點便宜，否則便覺得自己白「榮譽」了一場，是一件吃虧又不體面的事。中國人的花花腸子非美國人所能透視清楚，因而產生一些啼笑皆非的爭論也就不可避免。討論中，有人說：「我們估計，胡博士，一個對西方學術慣例深有所知的人，了解榮譽職位是不支薪的。然而，我們還是要Dodds校長考慮，到底要不要把『不支薪』這一點加上去。」有人謂要加上去，又有人說一旦加上，胡博士就會感到沒面子；有人表示可找一個中國人暗示，這樣胡博士會感到有面子；有的人插言，乾脆直接說明，一個小小的館長解聘，校長一道令下去即可，用不著興師動眾，花費這麼多心思云云。許多年後，當前往查考的周質平博士在圖書館翻看那一頁頁已有些霉味的陳年檔案時，不禁掩卷太息：「中國白話文運動之父，新文化運動的領袖，三十二個榮譽博士學位的獲得者，在六十一歲的晚年，居然還要讓幾個大學圖書館的職員和官僚擔心他到底知不知道榮譽職位是不支薪的慣例，真是莫大的悲哀。」[37]

就此時的胡適而言，悲哀的事在他的身上已屬平常，面對這種尷尬局面，他只好心知肚明又裝作糊塗地接受了館長一職的解聘，擔任了沒有一分酬勞的榮譽館長，這個職位一直維持到他去世為止。胡適離去幾十年後，據周質平親眼所見，在葛思德圖書館的善本室裡，還掛著他的照片，書架上還擺著幾本胡適手贈的著作。除了這些，已經看不到胡適曾經在此工作兩年的痕跡了。歷史已將這位偉大學者留下的印痕抹平，他的身影也在人們的記憶中消失了。

一九五二年十一月十九日，胡適應臺灣大學、臺灣師範學院和當地文化界人士之邀，抵臺訪問、講學。十二月七日，在臺大演講中，胡適頗動感情地倒出了壓抑在內心四年的苦水：

在民國三十八年，我感到抬不起頭，說不出話。我曾對家人說：「不要以為胡適之在吃自己的飯。」我們家鄉有句俗話：「留得青山在，不怕沒柴燒！」以我幾十年的經驗，我感到青山就是國家。國家倒楣的時候，等於青山不在，青山不在的時候，就是吃自己的飯，說自己的話，都不是容易的事情。我在國外這幾年，正是國家倒楣的時候，我充滿了悲痛的心情，更體驗到青山真正是我們的國家。

在論述了吃飯—青山—國家的關係之後，胡適感情難抑，繼續坦露自己海外生活的無奈與悲涼：「這次出去我很苦痛，由於許多老朋友的失敗心理，使我感到難於說話。所以在民國三十八年七月十六日，我通知中國駐美大使館，取消一切約會，不接見任何政府或國會的領袖。因為大家成見太深，使我處處碰壁，也因為局勢太大，不是私人間的談話所能轉移的。在這個時候，只有替國家保留一些尊嚴，替國家保留一些人格，所以我取消一切約會。就是自己作文章，說幾句話，也是人家請我作，請我說話，才作才說的。因此，三年以來，我只是給國家留了一些體面，其他毫無貢獻。即使局勢有些好轉，也是毛澤東發瘋自己造成逼上梁山的局面，我沒有功勞。」[38]

正是緣於發自內心的切膚之痛，胡適萌

1952年，胡適回到臺北受到文化界人士的熱烈歡迎。（臺灣中央研究院近代史研究所提供）

生了回歸臺灣之意。自此之後，胡氏開始在美國與臺灣之間飛來飛去，但每次回到臺灣，除了往訪朋友，主要事宜便是到史語所借書和讀書，繼續做他的學術研究，基本上靠稿費收入維持生活。其間有朋友勸胡，既然普林斯頓大學圖書館館長做不成了，何不再聯繫個大學以教書為業，同時也添加些薪水養家活口？胡適聽罷，只是以他慣有的迷人微笑，哼哼哈哈地點頭做讚許狀，卻始終未付諸行動。一九五五年到一九五六年間，胡適兩次致信趙元任，提到遲遲沒有到大學教書的緣由，大意是自己不想向國外研究漢學的洋大人們「討飯吃或搶飯吃」，一則因為這些洋學者在政治上往往是「前進」分子，與自己氣味不合；再則這些洋學者多少有些「怕」胡適這一類的中國學者。就當時的情形言，像胡氏這樣學術背景和影響的學者都有一種「討飯吃」或「搶飯吃」的感覺，可以想像，當時在美國其他以研究、教授文史為業的大小學者們，又是怎樣一種悲涼惶恐的景況？青年時期留美，曾任國民政府教育部次長的朱經農，在大陸政權易手後猝死於美國，便是此種生活的真實寫照。[39]青山就是國家，胡適這個比喻確是切中了要害，尤其海外華人更是別有一番滋味在心頭。

就在胡適身陷困境，前途暗淡，吃自己的飯、說自己的話都深感不易時，遷往臺灣的中央研究院已陸續從楊梅鎮搬到臺北市南港區，總辦事處和下屬史語所、數學所兩個大所的辦公大樓與同人的宿舍相繼在同一院落內建成，各路人馬分期分批遷往南港並開始有板有眼地工作和生活起來。在國際政治大氣候影響下，臺灣學術界又顯現出蓬勃向上的生機，學術前景也逐漸明朗起來。流落到孤島的書生們都感到發生了大的、好的變化，總體是向著進步的方向走去。而這個時候「院方也打算在臺灣立足生根，不再回大陸，研究人員在南港配有眷舍，生活漸趨安定」。[40]

鑑於這樣的情形，胡氏回歸臺灣的意識更加強烈。此前，他曾受朱家驊請求，利用自己掌控的資源，專門為中央研究院謀得中基會等機構的資金援助。另外，受朱委託，胡氏於一九五五年三月十九日至二十日，在紐約主持召集了第一屆中央研究院留居海外院士會議。據當時統計，中央研究院第一屆院士八十一人中，留在大陸者五十八人，去世四人；退遷臺灣六人；在美國十二人，加拿大一人（南按：吳大猷，後來出任過臺灣中央研究院院長）。至於臺灣中央研究院選舉新院士等活動，不甘寂寞的胡適更是熱切關注與出謀畫策。因了這割不斷的學術血緣與人脈背景，漸趨老境的胡適想到落葉歸根，回到「故國」，以便「為國家做諍臣，為政府做諍友」。[41]在給好友陳之藩的信中，胡適這樣解釋道：「我的打算回去，是因為我今年六十六歲了。應該安定下來，利用南港史語所的藏書，把幾部未完成的書寫出來。多年不寫文字了，筆下生澀得很。」[42]

1952年，胡適在臺北應邀演講場景。（臺灣中央研究院史語所提供，下同）

懷揣著這諸多思考和打算，胡適寫信請李濟設法為他在南港傅斯年圖書館附近找一小塊地（南按：史語所在辦公樓旁專門修建了一座以傅斯年名字命名的圖書館），由自己出資買下，蓋幾間小房以此安心讀書寫作，過兩、三年安靜生活，將《中國思想史》和《白話文學史》寫完。

李濟接信，感到此事並非自己瞞著中央研究院的主事者和政府便可擅自做主的，遂將此事向朱家驊做了彙報。想不到這件並不起眼的小事，一下子觸動了蔣介石敏感的神經，臺灣政壇掀起了一場詭譎神祕的波瀾，中央研究院代院長朱家驊的厄運就此開始。

四、生命的最後機緣

朱家驊由大陸流亡臺灣，由於派系傾軋，加之與大權在握、日漸走紅的臺灣省主席陳誠不和，朱氏漸漸失去了蔣的信任，原來擔負的行政院副院長等要職被革掉，只保留了中央研究院代院長一職。而此時所謂的中央研究院只有史語所與數學所一部分遷到臺灣，基本是一個有名無實的空架子，如同一隻被拔掉毛的老母雞，徒有其形——且是一個不怎麼光鮮明亮的外形而已。一九五四年前後，位於南港的中央研究院院址初步規畫時，朱家驊有擴院建所的打算，並於史語所以外尋找其他人文研究所成立的可能，最先考慮的是近代史研究所與民族學研究所兩機構的組建。之所以如此考慮，一方面，鑑於國民黨政權遷臺不久，對民國成立以來的種種盤根錯節、迷亂紛呈的歷史轉變因素的認識和釐清，頗有緊迫感和反思指導意義；另一方面，國民黨政權既以臺灣為盤踞點，就不能做水中浮萍和無根之花，必須對臺灣本地的種種現象有所探究，否則，很容易在不經意間於政治等各方面栽跟頭、吃大虧，甚至被當地臺獨勢力擠垮，失掉政權，難以立足。因了這兩項重要原因和緊迫的現實問題，一九五五年，兩個研究所的籌備計畫順利得到當局批准並得以開辦。

1953年，胡適回臺北，「副總統」陳誠（右）前往松山機場迎接。

當兩個新辦的研究所如同新生嬰兒般，在動盪不安的臺灣孤島上晃晃悠悠站立起來時，學政兩界人心振奮。於是，一系列的物理所、化學所、植物所等研究所相繼組建，其鋒頭之強勁，完全可與抗戰前蔡元培主持工作時的銳勢匹敵。正在這個由衰轉盛的關鍵時刻，接到了胡適要買地蓋房的消息。朱家驊同樣不敢隱瞞和擅自做主，便直接向蔣介石稟報。蔣聞訊，當場表示在中央研究院旁撥一塊地為胡氏置地建房，所需費用由自己的稿費中開銷，以示對胡的照顧與敬重。此諭一下，搞得朱家驊和李濟都有些尷尬，但又不能推辭。在美國的胡適聞訊甚感不安，認為自己受「主公」之重託出來「看看」，結果什麼也沒看到，無尺寸之功則要受祿，實感愧疚，便寫信明確表示不能接受介公如此盛情厚意，堅持要自己出錢購置地皮。就在雙方為幾間房子或真或假地你來我往拍拖之時，針對朱家驊的一件禍事發生了。

據石璋如回憶：「四十六年（一九五七年）夏天，由於天氣炎熱，又沒有外人，尤其在星期六快下班和星期天的時候，同人常穿著拖鞋、汗衫上班。在八月四日星期六，是個悶熱的陰天，下午五點多蔣總統突然偕蔣夫人、帶著隨扈來到院裡，大概是要找朱家驊院長的麻煩。蔣一行人抵院時，院方已經下班了，多處門房深鎖，衛隊直接到所上，就碰到還沒回家的嚴耕望先生。嚴先生先請一行人至會議室暫坐，隨即來找我告知此事。我才剛到家脫下衣服，馬上穿回衣服出來。我到所時只見到蔣總統一行人已出所的背影，無法對他們有所招待，誰知道這樣就出錯了。中央研究院有固定的上班時間，蔣總統來

1947年12月，時任教育部長的朱家驊赴臺灣視察，臺灣省主席魏道明（前右二），與臺監察使楊亮功，及臺灣教育廳長許恪士，臺大校長陸志鴻到機場迎接。（臺灣中央研究院近代史研究所提供）

所時已屬下班時間，不能說中央研究院偷懶不上班。後來不知道有誰說了什麼話，朱家驊院長就在十一月辭職。」[43]

朱家驊突遭橫禍，廟堂與坊間滋生了許多說法，但沒有一件能擺到桌面上的鐵證。有人說，在一九四八年至一九四九年國民黨大勢已去的重要歷史轉折關頭，李宗仁、白崇禧等桂系軍閥聯合閻錫山輩趁機擁兵自重，逼蔣介石下野。蔣於萬般無奈中只得屈從，由李宗仁代總統。蔣回到老家浙江奉化溪口暫時隱居後，李、白等軍閥集團開始拉閻錫山、朱家驊、王世杰、張治中、吳鐵城等各色官僚合作，並以「臥榻之側，豈容他人鼾睡」的霸王姿態，逼蔣出洋流亡，永遠在中國地盤上消失。蔣於一九四九年三月三日接到張治中親自上門敦促其出國的要求，甚感悲憤，勃然大怒曰：「他們（南按：李宗仁、白崇禧）逼我下野是可以的，要逼我亡命就不行！下野後我就是個普通國民，哪裡都可以自由居住，何況是在我的家鄉。」[44]三月四日，吳鐵城再次派李惟果前往溪口，轉達李宗仁集團希望其盡快出洋之意，蔣更為盛怒，除大罵一頓「娘希匹」和李宗仁「不仁」之外，還差一點將李惟果抓起來「斬立決」。蔣介石背運至此，李、白等輩逼宮至此，世道無常、政客無情由此可見。再後來，隨著國民黨軍棄守南京，李宗仁統率政府人員流竄到廣州。六月十二日，由閻錫山出任行政院長兼國防部長，朱家驊出任行政院副院長，以新任內閣掣肘蔣的國民黨總裁權力。蔣介石把朱家驊這一做法看作對自己的叛逆，遂懷恨在心，伺機發難。

一九五〇年三月一日，已逃往臺灣剛喘過一口氣的蔣介石，在國大代表及各界人士「勸進」下，一腳踢開以治病為名滯留美國，怕遭到像張學良一樣的軟禁待遇而不敢回臺的李宗仁（南按：桂系軍隊幾乎全軍覆滅，李已失去依靠），在臺北總統府正式「復職視事」，履行總統職權。從此偏安一隅，成為終身總統，且把其位傳諸其子蔣經國。蔣介石在臺灣「登基」後，遠在美國紐約、不明事理的李宗仁聞訊，對外發表講話，稱自己仍是中華民國的代總統，正準備「回國」復職，想不到蔣氏竟違背憲法，擅自宣布令人驚異云云。蔣介石見報，立即實施反制，公開致電李宗仁，以總統身分令其「代表中正訪問美國朝野從速回國」。李宗仁搞了個灰頭土臉，四年後終於被蔣介石以憲法的名義，正式罷免早就被國人拋入九霄雲外的所謂副總統職位。在美國的李宗仁聞訊跺腳罵娘，但已沒有多少人有興趣聽這個敗軍之將和不成器的官僚政客瞎吵嚷了。

同不識大體的李宗仁相比，老奸巨猾的閻錫山聰明乖巧得多。蔣介石復職後，閻深感不妙，主動向蔣介石辭去行政院長（南按：一九五〇年一月至一九五〇年三月，由顧祝同接替閻出任國防部長），蔣虛意挽留，終予准許，由陳誠繼任「行政院長」。從此，臺灣的蔣氏政權開始形成了「蔣陳體制」，陳誠一躍成為臺灣僅次於蔣氏的二號實權人物。閻錫山辭職後，獲得總統府資政和國民黨中央評議委員兩個虛銜，爾後一頭鑽入臺北市金山之麓自己蓋的窯洞中，不問世事，埋頭著述，過起了隱士生活。

與閻錫山在廣州一道組閣並出任行政院副院長的朱家驊，自國民政府一幫孤臣敗將遷臺後，總統府與行政院均在臺北介壽館辦公。因代總統李宗仁仍在美國，不能抵臺視事，自一九五〇年二月十九日起，由朱家驊代行總統職權，此為朱氏一生權力達到巔峰的短暫時刻。據李宗仁回憶說：「朱家驊在當時黨人中算是比較識大體的一位……為著維持『銀元券』，他曾兩度飛臺，向蔣請示，擬運一批銀元來穗。此舉可說純為大局著想，遠非陳果夫、陳立夫兄弟所能及。然朱家驊可能因此而觸蔣氏之忌，嗣後在臺幾度遭蔣的為難。」[45]李宗仁所言大體不差，蔣介石早就把朱視為異己分子而有收拾之心。蔣復任總統後，深知「一朝天子一朝臣」的朱家驊同閻錫山一樣，頗有自知之明地辭卻行政院副院長之職，專任總統府資政與中央研究院代院長，以避鋒芒。但是，蔣介石並沒有忘記在自己最倒楣的時候，朱氏所做的落井下石的前朝舊事，總是耿耿於懷，待機而發。

1950年12月7日，國民黨軍政人員在臺北街頭舉行遊行活動。

一九五〇年六月，韓戰爆發，美國第七艦隊駛入臺灣海峽阻止解放軍進攻，岌岌可危的國民黨「小朝廷」穩住了陣腳。在這種急轉直下的局面下，一直忍而不發的蔣介石開始對前朝的「叛逆」予以外科手術式打擊和肅清。當王世杰的總統府祕書長被以「蒙混舞弊，不盡職守」的罪名整肅掉之後（南按：有人說王在蔣面前說了一句「我是鞠躬盡瘁，死而後已」，惹得蔣大怒，意即王氏把蔣氏父子看成阿斗之類的人物，王遂被撤職），便把目標轉向了朱家驊。此時的朱家驊與炙手可熱、大權在握的陳誠關係越來越糟，遂加快了其被從國民黨權力圈中掃地出門的步伐。在各方權貴陰謀與陽謀的合力夾擊、施壓下，朱家驊心有不甘但又無可奈何地於一九五七年十月二十二日辭去中央研究院代院長一職，一個星期後的十月三十日，朱家驊在給胡適的信中說道：「蔡先生於二十九年故世後，當時評議會選舉院長候選人，吾兄即為眾望所歸，但兄適在駐美大使任內。政府所以派弟承乏者，正因兄在外交關係重大之時，借重方殷，未能使兄離開也……（政府）所以明令發表由弟代理者，亦以弟有不允之故。迨見明令之後，又復懇切呈辭，未獲允准。勉強擔任，遂至十八年之久，無所成就。既有負於國家，又無以慰蔡先生於黃泉之下，慚愧之至……弟未能將院務辦好，實有深咎。且久任院務，亦有推不動之處。此次得卸仔肩，並蒙總統諒解……此後只有閉門讀書思過，以了餘年而已。吾兄於上次選舉時已為眾望所歸，而此次各方仍望兄能出來主持，非僅對院有其極大裨益，即對國家而言，亦有很多貢獻。因兄為國效力之處正大，輔助總統，亦必不可少也。」[46]朱氏於極度鬱悶和痛心疾首中，向各方相關者做了一些冠冕堂皇的說辭後，於一九五八年一月十一日辦理移交手續，只剩一個新聘的總統府國策顧問空冠戴回家中高掛於牆壁之上，以發思古之幽情，歎世事之無常了。

朱氏辭職後，蔣屬意胡適回臺繼任，在胡一時不能回歸之時，指令由李濟暫代中央研究院院長職。未久，中央研究院按照慣例召開評議會推選新任院長，眾評議員推舉了三人，即胡適、李濟、李書華，由總統圈點，胡適當然地進入圈內。據石璋如說：「做過駐美大使、北大校長的胡適先生，抗戰中幫了中國不少忙，政治上堅決反共，（民國）四十幾年大陸清算胡先生，臺灣眼見大陸批胡，於是就捧胡，使臺灣與胡先生合拍。若非大陸清算胡先生，以他的自由派立場，總統也不太放心的。當局既然有心安排胡先生出任中央研究院院長，自然就要虛位以待，朱先生必須辭職。」[47]

石氏的回憶再次印證，蔣介石早就想收拾朱家驊，只是沒有一個適當的藉口而遲遲未能得手，恰好這時胡適提出回臺蓋房著書立說，蔣氏決意要拿自己的稿費予以成全，看似違反常規，實則是一個倒朱扶胡的信號。這個信號朱家驊或許蒙在鼓裡，或許已有警覺，但不管哪一種情形，到了這個時候已經顯得不重要了，重要的是朱在什麼時間下臺的問題。當蔣介石等得不耐煩的時候，便抓住中央研究院人員「偷懶」這個不是問題的問題向朱開火。朱氏不堪重擊，轟然倒地，而中共在大陸發起的「批胡運動」，又促使蔣做出反擊的姿態並有明確的表示。如此這般，胡適像當年水泊梁山的「及時雨」宋江一樣，順利坐上了已落草臺灣孤島的中央研究院院長頭把虎皮交椅。正可謂「時來天地皆助力，運去英雄不自由」，如此陰差陽錯的命運交織，是朱家驊和胡適本人都始料不及的。

辭職後的朱家驊神情黯然（臺灣中央研究院近代史研究所檔案館提供）

注釋

1 田橫島位於山東省即墨市田橫鎮東部海面一・九公里處。面積一・四六平方公里。秦末漢初，齊王田橫被劉邦大軍擊潰，兵敗率領五百兵士來此棲居。劉邦稱帝後，怕其東山再起，謀兵作亂，乃召見田橫。田橫自知大勢已去，為保全島上兵士，乃辭別海島西行。至洛陽城三十里處時，因不願面見、臣服劉邦而自刎。島上兵士聞訊後悉數揮刀殉節。後人感念其英烈，合葬於山頂並立祠祀之，島遂有今名。島上立有一大塚，即五百義士合葬墓，塚側立有一碑亭，內有史碑，詳細記述了田橫自刎及五百義士殉難的史實。田橫的歷史故事自漢代流傳並為國內外人士所稱道，明代高麗人鄭道曾有〈嗚呼島弔田〉一詩，詩曰：「曉日出海東，直照孤島中。夫子一片心，正為此月同。相去曠於載，嗚呼感弔衷。毛髮吊如竹，凜凜聽英風。」此後，清代詩人黃守相、張鉿都曾先後題詩田橫島，抒發了對五百義士千秋忠烈的讚美之情。現田橫島為山東省文物保護單位。

2 鄧廣銘，〈回憶我的老師傅斯年先生〉，聊城師範學院歷史系、聊城地區政協工委、山東省政協文史委合編，《傅斯年》（濟南：山東人民出版社，一九九一）。

3 任繼愈，〈回憶鄭毅生先生幾件事〉，《南開史學》一九八三年一期。

4 二〇〇九年三月十二日，羅筱蕖給岳南的信。

5 曹書傑、宋祥，〈逯欽立先生傳略〉，《古籍整理研究學刊》二〇一〇年五期。

6 王汎森，〈逯欽立與《先秦漢魏晉南北朝詩》〉，收入杜正勝、王汎森主編，《新學術之路：中央研究院歷史語言研究所七十周年紀念文集》下冊（臺北：中央研究院歷史語言研究所，一九九八）。

7 逯欽立攜家人來到當時號稱「解放最早的先進地區」——東北師範大學之後，學校的一切政務由來自老解放區的革命功臣掌控，中央研究院出身的「資產階級舊知識分子」逯欽立，落入這些革命功臣之手，矛盾也就不可避免了。逯來到學校報到的第一天，就遭遇了「批胡運動」，由於他無法隱瞞與胡適、傅斯年的關係，立即成為批鬥打擊的對象。接下去的一系列運動中，逯更是在劫難逃。「文革」爆發後，逯作為東北師大中文系的

「一面白旗」和「反動學術權威」，被揪出來批鬥。據羅筱蕖回憶，有一段時間，逯欽立每天晚上都在家中獨自練習彎腰低頭，一練就是幾個小時。此等情形，著名學者季羨林在他的《牛棚雜憶》中曾做過詳細介紹，因大多數教授沒有彎腰的經驗，一旦被揪上「鬥鬼臺」，在連續幾個小時的彎腰批鬥之後，很容易體力不支、頭暈目眩而倒下，而一旦倒下，就被認為是對抗革命和故意搗亂，招來的是一頓更加殘暴的毒打，許多教授正是因為支撐不住倒下後被活活打死在「鬥鬼臺」上或臺下。鑑於這一血的經驗教訓，當時全國範圍內大多數高校教授都在家中悄悄地練習低頭彎腰的本領，以盡量在「鬥鬼」時硬撐而不倒下，以保住性命。或許，正是由於逯氏的過硬彎腰本領，才僥幸沒有死在「鬥鬼臺」上，但他最後還是沒有闖過「文革」這道鬼門關。

關於逯欽立之死，據他當年在李莊的北大研究所同學、後去臺灣中央研究院史語所的周法高於一九八三年回憶說：「兩年前我應紐約大都會博物館的邀請出席中國的青銅時代討論會，曾經間接聽到出席該會的張政烺先生說：逯欽立在不久前四人幫打倒以後，聽說他的《古詩紀補正》這部大書可能付印的消息，就高興得不得了，當夜就發病死了，大概是興奮過度的緣故吧！」在這段注釋中，周法高又說：「我在續伯雄譯的《苦海餘生》頁三四〇，也找到類似的例子：『比爾又說，但是奇怪的還得數毛澤東去世及四人幫被捕之後，這種壓力減除而發生的事，到那個時候，緊張才顯露出來。他有幾位朋友太高興了，所以出門開懷暢飲而得了腦充血。還有一位朋友笑得太厲害，變成了歇斯底里，以至於幾個禮拜都哈哈大笑而無法停止。』」（周法高，〈記昆明北大文科研究所〉，《傳記文學》四二卷一期、二期（一九八三年一月、二月））。

《苦海餘生》的作者所言基本符合實情，在那個「眾生顛倒」、人妖不分的年代，一旦政治高壓突然減除，高度緊張的神經大幅度放鬆，很容易讓人樂極生悲，不幸之事也時有發生。據知名作家兼詩人晨曦（王洪曦）說，他當年在濟南勞改農場當武警幹部看犯人時，與好友穆青（張安祥）在勞改隊遇到了一個「反動學術權威兼現行反革命分子」。這犯人乃濟南一所學院的一老教員，也是以研究中國古代文學為業。其人性格內向，整日沉默寡言，一門心思鼓搗學問，不喜與別人打交道。「文革」即將結束時，老教員被釋放回家。忽一日，這老教員接到省裡一家出版社要出版自己著作的一封信，興奮得開懷大笑，結果一下子變得歇斯底里，以至於哈哈大笑不止。同事和家人開始也跟著笑，但越來越感到老教員的嘴巴和兩邊的肌肉不太對勁兒，遂將其按於床上，輪流用手摀住老頭的嘴巴，但老傢伙仍大笑不止。後來一老同事（其女兒是著名作家，後嫁給了晨曦）想出救治辦法，索性到地裡挖了一個生地瓜塞到對方嘴裡，但老頭仍搖頭晃腦，口鼻並用發出「嗚嗚」之聲，聞之如同茫茫夜色中草原荒野低沉的狼嗥，聲似哭泣，悽慘異常。如此三日，前來看熱鬧的人越來越多，家人不堪煩擾，在幾位要好的教授指點、鼓動下，按照古代小說《儒林外史》「范進中舉」的例子予以治療。恰在這時，晨曦去會女朋友並聞訊來到了這位老教員家中探詢。眾人一見，便讓晨曦具體操作，晨曦推讓半天，最後決定一試。只見晨曦脫掉上衣，學著當年胡屠戶的樣子，雙腿呈八字步，掄圓了手臂，照準老爺子的腮部「啪啪啪」就是幾個響亮耳光。但老教員只是眼裡流出淚水，嘴巴仍狂笑不止。幾天後，已無人形的老頭開始大笑著以頭撞牆，未久死去，算是世間少有的一個真正含笑赴九泉的人了（二〇〇九年十月三日，晨曦在濟南玉函路武警宿舍四號樓一單元二〇二室對岳南與書法家郭培玉、著名作家石舒波、陳士賢講述）。

又據逯欽立之子逯弘捷說，一位在長春師大與逯氏友善的教授，約請幾位劫後餘存的好友出門喝酒，因高興過度，在開懷暢飲中突發腦出血砰然倒地，死在飯桌旁。另一位好友接到出版社發來的信函，告之形勢突變，積壓在出版社十幾年的大作馬上付梓，驚喜異常，這位白髮蒼蒼的老教員抓起家中僅存的半斤紅燒老白乾一飲而盡，未久，酒性發作，如烈火燒身。仍處於亢奮狀態不能自制的老教員索性騎上家中唯一的除了鈴鐺不響、其他部位吱吱叫喚的破舊自行車，一路急蹬來到郊外一個清澈的池塘欲游泳沐浴，以消除心中翻騰飛捲的欲望之火。想不到剛扒掉上衣，一陣強風吹過，老教員頭腦眩暈，雙腳如輕雲升空，身子一斜，兩手一張，嘴張成雞蛋形，「撲通」一聲栽入池中，溺水而亡（二〇一〇年四月二日，逯弘捷偕岳南赴山東鉅野逯氏老家查考家譜時，於大義集逯氏祠堂中講述）。

另據逯弘捷說，周法高所說逯欽立去世年齡有誤，逯氏歿於一九七三年，此時「文革」尚未結束，但死因的確與出書有關。但出的書不是《古詩紀補正》，而是《先秦漢魏晉南北朝詩》。遙想當年，傅斯年在李莊為逯羅二人作媒時，面對羅氏家族對逯欽立人品、學問的「查詢」，傅頗為自信地致信羅伯希說過這樣一句話：「彼於八代文字之學，造詣甚深，曾重輯《全漢晉六朝詩》百卷，用力之勤，考訂之密，近日不易得之巨篇也。惜此時無法在後方付印耳。一俟抗戰結束，此書刊就，逯君必為國內文學界知名之士無疑也！」傅斯年所說的這部大書，就是逯欽立自一九四〇年開始整理、考證、編纂的長達一百三十五卷的皇皇巨著《先秦漢魏晉南北朝詩》，此項工作隨著逯氏攜家顛沛流離，直到一九六四年方得以完成，歷時二十四年。

稿成之後，被上海中華書局要去準備出版，不久「文革」爆發，出版事宜中斷，眼看著「蓋棺有期，出版無日」（陳寅恪語），望眼欲穿的逯欽立深受打擊，精神幾乎崩潰。到了一九七三年，中國掀起了「批林批孔」熱潮，這股熱潮意外給逯的出版事宜帶來了轉機，北京的中華書局將上海方面已退回逯欽立手中的書稿再度索去表示要付梓。但書稿寄出後，編輯部很快又將稿件退回，並致函逯氏，說此稿可出版，但「需對書稿動大手術，要按馬列主義的觀點來看待、處理、評價六朝詩文；要根據朝代順序來編排詩文序列；要突出婦女半邊天的地位，把女詩人放在前面」（二〇一〇年二月三日，岳南採訪逯氏家人記錄）。

逯欽立接到書稿後，望著傾注二十四年心血，耗費了自己整個青春歲月的生命結晶，不知如何是好。若按編輯人員所說修改，有違學術精神和文化良知；若硬挺著頭顱不改，則真的是「蓋棺有期，出版無日」了。在兩難抉擇中，逯氏陷入了極度痛苦與矛盾中，精神一度恍惚。時逯欽立已有了六個孩子，家中生活拮据，長期不能維持溫飽，嚴酷的氣候，猛烈的政治風暴，加之連續不斷的批鬥和身心折磨，身體極度羸弱。在書稿退回的第四天，逯欽立於巨大的精神壓力和心靈煎熬交迫下，在校內組織的一個會議途中，突發腦出血與心肌梗死昏倒在地，未及搶救即去世，時年六十三歲。

逯欽立這部大作出版，已是一九八三年的事了，逯生前沒有看到自己的成果問世。當年曾向他未來的岳父家保證——「一俟抗戰結束，此書刊就，逯君必為國內文學界知名之士無疑也」的傅斯年，同樣是未見書而身先歿。哀哉！

逯欽立死後，他的妻子羅筱蕖和孩子們一起孤獨而又膽戰心驚地生活著，生怕哪一天災難又落到自己頭上。在這期間，羅筱蕖幾乎同外界斷絕了來往，唯一通點信息的是在哈爾濱師範學院任教、「同是天涯淪落人」的游壽，兩個女人在歷史的夾縫中歷盡千辛萬苦，總算躲過了一次次劫難而僥幸活了下來。

活下來的游羅二人原本相約回一趟李莊尋訪故舊，追思尋遠。遺憾的是，這個計畫未能成行，游壽便悄然離世，她生前的夢想與心願只有靠羅筱蕖代為實現了。

二〇〇四年，在江南草長、雜花生樹、群鶯亂飛的初夏時節，羅筱蕖與李濟留在大陸的兒子、時為中國人民大學退休教授的李光謨相約來到了魂牽夢縈的李莊，尋親覓友，踏勘故跡。當白髮蒼蒼的二人踏上李莊的土地時，已物是人非，恍如隔世，真可謂「淚眼問花花不語，亂紅飛過秋千去」了。

8 陳雪屏，〈北大與臺大的兩段往事〉，《傳記文學》二八卷一期（一九七六）。

9 〈傅斯年校長的聲明〉，《民放報》，一九四九年七月十四日。

10 賴澤涵、許雪姬，〈彭孟緝先生訪問紀錄〉，收入中央研究院近代史研究所口述歷史編輯委員會編，《口述歷史》五期（一九九四年六月）。

11 歐陽哲生主編，《傅斯年全集》卷七（長沙：湖南教育出版社，二〇〇三）。

12 朱家驊，〈憶傅孟真先生〉，《臺大校刊》一〇一期（一九五一）。

13 俞大綵，〈憶孟真〉，收入傅孟真先生遺著編輯委員會編，陳槃等校訂增補，《傅斯年全集》卷七（臺北：聯經出版公司，一九八〇）。

14 同前注。

15 同前注。

16 同前注。

17 中央研究院近代史研究所編，《二二八事件資料選輯》（一）（臺北：中央研究院近代史研究所，一九九二）。

18 于衡，〈以身殉校的傅斯年〉，《革命人物志》一三集。

19 李萬居是臺灣雲林縣人，早年留學法國，是當地反蔣勢力的代表人物，被在野人士稱為雲林縣「民主聖火」的創始者，在臺灣民主運動發展史上曾扮演了重要角色。後來，李萬居、郭國基、郭雨新、吳三連、李源棧、許世賢等臺籍議員，並稱「省議會」、「五龍一鳳」，這個小團體和雷震等人籌組臺灣第一個反對黨——「中國民主黨」，開始在臺灣興風作浪。

20 于衡，〈以身殉校的傅斯年〉，《革命人物志》一三集。

21 朱葆瑨，〈永遠活在學生心中的傅斯年校長〉，收入布占祥、馬亮寬主編，《傅斯年與中國文化》（天津：天津古籍出版社，二〇〇六）。下同。

22《傳記文學》二三卷五期（一九七三）。

23 曹伯言整理，《胡適日記全編》第八冊（合肥：安徽教育出版社，二〇〇一）。見一九五〇年十二月二十一日條。唁電為英文：In Mengchen's passing, China lost her most gifted patriot and I, my best friend, critic & defender……據《傳故校長哀輓錄》，正式唁電中，passing一詞改作death。

另，傅斯年的死訊，胡適當天即已得知，他在一九五〇年十二月二十日的日記中寫道：

> 今天下午四點半，宋以忠夫人（應誼）打電話來說，AP報告傅斯年今天死了！這是中國最大的一個損失！孟真天才最高，能做學問，又能治事，能組織。他讀書最能記憶，又最有判斷能力，故他在中國古代文學與文化史上的研究成績都有開山的功用。在治事方面，他第一次在廣州中山大學，第二次在中央研究院歷史語言研究所，第三次代我做北大校長，辦理「復員」的工作，第四次做臺大校長，兩年中有很大的成績。
>
> 國中今日何處能得這樣一個天才最高的人！他對我始終最忠實，最愛護。他的中國學問根底比我高深得多多，但他寫信給我，總自稱「學生斯年」，三十年如一日。
>
> ……
>
> （《胡適的日記》手稿本（臺北：遠流出版公司，一九八九））

除了這段記錄，與傅斯年過從甚密的胡適直到兩年後，才寫了兩篇紀念文章。一篇〈《傅孟真先生遺著》序〉；另一篇是於一九五二年十二月二十日在「傅孟真先生逝世兩周年紀念會」上的講話。胡在講話中說明了兩年來沒有寫紀念文章的緣由，「實在是因為我與孟真的感情太深，拿起筆來就有無限的傷感，所以紀念的文章總是寫不出來」（〈傅孟真先生的思想〉，《胡適作品集》卷二五（臺北：遠流出版公司，一九八六）。以下引文同）。

在簡短的兩篇文章中，胡適提醒尚活在人世者，傅斯年的去世，使中國喪失了它最忠實的愛國者與一位能繼往開來的偉大學人。特別提到無論在什麼地方，傅斯年都有一種力量，並發揮其領袖才幹。「他有學問，有辦事能力，有人格，有思想，有膽量；敢說話，敢說老實話，這許多才性使他到處成為有力量的人。我總感覺，能夠繼續他的路子做學問的人，在朋友當中也有；能夠繼續他某一方面工作的人，在朋友中也有；但是像他這樣一個到處成為道義力量的人還沒有。所以他的去世，是我們最大的損失。」胡適對傅氏的這個評價大體是不差的。

24《竺可楨日記》第三冊（北京：人民出版社，一九八四—一九九〇）。

25 白化文，〈負笈北京大學〉，《萬象》八卷二期（二〇〇六五月）。

26 陳寅恪著，陳美延編，《陳寅恪集・詩集》（北京：生活・讀書・新知三聯書店，二〇〇一）。

27（清）傅山，〈東海倒坐崖〉，《霜紅龕集》卷三（上海：上海古籍出版社，二〇〇二）。傅青主寫此詩時，明末抗清將領鄭成功已率部進守臺灣，詩中「一燈續日月」之「日月」，隱喻「明」，整句喻大明王朝尚餘一脈。「田橫」，指齊王田橫，此處喻鄭成功。「不生不死」，指清順治十六年（一六五九）鄭成功率部圍攻南京功敗垂成，遂退踞臺灣孤島。這一行動，實際上等於放棄了反攻大陸、恢復大明王朝的軍事努力，故當時遺民特別是反清復明志士頗為失望。鄭成功反攻大陸無望，故曰「不生」；臺灣尚可固守圖存，是謂「不死」。陳氏以鄭成功喻蔣介石、傅斯年等誓要「歸骨於田橫之島」者，同時也是對臺灣政局最終將走向何處的感歎。

28 傅斯年死後，與他有關的大陸親屬未久即遭滅頂之災。一九六六年五月二十三日，傅斯年的侄子傅樂煥在北京陶然亭跳湖自盡。

一九四七年春，獨自留在李莊養病的傅樂煥病情好轉，遂一人乘船返南京，進入史語所繼續工作。同年，傅樂煥獲得英國文化委員會資助，向史語所請假，赴英國倫敦大學東方學院進修，主要從事藏文、波斯文、政治經濟思想史、歐洲中古經濟史及中古近代史大綱的學習與研究，後獲博士學位。

傅斯年抵臺後，曾多次致函電召其在英學成後赴臺灣大學或史語所就事，但傅樂煥認為國民黨不足以成事，而共產黨才是值得信賴的，遂斷然拒絕了傅斯年的邀請，於一九五一年返回他想像中自由幸福的大陸。傅回返後，先在中科院考古研究所任研究員，一九五二年調中央民族學院歷史系任教授、副主任。兼任中國科學院歷史研究所研究員和學術委員，曾參加滿族、達斡爾族等少數民族的民族識別和社會歷史調查，在遼金史的研究方面成績尤巨，有《遼史叢考》、《康熙年代的中西關係》等著述問世。傅在民族學院期間，與學術大師陳垣的侄女結婚，並陸續生有三個女兒。

一九六三年秋冬，傅樂煥被借調到北京中華書局與顧頡剛、鄧廣銘、陰法魯、楊伯峻、陳述、邵循正、鄭天挺、張政烺、王永興、羅繼祖等專家，進行「二十四史」的點校工作（這一「點校工程」是根據毛澤東擬議與部署，周恩來批准，由中宣部牽頭調集人員，中華書局組織全國數十名一流專家學者，由顧頡剛領銜，歷時二十年完成的學術工作，是中國目前「二十四史」的最佳版本）。根據專家分工，作為遼金史專家的傅樂煥負責點校《金史》，與甲骨學家羅振玉之孫、來自東北人民大學（後改為吉林大學）的遼史專家羅繼祖教授在同一組。當時參加點校工作的專家在北京西郊公主墳附近北京中華書局大院內，因傅樂煥離家較遠，為集中精力，在工作後期便搬入北京中華書局招待所與羅繼祖聯床而居。以此緣故，羅傅二人結下了深厚的友誼。

當「文革」風暴到來之際，因傅樂煥是傅斯年的侄子，以及傅氏家庭成員的「歷史問題」與複雜的社會關係，運動一開始，中央民族學院的掌權者便盯上了他，派人到中華書局要求停止傅的工作，回校檢查並接受革命群眾的批判。

生性內向、不苟言笑的傅樂煥，面對山雨欲來風滿樓的政治運動，想到與傅斯年的關係及整個家族背景，深知自己此次是在劫難逃，遂神情緊張，惶惶不可終日。當學院第三次派人強行要把他揪回去批判時，傅樂煥緊張的神經幾近崩潰，直至一腳踏上了黃泉之路。

據中華書局實際主持「二十四史」點校工作的趙守儼說，傅樂煥於一九六六年五月二十二日下午黃昏時分獨自走出招待所，離開翠微路大院時，趙氏還與其打過招呼，當時並未發現有何異常，不料第二天就傳來傅樂煥在陶然亭公園湖中自殺的消息。

當中央民族學院派人趕到陶然亭公園湖邊時，面對傅的屍體還不太理解，說是院裡還沒有把這傢伙揪回去發動群眾展開批鬥，怎麼人就死了！似有可惜、遺憾與不甘心之意。同時來人還懷疑，究竟傅氏是自殺還是他殺？但初步檢查的結果是，傅樂煥手腕上的手銬還一直在走動，衣袋裡還有一些錢，如果是他殺，不會不把手錶和錢拿走。再者傅的臉上、身上並無傷痕，從而排除了他殺的可能。支持自殺的另一個證據是，傅樂煥的屍體漂出湖面時，看到的群眾說，屍體是面朝下，是趴著的。當時在北京流傳著一種說法，凡投水自殺的人，當屍體浮起時，女的仰著，男的趴著。傅樂煥的案例符合這一說法，因而斷定是投水自殺。

至於傅氏為何在劫難還沒有切實降臨到自己頭頂之時就投湖自盡，此一問題為社會上一般學者和傅氏的親朋好友不能理解。或許正如同樣存有許多迷惑的陳述弟子、契丹民族史研究專家劉鳳翥所言：「也許他看得遠，雖未觸動，但從批『三家村』，知道不會有好結果，故先走一步」（〈劉鳳翥致王世民〉，信函，未刊發，二〇一一年二月一日）。

就在傅樂煥投湖自殺之前，他的堂弟傅樂成隨傅斯年赴臺，任教於臺灣大學，未及婚娶即病逝孤島；其妹傅樂淑則遠走美國。因了傅斯年與樂成、樂煥、樂淑的親屬關係，整個傅氏家族開始了一場劫難。傅斯年族叔傅昕安，在國民黨撤退臺灣時正在重慶政府部門工作，已買了赴臺的飛機票，但傅斯年來信說「先別動，我還要回來，到時候再決定行止」云云，結果未能走成。其結果是被新政權先當作舊人員改造，後在一九五七年「反右」運動中被打成「右派分子」，發配到中科院北碚柑橘研究實驗基地勞動改造。傅斯年族弟傅斯彍原為南京國民政府教育部職員，沒有隨傅斯年遷臺。新中國成立後，於改造舊人員運動中被發配到安徽蚌埠治淮委員會工作，「反右」運動開始，因與傅斯年的關係被打成「右派分子」，強迫退職，遣返原籍聊城。其時傅氏家族故宅「相府」早已被當地政府沒收並改為汽車運輸公司，傅斯彍家人租住別人一間小屋棲身。因政治與經濟雙重壓力，其於返鄉的第二年去世，死時年僅五十四歲，撇下五個孩子，大的十三歲，小的僅一歲。當這五個孩子長大成人後，皆受到擠壓和迫害，老二傅樂銅一九六八年到濟南軍區當兵，兩個月後被退回，後又差點被打成「反革命分子」。傅斯年族侄、南開大學畢業後隨東北招聘團進入遼寧鞍山鋼鐵公司工作的教授級高工傅樂昕，因與傅斯年的關係，於一九五七年被打成「右派分子」，戴帽下放靈山農場勞動改造，歷盡苦難。「文革」中，傅家的祖宅被推倒砸掉，龐大的院落成為瓦礫遍地的廢墟。至於傅氏家族受清朝皇封在聊城占地一百二十畝的墓地——傅家墳，也毀於一旦。大清開國狀元傅以漸作為「地主階級的頭子」與「臺灣特務、反動文人傅斯年的祖師爺」，其墓被紅衛兵掘開，劈棺拋屍。未久，整個傅家墳近百座墓葬全部被刨開，在拋棺揚屍的同時，地下隨葬品被洗劫一空。最後連牌坊、石碑、神道及道邊的石像、皇帝御賜碑文等全部炸毀搗碎，傅家人甚至與其沾親帶故者，自此作為臭名昭著的「五類分子」，披枷戴帽，或拿入大牢，或被鎮壓，或接受革命群眾的監督改造。

然而，傅氏家族的悲劇並沒有結束。傅斯年夫人俞大綵去世後沒有一片入土之地。傅斯年夫婦生前頗為喜愛並期望甚殷的兒子傅仁軌，因國內戰亂和臺灣動盪不安，自赴美後再也沒有返回故國，隻身在美國求學與工作，一生未婚，令人扼腕。

傅氏家族後輩中還有一位特別值得一提的優秀女性，這便是傅斯年侄女、傅樂煥之妹，與傅仁軌同年赴美的傅樂淑。傅樂淑早年就讀於燕京大學，抗戰爆發後入西南聯大化學系，後轉歷史系。一九四三年在昆明考入北大文科研究所史學部，一九四七年六月畢業，獲得碩士學位。同年考取山東省公費留美就讀史丹佛大學。一九四九年山東省國共政權更迭，經費中斷，獲芝加哥大學資助後轉芝加哥大學就讀，一九五二年獲得該校歷史學博士學位後旅居美國，先後任教於南加州大學、中密西根大學、匹茲堡都昆大學。

自一九七八年至一九八六年，傅樂淑曾幾次回國探親並到北大、中央民族學院、內蒙古大學等高校訪問故舊，做學術交流。雖終身未婚，獨處異域五十餘年，傅樂淑依然心向故土，掛懷祖國的教育事業，除了像傅斯年一樣想方設法資助親屬中的子侄輩及其子女到海外留學或在國內接受高等教育，還於一九九九年從微薄的積蓄中捐獻四萬美元，在中央民族大學設立「春暉」、「花萼」獎學金，每年資助蒙、藏、滿、回四個少數民族各兩名家境貧寒、品學兼優的學子。另把自己花費多年心血與金錢購置的藏書先後捐贈國內高校（一九九九年捐贈《清實錄》一套五十三冊；二〇〇〇年、二〇〇五年分兩批捐贈給內蒙古大學共一千三百餘冊中外文圖書）。

傅樂淑初治元史，後兼治清史，並曾專注於清初中西關係史，在海內外有影響的著述達十幾種之多。一九九五年，傅樂淑自費在北京書目文獻出版社出版過她的一部舊作《元宮詞百章箋注》，並列入「清慎堂叢書・射集・初集」。對這部集子的命名，傅樂淑在「後序」中曾這樣做過敘述：「清慎堂者，聊城傅氏之書屋也。三百年前傅氏盛時有一府邸，中有書屋，名清慎堂焉。堂有寶焉，右軍之常侍帖也，凡四十五字，有開元年間牛仙客等題跋。清慎堂久已圮矣，傅氏子孫離鄉背井百餘年矣，仍用清慎堂三字為傅姓人著述之名者，師周公謹自稱齊人之意。」又說：「《清慎堂叢書》御禮、樂、射、御、書、數六集。禮集乃傅姓人所撰之書；樂集乃傅姓人所譯之書；射集乃傅姓人所注之書；御集乃傅姓人所編之書；書集乃傅姓人所輯之書；數集乃傅姓人所述之書；各有數種。《元宮詞百章箋注》乃射集之第一卷，暫稱初集。」這段敘述除了印證傅氏家族自大清到民國「傳臚姓名無雙士，文章開代第一家」的輝煌，還表明這個家族延續到傅樂淑一代，詩書之家優美的家風尚未蕩盡，文化香火並未滅絕，只是以另一種方式在民族刀光火色的衰微中艱難延續。

關於這部著作的寫作和出版經過，傅樂淑做了如下敘述：「這本箋注是我在國立北京大學文科研究所作碩士論文時寫的，我的論文題目是〈元代斡耳朵生活考〉，宮詞箋注是論文的附錄，但因在報端陸陸續續地印了（南按：曾在《禹貢》周刊和《經世日報》發表過一部分），繳論文時便把附錄略去。我的論文一共抄寫了三份，全繳給了考試委員會了。考試及格後，我便匆匆出國了。四十年後重回母校，希望能找到我的論文，準備整理一下，予以發表。不幸我因流落異國，功不成，名不就，萬分潦倒，學業荒疏久矣，岩穴寒士之舊業，不為母校重視，竟將當日所呈之三份論文皆當作廢紙棄之久矣。我回北大三次，交涉良久，始終未能找到自己的心血。言之心痛！論文亡矣，論文之附錄因曾已發表於報端，尚可收回一部分（此稿僅印過一部分，我因出國，便停止投稿了），現在勉強把四十年前的文章補全，此乃敝帚自珍，留此以紀念抗日期間斷齏畫粥時代的一點讀書成績。」

從論文研究課題和附錄內容可以看出，傅樂淑與其兄傅樂煥研究領域幾乎相同。傅樂煥的〈遼代四時捺鉢考〉論文和《捺鉢與斡魯朵》一書，曾名重一時，所達到的學術高度至今無人超越。傅樂淑在這個領域是下過一番苦功的，而兄妹二人研究道路的相同絕非偶然，當與傅斯年的指導或指令有關。事實上，假如不是傅樂煥於「文革」一開始投湖自盡，傅樂淑流落異邦而難以施展更大抱負，這對兄妹的學術成就當比現在人們看到的大得多。但僅所見成就，亦從另一個側面顯出傅斯年學術眼光的獨特和深邃。只是傅樂煥兄妹生不逢時，最後落了個陳寅恪〈王觀堂先生輓詞並序〉所云「今日吾儕皆苟活」的悲愴結局。悲夫！

二〇〇三年，傅樂淑病逝於美國加州。根據「葉落歸根，魂歸故里」的遺願，二〇〇四年七月，傅樂淑侄子、在美國的傅翔奉骨灰回國，遵照遺願，葬於聊城傅氏祖塋。

29 胡頌平編著，《胡適之先生年譜長編初稿》第六冊（臺北：遠流出版公司，一九九一）。

30 曹伯言整理，《胡適日記全編》第七冊（合肥：安徽教育出版社，二〇〇一）。
31《竺可楨日記》第三冊（北京：人民出版社，一九八四—一九九〇）。
32 潘光哲，〈胡適的尷尬〉，《溫故》之七（桂林：廣西師範大學出版社，二〇〇六）。
33 轉引自陳漱渝，〈飄零的落葉——胡適晚年在海外〉，《新文學史料》一九九一年四期。
34 耿雲志主編，《胡適遺稿及秘藏書信》手稿本（合肥：黃山書社，一九九四）。
35 周質平，〈胡適的黯淡歲月〉，《東方》一九九四年三期。
36 同前注。
37 同前注。
38 同前注。
39 早年曾得過美國華盛頓大學碩士學位並進入哥倫比亞大學師範學院進修的湖南人朱經農，歸國後曾任北京大學教授、湖南省教育廳長、中央大學教育長、國民政府教育部政務次長等職。一九四八年年底赴美。關於朱在美國的遭遇，胡適有過如下記載。一九五〇年五月二十二日：「朱經農來談。經農說，他曾寫二十封信向各大學找事，十五處回信沒有事，只有五封信說信已轉經主管學系，如有需要，再寫信通知。此事使我感歎。」一九五一年三月九日：「從Princeton（普林斯頓）回寓，已過七點，看了許多來信，其中一封是朱經農三月六日的信。到了十一點，忽得朱庭祺夫人電，說，經農今天下午心臟不濟，就死了！極慘極慘。經農天性最忠厚，待人以誠，愛國愛人，忠於所事。去年東來，竟無以為生！最近始得 FCA（聯合國）非洲經濟委員會的資助，在Hartford, Coun.（哈特福德，康乃狄克州）的Seminary Foundation（神學院基金會）安居讀書。豈料今天我剛看他的信，他已死了。我同經農在中國公學同學，又在中國新公學同事，四十五年來，我們的友誼從沒有間斷」（曹伯言整理，《胡適日記全編》第八冊〔合肥：安徽教育出版社，二〇〇一〕）。
40 陳存恭、陳仲玉、任育德訪問，任育德記錄，《石璋如先生訪問紀錄》（臺北：中央研究院近代史研究所，二〇〇二）。
41 耿雲志編，《胡適年譜》（成都：四川人民出版社，一九八九）。

42〈胡適致陳之藩〉，收入中國社會科學院近代史研究所中華民國史研究室編，《胡適來往書信選》下冊（北京：中華書局，一九七九）。
43 陳存恭、陳仲玉、任育德訪問，任育德記錄，《石璋如先生訪問紀錄》（臺北：中央研究院近代史研究所，二〇〇二）。
44 李勇、張仲田編，《蔣介石年譜》（北京：中共黨史出版社，一九九五），頁三七八。
45 李宗仁口述，唐德剛撰寫，《李宗仁回憶錄》（桂林：廣西師範大學出版社，二〇〇五）。
46 胡明，〈晚年的胡適與臺灣中研院〉，《胡適研究》第二輯（合肥：安徽教育出版社，二〇〇〇）。
47 陳存恭、陳仲玉、任育德訪問，任育德記錄，《石璋如先生訪問紀錄》（臺北：中央研究院近代史研究所，二〇〇二）。

第二章
短兵相接

一、批胡運動悄然興起

一九四九年二月初，即北平和平解放數天後，受中共中央委託，吳晗、錢俊瑞等人接管了北京大學。繼而，吳晗又以北平市軍管會副代表的身分接管了清華大學和北平師範大學。此時，整個北平最重要的三所國立大學已完全握於中共的掌心。

這年五月，北平市軍事管制委員會下屬文化接管委員會決定，北大、清華、師大等三所大學成立校務委員會，以委員會為學校最高領導機構，主任相當於原來的校長之職。北大校務委員會常委、主任湯用彤，一批親共教授如許德珩、錢端升、曾昭掄、袁翰青、向達、聞家駟等六人，另加講師、助教和學生代表各一人共九人為常委。北大的教務長是曾昭掄，祕書長鄭天挺，文學院院長湯用彤，理學院院長饒毓泰，法學院院長錢端升，工學院院長馬大猷，農學院院長俞大紱，圖書館館長向達。清華大學校務委員會常委、主任葉企孫，常務委員有陳岱孫、張奚若、吳晗、錢偉長、周培源、費孝通、樊恭焦（助教代表）、呂應中（學生代表）。教務長周培源，祕書長陳新民，文學院院長馮友蘭，理學院院長葉企孫，法學院院長陳岱孫，工學院院長施嘉煬，農學院院長湯佩松，圖書館館長潘光旦。師範大學校務委員會常委兼主任為毛澤東早年在湖南第一師範讀書時的歷史老師、語言文字學家黎錦熙。隨著三校高層領導班子重組，北平教育界算是揭開了「改朝換代」後嶄新的一頁。而這一頁書寫的第一個篇章，就是炮擊「美帝國主義走狗胡適」。

一九四八年那個寒冷的冬日，吳晗奉中共高層之命派人勸胡適留在北大不要南飛，但胡適沒有聽從這位即將在中共陣營中躥升發達的前愛徒的勸說，毅然登機南行。到達國民政府首都南京，胡對人多次提起自己曾說過不止一遍的話：「吳晗可惜，走錯了路。」此話傳入吳晗耳中，吳頗不以為然，認為這位前老師腦子灌水，老糊塗了。當北平地覆天翻，半壁江山易主，蟄伏在西柏坡一間黑屋裡的吳晗露出頭來，在乍暖還寒的陽光照耀下，以接收大員的特殊身分，氣宇軒昂地接管和掌控了北大、清華局勢時，大有飄飄然羽化登仙之感。面對北大紅樓那斑駁的牆舍、老態龍鍾的身影，正在羽化途中的吳晗驀然回首往事前塵，越發感到胡適南飛是典型的狗坐轎子——不識抬舉，是真正的「走錯了路」。

對於「走錯了路」的胡適，中共方面鑑於他那巨大的存在和影響，仍希望其回心轉意，一頭扎進自己的懷抱，最好是以幡然悔悟的形象，做含淚趴伏狀軲轆到自己的套內。於是，中共採取雙管齊下的戰略對其進行兩面夾擊，具體操作方法是：一、繼續派人通過祕密管道做胡的政治思想工作；二、公開討伐，施以顏色。而以公開聲討為主，暗中動作為輔。決策既定，立即施行，時年七十歲的白鬍子老頭陳垣（字援庵），在炮火聲中蟄伏了一陣子之後，隨著風聲漸息，再度出山，披掛上陣，於花落春去的北平照準「胡走狗」的屁股打響了第一槍。

一九四九年五月十一日，《人民日報》發表時任輔仁大學校長的陳垣的〈給胡適之一封公開信〉，信中道：

去年十二月十三夜，得到你臨行前的一封信，討論楊惺吾《鄰蘇老人年譜》中的問題。……當我接到這封信時，圍城已很緊張，看報上說你已經乘飛機南下了。真使我覺得無限惆悵。記得去年我們曾談過幾回，關於北平的將來，中國的將來，你曾對我說：「共產黨來了，絕無自由。」並且舉克蘭欽可的《我選擇自由》一書為證。我不懂哲學，不懂英文，凡是關於這兩方面的東西，我都請教你。我以為你比我看得遠，比我看得多，你這樣對我說，必定有事實的根據，所以這個錯誤的思想，曾在我腦裡起了很大的作用。但是我也曾親眼看見大批的青年都已走到解放區，又有多少青年，正在走向這條道路的時候，我想難道這許多青年——酷愛自由的青年們都不知道那裡是「絕無自由」的嗎？況且又有好些舊朋友也在那裡，於是你的話在我腦海裡開始起了疑問。

在兜完圈子之後，陳垣毫不猶豫地扣動了端在手中很久的二十四響駁殼槍的扳機，一串子彈發射而出：

我現在明白了毛澤東的政治主張和實際情況，我願貢獻你這種版本，校正你孤證偏見的危險……在三十年前，你是青年「導師」，你在這是非分明勝敗昭然的時候，竟脫離了青年而加入反人民的集團，你為什麼不再回到新青年的行列中來呢？我以為你不應當再堅持以前的錯誤成見，應當有敢於否定過去觀點錯誤的勇氣。你應該轉向人民……我現在很摯誠的告訴你，你應該正視現實，你應該轉向人民，幡然覺悟，真心真意的向青年們學習，重新用真正的科學的方法來分析，批判你過去所有的學識，拿來為廣大的人民服務，再見吧！希望我們將來能在一條路上相見。

在民國後期的學術界，就純粹的史學而言，堪與陳寅恪較勁匹敵者，陳垣算是一位。作為一個藥商兒子的陳氏雖沒有受過正規史學教育，但靠自己的勤奮，著作宏富，成就斐然，在中國宗教史、元史、中西交通史及歷史文獻學等領域皆有開創性貢獻，成為世界聞名的史學大師。二十世紀二〇年代初，陳垣就被公認為與王國維齊名的世界級學者。一九二二年胡適曾斷言：「南方史學勤苦而太信古，北方史學能疑古而學問太簡陋，將來中國的新史學須有北方的疑古精神和南方的勤學功夫。」而「能夠融南北之長而去其短者，首推王國維與陳垣」。[1]一九三三年四月十五日，前來中國訪學的法國漢學家伯希和離開北京時，對前來送行的陳垣、胡適等學術界名流發表了簡短的演講，其中說：「中國近代之世界學者，惟王國維及陳先生兩人……不幸國維死矣，魯殿靈光，長受士人之愛護者，獨吾陳君也。」[2]三〇年代中期以後，陳垣與學界異軍突起的陳寅恪並稱為「史學二陳」。正是鑑於陳垣既是舉世罕有其匹的史學大師，又是輔仁大學校長，胡適於解放軍圍城的逃死之際，想到的第一個人不是陳寅恪而是他。出乎胡氏意料的是，陳垣拒絕邀請，沒有隨其南飛，繼續留在北平做他的校長。儘管此前胡、陳交誼篤深，且在五個月前還信函往還，但五個月後，陳垣竟像幼稚園的小朋友一樣，如此痛快、絕情地與「我的朋友胡適之」決裂，說明政治形勢急轉直下，世道人心已發生了巨大裂變。

六月十八日，在美國的胡適首次見到了陳垣的公開信，這是由友人送來的英文雜誌 *Far Eastern Bulletin*（《遠東通訊》二卷二二號〔香港一九四九年六月四日〕）轉載的《人民日報》信文內容。胡適瞇著眼睛呈微笑狀粗略閱畢，第一個反應是「其第一段引我給他最後一信的末段（Dec.13'48），此絕非偽作的。全函下流的幼稚話，讀了使我不快。此公老了，此信大概真是他寫的？」[3] 六月二十日，胡適細讀了陳垣公開信英譯本，「更信此信不是偽造的（？），可憐！」[4] 六月二十一日，胡適從六月十五日的《華僑日報》上讀到這封公開信的中文本，在當天的日記中記載：「我讀了更信此信不是假造的，此公七十歲了，竟醜態畢露如此，甚可憐惜！」[5]

儘管胡適在情緒上認定此信就是陳氏所寫，但在心理上又不願承認，而從情理

以胡適為主編的北京大學《國學季刊》編委會成員合影。右起：陳垣、朱希祖、顧頡剛、胡適、馬衡、沈兼士、徐炳昶。（朱元曙提供）

上推斷，陳氏的思想轉變也沒有如此快捷，因而對於信的真偽，胡適又在心中打起鼓來。到了六月二十四日，胡適又找來公開信的中文本，仔細閱讀琢磨後，在日記中載道：「我今天細想，陳垣先生大概不至於『學習』得那麼快，如信中提及『蕭軍批評』，此是最近幾個月前發生的事件，作偽的人未免做得太過火了！」[6]為了徹底查明此信的真偽，胡適還找來對陳垣熟悉、時正在美國的另一史家蔣廷黻，兩人商討後的結論是：「均疑陳援庵的公開信是他先寫了一信，共產黨用作底子，留下了一小部分做『幌子』（如第一節），另由一個黨內作者偽造其餘部分。」[7]這個猜想基本上是最後結論，但對於善於考證且無證不信的胡氏來說，心中仍不踏實。

經過大半年的疑慮與思考，證之對中共新政權形勢發展的個人觀察，一九五〇年一月九日，胡適下筆寫就了〈共產黨統治下絕沒有「自由」——跋所謂〈陳垣給胡適之一封公開信〉〉予以發表。文中道：「……我在海外看見報紙轉載的這封〈公開信〉，我忍不住歎口氣說：『可憐我的老朋友陳垣先生，現在已沒有不說話的自由了！』有許多朋友來問我：這封〈公開信〉真是陳垣先生寫的嗎？我的答覆是：這信的文字是很漂亮的白話文，陳垣從來不寫白話文，也絕寫不出這樣漂亮的白話文；所以在文字方面，這封信完全不是陳垣先生自己寫的；百分之一百是別人用他的姓名假造的。」針對公開信的內容，胡適拿出自己擅長考據的絕招，從語言文字的形式和句子的語法結構，信文內容露出的漏洞、過失，以及所謂宣傳色彩三個方面，不厭其煩地舉例歸納，強調此文是「改寫」和「偽造」的。最後，胡適得出結論：「這封〈陳垣給胡適之一封公開信〉最可證明共產黨統治下絕沒有學術思想自由。」[8]

時勢運轉，風雨無常，常識都不是常新的，考證大師胡適對此文的考證索隱，可謂有對有錯。據後來此文的參與寫作者交代，文章雖是由他人代筆，但確是出於陳垣的本意。一九九〇年六月，陳垣弟子劉乃和的弟弟，也是陳垣在輔仁大學的學生劉乃崇，撰寫了一篇〈不辜負陳援庵老師的教誨〉的文章，對當年這封信的公案做了詳細交代。劉文說：「有一天，陳老又讓乃和姐來叫我，我到他家後，他說他已經看到了新的社會，新的國家，讀到了新書，這都是過去沒法子知道的，因此願意把所見所聞告訴那些看不到聽不到的人，比如他的老朋友胡適之，就隨國民黨政府走了，就不可能知道北平解放後的情況。我告訴陳老，我在石家莊看見《新華日報》上刊登藍公武與胡適的一封信，他立刻說胡適走前也給我寫過一封信，說罷就取出給了乃和姐，當時陳老就與柴師（指柴德賡，引者注）、乃和姐和我們共同研究，決定也用公開信的形式把自己所見所聞的新氣象寫出來。經過陳老反覆講述自己的意見，並徵求我們的意見，由乃和姐執筆寫出，再經陳老親筆改定。由陳老與乃和姐同去范文瀾范老住處，請他修改……」[9]

繼此文之後，直接當事人劉乃和於一九九四年又發表一篇〈陳垣的一生〉長文，對這段公案披露道：「我們共同研究也想用公開信的形式，把他所見所聞的新中國的新氣象告訴還不知道的人。陳老讓我執筆寫了文章，四月二十九日定稿後，送給剛來北平不久的范文瀾同志修改，五月十一日，《人民日報》以〈給胡適之一封公開信〉為題刊出。」[10]二劉所言此信的出籠經過大體可信，只是對陳垣當時內心的探究較少，外人很難窺知陳氏真正的心理動態。信中提到的范文瀾就是當年傅斯年訪問延安時見到的那位號稱頭號馬列理論專家，時為華北大學副校長兼歷史研究室主任的老范。陳垣找范文瀾修訂此信，除了兩人過去有一段交情，顯然是懷揣向中共靠攏、表決心的算盤，其複雜的內心並非三言兩語說得清楚。但無論如何，陳氏這一步棋在當時的形勢下，似是走對了，由於率先對胡適這位昔日的朋友打響了隔海第一槍，儘管只打到屁股上，沒有擊中命門，令其當場倒地而亡，卻引起了中共高層的重視和好感。後來，陳垣又經過一連串的傑出表現與鍥而不捨的向黨靠攏，終於在七十九歲的晚年光榮地加入中國共產黨，算是了卻了一樁夙願。

二、面對「人民的敵人」

事實上，在陳垣跳出來向胡適打響第一槍之前，「倒胡」運動已經開始，只是在聲勢上沒有陳氏這一槍直接和響亮，因而少為大眾所知。

吳晗等人以軍管會的名義接收北大、清華、師大後，即按照中共高層的旨意開始組織人員討論胡適與「胡適思想問題」。馮友蘭、俞平伯、朱光潛、沈尹默等眾多學者出於各種原因，皆不同程度地在會議上向昔日的朋友、今日的寇讎胡適發難，並信誓旦旦地向中共派到學校的軍代表承諾，一定要拋棄胡適四處販賣的自由主義歪理邪說，服膺偉大的、在中國革命航程中具有燈塔地位和重大意義的馬列主義光輝理論云云。稍後，以中共軍代表身分進入清華園，實際主持校務的吳晗，在把馮友蘭頭頂的清華校務委員會委員、文學院院長兩頂帽子整肅掉之後，繼續對這位在西南聯大時代差點成為國民黨中央委員的哲學家實施排擠打壓。無端丟掉官帽又遭擠壓的馮友蘭「心不自安」，開始琢磨在這「改朝換代」的大動盪、大混亂中如何見風使舵，東山再起。經過一段時間的冥思苦想，終於想出了一個奇招，但因事關重大，加之機會尚未成熟，這個奇招遲遲未能出臺亮相。

苦苦等待的機會還是到來了，一九四九年十月五日，即新中國成立後的第五天，馮友蘭風聞清華大學有許多教授開始向毛澤東寫信表忠心，遂決定加以仿效，並要有所超越。在一番冥思苦想後，強按急促的心跳，潑墨揮毫寫就一封「效忠信」，密封後託人送給已「縛住蒼龍」的毛澤東主席。信中，馮沉痛地斥罵自己過去兩次加入國民黨，且差點當上了中央委員，謂自己在校內校外散布封建哲學，幫了國民黨的忙，成了革命的反面典型與活教材。今後一定要痛改前非，改造思想，認真學習馬列主義毛澤東思想，重新做人，爭取用五年時間重新寫出一部馬列主義史觀的哲學史，在學術上立功贖罪云云。

毛澤東接信，於十月十三日寫了回信，由一名解放軍下級軍官騎摩托車送至清華園馮友蘭家中。信曰：

友蘭先生：

十月五日來函已悉。我們是歡迎人們進步的。像你這樣的人，過去犯過錯誤，現在準備改正錯誤，如果能實踐，那是好的。也不必急於求效，可以慢慢地改，總以採取老實

態度為宜。此覆，敬頌

教祺！

毛澤東

十月十三日[11]

馮友蘭於一九一八年夏天北大畢業之際，正是毛澤東從湖南進京並在北大圖書館當一名助理之時，僅是一個暑假前後的交錯，使馮友蘭失去了見到毛澤東的機會。倏忽間三十一年過去，已是江河改色，天翻地覆，馮氏望著天安門城樓上那個高大的身影和展開的巨手，知道自己今生今世無法與之抗衡了，遂以「識時務者為俊傑」的中國古訓，以「自罵」和「獻忠」的雙重招數，表明自己心理上的臣服和行動上的自覺，同時勾起毛對北大往事的回憶，以便開恩眷顧，來個鼓勵獎掖。想不到毛澤東並不買這位原北大學生的陳年舊帳，反而板起面孔，公事公辦式地劈頭蓋臉給了一頓教訓。馮「頗有意外之感」，垂頭喪氣，一時竟不知如何是好。

馮友蘭在清華照瀾院17號的故居（作者攝）

對這次獻媚表忠的失敗，許多年後，馮在自述中說：「信中最重要的一句話：『總要採取老實態度為宜』，我不懂。而且心中有一點反感，我當時想，什麼是老實態度，我有什麼不老實。經過了三十年的鍛鍊，我現在才開始懂得這句話了。」馮認為自己當初決心在五年之內重寫一部中國哲學史，實在是「膚淺之至，幼稚之極」。理由是掌握馬克思主義的立場、觀點，談何容易，至於要應用到哲學史的研究工作中去，那就更困難了，「豈是三年五載的時間所能完成的？」因而，「明眼人一看就知道是大話、空話、假話。誇誇其談，沒有實際的內容，這就不是老實態度」。[12]

馮友蘭總算明白了其中的一點奧祕，為此很有些懊悔地說：「如果我從解放以來，能夠一貫採取老實態度……就可能不會犯在批林批孔時期所犯的那種錯誤。」[13]只可惜馮氏在這方面確實醒悟得太晚，後來發生的對江青「讒媚逢迎」，或許就是他所說的自己醒悟得太晚的悲劇吧。

就在馮友蘭接到毛澤東書信五天之後的一九四九年十月十九日，新成立的中央人民政府正式決定在原國民政府中央研究院和北平研究院基礎上成立中國科學院，任命郭沫若為院長，陳伯達、李四光、陶孟和、竺可楨等四人為副院長。中科院下設考古研究所、近代史研究所等人文科學和自然科學十多個研究所。其中在原北平研究院史學研究所和原中央研究院歷史語言研究所部分人員基礎上成立的考古研究所，由文物局局長鄭振鐸兼任所長，梁思永、夏鼐為副所長。一九五〇年九月，中央博物院籌備處正式改名為國立南京博物院，隸屬於中央文化部文物局領導，任命南京市軍管會文教處處長徐平羽為院長，曾昭燏為副院長。

與此同時，中共在全國教育科學界進行了一次規模龐大的整編與人事調整，如上海的同濟大學原教務長、測繪學家夏堅白出任該校校長，在昆明西南聯大學潮中出力甚多的華崗出任山東大學校長兼黨委書記等，一個全新的格局在教育、文化、科學界業已形成。

與馮友蘭的糊塗相比，毛澤東一直是醒著的，他在指揮數百萬槍桿子以武力推翻蔣家王朝奪得萬里江山的同時，十分明晰地認識到，僅僅把原有的文化、教育、學術界各機構來個「關停並轉」，選出幾個新骨幹予以領導是靠不住的。剛剛從國統區「轉新」的一大批知識分子，儘管沒有跟著老蔣跑到臺灣或逃亡海外，但對共產黨懷有觀望心理。這些知識分子與即將在全國展開的施政方針格格不入。如此一個急轉直下的劇變，在馮友蘭等一般書生看來是極其艱難的，但在身經百戰的毛澤東看來卻「如烹小鮮」般容易，因為前有蘇聯老大哥整肅知識分子的成功先例，後有強大的無產階級專政工具，二者結合，自是攻無不克，戰無不勝。毛澤東在權衡之後，按「擒賊先擒王」的中國古代兵法要領，首先對自由主義思想體系中最具影響和號召力的「反動頭目」開火，這個「反動頭目」顯然不是急於獻媚表忠心的馮友蘭輩，而是馮友蘭的老師，號稱「五四精神」的楷模，具有自由主義風骨，一貫攻擊中共理論與做法的學界「大鱷」胡適之。

儘管此時的胡適像《西遊記》中的猢猻悟空一樣，早已藉混亂之機一個筋斗跳出了如來佛的手掌心，蹦到了美利堅的國土上，但「人還在，心不死」，陰魂不散，精神的幽靈仍在中國大陸花果山水簾洞中徘徊，並在一幫徒子徒孫心目中發揮著別人無法替代的巨大感召力。只有先把胡適這個學術界的精神「教主」摺倒在地，壓於五指山下，使其永世不得翻

江冬秀與三個兒女合影。自右至左：祖望、思杜、素菲。（早夭）

身，才能對滿腦子自由主義的知識分子產生殺一儆百的震懾效果，也才能在新的天地裡樹立革命的、共產黨的、毛澤東的絕對權威。正是出於這樣一種深謀遠慮，繼陳垣打出第一槍之後，批胡運動的號角在九州大地開始吹響。

一九五〇年九月二十二日，香港《大公報》發表了胡思杜〈對我父親——胡適的批判〉一文，文章是胡思杜在華北人民革命大學政治研究學院畢業時「思想總結」的第二部分。未久，此文又在《人民日報》與《中國青年》等報刊轉載。這是胡適離開大陸後，繼老友陳垣首次向他射擊之後打出的又一發子彈。極富歷史況味的是，這顆子彈竟出自他的親生兒子之手。

胡適一生情人多多，戀情不斷，風流韻事遍及中外，且還造成一個表妹曹誠英因愛生怨直至出家為尼的悲愴結局，但算在他名下的只有江冬秀一個夫人。江冬秀生有三個孩子，其中一女早夭，長大成人者為長子胡祖望（思祖），得名於胡適的母親馮順弟，有光宗耀祖之意。次子胡思杜，其名由胡適親賜，寓意「思念杜威」，既表達了胡適對這位美國洋老師的敬重之情，更深含他一生對自由主義的堅定信仰。當胡適最後一次由大陸赴美時，他的大兒子胡祖望已在美國工作、生活。而在北平圖書館工作的胡思杜卻鬼使神差地拒絕隨父母南飛而留在了北平，不久即被新生的中共政權從圖書館弄出來，送入華北人民革命大學學習改造。

關於胡適一生教育老婆與栽培兒子的故事多多，可惜並不太成功，夫人江冬秀除了在麻將桌上大顯神通，成為大牌的「麻將明星」，連寫一封家信的能力都不具備，如此思想才能要為兒子樹立榜樣，如同天方夜譚。早年的胡適曾說「不要兒子，兒子自己來了」，[14] 又說「思杜是我創造的」，意思是說中國應該選擇杜威的哲學理論指導實踐，並要一代代「思杜」下去。胡適對兒子如此命名，既是思念杜威老人，更表明內心深處接納自由主義思想的期望。但他沒想到，這個兒子竟在大地「陸沉」、自己流亡的艱難處境中，從背後給他射來一槍，稱他是「反動政權的忠實走狗」。[15]

胡思杜在〈對我父親——胡適的批判〉一文中宣稱：自己剛被送入華北人民革命大學時，仍認為父親「作惡無多」。但經過「學代選舉前兩次檢討會，使我了解在這個問題上自己仍是站在反動的臭蟲立場。結合《社會發展史》、《國家與革命》、《中國革命簡史》的學習」，自己幡然猛醒，自己的父親原來是「反動階級的忠臣，人民的敵人」。而這個敵人「始終在蒙蔽人民，使人民不能早日認識蔣匪幫黑幕，不能早日發現美帝狠毒的真相；並替蔣匪幫在美國籌計借款，出賣人民利益，助肥四大家族，鞏固蔣匪政府。這次出走，並在美國進行第三黨活動，替美國國務院掌管維持中國留學生的鉅款（四百萬美元，收受這筆款的人大都是反動分子，民主個人主義者的資助和養成費），甘心為美國服務」。又說：「在他沒有回到人民的懷抱以前，他總是人民的敵人，也是我自己的敵人，在決心背叛自己階級的今日，我感受了在父親問題上有劃分敵我的必要。」對此，胡思杜表示，除了在思想上劃分敵我，還要在個人感情上劃分敵我，即與胡適脫離骨血相連的父子關係。

胡思杜的文章在香港發表後，電訊於第二天便傳遍美國並在各大報如《紐約時報》等顯要位置登出，稍遲又出現在《時代周刊》等眾多暢銷雜誌上，一時輿論沸騰，眾人側目。

就在胡思杜文章發表的三天之前，即九月十九日，美國出版的*Foreign Affairs*（《外交事務》），發表了胡適花費四十天工夫寫就的〈史達林征服世界戰略下的中國〉一文。文章主要論述決定中國和亞洲命運的是兩個歷史事件，即張賊學良弄出的那個西安事變和美英蘇三個邪惡軸心搞出的臭名昭著的「雅爾達密約」，而這兩件大事使共產黨得到喘息並從中漁利，最終導致國民黨丟失了大陸江山。胡適在文中不乏替國民黨臺灣當局「說話」與開脫之意，真正動機如他給傅斯年信中所說：「夏間發憤寫了一篇長文給*Foreign Affairs*，十月號發表，題為"China in Stalin's Grand Strategy"。主旨是要人知道中國的崩潰不是像Acheson等人說的毛澤東從山洞裡出來，蔣介石的軍隊就不戰而潰了，我要人知道這是經過二十五年苦鬥以後的失敗。這段二十五年的故事是值得提綱挈領說一次的……」[16]

因了胡思杜的戰鬥檄文以及表示脫離父子關係的聲明，胡適的〈史達林征服世界戰略下的中國〉一文也受到廣泛關注，許多報刊把二者聯繫起來加以評頭論足。胡適面對兒子措辭激烈的文章，不相信自己親手撫養長大的「小三」會做如此說。同前些時候他不相信老友陳垣會對自己射來鋒矢一樣，他認為此舉仍是共產黨耍的布袋戲，故意蒙蔽大眾和對胡適本人施以刺激，以達到不可告人的政治目的。對此，胡適在二十四日日記一條剪報旁加了如下兩句話：

小兒此文是奉命發表的。兒子思杜留在北平，昨天忽然變成了新聞人物！此當是共產黨得我發表長文的消息之後的反攻。[17]

不管如何猜測，這個被胡氏夫婦稱為「小三」的兒子確實成了新聞人物，當胡思杜與老胡適決裂的電訊傳遍美國的同時，自然也傳遍了臺灣。一九五〇年九月二十三日，臺灣《中央日報》第二版刊登了九月二十二日路透社香港電：

胡適的兒子胡思杜今日在左翼的《大公報》發表一文，斥其父為「反動分子，其罪行早和美帝有關」。胡思杜刻在北平，他聲言和他父親脫離關係，因為胡適是「人民的敵人」。

消息刊出，立即在臺島引起轟動，胡適在臺的一些朋友聞訊大為惶恐，生怕胡適受到國民黨密布的海外勢力的打擊或暗算。在臺灣大學校長任上的傅斯年迅速做出反應，與胡適一樣認為胡思杜的言論不是出於本心，乃是共產黨脅迫或蒙蔽的結果。為維護胡適父子的聲譽並顧及胡適本人的政治處境，傅以胡適手下「鬥士」的姿態，於九月二十九日在《中央日報》發表聲明，就他所知胡思杜的情況及中共的方針政策為胡思杜解脫，謂胡思杜少年多病，學業不成，尚屬天性淳厚之人。一九四八年夏由在美朋友送其回國。最後，傅斯年說：「共產黨對於不做他們工具乃至於反對他們的教育界中人，必盡其誣衊之能事。《大公報》上這一文，也不過一例罷了。陳垣、胡思杜等都是在極其悲慘的命運中。因為不能出來，別人代他寫文，我們也不必責備他了！」[18]

胡思杜的檄文是否出自他自己的意願和本人之手，或是他人強迫、代筆與修改，已無從查考。可考的是，此文經新中國成立後團中央主辦的《中國青年》等一流刊物轉載後，迅速在大陸教育文化界產生強烈反響。——這是一個山雨欲來、海嘯突至的信號。隨後，相關機構發動北大文法兩學院討論「胡適思想問題」，並主使中文、哲學、史學、圖書館四個科系聯合舉行「控訴會」，由俞平伯、楊振聲、顧頡剛，以及自稱與胡適有過七年以上交情的湯用彤、朱光潛等人「帶頭控訴」。隨著倒胡、罵胡的巨浪翻轉升騰，胡適過去的同事、朋友、學生等大小知識分子在驚悚之餘，見風使舵，紛紛跳將出來揭發批判胡適的「反動罪行」，表示與這條「喪家的、美帝國主義走狗」徹底決裂。未久，中共高層又弄出了一個知識分子思想改造運動，全國高校與科研機構在集中力量對老少知識分子精神「洗澡」的同時，也把胡適、張伯苓、梅貽琦等人拉進來一併洗涮一番。[19]據一九五一年十一月三十日香港《大公報》北京通訊發布的消息說，京津高等學校教師學習委員會，於十一月十六日召開第二次委員會議。參加學習的單位，由原定二十個院校增至二十四個院校。另有研究機關如中國科學院、農業科學研究所、衛生部和鐵道部的研究所研究人員參加，人數已由三千餘人增至六千五百二十三人。在討論會上，北京大學湯用彤副校長說：「北大最近討論胡適的問題，比較深入。」南開大學校務委員會楊石先主任委員說：「我們已進行討論張伯苓的問題。由於張伯苓先生有很長一段時間離開學校，一般教師對他不了解，我們找了幾位對張了解的人討論。」又訊：「十一月十四日晚，北京大學湯副校長召集了十三位老教授，座談北大一貫的主導思想問題。透過老教授們的親身體驗，並著重從歷來的代表人物來進行分析的結果，公認胡適是一個具有代表性的、在舊學術界集反動之大成的人物。會上發言熱烈，羅常培先生並聯繫自己的思想進行批判；特別是向達先生，反映歷史系小組討論時的情況，他們對胡適的學閥作風和反動行為舉出許多生動的實例，做了感人的控訴，表現了極大的憤慨。」（南按：時湯用彤已改任副校長，馬寅初任校長。）同年十二月，《新觀察》刊發了記者蕭離、王真的長篇報導，報導了京津高校六千多名教師參加運動的盛況，其中小標題有「批判胡適、梅貽琦」之語。這篇報導透過媒體的轉載傳到胡適手中後，胡對此極為重視，在附於日記的同時，又於文中多處加著重號，表示他內心的不服氣與無可奈何之情。

只是，此時的中共高層對胡適還存在返回大陸的幻想，於呼呼作響的彈頭射出之際，仍暗中派周鯁生、江澤涵等胡適的親友，從不同管道勸其返回北京「棄暗投明」。因了這一不為外界所知的緣由，批胡運動在掀了幾個波浪之後，於一九五二年逐漸式微。中共高層在等待胡適回心轉意，反水倒戈，但胡適對大陸或明或暗投過去的信息不理不睬，且隨著韓戰爆發，美國總統杜魯門下令第七艦隊駛入臺灣海峽協防臺灣，蔣介石集團得以保全，在美隱居的胡適心氣也提高了不少，越來越堅定地支持臺灣蔣介石政權。這一不識抬舉的做法，為中共下一輪更加猛烈的批胡運動埋下了伏筆。

三、再掀高潮

面對新的國內外形勢，特別是以美國為老大的西方陣營對中國大陸政治經濟封鎖與夾擊越來越嚴重的險境，在觀望中等得不耐煩的中共高層，決心向胡適重炮轟擊，一舉將其轟翻在地，同時將殘留在大陸知識分子頭腦中的「流毒」全部清洗乾淨以穩住新生的政權。於是，更大規模的批胡運動再次引爆，其表面的導火索，則緣於一件奇特的由兩個「小人物」引發的「《紅樓夢》事件」。

一九五四年九、十月間，有兩個分別叫李希凡和藍翎的「小人物」合作發表了一篇文章，指責原北大中文系教授、紅學家，時為北京大學文學研究所古典文學研究室研究員的俞平伯，看不到《紅樓夢》偉大的反封建傾向等等。毛澤東看到這篇文章後感到正合自己的胃口，立即指令夫人江青去《人民日報》安排轉載。想不到《人民日報》的掌門人不明就裡，竟膽大包天、稀里糊塗地給予拒絕。隨後，李、藍二人再次發力，指控俞平伯的思想根源是胡適的主觀主義和唯心主義，應該徹底批判云云。此文再度引起毛澤東重視，認為要想在政治上向蘇聯「一邊倒」，徹底清除中國人對美帝國主義的崇拜心理，就必須根除胡適作為「反動政權的忠實走狗」在思想界形成的影響。於是，毛澤東突破紅學本身的是非，醉翁之意不在酒而在壺（胡）地把矛頭轉向清除五四以來胡適思想的餘毒，由此促成了在整個大陸各階層宏大的批壺（胡）、倒壺（胡）、砸壺（胡）、摔壺（胡）等一連串的除壺（胡）運動。

此次批胡運動表面上由郭沫若、周揚兩位著名「文化班頭」與「奴隸總管」（魯迅語）掛帥，但很快教育文化界人士就得知真正的授意者是毛澤東，從而更加惶恐不安。中國科學院和中國作家協會為此專門成立了一個委員會，由郭沫若任主任，針對胡適的哲學思想、政治思想、文藝思想、歷史觀等，發起了全面的、集中的、尖銳的、野蠻的炮火轟擊。郭沫若一馬當先，採取開會發言、與記者談話或親自撰文等形式對胡適口誅筆伐。這年十一月八日，《光明日報》發表郭沫若與該報記者談話，謂：「由俞平伯研究『紅樓夢』的錯誤觀點所引起的討論，是當前文化學術界的一個重大事件……是馬克思列寧主義毛澤東思想與資產階級唯心論思想的鬥爭；這是一場嚴重的思想鬥爭……胡適的資產階級唯心論學術觀點在中國學術界是根深柢固的，在不少的一部分高等知識分子當中還有著很大的潛勢力。我們在政治上已經宣布胡適為戰犯，但在某些人的心目中胡適還是學術界的『孔子』。這個『孔子』我們還沒有把他打倒，甚至可以說我們很少去碰過他。」十二月九日，《人民日報》以〈三點建議〉為題，再度發表了郭沫若於前一日在中國文學藝術界聯合會主席團、中國作家協會主席團擴大聯席會議上的發言，謂胡適是「買辦資產階級第一號的代言人，他由學術界，教育界而政界，他和蔣介石兩人一文一武，難兄難弟，倒是有點像雙峰對峙，雙水分流」，要求大家透過對胡適與俞平伯《紅樓夢》研究的批判，「深刻檢查，隨時警醒」。

郭沫若的轟擊透過香港等地左派報刊陸續傳到美國為胡適所知，胡對郭的做法開始尚摸不著頭緒並有些惱怒，後來仔細想想也就明白和釋然了。對於郭氏的為人，胡曾對他的助手胡頌平說過這樣一段話：「郭沫若這個人反覆善變，我是一向不佩服的。大概在十八九年之間，我從北平回到上海，徐志摩請我吃飯，還請郭沫若作陪。吃飯的中間，徐志摩說：『沫若，你的那篇文章（是談古代思想問題，題目忘了），胡先生很賞識。』郭沫若聽到我賞識他的一篇文章，他跑到上座來，抱住我，在我的臉上吻了一下。我恭維了他一句，他就跳起來了。」[20]當年郭沫若滿懷喜悅之情拿著夾肉的筷子跳起來了，而如今卻非常嚴厲地批判起胡適來。胡適享受的待遇不再是演戲和作秀一樣的被熱切狂吻，而是遭到冰冷的咬噬與當頭棒喝。

對於郭沫若的反覆和善變，胡適有過若干次親身領教。一九四七年二月，郭沫若撰文〈替胡適改詩〉，將胡適在抗戰使美時贈陳光甫詩中的一句「做了過河卒子，只能拚命向前」的「拚」字改作「奉」字，以此諷刺胡適奉了蔣介石之命，做了國民黨的過河卒子。胡適看到這首改詩的文章後自是耿耿於懷，但也僅限於「懷」，尚沒有憑藉自身的影響和權力進行反擊和報復。[21]學術界人士看到的是，這年五月，胡適仍慨然主張把郭沫若列入中央研究院首屆院士候選人名單中，且在後來評委會審查中為郭大聲疾呼，終使其過關斬將沒有落選。一九四八年二月，郭沫若再作長文〈駁胡適「國際形勢裡的兩個問題」〉。一個月後，八十一名院士選出，郭沫若榜上有名。同年五月，郭沫若在香港《華商報》發表〈「三無主義」疏證〉一文，竟大罵胡適：「無恥！無恥！第三個還是無恥！」在此之前和之後，無論胡適為其做如何親近與大度的表示，因為政治的需要和關乎自己的利害得失，郭沫若不會對胡表示感激之情，更不會不識時務地報以好臉色。他以嚴厲批判的方式表示對昔日朋友的無情，似乎這樣才能突出自己革命立場的堅定，並有可能得到中央當局的信任。而如今，面對跑到美國的胡適以及最高領袖批胡的指示，郭沫若的態度自是更加理直氣壯與豪氣萬丈。

繼郭氏之後，號稱正宗的「馬列主義史學健將」的范文瀾，自然不能落後。在中國科學院召開的批胡大會上，已是六十二歲高齡的老范頭發言道：「日寇要『征服中國民族的心』，當然非借重『領導文化教育運動』的當今孔子胡適不可，胡適的身價當然可以漲價萬倍。也許是日本帝國主義比美帝國主義聰明，看透這個奴才的不中用。不管兩個帝國主義誰愚蠢誰聰明，反正胡適是一個裝扮成當今孔子待價而沽的漢奸賣國賊。」[22]

在炮聲隆隆、彈片橫飛的討伐運動中，迫於巨大的社會政治壓力，殘存於大陸的「胡適派文人」，以及學術教育文化界大小人物紛紛表態，誓同胡適徹底決裂，並把手中的鋼筆或原子筆當作投槍、匕首，向遠在大洋那邊的胡適紛紛投擲而去。

同年十二月，被魯迅譏諷為「李天才」的北師大中文系教授李長之，在〈胡適的思想面貌和國故整理〉長篇檄文中，用他那與眾不同的「天才」筆法，先聲奪人，上來就是一個大問號：「胡適是什麼樣的人？」緊接著回答：「胡適是一個頑固的反革命分子。他自己說過『我們寧可不避反革命之名』。」在羅列了一系列胡適如何混帳的「證據」之

胡適送給陳光甫的「自題照片」

後，李長之著重指斥胡適「到處販賣個人主義」，「他把個人提高到如此的地位，認為日本之所以一躍而為『強國』，『只因為伊藤博文、大久保利通、西鄉隆盛等幾十個人的努力』。因此，他有『傳記熱』。由重視個人而藐視群眾，敵視群眾，由不避『反革命』之名而走上反革命之實，這就是胡適的發展道路」。最後，李長之以他一貫的虛張聲勢，藉以嚇人的行文手法做振臂高呼狀：「是的，『短兵相接』了。我們要迎接這個戰鬥！迎接這個包括自己思想在內的戰鬥任務！」[23]

戰火已經燃起，短兵相接了！作為與胡適最親近的門生故舊也該投入戰場，撕破臉皮真刀真槍地直接展開肉搏，給「當今孔子」胡老師放放血了。向來受到胡氏寵愛的入室弟子羅爾綱率先站出來發難，說：「一九五〇年，我又從家鄉回到我的單位。那時陶孟和先生已經任中國科學院副院長。他來南京，對我說胡思杜寫有一篇〈我的父親〉同胡適劃分界線，寫得很好，叫我看看。那時初解放，我在家鄉未經學習，還不懂得什麼叫劃分界線。而胡適的問題卻正在沉重地壓在心頭。我聽了孟和先生的話，立即去圖書室借了《人民日報》來看。看後啟發我認識到胡思杜與胡適還可以劃清敵我界線，我做學生的，更可以與老師劃清敵我界線了！從此解決了心頭的難題，豁然開朗了。二十年前，我是胡思杜的老師，今天胡思杜是我的老師了！」[24]

出生於廣西貴縣的羅爾綱是胡適眾所周知的得意門生，一九三〇年於胡適任校長的上海中國公學畢業後，到胡家做徒弟。時胡適已辭卻中國公學校長職務，移家北平，出任中華教育文化基金董事會編譯委員。羅在「適之師家的工作，是輔助祖望、思杜兩弟讀書，和抄錄太老師鐵花（諱傳）先生（一八四一—一八九五）遺集」。[25]此項工作完成後，為考證《醒世姻緣傳》一書的作者西周生即是蒲松齡，羅爾綱又協助胡適進行校勘《聊齋全集》各種版本的工作，至一九三一年秋完成後回到貴縣老家。一九三四年，羅爾綱重返胡府，這回胡適沒有給他固定工作，只教他自己看書做研究，每天到北平圖書館看書，偶爾讓羅幫一點抄抄寫寫的小忙。也正是在這個時期，羅氏開始涉獵晚清軍制與太平天國史的學術研究，胡適耳提面命，苦心孤詣地栽培。羅爾綱進出胡府前後兩次約五年時間，學問大長，並發表論文，出版專著，受到業內行家的矚目。一九三四年十月，羅進入胡適為院長兼所長的北京大學文學院文科研究所考古室任助理研究員，主要整理金石拓本。抗戰軍興，羅爾綱先回家鄉貴縣，後經胡適與陶孟和商量，輾轉來到昆明，繼之遷四川李莊門官田，在陶孟和主持的中央研究院社會科學研究所專門研究清代軍制與太平天國史，經過數年苦心鑽研，終成聞名中外的清代軍制和太平天國史研究專家。

一九四三年春天，青年羅爾綱應廣西桂林文化供應社總編輯錢實甫之約，寫了一篇跟隨胡適求學問道，師生相處，情誼至深的自傳式文章〈師門辱教記〉，全篇約四萬餘字，一九四四年六月由桂林建設書店出版單行本。關於此書因何取名《師門辱教記》，羅爾綱後來有一個專門說明，謂：「這是因為我著的《太平天國史綱》於一九三七年春出版了，適之師嚴厲地訓飭我偏於太平天國，有背史家嚴正的立場。那時候，許多太平天國史料還沒發現，我也和當時的人們一樣以為殺人放火，搶劫擄掠，是太平天國幹的。所以我沉痛地感到有負師教與他對我的希望，因把此書叫作《師門辱教記》。」又說：「適之師那天生病在家。我上午七時三十分把書送去，到十二時下班回家，就接到條子叫我去……他那天是盛怒的，吳晗陪我出來說他聽了也驚怕……當時的情況，我是『站在適之師面前，默默的恭聽他的訓斥』，吳晗卻是坐在適之師書桌對面的客位，適之師只訓飭我一人，並沒有對吳晗說。適之師晚上的態度也完全不同了。由於當時認為適之師的教訓完全對，我是辜負了適之師的教訓與希望，因此，把書名叫為《師門辱教記》。」[26]

羅爾綱所說的這一天是一九三七年二月二十一日，胡適在當天的日記中做了如下記述：

讀羅爾綱《太平天國史綱》一冊。下午爾綱與吳春晗（南按：吳晗）同來，我對他們說：「做書不可學時髦。此書的毛病在於不免時髦。」例如一三二頁說：「這種種的改革，都給後來的辛亥時代，以至五四運動時代的文化運動，以深重的影響。」我對他們說：「我們直到近幾年史料發現多了，始知道太平天國時代有一些社會改革，當初誰也不知道這些事，如何能有深重的影響呢？」

但此書敘事很簡潔，是一部很可讀的小史。[27]

僅從胡適這段平實公允的文字敘述，看不出有什麼了不起的事情發生，但在羅爾綱看來，卻是一場足以震撼心靈的風暴。

《太平天國史綱》寫於一九三五年年底至次年四月中旬，是羅氏拖著疲憊的身體，用晚上的時間寫成的。因預設此書的讀者是中學生，許多煩瑣的材料未能用上，一些學術性質的考證也未收入其中。當一九三七年印出來後，羅爾綱興匆匆地捧著「大作」送給胡適，本想得到恩師一番讚譽，結果卻是當頭棒喝。胡適嚴厲地斥責道：「你寫這部書，專表揚太平天國，中國近代自經太平天國之亂，幾十年來不曾恢復元氣，你卻沒有寫。做歷史家不應有主觀，需要把事實的真相全盤托出來，如果忽略了一邊，那便是片面的記載了。這是不對的。你又說五四新文學運動，是受了太平天國提倡通俗文學的影響，我還不曾讀過太平天國的白話文哩。」[28]

胡適雷霆震怒，羅爾綱感到「毛骨悚然」，也如醍醐灌頂，懵懂中清醒了不少。後來羅氏在《師門辱教記》中說：「太平天國之役，十九年長期大戰，毀壞了多少文物，摧殘了多少都市和農村，兵災疫癘的浩劫，生民流離的悲慘，我都搜集有此類史料，我為什麼在此書中不做詳細的敘述呢？這便好像是有意的把那些殘酷的事實掩蔽了……我這部小書不正成為『教人革命』的宣傳品了嗎！至於太平天國提倡通俗文學一事，我只可以說太平天國曾有此種提倡，但卻不能說五四新文學運動是受了它的影響而來。我這種牽強附會的說法，正違犯了章炳麟所論經師應守的『戒妄牽』的信條，也就是違犯了適之師平日教我們『有一分證據說一分話，有三分證據說三分話』的教訓……」最後，羅爾綱說：「適之師教訓我常常如此的嚴切。他的嚴切，不同夏日那樣可怕，卻好比煦煦的春陽一樣有著一種使人啟迪自新的生意，教人感動，教人奮發。」[29]

正是懷著這樣一種慚愧和感念之情，羅爾綱發奮完成了獨具一格的傳記《師門辱教記》並得以出版發行。只是好景不長，就在此書印出不久，日軍發動了「一號作戰計畫」中的桂柳戰役，桂局緊張，時在家鄉貴縣的羅爾綱帶了一本倉皇來到南溪李莊中央研究院陶孟和主持的社會科學研究所，白天繼續研究晚清軍制，晚上則伏在昏暗的菜籽油燈下，將此書再做修改補充，並於「嚴寒的深夜裡把它抄出來」。一九四五年二月三日深夜，羅爾綱在增補稿的自序中深情地說道：「我這部小書，不是含笑的回憶錄，而是一本帶著羞慚的自白。其中所表現的不是我這個渺小的人生，而是一個平實慈祥的學者的教訓，與他的那一顆愛護青年人的又慈悲又熱誠的心。如果讀者們能夠得到這個印象，那麼這一次重印便不為多餘的了。」[30]未久，羅爾綱把修改後的書稿寄給重慶獨立出版社總經理盧吉忱重印。

盧原是北大文學院祕書兼文科研究所祕書，與胡適、羅爾綱皆交情深厚，此時正主持重慶獨立出版社事務，對羅爾綱這本小書極為推崇，非常樂意促成此事。盧氏接到羅的補充稿後，沒有馬上排印，而是寄給遠在北平的胡適校閱並請其做一短序。胡適看到羅的書稿，頗為激賞，滿口應允，但因事務纏身，直到一九四八年八月三日才在北平把序文寫出，除把原

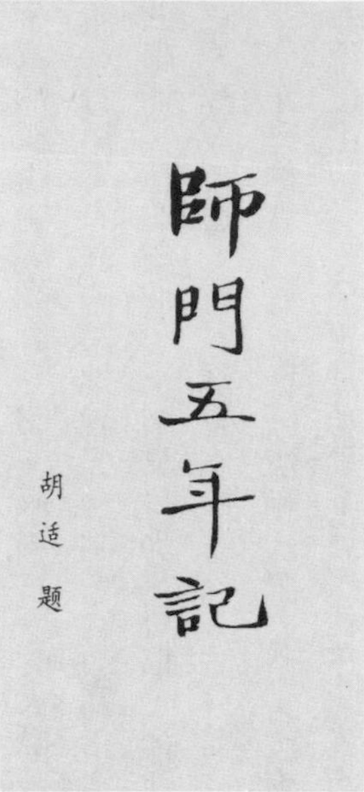

《師門辱教記》後改名《師門五年記》，胡適為該書再版題寫的書名。

羅爾綱

稿加序文寄給重慶盧吉忱，還另找人抄一份給羅爾綱。據羅爾綱回憶，胡在附信中稱，「這本小小的書給他的光榮比他得到三十五個名譽博士學位還要光榮。那時我覺得適之師這句話說得太重了，但後來事實表明他的話是真實的」。[31] 胡適在《師門辱教記》序言中這樣說道：

我的朋友羅爾綱先生曾在我家裡住過幾年，幫助我做了許多事，其中最繁重的一件工作是抄寫整理我父親鐵花先生的遺著。他絕對不肯收受報酬，每年還從他家中寄錢來借給他零用。他是我的助手，又是孩子們的家庭教師，但他總覺得他是在我家裡做「徒弟」，除吃飯住房之外，不應該再受報酬了。

這是他的狷介，狷介就是在行為上不苟且，就是古人說的「非其義也，非其道也，一介不以與人，一介不以取諸人」（古人說「一介」的介是「芥」字借用，我猜想「一介」也許是指古代曾作貨幣用的貝殼？）。我很早就看重爾綱這種狷介的品行。我深信凡在行為上能夠「一介不苟取，一介不苟與」的人，在學問上也必定可以養成一絲一毫不草率不苟且的工作習慣。所以我很早就對他說，他那種一點一畫不肯苟且放過的習慣就是他最大的工作資本。這不是別人可以給他的，這是他自己帶來的本錢。我在民國二十年秋天答他留別的信，曾說：你那種「謹慎勤敏」的行為，就是我所謂「不苟且」。古人所謂「執事敬」，就是這個意思。你有此美德，將來一定有成就。

……如果我有什麼幫助他的地方，我不過隨時喚醒他特別注意：這種不苟且的習慣是需要自覺的監督的。偶然一點不留意，偶然鬆懈一點，就會出漏洞，就會鬧笑話。我要他知道，所謂科學方法，不過是不苟且的工作習慣，加上自覺的批評與督責。良師益友的用處也不過是隨時指點出這種鬆懈的地方，幫助我們自己做點批評督責的功夫。

爾綱對於我批評他的話，不但不怪我，還特別感謝我。我的批評，無論是口頭，是書面，爾綱都記錄下來。有些話是頗嚴厲的，他也很虛心的接受。有他那樣一點一畫不敢苟且的精神，加上虛心，加上他那無比的勤勞，無論在什麼地方，他都會有良好的學術成績。

……爾綱這本自傳，據我所知，好像是自傳裡沒有見過的創體。從來沒有人這樣坦白詳細的描寫他做學問經驗，從來也沒有人留下這樣親切的一幅師友切磋樂趣的圖畫。32

師友切磋樂趣的圖畫當然是美好的，惜這圖畫並不是鐵板一塊，而是一幅因時而易，隨時可以按不同意志與思想塗抹的顏料布。當批胡運動到來並呈「短兵相接」之勢時，這幅樂趣圖中的人物也跟著變形改色了。

為表示對中共的忠心和批胡立場，大徹大悟的羅爾綱於一九五五年抓住參加中國人民政治協商會議這一千載難逢的契機，毫不猶豫地向昔日的恩師、今日的敵人胡適擲出了手中的投槍。羅氏說道：「人民給我以光榮，我得以參加中國人民政治協商會議第二屆全國委員會第一次全體會議，使我發生無限的感想。」隨著這個感想而來的，是親身體會與頓悟：大革命失敗後，我來到上海，「轉學到當時胡適做校長的中國公學去。那時候，我正徘徊在人生歧路上，我選讀了一門莊子課程，這一部反動哲學，就首先把我拖到幻滅的泥坑去，使我造成了虛無的人生觀和宇宙觀，一直支配了我的半生。不久，中國公學畢業了，我到胡適家去做他的私人書記。我又中了胡適反動學術思想的毒，也一直支配了我的半生。莊子給我的毒，一句話說完，就是使我不辨是非，使我沒有愛憎，使我感到一切虛無，使我成為行屍走肉。胡適反動學術思想給我的毒卻是一言難盡」。接下來，羅爾綱列舉了胡適「流毒」的案例與鐵證：

他教我寫歷史必須超政治超階級，站在「客觀」的立場，不偏不倚，方配做歷史家。我受了他的欺騙，一九三七年出版的《太平天國史綱》便是照他所說的立場寫的。胡適看見了這部小書，他還大大冒了火，把我大罵一頓，說我只表揚太平天國的光明面，沒有說到太平天國的黑暗面。我當時受了他的罵，不但沒有反感，而且以為自己是有違師教。所以到六年之後，我到桂林去，有一間書店要我寫自傳，我就寫了一本小冊子叫作《師門辱教記》敘述這一件事。我為了追求胡適荒誕的客觀立場的標準，竟使我多年無法去寫我計畫中的太平天國史。今天回想起來，當年中毒太深，是到了怎樣的地步。由此也就可知我所以把漢奸曾國藩的〈討粵匪檄〉與太平天國起義三道革命檄文並列，稱曾國藩為反革命的英雄，與革命的英雄忠王李秀成等量齊觀等等荒謬的看法是必然的了。

或許，羅爾綱認為僅僅這一「鐵證」，尚不足以搯倒胡適思想和理論，於是再接再厲，又相繼列舉了胡適「為考據而考據」的流毒，謂「胡適本人一切考據都是有目的的考據，他自己並不是『為考據而考據』，但他為了要青年人逃避政治沉埋到故紙堆中去，所以他教人『為考據而考據』」。但胡適的考據「是從唯心論出發『大膽的假設』，他解決問題並不是如他自己所說的『小心的求證』，而實在是『大膽的發揮』」。又說：「胡適的考據，一般說來都是證據不夠的，越是他自命得意之作證據也就越少。例如〈醒世姻緣傳考證〉是胡適自以為得意的一篇考證，他看了現代人寫的一部筆記說《醒世姻緣傳》是《聊齋志異》的作者蒲松齡做的，他就提出了假設，從而大膽地去發揮，就做出了結論。嚴格說來，在這一篇考證中，連一條直接的證據都沒有。」[33]再之後，羅爾綱又列舉了胡適「超政治超階級」等荒謬、反動的思想觀念，最後終於明白了歷史是一種「階級鬥爭的科學」，以及黨和政府領導的無比正確。謂自己經過各種學習和改造，終於掙脫「胡適思想」的桎梏，被從虛無幻滅的泥坑裡拉了出來。

被拉出來的羅爾綱上得岸來，把投槍擲向胡適的同時，也對自己過去的人生進行無情的鞭撻和斥罵，他滿含深情地感慨道：「這是如何不同的兩個人生呵！一個是灰冷的、虛無的、無可奈何的人生；一個是熱愛的、滿懷信心的樂觀的戰鬥的人生。兩個不同的人生繪出了中國兩個不同的時代：在舊時代裡，革命向反革命進行鬥爭，進步的知識分子就參加了革命，反動的知識分子投到反革命的泥坑，而我這樣的一個落後的知識分子卻變成了行屍走肉；到了今天的時代，在毛澤東光輝的照耀下，只要你要求進步，就連同我這樣的一個活死人，也恢復了青春，充沛了生命的力。」[34]

此文於新年開門第四日刊發，充分體現當局刻意策畫安排，之間包含著深層的政治意義。尚未行動或正在觀望的其他同類人物，見帶有火藥味的大幕轟然拉開，白紙黑字寫過《師門辱教記》的作者羅爾綱從幕後跳上前臺，赤膊上陣向他的恩師胡適——確切地說是胡適的影子開起火來，身心受到強烈震撼的同時，胸中亦「豁然開朗」。同羅爾綱在南京尊奉胡思杜為老師一樣，胡適的各色門生故舊也開始奉羅爾綱為老師，紛紛舉起投槍、匕首向遠在大洋那邊的老匹夫胡適擲去。

當此之時，胡適的另一個學生，抗戰期間畢業於北大文科研究所，對佛教頗有研究的任繼愈（南按：後出任北京圖書館館長），按照「老師」羅爾綱的路數，藉胡適對禪宗史「研究的謬誤」加以指斥道：胡適「為什麼在《神會傳》中費了這樣大的力氣把神會捧到九天之上，說他有『偉大的功勳，永久的影響』？首先，因為胡適在巴黎和倫敦抄回來了一些關於神會的著作，如果把神會捧得愈高，他『發現』神會的功勞就顯得愈大。其次，神會是政客式的和尚，這一點和政客式的『學者』胡適臭味相投。胡適欣賞『神會的手腕高超』，『神會真是南宗的大政治家！』再次，胡適特別佩服神會在佛教爭正統的爭吵中使用的『戰略、戰術』高明，和他的主觀和『大膽』」。又說：「在這些說明裡……他所醉心歌頌的只是神會『有手腕』、『政治家』、『大膽』、『先聲奪人』等不顧事實，撥弄是非的手法。這些手法恰恰就是胡適自己一貫採用的考據和研究『學問』的方法。」[35]

在羅爾綱、任繼愈等人的影響和郭沫若等中科院領導人的誘發下，一九五五年，時任中科院考古研究所副所長的夏鼐，在這年的《考古通訊》第三期發表了〈批判考古學中的胡適派資產階級思想〉一文，文中列舉了胡適的多條罪狀，如第四條：「壟斷材料，囤貨居奇，這是反映了腐朽的資產階級的惡劣作風。」第五條：「宗派林立，學閥稱霸。胡適傅斯年輩學閥，是以研究機構和高等學校作為地盤的，成為一種排他性的宗派。像軍閥一樣，他們雖時常打算擴充地盤到別人的勢力範圍中去，但自己的地盤是絕不容他人染指的。這種風氣也傳染到考古工作中去。」

深受胡適思想和治學路數影響的夏鼐，這個時候可能仍記著胡適教導的「有一分材料說一分話」的嚴謹求實的治學為文精神，在列舉了幾條罪狀的同時，也不忘穿插進幾個典型事例加以坐實。如「胡適自己對於考古學是外行的。在他的著作中，只有一條關於考古學具體問題的意見。他在《古史辨》第一冊中說：『發現澠池石器時代文化的安特森疑商代猶是石器時代的晚期（新石器時代），我想他的假定頗近是。』（頁二〇〇）這不僅表示他對於考古學的蒙昧無知，並且也充分地表現他的買辦階級的崇拜外國人的思想。但是，胡適過去三十多年在中國歷史學上是起著統治作用的，他所散布的毒素是很嚴重的」。又說：「因為胡適當時通過了他的門徒傅斯年控制了這個研究所」，所以胡適所提倡的「大膽的假設，小心的求證」的實用主義考據方法，「在考古學上也產生了極惡劣的影響」。

對考古學是外行的胡適，「只有一條關於考古學具體問題的意見」，可供批判的「毒素」實在不多，夏鼐就不得不拉上「胡適的打手」傅斯年陪綁。毛澤東早在一九四九年就已將胡適、傅斯年、錢穆等三人定性為「反動文人學者」的代表，這次夏鼐來個「拉郎配」，似是一件合情、合理又合「天」的事情。此時在臺灣的傅斯年早已登了鬼錄，成為不折不扣的、比紙老虎還差一個級別的「死老虎」，夏鼐不再有任何顧慮。為此，夏進一步列舉中央研究院歷史語言研究所個案加以表明：「例如安陽小屯殷墟發掘的初期，只因為先有了一個『殷墟文化層是由洪水沖積而來』這一『大膽的假設』（《安陽發掘報告》第一冊），於是便搜羅了許多不可靠的所謂『證據』來證明這假設。經過了他們的拗曲，層基的夯土成為大水沖積的淤土，夯土的錘痕成為波浪皺紋，柱礎的大卵石也認為是大水運送來的，還繪出一幅甲骨漂流沖積圖，甚至於一個墓葬中的屍骨，認為『最可證明這洪水經過的事實』，『他那張口喊救的樣子還可看得出來』。描述淹死的幼童張口喊救，雖覺很生動活現，但宋人的《提刑洗冤錄》便已知道生前溺水屍首是『口闔，眼開閉不定，兩手握拳』。縱使臨死時曾張口喊救，沖進去是帶泥的水，不是硬物，溺死後筋肉僵化收縮，一定闔口握拳。又如發現了一個刻辭的頭骨，先大膽地假設它是麟頭，然後由書本中搜集了許多關於麟的材料，一寫便是洋洋三萬餘言的〈獲白麟解〉（《安陽發掘報告》第二冊），好像是鑿鑿可據。後來經生物學家鑑定，這獸頭原來是牛頭，和麟完全無關。我也知道，原作者後來也都承認自己的錯誤，但並未認識到這些便是胡適的實用主義『大膽的假設、小心的求證』方法的流毒。」

夏鼐在文章中所說的《安陽發掘報告》，與後來成為業內笑柄的「殷墟漂沒說」「安陽獲麟說」，[36]都是當年李濟與董作賓等人親自發掘並提出的見解，與傅斯年沒有直接關係，與胡適更不沾邊。夏鼐畢竟是夏鼐，他既要找到批判的證據材料使文章不至於流於空泛的口號，又要遵照心中的道德觀和文化良知，不想佛頭抹糞，讓李濟、董作賓等與此有直接關係的師輩人物難堪，故出此下策，以緩解最高指示和來自郭沫若等人的壓力與脅迫，藉此應付過關。儘管張冠李戴，但畢竟傅斯年也是自己的師輩人物，且堪稱是自己受益終生的良師，夏鼐作此文的內心掙扎與痛苦可想而知。不過，隨著思想「洗澡」不斷深入與制度化、長期化、激烈化，許多事情就不是夏鼐所能控制和憑著「聰明」與「和稀泥」蒙混過關的了。在隨後的日子裡，被錢鍾書夫人楊絳稱為「洗澡」的人數越來越多，胡適、傅斯年、李濟等人在各種場合和報刊不斷遭到「憤怒的革命群眾」火藥味十足的口誅筆伐也就成為必然。透過當時的報刊，可以見出學術文化界在批胡運動中，涉及面之廣、之大、之深。如中國科學院水生生物研究所所長王家楫，在批判中歷數了自己所屬的「南高東大」（南京高等師範、東南大學）集團對胡適集團的鬥爭，說：「這一個集團特別把北京大學一個集團中的傅斯年、汪敬熙當作敵人，眼光很不差，這兩人不但是過去學術界的惡霸，而且已經走上了反革命的道路。但在自己陣容裡面，也有反革命分子如張其昀其人者。」又說：「在反動政府時代，中央研究院每逢舉行評議會，假如沒有胡適之來出席，就覺得掃興。誰能夠同胡適之多握幾秒鐘手，多談幾分鐘話，就會覺得體面，人家看見了還要眼紅。而胡適之和蔣匪介石一樣，同是美帝國主義的臣妾呢！」[37]

胡適的學生輩人物，北大歷史系教授周一良，針對胡適提出的歷史「銅錢說」，批判道：「我們都知道，人類社會的發展是有其不以人們的意志為轉移的規律的。而胡適卻認為歷史是一些彼此孤立、不相聯繫的個別史實，猶如一堆銅錢，你怎樣擺弄，它就被擺弄成什麼樣子。這就是說，歷史的發展不但無規律可言，而且歷史的真實性也根本不存在。」[38]在北大歷史系召開的一次批胡、倒胡座談會上，胡適任北大校長時的祕書鄧廣銘，對胡的學術研究更加細化地揮刀切割道：「試看他搞了好多年的《水經注》問題，而始終只是糾纏在書中某字為戴震所改動，某字為趙一清或全祖望所改動的問題上，既不是要恢復《水經注》的原始面貌，更不是想從此進而研究古代的地理，連趙一清、全祖望等人整理《水經注》的意圖尚不能及，談什麼『大處著眼』呢？」[39]繼鄧之後，在昆明、李莊時代的北大文科研究所學生張政烺接著起身歷數胡適的罪過：「胡適是政客，是反動的宣傳鼓動家，從來都不是什麼學者……我在北大上學時，本來是瞧不起胡適的淺薄無聊、吹牛皮和政客作風，從來沒上過他的課，但在考證小說這一點落後思想上卻統一起來了。」[40]見向來與胡適親近並深受對方厚愛的學生周一良、鄧廣銘、張政烺等輩，都不顧舊情，紛紛站起來，滿臉苦大仇深狀進行「滅祖」行動，早年畢業於燕大，原本與胡氏沒有多少瓜葛，時任教於北大歷史系的齊思和，也就感到沒有什麼好客氣的了，於是緊隨鄧廣銘之後又補了幾刀：胡適說「商代是石器時代」、「屈原並無其人」。在他眼裡，中國人是世界上最「不爭氣」的民族，因之遂得出「中國不亡，是無天理」的賣國結論。

見小字輩都爭先恐後地向老師掄起了錚錚鐵拳，向達、馮友蘭等老字號人物，自然不能坐視其功，也紛紛蹦將起來向胡適的影子猛踹幾腳。向達認為胡適「其思想的主要特點是唾棄祖國，認賊作父，麻痺青年，逃避現實」。[41]而馮友蘭則指斥胡適出於對中國共產黨建立新政權的恐懼，胡說什麼「漢帝國的創立者都是平民，劉邦是個不事生產的無賴，蕭何是個刀筆吏，樊噲是個屠狗的……其中只有極少數的人，如張良、陳平是受過教育的」「這一班鄉下人統治下的政治，確實有點可怕」。[42]在向達與馮友蘭一陣拳打腳踢之後，胡適的好友，著名經濟學家，時任教於中國人民大學經濟系的吳景超，為顯其能而另闢蹊徑，居然刨墳掘墓，把胡適的母親從棺材裡拎了出來。吳說：「他的母親，在十七歲時，違背了父母的意志，嫁給比她大三十歲的人做填房，為的是要享一下官太太的滋味……胡適，過去是我的朋友，今天是我的敵人。我要堅決與胡適所代表的一切進行鬥爭，不達到最後的勝利，絕不罷休！」[43]

在號角陣陣、險象環生的氛圍中，大多數學界中人為求自保，不得不拿起投槍匕首向胡適的影子猛刺開來，一個新的高潮再度掀起。

注釋

1 桑兵，《晚清民國的國學研究》（上海：上海古籍出版社，二〇〇一）。
2 張榮芳，《近代之世界學：陳垣》（廣州：廣東人民出版社，二〇〇五）。
3 曹伯言整理，《胡適日記全編》第七冊（合肥：安徽教育出版社，二〇〇一）。
4 同前注。
5 同前注。
6 同前注。
7 同前注。
8《自由中國》二卷三期（一九五〇年二月）。

9 劉乃崇，〈不幸負陳援庵老師的教誨〉，收入紀念陳垣校長誕生一一〇周年籌委會編，《紀念陳垣校長誕生一一〇周年學術論文集》（北京：北京師範大學出版社，一九九〇）。

10 劉乃和，〈陳垣的一生〉，《名人傳記》一九九四年四期。

11 馮友蘭，《馮友蘭自述》（北京：中國人民大學出版社，二〇〇四）。

12 同前注。

13 同前注。

14 胡適，〈我的兒子〉，《每週評論》三三號（一九一九年八月三日）。

15 此為《中國青年》一九五一年一月五六期轉載胡思杜文章時所說，此文與《大公報》文稍有差異。

16 胡頌平編著，《胡適之先生年譜長編初稿》第六冊（臺北：遠流出版公司，一九九〇）。胡適此文實發表於 *Foreign Affairs*（《外交事務》）七月號。

17 《胡適日記》影印本，一九五〇年九月二十四日條，轉引自余英時，《重尋胡適歷程》（桂林：廣西師範大學出版社，二〇〇四）。

18 胡頌平編著，《胡適之先生年譜長編初稿》第六冊（臺北：遠流出版公司，一九九〇）。關於胡思杜在美國期間的情形，外界知之甚少，只有傅斯年等幾個胡適的好友知道內情，有人謂是被美國當局強行驅逐出境的。如羅爾綱說：「一九四八年四月，我從家鄉來南京醫病，胡適也在南京。我到南京第二天清晨，王崇武同志就走來關照我：『你見胡先生，千萬莫要提到胡思杜。胡思杜在美國讀書，美國要驅逐他，胡先生十分惱火。』我問王崇武美國為什麼要驅逐胡思杜，王崇武說不知道，他是同學來信關照他的。我見了胡適是問到胡思杜的。胡適說：『思杜在美國學文學，還未學成，現因沒有錢，便回國了。』胡適是心裡難過不願說的。」又說：「看來北大同學所傳的信息比傅斯年所謂『由在美朋友送其回國』可信得多」（羅爾綱，〈胡思杜〉，《師門五年記・胡適瑣記》（增補本）（北京：生活・讀書・新知三聯書店，一九九八））。羅爾綱所言雖沒有可靠材料證實，但透過後來胡適與祕書胡頌平的談話，可知這個說法並非空穴來風。一九六一年五月十四日，胡適在晚飯時突然對胡頌平談到了胡思杜，說：「今天是母親節，我們慶祝每位做母親的人，喝了這杯酒。」接著，胡適想起：「一九四六年坐船由美國回來的途中。那天是六月八（？）日，是美國的父親節，我想起我的第二個兒子思杜，我打一個電報給他。父親節，兒子沒有電報給我，倒由我打電報給他，他在印第安那大學讀書的。誰知他這個學期根本沒有上課，他把我匯給他的錢全部跑馬跑光了，還欠了一身的債。結果為了兩張支票的事，險些兒被警察找去了，後來由我的一位朋友把他救出來。他的兩個衣袋裡全是當票，一張是我給他的一架打字機的當票。這個兒子五尺七寸高，比我高一寸，比大兒子高兩寸，肩膀很闊，背也厚——孟真的肩膀很闊，所以孟真特別喜歡他。後來他回來了，我也沒有責備他」（胡頌平編著，《胡適之先生晚年談話錄》〔臺北：聯經出版公司，一九八四〕）。

19　國立西南聯大組建後，南開部分規模最小，教授僅占聯大總數的十五分之一，與戰前相比實力已大為減少，鑑於「將來復校必感才荒」的預感，張伯苓於太平洋戰爭爆發後即開始提前謀畫復校事宜。

一九四二年春節前，張伯苓拜會蔣介石，就南開復校問題進行溝通。蔣介石本著當年「有中國即有南開」的諾言，允南開復校時與國立大學同等待遇（江沛，〈上世紀三四十年代南開大學的存續與發展〉，《團結報》，二〇一〇年七月二十九日）。一九四四年元旦，國民政府為張伯苓頒一等景星勳章以示獎勵。四月五日，張伯苓七十壽慶，蔣介石親書「南極輝光」條幅祝壽。一九四六年四月三日，蔣介石批准教育部提出的南開大學改為國立的「簽呈」，在撥付西南聯大復校資金三十億法幣中，南開分得八億元。以南開師生在西南聯大的規模，此項經費分配實有照顧之意。四月九日，教育部宣布南開大學改為國立，張伯苓仍任校長。從此，南開大學進入與北大、清華並駕齊驅的國立大學時代。

一九四八年五月，中華民國實行行憲，蔣介石邀請張伯苓出任行憲政府首任考試院長。張氏同意到南京「跑跑龍套」。七月六日，張伯苓正式出任考試院長。此時的張伯苓既有感於蔣介石多次關照之情，更有以這頂官帽宦遊於廟堂之上，為南開謀得復校財路的考慮。

根據教育部章程，國立大學校長不能同時兼職。張伯苓在南開的聲望無人能及，師生不願其離職，張氏本人更不願離開寄託其生命的事業。鑑於此，蔣介石認為可以打破規則，仍以張伯苓為校長，由南開出身、時在美國普林斯頓大學高級研究所訪學的經濟學家何廉代理校務，並面諭教育部長朱家驊照辦。但朱與張在個人感情上較為冷淡，且朱對張的教育理念另有成見，不願因此破了規矩，故堅持不讓張身兼兩職。

未久，答應執掌南開帥印的何廉從美國歸來。何氏之所以接受張伯苓之請回國，用何的話說：「我同南開大學和校長的感情很深，深深感到我有道義上的責任必須回去」（何廉，《何廉回憶錄》〔北京：中國文史出版社，一九八八〕。下同）。十月十四日，張伯苓及南開大學師生參加了何廉校長的就職典禮。十月十五日，行政院正式發布張伯苓辭職、由何廉出任南開新校長的命令。未久，張伯苓離津赴京。十一月底，平津戰事一觸即發，何廉覺得南開大學非自己這個自由派知識分子所能掌控，強撐下去後果不堪設想，遂產生了離津赴滬，回到家中靜觀待變的念頭（時何氏的家人在上海居住）。十二月一日，何廉由北平乘機南下，想不到在上海機場遇到了在此候機飛渝的張伯苓。二人相見，自是百感交集。當何向張簡單介紹了南開的情形後，張只是「點頭不語」，最後道別時，張伯苓面色沉重地低聲留下了一句：「一定不要再回天津去了。」上海一別，竟成永訣。一九四八年十二月底，何廉攜家離開上海輾轉赴美，此後再也沒有回到大陸。

何廉離津後，南開大學一直處於無人主政的狀態。一九四九年一月，解放軍攻克天津，由中共天津市委指定黃鈺生、楊石先等代為管理校事。

一九四九年十一月底，重慶易手前幾天，蔣介石曾兩次專程到重慶沙坪壩津南村會見隻身在此養病的張伯苓，請他隨國民政府遷臺，並許諾：只要張氏樂意行動，什麼條件都可以答應。腰不好，可以在飛機上專設臥鋪，家屬均可隨行。此時，周恩來輾轉託香港的南開校友，以「無名氏」署名的信件挽留張伯苓：「老同學飛飛不讓老校長動。」張以「衰老多病，不利遠道飛航」表示謝絕，並堅辭有名無實的考試院長。蔣介石轉往成都後，再令蔣經國催請張伯苓，「給先生留下一架飛機，幾時想走就幾時走」，但張伯苓以「不願離開南開學校，更不想離開祖國」為由拒絕，堅持留在了大陸（趙光宸，《張伯苓年譜長編》）。

一九五〇年五月，張伯苓夫婦搭乘飛機由重慶到北京，在周恩來安排下，暫住傅作義寓所，在京逗留近半年之久。之所以如此，是周恩來考慮到張伯苓即時返津，可能會遭到另類學生的攻擊。一九五〇年九月中旬，張伯苓終於回到天津，此時南開已被另類師生控制，對歸來的老校長懷有敵意，許多另類學生認為張是「戰犯」，應按「戰犯」處決。只有一批南開老人在情感上偷偷給予張一些慰藉和溫情。未久，南開校慶，已是七十五歲高齡的張伯苓打起精神前去參加，但南開中學不許他跨進大門，而南開大學也只允許他在校慶後的小型活動中坐後排不顯眼的位置聽眾人演講。經此一擊，張伯苓變得沉默寡言，常常呆坐居室，以手擊頭，神情頹喪，再也沒有抗戰初起時「因此挫折而愈奮勵」的神勇之氣了。一九五一年二月二十三日，張伯苓於鬱悶、孤獨中淒涼地告別了這個世界，終年七十六歲。

張伯苓逝世後，只有《天津日報》以〈前南開校長張伯苓病逝，遺囑友好同學擁護人民政府〉為題刊載了張伯苓遺囑，以及他三個兒子的一則七十九字「哀啟」，其他的大陸新聞媒體一片寂然。即使政務院總理周恩來聞訊後於第二天親往天津弔唁並發表講話，但也未做公開披露。其間，周恩來在審讀張氏遺囑時，從政治高度表示遺憾說：「可惜少了兩句話，即張伯苓應表示悔過，向人民低頭」（梁吉生，《允公允能　日新月異：南開大學校長張伯苓》〔濟南：山東教育出版社，二〇〇三〕，頁三五二）。直到張伯苓逝世後四十四天，即一九五一年四月八日，才由張的朋友和幾個老學生張羅，在南開女中禮堂舉行一個小型追悼會。儘管周總理對張的遺囑有遺憾之處，但同樣有「看一個人應當依據他的歷史背景和條件，萬不可用現在的標準去評論過去的人。張校長在他的一生中是進步的、愛國的，他辦教育是有成績的，有功於人民的」之講話，但大多數人怕受株連，騎驢觀望，不敢或不願前往參加。

下午二時許，追悼會開始，致悼詞者乃早年的南開大學祕書長、國立西南聯大時代的聯大師範學院院長黃鈺生。抗戰勝利後，他作為南開大學祕書長最早由昆明赴天津籌備復校事宜，張伯苓臨終前的遺囑（大陸版）的執筆者就是黃鈺生。據一些參加悼念會的人回憶說，黃氏寫就的萬餘言的長篇悼文，新舊觀念混雜，既有飽含深情的真知灼見，也不乏追隨時代話語的笨拙努力，在當時的社會氛圍裡堪稱一篇難得的用心良苦的紀念文字。黃鈺生說道：「……張伯苓四十多年間為教育、為中國，辛辛苦苦，勞碌奔波，到處碰壁，失敗了再起來，起來了又失敗，愈失敗愈奮鬥，他是中國新教育的啟蒙者，也是一代人師。但是需要提醒的是，張伯苓是孫中山時代的人，而不是毛澤東時代的人。他是真誠的愛國者，甚至於他在政治上的錯誤，也由於他愛國情切，把希望寄託到錯誤地方上去了，如把蔣介石當作中國的救星。但是，他懊悔晚節的失足，他歎息老境不能參與這個偉大時代的工作，他悲傷他是被新中國所揚棄的人，他悲傷在新社會裡無有他的地位，他悲傷他不如他的老友顏惠慶，他悲傷他的一生的工作都被否定了，他悲傷他的一生心血所在的南開大學已經不認識他了，在校慶的那一天到禮堂裡去坐一坐都得不到許可，他傷心極了……」悼文最後列舉張伯苓讀罷毛澤東〈新民主主義論〉等檄文後的感悟，特別為張申辯道：「有人說，張伯苓沒有形式地向人民低頭，但是他向人民意志的代表毛主席，低頭了，如果天假以年，這位老人或者還要在新民主主義的旗幟下做一些有用的教育工作……」黃鈺生讀到此處，悲不自勝，而專程前來參加追悼會的中國科學院副院長、南開出身的陶孟和早已泣不成聲，在場者無不同聲悲泣。

一九五二年，隨著思想改造運動展開，張伯苓再度受到南開大學各院系師生的批判，諸如「人格卑鄙」、「不學無術」、「興辦教育旨在升官發財，為蔣介石服務」等罪名伴著大小字報隨處可見，張伯苓的教育事業與人格風範遭到了全面否定。

此時，貓在臺灣的蔣介石對張伯苓在大陸的動向依然密切關注。一九五一年二月二十七日，當蔣介石得悉張伯苓病逝的消息後，在日記中寫下了「痛悼無已」的字句。未久，臺灣為張伯苓舉辦了隆重的追悼大會，黨政軍首腦集體出席，蔣介石親寫「守正不阿，多士所宗，伯苓先生千古」的輓聯以誌哀悼。以後，每至張伯苓逢十華誕紀念日，臺灣都要舉行紀念會。一九七五年四月五日，是蔣介石生命的最後一天。據蔣經國日記載：「憶晨向父親請安之時，父親已起身坐於輪椅，見兒至，父親面帶笑容，兒心甚安。因兒已久未見父親笑容矣。父親並問及清明節以及張伯苓先生百歲誕辰之事……」當天晚上，蔣介石撒手歸天。按史家江沛的說法，蔣介石此舉，顯然已非簡單的政治利用可以解釋的了。

張伯苓死後先葬於天津永安公墓，後遷至楊家臺祖墳，一九六二年夫人逝世後，合葬於天津北倉烈士公墓。一九七五年火化後，兩人骨灰置於長子張希陸在北京的家中。一九七九年在天津水上公園烈士陵園舉行了夫婦骨灰安放儀式，後遷至北倉烈士陵園。一九七九年，南開大學六十年校慶，出了一個小紀念冊，仍然沒有張伯苓的名字。由於張氏生前曾有「願故後埋葬在南開大學校園內」的遺願，因此，校慶之後部分有頭有臉的人留下來就此事展開了討論。南開大學黨委的一位要員稱：「現在的同學與張伯苓的關係不深，同學們認為南開大學是人民的，不是張伯苓的，因此最好不要葬於南大。」聽了這番話，特地為此事趕來現場，已是八十二歲高齡的黃鈺生悲憤地說：「現在南開大學代表著落後勢力的仍有一部分群眾，如葬張伯苓於南大，可能會使落後勢力更加囂張，更恐怕進步群眾有意見！」

直到一九八六年，南開大學才同意張伯苓的骨灰埋葬於校園，算是實現了張氏生前的遺願。也就在這一年，南開大學出了一個簡介小冊子，細心者發現上面有張伯苓的名字與一張小照。其原因或如張的學生、物理學家吳大猷院士所言：「是張氏創辦南開及他的功績，即後人亦不能抑沒也」（《中央日報》，一九八七年四月六日）。

20 一九六〇年六月二日胡適與胡頌平談話，胡頌平編著，《胡適之先生晚年談話錄》（臺北：聯經出版公司，一九八四）。

21 一九六一年，胡適因病入臺灣大學醫院。十二月十日，胡與前來照料的祕書胡頌平因其他的文章談到了當年贈陳光甫的詩。胡說：「那是一九三八年作的。那時中日戰爭發生一年多，我和陳光甫兩人在美國華盛頓替國家做了一些事（桐油借貸）。我有一張照片。光甫說：你在照片上寫幾個字紀念吧！我就寫了這四句詩。一直到了一九四七年在南京選舉總統那年，陳孝威要我寫字，我因為這首詩只有二十四個字，就寫了給他。這是完全對抗戰發生而寫的。陳孝威回到香港，在《天文臺》上發表了。當時有人把這首作為過河卒子『胡適賣身給蔣介石』的話，大大的攻擊我。這首詩變成我最出名的詩了。現在《徵信新聞》，又誤把它作為一九四八年在北平出來後作的詩了！」（胡頌平編著，《胡適之先生晚年談話錄》〔臺北：聯經出版公司，一九八四〕）胡氏所說的「有人」，不能說單指郭沫若，但至少是包括郭氏在內的。

22 范文瀾，〈看看胡適的「歷史的態度」和「科學的方法」〉，《歷史研究》一九五五年三期。

23 李長之，〈胡適的思想面貌和國故整理〉，《胡適思想批判》第一輯（北京：生活・讀書・新知三聯書店，一九九五）。

24 羅爾綱，《師門五年記・胡適瑣記》（增補本）（北京：生活・讀書・新知三聯書店，一九九八）。

胡適對羅爾綱的栽培，可謂充滿了摯誠並付出了心血，但胡適從不以此沾沾自喜或居功自傲，正如他在《師門辱教記》序言中所說：「如果我有什麼幫助他（羅）的地方，我不過隨時喚醒他特別注意：這種不苟且的習慣是需要自覺的監督的。偶然一點不留意，偶然鬆懈一點，就會出學習漏洞，就會鬧笑話。」胡氏的提醒，應該說不僅是對羅爾綱一人。

「不苟且」三個字，看起來簡單，做起來卻談何容易。幾年和十幾年後，學界那些「我的朋友」知識分子，在經過三番五次的「洗澡」後，幾乎全面倒伏，一個個走上了「苟且」之路。在這條路上所發生的不只是「漏洞」和「笑話」，更多的是一種無奈的歎息與悲愴情懷，即便如羅爾綱這樣一個平生以「不苟且」自勵的學者，面對胡思杜的公開聲明和胡適的朋友、學生與親人紛紛與之劃分界線的新的大背景，也產生了「苟且」的念頭並且「有所為」。可以說，羅爾綱當時的想法和做法是有違「不苟且」的師教的，而在過後的回憶文章中仍作如是言，頗有為自己開脫的意味。當然，在當時那樣的時代背景下，要做到「不苟且」是大不易的。這個「大不易」絕不遜色於胡適所說的「抗戰不易」。在那樣一個血雨腥風的年代，欲「苟且」尚且不易，何況「不苟且」乎？誠如史家唐德剛言：「個人的行為原只是滄海之一粟，在社會行為的整體中，只是隨波逐流，奚足臧否？」

25 羅爾綱，《師門五年記．胡適瑣記》（增補本）（北京：生活．讀書．新知三聯書店，一九九八）。《胡適自述》（合肥：安徽教育出版社，一九九九），頁八六。

26 同前注。

27 同前注。

28 同前注。

29 同前注。

30 同前注。

31 同前注。

32 同前注。據該書附一九五八年十二月七日胡適寫的後記，說：「爾綱這本自傳是一九四五年修改了交給盧吉忱的。後來吉忱要我寫一篇短序，我的序是一九四八年八月才寫的。可能是我的序把這書的付印耽誤了。一九四八年八月以後，吉忱就沒有印這書的機會了。一九五二年我在臺北，問吉忱取得此書的修改稿本。一九五三年我去美國，就把這稿子帶了去。如今吉忱去世已好幾年了。爾綱和我兩人，成了『隔世』的人已近十年了。這幾年裡，朋友看見這稿子的，都勸我把他印出來。我今年回國，又把這稿子帶回來了。我現在自己出錢把這個小冊子印出來，不做賣品，只做贈送朋友之用。」

羅爾綱在該書所附的〈關於《師門五年記》〉中說道：「他（胡適）於一九五八年十二月十七日，在臺北過六十八歲生日，和北京大學成立六十周年的校慶紀念日，在十二月七日晨把《師門辱教記》書名改為《師門五年記》，寫了篇後記，親題了書名，趕著付印，以為十日後做對賀壽人的回禮之用。胡頌平《胡適之先生年譜長編初稿》一九五八年，六十八歲十二月譜記……在這個聚餐會上致詞的，有梅貽琦、黃建中、陳大齊、朱家驊、王世杰、羅家倫等人。聚餐前全體校友向胡博士三鞠躬賀壽，會後同學會上向胡氏贈送織錦簽名祝壽冊。胡氏回贈校友每人一本《師門五年記》。」

又，據胡頌平《胡適之先生晚年談話錄》一九六二年二月二十四日記：「下午一時與出席院士共同午餐……飯後回到住宅……四點十分，先生起床了……胡頌平……問：『吳健雄是中國公學的同學，送她一本《中國公學校史》嗎？』先生說：『好的，你送她一本。午飯時，我和他們談起《師門五年記》；他們從外國回來的四位院士，也送他們每人一本。』胡頌平提到的四位院士是吳大猷、吳健雄、袁家騮、劉大中。這天下午五時，胡適宴請院士酒會。致辭完畢，心臟病突發，倒地不起，當場去世。

33 羅爾綱，〈兩個人生〉，《光明日報》，一九五五年一月四日。

34 同前注。

35 任繼愈，〈論胡適在禪宗史研究中的謬誤〉，《歷史研究》一九五五年三期。

36 夏鼐所言即殷墟發掘早期著名的「殷墟漂沒說」，因李濟、董作賓等發掘人員當時缺乏對殷墟地層，也就是考古學上所說的層位學的充分認識，把發掘出土的宮殿舊址當成是洪水沖擊留下的痕跡，這個錯誤直到梁思永加盟之後，才有了正確的識別並改正過來。

37 王家楫，〈批判我的舊思想〉，《人民日報》，一九五一年十二月二十六日。

38 周一良，〈批判胡適反動的歷史觀〉，《人民日報》，一九五四年十二月九日。

39〈批判胡適主觀唯心論的歷史觀與方法論——北京大學歷史系教師座談會發言摘要〉，《光明日報》，一九五五年一月六日。

40 同前注。

41 同前注。

42 馮友蘭，〈哲學史與政治〉，《哲學研究》一九五五年一期。

43 吳景超，〈我與胡適——從朋友到敵人〉，《光明日報》，一九五五年二月八日。

第三章

勝利的犧牲品

一、但願來生不姓胡

就在大陸各色人等蹲在不同的場合角落唾液橫飛展開批判，並於各種報章雜誌對胡適及其同黨如傅斯年等「學霸」和「打手」口誅筆伐、開膛剖肚時，一九五五年五月，突然又傳來一個令人震驚的消息，據美聯社紐約三日電訊：美國費城藝術博物館副館長霍雷斯・傑尼公開撰文，建議臺灣蔣介石政權「根據長期出借的方式，把存放在臺灣地窖裡的大部分偉大的中國藝術珍藏送到美國去」，以便保護好這批「東方藝術之花」，「美元不能衡量其價值」的「無價之寶」。而這個保護也是強大的美利堅合眾國「不可逃避的國際義務」。

當此之時，中國大陸部分民主黨派人士感到蔣介石夫婦與一幫難兄難弟，還在臺灣孤島上尋歡作樂，悠哉悠哉地活著，並以「中華民國正朔」自居，繼續做他們的「總統」與文臣武將的美夢。而自己搖擺於國共之間辛辛苦苦折騰了幾十年，到現在還是一個夾在國共中間的「尾巴」，並沒有真正自主自立，成為主宰廟堂或一方地盤的好漢。為擺脫「尾巴」的陰影，有幾位地位較高、嘴巴較硬的人士便鼓動中共下決心拿下臺灣，把蔣介石一家連同一班文臣武將統統趕到大海中餵魚鱉蝦蟹。

就在一片「拿下臺灣」的鼓譟聲中，大海那邊一干人馬與美國政府皆有警覺，於是便產生了關於藏在臺灣的「國寶」何去何從的議論，以及各色人物紛紛蹦將出來出謀畫策，以顯其能的情狀。

費城藝術博物館副館長傑尼不知天高地厚地在錯誤的時間、錯誤的地點蹦將出來放了一通錯誤的厥詞，立即引得世界情報部門和中國大陸、臺灣與美國等各方高度關注。中共高層聞訊，立即做出強烈反應，由郭沫若、周揚等出面迅速組織故宮博物院、南京博物院、北京圖書館、南京圖書館、中科院考古所、敦煌文物研究所，以及全國各地文物管理委員會全體工作人員和全國檔案人員，連同部分高校師生，透過各種方式進行反擊，嚴厲「痛斥和揭露美帝國主義與蔣匪的罪惡陰謀」。為達到更加明顯的戰果，在郭沫若與周揚具體策畫指揮下，除由大陸報刊發表戰鬥檄文，還要透過中央人民廣播電臺、架設在福建省前線各種型號和用途的電臺，以及香港廣播電臺和其他一切可動用的平面媒體等多種管道，進行一場規模浩大的短兵相接式的討伐。

征討陣勢布置完畢，時為文化部文物局局長兼考古研究所所長的鄭振鐸一馬當先衝於陣前，像三國時代王朗與諸葛亮陣前對罵的程序一樣，鄭氏透過中央人民廣播電臺發布〈為制止美蔣盜賣現存臺灣的古文物圖書檔案、資料告在臺灣的文教科學工作者們〉。聲明書氣勢恢宏，先聲奪人，第一句就是：「在臺灣的文教科學工作者們：我現在在這裡帶著激動的心情向你們談話。」緊接著便是：「你們知道蔣介石賣國集團一貫勾結美帝國主義出賣祖國利益的罪行是罄竹難書的，而且也是多方面的。」

鄭說罷，可能感到蔣介石賣國集團到底弄走了多少寶貝，有些人略知一點，有些兩耳不聞窗外事的書呆子們並不知曉，於是，在聲明中歷數國民黨逃亡臺灣時運走的銅器、玉器、書畫、甲骨、檔案、圖書等國寶，以及美帝國主義走狗們企圖侵吞這批國寶的陰謀。這一批走狗中，當然少不了一個頭和身子在美國紐約，尾巴和影子卻在中國大陸，且陰魂不散的胡適。此時正是批胡運動的關鍵時刻，自然不能讓這個「叛徒、賣國賊」漏掉，政治神經極度敏感的鄭振鐸順手牽羊，開始歷數胡適所犯下的「滔天罪行」。聲明稱：「據一九五四年十月新華社消息，前蔣賊駐美『大使』、賣國賊胡適，在美國進行出賣我國古代藝術珍藏的無恥活動。初步決定把兩百件我國古物劫運美國。最近美帝費城博物館副館長霍雷斯・傑尼又陰謀以『長期出借』的方式，把存臺灣的珍貴文物全部劫奪，運往美國……」

面對一系列「鐵的事實」和掠奪者的狼子野心，鄭氏號召臺灣的科學工作者團結起來，與美帝國主義、臺灣當局，以及美帝國主義的走狗胡適之輩做殊死的鬥爭，「堅決不讓他們這種賣國行為得逞」。同時表示：臺灣的工作者「或者是受到了獨夫的欺騙蒙蔽威脅利誘，在全國大陸解放之前，不得已的隨著他們而到了臺灣。你們在蔣介石賣國集團的黑暗統治下和臺灣的全體同胞們，同樣的受苦難，天天處在水深火熱之中。我對你們這幾年來的不幸遭遇是深表同情的……你們為祖國效勞的機會是很多的」。又說「祖國正日以千里地飛躍前進

大陸《文物參考資料》1955年6期登載的美國盜運臺灣珍寶的漫畫（蔣健繪）

著，緊接著偉大經濟建設高潮而來的是文化建設的高潮，祖國人民正殷切地等待著你們回到幸福自由的祖國懷抱」，堅決阻止胡適勾結美帝盜劫祖國文化遺產的罪惡陰謀，「為祖國立功」。[1]

繼鄭振鐸聲明後，全國文化、文物界掀起了一股圍繞胡適盜賣祖國文物罪行的批判風浪，陶孟和、夏鼐以及南京博物院副院長曾昭燏、北京大學歷史系教授向達等學術教育界大腕，紛紛發表文章為之助威吶喊。一時間，各色討伐文章如一枚枚重磅炸彈，隨著無線電波越過臺灣海峽甚至太平洋，鋪天蓋地傾瀉而下，直向「美帝國主義走狗胡適」頭上撲來。

令大多數國人意想不到的是，批判胡適運動正酣，又橫空降下了一個批判胡風運動。這

年輕時的胡風與夫人梅志

胡風原名張光人，湖北蘄春人氏，不知為何半道上改為胡風，是否為了幾十年後促成與大名鼎鼎的胡適成為本家，並被捆綁在一起供人批鬥這一段「大事因緣」而修名改姓？世人所知的是，這位張光人青年時代曾留學日本，因其對革命的滿腔熱情和一些功績，一度出任過「左聯」宣傳部長，屬於中國左翼文化代表人物之一。這個已由張光人轉化為胡風的青年人，自加入「左聯」之後，以為自己化蛹為蝶，成了一個惹人愛憐、眾星捧月式的人物，雖在政治上擁護中共，但在文

藝理論的主張中多次與中共在文藝界的代表，特別是周揚等輩觀點相衝突，更不把一般的所謂「左翼作家」放在眼裡，認為他們皆是拍馬溜鬚、吹喇叭抬轎子、阿諛奉承、曲學阿世之輩，不足引為同道。因了這一性情與觀念，從一九四五年起，胡風開始受到左聯幾條漢子的圍毆，延續到一九五五年終於大禍來臨。這年一月，中共中央批轉中央宣傳部〈關於開展批判胡風思想的報告〉。二月，中國作協主席團擴大會議決定對胡風文藝思想進行全面批判。聞風而動的作家舒蕪在接受《人民日報》編輯約稿的過程中，把胡風給他的私人信件悄悄交了上去，隨後在中共宣傳部門高層人物林默涵等人的施壓引誘下，舒蕪見風使舵，四處搜集材料，並於黑暗的夜幕中，採取「打槍的不要，悄悄地進村」的方式，躲在一間呈洞狀的小黑屋裡揮汗如雨地大幹起來，未過多少時辰，就製造出了一枚重磅炸彈。

一九五五年五月十三日，《人民日報》以〈關於胡風反黨集團的一些材料〉為題，公布了舒蕪輯錄的胡風在一九四九年十月一日毛澤東在天安門城樓上宣告中央人民政府成立前寫給他的信的一部分，以及胡風〈我的自我批判〉，並在毛澤東親自定調的編者按語中指出：「從舒蕪文章所揭露的材料，讀者可以看出，胡風和他領導的反黨反人民的文藝集團是怎樣老早就敵對、仇視和痛恨中國共產黨和非黨的進步作家。」於是，胡風等人被打成了「反黨集團」。五天後的五月十八日，經過全國人大常委會批准，胡風被捕入獄。《人民日報》又將胡風同一些人在新中國成立後的來往信件分類摘錄，以「胡風反革命集團」第二批、第三批材料予以公布。隨後，又把這三批材料彙編成書，由毛澤東親自揮毫作序發行全國。自此，在全國範圍內展開了聲勢浩大的揭露、批判、清查「胡風反革命集團」運動，最終導致兩千一百餘人受到牽連，其中九十二人被捕，六十二人被隔離審查，七十三人被停職反省，後有七十八人正式定為「胡風反革命集團分子」，主要骨幹二十三人。胡風本人被正式判刑十四年，後在「文革」時期改判為無期徒刑。蹲大獄期間，胡風受盡非人折磨，獄警打落了他的全部牙齒，落得耳聾眼花，重病纏身，奄奄一息，直至一九七八年才被釋放出獄，關押監禁長達二十八年。

胡風冤案平反後，人們從一張當時拍攝的照片上看到，在全國人大常委會表決逮捕胡風之時，在滿目同仇敵愾、齊刷刷叢林一樣舉起的手臂中，只有一位鬚髮飄飄的老人不合時宜地根雕一樣坐在椅子上一動不動，以沉默與不合作的方式表示了他的抗議和文化良知。這個人就是與胡風同姓，幾百年前是一家的六十歲的胡厥文。

胡風案發下獄後，對胡適的批判仍如狂風暴雨，正鬥在興頭上。如此這般，胡適與胡風兩個本來毫不相干且不在一股道上行走，甚至思想作風完全相反的人，被生纏硬套地捆綁在一起，像串起一對不能張口喊叫的蛤蟆，扔到一個鍋裡水煮油烹起來。對於外界把「二胡」弄在一起蒸骨熬湯的不解與迷惑，與周揚同為運動前敵總指揮的郭沫若專門做過解釋：「胡適和胡風在外表上是有所不同，他們一個公開地販賣著美國貨，一個走私地販賣著日本貨，然而貨色是一樣的。他們在本質上的一個共同點：便是想用資產階級的主觀唯心論來奪取領導地位。他們想解除我們的馬克思列寧主義的思想武裝，叫我們失掉思想立場，失掉工作方向，向帝國主義和買辦資產階級投降。」解釋過後，又做怒氣沖沖狀斥罵道：「胡適要我們少談些主義，我們的正面回答就是：胡說！我們正要多談些主義！胡風要我們不要思想立場，拒絕思想改造，我們的正面回答就是：胡說！我們正要堅決地爭取工人階級立場和共產主義世界觀，毫無保留地進行思想改造。」[2]經郭沫若一番解說與痛罵，眾人終於開竅，一群大小嘍囉蜂擁而上，緊跟高舉，從各個角度以不同的文筆、文風、文法，向「二胡」展開了大規模討伐。直批得「二胡」一佛出世，二佛涅槃，三佛成了不喘氣的死狗不得動彈。

成了「死狗」的「二胡」並未逃脫被窮追猛打和水煮油煎的命運，特別是對胡適更是不能有一絲一毫的放過。對於這樣做的目的，北京大學歷史系主任翦伯贊於校內召開的一場名為「批胡適，打死狗」座談會上，專門做了如下解釋：「胡適已經是一條死狗，我們現在是打死狗，也許有人說打死狗何必用這樣大的力氣來幹，理由很簡單，因為這條死狗和其他死狗不同，他的陰魂未散，還在新中國作怪，他還企圖在新中國借屍還魂。現在胡適的陰魂也許已經附在我的身上，也許已經附在在座的某些同志的身上。因此，我們都要好好地檢查一下，在我們身上有沒有胡適的陰魂，如果有就要把他趕走，因此，打這條死狗比打活狗更要困難，所以必須投些力量。」[3]

因了「死狗」胡適陰魂不散，且還到處找人附身，索人性命，這就使整日沉淪於政治醬缸中打滾兒的大小知識分子與芸芸眾生，開始談「胡」色變，見「狗」就躲，這種風氣漸漸發展演變成對所有胡姓人物產生了極度的惡感與恐懼。隨著時間推移，厭惡與恐懼又深入世人的血液和骨髓中，與胡適的幽靈相伴相生。

就在北京大學召開「批胡適，打死狗」批判會之時，遠在大洋彼岸的胡適似乎內心真的有一個神出鬼沒的幽靈與之相通，一九五五年一月三日，他在寫給好友沈怡的信中說道：

「俞平伯之被清算，誠如尊函所論，『實際對象』是我——所謂『胡適的幽靈』！此間有一家報紙說，中共已組織了一個清除胡適思想委員會，有郭沫若等人主持，但未見詳情。倘蒙吾兄繼續剪寄十一月中旬以後的此案資料，不勝感禱！此事確使我為許多朋友、學生擔憂，因為『胡適的幽靈』確不止附在俞平伯一個人身上，也不單留在《紅樓夢》研究或『古典文學』研究的範圍裡。」又說：「這『幽靈』是掃不清的，除不淨的。所苦的是一些活著的人們要因我受罪！」[4]

胡適的預感確是不錯，他的「幽靈」不但附在了親友、學生身上，已深入社會各界的方方面面，且走進了舞臺與銀幕，並波及整個胡姓宗族。在當時和之後出現的一些小說、革命樣板戲或革命題材的影片中，反面人物大面積地以胡姓出現，如《沙家浜》中的雜牌軍閥胡司令傳魁，《閃閃的紅星》中的光頭惡霸胡漢三，《林海雪原》中的東北土匪頭目胡彪等，這些富有特色、刻畫得惟妙惟肖的胡姓反面人物，給世人留下了難以忘懷的印象。在階級成分、家庭出身與社會關係極度政治化的時代背景下，對於胡適、胡風以及電影戲劇中胡姓反面人物的恐懼，像傳染病一樣四處蔓延，最後演化成一些「極左地區」的胡姓青年失去了當兵入伍和進工廠做工的資格，而正處於找對象年齡的胡姓青年，許多因自己姓胡而遭到對方譏諷並最終告吹。對飄蕩於社會各階層，看不見卻能清晰感受到的恐怖氣氛，有的胡姓人家在大罵胡適、胡風與胡漢三等胡氏宗族不肖子孫的同時，一併發出了「但願來生不姓胡」的激憤之語。

二、萬葉千聲皆是恨

為總結和展示一九四九年以後多階段、多波次、多形式、多階層「批胡運動」的成果，北京生活・讀書・新知三聯書店奉命調集多名編輯，對已發表的各種批胡文章收集彙編，陸續出版了八大本，洋洋三百多萬言的《胡適思想批判》論文彙編。批胡人物以文化教育科學界人士為多，其名流大腕有郭沫若、胡繩、艾思奇、金岳霖、孫定國、楊鍾健、王若水、范文瀾、嵇文甫、侯外廬、陳玉森、馮友蘭、沈尹默、蔡尚思、唐蘭、顧頡剛、羅爾綱、任繼愈、何其芳、余冠英、潘懋元、黎澍、李達、汪子嵩、曾文經、陳元暉、周一良、楊正典、陸侃如、榮孟源、游國恩、羅根澤、李長之、蔡儀、吳景超、王元化、周谷城、賀麟、白壽彝、王瑤、黃藥眠、趙儷生、夏鼐等，可謂陣容齊整，成就斐然，蔚為大觀。[5]

此舉創下了新中國成立以來為批判一人發表文章字數最多的記錄，而這些僅僅是散布於大報大刊、眾人皆知並在社會產生一定影響的「雄文巨章」，尚有相當一部分以大小字報和內部談話記錄等形式在小範圍和小圈子裡出現的文章未計算在內。據初步估計，若把後一類文字收集加入，字數將達到三千萬甚至五千萬之多，需要幾十大本才能裝下。儘管這些小字報或談話記錄僅局限於小範圍與小圈子，但由於批胡人物與胡適的親近關係，許多並不比大圈子如李長之等輩號稱「短兵相接」的積極分子遜色。如胡適曾熱情提攜過的學生，後來成為著名作家、名教授的沈從文，在受邀與上海市電影局「魯迅傳創作組」的談話中，對胡適大半生為人處世和治學成就做了如下評價：

胡適實際上很淺薄，他的一些文學上的見解和幾位大弟子一樣的，他發表什麼，提倡什麼，有時候自己也莫名其妙的。他一會兒忽然想搞《水經注》，一會兒又忽然想收洋火盒子了。非常淺薄無聊，他連卞之琳的十四行詩也讀不懂的，他從來不敢想過搞中國文化史，在文學上也沒有什麼抱負，因為他本身沒有多大能耐。他看了他的學生馮友蘭的《中國哲學史》，嚇得連他的《中國哲學史大綱》下卷也不敢寫了。[6] 他是依靠控制庚款起家的，慣於吹捧，到處拉手，周旋於英美公使、買辦、政客、軍閥、官僚之間，吹拍逢迎，他靠了用庚款津貼的幾個大學，以及中央研究院等機構，成為學界一霸，他是「對內學閥，對外買辦」。

他的一些弟子，靠了他庚款的勢力，分布國內，像羅家倫掌燕京大學，傅斯年打入研究院……胡適每年要做一次生日，分布在各地的弟子都趕來賀生日。他的弟子，想利用胡適這個買辦去國際上走走，都對他捧場。胡適當時他不想做官，因為做官不上算，做了什麼長，一有變動就要下來，他想造成在野名流地位，自己執牛耳，和英美密切聯繫，靠庚款，抓學會，名利雙收。胡適在上海時，住極司非爾路三號，每天要接見許多客人，外國的多，中國的也不少，談論天下古今，言不及義，應酬時連聲「嗯、嗯、嗯」不時打哈哈，談到一些小問題，眉飛色舞。到晚上，從口袋裡掏出自己的《嘗試集》之類的新詩來自我欣賞，以為是最大的樂趣。有一次客人走後，他拿一首〈我就來了〉的新詩在燈下念，得意死了。

胡適曾加入扶輪社（是否是「三K黨」，不知道），胡適的老婆江氏愛打牌，羅家倫、傅孟真、梁實秋之類為了要討胡適歡心，就常去陪她打牌。傅斯年是胡適最大的走狗，經常跟胡適回家去和他太太打牌。還有一個毛子水，為了要晉升，不惜走內線。胡適對事的處理能力也不強的，他在中國公學當校長時，許多學生反對他。中國公學中華僑多，當時也很活躍，陳波兒也是那裡出來的。後來控制很嚴，拿了魯迅的《吶喊》紅封面要被沒收，有一次我拿了一本馬寅初的書，也被沒收了。

李石曾和胡適是死對頭，鈎心鬥角都為爭權奪利。李石曾和張靜江、吳稚暉、朱家驊是一夥，朱家驊是張靜江的外甥，中英、中法、中比、中德都在他們手裡。中美則在胡適手裡。兩派爭奪很厲害，李石曾有政治力量，李有吳稚暉靠山。李石曾是做國際間諜則不知道了，但在國際上是有勢力的。李石曾要搞胡適，故意把胡適向宣統請安的條子公布出來，條子上寫：「臣胡適，今天有事，不能請安。」

胡適和丁文江是老關係，因此孫傳芳等軍閥也捧他，當時一些軍閥，甚至閻錫山也來捧他，他們當他如梁任公一樣，希望胡適能對他們「邦閒」。

胡適在政治上提出來的一套完全是抄襲英美的。國民黨講訓政，他講憲政，結果被國民黨大罵一頓。他抽香煙，但不會跳舞，他說：「我不跳舞，沾了便宜，可以講話。」家裡雇用一個廚子，一個車夫。

陳源是陰性人，表面上不聲不響，在肚內做功夫。當時和王世杰、高一涵、彭學沛等

> 編《現代評論》。此人現在聯合國文化什麼會駐英國的機關內做事。三年前和凌叔華鬧翻了。凌去新加坡教書。他們有一個女兒，譯義文的翻譯，嫁一個英國人，前不久凌叔華回來過一次，現在回英國了。陳源沒什麼大本領，不及王世杰。他辦《新月》時，胡適、王造時、羅隆基、潘光旦、梁實秋等經常在一起開會，那時聞一多去武漢大學教書了，聞在武大當過（國）文系主任。徐志摩跳跳打打的，他是一個花花公子，不像梁實秋有一套，文學主張都是梁實秋提出來的。我在《現代評論》社做做收發，幾元錢一月。邵啟文（？）在那裡當會計。我的第一篇小說〈鋸子〉是在《語絲》上發表的……[7]

胡適與沈從文早年曾在上海中國公學共過事，胡是校長，沈是低級教師。不僅沈的成長以及後來成名與胡的盡心提攜有很大關係，在中國公學時，生性靦腆的青年教師沈從文狂追被譽為校花的女學生張兆和而久攻不下，還是靠了時任校長胡適相助一臂之力，才把這位貌若天仙的校花兼才女一舉拿下。[8]而當時另一位緊追張兆和的學生吳晗，就此名落孫山，眼望花影叢中沈張這對初戀情人攜手嬉鬧玩耍的身影，只有徒歎「奈何？奈何?!」。

在胡適流亡美國之前，胡沈二人一直保持良好的師生關係，來往也算密切。一旦胡氏成為「走狗」，一向以老實巴交的「鄉下人」自居的沈從文，也就不那麼老實了。在沈氏的思想概念裡，既然胡的親生兒子都跳出來帶頭一路喊打這位「走狗」老子，胡的入室弟子都能活出〈兩個人生〉，我這個姓沈的又為何不能緊隨其後敲敲邊鼓呢？既然是在談「魯迅傳

沈從文與張兆和夫婦

創作」的話題，就不能不談到魯迅與胡適的關係，而魯迅是主張痛打落水狗的。因而，此時的沈從文站在壕溝邊望著被批得體無完膚、滿頭汙垢與血水交融的胡適的影子，也就毫不留情地開始了嚴厲批判。

面對中國大陸批胡運動越演越烈，直至出現「火炎崑岡，玉石俱焚」的勢頭，漸已衰老的胡適站在大洋彼岸緊鎖眉頭隔岸觀火。他彷彿看見自己思想的幽靈，仍在遠東那片黃土板結的大陸盤桓不去，且不時變成貌若天仙的美女，伴著夜幕的鬼火悄然飄蕩於書生們夜讀的書房，與之同床共枕，聲息相依。於是，胡適抹了把頭上那已不再發亮的稀疏蒼白的亂髮，提筆撰寫〈四十年來中國文藝復興運動留下的抗暴消毒力量——中國共產黨清算胡適思想的歷史意義〉（未完稿），[9]認為自己雖已流寓海外，但當年參與的「中國文藝復興運動」，或是由自己命名為「新思潮運動」，或是名之曰「新文化運動」的運動歷程，所遺留下來的最寶貴的思想遺產，便是「一個治學運思的方法」。這個方法在中國大陸不會就此玉石俱焚，無論經歷什麼樣的磨難與打擊，都會生生不息，後繼有人，並對中共的統治起到「抗暴消毒」的良藥作用。中共發起大規模的「胡適思想批判運動」，其根本的原因就是要剷除和消滅這筆已深入廣大自由主義知識分子內心的思想遺產。胡適的這一判斷，與運動的始作俑者、「我的學生毛澤東」大同小異，可謂英雄所見略同。只是此時的胡適心中作如是想，但面對往日的親朋故舊、門生弟子紛紛開槍放炮，甚至揮舞狼牙大棒騰雲駕霧如《西遊記》中的黃風大王高聲斷喝「老賊，拿命來，今日取你狗頭」的奇觀異景，無法如廟中菩薩般端坐不動，心若止水。尤其當他眼睜睜看著自己為之奮鬥大半生好不容易奠定的學術地位、人格風範，連同一點點自由主義根基頃刻間土崩瓦解，灰飛煙滅，更是憂心如焚。而面對當初那些唯自己馬首是瞻的同僚、門生，如今無情地反戈一擊，其心情更是透著徹骨的悲涼與傷感，在錐心泣血的哀痛中，對各批判者產生不同的心理反應就成為一種必然。

胡適看罷批判文章的真實心情，外界有不同的說法，一種是胡且羞且怒且自傲；另一種說胡看到馮友蘭那些胡言亂語式的批判，看著看著竟突然對他的小腳太太江冬秀哈哈大笑起來，說：「馮友蘭一定是老糊塗了！」[10]後來又對助手胡頌平說：「在天主教辦的一個刊物上，知道馮友蘭在那邊認過一百三十次的錯，自己承認是無可救藥的資產階級。他本來是個會打算的人，在北平買了不少的房地產。一九五〇年在檀香山買了三個很大的冰箱帶回去，冰箱裡都裝滿東西，裝到大陸去做買賣，預備大賺一筆的。他平日留起長鬍子，也是不肯花剃鬍子的錢。此外，現在三反五反之後的錢端升、朱光潛、沈從文、華羅庚等人，聽說過得非常的苦。」

除了在談話中對諸如馮友蘭輩諷刺挖苦，從後來披露的日記還可以看出，在靜謐無人處，胡氏內心的波瀾連綿不絕，憤怒與悲傷交織的情感盡傾筆端。一九四九年十一月二十一日，胡適在日記中說：「今天看了幾十張《人民日報》，最有趣的是唐蘭的一篇長文〈我的參加黨訓班〉(Aug. 29)，此文可與費孝通的〈我參加了北平各界代表會議〉(Aug. 31)『媲美』了！唐蘭說他自己『請求』參加黨訓班，『我只覺得這一回能參加共產黨的黨訓班，是無比的光榮，因為這是學習，我向革命的先進者學習，這是自發的，不是被迫的。』前年中央研究院辦選舉院士，只有唐蘭來『請求』我推薦他。那是『自發的』，因為被選作院士在那時候也是『無比的光榮』。」[11]

對顧頡剛、沈尹默、蔡尚思等人的批判文章，胡適於一九五二年一月五日讀後做了如下記錄：「胡家健從香港剪寄來香港《大公報》，有十二月二日《大公報》在上海開的『胡適思想批判座談會』的記載與資料。那天出席的人有這些：沈尹默（上海市文物管理委員會主任）、顧頡剛（上海學院教授）、蔡尚思（滬江大學教授）、劉咸（復旦大學教授）、張孟聞（復旦大學教授）、周谷城（復旦大學教授）、吳澤（華東師範大學教授）。由《大公報》編輯王芸生致開幕詞。胡君寄來的三篇，好像都是事後由各人寫出發表的。蔡尚思的一篇明記著十二月十一日上午三時草成。蔡尚思是一個有神經病的人，但他寫〈胡適反動思想批判〉參考了不少書，引了我許多話。頡剛說的是很老實的自白。他指出我批評他的兩點（《繫辭》的製器尚象說，《老子》出於戰國末年說），也是他真心不高興的兩點。沈尹默的一篇則是全篇扯謊！這人是一個小人，但這樣下流的扯謊倒罕見的！」[12]對於親炙弟子羅爾綱的批判文章，胡適雖然堅持認為是羅的無奈之舉，但終究難以釋懷。[13]

許多年後，北京生活・讀書・新知三聯書店的一位老編輯曾對胡適的研究者、北大史學教授歐陽哲生說：「當年那八大本的《胡適思想批判》，是作為應急的任務臨時編輯出版的，因為時間緊，任務急，只好將稿件派發給全社的編輯分頭去做，所以沒有一個編輯從頭至尾看過這八冊書稿。按這位編輯的估計，恐怕全世界只有一個人看過這八本書，這就是胡適本人。」[14]

這位老編輯估計得大致不錯，就在批胡運動如火如荼進行時，身在美國的胡適一邊埋頭研究他的《水經注》，一邊「欣賞」大洋彼岸上演的鬧劇和發射到自己影子上的千萬發炮彈。後來，他在紐約東八十一街一〇四號那座普通的公寓裡，極富耐心地陸續看完了由香港傳入的北京三聯版八大本《胡適思想批判》。從後來出版的胡適日記可以看到，內中有不少胡適當時收集的剪報和閱後的批語，證明胡適確是看過了這八大本文章。但可能還有一個意外，據歐陽哲生說，他後來去芝加哥大學訪問時，得悉在那裡還保存著一本當年研究批胡運動的英文博士論文，作者是當時在芝加哥大學攻讀政治學博士學位的連戰。不知這位後來成為臺灣孤島上「一筐爛柿子中最好的一個」（李敖語）的政治人物、國民黨黨魁，是否全部讀完了這八大本奇文高論？

據時任臺灣外交部長的葉公超回憶：葉到美國出席會議時，胡適一度收集了大量批評他的文章拿給自己看，說他想寫一篇總答覆，葉公超勸他不必，並說：「一個處女怎好和一群強盜打交道，況且文字在政治鬥爭中並不是最有力的武器。」（在一篇題為〈深夜懷友〉的文章中如是說。）另據胡適研究專家、美國哥倫比亞大學著名史家唐德剛說，有一次他在紐約胡適寓所指著這些書問道：「這幾百萬字的巨著裡，難道就沒有一點學問和真理?!」

胡適斬釘截鐵地答覆：「沒有學術自由，哪裡談得到學問？」[15]

胡適說這話的時候，可能這位留洋美國的「後生小子」唐德剛尚不知道，甚或世人早已忘記了在一九四九年的春天裡，滿臉憂鬱的胡適在開往美國的客輪上，面對浩瀚的太平洋，和著碧藍無垠的浪海，在蒼茫的曙色微明中，振筆疾書的〈《自由中國》的宗旨〉一文，以及文中「在那鐵幕底下，報紙完全沒有新聞，言論完全失去自由」等句。胡適當年的好友，後來成為對立面的魯迅說過：中國人都不大有記性，因為「人生苦痛的事太多了，尤其是在中國。記性好的，大概都被厚重的苦痛壓死了；只有記性壞的，適者生存，還能欣然活著」。[16]二者相較，胡適算是一個異數。一九三〇年四月三十日，胡適在致楊杏佛的信中曾這樣說過：「記得五六年前曾與周豫才先生兄弟閒談，我說，《西遊記》的『八十一難』，最不能令人滿意，應該這樣改作：唐僧取了經回到通天河邊，夢見黃風大王等妖魔向他索命，唐僧醒來，叫三個徒弟駕雲把經卷送回唐土去訖，他自己卻念動真言，把當日想吃唐僧一塊肉延壽三千年的一切冤魂都召請來，他自己動手，把身上的肉割下來布施給他們

胡適在紐約東81街104號埋首於故紙堆，過著鬱悶沉寂的學者生活。（臺灣中央研究院近代史研究所提供）

吃，一切冤魂吃了唐僧的肉，都得超生極樂世界，唐僧的肉布施完了，他也成了正果。如此結束，最合佛教精神。」

接下來，胡適拿這個例子喻自己的經歷：「我受了十餘年的罵，從來不怨恨罵我的人。有時他們罵得不中肯，我反替他們著急。有時他們罵得太過火了，反損罵者自己的人格，我更替他們不安。如果罵我而使罵者有益，便是我間接於他有恩了，我自然很情願挨罵。如果有人說，吃胡適一塊肉可以延壽一年半年，我也一定情願自己割下來送給他，並且祝福他。」最後，胡適說道：「此是說明我對於此等事的態度。至於朋友的指摘，更是我所歡迎的。」[17]

話雖如此說，但面對往日的親朋故舊、同事門生於政治風浪中倒戈相向和取心掏肺的砍殺撕噬，胡適自有一種「人為何物」的悲涼縈繞心頭揮之不去，身體也伴隨心靈的煎熬垮了下來。

三、胡思杜之死

一九五七年二月十七日下午，正在紐約一個青年醫生家中敘述身體狀況的胡適，突感不適，急送醫院後發現是突發胃潰瘍出血，吃藥後無效，半夜大吐血，昏迷不醒，醫生輸血搶救。十八日，胡仍昏迷不醒，半夜再次大吐血，生命危險，醫生決定施行手術，結果是胃被切除十分之六，直到三月十一日才出院。

回到寓所五天後的三月十六日，病衰中的胡適突然收到一個神祕人物的來信，此人便是曹聚仁。

在抗戰期間一度擔任中央社戰地記者的曹聚仁，於國民黨退往臺灣後的一九五〇年，別妻離雛獨自移居香港任《星島日報》編輯。到港的第四天，曹便在《星島日報》專欄「南來篇」上發表文章，放聲高歌「我從光明中來」，高呼「中共治天下非常成功」云云。一九五四年，曹脫離《星島日報》加入新加坡《南洋商報》，並以該報記者身分多次祕密前往北京，受到毛澤東、周恩來、陳毅等人的接見。據傳聞，後來曹氏又自香港潛往臺灣，受到蔣介石、蔣經國父子的祕密接見，並藉此做蔣氏父子的工作，說毛澤東給蔣介石制定「一綱四目」，「只要臺灣回歸祖國，其他一切問題悉尊重蔣介石與陳誠意見妥善處理」。蔣氏父子以「蔣介石偕同舊部回到大陸，可以定居在浙江以外的任何省區，仍任國民黨總裁」等六點意見相回應。曹氏曾建議，在兩岸和平統一後，蔣介石可將廬山作為終老頤養之地等。再之後，曹氏行動更加神祕莫測，他的妻子、親屬皆不知其在國共兩黨之間來回搖晃，整天折騰了些什麼。[18]

就是這樣一個神祕兮兮、見首不見尾的人物，於一九五七年中國大陸山雨欲來，引蛇出洞，「反右」天羅地網即將全面撒開的明媚春天裡，突然有些神經質地致信胡適「勸降」。據胡適三月十六日日記載：

收到妄人曹聚仁的信一封。這個人往往說胡適之是他的朋友，又往往自稱章太炎是他的老師。其實我沒有見過此人。

此信大意是說他去年秋間曾到北京、上海去了「兩次」，「看到了朝氣蓬勃的新中國」！「先生……最好能回北京去看看……可以巡行全國，等先生看了之後再下斷語何如？」

他說他「願意陪著先生同行」！[19]

躺在家中床上養病的胡適，自然知道這個「妄人」要的是代表中共對他統戰的布袋戲。對此，胡心中生發出一不小心生吞了一隻蒼蠅的感覺，但冷靜一想也就釋然了。凡蒼蠅或其他諸如螳螂、蛤蟆之類的弱小動物，為了生存，必然要呈張牙舞爪狀，以壯聲勢，或嗡嗡叫著自我吹噓叫嚷一番，拉個大旗，扯個滿身布滿疙瘩的假虎皮，甚或與樹上的巨蟒、水中的巨鱷套套近乎，亦屬天下政客，特別是文人中的政客或政客中的文人慣用的伎倆，不足為奇。於是，胡適在曹氏來信的信封上批了「不作覆」三字，繼而派人將信轉交臺灣司法行政部調查局，作為「匪情」研究資料予以處置。

剛把曹氏的陰影在腦海中蒸發，三月二十四日，仍在床上休養調治的胡適又收到小兒子胡思杜發自河北省唐山市的一封平信。從郵戳日期看，此信是五十天以前寄出的。胡在當天的日記中寫道：「這是七年來第一封信。信是寫給『媽媽』的，信凡四頁，末後說，爸爸那邊，已另有信去了。但那封信至今沒有收到。大概是他先曾『奉命』寫信給我，信是呈上去

1936年，胡適夫婦與兒子胡祖望（左）、胡思杜（右）合影。

了，他以為已寄出了，所以偷寫這信給媽媽。殊不知中共已改變計畫了，不要他出面寫信，另叫別人（如曹聚仁之流）寫信。」[20]胡適乃一介儒生，但畢竟又在政治場面上混跡多年，對中國人下愚上詐、不講信用，以及政客們慣用的陰謀或陽謀等種種政治手腕還算有較深刻的了解。儘管一直沒有發現可靠資料證明他此次的猜測是否正確，但就那時的政治形勢推斷，當是有些道理的，此前曹聚仁莫名其妙地給胡發信，或許正是這個計畫改變之後的另一種行動。

遙想八年前北平那個圍城之日，吃慣了洋麵包的胡適，想過一種「麵包與自由兼得」的生活，因而決定出逃。想不到他的小三胡思杜酷似三國時代的魏延，腦後長了反骨，堅決不按諸葛亮生前的既定方針辦，在撤退的問題上徹底否定了兩個「凡是」。胡思杜舊戲重演，同樣不按胡適的既定方針辦，自作主張留在即將解放的北平苟活一時。如果世間真有上帝，胡小三這個抉擇，當是上帝之手於冥冥中所做的安排，是胡適這位自由主義知識分子所經歷的「九九八十一難」中，上帝為其設立的最大、最令人牽心扯肺的一「難」，是「開五百年文化新運的一位大師、老祖胡適」（唐德剛語），在「得道」路上最為辛辣痛苦的心靈煎熬，而這個煎熬隨著時間的推移與政治演變越發嚴峻與不堪忍受。

一九五八年三月，胡適正在美國哥倫比亞大學參加「東方學術座談會」，偶然從「泛亞社」香港來電獲悉：思杜已被革除副教授一職下放勞動。此時的胡適心中雖犯嘀咕，但並沒有向最壞處想，且在心中默念上帝保佑這個不幸的兒子。到了這年的五月四日，胡氏回臺灣做關於五四運動的廣播講話，「泛亞社」香港來電傳出胡思杜於「去年八月自縊身死」的消息。胡適先是一驚，差點一頭栽於地上。待鎮定下來又將信將疑，且從心理上對這個消息的真實性予以排斥。五月十二日，胡適致他的學生蘇雪林信中說：「承問及小兒思杜的消息，至感。我猜想這個去年八月自殺的消息是一種有惡意的謠言，故意在『五四』前夕放出。我在今年一月間尚得友人間接傳出思杜被送東北的消息，故我不信此謠言，當日即用長途電話告知內人，叫她不要輕信此消息。」[21]由此看出，對於胡思杜的自殺，胡適仍是疑多於信。

而事實上，胡思杜真的是死了，且已死去七個多月，墓有宿草了。

胡小三思杜死亡的確切年頭是一九五七年九月，但死於哪一日和具體死亡細節一直未搞清弄明。據耿雲志所撰《胡適年譜》，世人看到的是下列幾句簡單的記載：

> 九月廿一日，次子思杜因被定為右派，遭到批判而自殺（時在唐山鐵道學院馬列主義教研室任教）。死前寫有遺書給他的一位堂兄。這遺書只剩下殘存的一角，那上面還可

以看到這樣的話，（希望他們努力）「工作，好好學習，為社會主義立點功」。還有把自己所存「五十一元也留給你們」的話。署的日期是九月廿一日。[22]

一九五〇年九月，胡思杜因以「大義滅親」的方式痛罵「美帝國主義走狗」胡適有功，一度受到學校領導的表揚，並於華北人民革命大學學習結束後，分配到唐山鐵道學院馬列部（馬克思、列寧、史達林、毛澤東思想基本理論教研室）出任歷史教師。此時的胡思杜積極、努力地工作，想為一不小心成了「狗」的父親「贖罪」，同時想加入中國共產黨。只是組織上一直處於考驗之中，加之全國上下正在批胡適的反動思想，使他受到連累，夢想遲遲不能成真，一拖就是幾年。到了一九五七年，全國興起了「反右」運動，不明就裡的胡思杜開始積極、主動地給他所在院、部領導提教學改革建議，學院領導見一個「走狗」的兒子竟然犯上作亂，於佛頭抹糞，盛怒之中立即決定施以顏色，打擊胡思杜的囂張氣焰。

一九五七年五月二十日，《人民日報》以〈河北高等學校教授針對教育領導工作提出批評〉為題，發表「本報訊」，報導唐山鐵道學院機械系主任孫竹生及教師胡思杜「使用卑鄙手段妄圖奪取學校領導權」，文中特別注明內容是「胡適的兒子」胡思杜所說。自此，胡思杜一下由擁護中共的積極分子，成了「漢奸」、「走狗」、「賣國賊」胡適的餘孽和妄圖篡奪革命領導權的階級異己分子。隨著「反右」運動揭幕，胡思杜多次被拉出來示眾並接受革命群眾批鬥，未久又被學院定為「向黨進攻的資產階級右派分子」。突遭重創的胡思杜認為，自己早在幾年前就已經公開宣布和父親劃清了界線，為何此時又把自己與這位「人民的敵人」捆綁在一起公開示眾且口誅筆伐？在一系列不解與恐懼中，胡思杜精神崩潰，約於一九五七年九月二十一日晚上吊自殺，年僅三十七歲。

此前在政治上受胡適這個「人民的敵人」牽連，胡思杜一直沒有找到女友，直到死仍是光棍一條，算是赤條條來，赤條條去，落了個《紅樓夢》結局式的一片白茫茫大地真乾淨。

在自殺前，胡思杜留了一封遺書在枕頭底下，因大陸已無直系親人，遺書指名寫給當時在北京鐵道部印刷廠一位叫胡思孟的遠房堂兄。胡死後，單位人員發現遺書，便打電話把胡思孟叫到學院處理後事。胡思孟到達時，看到學院貼滿了批判胡適和胡思杜的大字報，學院領導告訴胡思孟，說你這位不爭氣的阿斗式堂弟胡小三兒，腦後確實又像魏延一樣長著反骨，他的做法屬於畏罪自殺，自絕於黨和人民。至於畏的什麼罪，自殺的具體時間以及死前死後的具體細節，學院領導沒有說。胡思孟所看到的只是在一間小黑屋裡有一口小白木棺材，棺材沿上有許多蒼蠅在飛舞，棺材裡有一白布，揭開白布可看到胡思杜已變得烏青的屍體，看樣子已死去好幾天了。胡思杜遺書的內容大意是：現在我沒有親人了，也只有你了。你來我一定不在了。你不要難過，我的一點錢和公債券留給你，供給你的孩子上學，一塊手錶也給你，留個紀念吧。[23]

因胡思杜屬於「自絕於人民」的反動分子，胡思孟不敢向學院領導追問具體細節，只好懷著悲痛與學院的打雜工在唐山郊外一片野地裡挖了一個土坑，把胡思杜草草埋掉，拿了遺書上面說的錢物，另外還有一件舊皮襖、一件呢子衣服，外加一些書刊回到北京。「文革」爆發後，紅衛兵抄家，胡思孟怕受胡氏父子的牽連，將胡思杜的書刊大部分燒掉，遺書也撕毀，只有一個邊角壓在箱底沒撕掉。許多年後，胡思孟在清理箱子時發現了遺書邊角，交給了胡適家鄉安徽省績溪縣政協副主席顏振吾。後來，正在編寫《胡適年譜》的中國社科院研究員耿雲志聽說此事，找到顏振吾，把殘片上的文字抄錄下來，編入了《胡適年譜》。再後來，據耿雲志和前往胡思孟家中訪問的南京大學教授、胡適研究專家沈衛威共同估計，胡思杜自殺的具體時間，應是在九月二十一日寫完遺書之後，但詳細日期難以弄清，只能暫定遺書上這個日子為胡思杜死亡之日。[24]

一九四二年一月六日，胡適因想念離開他在美國求學的兒子胡思杜，特別在日記中寫道：「年前小三走了，我頗想念他，用毛筆寫了我五年前同他遊綏遠大同時在火車上作的一首打油詩寄給他：父子打蒼蠅，各出一身汗。堂堂好男兒，不作自了漢。」[25]

想不到十五年之後，胡思杜一根繩子做了自了漢，算是一了百了了。歷史以其特有的殘忍和荒誕，將胡適的自由主義大旗扔進了雖有前仆但無後繼的悲觀黑洞裡。據江冬秀的堂弟、北京大學數學系教授江澤涵回憶說：「思杜的哥哥祖望在『文革』後期，大約是一九七四至一九七五年前後，從美國給我們寫信，我們作為他的舅舅、舅母，也是長時間與他失去了聯繫。」「他信的內容主要是了解我們的近況，同時問及他弟弟思杜是否還活著。他大概是在海外聽到關於思杜自殺的消息了。因為胡適遺囑上說到他們兄弟倆分財產的事，他想證實思杜是否還在人世。當時，我們全家因為與胡適的關係，也是被整得幾十年抬不起頭，喘不過氣，不敢給祖望回信，怕再因『海外關係』、『胡適關係』惹出禍端來，就把這封信交給學校的領導，徵求他們的意見，結果沒有回答我們。我們也不敢隨便、輕易寫回覆祖望的信。直到一九七六年以後，中國的情況發生了大的變化，我們才與祖望恢復了聯繫。」[26]也就是說，直到這個時候，胡祖望才總算證實了弟弟已經去世的消息，此時距胡思杜自殺已十九年矣。

江澤涵說的胡適遺囑，是指一九五七年經歷了半夜大吐血、胃潰瘍切除手術、曹聚仁致信勸其「回北京去看看」，以及胡思杜來信等一連串惡性和離奇古怪的事件之後，胡適覺得自己身體極度虛弱，精神鬱悶至極，可能將不久於人世，遂於六月四日在紐約州紐約市第十七區雷辛頓大道四二〇號諾林傑、李格曼、班尼塔與查尼律師事務所，在律師和證人劉鍇、游建文、Harold Riegelman 等三位朋友共同在場證明並簽字的情況下，立下了最後一份遺囑。該遺囑共分八條，其中：

第二條　確信中國北平北京大學有恢復學術自由的一天，我將我在一九四八年十二月不得已離開北平時所留下的請該大學圖書館保管的一百零二箱內全部我的書籍和文件交付並遺贈給該大學。

第三條　我把在紐約市我的住所的全部我的手稿和文件以及全部印本的書籍交付並遺贈給臺灣臺北國立臺灣大學，並請求而非指定哈佛大學的楊聯陞教授與臺灣大學的毛子水教授兩人中的存在者依他們認為合適的方法安排我的手稿與文件的保管、編輯與出版。

第四條　我把我的財產，無論動產或不動產，無論存在於何處，所有其他部分，餘剩部分，遺留部分，交付並遺贈給我的妻子江冬秀，如果她在我死後尚存。但她去世在我之前，則給我的兒子胡祖望與胡思杜平分享有，而如兩兒子之中任何一人先我而去而有子息，他的份額即歸這子息；但如任何一兒先我而去世，而無子息，他的份額即歸我的另一兒，而如他那時已去世，即歸他的子息。[27]

胡適立畢這份遺囑三個多月，胡思杜懸梁自盡，再也不需要他的遺產了。而他留在北平家中的藏書、手稿、文件等也早已五馬分屍，四散零落，部分下落不明。

一九四八年十二月十五日，胡適倉皇離開北平之前，只揀了他父親的遺稿和他認為最重要的著作手稿，及一部甲戌本《石頭記》帶在身邊飛往南京，其他大量珍貴藏書和手稿、書信、日記、照片等個人資料幾乎全部存於北平東廠胡同的寓所中。一九五〇年，這批「貨物」被弄進了北京大學圖書館，隨著批胡運動展開，胡適留下的書信、日記等資料，正好成為批胡最直接、最有力的炮彈。到了一九五四年，這批珍藏作為胡適「反黨反社會主義」的黑材料，在中共高層指示下，於一個月黑風高之夜，神不知鬼不覺地經歷了一次神祕分割。一九六四年，再次遭到暗箱操作者神祕而殘暴的割裂。除損毀散失遭竊外，胡適藏書、手稿、日記等珍藏從此「身首三處」，即北大圖書館存有部分胡適藏書中的普通書籍；劫後餘存的一百零五種善本古籍由北京圖書館占有；其他一萬五千餘件胡適書信、手稿、文件等祕籍，則被中國社會科學院近代史研究所搶先占據。正是由於胡適祕籍的流散，使許多與這批書信、文件有關聯而留在大陸的社會各階層人物受到牽連而為此倒了大楣。後來官至北京市副市長的吳晗，因早年與胡適的私人通信被發現，「文革」中這批書信成為擲向吳氏的投槍，直至令吳走上死亡的祭壇。在一連串的批吳鬥爭中，儘管「革命者」認為吳晗的信是「投靠胡適的鐵證」，胡、吳二人是「反動的政治關係」，走的「是一條反共反人民的道路」，吳是「美國奴才的奴才」等，[28]但在胡適留在大陸的幾個最為看重的弟子之中，唯一至死沒有佛頭抹糞——寫批胡文章的就是吳晗。這一點，是當年的胡適沒有想到，也是許多人為之不解的。至於胡適的遺囑，儘管後來傳到大陸之後一度引起北京大學的注意和呼應，但其命運與路邊飄零的一張包油條和煎餅餜子的廢紙沒什麼兩樣，誰還把一個死去的胡適和留下的一張上寫「遺囑」的廢紙當回事呢？

與胡適遺囑命運相似的是，一九四九年，江澤涵由瑞士蘇黎世國立高工數學研究所歸國，順便取道臺灣拜訪了臺大校長傅斯年，傅特地叮囑道：「我在北京有些書沒運出來，你回去告訴鄧廣銘，這些書全部送給他了。」據鄧廣銘回憶說：「江先生回國後，不敢說曾去過臺灣，當然也不敢說這件事。後來他私下告訴了我，我說：『我怎麼敢要他的書呢？他的書只能由科學院沒收或如何處理。』」[29]

傅斯年的藏書究竟如何處理，下落何處，似乎沒有一個人說得清楚，唯能說得清楚的是胡適與傅斯年這兩枚「過河卒子」，真可謂是一對可愛的書生，到了身不由己地飄零孤島之時，還認為故國神州「雕欄玉砌應猶在，只是朱顏改」，還天真地以為自己的那一堆書信文件，仍屬於私有財產，並受到國際公法和中國法律的保護，理應安然無恙地一直躺在北平的老屋裡，書的主人雖流落天之涯、海之角，仍具有處理這批藏品的權利。豈不知江山易主，大地改色，哪裡還有私有財產與什麼國際公法、人間道義的保護？真可謂書生意氣，糊塗得可以了。胡傅兩位飽學之士可能至死都不會明白，他們那一堆書信、文件、書籍，在占領者一方看來理應成為任意處置的囊中之物，而這些個人私產除了成為打擊自己以及親朋好友、弟子門生的炮彈外，其他所謂權利與公法在新生的政權之下自是化為烏有，最多給後世史家平添一聲歎息而已。這一現實正應了奧斯維德・斯賓格勒（Oswald Spengler）所言：「我們只允許在勝利與毀滅之間進行選擇，而不允許在戰爭與和平之間選擇，勝利的犧牲品是屬於勝利的。」[30]

四、胡適出任院長

胡思杜自殺四十四天後的一九五七年十一月四日，經臺灣當局中央研究院選舉，由蔣介石任命胡適為中央研究院院長。大陸批胡運動與臺灣政治集團的內部傾軋，陰差陽錯地使漸入老境的胡適又得到了一次出頭的機會。

一九五八年四月二日，六十八歲的胡適告別夫人江冬秀離開紐約辦理私務，八日乘機獨自一人飛抵臺北，時已定居臺北的胡祖望夫婦、孫子胡復，連同臺灣當局要員等五百多人到松山機場迎接，場面頗為壯觀。面對蜂擁而至的記者和各種提問，胡適在機場大廳做了簡單的回答，特別強調：「我預定在國內期間，先把中央研究院的實際情形了解之後，才能對未來的計畫做一個較為具體的打算。這次回國後第一樁事情，先和在臺灣的院士們談談，舉行院士會議，選舉院士。我個人雖不是研究自然科學的，但我認為自然科學的發展，在現代國家中實在占一個極重要的地位，中央研究院是國家最高的學術機構，必須迅速負起推廣學術研究的任務。」[31]這個話，不是為應付媒體而泛泛的一談，確是胡適主持中央研究院工作期間一直堅守的理念和奮鬥的目標。

四月十日上午九時，裝扮一新的胡適來到南港史語所考古館出席中央研究院院長就職典禮並發表演說。胡稱自己幾十年來與中央研究院一直保持親切關係，不僅因為自己是中央研究院歷史語言研究所的通訊研究員，也因為中央研究院是許多老朋友心血的結晶，自己對它有不可推卸的責任云云。就職典禮結束後，旋即召開研究院第三次院士會議，以壯聲勢。為顯示對學術界的尊重並給胡適裝點面子，蔣介石偕副總統陳誠、張群等一干大員專程趕到南港，親自出席院士會議並致辭。蔣介石認為，既然中央研究院為學術之最高機構，當責無旁貸地擔負起復興民族文化的大任，認為「目前大家共同努力的唯一工作目標，為早日完成

蔣介石到中央研究院出席會議。右一為李濟，右二為胡適（李光謨提供）

『反共抗俄』使命，如果此一工作不能完成，則吾人一切努力均將落空，因此希望今後學術研究，亦能配合此一工作來求其發展」。[32]蔣氏在講到胡適「最令人敬佩者即為其個人之高尚品德」後，話鋒一轉，再度將學術研究與政治聯繫起來，謂：

今日大陸上「共匪」以仇恨與暴力，為其一切倒行逆施之出發點，其目的在消滅我國家之傳統歷史與文化，而其重點則為毀滅我民族固有之倫理與道德，因此胡適先生之思想及其個人之德性，均不容於「共匪」，而必須予以「清算」，即為「共匪」摧毀我國倫常道德之一例……[33]

意想不到的是，蔣介石期望「教育界、文化界與學術界人士，一致負起恢復並發揚我國固有文化與道德之責任」的說辭，令身旁的胡適大為不快。特別是蔣不合時宜地提出「五四運動」與「打倒孔家店」有功有過，對胡適提倡的「五四價值」、「自由主義」等說辭，於褒中暗含了譏諷、挖苦，而對胡適與臺灣島上的雷震等輩搞出的《自由中國》雜誌，且傳言胡在臺要組建一個「反對黨」等名堂極不贊成。這一說辭搞得參會者如芒在背，惶恐不安，胡適原本笑容可掬的臉陰沉下來。

此前的胡適儘管在美國生活並不舒心，九年後又因各種風雲交錯重返臺灣從國民黨手中謀得一個響噹噹的鐵飯碗，但他並不認為這個飯碗是蔣介石所賞賜便要俯首聽命，自輕自賤。待蔣介石講完，梅貽琦向來賓做了一個簡短的致辭後，已是悶氣積胸、頗為惱怒的胡適在最後答謝詞中，毫不客氣地對蔣的言辭進行駁斥。據當時在場的中央研究院民族研究所青年才俊李亦園回憶說：

胡院長就職時蔣老總統特別親自來了，來了之後還講話，在他的講話中不知為什麼忽然說到共產黨在大陸坐大可以說與五四運動的提倡自由主義不無關係，這樣的說話對胡先生來說當然是非常尷尬的，因為五四運動跟他有密切的關係，他是重要的推動者。結果老總統講完之後，胡先生站起來繼續答話，他的答話讓大家臉色都凝住了，他一開始就說：「總統你錯了」，在當時那麼威權的時代，他這樣講使全場的人臉色都變白了，氣氛非常緊張，老總統卻很有風度地主持完會議，只是在胡院長任內就未再來過南港了。這一件事，胡院長的表現可以說確實為中央研究院在追求學術自由與獨立上樹立了一個里程碑。[34]

關於這一場景，當時也在現場的石璋如的回憶稍有不同，石說：蔣介石那天講了很久，場面熱烈，胡院長一發言就說「總統你錯了」，臺下立即鼓掌。在座的學者們認為胡適是個有骨氣、有擔當的人，因為若不是胡適，在蔣介石面前「沒有幾個人敢說這句話」。[35]

胡適所說的「總統你錯了」，主要是指不應把學術研究與政治捆綁在一起，「反共抗俄」的所謂「使命」，也不應由中央研究院這樣的研究機構來承擔。胡適說道：「我個人認為，我們學術界和中央研究院挑起『反共復國』的任務，我們做的工作還是在學術上，我們要提倡學術。」[36]

面對蔣介石指責五四運動提倡自由主義與打倒孔家店的問題，胡適自是耿耿於懷，並予以反駁。胡說：「對於打倒孔家店一事，恐怕總統是誤會了我的意思。我所謂的打倒，是打倒孔家店的權威性、神祕性，世界任何的思想學說，凡是不允許人家懷疑的、批評的，我都要打倒。」蔣介石一聽其言，立即怫然變色，站起身便要走，坐在他旁邊的一位隨行官僚（一說張群，另一說陳誠），悄悄伸手拉住老蔣的衣角示意其坐下，蔣強按怒氣勉強坐下，待典禮一結束便迅速離去。[37]

遙想當年，胡適在一篇名為〈介紹我自己的思想〉一文中，曾向中國的少年讀者宣稱：「從前禪宗和尚曾說，『菩提達摩東來，只要尋一個不受人惑的人。』我這裡千言萬語，也只是要教人一個不受人惑的方法。被孔丘朱熹牽著鼻子走，固然不算高明，被馬克思列寧史（斯）大林牽著鼻子走，也算不得好漢。我自己決不想牽著誰的鼻子走。我只希望盡我的微薄的能力，教我的少年朋友們學一點防身的本領，努力做一個不受人惑的人。」[38]這一點，胡適本人確是做到了。對於這一說法，世人有不同評論，如胡在美國的學生、史家唐德剛就說過，胡適不知不覺地被他的老師杜威這個糟老頭子牽著鼻子走了一輩子。唐氏之說或可再討論，但至少胡在蔣介石集團之間大體是做到了。

一九五九年，作為新任中央研究院院長、學界領袖的胡適，公開反對蔣介石連任「總統」，對蔣氏為謀求連任而冒天下之大不韙，置黨章「國法」於不顧，欲強行「修憲」的做法更是大加聲討。按一九四八年制定的《中華民國憲法》，每屆總統任期六年，連任不得超過兩次。當年擬定《憲法》的張君勱等人考慮到一個沒有限期的總統，等同於王朝世襲，因而特別加以限制。跑到臺灣的國民黨政權仍以「中華民國正朔」自居，因而當年這部「憲法」仍然發生效力。一九五四年蔣介石獲得連任，到一九五九年年底已是五年，眼看大限已至，下次選舉應該自動退選，但蔣介石與國民黨內部一部分拍馬溜鬚者竟置「憲法」於不顧，公然支持蔣介石參選，並欲修改「憲法」。為此，胡適在一九六〇年二月二十日公開發表聲明，反對蔣介石違背「憲法」三次連任「總統」，並拒絕即將召開的「國大」主席團主席之職。對於胡氏的「犯上」舉動，蔣介石大不痛快，其子蔣經國更是異常惱怒，甚至有「收拾」胡的打算，只是忌憚胡適所具有的儒林盟主地位和非凡的國際影響而遲遲不敢動手。

端坐在臺灣中央研究院院長椅子上的老胡適，在強烈呼籲並制止蔣介石連任「總統」的同時，並未忘掉作為一個中央研究院院長的職責和使命。一九五八年四月十一日，胡適主持了臺灣中央研究院新院士選舉，從三十四位候選人中選出十四位新院士，其中包括楊振寧、李政道、吳健雄等三位來自海外當時在國際科學界鋒頭正健的現代物理學家。六月十六日，胡適離臺飛美，除了料理幾件因匆忙赴臺而未顧及的如搬家等私事，另在紐約以中央研究院新科院長的名義，帶病召開了一次海外院士會議。入會者有蕭公權、陳省身、汪敬熙、吳憲、吳大猷、楊振寧、蔣廷黻、吳健雄、李政道、李書華等十六人。會上，各位院士發言熱烈，獻計獻策，身體欠佳的胡適受會場氣氛感染，熱血沸騰，在總結中表示絕不辜負眾位寄予的殷切期望，回臺後要甩開膀子大幹一番實事和大事云云。

一九五九年二月一日，臺灣中央研究院與教育部舉行聯席會議，討論通過《國家長期發展科學委員會組織章程》，並宣布成立以胡適為主席、梅貽琦為副主席的「國家長期發展科學委員會」，規定今後固定每年二月至八月間召開委員會全體會議，並成立負責常務工作的中心組執行委員會，設執行祕書長一人。由此，臺灣長期發展科學、培植人才的系統工程開始步入正軌。

在一系列改革的同時，胡適決定對中央研究院逐漸形成的一些官僚與衙門作風實施改革整頓。當然，這個整頓並不是像許多執政者宣傳的那樣「大刀闊斧」地吹翻幾個頭領，或幾匹騾馬加驢子，而是細流涓滴，從自身和身邊的小事做起，一點一滴開始改革。一九五九年六月二日，胡適看到以中央研究院名義發給各院士的公文稿，措辭生硬，衙門風味很重，感到很不舒服，遂對祕書胡頌平說：「這班院士都是我的老朋友，我想在這稿子上添上『吾兄』兩字卻無法添入。他們都是學術界的人士，也不慣看這樣的公文。這樣的公文連一點人情味也沒有，而且我們的中央研究院不是機關，盡量避免用公文。」[39]指示以後院部文件，盡量改用私函，由胡適自己簽名發出。同時又關照胡頌平代他回覆的一般信件，提到胡適名字時，一律用「胡適之先生」，不可用「胡院長」，並認為稱呼「院長」，帶有嚴重的官僚氣味，不能給人以親切感，於公於私皆無益處。而對於中央研究院內部人員的考績，胡適認為不要動不動就來個全院專家聯合評判，應主要依靠各所所長平時注意了解各人的研究能力和研究工作的進展情況，也不必限於「已發表的著作」。研究人員的著作，也不必「轉請專家審閱」，而應以各所所長以及具體部門主持人的考語為主。這樣既充分發揮科研人員的真才實學，又盡量使每個人的成果得到客觀公允的評價。胡適的這些改革動作，得到院內成員

1958年，胡適在國民大會期間休息時與蔣介石閒談。

特別是年輕一代科研人員的普遍歡迎，後來成為中央研究院一項優秀規則傳之後世。

必須提及的是，胡適的「考據癖」是伴隨其終生的，即使有李敖之流公開跳出來潑婦罵街般地叫囂指斥胡適，謂胡氏是一個主張「全盤西化」的人，居然「花極大部分的時間與精力在東方『學術』的考證上、辨偽上，而美其名曰『打鬼』、曰『偷關漏稅的思想方法訓練』，這是不能教人心服的！他不在推行『全盤西化』上認真，卻在吳稚暉筆下〈「國故」的臭東西〉上認真，認真搞他自己筆下的那種『開倒車的學術』，寧肯犧牲四五十條的『漫遊的感想』來換取《白話文學史》的上卷，毫不考慮兩部著作對世道人心孰輕孰重，這是他的大懵懂」。[40]儘管「大懵懂」，但胡適就是痴心不改，正道直行，以一介書生的本色，於繁雜的公務之餘，窩在書房對研究了大半輩子的神會和尚繼續窮究細研。一九六〇年二月九日，胡適在中央研究院歷史語言研究所演講他的新作〈禪宗史的假歷史與真歷史〉。二十日，出席「國民大會」第三次會議。三月十日夜，所著《神會和尚語錄的第三個敦煌寫本：南陽和尚問答雜徵義：劉澄集》終於脫稿。正是這部耗費了胡適大量心血的著作，使其在脫稿的當夜即心臟病復發，延至十九日，病情加重，不得不入住臺大醫學院診治，直至四月五日小痊出院。

1961年，胡適在南港中研院內的書房中，見到友人來訪，一臉笑容。

一九六一年一月二十八日，臺北國家長期發展科學委員會舉行第五次全體委員會議，時臺海危機已趨平緩，臺島內的科技經濟在美國的大力援助、扶持下，已擺脫了戰後陰影開始復甦，國民黨在臺灣的統治地位更加穩固。正因這諸多的緣由，胡適在致開幕詞時興致勃勃，充滿樂觀與信心地說道：「這是一個起點，一個有希望的起點。在這樣艱難的情形之下，我們能夠有一億一千萬臺幣用在『長期發展科學與技術的研究』的開山工作上面，我們至少可以說科學已開始得到『重視』，開始得到『資助』了。我們當然不可感到滿足，我們至少應該感覺我們的責任之大。我們應該感覺古人說的『任重而道遠』五個字的意義。」又說：「兩年的工作，只做了一點探路的工作，開路的工作。從今天起，我們可以平心靜氣想想這條『遠路』的藍圖了。」這是胡適晚年精神最好，內心充滿希望與夢想，體力也呈回光返照狀最為充沛的時期。自此之後，便是「夕陽無限好，只是近黃昏」了。

這年的二月二十五日夜，胡適心臟病復發，急送臺大醫院救治。四月二十二日，病情好轉並出院，遷居臺北福州街二十六號臺大招待所療養，六月二十五日回到南港中央研究院上班。可惜好景不長，七月間又患急性腸炎，大鬧水瀉。九月三日，胡適在致好友李書華信中帶有哀惋之情地說：「我是二月二十五日夜抬上汽車，抬進臺大醫院的急救處的。我在醫院住了五十六天，出院後就在臺北借房子住了兩個月（因為南港附近沒有醫院）。到七月初又因腸炎，大鬧水瀉，瀉得水分乾了，影響心臟，血壓低到七十四，半天上不去……總之我們都老了，機件都不夠完好了。」[41]此時的胡適自覺已到了衰老不堪的歲月，說不定哪一天就倏忽登了鬼錄，遂寫信召在紐約的夫人江冬秀赴臺。十月，江冬秀從美國抵達臺北，一家人始得團聚，孤苦伶仃三年有半的老胡適精神上算是稍添一些慰藉。

就胡適當時的處境和心境而言，「麻將明星」江冬秀帶來的慰藉，如同雪中的一點炭火，與茫茫雪原比起來仍十分微弱，胡適心中的大孤獨與大悲涼仍不能融解消除，這種孤獨與悲涼除了蔣氏政權施加的政治壓力，還有一幫號稱文化「鬥士」和「新儒家」的人物，或明或暗地不斷向胡氏擲出匕首、投槍加冷箭，企圖對胡予以毀滅性打擊。對於胡的處境和「新儒家」的陰謀，時在臺灣師範大學英

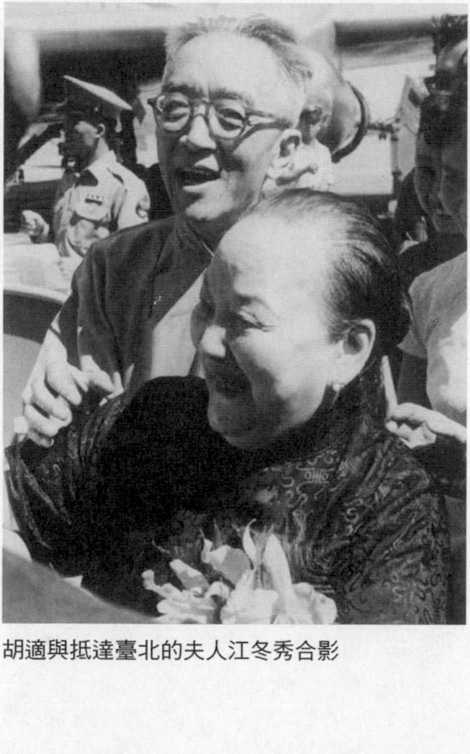

胡適與抵達臺北的夫人江冬秀合影

語系任教的梁實秋曾經提及：「譽之所至，謗亦隨之。胡先生到臺灣來，不久就出現了《胡適與國運》匿名小冊（後來匿名者顯露了真姓名），胡先生夷然處之，不予理會。胡先生興奮的說，大陸上印出了三百萬字清算胡適思想，言外之意《胡適與國運》太不成比例了……胡先生決意來臺定居，醫生的意見也不能左右他，不歡迎他的人只好寫寫《胡適與國運》罷了。」[42]書生出身的梁氏對胡的處境未免太過於樂觀，既然對方劍鋒已經出鞘，哪裡有弄一點《胡適與國運》就善罷干休的道理？大規模的反撲與打擊很快接踵而至。

這年十一月六日，進入衰朽之年的胡適應美國國際開發署之邀，強撐病體出席「亞東區科學教育會議」，在開幕式上做了「科學發展所需要的社會改革」英文演講，此為胡適生前關於中西文化、科學比較的最後一次重要發言。主旨是頌揚西方的科技文明，批判中國的古老文化，其中說道：我們東方這些老文明中沒有多少精神成分。一個文明容忍像婦女纏足那樣慘無人道的習慣到一千多年之久，而差不多沒有一聲抗議，還有什麼精神文明可說？一個文明容忍「種姓制度」（the caste system）到幾千年之久，還有多大精神可說？一個文明把人生看作苦痛而不值得過的，把貧窮和行乞看作美德，把疾病看作天禍，又有什麼精神價值可說？……現在正是我們東方人應當開始承認那些老文明中很少精神價值或完全沒有精神價值的時候了。[43]又說：「我相信，為了給科學的發展鋪路，為了準備接受、歡迎近代的科學和技術的文明，我們東方人也許必須經過某種知識上的變化或革命。這種知識上的革命是有兩方面。在消極方面，我們應當丟掉一個深深的生了根的偏見，那就是以為西方的物質的文明雖然無疑的占了先，我們東方人還可以憑我們優越的精神文明自傲。我們也許必須丟掉這種沒有理由的自傲，必須學習承認東方文明中所含的精神成分實在太少。在積極的方面，我們應當學習了解，賞識科學和技術絕不是唯物的，乃是高度理想主義的，乃是高度精神的。科學和技術確然代表我們東方文明中不幸不夠發達的一種真正的理想主義，真正的精神。」[44]

躺在病床上的胡適

意想不到的是，這篇大約二十五分鐘的演講由徐高元譯成中文在媒體披露後，立即引起港臺兩地知識分子激烈的論爭，並受到早已虎視眈眈、號稱東方文明捍衛者如徐復觀、葉青等輩的「圍剿」。與此同時，還有一位叫廖維藩的立法委員，經過一番密謀，在臺灣立法院對胡適演講中的觀點提出質詢，把胡的演講與現實政治攪在了一起，引導媒體掀起風浪，而蓄勢待發者趁機炮製一連串檄文嗖嗖射出，如同帶響的鋒鏑直赴胡適的命門。在四面合圍與陣陣喊殺聲中，心力交瘁的胡適心臟病驟發倒地不起，於十一月二十六日凌晨，急送臺大醫院開始了生命中最後一輪搶救。

剛剛離開閻王爺那安放著油鍋與老虎凳的宮殿回到陽界，躺在臺大醫院病床上長吁一口氣的胡適，懵懵懂懂又挨了一記悶棍。原籍湖北浠水，早年曾任蔣介石侍從室少將祕書，逃臺後出任私立臺灣東海大學教授的徐復觀，在群醜起舞中再度跳將出來，揮舞冰冷的狼牙大棒，聲色俱厲地指斥胡適是「中國人的恥辱，東方人的恥辱」，「是一個自瀆行為的最下賤的中國人」。[45]

此前，號稱「新儒家」「獻身於民主的鬥士」「敢於向權勢挑戰的人文自由主義者」的一代文棍徐復觀，見一系列匿名小冊子不能將胡適擊倒在地，讓其口吐白沫，眼珠亂翻，與陰曹地府的閻王爺握手言歡，就索性摘下面具，藉胡適演講事件之機，親自披掛上陣，向胡適射出了銳利的鋒鏑。在〈中國人的恥辱　東方人的恥辱〉一文中，徐復觀指斥道：「今天在報上看到胡博士在亞東科教會的演說，他以一切下流的辭句，來誣衊中國文化，誣衊東方文化，我應當向中國人、向東方人宣布出來，胡博士之擔任中央研究院院長，是中國人的恥辱，是東方人的恥辱。我之所以如此說，並不是因為他不懂文學，不懂史學，不懂哲學，不懂中國的，更不懂西方的，不懂過去的，更不懂現代的。而是因為他過了七十之年，感到對人類任何學問都沾不到邊，於是由過分的自卑心理，發而為狂悖的言論，想用誣衊中國文化、東方文化的方法，以掩飾自己的無知，向西方人賣俏，因而得點殘羹冷汁，來維持早經掉到廁所裡去了的招牌；這未免太臉厚心黑了。」又說：大概在四年前，他在臺中省立農學院向學生講演，大意是說吃鴉片煙、包小腳，即是中國文化。這次當著許多外地人面前，更變本加厲地說：

科學和技術，並不是唯物的，它們具有很高的理想和精神的價值。它們確實代表著真的理想和靈性。

在東方文明中，靈性不多。在那種忍受著殘酷、無人性的規定，如相沿一千多年的婦女纏足的文明中，有什麼靈性？（按：以上大概是罵中國的。）在那種容忍階級制度達數千年之久的文明中，有什麼靈性？在那種把人生看為痛苦，沒有價值，崇拜貧窮和行乞，把疾病歸之於神的作為的文明中，有什麼靈性？（按：以上大概是指印度教及佛教而言。）

現在正是我們東方人開始承認在那種古老的文明中，很少有靈性，或者沒有。那種古老文明是屬於一個人類體力衰弱，頭腦遲鈍，感到自己無力相抗衡的時代。這種文明（科學，技術）具有高度的理想，和真實的精神……這是對科學與技術的現代文明所做的真誠讚頌……（以上是根據《徵信新聞報》，十一月七日）

徐氏在列舉了胡適這段演講詞之後，對每句話進行抽絲剝繭式的痛批，並借用「以子之矛攻子之盾」的古老方法反擊道：「胡博士對羅爾綱以概括方式論斷歷史中的某一階段的某一特定問題，而裝腔作勢的責備他所用的方法不科學（見中央研究院所印的《師門五年記》）。但胡博士卻能用幾句罵街的話，便斷定了中印兩大民族幾千年的文化，這是哪裡來的飛天蜈蚣式的科學方式呢？在你寫的《古代中國哲學史》及《胡適文存》中，談到中國文化方面的，有一篇與原典對照而能言之成理的文章嗎？對於印度的東西，更是一竅不通。胡博士到底從哪一門科學得到了這種啟示而敢做這種大膽的論斷呢？」又說：「只要是做過深入調查、研究的人類學家，便會承認哪怕是極原始性的民族，也有很有價值的心靈活動。這是人類學在當前的一大進步，也可以說是一大傾向。胡博士憑著什麼調查研究，而能斷定在中印兩大文化中，只有極少的心靈，乃至根本沒有呢？胡博士的母親，是不曾讀過洋書的，在胡博士的了解中，他兩老有沒有心靈呢？」對這一由「靈性」而牽涉到的印度文化與佛教問題，徐復觀譏諷道：「這裡面的道理，不必向胡博士說，因為假使他對西方的文化史稍有常識，便不會說出這種話來。不過有一點，我倒非常佩服他是識時勢的俊傑，他只罵由印度出來的宗教，絕不罵天主教、基督教。假使印度也有一天強盛起來了呢？胡博士可以點頭微笑的說『我那時已墓有宿草了』。」最後，徐氏以爺爺教訓孫子的口吻棒喝道：「中國印度文化，在萬分中，有一分好的沒有呢？胡博士幾次代表我們政府出席國際學術性的會議，假定有一分好的，胡博士何妨便講那一分，以顧點國家的體面，並增進西方友人一點知見，這又有什麼不可以的呢？假定連一分好的也沒有，則胡博士何必頂著中國的招牌去出席呢？因為你雖然在洋人面前罵自己的文化罵得爽心快意，但洋人依然認為你是一個中國人。一個中國人在外國人面前罵盡自己民族的歷史文化，在外國人心目中，只能看作是一個自瀆行為的最下賤的中國人。同時，這次參加亞東科教會的，只是與印度文化有著密切關係的客人；七十一歲的老人，何以不懂事到既居於地主的地位，竟無知無識的罵起客人的祖宗來了？……據我的觀察，那是有不得已的隱衷的。說穿了，只是為了維持自己的地位。」[46]

徐復觀的進攻檄文發表之後，港臺為之震動，在倒胡派一片叫好歡呼之際，也引來了擁胡派的迅速反擊。一九六二年一月一日出版的《文星》雜誌，發表了李敖的〈播種者胡適〉，對徐派大加討伐。徐復觀見狀，遂糾集鄭學稼、胡秋原等對胡適進行又一輪狂轟濫刺，同時又與「以胡適為衣食父母的少數兩三人……豢養一兩條小瘋狗」如李敖等輩，展開了一場所謂的「中西文化論戰」，港臺《自由報》、《自立晚報》、《中華雜誌》、《世界評論》等報刊紛紛加入這場以謾罵為主調的「筆仗」之中。一時間，學壇報界硝煙四起，雞飛狗跳，四鄰為之矚目。躺在病床上的胡適面對亂棍飛擊，精神飽受刺激，但他對徐的討伐保持了緘默，而對主動討情示好的李敖也沒有迎合。一九六二年一月五日，胡適的助手胡頌平對徐復觀的文章做了摘錄，並做了一個短評。胡頌平說：「這種謾罵的口吻，編者就沒有讓先生知道；因又想起徐復觀在一九五八年四月二十二日給先生的信，也附錄於此，可以對照看看。」徐致胡信的內容如下：

適之先生道席：

此次得瞻風采，不減當年，真國家之福！謹奉上拙文錄一冊，內〈政治與學術之間〉，或者稍補民生理論在此方面之間隙。至〈儒家在修己與治人上的區別及其意義〉一文，乃疏導漢宋之爭，並作上文之具體補充，敬乞教正。

此外則不值得寓目也。五四運動之偉大歷史貢獻，將永垂不朽。然四十年之歲月，不僅先生個人之學養，與日俱深；即國人對世界文化之感染，亦未嘗無若干進步。

在短評中，胡頌平為胡適做了如下辯護：「先生在學術上所以領導群倫者，不僅為個人在學術上之成就，而尤為知識分子精神上之象徵。凡偶得有文化之爭，先生不必居於兩造者之一方，而實為兩造所共同期待之評判者。五四時代之文化鬥士，必須化為今日流亡時代之文化保母。區區之忱。想可蒙先生諒察也。」[47]

胡頌平之所以摘錄徐致胡的信函，除因對徐氏前後判若兩人的面目在心中引起的震撼，自然也有不知今夕何夕、「人為何物」的感慨。

一九六二年一月十日，胡適病癒出院，暫住福州街療養。老年胡適的生命已邁入衰朽之坎，即將燈熄香滅，萬事皆休。

在夕陽西下、餘暉殘照的生命盡處，給予胡適心靈慰藉的，已不是國民黨政權表面上對其恩譽並隆的禮遇，更不是他追尋了大半輩子一直放心不下的那個「天外來客」神會和尚，而是入住臺大醫院期間的病友——梅貽琦。世人沒有想到，兩位中國近現代史上著名的大學校長、教育家，在各自奔波忙碌了幾十個年頭，足跡踏遍千山萬水，歷盡九九八十一難之後，於人生的晚年，竟有這樣的機緣得以在臺灣孤島的醫院裡相聚，並有難得的空閒拋棄一切雜務，執手言談，話古論今，憶往事，思未來，以淡泊、寧靜的心境參悟現實人生，並相互撫慰著對方心靈的悲傷與苦痛。如此人生際遇，實在是胡梅二人預想不到的不幸之中的大幸。只是由於梅貽琦不善張揚和沉悶寡言的稟性，在時人和後世研究者眼裡，梅氏於奔往「田橫之島」的路途中，離開北平出走南京再至海外，似乎比胡適當年的逃離又多了幾分神祕色彩，而其中的內情和謎團一直不為外界所知，直到幾十年後才逐漸浮出水面並變得清晰起來，梅氏遼闊的胸襟與恪盡職守的處世風範，也才讓更多的國人仰慕追思，永懷繾綣。

注釋

1《文物參考資料》一九五五年六期。

2 郭沫若，〈學習辯證唯物主義和歷史唯物主義講座的開幕詞〉，轉引自李權興，〈胡適與唐山〉，「學說連線」網站，二〇〇八年十一月五日。

3《光明日報》，一九五五年一月六日。

4〈胡適之先生的幾封信〉，《傳記文學》二八卷五期（一九七六年五月）。

5 自二十世紀八〇年代始，學術界開始反思批胡運動並重新評價胡適對中國文化與學術的貢獻，如當年批胡的幹將蔡尚思說：「解放後批胡適，三年多出了兩百多篇批判文章，好像北京加各地出了二十多本書。有的連他對白話文的貢獻也否定。我也寫了一篇，顧頡剛也寫了一篇，這個是事實，『左』了」（張德旺，〈胡適研究訪談錄——蔡尚思談胡適〉（一九八二年四月十二日上午於復旦大學蔡宅），《胡適研究》第三輯（合肥：安徽教育出版社，二〇一〇））

6 要說沈從文所言胡適不敢搞中國文化史似符合事實，因文化包括物質和精神兩個方面，精神的或可翻一些古書舊籍加上西洋的觀念來敘述一番，但物質就沒有那麼容易，特別是遠古與上古時代的物質文化，到了胡適時代非依賴地下出土物不可，而胡適對考古和古文字則是地道的外行，因而搞一部像樣的文化史確是胡適很難勝任的。至於《中國哲學史大綱》下卷遲遲沒有寫出來，確有其事並曾遭到一些人的誤解，甚至遭到胡適對立面的嘲諷。由北京大學轉往南京中央大學任教的黃侃老夫子，在課堂上談到胡氏的《中國哲學史大綱》時說道：「昔日謝靈運為祕書監，今日胡適可謂著作監矣。」學生們不解，問其原因，黃侃道：「監者，太監也。太監者，下面沒有了也。」學生們大笑不已。

儘管有這樣的誤解與諷刺，但成為「太監」的真正原因，自是與胡適社會活動太多沒有寫作時間有關，絕非沈從文說的被馮友蘭嚇倒。相反，胡適壓根就沒把馮氏的著作放在眼裡，且有惡評。一九三〇年，馮友蘭把新創作的《中國哲學史講義》寄贈胡適請教，胡於三月二十日回信說：「承你寄贈《中國哲學史講義》一八三頁，多謝多謝。連日頗忙，不及細讀，稍稍翻閱，已可見你功力之勤，我看了很高興。將來如有所見，當寫出奉告，以酬遠道寄贈的厚意」（杜春和、韓榮芳、耿來金編，《胡適論學往來書信選》〔石家莊：河北人民出版社，一九九八〕）。很顯然，這是胡適所說的面子話，他對馮的著作壓根就沒有看上，證據可從一九五〇年一月五日胡適日記中找到：「前些時曾見馮友蘭的 *A Short History of Chinese Philosophy*（《中國哲學史》），實在太糟了。我應該趕快把《中國思想史》寫完。」幾年後的一九五五年一月二十四日，胡適又在日記中談到馮友蘭：「舊曆乙未元旦……寫完馮友蘭《中國哲學史》書評。*The American Historical Review*（《美國歷史評論》）要我寫此書英譯本（by Derk Bodde）〔德克・博多譯〕的書評，我耽誤了半年，今天扶病打完。為此事重看馮書兩遍，想說幾句好話，實在看不出有什麼好處。故此評頗指出此書的根本弱點，即是他（馮）自己很得意的『正統派』觀點（見自序二）。『正統派』觀點是什麼？他自己並未明說，但此書分兩篇，上篇必須以孔子開始，力主孔子以前無私人著述，力主孔子『以能繼文王周公之業為職志』，『上繼往聖，下開來學』。下篇必須叫做經學時代』，也是此意。（但更不通！）陳寅恪（審查報告二）說得比他清楚：『中國自秦以後，迄於今日，其思想之演變歷程，至繁至久，要之，只為一大事因緣，即新儒學之產生及其傳衍而已！』此即所謂『正統派』觀點也」（曹伯言整理，《胡適日記全編》第八冊〔合肥：安徽教育出版社，二〇〇一〕）。這個日記當是胡的內心真實寫照，如果對馮著有所敬仰，想來是不會在私下做如是說的。

7 〈訪問沈從文同志記錄〉，轉引自陳村，〈沈從文在一九六〇年的談話：胡適實際上很淺薄〉。陳村注：下文來源於魯迅傳創作組整理，《「魯迅傳」創作組訪談記錄》。製作者：上海市電影局，天馬電影製片廠。一九六〇年六月。原書為手工刻鋼板蠟紙的油印本。目錄四頁。正文兩百零一頁。日期一九六〇年四月二十四日。原文標點極不清晰。原文錯訛如「見介，馮有蘭，毛文水，邦閒，回文系，全只，張竹霖，一頂橋」等亦照錄。陳村。二〇〇四年六月二十六日。（南按：為方便讀者閱讀，在引用本文時已將部分錯誤改正，有的雖知原文有誤，但鑑於這是一篇發言記錄，本不置一駁，因而對像羅家倫掌燕京大學等不實之語未加改動——事實上羅氏未掌過燕大。另外，判斷不準或原文不清的保留原樣未動。）

8 後來沈從文不承認他與張兆和的婚事曾借助於胡適的力量，針對外界傳聞，沈說：「有人說我和內人結合是胡適做的媒，沒這事。當時我對兆和有好感。她那時是校花，學習好，長得好，運動也特別好，跑得快、跳得高。我也沒說什麼，就是寫信，一天一封，她不回信。有一天她找了胡適，胡適說：沈從文我了解，他是個君子，是個好人。胡適說：大學師生戀愛結合的事，在西方很平常。沈從文給你寫信，是誠心實意的，他是個誠實的人，至於你接受不接受，那是你的自由，你適當時候回答就是了。所以說，胡適不是我的媒人，說他多少幫了一點也可以」（張德旺，〈胡適研究訪談錄——沈從文談胡適〉（一九八二年四月七日下午，與陳鐵健在沈宅）」，《胡適研究》第三輯（合肥：安徽教育出版社，二〇一〇））。

9 胡適，《胡適手稿》第九集，下冊，卷三（臺北：中央研究院胡適紀念館，一九七〇）。由該文所說「去年（一九五四）」中國大陸決定展開「批判胡適思想的討論會……」（頁五二三）推斷，此文寫作時間應為一九五五年。

10 阿憶，〈水木清華九十年〉之八（電視專題片解說詞），鳳凰衛視二〇〇一年播出。

11 曹伯言整理，《胡適日記全編》第七冊（合肥：安徽教育出版社，二〇〇一）。

12 同前注，第八冊。在《大公報》發表的三文中，蔡尚思的文章通篇大話加空話，確有一點神經病人在說話演唱的味道，蔡後來稱自己這篇文章確實是「左」了。顧頡剛反對胡的兩點，原文如下：「一九二六年以後，我做什麼，他就反對什麼。例如《周易》的《繫辭傳》裡有『觀象制器』之說，說古代各種工具的創造都是聖人們看了六十四卦象而做出來的。有如渙卦上巽下坎，巽為木，坎為水，聖人看了這卦中木在水上，就造出船來了。我認為這種唯心的觀點太不對了，船當然是看了木頭入水不沉而想出來的，和渙卦有什麼關係。這種思想和漢朝的京房一派很相同，說不定是他們的玩意兒。胡適見了這篇文章，就寫信來反對我，說觀象制器是易學裡的重要學說，不該推翻。我為了《老子》書裡說『絕仁棄義』明是反對儒家的提倡仁義，說『不尚賢』明是反對墨家的弊病已經給人看破的時候。胡適看了又來反對我，維持老子為孔子師的傳統說法。我本是跟著他走的，想不到結果他竟變成反對我。固然我所說的未必對，可是他自身卻『寧可信而過，不可疑而過』了，這一個根本態度的轉變真使我伸出了舌頭縮不進去。錢玄同先生曾在一九三六年對我說：『真想不到，適之的思想會如此的退步！』」

沈尹默批胡文章的標題是〈胡適這個人〉。開頭說：「胡適這個人，我在北京大學和他共事一二年後，就把他的性格看得很明白了。他是個兩面人：一方面自高自大，唯我獨尊；一方面卻很能夠低聲下氣，趨炎附勢的。所以我從頭起就沒有像社會上一般人士那樣的重視他。」接下來，沈氏列舉胡氏為人的卑劣之處：「胡適到北大時，正是北大大事改革的時期，首先成立了教授評議會，繼之便組織教務處，教務長一職，蔡先生本來屬意於胡適，但那時理科有很多教授很不贊成，有人揚言：萬一胡適當選，我要鬧一鬧。我聽見了，就向蔡先生商量，我說：他年輕，學校方面應該愛護他，讓他能夠專心一志去好好地研究學問，事務上的瑣屑工作，可以暫且不要去煩勞他才好。蔡先生同意了我的意見，結果馬寅初當選了教務長。但胡適因此對於我大不快意，他向我說：尹默！我向來對於舉辦任何事情都是歡喜做第一任的主持人，這次不讓我當第一任北大教務長，我是很不高興的……一言以蔽之，他是個頭等喜歡出鋒頭的人物。所以他到了北京，被研究系一勾引，便鬼混到一起去了，什麼學問也好，政治也好，在他都不過是借來作為出鋒頭的工具而已。剛才聽到頡剛說他的考證方法是從胡博士那裡得來的，起初胡博士對頡剛疑古精神還嫌不夠，但後來又反對他的疑古作品，他弄得莫名其妙。其實這種心理是很容易了解的，胡適的專長，被人一學會，他就不足為奇了，便要打擊別人一下，才能顯出他別具神通，還是一種出鋒頭的技能。再就這一點深入研究一下，這和帝國主義國家的政客們的伎倆，完全一樣……還可以說一兩件發笑的事，如果不是我親自看見聽見的，絕不會相信。一件是陳仲恕對我講的，他說他震於胡適大名，有一次胡博士在北大大禮堂公開講演，他也去聽講，聽了好一陣，覺得有點耳熟，仔細想一下，記得是在顏習齋書裡看見過，回去一查，果然不差，後來知道胡博士過於忙碌，講演期到了，講稿還沒有準備好，就到琉璃廠書店去順便買了一本顏習齋的著作，在洋車上，翻了一翻，便把這一場公開講演對付過去了。另外一件，是我因事到他家裡去，他那時同張慰慈住在一起，他們書房裡有一張大的少有的書桌，桌子中間，一本一本的翻開來覆著的書堆得像一座小墳山一樣，乍一看不免使我有點驚訝，慢慢地想了一想，才明白了，這是胡博士著書的成績，他實在沒有時間細細讀書，只好臨時翻檢，用剪報的方法去採取他所要的材料。我所以常說胡博士是翻書著書。」正是這諸多頗為「神奇」的例證，才激怒了胡適並謂沈「是一個小人」和「下流的扯謊」。

就沈尹默本人的性格以及在北大的為人為學看，令人詬病的地方亦是多多。一九二二年胡適從丁文江、秦景陽等人口中了解到的北大十年史，幾乎就是一部沈尹默弄權史，連胡適本人也不免為其利用，此案例在胡適的日記中有明確記載，沈、馬等人引進旁系，「往往有利用（如吳虞）或借重（如王國維）之心」（《胡適的日記》（北京：中華書局，一九八五），頁三九二—三九三）。查看這些日記，或許能從另一個側面透視兩派爭鬥的一些真相。

13　一九八〇年之後，中國的政治形勢開始發生大的變化，海峽兩岸開始來往，羅爾綱從臺灣友人處知道胡適曾於一九五八年底出版《師門五年記》的事。當時的感慨如何，不得而知，只知他又開始提筆追憶當年跟隨胡適生活、治學的「辱教」之事。一九九五年，北京生活．讀書．新知三聯書店將羅爾綱新寫的追憶文章與原書合併，以《師門五年記．胡適瑣記》為名結集出版。其後，羅爾綱繼續寫胡適瑣記，惜書稿未能完成，於一九九七年五月二十五日去世。一九九八年，北京生活．讀書．新知三聯書店將羅氏未完稿加以收集整理，出版了《師門五年記．胡適瑣記》（增補本）。在這個版本中，羅爾綱增補了這樣一篇文章，標題是〈一九六一年何勇仁說他讀了我攻擊胡適的〈坦白狀〉〉，文章說：「胡頌平編著《胡適之先生年譜長編初稿》第十冊一九六一年八月十六日夜譜記胡適給何勇仁信事說：夜裡，有給何勇仁的信。

義夫先生：

上月廿三日蒙先生遠來看我，得暢談半個上午，至今感謝。

那天因是星期日，有不速之客來打擾，想能得先生的諒解。

那天我們談及貴縣姓羅的學生，大概就是羅爾綱。先生讀了他的〈坦白狀〉，想必也是這樣猜想吧？

《胡適思想批判》第二輯，請先生便中飭人送到臺北和平東路一段一一五號中央研究院總辦事處（師大對面），至感。

我大概月底出國二十天，不及面辭了。敬祝

先生安好。

弟　胡適敬上　五十．八．十六夜

「爾綱按：我於一九六一年並沒有寫什麼〈坦白狀〉來批判胡適。我們以前知道當胡適於一九六一年十一月心臟病復發入醫院，圍剿立刻起來了，一直到一九六二年二月二十四日逝世時還沒有停止。現在讀了這封信，知道當一九六一年就已經有人假造我寫的什麼〈坦白狀〉來氣胡適哩！」

岳南按：羅爾綱直到去世，在他所寫的「瑣記」文章中，沒有一篇提到〈兩個人生〉，更沒有提及他寫此文的心理反應，只是以自嘲的方式把胡思杜拎出來作為批胡樣板為自己解脫。

而在如上這篇短文中，更是替自己撇清，其意似是故意給世人製造一種錯覺：羅爾綱未曾講過批胡的話，也未寫過批胡文章，一切都是別有用心的人為氣胡適而捏造的。但事實是，羅氏的批胡文章白紙黑字已成為抹不掉的歷史的一分子，胡適向何勇仁提到「《胡適思想批判》第二輯，請先生便中飭人送到臺北和平東路一段一一五號中央研究院總辦事處」，這個「第二輯」就包括羅爾綱的雄文〈兩個人生〉，此點，想來羅爾綱是知道的。令人費解的是，羅氏直到去世也未寫過一篇為此感到羞愧和歉意的文章，確實令活著的人如作者發出一種白雲蒼狗，「人為何物」的感慨。

14 歐陽哲生，《歐陽哲生講胡適》（北京：北京大學出版社，二〇〇八），頁一九。

15 胡適口述，唐德剛整理、翻譯，《胡適口述自傳》（合肥：安徽教育出版社，一九九九）。

16 魯迅，《華蓋集．導師》，《魯迅雜文全集》（石家莊：河南人民出版社，一九九四）。

17 中國社會科學院近代史研究所中華民國史研究室編，《胡適來往書信選》中冊（北京：中華書局，一九七九）。

18 曹聚仁在二十世紀五〇年代曾數次以記者的公開身分回大陸，並寫了一系列文章。一九五七年，曹在〈談右派〉一文中說：「記者離開北京那天，反右派運動正在開頭，一位朋友以沉重口吻問我：『你看，將來的演變，該是怎樣？』我說我也說不出來。」又說：「記者忽然想起毛主席的一句話來：他覺得一般知識分子雖說經過了社會革命的大關，但意識形態上還是和新的社會生活不相融洽，所謂『過不慣』。依孔夫子的說法，即是『或勉強而行之』；他們在下意識中，依然戀戀於舊社會的生活。這一回，毛主席的演講，就像經過了心理家使用了催眠術，把他們下意識中的境界顯露出來了。凡是下意識中對於社會主義的社會生活不相融洽，過不慣的，那就是右派的靈魂。我們自己反省一下，在下意識中，還潛伏著一種不安的情緒嗎？或者，記者不妨再補充說幾句：過去八年中，經過了若干回大運動，許多民主人士，都是保護著過關的，這回卻要自己來過關了」（曹聚仁，《北行小語：一個新聞記者眼中的新中國》〔北京：生活．讀書．新知三聯書店，二〇〇二〕。以下引文同）。

一九五八年二月十三日，曹聚仁在北京寫了一篇叫作〈右派分子的終局〉的文章，內稱：「記者昨天（十二日）下午到了北京，第一件大事，就是要知道右派分子的終局。人代會罷免了右派分子幾位巨頭，如羅隆基、章伯鈞、章乃器、黃紹雄這些人的部長職位，該是最大的新聞，也是一般讀者所關心的大事。但他們這些人的究竟如何呢？記者先前曾再三報導政府對於右派分子的處置，採取和風細雨的方式，非常溫和，事實上也正是如此……當國務會議罷免他們的前夕，周總理曾邀請羅、章、章三氏談話，把政府將罷免他們職位的決定告訴他們，他們同意這樣的決定。不過他們三人的態度並不完全相同。章伯鈞完全服從政府的判處，羅隆基服了一半，章乃器依然不承認他是反黨、反政府、反人民的。」又說：「上月底毛主席召集最高國務會議，先後兩次，乃集思廣益之意。第一次，毛氏發言達二小時之久，邀請費孝通氏參加。席上，毛氏宣稱將召集右派分子會議（可能有一千人與會）。一方面，對右派分子表示感謝，因為右派分子，幫助政府提高了警覺，一方面也願意幫助右派分子求進步云。席上費氏起立發言，自謂：第一感想，當然是酸甜苦辣，五味俱來；第二感想，還是十分興奮，因為毛主席鼓勵他的進步云云。記者的報導，或許可以替一般讀者解消一些疑問了吧，反右運動，便是這麼結束了。」

就在這篇文章發表後不久，曹氏又加補一文〈再記右派分子的結局〉，說：這些右派分子「並無『造反』的野心，章、羅諸氏，最多也不過想做一人之下萬人之上的『總理』或『副總理』，輔君行其道。（章乃器氏說他燒了灰，也沒有反黨、反政府、反社會主義的痕跡，此語也有一部分是真實的。）至於艾青、丁玲、馮雪峰諸人的意思，也不過是想取文聯主席地位而代之，或者高居文化部的領導地位，滿足了『大丈夫當如是也』的野心而已。說明白一點，乃是士大夫個人主義的野心。另一方面看，正是反社會主義的，因而是反黨、反政府的。

在解放初期，若干中共領導文化工作的人士，實在因為這個局面太大了，太繁重了，忙不過來，於是大學教授以及教育文化界的實際工作，都落在民盟、九三學社的民主人士肩上。民盟、九三學社的領導人士，忽然自負以天下之重，覺得今後乾坤重擔都在他們身上，於是以影子內閣的領袖自居，也是勢所必然。而他們都在私生活上欠檢點，予人以口實，便垮下來了……戲曲界知名之士吳祖光氏，他也曾有取劇協領導地位而代之的野心，他也在私人生活上翻了筋斗。他搜藏了很豐富的淫書淫畫，已見之於公開文件。他欣然就道，到東北黑龍江地區參加農場的勞動生活。海外論客，或許對於農場的勞動生活看作是地獄生活；事實上，記者親身所見，那的確是使身心愉快的修養。佛家所謂『苦修行』，庶幾近之」。又說：「至於全國各大學學生，不知稼穡之艱難，不知天之高地之厚，信口胡言，亂說一陣的頗有其人。北京有個有名的大學，列為右派分子的學生，至少五六百人，多至千餘人，那是不足為異的……中共的政治措施，很多是我們所不能理解的；但他們畢竟做了，行通了，我們又該刮目相看了。」

再後來，曹氏又以〈海外人士注意的右派分子〉為題發表一文，謂：這些右派分子「一部分是勞動教養。我們所熟悉的一些文藝界朋友，在北大荒國家農場鍛鍊自己。說起北大荒，一些海外論客就跳起來了，且慢，記者是心甘情願想到北大荒去的，那兒即算不是天堂，也可說接近天堂了」。

對於曹聚仁自稱與魯迅的交誼以及在撰寫《魯迅評傳》中的妄言自不必再論，僅此論述知識分子勞改的北大荒為人間「天堂」，便可知胡適稱其為一個「妄人」，已是十分地高抬他了。胡氏嘗謂顛倒黑白、指鹿為馬的無德、無才、無行等「三無」人員，在曹氏身上又一次得到了徹底的體現。曾與曹聚仁合辦創懇出版社和《熱風》半月刊的老友徐訏說曹「住在自由之地，卻引誘別人跳火坑，真是老鴇的作為」。噫！

19 曹伯言整理，《胡適日記全編》第八冊（合肥：安徽教育出版社，二〇〇一）。
20 胡頌平編著，《胡適之先生年譜長編初稿》第七冊（臺北：聯經出版公司，一九八四）。
21 耿雲志編，《胡適年譜》（成都：四川人民出版社，一九八九）。
22 沈衛威，《沈衛威講胡適》（合肥：安徽教育出版社，二〇〇七）。
23 同前注。
24 曹伯言整理，《胡適日記全編》第七冊（合肥：安徽教育出版社，二〇〇一）。
25 沈衛威，《沈衛威講胡適》（合肥：安徽教育出版社，二〇〇七）。

26 胡頌平編著，《胡適之先生年譜長編初稿》（校訂版）第一〇冊（臺北：聯經出版，一九九〇）。
27〈吳晗投靠胡適的鐵證——一九三〇年至一九三二年吳晗和胡適的來往信件〉，《人民日報》，一九六六年六月三日。
28 鄧廣銘，〈回憶我的老師傅斯年先生〉，聊城師範學院歷史系、聊城地區政協工委、山東省政協文史委合編，《傅斯年》（濟南：山東人民出版社，一九九一）。
29〔德〕奧斯維德·史賓格勒（Oswald Spengler）著，陳曉林譯，《西方的沒落》（*The Decline of the West*）（縮譯本）（臺北：遠流出版，一九八六）。

另，關於胡適藏書的數量、類別、保存情況與分割經過大體如下：

抗戰前，胡適的藏書沒有登記、編目，也沒有鈐記，大多數都在書架上，置滿了約四十個大書架，其中不少是線裝書、外文書和平裝書，多是胡適在北平購置的，其中有一部分是珍貴的善本書。另外，有著「考據癖」的胡適特別注意資料的收集與珍藏，其日記、書信、檔案、照片等也具有相當規模，都放置在書櫥中。一九三七年，日寇進逼甚烈，胡適認為北平危險難保，遂決定在城陷之前將藏書（包括文件、書信、日記等）打包裝箱，運往天津，保存在浙江興業銀行倉庫。胡適出任駐美大使，在關注中國戰事的同時，一直擔心他的藏書毀於戰火，幸而藏書沒有遇難，並於抗戰勝利後完好無損地遷入北平東廠胡同一號胡適的新家。

據鄧廣銘回憶說，胡適的藏書、信件等一直存放於後院五大間書庫之內。一九四八年底，胡適南飛之後，北京大學派遣圖書館管理人員郭松年等到胡家，與胡思杜一起把胡適書庫中所藏的一切手稿、文件、書籍全部裝箱，共裝了一百零二箱（木箱乃抗戰前運往天津時的舊箱），全部運往松公府北大圖書館存放。整個過程，鄧廣銘是親眼目睹的，書庫清理之乾淨，「連一張紙都沒有留下」，甚至把鄧廣銘放在胡家的書也一併裝箱運走了。後來，胡思杜寫信向在美國的胡適說明了藏書與信件、檔案等裝箱和保存的情況，胡適才於一九五七年六月四日的遺囑中，明確表示把這「一百零二箱內全部我的書籍和文件交付並遺贈給該大學」。當然，這個時候胡適並不知道中國大陸發生的一系列變故與他的藏書被分割的事實與內幕。

當一九五四年「批判胡適運動」展開時，為準備批胡資料，中共中央宣傳部從沙灘松公府北大圖書館取走了大部分胡適的書信、文件和日記。很快，中宣部資料室以黎澍為代表的秀才們，根據這些「大內珍品」，編選了

《胡適思想批判參考資料》、《胡適日記選》、《胡適書信選》等小冊子，以「胡適思想討論會工作委員會祕書處」的名義編印出版，內部發行，供全國各地批判應用。這是當局射向胡適最早、最有力的集束炮彈。當此之時，北大紅樓已成為中宣部的辦公處，中宣部圖書館就在松公府北大圖書館書庫的樓上，搬運胡適書籍與書信等極其方便，而中宣部搬走後也沒有留下隻言片語的字據。何以如此？據鄧廣銘猜測：「這很可能是因當時北大圖書館的負責人認為繼續保存胡適的這些東西是一個沉重的包袱，必須甩掉而後快，所以當中宣部提取時，也不要求辦任何手續」（馬嘶，《往事堪回：百年文化舊案新解》〔北京：文化藝術出版社，二〇〇七〕）到了一九五八年，中宣部資料室撤銷，負責人黎澍調往中國科學院近代史研究所工作。黎氏深知手中掌握的這批胡適書信資料的爆炸力和殺傷力的巨大，遂順手牽羊，把這批珍貴的資料一同帶往近代史研究所，成了近史所的鎮庫之寶。

眼看近史所弄走了一批胡適家藏的「寶貝」，其他的學術機構紛紛提出要分一杯羹。於是，一九六二年下半年，由中央文化部副部長徐平羽召集會議，決定對胡適的藏書和書信、文件等進行切割分配。其中的一百零五種善本古籍交北京圖書館（現國家圖書館）收藏；尚存的一千九百二十四件胡適書信和文件等交中國科學院近代史研究所；剩餘的書籍繼續由北京大學圖書館保存。自此，胡適留在北大的圖書就「身首三處」了。胡適直到死，對大陸上發生的這一切都不知曉（當然不包括最後一次分割），而大陸民眾同樣不知胡適曾留下遺囑並提到了他留在北平的藏書。直到一九八七年，北大圖書館的沈乃文偶然在臺灣《傳記文學》上看到有關胡適遺囑的消息，才得知胡已把他的藏書、文件交付於北大之事。一九九三年，新上任的北大圖書館館長林被甸，開始遵照胡適遺囑向北京圖書館和中國社科院近史所索要被分割的圖書、書信等。結果幾年下來，直到一九九九年林氏離開北大圖書館，此事仍是夢中之影。其中，還生出另一個枝節，據社科院近史所對林被甸的答覆，近史所館藏的胡適個人資料，「並非來自北大，亦非由文化部分配」，而是當年該所奉上級命令進駐東廠胡同一號院，也就是胡適的居所時，在胡氏的辦公室發現了他未及整理搬運的大批書信、文件，這些東西由近史所整理並保存，應算近史所固有。此外，近史所的收藏中，有一批文件來自王重民的捐贈和向歷史博物館徵集得來，只有很小一部分來自北大圖書館。

針對胡適的遺囑，社科院近史所認為：這一遺囑的法律效力值得懷疑，遺囑如何解釋也需進一步商討。總的來說，北大圖書館無真憑實據和理由索要這批東西。事情就此不了了之。

30 胡明，〈晚年的胡適與臺灣中研院〉，《胡適研究》第二輯（合肥：安徽教育出版社，二〇〇〇）。

31《聯合報》，一九五八年四月十二日。

32 同前注。

33 李亦園，〈本院耆老話當年〉，轉引自潘光哲，《何妨是書生：一個現代學術社群的故事》（桂林：廣西師範大學出版社，二〇一〇）。

34 陳存恭、陳仲玉、任育德訪問，任育德記錄，《石璋如先生訪問紀錄》（臺北：中央研究院近代史研究所，二〇〇二）。

35《聯合報》，一九五八年四月十一日。

36 呂實強，〈如歌的行板——回顧平生八十年〉，轉引自潘光哲，《何妨是書生：一個現代學術社群的故事》（桂林：廣西師範大學出版社，二〇一〇）。

37 此文作於胡適自注「十九，十一，二十七晨二時，將離開江南的前一日」。初版收入《胡適文選》（上海：亞東圖書館，一九三〇）。

38 胡頌平編著，《胡適之先生晚年談話錄》（臺北：聯經出版公司，一九八四）。

39 李敖，〈從李濟的悲劇看中央研究院的幾個黑暗面〉，《李敖作品精選》（北京：中國友誼出版社，二〇〇一）。

40 胡頌平編著，《胡適之先生晚年談話錄》（臺北：聯經出版公司，一九八四）。

41 梁實秋，〈胡適先生二三事〉，《梁實秋散文》第三集（北京：中國廣播電視出版社，一九八九）。

42《文星》九卷二期（一九六一年十二月）。

43《胡適文集》卷七（北京：人民文學出版社，一九九八）。

44 徐復觀，〈中國人的恥辱　東方人的恥辱〉，《民主評論》一二卷二四期（一九六一年十二月）。

45 同前注。

第四章
梅貽琦流亡海外之謎

一、告別清華園

一九四八年冬天，梅貽琦頂著解放軍圍城的炮火毅然乘機南下，先抵南京，然後轉上海赴香港，再由法國到美國，直至「歸骨於田橫之島」。

梅氏當年懷揣怎樣的心境，如何忍心撇下凝聚著他光榮與夢想的清華園，像一位孤獨的騎士一去不回頭？此點，梅本人沒有留下任何回憶文字，親朋、弟子的回憶則大都支離破碎，且說法各異，只有詳加考證，才能剝繭抽絲，弄清事情真面目。據一九三八年畢業於西南聯合大學土木工程系的袁隨善回憶，大概是在一九五五年，梅貽琦和夫人韓詠華路過香港，主動跟他說起當時離開北平的情形，梅說：「一九四八年底國民黨給我一個極短的通知，什麼都來不及就被架上飛機，飛到南京。當時我捨不得也不想離開清華，我想就是共產黨來，對我也不會有什麼，不料這一晃就是幾年，心中總是念念不忘清華。」[1]

袁氏這一說法顯然過於荒誕離奇，近似妄言，實不足信。那麼真相到底如何？常言道，龍行有影，虎行有風。梅貽琦的出走及其出走動機再神祕複雜，總有線索和蹤影可覓，因為他畢竟生活在一個社會群體中，況且還是一座知名學府的一校之長和一位大教育家，其思想、言行至少在清華同事和親近友好中留下吉光片羽。且看下列人員的回憶——

梁思成、林徽因之子梁從誡：一九四七年冬，母親住院做腎切除大手術，正在美國講學並參與聯合國大廈設計工作的父親，特地趕回來照顧她。聖誕之夜，我和姐姐忽然接到清華梅貽琦校長的邀請，要我們姐弟到他們家過節。但是去後發現只有我們兩個小「客人」，梅校長也不說話，我們顯得十分拘束。不久，就聽說梅校長從城內東單臨時機場飛離了北京。他當時請我們姐弟，也許是有意藉此向我們的父母表示告別吧？[2]

抗戰勝利復校後的清華教務長吳澤霖：他臨走的時候，有一天早上，哪一天，我忘記了，在門口他乘車出去，我剛走進來，他車停下來，我先問他，怎麼樣？聽說你是不是要走？他說，我一定走，我的走是為了保護清華的基金。假使我不走，這個基金我就沒有法子保護起來。最後兩句話是他思想的一閃念，很緊張。以後到上海後，他給我通過一次信，以後再也沒有聯繫了。[3]

梅貽琦好友、物理學家李書華：民國三十七年十二月半北平突被共軍圍攻，西苑與南苑機場均不能用。北平城內動工建築一個臨時機場，利用東交民巷東面圍牆外的操場與東長安街東部一帶地方，做成南北方向跑道一條。十二月二十日晚間政府派第一架飛機到北平接人，降落於該臨時機場上。二十一日清晨我與月涵及袁守和（同禮）先生和袁夫人等數人，攜少許隨身行李登機飛往南京。這是差不多十四年以前的事。[4]

梅貽琦夫人韓詠華：北京解放前夕，我的大女婿在國外，我怕大女兒祖彬與丈夫長期分離，就跟梅先生商量，決定由我送祖彬出去。一九四八年十一月二十八日，我帶祖彬及她的兩個小孩搭親戚（南按：衛立煌將軍）飛機離開北京，飛往廣州，之後不久又轉到香港，借住在祖彬愛人的兄嫂家裡。

這時候梅先生還在北京，他為學校事務城裡城外地奔波著。十二月十四日下午他進城辦事，趕上北京城被圍，阻於城內，從此再沒有回到清華。南京國民黨政府連續來飛機接人，他搭乘最後一班飛機走了。以後，梅先生從南京取道上海到香港，在香港遇到一個法國朋友，約他到日內瓦參加聯合國的會議。這樣，梅先生就離開中國大陸了。[5]

另，我在廣州報紙上看到誰誰走啦，就是梅校長還是從裡從外照顧學生。以後，聽說進城以後，出門證作廢了，他住在北京飯店，那時南苑的飛機場炸毀了，在東單修跑道，有飛機去南京，他趕上尚在北京，梅貽琦和華羅庚就坐那個飛機到南京去了。到南京後又到上海，當時李宗仁在南京。我們就在香港相遇，我從廣州到香港，他從南京、上海到香港。我問他，你為什麼不把祖芬帶來，他說他念書呢，是個學生，不要緊，我是不能回清華啦，能出城還是要出城。[6]

時任清華中文系代理主任浦江清日記：〔一九四八年十二月十四日〕據說昨晚林彪部隊由沙河、清河衝來，因國民黨軍炮火猛烈而退卻。轉向西邊，向臺灣新練的國民黨軍進擊，所以清華園附近又平靜了。下午，有消息云校方預備一輛卡車，同人女眷想進城的可以搭車，限於女眷。四點前，內校門外擠著許多人，慌亂得很。梅校長在城內，今天上午十一時許小汽車返校，帶來款項，下午三時發薪。這次我的薪水近金圓券千元……晚上沒有電燈，早睡。聽見炮聲，在南方。氣象臺的大炮已經撤掉了（南按：國民黨軍在清華安裝），據說是梅校長在城裡交涉的，先是撤在圓明園內，後來撤往城內了。

〔十二月十六日〕城內交通斷絕。郵箱電話都不通。據悉，胡適夫婦已飛京。寅恪先生亦已成行，惟其眷屬仍留平。梅公似尚未成行，黑板報云政府要梅公飛京。至於校中空氣，多數同學本來是左傾的，他們渴望被解放，少數也變為無所謂。教授同人極右派本來想走的，現在也走不成了，多數成為無所謂……共軍既把平津路也切斷，中央軍已無退路，困守北平城……共軍所用長城銀行的紙幣出現了。

〔十二月二十四日〕上午十時開教授會。通過議案二：一、挽留梅校長，請繼續為本校服務……晚間至馮芝生宅，參加起草挽留梅校長函，覺措辭頗困難。梅先生於十三日因公進城，十四日午時返校，下午又進城，以後交通阻斷留居城中，迄未出城。無線電消息，孫科新閣名單中，梅氏長教育部。學生會一致挽留，謂南京政府將倒，不應使名流「殉葬」云。教授會亦一致挽留。我們起草雖斟酌措辭，然據馮公所得消息，梅先生已於本星期二飛京，挽留已為形式上之事矣。諒梅公亦有難處。

〔十二月三十日〕昨日為梅校長六十誕辰，原定進獻油畫像一幀，並有祝壽詞（馮公所作）並油畫像題詞（張子高先生所撰），裝成冊子，同人皆簽名於後。梅先生已行，頗可惋惜。冊子仍傳觀，余亦補簽名於後。[7]

梅貽琦祕書沈剛如：一九四八年十二月，解放戰爭臨近北平近郊，清華園可聞激烈槍聲。十三日星期一，槍炮聲更密更近，學校決定自下午起停課。連日來校長皆於下午進城與城內各大學校長商討應變措施。十四日下午，校長以電話把我召至其家，交給我一包股票和契紙（這是與清華合辦數學研究所的盧木齋後人交來用作基金的），讓我整理好抄一清單。另外，叫我把一枚金元和一根金條交給出納組妥為收存。交代清楚後，校長便乘車隻身進城。當晚黃莊一帶即告解放，校長欲歸不能，從此梅校長便離開了我們。[8]

梅貽琦清華同事葉企孫：一九四八年解放前夕，梅貽琦和我講，在福建建立一個清華基地，北京解放很快，沒辦成此事。清華的基金問題，在解放前夕我叫梅貽琦自己留一本資金帳，我又想在解〔放〕北京時一同同他到南京。[9]

梅貽琦清華同事陳岱孫：一九四八年底，我記得我還在上課，就聽見霹靂啪啦打起來了，課也上不了啦，下課吧！下課之後，下午就找梅校長去了，他正要動身進城，他告訴我，他說：「我現在趕快進城，要弄一些錢來，因為學校沒錢了，弄點錢來，讓全體師生員工度過這一段時間。我拿了錢，馬上就回來。」但是他那天晚上沒有回來，後來就聽說他到南京去了。後來葉企孫告訴我，梅校長進城去了，拿了錢了，坐汽車出來到西直門，西直門關了。那時候，西直門每天晚上都關門，十點鐘左右關門，不過有一個出門證，清華也有一個三聯單出門證。有出門證，可以開這個西直門出來，隨便什麼時候辦理都可以。但是那一天，出門證失效了，不許出來，就回到城裡去了。住到胡適家裡，過了一、二天，胡氏說，你不必回去了，跟我一起走吧！於是就跟胡適一起走了。[10]

梅貽琦秘書趙賜：十二月十日，清華做出決定將於十三日停課。翌日，梅召校長室祕書沈剛如至住所，面交一包股票及契紙，乃天津盧木齋後人出資與清華合辦數學研究所之基金；又交出自己所保管之金元一枚、金條一根。下午入城開會。晚間在市內接電話，得悉解放軍已占領北平西郊各地，西山通西直門之大路亦遭封閉。十五日，大批解放軍正式宣告圍城，梅不能返校，以電話通知，請校務會議代理校務，馮友蘭先生為主席，暫主持校內事務，設法維護校產及師生安全。於是「先生從此與任教十三年、長校十七載之清華隔絕，多年魂夢徒縈，終身未得再返。」[11]

梅貽琦助手蔡麟筆：三十七年冬北平情況緊急，教育部派專機接梅先生南來，當時正值孫哲生組閣，再三邀請梅先生入閣，梅先生……心殊不安，曾對新聞記者談話說：「不出來對南方朋友過意不去，來了就做官，對北方朋友不能交代。」所以始終婉謝，卒不就職。[12]

從以上相關人員的回憶可以看到一個輪廓，這便是：梅出走北平之前有過較長時間的思想活動和準備，最後下定決心離平赴京。至於梁從誡所說梅氏向梁思成、林徽因告別的良苦用心，或許當是事實，只是梁氏所說此事發生在一九四七年似乎不確。查《林徽因年譜》，知林於這年夏天病情惡化，須做腎切除手術，梁思成改變旅美計畫提前回國。十月初，林徽因入北平西四牌樓中央醫院，準備手術治療。十二月二十四日，林徽因在白塔寺醫院進行手術。術前，林擔心手術失敗，特別致信美國好友費慰梅：「再見，親愛的慰梅！要是你能突然闖進我的房間，帶來一盆花和一大串廢話和笑聲該有多好。」[13]結果，手術很成功，林徽因出院後回到清華園一邊養病一邊工作，直到一九五五年去世。這個事實說明，林住院動手術離解放軍圍城還有差不多整整一年時間，梅不可能這麼早就做棄清華園而去的準備，唯一的可能是，梁從誡所言確有其事，但時間有誤；或時間和事實俱有誤，因為若把時間放在一九四八年，與林住院做手術之事又不相符，此事只有梁從誡本人出面，才有可能重新弄一個合理的說法出來。

其他人的回憶，除了梅氏臨走時所說的某某如何如何的話不可考實，或者說沒有旁證加以坐實，離清華園和北平的時間、地點、事情進展脈絡基本不差，只有一度做過清華大學法學院院長的陳岱孫，在一九八〇年十月清華召開的紀念梅貽琦會議上，謂梅在城裡住胡適家中並與胡一道飛南京的說法，曾引起出席同一次會議的原清華黨委辦公室主任何介人當場質疑。何說：「據臺灣出版的一份材料說，梅先生進城後，沒有住胡適家。有人告訴梅先生南苑機場有一架接胡適的飛機，你是不是一齊走。梅先生說，不是接我的我不走。後來是乘另一架國民黨接教授的飛機走的。」[14]何的說法無疑是正確的，只是用不著根據臺灣的材料加以佐證，從梅氏出行時接觸人員的敘述和當時《申報》等媒體報導即可見出事情真相。這個真相，梅貽琦一位年輕的清華好友張起鈞說得更加清楚。張說：「三十七年冬，共軍圍北平城，我僥幸得與梅貽琦先生同乘政府接運教授的飛機離北平，在這一段變亂危難的當中，我看到了梅先生崇高偉大的人格，垂為典訓的風範。真所謂是：『時窮節乃見，一一垂丹青。』」

按張起鈞的說法，梅貽琦離平的大體經過是：十二月十九日得知東單操場的臨時飛機場修好，政府飛機來接運教授。當天晚上梅貽琦和北平師範大學袁敦禮校長等學界領袖以及少數第一批接運的教授，齊聚在北大祕書長鄭天挺先生的辦公室內，商討第二天南飛事宜。鑑於胡適飛走時的混亂情形，大家主張有秩序地組織起來，由梅氏為主導，跑腿打雜的事則由年齡最小的張起鈞擔任。同時規定裁一部分郵簡由梅、袁簽字，鄭天挺和張起鈞蓋章，算作臨時飛機票，憑票登機。張說：「這批起飛的

傅作義部隊控制的北平前門一帶，東單操場就在門樓東北部不遠處。

除了梅先生和本人外，計有李書華、張頤、楊武之（楊振寧的父親）、敦福堂、趙梅伯……等先生（當時本還有胡先驌、錢思亮兩先生，第二天臨時因故未來，又改補旁人，梁實秋夫人便是臨時補進這批飛出的）。計畫好後，二十日清晨大家齊集北京飯店候機，由於南京有霧不能起飛，大家又在北京飯店住了一夜，二十一日中午起飛，傍晚到達南京。」關於何介人在會上質疑陳岱孫說法過程中，提到梅貽琦曾說過南京派來飛機「不是接我的我不走」之事，張起鈞似乎較為清楚並有過這樣的敘述：

最使我感動的是他那臨難不苟的精神。在梅先生離平的前幾天，我偶然去看胡適之先生，恰好知道胡先生即將搭乘政府來接的專機離北平。於是告辭回家，默祝胡先生的順利成行。傍晚獲知：由於共軍的炮火控制了南苑飛機場，胡先生一行並未能成行〔後來傅作義下令軍隊衝了一陣，護住了機場，胡先生才與張佛泉先生等在十五日起飛（南按：張當日未能起飛，過了幾天坐民航機出來的）〕。這是十二月十四日的事，那時清華的敦福堂教授逃進城來，住在我家，便忽然想起梅先生也正在城裡候機離平，何不通一消息（因為當時北平的局勢已極混亂，大家不能保持正常聯繫），使梅先生與胡先生一起飛出圍城？於是敦先生便馬上打電話給梅先生。凡是那時身在圍城中的人，當可知道大家是如何焦急的渴望離開這圍城。尤其長春圍城的慘狀，大家談虎色變。假如北平的戰事繼續下去，則其情形將不堪設想。何況還有政治立場的問題？因此在敦先生預料：梅先生聞訊後一定大喜若狂，立即行動，哪知梅先生在聽到此事、並弄清這架飛機

> 並不是接他之後，他竟無動於衷，一如平日緩和低沉的聲調，說是他不預備去。雖經敦先生一再告以時局的危急，錯過這架飛機，可能不會有機會，但他始終若無其事的謝絕了這建議。後來政府接梅先生和各位教授的飛機來了，他才把一切事安排妥貼後，從容不迫的提著一架打字機，拿著兩本書走上飛機。

> 最後，張起鈞說道：在這一幕前因後果中，我親臨其境，深深地受到了感動，而深深地體會到梅先生的高風亮節。但可惜我不能把我這意之所會，傳之於言。這並非純由我的筆笨，而是當時還有許多相關的事件與情勢，只有在這些事件和情勢的陪襯中，才能了解其意義。若是摒棄背景，脫空而言，不僅掛一漏萬，有失真相，並且還會由於文字的隔障，反滋歧義。不過有一點我可以說的：「許多人在平日裝腔作勢，好似高不可及，一旦遇到危急關頭，便醜態百出，以求苟免，因為他內心本沒有真正高貴自尊的地方。而梅先生則是已把高貴自尊建基於本身，因此才能夷險一節，不為外境左右。甚至在生死存亡的關頭，都一直保持著尊貴不群的風格，使人頑廉懦立，肅然起敬。這才真是中國讀書人傳統的最高修養；這才不愧是一個『人物』。」[15]

正是梅貽琦無愧於一個「人物」，才不可能像昆明躲警報時的吳晗一樣面無血色，「連滾帶爬」地醜態畢現；更不可能以堂堂的清華大學校長之尊，屈居於同是一校之長的胡適膝下，求其走後門開艙救濟，何況關乎清華續絕存亡命脈的全部庚款基金還牢牢地握在自己手中！儘管梅貽琦絕沒有仿效當年曹操挾天子以令諸侯而生挾基金以自重之心，但南京方面的官僚也不至於糊塗到把這樣一個重量級「人物」忘卻。因而，在胡適出走之後，南京再派機「搶救」梅貽琦就成為一種必然。而此前袁隨善所說梅於匆忙中被稀里糊塗地「架上飛機」的妄語便不攻自破。此事之真偽不但由與梅一同飛南京的李書華、楊武之等人日後在回憶文章中道出實情，即在飛機降落南京的當天傍晚，守候在機場的《申報》記者在第一時間對梅貽琦進行了採訪，梅說「現與抗戰時期不同，另設聯大或無可能」云云，內中透著惋惜之意。假如他是被外力強行架上飛機，又何以說出這樣的話來？因而只能說袁隨善所言，是一個頗為離奇且有點像警匪片一樣刺激的故事，只是這故事編造得過於荒誕離奇罷了。一九六五年，也就是梅貽琦去世後第三個年頭，原清華大學外文系教授，後出任臺灣國民黨政權外交部長的葉公超在回憶文章中說道：「梅先生是個外圓內方的人，不得罪人，避免和人摩擦；但是他不願意做的事，罵他打他他還是不做的。」[16]短短幾語，已觸到了梅貽琦的典型性格和心靈深處。葉是清華知名的教授，與梅共事多年且私誼甚篤，他對於梅的評價絕不是似是而非的外交辭令，而是真實地道出了梅的內在本質。這一點，從馮友蘭的回憶中亦見得分明。

時任清華文學院院長的馮友蘭說：一九四八年十二月上旬，陳雪屏從南京到了北平。陳本來是北京大學教育系教授，後來當了西南聯大的訓導長，南京認為他有一套對付青年的辦法，把他調去當了青年部部長。陳雪屏抵北平時，由東北南下的解放軍已推至昌平一線，陳於匆忙中召集梅貽琦等清華教授開會，商討「搶救學人」實施辦法，並云南京已派飛機至北平南苑機場待命，被「搶救」者隨時可以登機南飛，等等。在場者相顧無言，均不置可否，會議不了了之。想不到挨到十二月中旬，「有一天晚上，校務會議在梅家開例會。散會後，別人都走了，只剩梅貽琦和我兩個人。梅貽琦說：『我是屬牛的，有一點牛性，就是不能改。以後我們就各奔前程了。』他已經知道我是堅決不走的，所以說了這一番告別話」。[17]馮友蘭聽罷不禁黯然神傷，又不知如何言說，二人相望不語，握手含淚道別。

就在陳雪屏抵平促梅貽琦南飛的空隙，有一個小小的插曲，即十二月十二日晨，北平北郊槍炮聲甚密，時聞炸彈落地爆炸之聲。陳寅恪在清華國學院時的助手，後為清華中文系代主任的浦江清（一九四八年八月十二日，清華中文系主任朱自清病逝，由浦氏暫代其職），聞槍炮聲急忙赴陳宅，報告時局，但有點出乎意料。按浦氏的說法，當時清華園內師生之間左右分明，中間人難於立足。陳寅恪不反對共產主義，但不贊成俄國式共產主義。當浦江清說到陳雪屏已來北平並欲「搶救」有名望之學人南行，「惟人數必有限制，極少數。陳先生如有行意，可通知梅公」時，陳寅恪答道「他早已知道此消息，並已洽梅公云云。他謝我特為通知的好意，並且勸我也可去梅公處登記」。又說：「上回他談，認為清華在南方還是要慢慢設立的。雖然不一定再用清華大學名義。胡適也曾說過，他不想在南方再設北京大學。看來政府要北平大學教授離此南下，到南方集合，如已（以）往長沙臨時大學、西南聯合大學那種形態。這次因為陳先生室中尚有他客，未便暢談。陳先生認為，清華園附近即有戰事發生。」[18]此時，梅貽琦正在城中，開始緊張地把清華重要帳冊、文件移存北平城內提前預設的一個保管小組管理，並做流亡準備。

透過對上述回憶文章的梳理、對照、鑑別，結合當時的情勢和其他旁證，梅貽琦出走的歷史公案可做如下判斷：梅離平南飛是自覺自願的，無人對其施壓或脅迫，走前對政治時局和個人處境有過慎重考慮並與同事、好友等商討，同時對陳寅恪出走產生了一定影響。梅離開清華園的時間是一九四八年十二月十四日下午，進城後住北京飯店，開始與北大祕書長鄭天挺等人商討乘機離平的具體事宜。大約在城內逗留了一個星期，二十一日中午與楊振寧之父楊武之等教授一起在東單機場登機，傍晚抵南京。整個過程用清華校史研究專家黃延復的話說就是：梅的出走「是主動，不是被動的；是自覺，不是盲目的；是堅定，不是猶疑的」。[19]

在這一關鍵轉捩點上，有一個不可忽略的細節是，梅貽琦尚未離開清華校園，曾有學生張貼海報並結隊至校長辦公室和住宅請願，要求校長不要跟隨國民黨南撤，留下來繼續主持學校事宜。此時已祕密赴解放區投奔中共的原清華歷史系教授吳晗，也發來「挽留」函電，設在張家口的中共電臺發出廣播，謂「北平各大學惟有清華校長梅貽琦可以留任，請勿擅離」等。但梅貽琦不為所動，毅然決然地乘機飛離北平赴南京，臨走之前，梅貽琦於十二月十九日夜晚匆草一書給北大的湯用彤、周炳琳、鄭天挺等人，書曰：

錫予、枚蓀、毅生諸兄惠鑒：

明日如競走了，關於城內清華員生事宜，還須請費神照料，既愧且感。清華現在城內教員中，已囑託五位負責聯繫：許振英、陳體強、唐統一、李宗津、張肖虎。

1. 前商請北大墊備教職員借款各若干，辦法如改，按各人底薪核發十二月份薪數亦好，或尤較直捷，請酌定告張君等。

2.如能領到三個月經費（包括學生公費），琦意學生不必發給三個月，仍照現辦法維持為妥（有公費者以後再清結）。

3.北大如於近期上課，可否請令清華百餘學生依班系寄讀，俾得完成本期學業，則嘉惠更多矣。

臨別心緒煩亂，不盡欲言，諸友均祈代候。

弟梅貽琦匆啟

十二月十九日夜[20]

這是可考的梅貽琦飛南京前最後一封書信，他所牽掛的依然是清華園與清華師生。

二、梅貽琦出走內幕

既然此前梅貽琦曾不止一次地標榜自己對清華「生斯長斯，吾愛吾廬」，在如此天翻地覆、改朝換代的歷史時刻，為何又置中共和部分同事的勸說於不顧，拋下清華師生執意南飛呢？

綜觀梅貽琦在大陸的歲月，雖沒有做過不利於共產黨的事情，甚至可以說，在掌校期間於學生運動中的共產黨學生還曾盡量給予庇護，但這種做法更多的是為保護學校與青年學生本身所計，並不是說他就贊成共產黨與馬列主義，或者贊同共產黨的思想觀念與施政方針。此點他在昆明時已表達得明白。如前文所述，當他看到聞一多、吳晗等人以「鬥士」身分與國民黨政府人員「鬥」起來之後，於一九四五年十一月五日的日記中曾明確表示：「余對政治無深研究，於共產主義亦無大認識，但頗懷疑。」[21]這個「懷疑」既是他心跡的流露，也代表了當時相當一部分自由主義知識分子如陳寅恪等人對時局的看法，因而當一九四八年年底，吳晗以中共軍代表的特殊身分，奉周恩來之命發「挽留」函電勸其留下來時，梅沒有聽從這一建議，而是像胡適一樣悄然乘機南飛。據傳，有一次，梅貽琦一個很要好的友人問他為什麼不留在大陸，他說：「我若留在大陸，只有兩種可能的出路，一是當傀儡，一是當反革命。因為這兩者都是我不願意做的，所以必須離開。」[22]這個話是梅貽琦於什麼時間、對誰說的，至今尚沒有落實，也只能是姑妄言之，姑妄聽之。但有一點可以肯定，梅的出走與陳寅恪大體相同，主要是逃避即將到來的新的文化、教育環境，以及與自己意識形態相悖的當權者的精神控制。出身清華的林從敏在談到梅貽琦出走一案時說：「事實上梅師絕不可能留下，更不能主掌清華。梅師一生尊重學術自由，不干涉教授與同學個人的政治思想，這個原則怎能與中共篤信的馬、恩、列、斯……與毛語錄的理論共存？」[23]對於中共於張家口發「挽電」一事，梅的祕書趙賡颺則認為是一種「勸降」行為，而「先生聞此，認為一向未曾左傾，今日聞此類似誣衊之詞，對政府同人，殊有無法表白之苦」。[24]對於種種說辭和解釋，梅的學生輩人物、清華校史研究者黃延復認為「雖有些刺耳，但只要認真思索一下便會承認，這種分析還是切中要害的……梅離開大陸，是他的文化立場和教育理念使然。對他來說，既是必然的，又是必要的。而且，恰恰是從這件比較容易引起敏感的事情上，才能真正窺察出他超人之處——頭腦的清醒，決意的果斷，以及對於自己的理念或為人原則的執著和堅守」。黃氏所言，並非妄談。

但是，人的思想是複雜的，梅貽琦離平南飛，或陳寅恪在出走後於自己詩作中所說的「避地」、「避秦」，固然有「逃避以史達林為代表的蘇俄專制獨裁體制和文化環境」之因，或「像過去的許多歷史事件——例如王國維的自沉事件一樣，是一種文化現象，或者說一種政治文化現象」（黃延復語），但對這種政治文化現象的考釋，又大都局限於國共政治之不同，而未涉及更深層的思想根源，更沒有人把梅貽琦的出走，與他一九三一年年底出任清華校長之職時所說的話聯繫起來並加以考究。在那篇著名的就職演講中，梅貽琦說道：「孟子說：『所謂故國者，非謂有喬木之謂也，有世臣之謂也』，我現在可以仿照說：『所謂大學者，非謂有大樓之謂也，有大師之謂也。』」[25]後世學人所津津樂道的往往是後一句，但前一句對梅一生的思想研究更為重要，「喬木」與「世臣」之分別，意味著對「故國」不同的價值認知，梅直到在臺灣去世，一直是把國民黨在大陸主掌的中華民國與臺灣地方政權連在一起，並當成合法政權與「正朔」，這個「正朔」所在地，就是他心目中的「故國」，而自己與南飛者正是故國中「世臣」的象徵。

當然，南飛時的梅貽琦尚未意識到國民黨會如此迅速地崩潰並丟失整個大陸，他認為中國很可能會出現歷史上的南北朝局面，而江南政權便是他心目中的「故國」，江北則是一個與他不相干的新政權，其心理與陳寅恪基本相同。按照陳寅恪南飛前的估計，抗戰後中

1931年，梅貽琦在清華演講風采。（清華校史辦提供）

國政局的走向，國共之爭不可避免，其結果將使中國形成一個南北二分的局面。因而在一九四六年春，陳寅恪有〈南朝〉、〈北朝〉詩問世，是謂把南北朝比擬國共兩個政權。陳寅恪次女陳小彭曾對人說過：因為陳氏以為國、共可能如南北朝般以長江為界，後來才在去留問題上遲疑未決。[26]當然，這個「去」是由上海或廣州去臺灣，而不是由北平去南京。

就當時的局勢而言，與陳寅恪、梅貽琦持相同觀點者大有人在。時在國共爭戰中悄然崛起且欲與國共兩黨一較高下的第三黨領袖章伯鈞曾公開放言：「……起初認為共產黨只能活動在黃河流域，後來的結論是：『誰也消滅不了誰，誰也不能戰勝誰。』至多是個『南北朝』，是個相持的局面。即長江以北是共產黨、江南是蔣介石及其他。在這相持的局面下，第三方面大有可為，在政治上舉足輕重。」[27]淮海戰役一役，國民黨軍潰敗，繼之北平已失，國共進行貌合神離的「和談」，已赴任臺灣大學校長的傅斯年致李宗仁的信中仍堅持：「……大江以南之局勢，如不投降，尚有團結之望……只要合法之政權不斷氣，無論天涯海角，支持到一年以上，將來未必絕無希望也。」這封信除了反映出傅斯年骨子裡永不服輸和硬撐、霸道的性格，還明白無誤地顯示他心中對「南北朝」局面形成的希望和尊奉國民黨為「正朔」

的心理。

事實上，對國共兩黨形成「南北朝」局面的預測，並不是一般的官僚政客和自由知識分子的虛妄幻想，據蘇聯解體後俄羅斯公布的檔案資料顯示，當時史達林也有意圖讓中共與國民黨政權劃江而治，如「兩個德國」或「兩個朝鮮」之例，形成「兩個中國」，也即「南北朝」局面。[28]而「文革」時，有人懷疑陳序經一九四八年任嶺南大學校長一職，是當時美國大使司徒雷登授意，目的是破壞中國統一，製造「南北朝」局面。[29]儘管這一懷疑迄今未得到證實，但美蘇兩個帝國主義大鱷插手國共之爭，並打著漁翁得利的如意算盤是肯定的，蘇俄帝國主義的滔天罪惡在後來與中共反目成仇時得到了揭露，美帝國主義的罪行在一九四九年八月十八日毛澤東那著名的光輝篇章〈別了，司徒雷登〉中已說得很清楚：「人民解放軍橫渡長江，南京的美國殖民政府如鳥獸散。司徒雷登大使老爺卻坐著不動，睜起眼睛看著，希望開設新店，撈一把。」遺憾的是，中共採取了背著手撒尿——不理胯下那個小東西的戰略戰術，司徒雷登新店沒能開

1949年2月，南京，美國大使館門前依然風平浪靜，駐華大使司徒雷登仍沉浸在劃江而治的夢想之中。

成，只好強撐起蔫不唧的小頭「挾起皮包走路」。[30]

梅貽琦飛抵南京時，司徒雷登還很神氣地挺著脖子對國共雙方指手畫腳，整個長江以南與西部地區還控制在國民黨手中，一個新的「南北朝」輪廓在槍炮硝煙中若隱若現地飄浮於大江兩岸。梅貽琦此刻從容南下，除了像陳寅恪一樣為了「避秦」，還有一個重要目的，即像抗戰初期胡適出使美國是為了將其拖入太平洋戰爭一樣，是為一件「大事因緣」而來——攬住清華在美國的基金。只要基金牢牢掌控在自己手中，便可以此做籌碼報效「故國」，而梅氏作為清華校長和「世臣」的名分便得以延續。假如國民黨「和談」成功保住半壁江山，陳寅恪對浦江清說的「清華在南方還是要慢慢設立」的預想，以及梅在南飛前親口對葉企孫所說到福建或廣州等地另建清華的計畫便可以實現。只是國民黨本身太不爭氣，兵敗如山倒，轉瞬間檣櫓灰飛煙滅，梅貽琦在福建重建清華的夢想成為泡影，不得不另謀他途。事實上，後來在臺灣新竹建立的清華大學，就是這一構想的延續。

1949年巴黎大學西南聯大校友歡迎梅貽琦（左三）在羅浮宮前留影。左二為原聯大外文系學生許淵沖。

梅貽琦飛往南京的第二天，搖搖欲墜的國民政府孫科內閣匆匆任命其為教育部長，梅卻堅辭不就，只允任「南來教授招待委員會」委員，暫客居上海老友朱經農家中。對於自己堅辭教育部長的原因，梅在清華同學會上沉痛說道：自己「身為清華校長，把清華棄置危城，隻身南來，深感慚愧，怎好跑出來做官？」[31]雖拒絕「做官」，卻並未放棄「做事」，梅在南京與上海的短暫日子，盡其全力協助教育部代部長陳雪屏處理當時嚴重的教育問題。

一九四九年六月底，梅由廣州赴香港，與夫人、孩子短暫相聚後飛抵巴黎，與李書華等五人代表國民政府出席即將召開的聯合國教科文組織科學會議，並出任常駐代表。會後在巴黎南郊儒維集（Juvisy）小鎮與李書華同居一公寓，未久赴英國倫敦。一九四九年十二月，梅飛抵紐約，同雲南籍失意政客繆雲臺合租貝淞蓀（建築大師貝聿銘之父）的一所閒置公寓暫住。自一九五〇年起，梅貽琦出任「華美協進社」（China Institute in America）常務董事。「華美協進社」乃「中華教育文化基金會」駐美機構，清華大學在美的全部庚款基金就由這一機構管理，梅貽琦正是為了他心中的「大事因緣」特別謀求此職，以便實際掌控這筆數目龐大的基金不致因戰亂和國內變故而流失。他在離平南飛之際對教務長吳澤霖所說的「我一定走，我的走是為了保護清華的基金」，就指此事。

梅貽琦到協進社後，專門闢出一間辦公室負責保管清華基金，自己為自己支付薪水，每月三百元，以維持日常生活。自一九五一年起，梅在紐約組織「清華大學在美文化事業顧問委員會」，以清華基金利息協助在美華籍學人研究學術，購買美國出版學術期刊贈臺灣專科以上學校，同時籌畫恢復《清華學報》事宜。其間，梅貽琦藉原清華大學經濟系教授蕭家魁回大陸之機，託其帶回一封致清華大學領導人的親筆信，表示可以用清華基金資助母校購買圖書儀器。因當時環境關係，這封信未及交給學校，此事便不了了之。[32]據說，北平解放初期，清華大學曾收到過從美國寄來的「來歷不明」的期刊，很可能是梅貽琦訂購贈送，可惜沒人當回事而任其流散了。[33]

鑑於當時紛亂的國內國際環境以及梅貽琦的舉動，臺灣方面頻頻派人到紐約，以各種名義商談將清華基金調撥到臺灣歸當局支配，或請其攜帶基金利息到臺灣為學術機構購買設備儀器，但皆被梅貽琦拒絕。當時管理清華基金的「中華教育文化基金董事會」，主席是隨國民黨撤退臺灣的蔣夢麟，幹事長是在美國的胡適，臺灣當局見梅貽琦摟緊基金不放，甚為焦慮，又不便強行施壓脅迫，遂派蔣夢麟赴美與胡適、梅貽琦等董事會人員協商，最後達成共識並形成了兩點結論：

一、清華基金保管案，自一九二九年董事會成立時就已經決定中美政府不再干涉，全依國際習慣辦理。董事出缺自行補選，全部基金調移臺灣似不可能。此議由幹事長胡適正式函報蔣介石說明；

二、清華復校原則可行，如何辦理由梅貽琦校長與臺灣教育部研商決定。[34]

儘管蔣夢麟與胡適就此事向蔣介石做了詳細報告，仍受到一些國民黨政客和不明真相者的糾纏和刁難。據梅的助手趙賡颺回憶：「四十年冬天，政府已經決定令清華在臺復校，而有的官員倡言清華基金是庚子賠款的餘額，最好盡量花光，等於『雪洗國恥』。梅校長對此雖然不表示意見，卻從心裡不贊成。尤其限於委託保管案的事實，也不可能辦到。」[35]趙氏所說的保管案，除了明確政府不予干涉外，這筆龐大基金的支用手續，必須由政府教育部長與清華大學校長一致同意，並提出相當計畫提交董事會，然後由董事會召開全體董事會議決定是否通過並撥發利息（本金不能動）。鑑於既成規則的嚴格限制，許多人對這批基金只能吹鬍子瞪眼發一通荒謬的怪論而無可奈何，就連原清華大學教授、時任臺灣國民黨政權「外交部長」的葉公超也是如此。葉回憶說：梅貽琦在美國的時候，「我每次至紐約都去看他，都勸他回臺灣來，而且要把清華的錢用在臺灣。他每次都說：『我一定來，不過我對清華的錢，總要想出更好的用法來我才回去。』有一次，他拿出許多計畫來，他說：『我不願意把清華的錢去蓋大房子，去做表面上的工作。』他一直在想如何拿有限的錢為國家做長期的研究工作。那時候國內就有些人對梅先生不甚滿意，認為他是一個守財奴，只肯把錢用在國外，不肯用在臺灣。我最初也這樣想，後來我才知道他並非如此，而是比我想的周到。他是第一個想到現在的長期發展科學，至少胡適之先生是這樣告訴我的」。[36]

就在臺灣當局時刻關注梅貽琦的動向並設法令其盡快回到「故國」懷抱時，中共方面也沒有忘記梅的存在和巨大價值，一九四九年年初，奉命接收北大、清華的吳晗曾公開表示梅應該留在清華，而對胡適大為反感。新中國成立後，周恩來總理在協和大禮堂對北京高校校長、教務長談話時，再次提到梅貽琦，說：「梅貽琦先生可以回來嘛，他沒有做過對我們不利的事。」[37]

儘管梅貽琦確實沒有做過對中共不利的事，但他還是沒有回應周恩來這位南開小校友與中共的好意，毅然由法國赴倫敦，然後又去了美國。就在梅於倫敦短暫停留的時日，一幫清華校友又聞風而動，開始做梅的「政治思想工作」，促其返歸大陸。一位叫方鉅成的清華校友在許多年之後說：「梅校長在公寓安頓下來後，我們請他到家裡來吃便飯……談話中心離不開國內局勢的發展，我們兩人告訴梅校長，我們一家準備回去了，我們想參加建設祖國的工作，也告訴他有好幾位我們熟悉的同學也即將歸國。當時你一言我一語，表示希望梅校長離開歐洲也回北京去……陳益當場表示，如果梅先生路費方面有困難，這個問題是可以解決的……過了片刻，梅先生表態了，他對我們說：『你們回去我贊成，但我自己還想在外面看看再說。』」[38]

面對梅貽琦的態度和後來轉赴臺灣的事實，方鉅成頗為感慨地說：「現在回想那三十多年前的往事，感到當時還是對他規勸敦促不夠，否則梅校長很可能在一九四九年以後走的一段道路會有所不同的。」這位表示懊喪的方鉅成回到大陸後任外文局《北京周報》編輯，曾與姜桂儂合譯過《周恩來傳略》等書出版。陳益回國後到清華大學化學系任教。不知這幾人當時是否受中共特別指示專為做梅的工作而設此宴，從陳氏慷慨急迫的言行推斷，奉命行事的可能性極大，但也不排除「自己跳出來」的成分。歷史每到一個社會大動盪、大混亂的轉折時期，總有一部分人懷揣不同目的「自己跳出來」折騰點什麼，只是方鉅成等輩的折騰給世人一種說不出什麼味道的感覺。《孫子兵法・謀攻篇》云：「知彼知己，百戰不殆；不知彼而知己，一勝一負；不知彼，不知己，每戰必殆。」方鉅成等人不管是奉命還是出於自己一廂情願，只能說他們既不了解老校長，又不了解自己，更不了解清華沉痛的歷史背景與未來將面對的厄運。世人看到的是，未出一年，「思想改造運動」興起，站在左右不同思想陣線的各色教授，開始了站隊與「洗澡」。緊接著，清華被肢解，只剩一個工學院獨木支撐。隨著一連串更加猛烈的運動開始，許多教授被打成了頭戴白色高帽的「右派分子」，或顏色相同的「反動學術權威」。在秋風掃落葉式的政治風暴中，全國上百萬大大小小的知識分子遭此厄運。茫茫蒼穹秋風漸緊，寒氣襲人，鋪天蓋地的大風雪即將壓城而來，清華園內，一個個齒搖搖髮蒼蒼的老「海龜」，被「可下五洋捉鱉」的紅色革命小將們捉上「鬥龜（鬼）臺」，於刀風箭雨中噴出最後一腔碧血。腳下，那浸染在腥風血雨中的朵朵黃花，於淒苦蒼涼的大地上瑟瑟顫抖……

令人不可思議的是，事隔三十餘年，當中國民眾特別是自由知識分子群體普遍從那場恍如隔世的噩夢中醒來時，方鉅成等輩還煞有介事地對當年的「義舉」大發感慨，並為沒有把梅貽琦弄到大陸而痛心疾首，真可謂糊塗得可以了。如此妄舉很容易讓人想起當年陳寅恪的門生、壓根就不具備與導師對話資質的汪籛，作為中科院院長郭沫若的「特命全權大使」赴廣州中山大學，以「黨員的口吻」、「教育開導的口吻」，「不知天高地厚」地勸陳寅恪北返的那一幕。所不同的是，汪籛很快就意識到了自己的荒唐與無知，而方鉅成輩可能至死都活在沒有把梅弄回大陸的遺憾之中，這個遺憾又漸漸演化成人生中一個殘碎的大夢而連綿不絕地做下去。然而，夢終歸還是夢，總有醒的時候，倘有朝一日方鉅成們從這陳年大夢中醒來，對著鏡子問一聲：「我姓啥名誰？」可矣！

一九五四年春，受臺灣當局邀請，梅貽琦赴臺參加國民大會選舉總統，四月返紐約。在這期間，國內有一位教授朋友受中共委託寫信請其回歸大陸。此時已由香港來到紐約的韓詠華看了信後試探性地問梅：「你看共產黨怎麼樣？」梅貽琦答道：「把國家治理得不錯。」[39]但梅貽琦最終未能回歸大陸，而是在一年之後去了臺灣。

三、最後的光芒

一九五五年十一月，梅貽琦認為實現心中那個「大事因緣」的時機已到，遂接受臺灣當局敦請，離美赴臺創辦清華原子科學研究所，繼而創建臺灣清華大學，從此在這座前殖民地的孤島上生根發芽，梅開二度，再次結出了一串豐碩果實。

其時，臺灣政局雖穩住了陣腳，但財政依然捉襟見肘，特別是外匯儲備急需打一針強心劑，以緩解內外交困的壓力。眾人見梅貽琦到來，如同在陰霾的大山深處看到一個光芒四射的金娃娃，紛紛圍將上來欲咬上一口，至少要撈一把油水。許多與此事相干或不相干的官僚、軍人和所謂的「民意代表」，藉各種機會對梅進行圍毆式質詢。梅氏每次在公私場合與這幫烏合之眾遭遇，都要捺著性子歷述基金保存與使用計畫，直折騰得口乾舌燥，血壓呼呼上躥，幾欲吐血暈倒方休。不知是逃亡孤島的恐懼，還是狹小窄仄的空間令人心理變態，匪夷所思的是，有幾位列軍籍的清華校友，不知受了何方、何人的蠱惑與煽動，居然找上門來把梅貽琦團團圍住，態度刁蠻地當面提出質詢和要求，欲從中搶到一塊瘦肉或一碗老湯。此次老鼠動刀——窩裡反式的質詢與吵鬧，給梅貽琦留下了極其惡劣的印象，使他更加認清了部分逃亡者內心的卑鄙齷齪和醜陋，堅定了對基金嚴管到底和「雖千萬人吾往矣」的決心與勇氣。

梅貽琦之所以首先創辦原子能研究所，並非一時興起，實則是長期考慮考察的結果。戰後科學界已認識到原子能不僅可以製造駭人聽聞的原子彈，把一個廣島、長崎瞬間從地球上抹掉，令數十萬生靈登上鬼錄，還可能轉變為極其豐富的電能造福於人類。一九五三年，艾森豪總統在聯合國發表講話，拋出了「原子能和平用途推廣計畫」，目的除了「盡快結束人們思想中對於原子的恐懼」，還可利用這種高效能源創造經濟成果，造福人類。自此之後，一些發達國家爭相開發利用這種能源。一九五四年和一九五六年，蘇聯與英國分別建起了核電站，原子能和平利用並為人類造福的成果開始顯現。在這種科學發展趨勢下，一直支持臺灣的美國把捐贈原子爐和技術，作為原子能和平用途推廣計畫之一部分與臺灣當局合作。從戰爭的創傷與災難中復甦的臺灣，急需發展電力以恢復經濟，因而梅貽琦與當局協商，首先設立原子能研究所，以此為依託，逐漸擴大成由三五個所組成的研究院，在此基礎上最後恢復「清華大學」建制。這一計畫得到了臺灣當局認可、批准，並對梅表示了殷切期望，特別允許其在臺北陽明山官邸附近劃撥校址。臺灣島內許多縣、市領導人聞訊，認為這個倏忽間從天上掉下來的金娃娃應該摟在自己懷中，不能讓它溜到別人的地盤亂蹦狂跳。於是，各縣、市長紛紛想方設法找梅貽琦遊說，讓這一計畫在自己管理的一畝三分地落地生根。一時間，輿論紛紛，群情矚目，搞得梅貽琦難以招架。

美軍拍攝的原子彈投放日本廣島爆炸後情形

正在梅為研究所選址事宜大感苦惱，左右為難之時，蟄伏在一間屋子裡瞇著有點老花的眼睛密切關注梅貽琦動向的蔣介石，認為自己出面解圍的時機已到，遂發出請柬，邀梅於某日參加自己定期舉行的茶話會。梅按時赴約，原以為有很多官僚政客或學界名流參加，當到達蔣公官邸後，才發現只有自己一人。與蔣對坐喝茶閒談中，梅頓悟對方如此安排，實出於對自己的特別禮遇，意在避免「召見」之意，並藉此彰顯蔣公對此事的重視、謹慎與對梅本人的尊重。交談中，蔣介石告訴梅貽琦不要聽那些巧舌如簧的縣、市長鼓動拉攏，宜於親自環島看看，有自己的主見才是。梅貽琦頗以為然，蔣介石親自指派原清華大學教授、臺灣省政府祕書長浦薛鳳陪同一起察看。

梅氏一行沿臺島縱貫線奔波十天後，考慮到原子爐附近五百尺以內不能有住戶或農工設施等因素，認為新竹縣赤土崎較為適宜，此處地勢開闊且大都是荒地，便於徵地和建設，而離臺北僅有七十多公里路程，來往便利，便於海內外學人交流。經過反覆勘察並與政學兩界人士協商，最終確定該地為復校地址，並報請臺灣當局批准。萬事俱備，只欠東風——清華基金利息撥付到位。就在梅貽琦與臺灣當局組織的「籌備委員會」人員擬定具體計畫過程中，仍有政客出身的委員以破落戶心態在會議上大放厥詞，繼續聲言把清華基金本利全部調撥臺灣，盡量一次性花光花淨，以「洗雪國恥」。據參加討論會的趙賡颺回憶說：這一謬論再度提出後，許多有識之士感到不快，「錢昌祚委員曾發言，大意謂近百年來外患頻仍，國恥甚多，不只庚子一樁，但花盡基金本利，似與雪國恥無何關係云云」。[40]經此一擊，對方自感無趣，只好閉上令人厭惡的嘴巴。又經過幾次反覆商討，最後敲定，購地、建設經費由臺灣當局財政撥給，建所與「復校」後的一切設備、儀器由清華基金利息支付。

一九五六年一月，在梅貽琦主持下，新竹清華第一批校舍動工興建。這年秋，招收第一班原子科學研究生，暫借臺灣大學上課。一九五七年，新竹首批校舍，辦公樓，教授住宅，職員、學生宿舍完工並投入使用，秋季開始在新校開課，聘陳可忠（南按：清華一九二〇級校友，梅去世後任代校長、校長）為教務長，招考第二屆研究生，並興建物理館及加速器實驗室。一九六〇年，原子爐爐

1955年美國《時代周刊》封面，人物是蔣介石，名字前面沒有任何頭銜。背景是一個國民黨的士兵孤單地守望著大海，對岸是五星紅旗映照下的土地。蔣的臉上透著無奈與失望，又暗含著一絲隱隱的希望。

房、原子爐實驗室、核子工程館、同位素實驗室相繼完工。一九六一年四月，原子爐裝置完成，臨界試車順利。一九六二年三月，物理館擴建工程完成，化學研究所和應用物理研究所相繼創立。如此快捷的建築速度，被臺灣學界稱為「魔術師般的神速」。[41]自一九五六年七月始，袁家騮、吳大猷、鄧思黎、錢家騏、陳省身、孫觀漢、傅瑞雪、馬祖聖、徐賢修等海外華人學者，與一大批外籍學者如小谷正雄、李德曼、齋滕一夫、真田順平、布萊德等著名人士前往任教，興建中的新竹清華大學呈一時之盛。

一九五八年七月，臺灣國民黨政府行政院長俞鴻鈞被迫辭職，陳誠再度以副總統、國民黨副總裁身分兼任行政院長。向來與陳誠友善的梅貽琦被邀出任教育部長兼原子能委員會主任，梅堅辭不就，但經不住老友陳誠的一再勸說，最終入閣任職。據浦薛鳳回憶說：「梅師卒勉尊政府之命，主持教部。當局深知梅師不願捨離復校甫始之清華，故囑仍任清華校長。就職之日，向部中同仁致辭，勉以多記著『教育』兩字，而少注意『部』一字。意即實事求是，避免推宕拖延之官僚習氣。」[42]次年，梅貽琦又兼任臺灣國家長期科學發展委員會副主席，與主席胡適共同主持制訂《國家長期發展科學計畫綱領》。一連串的職銜和一攤子事務，使梅貽琦來回奔波，簡食少眠，終於積勞成疾，身體漸趨不支。一九六〇年五月，梅貽琦因腰痛、發熱與肺炎併發症，入住臺大醫院特二號病房療治，自此開始了為期兩年與病魔鬥爭的生活。

一九六〇年六月十日，梅貽琦被診斷為攝護腺患癌，施行頸部淋巴腺摘除手術。經病理檢查結果，認定是攝護腺癌轉移，並且手術後病況急變，很可能危及生命。消息傳出，中外人士在震驚之餘極表關切，蔣介石、陳誠等分別下令臺大醫院想盡一切辦法挽救與延長梅氏生命。臺大醫院各科有關醫師召開專門會議研究應對方案，並決定以增加抵抗力和控制攝護腺腫瘤進一步惡化為主治措施，以盡量維持到病人親眼看到自己主持的清華原子爐完成的時刻。六月十一日，院方開始對病人進行女性荷爾蒙激素圍堵，效果並不顯著，梅仍處於生命垂危之中。聞訊趕來的胡適、陳雪屏、錢思亮、查良釗、浦薛鳳等學界要人兼好友緊急商談，電請梅夫人韓詠華由美赴臺予以照拂。韓詠華得到消息，驚懼中匆匆收拾行裝飛臺。

一九五一年，當梅貽琦在美國協進社落腳後，夫人韓詠華得此消息，攜帶兩個外孫由香港赴美。此時，兒子梅祖彥正在美國工作，一對老夫妻再度與分別八年的兒子聚在了一起。一九四三年秋，正在西南聯大機械系二年級讀書的梅祖彥棄學入伍，被分配到美軍駐昆部隊當譯員，後被派往美國密西西比州一軍事基地工作，一九四六年九月退

1956年，梅貽琦與原子科學研究所第一班研究生合影。（新竹清華大學圖書館特藏室提供）

役復學，進入梅貽琦早年留美時的母校伍斯特理工學院機械系插班就讀，一九四九年以「高材生」（Honors）畢業，入美國伊利諾理工學院攻讀研究生學位，一九五〇年畢業後，入美國沃興頓公司任技術員。一九五四年，在一幫海外中國同學鼓動下，梅祖彥萌生了回歸大陸在共產黨紅旗映照下建設偉大社會主義祖國的想法。許多年後，梅祖彥說：「此前有不少留學生回到了大陸，並傳來了很多解放後的情況。父親知道我和一些同學也在籌畫遠行，他雖然未動聲色，但顯得出心中焦慮。後來還是重視了我自己選擇前途的意願。」[43]梅貽琦一生奉行民主自由，尊重個人意志，對孩子的理想追求不曾干涉，梅祖彥自西南聯大棄學入伍如此，由美返回大陸亦如是。當然，隨著時轉勢移，二者又有不同，面對兒子這一新的人生選擇，梅的內心痛苦可想而知。當兒子正式決定出走時，向來沉默寡言的梅貽琦以低沉的語調對這位獨子說：「你回去是有用的，我就不行了。」又說：「可能沒有再見面的機會了。」[44]言畢淚下。梅貽琦一語成讖，自此一別，父子竟成永訣。[45]

1952年，梅貽琦與夫人韓詠華、兒子梅祖彥。（梅祖彥提供）

梅祖彥離美回歸大陸，未久即分配到清華大學任助教，梅貽琦也於翌年赴臺灣，韓詠華繼續留在紐約獨自生活。因梅貽琦赴臺後領的是臺幣，薪水微薄，遠不能支持夫人穿衣吃飯，一生倔強要強的韓詠華開始到外面打工。此時韓已六十二歲，先是在一家衣帽工廠做工，後轉一家首飾店賣貨，繼之經人介紹到一家醫院做護工，最後轉到一個盲童學校照料盲童，生活極其艱難。據趙賡颺回憶：大概在一九五八年或一九五九年，清華校友閻振興從美國赴臺，說「曾經探望過梅師母，『生活太苦，賡揚，必須跟梅先生說，設法給師母匯錢，或接她來臺灣！』說著閻兄眼中就充滿了眼淚」。[46]趙氏把閻校友所說的情況向梅貽琦報告後，梅認為自己在臺薪金微薄，無法匯錢照料，而新竹清華校區的建設正在關鍵時刻，自己還負有「教育部長」的職責，應酬極多，心力交瘁。更為難的是梅貽琦的居處是臺北清華辦事處辦公室，沒有自己的私人住房，只有等新竹清華原子爐建成，自己辭去教育部長之後才能有安家定居的打算。想不到原子爐尚未建成，教育部長仍在任上，就因勞累過度，一病不起，甚至到了生命垂危的邊緣。面對此情，只得召韓詠華赴臺照料。六月十九日，韓詠華抵達臺北與丈夫相見。

1946年在美國學習的梅祖彥（梅祖彥提供）

七月二十二日，梅貽琦病情更趨危急，醫生開始採用未婚女性鮮血反覆輸血（在兩年時間裡，先後輸血三十九次）。七月二十八日施行切除睾丸手術，病情稍有緩和。

就在臺大醫院醫護人員全力救治的同時，美國駐臺協防司令特別派美國海軍醫院外科主任Firoved軍醫上校前往會診，爾後專門自日本橫須賀美國海軍基地醫院請來內科主任Weiss博士為其診斷，並盡力自美軍醫療系統供應所需藥品。在臺灣當局和美軍駐臺協防司令部共同努力下，美國X光最高權威Hodges博士，多次被邀赴臺為梅貽琦檢查胃腸及全身。日本癌症專家久留性勝博士也受邀特別自日本赴臺為梅貽琦診察病情，並提出救治辦法。經過海內外世界一流專家齊心協力施救，梅貽琦病況漸有起色，食欲增加，至十月三十一日首次離床，由輪椅推出病室外散步，病情穩定。

一九六一年九月，梅貽琦痰塞左肺，又瀕危急，臺大美籍客座教授Doan博士建議使用抗癌新藥5-Fluoro-Uracil，也是美國下議院院長雷朋所用的藥品進行強力阻擊。臺灣當局同意該方案並立即指令相關方面自美國進口該藥，以最快速度搭機運臺，延長梅氏生命。九月十六日，該藥運抵臺灣並對病人應用，前後共用六期，每期陸續注射兩周然後休息十日，周而復始，每期藥量逐漸增加，漸見效果。

梅貽琦在住院期間，一直牽掛著他傾盡心血的原子爐事宜，身體稍好的時候仍在病榻上批閱公事。十二月，原子爐安裝完畢，臺灣當局布置慶典，因梅不能下床出行，遂於一九六二年一月一日，安排梅貽琦在病榻上象徵性地按動原子爐啟運轉動的電鈕，標誌著他最後歲月中的一段「大事因緣」已修成正果。

四、胡適、梅貽琦之死

就在梅貽琦病情暫時穩定，生命回光返照的日子，最後一次住進臺大醫院特一號病房的胡適也在醫務人員緊急施救中掙脫了死神的召喚，重新站立起來。在住院的後期，胡適經常來到對面的特二號病房探望躺在病床上的梅貽琦，聊一些公私事宜。其間，一生愛好為文立據的胡適深知梅氏病況和醫治情形，預感到老友將不久於人世，在交談中委婉地勸梅貽琦寫一個遺囑，不論公事、私事，皆立一字據，給自己也給後人一個明晰的交代。梅聽罷並不作答，且有不悅之色。胡不便繼續言說，此事遂不了了之。後雖經韓詠華和梅貽琦之弟、專門從美國趕到臺灣的梅貽寶勸說，仍未奏效。

一九六一年十二月五日上午，負責料理胡適病情的胡頌平一到醫院，胡適便笑著說：「今早七時，我寫了一封情書，是給對面的老朋友的情書。」言畢拿給胡頌平觀看，內容如下：

恭賀
月涵老兄做清華校長整三十年的紀念日，
並祝
您早日完全恢復健康！

小弟弟　適之

五十年十二月五日早晨七點
——入醫院後第一次寫字，
敬告老兄，我覺得很好了！

據胡頌平當天記載：「今天是梅貽琦做清華校長三十年的紀念日，清華校友會有一個慶祝紀念會，同時給他發起募捐醫藥費，不讓梅貽琦本人知道。查良釗送來祝壽募捐辦法，先生捐了美元五百元。」[47]此時胡適經濟並不寬裕，一次捐助五百美元，可見其與梅的深厚情誼以及士林盟主的風範。

十天之後的十二月十六日上午，蔣經國代表蔣介石專程到醫院探望梅貽琦與胡適。在特二號病房，蔣氏詳細詢問了梅的病情和治療情況，叮囑醫務人員不惜一切代價延續梅的生命。此時胡適病情已得到控制且大有好轉，蔣經國進入病房後做了簡單詢問，代表蔣介石預祝胡適七十歲生日，並商訂等胡出院後再專門設宴為其祝壽。

第二天，胡適在臺大醫院病房內接待來訪者並度過了一個熱鬧的生日。夫人江冬秀專門在臺北福州路二十六號臨時住宅舉行慶祝壽宴會，毛子水、楊亮功等四十餘人前往參加慶祝。此時沒有人想到這竟是胡適最後一場生日慶宴。

一九六二年一月十日，胡適病癒出院，回到臺北福州路二十六號臨時住宅療養，行前專門到梅貽琦房中探望，做了推心置腹的長談，隨後舉家遷到南港學人宿舍居住。二月二十日，胡重返臺大醫院複查身體，血壓、心臟均正常無恙，臨走前，順便探望老友梅貽琦。面對兩位老友戀戀不捨的情景，在場者為之感動的同時，都認為躺在病床上靠輸血維持生命的梅一定走在胡之前。想不到世事無常，生死自有定數，談笑風生的胡適竟先梅貽琦而去。

一九六二年二月二十四日，中央研究院在南港蔡元培館舉行第五次院士會議，選舉新一屆院士。胡適幾位在海外的學生，或隔代門生如吳健雄、袁家騮、吳大猷、劉大中等四位中央研究院院士，皆從美國趕來助勢，其中吳健雄——這位胡適早年在中國公學的學生、二戰期間美國「曼哈頓計畫」（研製原子彈）的參與者、普林斯頓研究院兩百多年歷史上的第一位女性研究員兼教授、楊振寧與李政道「弱相互作用中的宇稱不守恆」定律的實驗證明者、「全世界最前列的女性實驗物理學家」，於前一日在臺灣大學化學館做了「對等律」演講。吳氏先從空間與時間講起，再談起左右觀念在自然律中是不存在的。後來講楊振寧、李政道兩人當時推翻物理學上基本的對等定律的時候，好像在一座漆黑的大房子之中，知道有一個地方可以出去，但不曉得從什麼地方出去，於是吳氏本人怎樣把它用實驗證明出來。在這個證明過程中，吳健雄幾個星期睡不著覺，反覆琢磨，終於用實驗證明了出來。最後，吳氏總結道：「科學不是靜的，是動的，而是永遠不停的在動的；要有勇氣去懷疑已成立的學說，進而去求證。就是胡院長說的『大膽的假設，小心的求證』的兩句話。」[48]當專門前去聽講的胡頌平回來向胡適報告吳的演講內容與最後的總結，胡氏異常高興和激動，在與吳的丈夫、當年的袁世凱大總統之孫袁家騮電話通話中，特別提及：「我已知道健雄今天演講的成功，我特別高興，請你替我賀賀健雄。」[49]正是懷揣這樣一份激動與亢奮心情，身體狀況不佳的胡適出席了第二天召開的院士選舉會議。

二十四日上午八點二十分，胡適出現在南港中央研究院蔡元培館，十八位出席會議的院士全部到齊。九時，胡適宣布開會，選舉開始。經過三輪投票，選出新一屆院士七人。分別為：

數理組：任之恭、梅貽琦、程毓淮、柏實義。

生物組：李景均。

人文組：陳槃、何廉。

下午五時，胡又出席中央研究院舉辦的酒會，入席者達一百餘眾。胡適滿面含笑地登臺致辭：「今天是中央研究院遷臺十二年來，出席人數最多的一次院士會議。令人高興的是海外四位院士也回國參加這次會議。中央研究院第一屆院士是在大陸上選出的，當時被提名的一百五十人，選出了八十一位。現在一部分是過去了，有的淪陷在大陸，只有二十多位在自由地區。中央研究院在此恢復時，只有十九位活著在臺灣……現在得了政府的幫助，及海外團體學會的幫助，始有今日的規模。設了七個研究所，召開了四次院士會議，選了三屆院士。今天上午第五次院士會議，經過了三次投票，結果選出七位院士。二位在臺灣，五位在海外。在臺灣的是梅貽琦、陳槃，在海外的是任之恭、柏實義、程毓淮、李景均、何廉。十幾年來，我們在這個孤島上，可算是離群索居，在知識的困難、物質的困難情形之下，總算做出點東西……」[50]

胡適講罷，由淩鴻勳與李濟分別講話。李濟先說中央研究院的任務是擬訂「國家」學術方針和研究政府交議事件。為「國家」擬訂學術方針是件任重道遠的事，我們如何交代？接著舊事重提，談到一九六一年十一月六日，胡適出席「亞東區科學教育會議」，在開幕式上所做的「科學發展所需要的社會改革」演講並受到圍攻，同時提到胡適的觀點在某些地方與自己的看法也不一致。認為「科學思想在中國生根不成，是最大的問題。經過五十年提倡，今天我們的成績如何？一切科學設備是向外國買來的，學生最後必須出洋去，我們有什麼中文的科學大著作？還比不上日本。我真不敢樂觀，科學不能在這裡生根，就總覺得它是舶來品……」[51]

對於李濟的說法，接著講話的吳大猷不以為然，勸大家不必悲觀，吳說：「我們有了留學制度四十年，為什麼科學不能在國內生根，主要的原因是缺乏環境。留學得了博士的，只是找到研究學問的入門，並沒有受完足夠的訓練，如果立刻回國，就很難自行繼續研究下去。我們要把基礎栽培起來，絕對沒有捷徑。像楊振寧、李政道這樣的天才，尚需八九年的訓練才能成熟。一個國家更得加倍努力的時候，要二十年才能有個標準。我覺得李濟先生不必太悲觀……」[52]

吳大猷言畢，胡適接著說：「我贊成吳大猷先生的話，李濟先生太悲觀了。」[53] 胡適說此話，是緣於李濟舊事重提，勾起了他的不快。胡氏想到自己的觀點遭到社會上無聊之徒的「圍剿」，如今連自己人也不贊成，有些惱火。隨後的發言，雖是承接吳大猷所講「不知哪位先生首先提出『迎頭趕上』」這句頗有些不自量力和投機意味的說法而來，但心中仍是衝「圍剿」的舊事而借題發揮。胡適說道：「我們中央研究院從來沒有說過什麼太空、迎頭趕上的話……我們現在不要談太空理論，是達不到的，今天連一個完全的物理系都沒有，還談什麼太空？清華大學花了兩百萬美元，添購設備，可是依舊沒法聘到中年的物理人才來領導……」胡適說到此處，似有些傷感和動情，繼之說道：「我去年說了二十五分鐘的話，引起了『圍剿』，不要去管他，那是小事體，小事體。我挨了四十年的罵，從來不生氣，並且歡迎之至，因為這是代表了中國的言論自由和思想自由。」[54]

胡適所說的「圍剿」，自是指以徐復觀為盟主的一批所謂的「新儒家」和異己分子，對自己的思想觀念和人身進行的攻擊。按當時的情景推斷，面對海內外雲集而來的學界名流、門生故舊，此時的胡適心頭在掠過徐復觀以「恥辱」、「臉厚心黑」、「最下賤的中國人」等謾罵詞語的同時，也一定不會忘記徐氏攻擊自己為維持現有的官場和學術地位而採取的三大戰略：

第一大戰略是：以誣衊中國文化、東方文化的方法，來掩飾他為什麼不懂中國文化、東方文化。以讚頌自然科學的方法，來掩飾他為什麼不懂西方人文科學方面的文化，因為他是志在自然科學。以懺悔少年走錯了路的方法，來掩飾他為什麼又不懂自然科學。

第二大戰略是：以「無稽之談」，「見機而作」的方式來談自由民主。

第三大戰略是：以院士作送居留美國或已入美國國籍的學人的人情，因而運用通信投票的魔術，提拔門下士，使中央研究院變為胡氏宗祠。[55]

儘管胡適一再表白對於別人的罵，自己從來不生氣，但要做到心如止水，又談何容易。因而當胡適對去年「二十五分鐘的話」舊事重提後，當時在酒會現場的胡頌平說看到「先生講到這裡，聲調有點激動」。接著對臺灣立法院、監察院、省議會，特別是監察院、「那個破房子裡一群老先生老小姐聚在一起討論批評」進行了嘲諷。就在胡氏「大聲疾呼的時候，突然把話煞住，也許感到（身體）不適了。急忙接著說：『好了，好了，今天我們就說到這裡，大家再喝點酒，再吃點點心吧，謝謝大家。』」

此時，立在不遠處的胡頌平看了一下錶，正是六點半，客人開始陸續散去，胡適仍站在原處含著笑容和一些人握手告別。當他正要轉身和一位客人說話時，忽然面色蒼白，晃了一晃便仰身向後倒下，後腦先碰到桌沿，再摔倒在磨石子的地上。站在他附近的淩鴻勳、錢思亮等連忙伸手來扶，但為時已晚。一代鴻學碩儒、儒林宗師、新文化運動的老祖，因突發心臟病而溘然長逝。[56]

噩耗傳出，有人謂胡是被李濟氣死，更多的人則認為李濟只是在

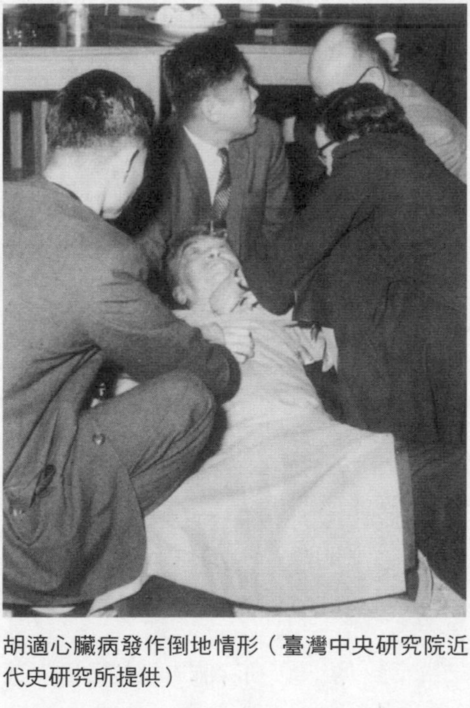

胡適心臟病發作倒地情形（臺灣中央研究院近代史研究所提供）

錯誤的時間、錯誤的地點，點燃了一根錯誤的引線。胡適真正的死因應該歸於徐復觀等輩狂勃的謾罵與圍剿，徐復觀才是真正導致胡適砰然倒地的天暴星和喪門神。[57]

胡適所說的挨了四十年的罵，當是自五四運動開始算起，四十個春秋的舊創新傷在悲苦交集中一起發作，導致其命赴黃泉。胡氏的突然卒亡，不禁令他的門生故舊和身邊的工作人員憶起走在前邊的傅斯年。半年前的一天，胡適曾一反常態地讓祕書王志維到裡屋打開一個保險箱看自己的遺囑，然後說：「我在中年的時候所耗去的精力比一般人多，所以我的寫作比一般人發表的多。一個人的精力是有限的，我的精力都透支啦。人終歸要死的，像傅孟真先生那樣一倒下去就完了，最痛快。像梅先生住在臺大醫院那麼久，實在太苦。我很羨慕傅孟真先生那樣的死。如果我將來病到像梅先生那種情形就自殺，你們千萬不要救我。」[58]想不到這個話竟一語成讖。

當年傅斯年在臺灣省議會大廳被「氣死」，如今胡適又死於中央研究院大廳，兩位亦師亦友的學術文化巨人，竟都以這樣的方式猝然倒下，難道是一種心靈呼應，或是上帝有意安排？傅斯年活著的時候曾不止一次說過：「誰都沒有資格罵胡適之，只有我才有資格罵。」[59]現在，時常微笑著的胡適之已去，於九泉之下寂寞日久的傅斯年總算又有「開罵」的對象了吧。胡適帶著「朋友」式的微笑匆忙走了。臺島震動，世人同悲。蔣介石聞訊，當晚以哀惋之情親筆潑墨揮毫，寫下了意味深長的輓聯：

胡適先生千古

新文化中舊道德的楷模，
舊倫理中新思想的師表。
蔣中正敬輓

這副輓聯確乎較為真切地概括、體現了胡適一生的功德與風範，是所有輓聯中最優秀的傑作，其他一切皆不足與其齊肩並論。這個評價，除了緣於該聯詞句組合之妙及含義深遠廣博，當然還與出自蔣介石之手密切相連。此聯出於介公之手就變得大為不同，後世研究者認為其情甚幽、其意甚深焉。該聯在表彰胡適功德的同時，亦隱含了蔣對胡的成見與芥蒂，同時亦暗示譏諷胡適的隱私，特別是與多名女性在醋海情波中糾葛不清、隱而未顯的風塵舊事。只是無論如何詮釋解讀，都無法否定這副輓聯在章法上匠心獨出的傑構，以及介公對死者的尊敬哀悼之情。

胡適去世的第二天，宋美齡專程赴胡宅看望悲慟中哭得淚人一樣的胡適夫人江冬秀，勸其節哀，保重身體，要好好地活下去云云。二月二十七日，蔣介石派專人送來親筆手書的輓額「智德兼隆」四個大字以示哀悼之忱。三月一日，胡適的遺容公開瞻仰，蔣介石親自前往弔唁。六月二十七日，蔣公頒布褒揚令，有「中央研究院院長胡適，沉潛道義，浚瀹新知。學識宏通，令聞卓著。首倡國語教育，對於普及教育，發揚民智，收次甚宏」等讚語。

除以蔣介石、陳誠等為代表的官僚集團與政客紛紛致送輓詞與輓幛以示哀悼，與胡適生息相依的中央研究院同人聯合撰著祭文，對故院長一生非凡的功業給予充分褒獎與稱譽，文曰：

你在這幾十年來的論戰裡，也只有一種不改不移的觀念。你最敬愛中國古代的聖人，但你最不愛浮誇遙遠的光榮。你也最看重中國近代的革命與進步，但你又最深知我們民族累積的弱點。你不斷地用世界的水準衡量我們民族的內心和物理的生活，所以在你七十歲的病中，和在你的青年壯盛的時代一樣，你都不怕逆著風向，挺身高呼，你要國人痛切覺悟我們東方老文明的衰朽，你要國人熱誠賞識西方新文明的成就。

我們懂得你的用心：

你是要國人踐孔子「知恥近乎勇」的格言，你是和手創民國的中山先生一樣，要喚起這個知識、道德「都睡了覺」的民族。

我們懂得你的刺耳警心的言論，不是對國家尊嚴的傷害，而是一個再造文明、復興民族的關鍵。

1962年3月1日，蔣中正親臨極樂殯儀館悼念胡適，右為總統府祕書長張群。（臺灣中央研究院近代史研究所提供）

胡適的遺體入葬臺灣中央研究院在南港「學人山」專門為其興建的墓園。出殯之日，臺灣各界有三十餘萬人為「我的朋友胡適之」自動執紼。國民黨要人、學界名流、生前友好、同事前往送行者不計其數，整個送葬路上人山人海，車馬難行，擁擠不堪，形成了無涯之海洋。其規模之大，盛況之隆，臺島前所未有，可謂備極哀榮。胡氏的小腳太太江冬秀抹著眼淚，從窗縫裡看到如此壯觀浩瀚、湧動不息的人潮，甚為感動，也頗覺榮幸，於悲慟中對她的長子胡祖望用原裝的安徽腔說道：「祖望呵，做人做到你爸爸這份兒上，不容易喲！」[60]

胡適臨死前的四個月，這位與胡氏同庚並於十四歲訂婚，以打麻將推牌九為一生之專業特長和奮鬥目標的江冬秀，才攜帶一張笨重而有點破爛的舊床自美國趕到臺灣陪伴病弱的丈夫生活。胡適臨終前兩天曾囑咐祕書王志維替自己物色一所房子，並說：「我太太打麻將的朋友多。我在南港住的是公家宿舍，傅孟真先生給中央研究院留下來的好傳統之一，就是不准在宿舍打牌。我也不應該不遵守傅先生留下的規矩。」[61]王志維聽罷，很是感動，第二天便開始想法聯繫。但房子沒有找到，胡氏卻駕

臺北為胡適送葬場面（臺灣中央研究院近代史研究所提供）

鶴西去。王志維在幫助其家人清點遺物時，發現除了書籍、文稿、信件等，胡適生前留下的錢財只有一百三十五美元。

胡適的學生、原北大圖書館館長、臺灣大學文學院教授毛子水代表治喪委員會為其撰寫了墓誌銘。金石名家王壯書丹。墓誌文字平易又含義深長，樸素而又莊嚴，文情並茂，堪稱逝者生前倡導的白話文的至高境界，銘曰：

這是胡適先生的墓
生於中華民國紀元前二十一年
卒於中華民國五十一年
這個為學術和文化的進步，為思想和言論的自由，為民族的尊榮，為人類的幸福而苦心焦慮，敝精勞神以致身死的人，現在在這裡安息了。

我們相信，形骸終要化滅，陵谷也會變易，但現在墓中這位哲人所給予世界的光明，將永

位於臺北南港中央研究院對面學人山上的胡適先生墓，墓前花格牆上鐫刻蔣中正輓額「智德兼隆」四字手書。（作者攝）

位於胡適先生墓前的墓誌銘（作者攝）

遠存在。

中央研究院胡故院長適之先生治喪委員會立石

中華民國五十一年十月十五日

胡適突然撒手歸天，消息傳到臺大醫院，梅貽琦深為悲痛。兔死狐悲，物傷其類，經此刺激，梅貽琦病情加重，幾度昏迷不醒。當月，其教育部長職務獲准辭去。四月二十九日，梅氏在病榻上發表了最後一次對清華校友的講話，誠樸謙遜一如往常，只是言語稍有錯亂。五月四日，由微熱到高燒不退，咳嗽轉劇，任何抗生素都不能控制。十九日，梅貽琦陷入昏迷狀態，體溫升至攝氏四十一度。如此病況，國民黨高層為之震動，蔣介石聞訊，指示陳誠、蔣經國等組織臺大醫務人員全力搶救，延至上午十時五十分，終告不治。梅貽琦溘然長逝，享年七十三歲。

是日中午，臺北各電臺首傳噩耗，清華同學數百人聞訊，於驚駭、悲痛中急趨臺大醫院奔喪。特二號病房中陰沉暗淡，韓詠華方舉哀室隅，梅的好友、臺大教授查良釗則忙於奔走料理，力竭聲嘶。清華校友環列榻前，默對遺體，緬想往日耳提面命之恩，益感此時人天遙隔之痛，無不掩面悲泣。

梅貽琦生前有個隨身攜帶的手提皮包，入住臺大醫院時放在床下一個較隱祕的地方，包裡裝的是什麼珍貴東西沒人知道。梅去世後，祕書在料理後事的同時迅速將手提包封存，後來在有各方人士參加的場合下啟封。當包打開，所有的人都目瞪口呆，裡邊裝的全是清華基金帳目，一筆筆清清楚楚地列著。睹物思人，在場者無不為之感動，有熱淚盈眶者。此時韓詠華才頓悟，梅貽琦沒有任何財產，所有的話都在病床上講完了，所以也就無須寫什麼遺囑了。

五月二十三日上午舉行公祭，宋美齡親到梅夫人寓所慰問，蔣介石特頒「勳昭作育」輓額，以旌逝者高風亮節之風範，同時遣當局祕書長張群代表致祭。一時間，陳誠、五院院長、各部部長、大學校長，以及各界首長、中外學者親臨致祭者達千餘人。新竹清華大學師生則於正午十二時恭祭。按照計畫，逝者遺體將移入新竹清華校園專設的靈堂供師生、好友與各界人士憑弔。當安葬靈車由臺大醫院駛入新竹縣時，數萬民眾與身穿制服的各校學生，配以自己組織的樂隊肅列道路兩旁，向緩緩駛來的一生獻身教育的偉大學人遺體默致哀悼。

位於新竹清華大學校園內的梅貽琦墓，前方墓碑鐫刻蔣中正親筆手書「月涵先生千古」輓聯與「勳昭作育」輓額等。（作者攝）

梅貽琦遺體下葬地選在新竹「清華」校園西南區十八尖山之麓，此地倚山面水，居高臨下，俯視全校，遠眺大陸。為紀念梅氏對中國教育事業特別是清華創業的貢獻，臺灣當局於這年夏季在新竹清華研究所的基礎上，正式成立了清華大學並招收本科生。同時在校園內為梅貽琦修建了墓園，取名「梅園」。園內建有墓碑兩座，一座正面鐫刻蔣介石題贈的輓額「勳昭作育」四字，背面是「褒揚令」。另一座正面是羅家倫題寫的「梅校長貽琦博士之墓」，背面是蔣夢麟題撰的碑文。墓的左側建有「梅亭」，園內植有各種名貴花木，其中有杏梅兩百八十七株，梅花兩百四十一株，名花草木構成了壯美秀麗的「梅林」，以誌世人緬懷紀念。

注釋

1 袁隨善，〈懷念梅貽琦老校長〉，《清華校友通訊》（復）二〇期（一九八九年十月）。

2 梁從誡，〈北總布胡同三號——童年瑣憶〉，《不重合的圈：梁從誡文化隨筆》（天津：百花文藝出版社，二〇〇三）。另，據悉梁從誡先生於二〇一〇年十月二十八日，因病於北京世紀壇醫院逝世。特此悼念——作者附記。

3 吳澤霖發言，〈回憶梅貽琦座談會〉，收入黃延復主編，陳岱孫、尚傳道審訂，《梅貽琦先生紀念集》（長春：吉林文史出版社，一九九五）。

4 李書華，〈悼梅月涵先生〉，收入黃延復主編，陳岱孫、尚傳道審訂，《梅貽琦先生紀念集》（長春：吉林文史出版社，一九九五）。

5 韓詠華，〈我與梅貽琦〉，收入黃延復主編，陳岱孫、尚傳道審訂，《梅貽琦先生紀念集》（長春：吉林文史出版版社，一九九五）。

6 韓詠華發言，〈回憶梅貽琦座談會〉，收入黃延復主編，陳岱孫、尚傳道審訂，《梅貽琦先生紀念集》（長春：吉林文史出版社，一九九五）。

7 浦江清，《清華園日記・西行日記》（增補本）（北京：生活・讀書・新知三聯書店，一九九九）。

8 沈剛如，〈獻身大學教育的梅貽琦先生〉，收入黃延復主編，陳岱孫、尚傳道審訂，《梅貽琦先生紀念集》（長春：吉林文史出版社，一九九五）。

9 葉企孫第三次審訊材料（一九六八年九月四日），虞昊、黃延復，《中國科技的基石：葉企孫和科學大師們》（上海：復旦大學出版社，二〇〇〇）。

10 陳岱孫發言，〈回憶梅貽琦座談會〉，收入黃延復主編，陳岱孫、尚傳道審訂，《梅貽琦先生紀念集》（長春：吉林文史出版社，一九九五）。

11 趙賡颺，《梅貽琦傳稿》（臺北：邦信文化公司，一九八九）。

12 蔡麟筆，〈為百世師為天下法〉，收入黃延復主編，陳岱孫、尚傳道審訂，《梅貽琦先生紀念集》（長春：吉林文史出版社，一九九五）。

13 〔美〕費慰梅（Wilma Fairbank）著，成寒譯，《中國建築之魂：一個外國學者眼中的梁思成林徽因夫婦》（上海：上海文藝出版社，二〇〇三）。

14 何介人發言，〈回憶梅貽琦座談會〉，收入黃延復主編，陳岱孫、尚傳道審訂，《梅貽琦先生紀念集》（長春：吉林文史出版社，一九九五）。

15 張起鈞，〈臨難不苟的梅貽琦先生〉，《梅校長月涵先生逝世三周年紀念刊》（新竹：國立清華大學，一九六五）。

16 葉公超，〈梅貽琦：一位平實真誠的師友〉，《傳記文學》六卷五期（一九六五年五月）。

17 馮友蘭，《馮友蘭自述》（北京：中國人民大學出版社，二〇〇四），頁一〇四。

18 浦江清，《清華園日記・西行日記》（增補本）（北京：生活・讀書・新知三聯書店，一九九九）。

19 黃延復，〈梅貽琦、陳寅恪「解放」前夕為何要「出走」？〉，「新浪網」黃延復博客，二〇〇九年五月十二日。

20 北京大學檔案館檔案。全宗號（七），目錄號第一號，案卷號一二三一。
21 黃延復、王小寧整理，《梅貽琦日記》（一九四一—一九四六）（北京：清華大學出版社，二〇〇一）。
22 趙賡颺，《梅貽琦傳稿》（臺北：邦信文化公司，一九八九）。
23 林從敏，〈追憶校長梅貽琦先生〉，收入黃延復主編，陳岱孫、尚傳道審訂，《梅貽琦先生紀念集》（長春：吉林文史出版社，一九九五）。
24 趙賡颺，《梅貽琦傳稿》（臺北：邦信文化公司，一九八九）。
25 《國立清華大學校刊》三四一號（一九三一年十二月四日）。
26 李玉梅，《陳寅恪之史學》（香港：三聯書店，一九九七），頁八二注。
27 嚴信民，〈聽聽章伯鈞的狂言：「我說就是要和共產黨爭天下」！〉，《人民日報》，一九五七年七月三日。
28 梁怡、李向前主編，《國外中共黨史研究述評》（北京：中共黨史出版社，二〇〇五）。
29 陳其津，《我的父親陳序經》（廣州：廣東人民出版社，一九九九）。
30 中共中央毛澤東選集出版委員會編，《毛澤東選集》卷四（北京：人民出版社，一九九一）。
31 張起鈞，〈臨難不苟的梅貽琦先生〉，《梅校長月涵先生逝世三周年紀念刊》（新竹：國立清華大學，一九六五）。
32 黃延復，〈前清華大學校長梅貽琦先生〉，收入黃延復主編，陳岱孫、尚傳道審訂，《梅貽琦先生紀念集》（長春：吉林文史出版社，一九九五）。
33 同前注。
34 趙賡颺，〈協助清華在臺復校瑣憶——為紀念梅校長逝世二十周年作〉，收入黃延復主編，陳岱孫、尚傳道審訂，《梅貽琦先生紀念集》（長春：吉林文史出版社，一九九五）。
35 同前注。
36 葉公超，〈憶梅校長〉，《梅校長月涵先生逝世三周年紀念刊》（新竹：國立清華大學，一九六五）。
37 吳澤霖，〈記教育家梅月涵先生〉，收入中國人民政治協商會議北京市委員會文史資料委員會編，《文史資料選編》第一八輯（北京：北京出版社，一九八三）。

38 方鉅成、姜桂儂，〈憶梅校長在倫敦二三事〉，《清華校友通訊》（復）一三期（一九八六年四月）。
39 韓詠華，〈我與梅貽琦〉，收入黃延復主編，陳岱孫、尚傳道審訂，《梅貽琦先生紀念集》（長春：吉林文史出版社，一九九五）。
40 趙賡颺，〈協助清華在臺復校瑣憶——為紀念梅校長逝世二十周年作〉，收入黃延復主編，陳岱孫、尚傳道審訂，《梅貽琦先生紀念集》（長春：吉林文史出版社，一九九五）。
41 黃延復，〈前清華大學校長梅貽琦先生〉，收入黃延復主編，陳岱孫、尚傳道審訂，《梅貽琦先生紀念集》（長春：吉林文史出版社，一九九五）。
42 浦薛鳳，〈梅故校長精神永在〉，收入黃延復主編，陳岱孫、尚傳道審訂，《梅貽琦先生紀念集》（長春：吉林文史出版社，一九九五）。
43 梅祖彥，〈天南地北坐春風——懷念先父梅貽琦校長〉，收入宗璞、熊秉明主編，楊振寧等著，侯宇燕選編，《永遠的清華園：清華子弟眼中的父輩》（北京：北京出版社，二〇〇〇）。
44 李鶴齡，〈關於前校長梅貽琦的幾件事〉，《清華校友通訊》（復）六期（一九八二年十月）。
45 據梅祖彥說：「我在軍隊服務時間較久，學業因而耽誤了三年。不過在服務的後期，被派調到美國的軍事基地工作，服務結束後得到機會在美國繼續學業。一九四九年我在父親的母校吳斯特理工學院（即伍斯特理工學院）本院畢業，這件事父親後來還算滿意。」又說：「我回到北京後不久父親即長住臺灣，從那以後沒有再給我寫過信，但從母親由美國來信中知道父親得悉我回到清華母校任教後感到欣慰，以我的新環境中的適應情況很為關心。」梅祖彥由美國回到大陸後，一直在清華大學水利水電工程系任教授，為中國著名水力機械專家。先後擔任過中國機械工程學會流體工程分會副理事長、第六屆全國政協委員、第七屆第八屆全國人大代表、九三學社中央常委、第三屆歐美同學會常務副會長、西南聯大校友會會長、清華校友總會副會長等社會職務。於二〇〇三年五月二十七日，因患癌症醫治無效在北京逝世，享年七十九歲。
46 趙賡颺，〈瑣事憶梅師〉，收入黃延復主編，陳岱孫、尚傳道審訂，《梅貽琦先生紀念集》（長春：吉林文史出版社，一九九五）。

47 胡頌平編著，《胡適之先生晚年談話錄》（臺北：聯經出版公司，一九八四）。

48 同前注。

49 同前注。胡適對吳健雄這位女弟子的成就極為推崇並感到自豪，在吳健雄即將偕夫赴臺的二月十九日，胡適曾對媒體記者專門談起吳的經歷與成就。胡說：「吳健雄是我在中國公學的學生，她的成績特別好，在我班上得了一百分。我離開中國公學後不久，她再進中央大學物理系，畢業之後在中央研究院物理研究所工作，再到美國加利福尼亞大學研究所完成博士學位。指導她研究工作的教授是諾貝爾獎金的物理學權威恩尼斯．勞倫斯博士。」又說：「記得在一九五八年，李政道、楊振寧兩位青年中國科學家獲得諾貝爾獎金時，國內許多人，為了吳健雄博士在這份最高榮譽中沒有份，而感覺十分不公平。這種感覺，在美國科學界人士中，也是一樣的。因為李楊兩人都是研究理論物理的，他們以一支粉筆，一塊黑板，構想、推理出了震驚世界的學說，推翻了物理學上基本的對等定律。但是如果沒有吳健雄博士利用美國國家標準局的設備，埋頭進行試驗，終獲證明的話，對今後科學發展有重大影響的李楊定律，將仍舊只是一個推理」（原載《中央日報》、《新生報》，轉引自胡頌平編著，《胡適之先生晚年談話錄》〔臺北：聯經出版公司，一九八四〕）。

胡適不懂物理學，但這個話大體不差。為了彌補諾獎委員會對吳氏學術成果的不公，一九五八年吳健雄當選為美國國家科學院院士，一九七五年又出任美國物理學會第一任女性會長，同年獲得美國總統福特在白宮授予的國家科學勛章，這是美國最高科學榮譽……胡適所言與吳健雄的師生關係，確實也不同尋常。一九三六年十月三十日，時為北京大學文學院院長的胡適給原中國公學的學生、時剛到美國進修的吳健雄寫了一封信，授以治學的祕笈：「凡治學問，功力之外，還需要天才。龜兔之喻，是勉勵中人以下之語，也是警惕天才之語。有兔子的天才，加上烏龜的功力，定可無敵於一世。僅有功力，可無大過，而未必有大成功。你是很聰明的人，千萬珍重自愛，將來成就未可限量。這還不是我要對你說的話，我要對你說的是希望你能利用你的海外住留期間，多留意此邦文物，多讀文史的書，多讀其他科學，使胸襟闊大，使見解高明……做一個博學的人。」又說：「凡第一流的科學家，都是極淵博的人，取精而用弘，由博而反約，故能有大成功。」年輕的才女吳健雄正是遵照胡適當年的要求與期望去做了，故後來有成為一個偉大學人的成功。一九五九年五月一日，吳健雄寫信給胡適，說她一生中受她的父親和胡適兩人的影響最大，並把一九三六年胡適給自己的信翻印後寄贈胡適作為紀念，感謝胡對自己的「誘導獎掖，竭盡鼓勵」。胡適去世後，此信專門陳列於臺北南港胡適紀念館供後人瞻仰參觀（胡明，〈晚年的胡適與臺灣中研院〉，《胡適研究》第二輯〔合肥：安徽教育出版社，二〇〇〇〕）。

另據《日記的胡適》一書說，胡適的「龜兔賽跑與人的聰明」的想法，源於一九五八年前後，理由是胡適日記有載：一九五八年十二月二十四日，胡適在一個會議的午餐上，當著陳誠等人的面發表過一個演講，說：「凡是歷史上有大成就的人，都是有兔子的天才，加上烏龜的功夫的。能夠如此，無論是做什麼學問，做什麼事情，就都可以無敵於天下。我曾告訴我的學生們，如果沒有兔子的天才，就應該學習烏龜的功夫。萬不得已學烏龜的功夫，總比學睡覺的兔子好得多。絕頂聰明的人，多數都是走烏龜的路。」據這本書的作者說：「那年他（胡適）第一次談及此，卻是因為余英時的父親余協中對胡適大誇愛子，胡適聽了不以為然。他在日記裡這樣寫道：『一九五八年一月十六日。潛山余協中來訪。他是用 Refugee Act〔難民法案〕來美國居留的，現住 Cambridge〔劍橋〕。他說起他的兒子余英時，說 Harvard〔哈佛〕的朋友都說他了不得的聰明，說他的前途未可限量。我對協中說：我常常為我的青年朋友講那個烏龜和兔子賽跑的寓言，我常說：凡在歷史上有學術上大貢獻的人，都是有兔子的天才，加上烏龜的功力。如朱子，如顧亭林，如戴東原，如錢大昕，皆是這樣的，單靠天才，是不夠的。』」（李伶伶、王一心，《日記的胡適：他和影響了那個時代的他們》〔西安：陝西人民出版社，二〇〇七〕）。

從李王二人著述看，所云胡適至遲在一九五八年才萌生「龜兔賽跑與人的聰明」的想法是不對的，從胡給吳健雄的信中的時間即可見出。另，從胡適日記推理當時的現場，余英時那個淺薄的父親足以代表多數中國人的思維：投機鑽營，得過且過，小富即安，有一小成就即沾沾自喜，自吹自擂，目空一切，等等……而這一切恰是胡適所鄙視和深惡痛絕的。胡在日記中把余的來路用 Refugee Act〔難民法案〕特別標出，可見此用意和對余氏的總體評價。事實上，余英時走出哈佛，除了勉強做了一個人民教師，在胡適研究領域敲敲打打搞了一輩子，並沒有過人的成就可言。至於在大陸出版的《重尋胡適歷程》等圖書使用煽情的「在沒有胡適之的日子，我們讀余英時」等廣告語，更是荒唐可笑。余氏之著述，只不過是一包資料的堆砌罷了，並無什麼新意和成就可言——這就讓後人不得不反思胡適當年所言和對吳健雄所說的那些話的啟迪作用。如果沒有闊大的胸襟、淵博的學識、高明的眼光，僅僅為了取得個難民身分加入個美國籍，或在學校考試中得了個前幾名就沾沾自喜，不知自己姓余，姓吳，還是姓胡，哪裡會產生什麼「前途不可限量」的人物？類似的事不只是余協中及其兒子身上見得，即在胡適的家鄉，也同樣地驗證著這個道理。

在胡適死去幾十年後的今天，前往安徽績溪上莊村訪問的胡適研究者往往會從當地老少爺們兒口中聽到這樣的話：「寧要一個胡卓林，不要十個胡適之。」胡卓林於二十世紀三、四〇年代在上海經商致富，每年都要帶幾個鄉人出外就業，且鄉人到上海謀事，在他那裡一宿兩餐受到招待，有困難亦可得到幫助。胡適聲名雖大，直接資助和提攜的鄉人是沒有的。

據胡適侄女婿程治平的兒子程法德查考，現在胡適的近族、親戚和姻親，除了他夫人江冬秀的堂弟江澤涵是一位有成就的數學家外，其他無一特殊人物。胡的一個表弟馮致遠（舅父之子）一生從事教學，已作古。胡適同父異母兄弟的三個侄孫，一個是中學教師，兩個農民。與胡家親近的侄女婿程治平，則是一個小生意人，已作古。今有一胡明編了幾本胡適的集子，勉強算是胡家在當地小有名氣的文化人。

由上述事例聯想到一九四三年五月十日胡適在日記中所載的一段：「二月吳健雄女士信上說：……你的講演最動人，最有力量……譬如說，我聽到了你那次在蘇州女中的演講，受到的影響很深。後來的升學和出洋，都是從那一點出發的。雖然我是一個毫無成就的人，至少你給我的鼓勵，使我滿足我自己的求知欲，得到人生的真正快樂……」胡適又記：今天我寫信給她說：「……我曾說，『無心插柳，尚可成蔭；有意栽花，當然要發。』我一生到處撒花種子，即使絕大多數都撒在石頭上了，其中有一粒撒在膏腴的土地裡，長出了一個吳健雄，我也可以百分快慰了」（曹伯言整理，《胡適日記全編》第七冊〔合肥：安徽教育出版社，二〇〇一〕）。這個話，透露出胡適從心坎裡感到自豪的同時，是否也暗含著對自己故鄉、家庭中的子女和後輩培養方面不能如意的無奈？

50　胡頌平編著，《胡適之先生晚年談話錄》（臺北：聯經出版公司，一九八四）。

51　同前注。

52 同前注。

53 同前注。

54 同前注。

55 徐復觀，〈中國人的恥辱　東方人的恥辱〉，《民主評論》一二卷二四期（一九六一年十二月）。

56 臺大醫院魏火曜醫師對胡適死因的診斷是：「先生久患心肌阻塞症，因興奮過度，心肌阻塞導致心室震顫。心臟失去了輸送血液的功能，心跳越來越快弱，終告不治」（《香港時報》，二月二十六日）。

57 胡適去世後，徐復觀也寫了一篇〈一個偉大書生的悲劇〉的悼文，其中寫道：「我深切了解在真正的自由民主未實現以前，所有的書生，都是悲劇的命運；除非一個人的良心喪盡，把悲劇當喜劇來演奏……正因為他是悲劇性的書生，所以也是一個偉大的書生。」

58 王志維，〈記胡適先生去世前的談話片斷〉，收入王大鵬編著，丁聰插畫，《百年國士：自述・回憶・專訪》（北京：商務印書館，二〇一〇）。

59 鄧廣銘，〈回憶我的老師傅斯年先生〉，聊城師範學院歷史系、聊城地區政協工委、山東省政協文史委合編，《傅斯年》（濟南：山東人民出版社，一九九一）。

60 唐德剛，《胡適雜憶》（桂林：廣西師範大學出版社，二〇〇五）。

61 胡頌平編著，《胡適之先生晚年談話錄》（臺北：聯經出版公司，一九八四）。

第五章

蔣夢麟的淒涼晚景

一、獨立晚更好

在短短三個月內，中國學術界燦爛星河中兩顆巨星相繼隕落，臺島各界及海內外相知的學人聞之無不同聲悲泣。而與胡梅二人共事多年且為知交、被譽為留美「三老博士」[1]之一的蔣夢麟，無論是參加胡適的弔唁還是為梅貽琦書寫墓碑碑文，皆是百感交集，別有一番刺骨錐心的哀戚在心頭。

蔣夢麟與胡適交往早於梅貽琦。關於蔣、胡最早相識經過，胡適沒有留下文字記載，或者有過記載但已遺失，[2]從趙元任的回憶文章中可以清晰地看到。一九一〇年八月十六日，胡適與趙元任分別以留美庚款官費考試第五十五名和第二名的成績，於上海同船啟程駛入茫茫的太平洋。趙說：「我們到達舊金山，正趕上看慶祝加州於一九一〇年加入聯邦日……我們這批清華學生由蔣夢麟等人來接，夢麟那時是加州大學四年級學生……他們引導我們去看舊金山的景色，包括一九〇六年大地震尚未清除的廢墟……不久我們這批人便被分成較小單位，分別送往各大學，大都在東部各州……我和另外十三位中國學生，獲准進入康乃爾大學，做一年級生，包括胡適（當時英文名為 Suh Hu）和周仁。」[3]

後來，胡適由康乃爾轉紐約哥倫比亞大學，與此前已在該校研究院就讀的蔣夢麟，共同師從號稱「實驗主義哲學家」的杜威教授攻讀博士學位。一九一七年，蔣胡二人相繼歸國，胡於當年進入北京大學任教，一九一九年五四風潮發生之後，蔣夢麟也轉入北大擔任總務長兼教育科教授，以北京大學這一新文化運動聖地為轉捩點，蔣胡二人開始了大半生的密切交往並建立了深厚友誼。儘管他們後來又分別擔任國民政府教育部長和中國公學校長等職，且天南海北很少見面，友誼卻持久地保持下來。這一點，蔣夢麟在懷念傅斯年的一篇文章中說得明白：「當我在一九三〇年回北京大學時，孟真因為歷史研究所搬到北平，也在北平辦公了。『九一八』事變後，北平正在多事之秋，我的『參謀』就是適之和孟真兩位，事無大小，都就商於兩位。他們兩位代北大請到了好多位國內著名的教授，北大在北伐成功以後之復興，他們兩位的功勞，實在是太大了。」[4]

抗戰勝利後，由於蔣夢麟自己想進入政府權力中樞，成就一番升官發財的美夢，遂有胡適主掌北京大學的機會。此次人事更迭，怪不得傅斯年毫不客氣地讓他交出北大印把子，且捲鋪蓋光腚走人，[5]更不能怨當時在美國的胡氏沒有做到持久的客氣和謙讓，蔣夢麟之辭卻北大校長職，實乃機與勢之使然，至於日後政治和個人命運的興亡存續，也就更不是傅斯年與胡適二人可以控制得了的。

蔣夢麟辭卻北京大學校長，跟著「世人皆曰殺」的皇親國戚、國民政府行政院長宋子文鞍前馬後跑了一陣龍套，於氣喘吁吁中額頭上的汗珠尚未擦乾，便隨著一九四七年三月宋子文的轟然倒臺而摔於陰溝中。所謂樹倒猢猻散，想不到已是六十二歲高齡的蔣夢麟又品嘗了猢猻四散後的尷尬與辛酸。

紅火一時的行政院祕書長官帽沒有了，好在還有如中央監察委員、國府委員、行政院善後事業保管委員會等幾頂官帽戴在頭上，蔣夢麟依仗這幾頂風雨飄搖的紙糊高帽於長吁短歎中熬過了一九四八年夏天，終於又遇到了人生中最後一次轉機，有幸成為權傾一時的「農復會」掌門人和名重臺島的「國之重臣」。所謂「天不滅曹」的歷史典故，在蔣夢麟身上又實驗了一把。

所謂「農復會」，全稱為「中國農村復興聯合委員會」，其創始人要追溯到留美學子晏陽初。一八九三年生於四川巴中的晏氏，於美國耶魯大學畢業後，進入普林斯頓大學就讀並獲碩士學位。一九一八年歐戰期間，晏陽初與一百多名中國留學生應募到法國為華工服務，主要替華工寫家書。也就是這次義工生涯，令晏氏深感人民大眾不識字的痛苦，遂立志從事平民教育與農村改造。一九二〇年歸國後，晏氏得到美國教會和洛克菲勒基金會援助，在華中、華北、華東三處試驗推行平民教育大運動。透過與底層社會大眾接觸，晏陽初認為中國的大患是民眾的貧、愚、弱、私「四大病」，主張透過辦平民學校對以農民為主的民眾教授文化知識。在「除文盲、做新民」宗旨下，先教識字，再實施生計、文藝、衛生和公民「四大教育」，培養知識力、生產力、強健力和團結力，以造就「新民」，同時主張在農村實現政治、教育、經濟、自衛、衛生和禮俗「六大整體建設」，從而達到強國救國的目的。

抗戰爆發後，晏氏設在定縣的平教總會遷至湖南、兩廣，最後遷至陪都重慶。一九四〇年創辦中國鄉村建設育才院（後名鄉村建設學院），自任院長。一九四三年，晏陽初應邀赴美研究戰後建設及世界和平等問題，因其在中國定縣的優良工作成就受到表彰。抗戰勝利後，晏氏再度赴美，並透過宋子文介紹與羅斯福夫人會晤。翌年，晏氏由美國大法官道格拉斯陪同拜訪杜魯門總統，就中國的「平教運動」進行商談，大力尋找資助。一九四七年四月，晏氏再度赴美，會晤國務卿馬歇爾，力陳中國鄉村改造的必要性，並在同年九月三十日致美國國務院備忘錄，提出改造中國農村的具體步驟，主張為有效推進這一方案，應設立一個全國平民教育與鄉村建設委員會，經費由中美兩國共同承擔，美國可以捐贈或以貸款的方式提供援助，該會應為一獨立機構，由兩國政府指定中美代表組成。按晏陽初的想法和現實情況，這一機構如果純粹由中國人或美國人管理，都不可能成功，只有兩國聯合才行——這就是農復會為中美委員聯合組成的胚芽，後來的事實證明晏氏之設想確屬一個極端高明的上策。[6]

晏陽初的構想得到了美國國會議員、曾以名篇《大地》小說獲諾貝爾文學獎的著名作家賽珍珠以及各大媒體的支持，經過各界人士努力，終於在一九四八年四月一日美國國會第八十屆國會第二會期，通過第四七二法案第四〇七條款，規定中美雙方政府設立一個聯合委員會，正式定名為「中國農村復興聯合委員會」（The Joint Commission on Rural Reconstruction, JCRR，原文為「農村改造聯合委員會」，並無「中國」字樣），美國國會一併通過一九四八年援華法案中一項「晏陽初條款」，特別指定以經援十分之一做農復會用途，也即「中國農村復興聯合委員會」，在第一年中可分到兩千七百五十萬美元經濟援助金，這在當時看來是一個令人驚歎的天文數字。[7]

有了美國佬這位二戰暴發戶兼大款的強力支持，中國政府方面自是樂意促成，這年八月二十一日，國民政府行政院例會通過方案，以蔣夢麟、晏陽初、沈宗瀚為「中國農村復興聯合委員會」中方委員，另聘請美國專家穆懿爾（R. T. Moyer）、貝克（J. E. Baker）為美方

農復會工作報告英文版第一號封面

委員。

方案通過，意味著中國政治權力這道重巒疊嶂的峰嶺上，又將出現一個新的山頭或曰山寨，而「誰坐這個山寨聚義廳第一把交椅」的問題也就凸顯於政客們面前。當時沈宗瀚任國民政府農林部中央農業實驗所所長，無論名氣還是實力，皆不能與蔣、晏抗衡，自然要坐老三的位子。眾人矚目的第一把交椅的爭奪戰，就別無選擇地在蔣、晏之間展開。

晏陽初在同代中算是少有的人傑，不但精明強幹，還頗有縱橫捭闔、合縱連橫的內旋外交能力，從農復會的創建歷程即可見此公不是白吃乾飯的一般官僚和政客，確有其獨到和過人之處。就在晏氏於全國推行平教運動的過程中，他深知廟堂之高與江湖之遠的不同，會造成人生事業的巨大落差，因而沒有完全斷絕與廟堂的關係。一九三三年五月出任國民政府行政院以汪精衛為委員長的農業復興委員會委員。一九四六年五月，被行政院長宋子文聘為農業建設委員會主任委員，時晏氏正在中美間來回奔波，主要精力放到農復會這個中美混血兒的保養助產上，未就任。幾年辛苦下來，眼看「中國農村復興聯合委員會」這個金光閃耀的娃娃呱呱墮地，在皆大歡喜的同時，社會各界自然對晏陽初投去敬佩的目光，因為沒有晏氏幾十年來不間斷的努力和四處千辛萬苦的「化緣」，就不可能有這個機構的誕生。既如此，農復會的主任委員一職非晏氏莫屬。但極其不幸的是，一九四八年十月一日，農復會正式宣告成立，同時國民政府行政院宣布蔣夢麟為主任委員，晏陽初為執行長（祕書長）。

蔣夢麟眼見自己一舉擊敗了強大的對手，如願以償坐上了頭把交椅，自是喜上心頭。而晏陽初一看自己嘔心瀝血煮熟的鴨子竟成了別人的盤中大餐，自己降身為蔣夢麟手下跑腿的馬仔，怒從心頭起，火向肝邊生，大罵王世杰、翁文灝等輩不是個東西，正因彼輩暗中插手搗鬼，才使自己敗下陣來。事實也確實如此，時王世杰正擔任國民政府外交部長，翁文灝出任國民政府行憲後的第一任行政院長，位居一人之下，萬人之上，權力達到了人所難及的頂峰。王翁二人與蔣夢麟皆為北大舊同事，之後雖各自在宦海沉浮，但仍保持了密切的關係和友情。相較而言，晏陽初雖屬人中之傑，但在與廟堂中人關係的處理上，如叢林中的老虎，有獨來獨往、嘯傲群雄的感覺，因而與王、翁等集團中人的

蔣夢麟主持農復會會議

關係並不密切。就在農復會即將宣布成立之時，整日蹲在官場舞臺上敲幾個無聊邊鼓的蔣夢麟，意識到自己的人生轉捩點業已來臨，機不可失，必須抓住這可能是人生中最後一次的機會。於是，蔣最先找到王世杰，請王向翁說項，「拉兄弟一把」。王翁二人不負所託，聯手展開行動，很快做通了最高統帥蔣介石的思想政治工作，爾後以各種名目和官場忽明忽暗的操作方式，把蔣夢麟那黑乾超瘦的身子骨抬到了農復會聚義廳第一把交椅之上。

晏陽初一看座次已定，自己回天乏術，在大罵王世杰、翁文灝等輩不以黨國事業為重，徇私枉法、培植親信、打壓異己的同時，遂有了「此處不養爺，自有養爺處，遠走高飛」的打算，開始了明修棧道、暗度陳倉的地下行動。一九四九年農復會遷臺後，晏氏正式提出辭職赴美，時主持臺灣大局的陳誠曾竭力挽留，但晏陽初仍以「虎狼不能共居一個山頭」的說辭與傲氣決然遠走他鄉。一九五一年，晏陽初終於得允離開臺島赴美，在紐約另起爐灶，創立了一個叫作「農村復興（改造）」的國際機構（International Institute of Rural Reconstruction），分別在菲律賓、南美哥倫比亞以及非洲等地推動農村復興工作，取得巨大成功，他本人也由此獲得了國際性聲譽。著名作家賽珍珠為晏氏的精神和取得的成績深受感動，決心為這位一生從事平民教育和農村復興運動的先驅寫個人傳記，以流傳後世。惜賽氏已是八十歲高齡，未能著手即病逝，成為一大憾事。[8]

面對晏陽初的鬱悶之情與出走美國，就蔣夢麟個人而言，並無愧色。在他的心目中，這農復會的第一把交椅，是自己暗中活動，王世杰和翁文灝等一幫朋友光明正大地給予的，不是自己從晏氏屁股底下霸占而來，就像當年自己失去北大校長一樣，就理論上說怪不得傅斯年和胡適。因而蔣夢麟出任農復會主任之後，原來有些彎曲變形的瘦弱骨架再度挺了起來，低垂的頭顱也重新仰起，老羊皮襖一樣厚重的眼皮隨之輕捷地上下開闔，混濁的眼球漸漸明亮並發著咄咄逼人的光，從腳到頭地看上去，人確實精神了不少。只是這個農復會生不逢時，剛一墮地就遇到了兵荒馬亂的年月，通貨（金圓券）膨脹，民不聊生，國共之戰一天緊似一天，而北方漸為共產黨毛主席部隊占領，而棄守北部和中部、退踞南部與西南大部地區的國民黨軍隊，卻連連敗績，棄地丟城，大舉潰退，大片城市鄉村成為共產黨的新地盤兒。蔣夢麟只好率一班人馬在湘、桂、粵、滇、閩、黔、蜀等省區推動工作。據沈宗瀚晚年統計，農復會在大陸工作的短暫一年間，主要在五個方面做了推動，包括：在四川、廣西、貴州等西南省分協助政府「二五」減租，以保證佃農的利益；協助政府加強並改組省農會，使之成為地方農民為自己謀福利的一個合作組織；擴充灌溉設施，以利農民增加產量；繁殖並推廣稻、麥、甘薯及棉花等改良品種，以裕人民衣食之來源，同時防治地方性的傳染病如瘧疾、霍亂等，以促進農村人民身體健康，增強人口的勞動能力。這些計畫的實施共用去經費三十五萬美元，在一定程度上緩解了農村社會矛盾，使農民得到了某些實惠。可惜因為國共之戰越打越烈，農復會的工作成就湮沒在硝煙炮火中未得凸顯，尤其當時紙幣已完全失信於民眾，農復會的經費、薪餉都使用金條、銀圓等硬通貨，需動用飛機來回搬運，這就為計畫實施帶來很大不便與阻力，有時錢還未撥到，該地已成為共產黨的天下，農復會人員只好隨慌亂的人群老鼠一樣地潛逃出境。

隨著國民黨軍的崩潰和國共軍事實力的逆轉，農復會隨國民政府自南京撤到廣州。臨走

從前線潰退的國民黨軍隊

前，蔣夢麟於日理萬機中專門擠出時間到老虎橋監獄，探望了關押在那裡的原北大同事兼好友周作人，二人相見，自是一番感慨在心頭，蔣氏勸慰幾句便匆匆離去。此為二人的最後一面，這一別竟是永訣。

此時，中共軍隊勢如破竹，兵鋒所至，所向無敵，國民黨軍將士望風披靡。隨著社會上傳出廣州也將不保的消息，擺在農復會面前的撤退之路有兩條：一是四川，二是臺灣。蔣夢麟眼望共產黨軍隊潮水一樣向西南之地湧來，知道四川不是一個久留的長把子瓢，於是率一班親信人馬飛往臺灣，除了解農業行情外，主要向主持當地軍政事務的陳誠探詢是否有推進土地改革的意向。並不糊塗的陳誠自是不會讓一個肩上背著幾袋子沉甸甸美金的老漢輕易離去，於是滿口承諾，主客皆大歡喜。一九四九年九月，蔣夢麟率農復會部分親信扛著美鈔正式把總部遷往臺北。未久，以晏陽初為首的部分人員暫往四川，隨著「天府」陷落，晏陽初等也只好搭機匆匆撤往臺島。

就在蔣夢麟率部分人員剛剛在臺灣落腳之時，忽然傳來北部地方發生牛瘟並迅速向整個臺島蔓延的凶信。待查明原因，方知是這年中秋節因臺灣豬肉不足，特地從海南島輸入一批毛豬，放置在臺北牧場的奶牛場，毛豬帶進了豬瘟，進而使牛受感染得病。時臺灣全島耕種土地全靠牛拉人扛，如病牛得不到及時救治，按當時牛瘟的傳播速度，很可能在兩個月內臺島耕牛全部死光。倘如是，不但人拉犁耕的原始景象重新出現，整個臺島將出現罕見的大饑荒，無論是對撤退到該地的蔣家王朝軍政人員，還是當地黎民百姓，後果不堪設想。因而此次事件令整個臺島為之震動。

危急中，行囊甫卸的農復會人員立即提供技術和經費，支持當地政府採取緊急措施，在農林廳淡水獸疫血清製造所技正李崇道和美籍顧問雷辛格等專家的共同努力下，一方面捕殺病牛，禁止牛群移動，一方面從風雨飄搖的成都空運牛瘟血清做緊急防治，並商請聯合國糧農組織提供牛瘟種毒，在淡水製造兔化牛瘟疫苗注射其他牛群。經過兩個多月的艱苦努力，到一九五〇年元月前，終於將牛瘟封殺於臺北平原的出口——龜山通道，一場驚心動魄的牛瘟撲滅戰就此完結。這是農復會到臺灣後為當地農業復興建立的頭功，僅此一役，就令全臺民眾刮目相看。

新的一年到來了，農復會在臺灣稍事安頓即展開工作，主要成就有三：一是土地改革，二是肥料換穀，三是農會改組。臺灣全島的土地改革不但使佃農免受地主剝削，更進而擁有土地，並提高增產意願。肥料換穀一方面提高作物產量，一方面充裕軍糈民食，安定糧價。與此同時，各地農會逐漸改組健全了農村社會結構、農業推廣和生產運銷體系。土地改革成功之後，經過多年苦幹，終於迎來了二十世紀五、六〇年代臺灣農業與農村的復興，釋出土地轉而投資工業，又進一步促進了六〇年代中期之後工業的快速發展，直至迎來了臺島列為

「亞洲四小龍」之一的經濟全面騰飛時代。

國民黨政權撤退臺灣初期，財政極其困難，軍政公教人員的薪水難以按時發放，生活更是困苦不堪，許多過去有頭有臉的人家都不得不以稀飯青菜充饑，直到胡適從美國回臺並出任中央研究院院長時，艱苦的生活狀況仍未有大的改觀，年邁的胡適也一樣靠喝稀飯充饑。因而，臺灣當局無力拿出錢財像過去那樣搞公費留學。作為教育家的蔣夢麟一到臺灣，鑑於各方面急需人才，便利用農復會的美援款項，協助當局選拔人才公費出國留學。一九五〇年考選錄取了第一批三十六人，考試科目不限於農學，還包括工程、地質、銀行、財政、金融等學科。這一屆公費放洋的學生中，就有考取工程科、後來成為臺北市市長的高玉樹。後來成為臺灣總統的李登輝，也得益於農復會的選拔考試而留學美國，據知情者鍾博透露，時已畢業於臺灣大學農學院農業經濟系並留校任教的李登輝，順利通過了農復會主辦的留學考試，惜身體檢查未能通過，因而無法放洋，幸虧農復會農經組組長Dawson兼美國大使館官員，謂此人成績很好，若不得去美國學習很是可惜，遂主動替他保留名額六個月，李氏後來

1949年4月，國民黨大勢已去，此為從南京撤退的最後三架CAT飛機。

終於成行，進入愛荷華大學主攻「農業經濟與物價的關係」。一九五七年，李登輝曾調至農復會擔任技正，後再赴美國進入康乃爾大學獲得博士學位，歸臺後繼任臺大教授兼農復會農業經濟組組長、顧問，此為李氏發跡之始。直到一九七二年為蔣經國延攬入閣，任政務委員，成為臺灣政界風雲一時的人物。因而，可以說李登輝是農復會出資派員出國留學制度的最大受益者和知名者，只是此人後來悍然支持臺獨勢力，才一變而為世人皆曰殺的民族敗類。農復會出資贊助的留學制度一直持續到一九九五年才停止，後來只選派農業方面的留學生，其他科目由當地政府出資選派了。

農復會成員到臺灣鄉間視察農情

農復會在臺島搞得紅紅火火，得到了上到總統蔣介石，下到普通民眾、特別是得到實惠的農民兄弟的肯定和好評。在陣陣讚譽聲中，蔣夢麟於一九五八年又兼任了石門水庫建設委員會主任委員，從而使他達到了晚年的權力頂峰，也是人生大幕謝落之前的最後一次輝煌。

石門水庫位於桃園縣龍潭鄉東南隅大漢溪中游，橫跨龍潭、大溪兩個鄉鎮，因溪水出口處有兩座小丘對峙，如同石門而得名。遠在日據時代當權者即有在此興建水庫的構想，蔣政權退居臺灣後延續其計畫，決心建庫蓄水。自一九五四年起，農復會提供初步經費協助當局進行地質、水文、農業經濟等方面的調查，助力甚殷，各方歡喜。自從兼任石門水庫建設委員會主任之後，隨著工地陸續開工，蔣夢麟每個星期總有兩三天要在石門水庫現場辦公，晚上不能返回臺北，就住在庫區建設工地的宿舍裡。也就在這個節骨眼上，對蔣家人來說一件大事發生了，蔣夢麟夫人陶曾穀撒手歸天。

據說，陶曾穀在病榻上與死神較勁爭鬥時，有一位四十多歲的官太太，亦即陶的一位表親經常於床前照料，二人感情甚篤，無話不談。在陶曾穀自知不久於人世的前夜，陶藉回光返照的短暫清醒之機，拉著這位表親太太的手說了如下一段話：「孟鄰的身體很好，而且太重情感了，我死了以後，他一定會受不住的；而且，我不忍心他受長期的寂寞；所以，我希望你能夠幫他找一個合適的對象，陪伴他……」[9]陶說這話的時候，眼中含著淚水，一直凝視著這位表親，久久不願鬆手，這位太太自是滿口答應。

陶曾穀撇下丈夫與孩子獨自遠去，親屬好友為之悲痛涕泣，那位受託的太太始終沒有忘記陶氏的臨終遺言，甚至把陶氏之託與「白帝城託孤」的重要性相提並論。在這股強大責任感和使命感驅使下，開始替蔣夢麟提親說媒。但一年下來所物色的十幾個女角，其姓名都被蔣夢麟偷偷用紅筆勾掉扔到了垃圾簍。情急之下，媒婆決定在整個臺北地區城市鄉村、山川河流，四處甩鉤，廣泛撒網，不惜一切代價也要為蔣主委弄一個滿意的婆姨抱到床上。工夫不負苦心人，經過無數個日夜的辛勤打撈捕捉，到了一九六〇年秋，終於有一條光彩照人的美人魚撞入網中。此人便是蔣夢麟晚年悲劇的主角——徐賢樂。

那位媒婆見徐賢樂冒冒失失地撞入網內，大喜，立即將其拎到臺北著名的圓山飯店與蔣夢麟相見。接到電話後從石門水庫一路驅車狂奔、滿面風塵趕到現場的蔣夢麟，在華燈閃爍中一見徐氏，如睹天人，伸出的舌頭久久不能縮回，驚喜慌亂中還差點跌倒在地。正是：

蕭蕭十月菊，耿耿照白草。
開窗逢一笑，未覺徐娘老。
風霜要飽更，獨立晚更好。
韓公真躁人，顧用擾懷抱。

二、徐娘身老謾多情

這徐賢樂何許人也，竟使見多識廣、學貫中西的一代名流，「國之重臣」蔣夢麟神魂顛倒，興奮得不能自控，差點造成人身事故？回答是，徐氏自有三踢兩腳的硬功夫，否則蔣氏不會為之傾倒。

徐賢樂乃江蘇無錫人，一九〇八年出生，曾祖父徐壽是晚清著名的化學家、實業家、造船工程師。祖父徐建寅十八歲時協助其父研製蒸汽機和火輪船，後來又研製成無煙火藥，

青年時代的徐賢樂（圖片來源：臺北，蔡登山）

最後在製造火藥時發生爆炸，不幸遇難。父親徐家保，曾在張之洞督兩湖時期受聘為湖北兩湖書院和經心書院的總教習、教習，江漢書院提調（兼課天文、地理、兵法、算學）；民國初年任廣東石井機器局總辦，北洋政府陸軍部技士等職。徐家保生五子四女，徐賢樂是徐家么女，人聰明漂亮，備受寵愛。徐在上海光華大學讀書時被師生稱為「校花」，大學畢業後曾到重慶國民政府外交部工作過一陣子，由是被稱為「部花」，抗戰後期經孔祥熙介紹到中央信託局任專員，搖身又變成了「局花」和「專花」。正是這一串「花」的光環，追求者如同暗夜的螢火蟲或牛虻紛紛撲撞而來，但徐美人不以對方身材長短和相貌來交談，而是以口袋裡的錢財是否響亮、飽滿來衡量，結果那些呈群蠅亂飛狀撲撞過來的求愛者，一個個弄了個飛蛾赴火，灰頭土臉地敗退而去。最後，徐小姐挑選了一位年近五十歲的楊杰將軍嫁了過去。因這場婚姻是以財勢為追求的終極目標，結果是結婚七個月就宣布離婚。[10]

一九四九年，徐賢樂赴臺，儘管對象與情人弄了一大堆，但沒有公開結婚，似是上帝專門安排她與蔣博士相戀相愛，爾後再出演一場情感悲劇大戲，以娛臺島人民孤寂的生活。

蔣夢麟與徐賢樂於圓山飯店相見之時，前者已是七十五歲的老男人，後者屬五十三歲的中老年婦女，[11]徐賢樂雖自稱殘花敗柳，但畢竟是老徐家的女兒，可謂徐娘半老，風韻猶存。事實也是如此。在圓山飯店的酒桌上，徐賢樂盡展風流，一笑一顰，一皺眉，一扭腰，一伸腿，一揮拳，對蔣夢麟來說無不透著沁入骨髓的美感與性感。此前，蔣夢麟在石門工地上來回奔波，此處雖有如王右軍〈蘭亭序〉裡一樣的崇山峻嶺、茂林修竹，又有清流激湍、映帶左右，在普通人看來風景美不勝收，但對蔣氏而言，自陶妻病亡之後，面對空山遠麓，河上鳥影，總覺有一種孤獨悲涼之感。尤其到了晚上，蔣不能回臺北而宿住石門工地，那種空山靜夜、幽徑皓月、寂無人聲的情境，讓他從內心深處生發出一種孤寂與落寞。

在此情形下，恰逢徐賢樂橫空出世，天仙一樣自太空飄然落入自己的眼前，這不是上帝的恩賜又是什麼？於是，返回石門工地的蔣夢麟迅速從孤寂沉悶的陰影中擺脫出來，滿懷激情，揮毫潑墨修書一封，派人驅車送於徐娘府上。其中有「在我見過的一些女士中，你是最使我心動的人」一句。此為蔣給徐的第一封情書，這封日後見諸報端的情書，宣告了蔣開始正式向徐求婚，也是婚姻悲劇的肇端。

徐賢樂在臺北（圖片來源：臺北，蔡登山）

蔣徐二人如此這般你來我往、半明半暗地拍拖了三、四個月，徐基本已探明蔣的財產儘管不多，但瘦死的駱駝比馬大，以徐娘半百的身子換蔣的財產，從純生意的角度衡量，大家各有所得、兩不吃虧，徐賢樂還略占一點便宜。於是，徐氏明裡半推半就，暗中則使出從小練就的洗腦奪心勾魂術和羅漢八步迷惑散，對蔣施展道法。蹲在石門水庫老林中傾聽松濤鳥鳴、高山流水的蔣夢麟，面對徐娘施展的招數，欲火攻心，不能自制，只得獨自在山林中狂奔亂跳，以破解對方的魔力和自己內心的苦痛。當大口喘氣稍有緩解，蔣夢麟又找來一張橫幅一尺的日本繪畫金邊皺紋水色紙，研墨揮毫，敬重而虔誠地用小楷書寫豔詞一首，贈予對方。詞曰：

永夜拋人何處去，絕來音。香閣掩，眉斂，月將沉。爭忍不相尋？怨孤衾。換我心，為你心，始知相憶深。

五代顧敻詞　調寄訴衷情　辛丑春書於石門

蔣夢麟

在這首詩詞的背面，蔣夢麟又手書一行字——「敬獻給夢中的你」。

從最後的曖昧之語可以看出，徐賢樂的身影已進入蔣夢麟的腦海，沒白沒黑地來回翻滾打滴溜，搞得老蔣輾轉反側，睡不著覺了。

蔣夢麟整日琢磨著給徐賢樂寫豔詞，並欲娶這位半老徐娘為妻的消息很快傳出，引起了上到宋美齡、陳誠、張群，下到北大同學會師友的普遍反對，而農復會上下反對尤烈。當此之時，反對集團中的許多人並不認識徐賢樂，只風聞其人出身無錫名門望族徐家，因而有人誤把當年與胡適相戀過好一陣子的北大學生徐芳當成了徐賢樂，並傳言徐芳為與蔣氏成就百年之好特別改名以避人耳目。後來事實證明這是不對的，隨著蔣徐二人官司的進展和胡適信件的公布，世人確信徐賢樂與時在臺北的徐芳是堂姐妹，並非一人。[12]

據《胡適之先生晚年談話錄》載，陳誠曾告訴蔣夢麟說：「我的太太接到蔣夫人——第一夫人宋美齡的電話，她堅決反對你跟這位徐小姐結婚，我的太太也反對，都要我轉告於你。如果你一定要和她結婚，那麼我們以後不能見面了，至少，你的夫人我們是不能見面了。」[13]或許，正是有了這些高層人物放出的風聲，原本對蔣徐婚姻就持反對態度的胡適，才不顧病體，於深夜在醫院病床上以老友的姿態和口吻，給蔣夢麟寫了一封暗含許多朋友意見和傾向的敦促勸告書，淋漓盡致地將自己的情感加策略傾瀉而出。書曰：

孟鄰吾兄：

上次我們見面，得暢談甚久，你說此後你準備為國家再做五年的積極工作，然後以退休之身，備社會國家的諮詢。我聽了你那天的話，十分高興，我佩服你的信心與勇氣。我病後自覺老了，

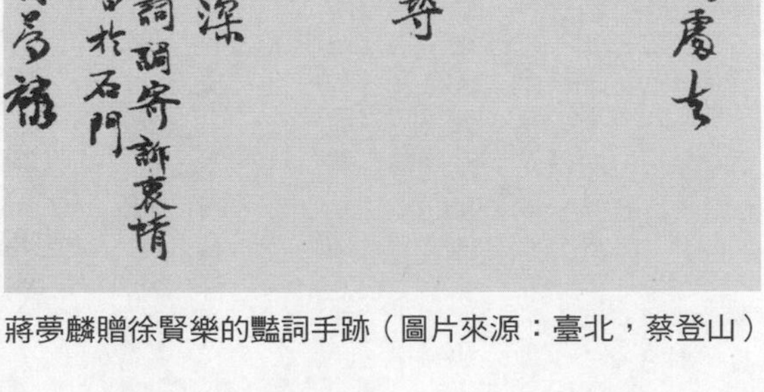

蔣夢麟贈徐賢樂的豔詞手跡（圖片來源：臺北，蔡登山）

沒有那麼大的勇氣了，故頗感覺慚愧。但我衷心相信，也渴望你的精力還能夠「為國家再做五年的積極工作」。

我們暢談後不久，我就聽說你在考慮結婚，又聽說您考慮的是什麼人。我最初聽到這消息，當然替我的五十年老友高興，當然想望你的續弦可能更幫助你實現「為國家再做五年積極工作」的雄心。

但是，這十天裡，我聽到許多愛護你、關切你的朋友的話，我才知道你的續弦消息真已引起了滿城風雨，甚至於辭修、岳軍兩先生也都表示很深刻的關心。

約在八天以前，我曾約逵羽來吃飯，我把我聽到的話告訴他。這些話大致是這樣：某女士已開口向你要二十萬元，你只給了八萬：其中六萬是買訂婚戒指，兩萬是做衣裳。這是某女士自己告訴人的，她覺得很委屈，很不滿意。關心你幸福的朋友來向我說，要我出大力勸你「懸崖勒馬」，忍痛犧牲已付出的大款，或可保全剩餘的一點積蓄，否則你的餘年決不會有精神上的快樂，也許還有很大的痛苦。

這是我八天以前對逵羽說的話。

逵羽說，他知道大律師端木先生認識某女士最久，最熟，所以逵羽曾向端木先生打聽此人的底細。逵羽說，他聽了端木先生的話，認為滿意了。他又說，孟鄰兄自己覺得這位小姐很能幹，並且很老實。

根據端木律師報告，和孟鄰兄自己的考語，逵羽不願勸阻，也勸我不要說話了。

但是，昨今兩天（十七，十八）之中，我又聽到五六位真心關切你的人的報告。他們說：現在形勢更迫切了。某小姐已詳細查明孟鄰先生的全部財產狀況了，將來勢必鬧到孟鄰先生晚年手中不名一文，而永遠仍無可以滿足這位小姐貪心之一日！

總而言之，據這些朋友的報告，端木律師給逵羽報告是完全不可靠的。並非端木先生有心不說實話，只是因為他世故太深了，不願破壞眼見快要成功的婚姻。

這些朋友說，這位小姐在對待孟鄰先生的手法，完全是她從前對待她的前夫某將軍的手法，也是她在這十七八年裡對待許多男朋友的手法：在談婚姻之前，先要大款子，先要求全部財產管理權。孟鄰先生太忠厚了，太入迷了，決不是能夠應付她的人。將來孟鄰先生必至於一文不名，六親不上門；必至於日夜吵鬧，使孟鄰先生公事私事都不能辦！

她的前夫某將軍是何等厲害的人！他結婚只七個月之後，只好出絕大代價取得離婚！

這些朋友說：適之先生八天之前不說話，是對不住老朋友，今天怕已太晚了。

我也知道太晚了，但我昨夜細細想過，今天又細細想過：我對我的五十年老友有最後忠告的責任。我是你和曾穀的證婚人，是你一家大小的朋友，我不能不寫這封信。

我萬分誠懇的勸你愛惜你的餘年，決心放棄續弦的事，放棄你已付出的大款，換取五年十年精神上的安寧，留這餘年「為國家再做五年的積極工作」。這是上策。

萬不得已，至少還有中策：展緩結婚日期，求得十天半個月的平心考慮的時間。然後在結婚之前，請律師給你辦好遺囑，將你的財產明白分配：留一股給燕華兄妹，留一股給曾穀的兒女，留一股為後妻之用，——最後必須留一股作為「蔣夢麟信託金」（Trust fund），在你生前歸「信託金董事」執掌，專用其利息為你一人的生活補助之用，無論何人不得過問；你身後，信託金由信託金董事多數全權處分。

你若能如此處分財產，某小姐必是不肯嫁你了，故中策的效果，也許可以同於上策。無論上策、中策，老兄似應與辭修、岳軍兩兄坦白一談。老兄是一個「公家人」（a public man），是國家的大臣，身係國家大事，責任不輕。尤其是辭修先生對老兄付託之重，全國無比！故老兄不可不與他鄭重一談。

你我的五十年友誼使我覺得我不須為這封信道歉了。我只盼望此信能達到你一個人的眼裡。你知道我是最愛敬你的。

適之

五十、六、十八夜十點二十分[14]

蔣夢麟收到這封信大感不快，想不到在人生寂寞孤獨的晚年，好不容易網到一個半老徐娘，居然引起如此大的反對風浪，而五十年的好友胡適之也橫刺裡插進一槓子，橫挑鼻子豎挑眼，並且以文學家豐富的想像力，以考證《水滸傳》、《水經注》的手法，考證出對方如何的操蛋和陰險毒辣。不僅如此，胡氏還居然為自己安排起後事來了，似乎前邊等待蔣夢麟的不是挽著新娘的細腰出演洞房花燭夜的美景，而是嗚呼哀哉伸腿進棺材！如此「主大凶」的卦相術語令蔣怒火中燒，三下五除二把信撕得粉碎甩入廢紙簍中。多虧祕書事後把信拾起細心拼合，始恢復原狀，得以保存，後來又在報上刊發，為研究者留下了一份難得的史料。

向來擇善固執的蔣夢麟面對親朋故舊各種形式的勸說與圍剿，繼續我行我素，誓與

「賢」內助共結百年之好，真正痛痛快快地「樂」一下。但蔣氏也知道反對面人多勢眾，且牽涉到宋美齡、陳誠、張群等政治高層人物，不能過分刺激對方，乃在支持者與身邊幾個楊修、蔣幹式謀士的暗中操縱下，採取「打槍的不要，悄悄地進房」的戰略戰術，於胡適寫信一個月後的一九六一年七月十八日，在臺北市臨沂街陳能家中祕密舉行婚禮。

陳能的太太是徐賢樂的親侄女，願意為其操辦一切，雙方其他親友一概不知。婚禮極為簡單，由端木愷律師證婚，鄭曼青、居浩然（居正之子）分任雙方介紹人，蔣徐二人和律師都在結婚證書上用了印，婚事就算合法地成全了。

儘管行蹤詭祕，蔣徐結婚的消息還是為記者偵知，於是第二天各報以花邊新聞的形式對此大肆渲染，蔣夢麟在接受《中央日報》訪問時說：「一個人健全的生活，理智、情感、意志三者，必須適當平衡，缺其一，即失其平衡。果爾，則無論為學或辦事，其動力便受削弱。我自陶曾穀女士去世以後，感情即無所寄託，故不得不求一對象，以保持我多年奮鬥的精神。我相信徐女士，就是我適當的對象。」對此，報紙特別引用了徐賢樂「有感蔣夢麟的款款深情，並陶醉於這位老教育家的靈毓才氣」的話語，「希望新婦徐女士是一個『賢內助』，使蔣博士享受室家之『樂』，則過去一番小小波折，便成為愉快的回憶了」云云。

蔣徐二人躲開記者的圍追堵截，在「愉快的回憶」中驅車到石門水庫轉了一圈，看了幾眼松海林濤，花香鳥飛，爾後轉赴臺中，計畫暢遊日月潭，好好地度一回蜜月。《大華晚報》以〈續弦譜新曲：蔣夢麟博士再婚謎底揭曉〉，《聯合報》以〈相互欽慕經年，終於比翼雙飛——新婚伉儷昨宿臺中，預訂今日遊日月潭〉等做了追蹤報導。一時間，蔣徐的婚事成為官僚政客和民眾的飯後談資以及插科打諢的佐料。

不久前才出院回到南港中央研究院宿舍的胡適，聞此「喜訊」後心情如何？外人不得而知，但從其後來整理出版的日記看，他那幾天只貼了七月十九日的《中央日報》、《新生報》、《大華晚報》，以及二十日的《聯合報》等剪報共七件。其中二十日的《聯合報》明確提及了胡的態度與給蔣寫信一事，說：「北大同學會的師友們，幾乎都不太贊成蔣夢麟結婚，蔣氏在婚禮席上曾對人說：『連適之也反對我！』據他說胡適之本來是贊成他和徐女士結婚的，但一個禮拜以後，也不贊成了，並且寫了一封信給他，蔣博士接到信以後，就打電話問他這位老友：『你這封信是反對我結婚呢，還是贊成！』胡博士說：『我不贊成，我希望你再考慮一下……』蔣博士就說：『那這封信我就不拆了。』」（南按：後其祕書透露，蔣還是忍不住拆開看了並把信撕碎。）

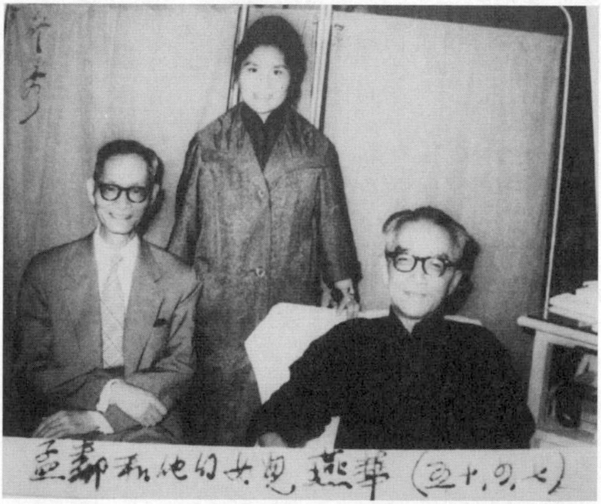

1961年4月7日，胡適住院期間，蔣夢麟偕女兒蔣燕華探病。照片上為胡適的親筆注記，寄給尚在美國的夫人江冬秀。

胡適在信中的最後一句話特別強調「我只盼望此信能達到你一個人的眼裡」，意思是不要告訴別人，當然更不該告知徐賢樂。想不到這老蔣不知是老而糊塗還是確實對胡適的做法耿耿於懷，竟對記者和盤托了出來。這一招儘管算不得出賣朋友，但對胡適卻算不得什麼光彩之事。一時間，「胡適密信」滿城皆知，成為無聊者的飯後談資和胡氏自取其辱的儒林笑柄。面對這樣的結局，蹲在南港宿舍中的胡適面對一堆報紙已無話可說，鬱悶中只對蔣夢麟生辰年月進行了一番考證（南按：考證錯了），但在日記裡對蔣的婚事隻字不提。

新婚時的蔣夢麟（右一）與徐賢樂（右二）

蔣徐二人自日月潭回臺北後的七月二十六日，蔣夢麟可能意識到自己近期辦事說話有些出格和不妥，也為了安慰老友的情緒，遂專程驅車看望胡適。百感交集的胡適拿出他的老一套戲法，打著哈哈向對方道賀。蔣對胡說，徐賢樂儘管已是半老，但人還很健康漂亮，脾氣也很好，隔幾天與她一起來看望胡，並說：「人家說她看上我的錢，其實她的錢比我的多。」胡適聽罷仍然打著哈哈，臉上呈似笑非笑狀予以應付。待蔣走後，面對身邊工作人員的問詢，胡氏仍堅定地認為這個婚姻不會長久，他在信中所說都將一一出現，蔣夢麟一手種下的苦果不久就會嘗到。

一九六三年四月十一日，有關蔣徐的花邊新聞開始在報紙廣播中大規模出現，只是民眾看到的不再是二人的恩愛與承諾，而是婚姻破裂、相互攻伐的訴訟與對罵了。胡適當年的話不幸言中，只是此時的他早已鑽入了黃泉古道，墓有宿草，見不到這一幕大戲了。

三、食少事繁，豈能久乎？

事實上，就在胡適去世之時，蔣徐二人的婚姻已經是紅燈閃爍，危急信號頻頻傳出。蔣夢麟原本生性愛靜，不喜應酬，有人請他吃飯多半推辭。但是與徐賢樂成婚不久，他卻一反常態地一請就到，後來有同事逐漸探知了其中的隱祕。蔣、徐結婚之後，徐掌控了家中一切財政大權，每天的飯錢限定二十元以內，比不上一個打工的阿仔。蔣與徐為此多次爭執，但均無效，蔣在怨恨憤怒中漸有悔意並開始醒悟，認識到自己以前確是色迷心竅，人生晚年的旅途上遇到了黑狗擋，自己又沒有個死數兒，像喝了十八碗「貓尿」的猛漢，稀里糊塗地誤上景陽岡，又鬼使神差地騎上了潛伏於荒野草叢中一隻母大蟲之身。當蔣氏意識到遭了潛伏者暗算，前邊險象環生，已迫近萬丈懸崖，自是騎虎難下，勒馬不及，而自己又沒有當年武二郎那樣的本事，三拳兩腳把那貪得無厭的吊睛白額大蟲打翻在地，只好徒歎奈何、奈何！在這種尷尬情形下，愛臉面的蔣夢麟對外人不好明說，只好藉別人宴請的機會獨自一人悄悄溜出，吃點飯菜補充一點營養，不至於因失血過多而猝然倒地斃命。

以上事例，後來在蔣徐二人正式決裂開戰時披露。徐賢樂在法庭上列舉了每日早餐給蔣氏吃的鮮橘汁、福祿樂牛奶、雞蛋、麵包等高檔食品，以證蔣夢麟胡說八道，忘恩負義，直至血口噴人、天良喪盡等等。但也有人出面列舉事實說，農復會福利餐廳廚師老陳，每天都做了四道熱菜送給蔣氏吃。由此，蔣夢麟是否遭到半老徐娘殘酷虐待的問題，成為法庭訴訟中雙方舌戰與媒體上口誅筆伐的焦點之一。正是在這樣的背景下，當年苦苦奉勸蔣氏不要鬼迷心竅與徐賢樂成婚的胡適，於中央研究院大廳演講後倒地不起，直至撒手人寰。蔣夢麟聞之哀慟不能自治，這中間除了有失去老友的巨大悲痛，同時還有辜負胡氏好意的深深愧疚與自責。

就在胡適去世九個多月的十二月六日下午，蔣夢麟赴臺中出席「四健會」年會，因心情鬱悶導致精神恍惚，不幸失足折骨，急送臺北榮民總醫院救治。此為蔣夢麟晚年一個不幸的分界線和轉捩點。作為妻子的徐賢樂不僅對蔣的斷腿表現出極大冷漠，還以費用難籌為託詞，逼迫蔣夢麟由大病房搬入一個狹小的房間。更有甚者，徐竟以醫藥費無著為由擅自向石門水庫借支一萬元「入己」。此事之所以非同尋常，是因蔣夢麟雖兼石門水庫建委主任，並不支薪，且依例不得借支一分錢。不僅如此，徐賢樂無論在家中還是戶外，不是以「賢內助」，而是以老子天下第一的姿態頤指氣使，稱王稱霸，時常為拿不上檯面的一點小事和蔣的女兒燕華、農復會總務長樊際昌吵鬧，甚至拍桌謾罵。更為出格的是，徐以農復會一把手自居，逼迫蔣的同鄉同僚加至好、農復會元老沈崇瀚夫人遷離宿舍……躺在病榻上的蔣夢麟聞知此事，羞愧難當，當時氣昏，爾後捶床慟哭（南按：蔣與沈為浙江餘姚同鄉，蔣去世後由沈接任主委）。也就在這個時候，蔣夢麟一咬牙，決定實施反制，並把幾個楊修、蔣幹類的親信謀士叫來成立了一個「征討徐氏謀略團」，密商對策，欲出師征伐。

一九六三年一月二十三日，蔣夢麟拖著一條石膏固定的殘腿走出榮民總醫院。根據既定謀略和設定的錦囊妙計，蔣沒有返回家中，而是驅車進入一個密所貓了起來，同時模仿駱賓王所寫〈討武曌檄〉，寫了一封措辭激烈的戰鬥檄文，令人送給正在家裡家外拍桌子摔牆、興風作浪的徐賢樂。蔣夢麟模仿駱賓王的口氣和筆法，義正詞嚴地痛斥了徐的一系列錯誤和罪過，表示自己為娶徐而不惜六親不認，但徐又不體諒，搞得自己傷心透頂，在親朋故舊面前臉面丟盡，無地自容。鑑於徐氏造成的不能搭伙過日子之局面，自己願意每月拿出三千元青春損失費支付給徐，但以後徐不得再與自己見面，從此一刀兩斷，各奔東西云云。

徐賢樂猛不丁接到蔣的征討檄，開始方寸大亂，以頭撞牆，揮拳亂打一氣。待緩過勁兒來，又立即召來自己平時依仗的類似閻婆惜、孫二娘之人組成的「智囊團」，開始轉守為攻。徐氏以個人名義召開記者招待會，並亮出蔣給他的情書、豔詞等信物，以證蔣徐婚姻是蔣追徐而不是相反，同時證明蔣、徐原極恩愛，完全是一個「三男兩女」組成的「破壞集團」挑撥離間，才使蔣「喪心病狂」地向自己下了戰書。招待會上，徐賢樂以強硬的姿態表示：絕不妥協，絕不離婚，絕不屈降，誓死要與蔣氏以及其手下的「破壞集團」戰鬥到底，不惜魚死網破，玉石俱焚。

徐賢樂橫空裡亮出的撒手鐧，大出乎蔣氏和手下楊修、蔣幹等謀士們的預料，據農復會職員鍾博事後回憶說：「這些書生們所組成的『蔣集團』至此才醒悟『代誌大條』（臺語：問題嚴重），才知道低估了對手，面對的將是一場艱苦的戰爭。有人方寸已亂，居然考慮到當時婚禮未有公開的儀式，或可用訴請婚姻無效這一招，而忘了徐的手上握有一張結婚證書，上面除了雙方當事人、介紹人外，還有證婚人端木愷律師的用印。」[15]

蔣氏手下的「謀略團」見此招無效，重新集合本隊於暗室中密謀了三天三夜，最後確定了以強攻為主、防禦為輔的戰略戰術，集中一切證據作為炮彈進行集團式轟炸。於是，蔣夢麟於三月二日再度草擬一份討伐檄文公開在報上發表，文中嚴詞指斥徐賢樂的荒淫無道、貪婪無恥。謂徐氏在蔣住院期間不但不予關心，反而偷偷遷出戶口，轉移其財產，甚至對蔣燕華、陶燕錦的存款和股票也採取瞞天過海之術過戶成了自己的私產，等等。

徐賢樂接書並見報，在其「智囊團」密謀支持下，於三月十四日發動大規模反擊，對蔣氏住院照顧、戶口遷移等指斥予以解釋，對銀行存摺、股票、土地過戶一事，聲稱完全是按照蔣氏當初所說而做的，「因為你曾對我說過：『以前一草一木屬於陶曾穀的，現在全部屬於你了。』」又云蔣夢麟親自把圖章交給徐，讓徐去過戶，而蔣氏自二月分以來生活費分文不給，汽車也不給徐用，並將保管箱及各銀行存款一概凍結，同時將股票登報聲明掛失，而這其中的一部分還是徐賢樂婚前的積蓄，等等。這封火藥味十足、看點頗多的〈徐賢樂覆蔣夢麟書〉經各報紙刊發轉載，立即轟動臺島。四月九日，蔣夢麟正式授權律師王善祥與徐賢樂談判離婚一事，徐仍以強勢姿態予以拒絕。蔣夢麟見狀，索性來個一不做二不休，於十日訴請離婚，並召見記者發表談話，謂徐「凌辱女兒」、「侵瀆先室」，蔣本人「受到人所不能忍的痛苦，家是痛苦的深淵，後悔沒聽胡適之先生的忠告，愧對故友」。幾乎與此同時，徐賢樂也在家中舉行記者招待會，慷慨陳詞，堅持蔣夢麟突然變卦，以不仁不義之舉對待自己，完全是「三男兩女」集團挑撥的結果，堅持「結婚乃終身大事，是愛蔣博士的人，而不是他的錢，當初嫁他，就是要做他的終身伴侶，所以絕不離婚」。四月十六日，徐賢樂在《聯合報》發表了〈我與蔣夢麟〉長篇戰鬥檄文，歷數了與蔣的戀愛經過以及蔣變心的緣由，痛斥了蔣氏與手下「謀略團」喪失人性之非，表示誓死捍衛自己的合法婚姻，並與蔣夢麟集團戰鬥到底。這篇檄文的發表，標誌著蔣、徐離婚已無轉圜餘地，大戰全面爆發。

此時的蔣夢麟仍以強勢進攻的姿態主導戰場和引導輿論走向，他向法院提交財產清單，要求依法判令徐賢樂偷偷弄走的股票及存款共新臺幣五十三萬一千三百元八角、美金兩千元、首飾藍寶石等八件，以及圖章等物全部歸還原主。[16]然而，徐賢樂在法庭上舌戰群儒，力陳蔣說之非，聲稱：五十三萬元之中有十九萬現金款是她自己的積蓄；石門水庫借支的一萬元，也是徐柏園叫人送來的；而所謂藍寶石戒指，其實是藍玻璃，價值僅五百元左右，是在越南工作的章元義送給自己的云云。徐賢樂的庭辯傳出，島內譁然的同時，農復會的章元義也暴得大名，此君是農復會唯一一位不敢視徐賢樂並暗中向其討好的職員，想不到因了財產爭奪被曝光，章元義被認為是《西廂記》中「拂牆花影動，疑是玉人來」，暗中勾引徐娘的不義之徒，由此章氏成為農復會員工和家屬們人人鄙視和喊打的過街老鼠。

貓在一間地下密室指揮作戰仍不露頭的蔣夢麟，讓徐賢樂心中窩火又一時無可奈何，面對幽靈一樣的丈夫在媒體和法庭上發射的一連串威力巨大的炮彈，在防禦和反擊的同時，徐氏決心把蔣夢麟從地下密室揪出來，讓其暴露在陽光下，在媒體和法庭中當面對質，以辨曲直。在遍搜蔣氏而不得的情況下，徐賢樂受高人指點，根據跑了和尚跑不了廟的古訓，決定到農復會辦公大樓暗中蹲守，以便活捉前來開會或主持工作的蔣夢麟。遺憾的是，徐賢樂分別於一九六三年七月一日、二日、十八日有三個日夜的蹲守，仍沒見到蔣的身影。

這時的徐氏並不知道，蔣夢麟早已在辦公的復興大樓及周圍撒下了眼線，密布便衣流動哨，嚴密戒備，並令手下協同電子通信專家在大樓各處安裝了信號燈，只要紅燈一亮，便知情況緊急，一定是徐賢樂追捕而來。這時的蔣夢麟不論正在主持會議，還是於密室議事，都要像二十年前在昆明跑警報一樣毫不猶豫地快速躲避，以防徐氏的暗算。與此同時，大樓內各處室人員按照事前分工亦進入戰爭狀態，對樓道大廳和各通道嚴防死守，絕不能讓徐氏衝上來危及蔣的生命。如此劍拔弩張、你來我往的攻防戰，到了二十六日夜達到了高潮。據農復會畜牧處處長鍾博回憶說：「是晚蔣在農復會樓上宴客，徐聞風而至，由於門房擋駕，上不了樓，她決定在電梯與樓梯之間死守，一直要等到蔣為止。到了十一時許，樓上的燈熄滅，載客車輛陸續走開，卻不見蔣的蹤影。徐見事有蹊蹺，趁門房沒注意，就衝上樓梯，要去一探究竟。說時遲，那時快，只見斜裡一個壯漢驀地闖出，『啪』一聲，一隻大手掌就把徐的玉手抓住。原來復興大樓兩端各有小樓梯，蔣氏被人背著，早已從小樓梯下樓，登上等候著的汽車離去。徐在樓下大廳，一點也不知道。」[17]

正所謂螳螂捕蟬，黃雀在後。就在徐賢樂於復興大樓內外進行潛伏蹲守，欲活捉蔣夢麟之時，蔣氏一方的流動哨也在四周來回穿梭，以便及時阻止徐氏的強行進攻。此時，蔣徐雙方皆不知道，臺灣媒體已紛紛派出記者在復興大樓進行了十面埋伏，以捕捉蔣徐大戰的精采場面和鏡頭。二十六日晚，就在徐賢樂感到受騙上當並躬身往樓上衝的瞬間，埋伏在周邊樹叢和大廳中裝扮成顧客談話的記者們紛紛躍起尾隨而來，當蔣夢麟被人背著於暗夜中竄進大樓地下通道，而徐賢樂追至樓梯口被蔣方一大漢扭住手腕的剎那間，《聯合報》派出的一個敏捷的男記者已抵達現場並不失時機地按下了手中相機的快門，隨著鎂光燈閃爍，一張動感十足的照片就此定格。

第二天，類似「昨夜復興大樓紅燈閃爍，警報大作」、「徐賢樂夜闖農復會，蔣夢麟地道中逃生」的新聞在各報紙出現，《聯合報》刊發了當晚記者拍攝的徐賢樂被扭住手腕的照片，此照刊登，標誌著蔣夢麟離婚事件在輿論上的轉捩點。過去多數人站在蔣夢麟一邊，認為徐不是個好東西，有欺騙貪財的嫌疑。蔣則是儒雅博學之士，是文化人、受害者。但自這張照片刊出後，輿論風向大變，許多人開始棄蔣擁徐。對這一變故，農復會的鍾博也深有感慨，並說：照片登將出來，完全是一個「大戶的惡僕欺擰下堂婦」的畫面，社會因此議論紛紛。因為徐在法院判決離婚之前，仍然是蔣太太，仍然是農復會的第一夫人，不要說什麼人權，至少對她也要有起碼的禮貌。社會上除了原北大師生和農復會人員是擁蔣反徐外，也有不少人同情徐。馬五先生（本名雷嘯岑）在他的專欄中發表蔣徐婚變的閒話，結尾時把袁子才詠「馬嵬坡」（唐明皇犧牲楊貴妃的故事）的詩一改，成為：「到底先生負舊盟，金錢為重美人輕。徐娘解得夫妻味，從此人間不再婚。」而對徐的萬言答辯書，《聯合報》也以〈婆也有理〉作為標題大幅刊登，以引導輿論擁徐倒蔣。一時間，文人雅士以詩文對聯唱和，絲竹之輩聞賦而作歌，其勢之喧騰，為臺島之罕見。其中有一聯，曰：

徐娘半老，賢者亦樂乎此？
蔣徑全荒，孟母難鄰之矣！

此聯把徐蔣二人的名字都嵌入聯中，並有「孟母三遷」等典故置於其內。需要稍作解釋者乃「蔣徑」二字，按一般史籍的說法，「蔣徑」是人名，也就是東漢時期的蔣詡，哀帝時為兗州刺史，廉直有名聲。王莽攝政，詡稱病免官，隱居鄉里。舍前竹下闢三徑，唯故人羊仲、求仲與之遊。後來多借指隱逸者的處所。陳陶〈旅次銅山途中先寄溫州韓使君〉詩，有「悠悠思蔣徑，擾擾愧商皓」句流傳。這副「蔣徑全荒」的對聯自然是藉蔣徑之典故，比喻蔣夢麟的性生活已無能為力，弄得田舍一片蕭條荒蕪。面對這種殘敗景象，作為「娘」的徐賢樂自是心中積鬱激憤，恨蔣徑無能，並於怨恨交織中生出事端，終致婚姻破裂。遙想當年，蔣徐二人在陳府成婚之時，處於亢奮中的蔣夢麟曾對證婚人鄭曼青慷慨陳詞道：「曼青，我已經到中心診所檢查過身體，他們說我沒有老年人的疾病，心臟、血壓一切都正常，沒有毛病……」言畢，似乎怕包括徐賢樂在內的眾人聽不明白，蔣夢麟又斬釘截鐵地保證道：「我的身體沒有問題，我一定不會害別人的！」[18]

有研究者考證，蔣夢麟說這個話，實在沒有必要，可謂無事找事，但也從另一個側面反映出他對自己的身體，特別是性生活功能實在是沒有自信。對他產生幻覺繼而迷信的，可能只有陶曾穀一人，至少徐賢樂是持懷疑態度的，因而有了蔣夢麟婚宴上這一番蹩腳的表演和承諾。然而，僅有嘴上的功夫是不夠的，必須落到實處，而蔣夢麟實在是無能為力。在這

進入生命晚年的蔣夢麟

種情況下，麻煩事也就接踵而至了。蔣出院後隱居密室，一直不與徐娘見面，直到死都沒能相見，其中除了財權上的糾葛，很大一部分則與「蔣徑全荒」有關。已是老朽的蔣夢麟深知個中滋味和要害，想起當初的氣吞萬里如虎的豪言壯語，如今是「廉頗老矣，尚能飯否？」的衰頹階段，遂內慚於「徑」，外愧於「娘」，索性一去不返，永不回頭，也省去了見面的尷尬與愧疚。

在輿論同情和支持下，腰桿漸硬並不再祈望與「蔣徑」為鄰的徐賢樂，由戰略防禦轉為戰略強攻，蔣氏一方被迫轉為戰略防禦。對於各不相讓的訴訟請求，法庭方面鑑於清官難斷家務事的古訓和現實，極不願拍板斷案，力促當事人雙方和解息訟，並恭請國民黨元老陶希聖和大律師端木愷出面調停。在陶端二人的努力下，終於在一九六四年一月二十三日調解成功，雙方協定離婚，所涉內容有關鍵三條：

一、由蔣夢麟付出贍養費五十萬元與徐賢樂。

二、徐賢樂現所住之農復會房屋應遷出交還，一切家具留下。

三、徐賢樂所拿去之股票及存款，均應交還蔣夢麟。至首飾等物，則歸徐女士所有。

此前，蔣夢麟在臺北近郊接見記者，對自己的婚姻是否受人挑撥之事特別做了說明，他說話時聲音顫抖，情緒激動，熱淚盈眶。當記者問到此時的心情和身體情況時，腿傷未癒、身體孱弱的蔣氏顫顫巍巍地站起來，引用《三國志》中司馬懿對最後一次兵出祁山的諸葛亮猜測之語，說：「食少事繁，豈能久乎？」言畢淚下。想不到這一句話竟成為讖語。[19]連續的攻守防禦作戰，最終導致整日處在憂思愁緒、憤懣異常的蔣患上了肝癌。一九六四年六月十日，已是七十九歲高齡的蔣夢麟住進榮民總醫院治療。十一日，陳誠來醫院探視，見蔣精神尚好，二人說了許多話。臨走時，陳誠勸蔣「好好養病，大家活一百歲，一起回大陸」。蔣笑著回應道：「你比我年輕十歲呢！」[20]意指回大陸的那一天自己恐怕是看不到了，言畢面帶傷感，陳誠亦露悲戚之色。

六月十四日，這一天是端午節，也是石門水庫竣工之日。原定由蔣夢麟親到現場剪綵，但他的病情已不允許。張群等高官大員經過協商，按照當年梅貽琦在病床上象徵性按動原子爐啟轉電鈕的舊例，張群偕石門水庫執行長徐鼐等一干人馬，搬著水庫模型來到蔣夢麟病床前，請其為水庫象徵性剪綵。[21]一切完畢，蔣的臉上露出了幾年來難得一見的笑容——最後一件大事因緣了結，自己也該平安地走了。

六月十七日下午，蔣介石夫婦及蔣經國趕到醫院探望蔣夢麟，此時病人正在睡覺，蔣介石一行未再打擾，只叮囑其女兒燕華要讓父親好好養病，爭取早日康復等語，並說過兩天再來探望。

想不到第二天即十八日上午，蔣夢麟病情急轉直下，在量不出血壓的情形中，只好雙管齊下，使用氧氣和葡萄糖搶救。下午，蔣在北大時的同僚兼好友葉公超聞訊趕到，與蔣家親友商討進一步施救辦法。葉公超與蔣夢麟共事時間並不長，也就五、六年的光景吧，卻保持了長久的友好關係。抗戰之前，葉公超推薦英國詩人、學者燕卜蓀到北大外文系任教。抗戰期間，聞一多的胞弟聞家駟到西南聯大教法語，都是葉向蔣推薦而成。就性格和愛好言，蔣夢麟對中國的哲學、聲韻、書法始終保持著興趣，對寫字尤其樂此不疲，直到去世前不久，他還在臨摹唐代書法家褚遂良的《陰符經》。此帖「筆力雄瞻，氣勢古淡」（南宋揚無咎語），為歷代書家所重，這一寶物在葉家密室中收藏經年。抗戰前，葉公超曾把褚氏真蹟拿給蔣夢麟欣賞過，地點是在南京，蔣看罷視為不世出的神品，並說褚氏「是完全以草書的筆法來寫楷書」，葉公超認為蔣確是行家裡手，「一語破的」，僅這一句就顯示了蔣對書法

石門水庫鳥瞰

藝術的深厚修養云云。一年之前，葉公超還送給蔣一套《陰符經》照片，這是其叔葉恭綽收藏並留給他的珍品，葉在臺出資影印出版，並作序文，以饗同好。在孤獨苦悶的時候，蔣夢麟常常讀《陰符經》以自慰。就在此次進醫院之前，葉公超前去家中拜謁，蔣一定要女兒燕華把其手書的石門水庫碑文拓片拿給葉公超看。這個碑文，蔣確是下了一番苦功做成，文詞書法皆為蔣的得意之作，深諳書法之道的葉公超也承認，此書乃「深得《陰符經》筆法與神韻」的上品。

當葉公超來到病房時，蔣夢麟的神志還較清晰，聽到葉咳嗽，向陪在身邊的女兒燕華說「這是葉伯伯，咳嗽是他的老毛病」。過了一會兒，又對葉公超說：「石門水庫完成，我很高興。」葉公超安慰幾句，並再次對蔣所做水庫碑文予以讚賞，對方聽著，疲憊瘦削的臉上露出了一絲笑容。葉公超坐在床邊握著蔣的手，燕華則趴在他的耳邊問：「爸爸，難過不？」蔣輕聲答：「不難過。」只是不再同意輸葡萄糖液，有些吃力地揮手說：「去掉它，去掉它。」面對此情，葉公超和蔣的女兒燕華、女婿吳文輝不斷在其耳邊安慰。燕華說：「打補針，病養好了，早日回家。」蔣卻依然堅持自己的想法，並揮手示意。

到了晚上，葉公超和燕華等服侍者發現蔣神態異常，再叫醫務人員緊急施救。到了深夜，吳文輝趴在蔣的耳邊再問：「難過不？」蔣夢麟吃力地搖搖頭，用微弱的聲音吐出三個字：「不行了！」示意氣液全部撤掉。陪侍左右的葉公超等與蔣家親友、醫務人員緊急磋商，最後決定遵照病人意志辦理。事後葉公超回憶說氣液撤掉後，「他也並沒有顯出十分痛苦的樣子。他是一個自信心很強的人，與病魔搏鬥數十天之久，最後才承認『不行了』，承認了這不可挽回的事實他便不再掙扎了」。[22]

六月十九日零時二十八分，蔣夢麟在呼出最後一口氣後，溘然長逝。

注釋

1 據追隨晚年的蔣夢麟在臺灣農復會工作的鍾博說：蔣夢麟主任委員領導有方。農復會之高度自由，職員之待遇，當時較公教人員高出甚多。農復會極易招人忌，但因蔣主任委員之人望，及先總統蔣公與陳故副總統對其信賴有加，使農復會樹大而未招風。當年蔣夢麟先生掌理農復會，胡適之先生掌中央研究院，梅貽琦先生掌教育部，以前均曾任北京大學或清華大學校長，多年故交，人稱三老博士，均為陳故副總統極常諮詢之人。當時財經首長嚴前總統家淦、徐柏園先生、尹仲容先生與楊繼曾先生等則對蔣先生執以長者之禮。立法委員中多北大畢業生，非常尊敬這位老校長（鍾博，〈蔣夢麟在臺灣的晚年〉，《傳記文學》七三卷二期〔一九九八〕）。

2 胡適曾自云：「一九一〇年八月以後，有日記，遺失了。」

3 趙元任，《從家鄉到美國：趙元任早年回憶》（上海：學林出版社，一九九七）。

4 蔣夢麟，〈憶孟真〉，《中央日報》，一九五〇年十二月三十日。當此之時，胡適辭卻上海中國公學校長職務，全家搬到北平，一九三一年起任北京大學文學院長兼中國文學系主任。傅斯年被聘為北大歷史系教授。後胡、傅分別兼任北大文科研究所的正副所長，抗戰爆發後由傅斯年任所長。

蔣夢麟在〈憶孟真〉的文章中還提到了這樣一件事：「十二月十七日為北京大學五十二周年紀念。他（南按：指傅斯年）演說中有幾句話說他自己。他說夢麟先生學問不如蔡孑民先生，辦事卻比蔡先生高明。他自己的學問比不上胡適之先生，但他辦事卻比胡先生高明。最後他笑著批評蔡胡兩位先生說：『這兩位先生的辦事，真不敢恭維。』他走下講臺以後，我笑著對他說：『孟真，你這話對極了。所以他們兩位是北大的功臣，我們兩個人不過是北大的功狗。』他笑著就溜走了。」傅斯年於說完此話三天後的十二月二十日去世。

5 關於蔣夢麟棄北大入政府做祕書長一職，傅斯年逼其交出北京大學的印把子一事，尚有一個細節不為外人所知，只是近幾年才有所披露。據鄭天挺之子鄭嗣仁說：一九四五年六月三十日，傅斯年給鄭天挺一封信，信中說：「先與（蔣）孟鄰先生談，初談大吵大鬧，真可入電影。第二天他來了，說我們用意極善，極可感。請（胡）適之先生擔任（北大校長），在他無問題。孟鄰此一態度，至可佩也……」又，七月八日，蔣夢麟給鄭天挺一信，亦談及此事，謂：「弟決去職係採孟真之建議，蓋當時尚未聞有公然之攻擊。孟真來行政院，彼一啟口，弟便怒罵之，彼亦怒目相報。孟真去後，弟便深感其言之忠直。越日驅車還謁，告以其偏見中有真理，真理中有偏見，決採其意見而感謝之。厥後，愈思而愈感其忠誠」（鄭嗣仁，〈三十年風風雨雨——鄭天挺與北京大學〉，收入錢理群、嚴瑞芳主編，《我的父輩與北京大學》〔北京：北京大學出版社，二〇〇六〕）。自此事件之後，蔣傅二人心中的隔閡消除，和好如初，其友誼一直保持到傅斯年去世。蔣夢麟在〈憶孟真〉一文中說：傅斯年去世的那天上午，還來到蔣主持的農復會參與會議，對於各項討論的問題他曾貢獻了很多寶貴意見。其見解之明澈，觀察之精密，與會的中美兩國人士無不欽佩。他忽而講中國話，忽而講英國話，莊諧雜出，莊中有諧，諧中有莊，娓娓動聽，我們開了兩個鐘頭的會，他講的話，比任何人多。孟真是一向如此的。他講的話雖多，人不嫌其多，有時他會說得太多，我們因為是老朋友，我就不客氣地說：「孟真，你說得太多了，請你停止吧！」他一面笑，一面就停止說話了，我們的顧問美國康乃爾大學農業社會學教授安得生先生會後對我說：「你太不客氣了，你為何那樣直率地停止他說話。」我回答說：「不要緊，我們老朋友，向來如此的。」我記得好幾年前有兩次，我拿起手杖要打他，他一面退，一面大笑，因為我辯他不過，他是有辯才的，急得我只好用手杖打他。

最後，蔣夢麟說：「孟真為學辦事議論三件事，大之如江河滔滔，小之則不遺涓滴，真天下之奇才也。今往矣，惜哉。」

6 參見鍾博，〈蔣夢麟在臺灣的晚年〉，《傳記文學》七三卷二期（一九九八）。據鍾博在文中說：關於為什麼要由中美聯合組織之事，晏氏未說理由，但據筆者推測，「如為中國機構可能發生貪汙事故，而如為美國機構，美國人做事那種作風可能會引起反感」。

7　參見吳相湘，《晏陽初傳》（臺北：時報出版公司，一九八一）。據吳氏說，鑑於當時銀圓與黃金運輸困難，美方並未如數交付（參見吳著第十章）。

8　據鍾博說：「一手創建農復會的晏陽初，卻沒當上主委，內心『鬱卒』（臺語：鬱鬱寡歡）可想而知。再加上他的『社區教育』的構想未受重視，因為臺灣農民在日據時代已有基本的教育，接受農業知識較易。所以穆懿爾和沈宗瀚都主張農業增產，收入多，農民生活才能改善。這種想法後來也證明是正確的。但晏對教育和衛生的社區發展的主張，仍然在農復會實現。」不過這是後來的事了。晏陽初赴美後一去不返，也不再與臺灣的農復會往來，直到蔣夢麟去世許多年後的一九七八年，臺灣農復會編印成立三十周年大事記時才有所改善。晏氏應當時臺灣農復會主委李崇道之請，用英文寫了簡單的祝詞：「謹對農復會同仁三十年來的傑出成就表示祝賀」（參見中國農村復興聯合委員會編，吳光華、焦維城編輯，《農復會卅年紀實（一九四九—一九七八）》〔臺北：中國農村復興聯合委員會，一九七八〕）。

9　參見〈古稀新郎　一往情深〉，《聯合報》，一九六一年七月二十日，記者姚鳳磐報導說：

> 記者昨天曾分訪居浩然夫人和鄭曼青夫婦，以及一位不願透露自己姓名的太太——她是這件親事真正的紅娘。
>
> 那位真正的紅娘，是一位四十多歲的太太，她是蔣氏亡妻陶曾穀女士的表親，陶女士纏綿床榻時，她常常去照應病人。陶女士曾經對她說：「孟鄰的身體很好，而且太重情感了，我死了以後，他一定會受不住的；而且，我不忍心他受長期的寂寞；所以，我希望你能夠幫他找一個合適的對象，陪伴他……」
>
> 那位太太回憶說：「當時陶女士的眼中含著淚水，她並且凝視著我，一再地說這件事你要暗中替他進行！我現在就謝謝你！」由於陶女士臨終前的囑咐，使蔣博士的續弦問題，變成了那位太太無時或忘的

「責任」！

10 楊杰（一八八九—一九四九），字耿光，雲南大理人，白族，曾擔任陸軍大學校長、軍令部次長等職，陸軍中將加上將銜，著名的軍事家，著有《國防新論》、《軍事與國防》等軍事論著。一九三八年五月任國民政府特命全權駐蘇聯大使，一九四〇年回國任軍事委員會顧問及中央訓練團教官，一九四四年任中國軍事代表團團長赴英美考察軍事設施，抗戰勝利後參與發起組織三民主義同志聯合會，一九四八年一月任中國國民黨革命委員會中央執行委員，後參與策動國民黨高級將領起義。一九四九年九月受中國共產黨邀請參加全國政協第一屆全體會議。一九四九年九月十九日下午四時許，在香港寓所內被國民黨特務暗殺。

據史料顯示，徐賢樂嫁給楊杰的時間應在一九三八年之前，即楊尚未出使蘇俄之前，楊約為四十九歲，徐約為二十九歲，當時楊杰已有妻室。像現代一些為追求一張綠卡而不惜嫁給老黑的海外華人一樣，徐賢樂之嫁已有妻室的楊杰，更大的動機還在追求財勢。當財勢消長或分配等出現問題和動盪時，婚姻也自然隨之搖晃起來，最終的結果就是分崩離析，各自捲著到手的錢財走向陌路。

11 據鍾博所言：「徐賢樂早年風華絕代，認識蔣時雖已半老，惟風韻猶存。蔣那時已七十四歲，徐四十八歲，蔣一見鍾情，而且動了真情，談起戀愛來」（鍾博，〈蔣夢麟在臺灣的晚年〉）。倘如此，蔣徐二人的年齡差距為二十六歲（南按：若按通用標準演算法，蔣應為七十五歲，這是把在母腹中的日子一併算上，亦稱虛歲）。據《中央日報》一九六一年七月二十日，記者姚鳳磐報導，「徐賢樂女士今年四十九歲，說得上是係出名門」，以此推斷，徐應為一九一二年前後出生。但按臺灣作家蔡登山的說法，徐賢樂的生卒年限是一九〇八至二〇〇六，如此算來，蔣、徐見面之時徐應為五十三歲，二人年齡差距為二十二歲（參見蔡登山，〈蔣夢麟的婚變紀事——胡適的預知與忠告〉，《萬象》八卷二期〔二〇〇六年五月〕）。徐的生年到底為何年，有待史家進一步考證。最近報聞說無錫已發現了徐壽家族的家譜，有關方面正在整理中，若如此，希望對此事給予留心，找到一個可靠證據公之於世。

12 以徐壽起始發跡的無錫徐家，至晚清已成為聲震江南的名門望族，除老先生培養出一批學識淵博、在各界頗有作為的男兒，還有以徐賢樂和她的堂妹徐芳、徐艿為代表的「三花」。徐艿是中國最早的新聞學專業女畢業生之一，師從邵飄萍，一度與鄧穎超同學，並與許廣平等主編《醒世週刊》，為《大公報》有名的女記者，蔣介石政權遷臺後留在了大陸，二〇〇六年去世。

因徐賢樂與蔣夢麟婚姻事件再度被人憶起並產生誤會的徐芳，一九一二年出生於北平，一九三一年考入北大文學院中文專業，與後來成名的張中行、歷史學家楊向奎屬同學。徐聰穎好學，深得顧頡剛、傅斯年、胡適等教授的賞識。徐喜歡詩歌，鍾情於白話詩創作，偶爾在北平的文學刊物和天津《大公報》副刊發表新詩，而這些正是胡適熱中倡導和實踐的，因之胡對徐頗為欣賞，徐對胡也自然敬慕有加。

徐芳。約1934年攝於北平。

被譽為「自由男神」的胡適面對北大才女不時拋來的媚眼，如同乾柴遇到了烈火，劈里啪啦地燃燒起來，當二人狗扯羊皮地偷偷摸摸折騰了幾個月，徐芳一頭扎入木板床的枕頭上不能自拔。外面風聲日緊之時，老謀深算的胡適打起了退堂鼓，以「兩鬢疏疏白髮，擔不起相思新債」為由，單方面與徐芳割斷了纏綿的情絲。徐芳痛苦難熬，又無可奈何，只有以淚洗面，等待時間治療心中的創傷。

抗戰爆發，胡適離開北大赴美當了大使，終於擺脫了徐芳的糾纏，已從北大畢業的徐芳經孔祥熙推薦（徐孔二家有故交），到中國農業銀行工作。一九四一年四月，徐芳給在美的胡適寫信，要求胡幫她到美國深造。胡適面對這位小自己二十一歲的學生加戀人的求情，猶豫了一陣，仍未敢再續舊情，毅然決然地斷絕了與徐的聯繫，也沒有幫其到美國留學。絕望中的徐芳一咬牙，表示與胡適割袍斷義，於一九四三年九月與時在陸軍大學任職、兼任陸軍參謀學校校長的徐培根結婚。一九四九年，徐芳隨夫婿移居臺灣。胡適到臺後，自是沒有完全忘卻與徐芳的一段舊情，當蔣夢麟與徐賢樂結婚後，胡在自己的日記上黏貼了徐芳的表姐徐賢樂與蔣夢麟的結婚照。當胡適的日記公之於世後，有研究者分析認為，這個反常的行為是胡適在提醒歷史學家徐芳究竟去了哪裡，這給後來為他作傳的作家埋下了一條線索。

13 胡頌平編著，《胡適之先生晚年談話錄》（臺北：聯經出版公司，一九八四）。

14 〈蔣夢麟起訴請與徐賢樂離婚〉，《中央日報》，一九六三年四月十一日。此為蔣夢麟向臺北地方法院訴請與徐賢樂離婚時，特將胡適這封信交給《中央日報》發表，並深悔當年沒有接受老友的忠告。信中名詞需略加解釋者如下：

1 辭修、岳軍，分別為陳誠、張群。

2 逵羽，即樊際昌表字，原北大教授、教務長，西南聯大時代為聯大教務長，一度組建敘永分校並為負責人之一，屬於蔣夢麟的嫡系。抗戰勝利後，蔣夢麟辭別北大出任行政院祕書長，樊際昌應蔣夢麟之邀，以北大借調之名擔任祕書長助理。一九四七年春，樊際昌又隨蔣夢麟去廣州創辦農復會，後出任祕書長、總務長等職。一九四八年樊際昌隨蔣夢麟渡海赴臺。一九六四年他從農復會退休，先後在臺灣政治大學、臺灣大學受聘任教，直至一九七五年二月二十四日病逝。樊際昌去世後，身邊無子女在臺，臺灣農復會負責人李崇道、蔣彥士等樊際昌生前友好組織治喪委員會，於三月五日在臺北市立殯儀館設奠公祭，爾後葬入陽明山墓地，墓碑上鐫刻蔣介石與嚴家淦的題字：「志業長昭」、「樂育垂績」。臺灣農復會依樊際昌生前惠捐款額設立了「樊際昌先生獎學金」，以獎進後起，紀念樊際昌風範永垂。

3 某女士，指徐賢樂。

4 大律師端木先生，即端木愷。

5 某將軍，指楊杰。

6 燕華兄妹，指蔣夢麟與原配夫人生的子女，燕華為女兒，時與蔣夢麟一起居家生活。

7 陶曾穀的女兒，指陶與前夫高仁山生的子女，陶燕錦為其女兒。

15 鍾博，〈蔣夢麟在臺灣的晚年〉，《傳記文學》七三卷二期（一九九八）。

16 蔣夢麟所列清單如下：

1. 大同股票二筆，五萬兩千七百元；存款六筆，三十八萬兩千八百五十四元零八角。2. 益新存款一筆，六萬五千七百四十六元。3. 裕豐存款一筆，三萬元。4. 現金美金兩千元。5. 藍寶石戒指一只。6. 精圓珠八粒耳環一副。7. 珊瑚耳環一副。8. 珍珠項鍊一條。9. 項練（鏈）帶壽字金牌一條，重二兩。10. 珊瑚戒指一隻。11. 透綠翡翠戒指一只。12. 金剛鑽一克拉、別針一只。13. 保險箱鎖匙一套。14. 財務清單。15. 鑲銀銅質、木質、象牙、雞血圖章各一顆。

面對這張清單，蔣夢麟的部下、農復會畜牧處處長鍾博曾略帶傷感地分析說：「這一張財產清單（不包括外雙溪的土地，不過價值最多一兩萬元）提出之目的是在索回財物，詳盡唯恐不及，遺漏絕無可能。其詳盡之處實在可以作為現在官員申報財產的榜樣。不過看這張財產清單，令人感慨萬千，蔣夢麟大官做了一輩子，財產就這麼一點」（鍾博，〈蔣夢麟在臺灣的晚年〉，《傳記文學》七三卷二期（一九九八））。

17 同前注。

18 姚鳳磐，〈古稀新郎 一往情深〉，《中央日報》，一九六一年七月二十日。

19 鍾博，〈蔣夢麟在臺灣的晚年〉，《傳記文學》七三卷二期（一九九八）。

20 馬勇，《蔣夢麟傳》（北京：紅旗出版社，二〇〇九）。

21 石門水庫由臺灣省政府出面聘請美國提愛姆斯顧問公司與亞洲莫克營建公司分別擔任工程設計與施工指導顧問，展開設計興建。一九五九年年初開始大規模開工，淹沒區內居民四百一十六戶，其中二百八十七戶必須遷徙。經過四年有半的努力，耗資新臺幣三十二億元，於一九六四年六月竣工。建成的石門水庫是東亞地區最大規模人工築壩工程，分為大壩、溢洪道、排洪隧道、電廠、後池和後池堰，以及石門大圳和桃園大圳進水口。水壩高度約有一百三十三米，溢洪道共有六座閘門並有後池堰、發電廠、石門大圳和環湖道路等設施，從壩底公路即可到達石門水庫大壩區。建成後的水庫氣勢恢宏壯觀，具有灌溉、發電、給水、防洪和旅遊觀光等功能，僅灌溉一項，受益地區達一萬五千公頃，年增產稻穀在七萬噸左右，為臺灣人口急遽增加的消耗填補了空缺。隨著臺灣人民生活不斷改善，周圍的湖光山色又成為民眾到此旅遊的風景名勝之一。

22 葉公超，〈孟鄰先生的性格〉，轉引自蔣仁淵、蔣燕華、吳小燕，〈蔣夢麟後嗣緬懷蔣夢麟〉，收入錢理群、錢瑞芳主編，《我的父輩與北京大學》（北京：北京大學出版社，二〇〇六）。

第六章

悲劇的主角

一、教授生涯的終結

蔣夢麟生命的最後時刻病情急轉直下，眾多親朋好友、同事弟子錯過了前往一探的機緣，只有葉公超趕了個正著，在傷感、悲痛、哀憐、慰藉的複雜心境中[1]與其做了最後訣別，並留下了一份具有歷史文獻價值的現場記錄。

蔣與葉雖然年齡相差較大，卻有著一些相似的經歷和興趣。蔣夢麟從小受的是西式教育，在美國留學十年之久，而葉公超更是一位西化很深的人物，他們有共同的美國教育背景和記憶，又都愛好中國傳統的書法藝術。更為相似的是，二人皆在人生的中途或稍晚棄學從政，宦海沉浮，大陸易鼎之際又流亡臺灣孤島，共同為一個殘敗的政權效力。最終，蔣夢麟於孤島撒手歸天，葉公超在可見的將來似乎也沒有埋骨他處的希望。中西文化、時代的變遷，都在他們身上留下了深深的印痕，因而，當二人在一起的時候，親如兄弟，從沒有年齡和輩分的隔閡，可謂無話不談，葉公超對蔣夢麟性格、品行的理解可謂深矣。或許正緣於此，上帝才做了如此特殊的安排，讓葉公超前來送他尊敬的蔣博士最後一程。

六月二十三日，蔣夢麟的遺體在臺北極樂殯儀館大殮，當葉公超參加完北大同學會的公祭之後，獨自走回家，身子仰躺在沙發上，眼望天棚，於哀痛中回顧與蔣的相識、相知的往事。[2]面對殯儀館擺放的「一代儒宗」、「學術導師」等輓詞，葉認為只不過是出於對逝者的尊敬罷了，蔣並不是一位治學的人，「他自己聽了也一定會發笑！」事實確也如此，蔣夢麟留下的《新潮》、《西潮》等著作雖然也有很高的價值，但與他一生的事功相比，其學問、著述反而並不顯得重要。因而，葉對蔣的評價特別強調了這一點：「他不是一個做學問的人，因為他的性格實際是好動的。他生平做事有勇氣、有毅力，這是許多人知道的。」[3]當這些言論透過《傳記文學》發表後，許多舊日的相識都認為，葉說的雖是蔣夢麟，似乎更是說他自己。處於苦悶鬱憤中的葉公超，自以為事功甚偉，完全可與古代的張騫、蘇武有一拚，且是一直把自己的事功看得比學問和著述重要得多的一人。

一九三七年抗戰爆發，葉公超隨校先至長沙，轉衡山，長沙趨緊後再隨校遷滇。葉公超是由長沙至香港、海防經滇越鐵路赴蒙自一路的負責人，先期抵港。當師生到達後，葉便召集學生訓話，最後則說某處有廣式雲吞味道美妙云云，再次體現了葉氏的性格與生活情趣。

在蒙自時期，葉公超開講「十八世紀英國文學」，一個學期結束後隨校遷昆明，繼續出任西南聯大外文系主任。從一九二六年自海外學成歸國任教，直至抗戰遷往昆明，葉氏的教學與創作堪稱一路順風，並有了相當的聲名，如果沒有意外，當沿著此路繼續走下去，直至在儒林中奠定相當的學術地位。但是，包括葉公超本人都沒有想到，歷史於不經意間改變了他的命運。

一九四〇年六月十八日，葉公超應叔父葉恭綽電召前往香港議事。這位葉恭綽曾任北洋政府交通總長、孫中山廣州國民政府財政部長、南京國民政府鐵道部長等「三朝」高官大員。用史家溫梓川的說法，「恭綽為人頗熱衷，曾受知中山先生，飽讀線裝書，又茹素，又念佛，又寫字，又填詞，聰明絕頂，飽經憂患。他還當過中山先生的高級幕僚，但無時不流露於言談聲頻中的，卻是『如假包換』十足北洋官僚的葉總長。他嘗因此自命為交通界領袖。他的部屬稱呼他為部長時，絕沒有稱呼他為總長時過癮」。[4]

像大多數官僚政客一樣，葉恭綽蹲在總長或部長的虎皮交椅上，眼觀六路，耳聽八方，透過各種別人難以看得見的手段和計謀，摟了不少硬通貨，並利用「袁大頭」、「袁小頭」等硬傢伙，換取更硬朗珍貴的商周青銅寶器和各種金石、字畫。如此這般，僅十幾年的工夫就搜羅得寶器字畫滿箱滿屋。既然是權勢人物，又撈得不少外快，按中國暴發戶發家之後的慣例，僅懷揣一堆冷冰冰的銅器字畫是不夠的，必須弄上幾房會喘氣、尖叫的姨太太才足以顯示氣勢和提高人氣，同時自己也享受一下撈錢之後的感覺和豔福。儘管葉氏整天以佛門居士自居，但脖子上掛佛珠與懷中摟美人並不衝突。於是，手中的「袁大頭」一撒，隨著嘁里哐啷的響動，幾抬花轎就把那如花似玉、既會尖叫又會撒嬌的小腳美人抬進了深黑厚重的大門。但中國有慣例也有聖人之言，這便是「禍兮福所倚，福兮禍所伏」。就在葉恭綽把喘氣的活寶抬於家中，在寬敞的木板大床上由著性子、喘著粗氣呼哧呼哧地上下撲騰時，災禍也悄然臨近。

一九三七年上海淪陷，葉恭綽倉皇辭廟，攜帶重金與看得上的婆姨乘船移居香港。臨行前，祕密將珍藏的七箱最貴重的文物寄存在上海公共租界英商美藝公司倉庫，其中一箱專門盛放了國之重寶毛公鼎。葉恭綽沒有想到，當他渡海流亡之際，竟遺漏了一件最不該遺漏的活寶，即一位剛娶過家門不久的潘姓小妾。

據說，這個小潘無論是相貌姿色還是策略計謀，一點也不亞於《水滸傳》中那個把丈夫武大郎按在被窩裡活活悶死的老前輩潘金蓮。此美女不僅會尖叫撒嬌，還能扮妖上陣，與掄著板斧的黑臉大漢一番對打纏鬥。葉恭綽一走就是三年，這位智勇雙全的潘姓小妾空留閨房三個寒冬。到了一九四〇年，潘小妾在高人指點下，決定不再蹲守於這個枯井一樣的深宅大院，無望地死等一個無情無義的糟老頭子了，她要張翅飛翔，飛到自由的天地去尋找新的生活。但在溜號之前，她必須弄到一批財產，否則自己幾年的青春白白便宜了那個糟老頭子。人間何世，真是豈有此理！

潘小妾的行動，自然引起葉家留守人員的注意和不滿。於是，一場圍繞家產爭奪的大戰就此爆發。

消息傳到香港，葉恭綽頗費了一番腦筋，若自己潛回上海，一是目標太大，二是潘小妾肯定要找自己的碴子，吵鬧不休。若小妾壓抑在心中的怨懟之火爆發，一個鷹爪翻子拳（又名「八閃翻」），或八卦絕戶掌襲來，自己倒地吐血，一命嗚呼，亦未可知。鑑於這樣的背景和心中顧慮，葉恭綽決定讓從小拉扯大的侄子葉公超赴滬一顯身手。

此時葉公超正是三十八歲的盛年，身高六英尺（大約一米八二），體態健壯，皮膚黝黑，相貌英俊。寬闊的肩膀，洪亮的嗓音，下頜略微見方，走路時總顯得昂首闊步。他雖具有名士氣質，但整體看上去卻像是運動場或景陽岡走下來的一條好漢，無論相貌還是氣質，一點不亞於當年景陽岡上打虎的武二郎。若有現代武松葉公超出面，一個小潘又何足懼哉？於是，一封電報發到了昆明。

葉公超得電，不敢怠慢，急向主持校務的梅貽琦請假赴港。叔侄見面，葉恭綽在密室

名士風範葉公超

向葉公超交代了一切，特別叮囑，此次回滬，除處理財產糾紛，最重要的是保護毛公鼎，並謂：「已經有美國人和日本人兩次想高價購買毛公鼎，我沒有答應。現在我把毛公鼎交付給你，日後不得用它變賣，不得典質，尤其不能讓它出國，有朝一日，可以獻給國家。」[5]公超聽罷，知道事關重大，且毛公鼎還關乎民族大義，乃肅然起立，答應一一照辦。

這毛公鼎是何等寶貝，竟讓葉家叔侄兩代如此重視？此事說來話長。簡言之，毛公鼎是西周青銅器中的極品，重量為三十四．七公斤，鑄有銘文三十二行，四百九十七字，是傳世青銅器中最長的銘文。清道光二十三年（一八四三）在陝西岐山縣出土後，「士林矚目，驚為至寶」。清末，毛公鼎落入滿洲正白旗人、金石學家、時任兩江總督的端方之手。辛亥革命時，端方在四川資州被革命黨人組成的起義新軍砍了頭，毛公鼎遂成為端方家族中一塊燙手的山芋。一九一六年前後，英國人、日本人都覬覦這一稀世珍寶，國人得知，紛紛阻止，端方子女亦竭盡全力保住。到一九二六年，端方的後人將寶鼎抵押在天津由俄國人開辦的道勝銀行，曾有日本人、英國人、美國人等想從銀行中贖出寶鼎，因俄國人不同意按抵押款數加利息的錢款贖出，再加上端氏後人也不同意，贖事方作罷。經過這一折騰，「毛公鼎身價陡增，尤其學術界都以國寶重器禮遇，實獲商周青銅器所未有之最大榮尊！」[6]

當時在北洋政府顏惠慶內閣任交通總長的葉恭綽，探知毛公鼎的事後，在美國學者福開森勸說和幫助下，欲出錢贖回寶鼎。當時講價抵押金為兩萬元，可提貨時俄國佬趁機敲了筆竹槓，非三萬不能提走。葉恭綽於盛怒中東湊西借，終於贖回了毛公鼎。自此，毛公鼎由葉恭綽收藏於天津，後移上海法租界勞里育路街樂園三號住宅。一九三一年，葉公超在清華大學外文系任教授時，曾為毛公鼎精拓一紙，示於古文字學家商承祚、孫海波、唐蘭、董作賓等人觀摩研究。

話說葉公超悄無聲息地潛回上海老家，即與他的嬸娘小潘過起招來。這潘美女儘管芳齡大大小於葉公超，但輩分卻占上風，並不把眼前這位從景陽岡上下來的葉大漢放在眼裡。於是，潘葉之間你來我往較起勁來，在經歷了三十個回合、六十個重手後，仍難決勝負。在這緊要關頭，小潘受到上海灘一個類似西門慶式的高人暗中指點，一咬牙走出葉家深宅，徑直進入了上海日本憲兵司令部，聲稱家中來了一位間諜，請大日本皇軍快快地前去抓獲。日軍聽罷立即採取行動。未久，一隊大兵從汽車上跳將下來，端著大槍嗚

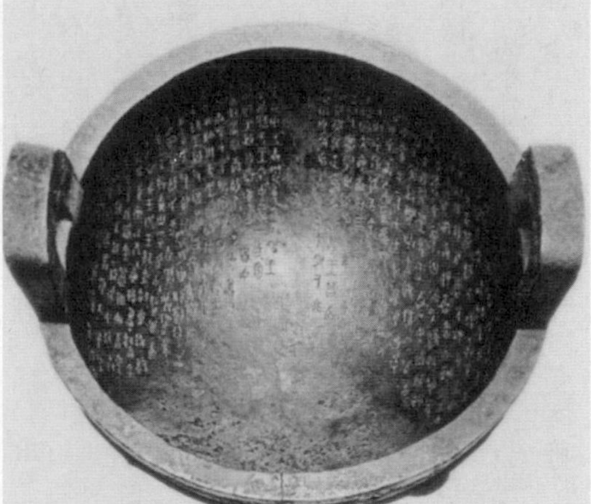

傳世的毛公鼎

毛公鼎銘文拓片

毛公鼎銘文拓片局部

哩哇啦叫著衝入法租界內樂園三號葉府。面對殺氣騰騰的日軍，不明底細的葉公超大驚，想阻止已無可能，日憲兵在葉府搜出一些字畫和兩支自衛手槍，即以間諜罪將葉逮捕關入大牢。

當此之時，太平洋戰爭尚未爆發，上海租界還是「孤島」，日本人尚不敢對租界內的任何人事太過分。但有一點出乎葉家預料，這位小潘到日本憲兵司令部密報葉公超是國民政府派來的間諜的同時，還出於報復之心把葉家祕藏的國之重器毛公鼎供出，只是小潘不知葉家七箱寶物具體的祕藏地點，為葉公超咬牙頂住和毛公鼎最終沒有淪於敵手留下了空間。

日軍將葉公超逮捕後，除了讓其交代身分，更重要的是審訊毛公鼎的祕藏地點，只要得到毛公鼎，無論是轉手倒賣或獻給日本國家，審訊者自有功名利祿可圖。在這一思路指引下，日軍開始對葉公超展開輪番審訊。在四十九天的囹圄之中，葉先後七次受審訊，兩次受鞭刑、水刑，但他始終不承認自己是間諜，更不吐露毛公鼎祕藏地點。為了盡快脫身，葉公超暗中傳出一字條，密囑家人請鑄工假造一個毛公鼎式樣的古銅器交出。時在上海的公超之兄葉崇勳除了找製假的文物販子日夜打造銅器，還通過趙叔雅、陳公博、汪精衛等人與日本憲兵司令部交涉，花了一大筆重金具結作保，被折磨得三分像人、七分像鬼的葉公超總算於十月下旬出獄。

蹲在葉家屋門口觀敵瞭陣的小潘忽見出獄後葉公超一身破衣，像武俠小說中的英雄人物一樣殺氣騰騰地向自己逼來，自知理虧，嘴巴一張，腿一軟，「撲通」一聲倒地不起，爾後眼珠上翻，口吐白沫，滿地滾動裝起羊羔子瘋（亦稱羊角風）來。盛怒的葉公超朝對方的屁股踢了兩腳便不再理會。因了這一事件，小潘在葉家留守人員同仇敵愾的目光逼視下暫時軟了下來，葉公超趁機找來幾位當地有名望的士紳與律師，對財產進行了分割，並對各方予以安撫。爾後，親自攜帶毛公鼎祕密乘船逃往香港。一路有驚無險，他把手中的國之重器交給其叔——在港久等消息而不見的葉恭綽，此時懸著的心才悄然落下。[7]

當葉公超到港時，已是十一月中旬，西南聯大新學期早已開學，校方已指派柳無忌代理外文系主任。經過上海之行和日本憲兵司令部的劫難，葉公超感到身心俱疲，決定暫不回昆明，在香港休息一段時間，或到來年開學時再回昆任教。未久，葉氏在港島遇到了老熟人董顯光，二人一見如故，越聊越投機。董當時擔任國民黨中央宣傳部副部長，力邀葉參加其主管的國際宣傳處工作，葉因懶於回昆明，便答應下來。想不到這順水推舟的一轉身，結束了葉公超十四年的大學教授生涯。

二、如此江山煙客逝

踏上官宦之路的葉公超盡展風流，玩起計謀與策略來，比教學更得心應手。在國民黨宣傳部駐英辦事處處長任上，他於新加坡、印度、重慶、倫敦、美國之間來回穿梭，工作成就頗得上司讚賞。抗戰勝利後，葉公超進入外交部出任參事，未久晉升為歐洲司司長、常務次長。一九四九年六月十二日，國民黨政權在大陸的統治即將全面崩潰，由於美國方面極力向在廣州的國民黨政府提議由胡適出任外交部長，新上任的行政院長閻錫山不敢硬抗，只好宣布請胡氏出山力挽狂瀾，外交次長由兩個親美分子葉公超、董顯光分任。六月二日，身在美國的胡適致電外交部葉公超、董顯光，並請二人轉交閻錫山，堅辭外長。鑑於情形緊迫，閻錫山只好請葉公超臨危受命，代理部長主持部務。一九四九年十月一日，即毛澤東宣告中華人民共和國成立的這一天，葉公超被國民黨當局正式任命為外交部部長。自此，葉氏深陷宦海，隨波逐流，直至逛蕩到臺灣孤島終了一生。

據葉公超之妹葉崇德回憶說：一九四九年三月的一天傍晚，崇德的母親，也就是公超的後媽趙壽玉正在上海家中做晚飯，忽然葉公超輕輕推門進來，只見他「對老母搖搖手，並立即將廚房門關上，攙扶著老人走入客廳，正巧我也下班回到家，他在客廳招招手，示意我快把客廳門也關上，他立即告訴母親，他是回來接老人一同去臺灣的。他說：老頭子（指蔣介石）不准我留下來，必須立即隨行，經請求要帶老母同走，只答應在家停留十分鐘，屆時不出去則性命不保。如老人同行，一樣東西都不能帶，抵臺後再為她添置。並說現在汽車就停在亞爾培路口，車上還有二人在等，要母親立即決定。老人略加思索，決定不隨他行，老人說：『我已年邁，跟你去了是你的包袱，何況留大妹一人在滬，我也不放心。』並囑他抵臺後，說話、交友都要謹慎小心。他一口答應，『請媽放心，我一定不辜負您的教訓』，轉身對我說：『大妹，你要好好照料母親。』說完即匆匆走出後門，消失在黑暗中。不料這次話別，竟成了我們最後一面。」[8]

葉公超隨蔣家小朝廷浮海南渡，他留在大陸的足跡與事功漸被歲月的流沙風塵湮沒，留在倖存者記憶中的也只是雪泥鴻爪。加之葉公超棄學從政的偶然性與發跡、敗落的突發性和神祕性，在時人和後世研究者眼裡，葉氏成了宦海中謎一樣、神龍見首不見尾的兩棲類傳奇物種。隨著時間推移，即是他當年親自執鞭教導過的弟子門生，對其印象也逐漸模糊，殘存腦際的只是幾個殘缺的碎片。

據清華外文系一九三三屆學生許振德說，他進清華時，「大一外文系英文課由葉公超先生講授，課本為英女作家奧斯丁氏名小說《傲慢與偏見》。葉先生時方而立之年，風度翩翩，不拘小節，春秋著西裝，背部微駝，頭式右分，一塵不染，隆冬天寒，則著棉袍二，進教室授課前，先脫其一。先生授課，只述大意，從不逐字講解，但課文中遇有生字之稀見而重要者，則反覆闡述，如Capital用為形容詞時，即一例也。於時，先生未婚，隻身住北院，某歲聖誕夕曾偕好友錢鍾書往謁。」[9]

另有燕京大學校花趙蘿蕤，在清華外文研究所讀研究生時曾為葉公超的學生，抗戰前趙氏翻譯完美國詩人艾略特（Thomas Stearns Eliot）的著名詩篇《荒原》後，出版前請葉公超作序，葉滿口應諾並有些討好地問：「要不要提你幾句？」趙氏稱自己當時很高傲，答：「那就不必了。」

後來趙蘿蕤在〈我與艾略特〉一文中說：「這篇精湛的序遠遠超出了我當時的水準，使譯本生色許多，而當時的葉老師還是個才華出眾的青年教授。」

然而，優秀青年教授葉老師的出眾才華與主動獻上的殷勤，被一代校花熟視無睹或者裝傻充愣地揮之而去。這一招搞得老師很生氣，後果很嚴重，而最直接的一個後果，就是催生了葉公超與趙蘿蕤燕大時期高一班的學姐袁永熹的結合，而葉袁婚姻的悲劇也因此鑄成。

當此之時，未婚的校花趙蘿蕤，之所以對同樣未婚的青年才子葉公超殷勤伸來的橄欖枝置若罔聞，是有自己的心理背景和理由。許多年後，當不再年輕漂亮的趙校花在回憶這段往事的時候，說：「如果說葉老師在什麼地方有點令人不十分自在的，也許是他那自然而然的『少爺』風度，當然絕非『紈袴子弟』的那一種。也許他的非凡才華使他有時鋒芒畢露，不過絕沒有絲毫咄咄逼人『拒人於千里以外』的味道。人們還是喜歡聽他那天南地北的神聊。我這位老師的『修養』是不凡的。」[10]

正因為葉老師的「少爺」風度，令一個「拘謹怕羞的姑娘」（趙蘿蕤語）於「不自在」中缺少了一種信任感和更進一步的愛，從而沒有隨這位才華橫溢的葉老師去研究當代外國文學，甚至只是「偶然到他那坐落在北院的家裡」做了一回客，這一切自然令葉老師十分鬱悶甚至有點惱怒。於是乎，身穿長衫，神情顯得有點落拓，眉宇間不時做憂鬱哀愁狀，周身散發著中國傳統士大夫和古典文學氣味的一代才子陳夢家，就成為趙蘿蕤芳心所屬之人——人生姻緣原來如此詭祕、玄奧和不可思議。後來趙蘿蕤記住了葉老師送給她和陳夢家的結婚禮物：一個可做燈具的朱紅色大瓷瓶，一套帶著硬殼的精裝本哈代詩劇《統治者》，以及一個單人沙發床。這便是趙蘿蕤對這位風流倜儻的老師的大體記憶。

在西南聯大外文系學生趙瑞蕻的印象中：「葉先生在外表有副西方紳士的派頭，彷彿很神氣，如果跟他接觸多了，便會發現他是一個真誠、極有人情味兒的人，一個博學多才的知識分子。他並沒有什麼架子，相反的跟年輕同事相處得挺好，樂於助人，而且十分重視人才，愛護人才。」另一位西南聯大的學生李賦寧總結葉公超先生授課的特點是：「先在黑板上用英文寫下簡明扼要的講授要點，然後提綱挈領地加以解釋說明。接著就是先生的自由發揮和當機立斷的評論。這種教學法既保證了基本理論和基本知識的傳授，又能啟發學生的獨立思考和探索，並能培養學生高雅的趣味和準確可靠的鑑賞力。又加上葉先生英語語音的純正、動聽，遣詞造句的幽默、秀逸，學生們一個個對葉先生的學問心悅誠服，無限景仰。」[11]

與這些親歷者的回憶有異的是，在當年的西南聯大外文系，曾流傳著這樣一句話：「葉公超太懶，吳宓太笨，陳福田太俗。」不少聯大的學生認為這是錢鍾書的言論，儘管後來楊絳撰文否認，但同為西南聯大學生的許淵沖後來認為：「這句話看起來像是錢先生說的，因為它是一個警句。」到底葉公超是不是太懶？許淵沖認為：「作為學者，這話可能不無道理，因為胡適要他和徐志摩、聞一多、梁實秋合譯《莎士比亞全集》，結果他一本也沒有翻，卻讓梁實秋一個人譯完了。」[12]另，許淵沖在〈錢鍾書先生和我〉一文中，列舉了很多證據以證葉氏之懶：如葉的學生季羡林說，「他幾乎從不講解」；另一個學生趙蘿蕤說，「我猜他不怎麼備課」；葉的同事柳無忌說：「這時的西南聯大尚在草創階段，三校合併，人事方面不免錯綜複雜，但我們的外文系卻相安無事，那是由於公超（系主任）讓教授各自為學，無為而治的政策——我甚至不能記憶我們是否開過系務會議。」對此，許淵沖以自己的身心感受「痛說革命家史」，謂：「還記得一九三九年十月二日我去外文系選課時，系主任葉先生坐在那裡，吳宓先生站在他旁邊，替他審查學生的選課單，他卻動也不動，看也不看一眼，字也不簽一個，只是蓋個圖章而已，真是夠懶的了。」有好事者考證，錢鍾書所寫小說《圍城》，那個詩人曹元朗的原型便是葉公超，倒不是因為葉公超有一張「圓如太極的肥臉」、「臉上一圈圈的笑疤，像投了石子的水面」，只因為曹元朗是留學牛津劍橋的新詩人。後來有一位外國記者聽到這一傳聞專門採訪過葉公超，問及他與錢鍾書的師生緣，葉「顧左右而言他」，後來又說記不得有這麼一號人了。

一九三八至一九三九年，楊振寧和許淵沖在昆明西南聯大讀一年級，都上過葉公超的英文課。但在楊生的眼中，葉的表現相當糟糕，楊說：「聯大絕對是一流的大學。我們兩人後來的工作都要感謝聯大給我們的教育。但葉教授的英文課卻很糟糕。他對學生不感興趣，有時甚至要捉弄我們。我不記得從他那裡學到什麼東西，許恐怕也和我差不多。」此為楊振寧為許淵沖《追憶逝水年華》作的一篇英文序言中的話，儘管事隔幾十年，當年只有十六歲的楊生，對這位葉老師的拙劣表現和不近人情仍耿耿於懷，亦可見當年的葉公超對這位後來獲得諾獎的學生心靈的傷害是多麼深刻。

對於葉公超棄學從政、一頭扎於宦海揚風扎猛的得失，有一清華出身的老學生名王辛笛者，一度做痛心疾首狀，呼曰：「在舊日師友之間，我們常常為公超先生在抗戰期間由西南聯大棄教從政深致惋歎，既為他一肚皮學問可惜，也都認為他哪裡是個舊社會中做官的材料，卻就此斷送了他十三年教學的苜蓿生涯。這真是一個時代錯誤。如果他在後半生繼續專心教書治學，他一定會在學問上做出一番業績來。」[13]

對於王辛笛之說，同為清華外文系葉氏門生、比王氏高一屆的季羨林卻不以為然，季說：「第一年英文，教授就是葉公超先生，用的課本是英國女作家Jane Austen（簡·奧斯丁）的*Pride and Prejudice*（《傲慢與偏見》）。公超先生教學法非常奇特。他幾乎從不講解，一上堂，就讓坐在前排的學生，由左到右，依次朗讀原文，到了一定段落，他大聲一喊：『Stop!』（停！）問大家有問題沒有。沒人回答，就讓學生依次朗讀下去，一直到下課。學生摸出了這個規律，誰願意朗讀，就坐在前排，否則往後坐。有人偶爾提一個問題，他斷喝一聲：『查字典去！』這一聲獅子吼有大威力，從此天下太平，宇域寧靜，相安無事，轉瞬過了一年。」又說：「談到名士，中國分為真假兩類。『是真名士自風流』，什麼叫『真名士』呢？……只要拿前面說到的俞平伯先生同葉公超先生一比，涇渭立即分明。大家一致的意見是，俞是真名士，而葉是假裝的名士。前者直率天成，一任自然；後者則難免有想引起『轟動效應』之嫌。《世說新語》常以一句話或一件事，定人們的高下優劣。我們現在也從這一件事定二位的高下。」最後，季羨林語中帶刺地反駁了辛氏痛心疾首的說辭，謂：「我的看法同辛笛大異其趣。根據我個人在同俞平伯先生對比中所得到的印象，我覺得，公超先生確是一個做官的材料。你能夠想像俞平伯先生做官的樣子嗎？」[14]

季氏所言似比王辛笛輩一味抬捧吹噓和做痛心疾首狀面壁呼號，似更接近事實的本質，無論葉公超穿西裝還是漢唐裝，留分頭、背頭還是禿頭，僅從留下的照片看，就是一派假模假樣的假名士派頭。而有不少謂葉「口銜一個栗色大煙斗，一派英國紳士風度」的吹捧者，更屬扯淡之語，只要看一下葉叼煙斗的照片，不是活脫兒一個舊中國鄉村地主少爺和紈袴子弟的做派嗎？因而當年燕大校花趙蘿蕤的眼睛還是比較亮而尖的，她看出了這位葉老師的「少爺」風度而敬而遠之。事實上，在葉氏一生所結交的朋友中，與他掏心窩子交流之人恐怕還找不出一個——蔣夢麟最多算半個。這是他的性格決定的，也是其晚年悲劇的主要原因。

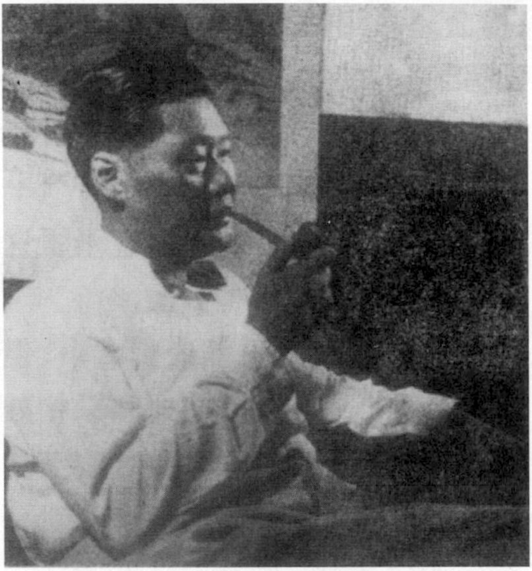
口含煙斗的葉公超一派英國紳士風度

不管屬不屬於做官的材料，事實讓人們看到的是，葉公超隨潰退國民黨軍政人員赴臺後，在一個不算太短的時間段落內，他是任憑風浪起，穩坐釣魚舟的。直到「外蒙入會案」

出現，他才翻船落水，一頭栽入泥坑而無法脫身，並在泥猴一樣翻滾騰躍而總是跳不出「如來佛」蔣氏父子手掌心的尷尬、鬱憤中，度過了悲感交集的餘生。

一九五八年八月，葉公超由外交部長調任臺灣當局駐美大使。一九六一年，聯合國成員國召開會議，討論包括外蒙古等諸國加入聯合國問題。當此之時，以社會主義陣營老大自居的蘇聯透過美國對臺灣施加強大壓力，阻止其對「外蒙入會案」使用否決權（南按：時臺灣當局為聯合國常任理事國代表，握有否決權）。蘇聯對美國威脅道：如果臺灣否決「外蒙」的入會申請，蘇聯就否決擁美的非洲國家毛里塔尼亞入會，以做報復。美國為了使毛國順利入會，遂要求在自己屁股後面「緊跟高舉」的臺灣當局，對外蒙放棄使用否決權，理由是：毛國如遭否決，聯合國內十一個非洲法語系會員國必然會遷怒於臺灣，這十多個非洲國家一怒之下如果倒向以蘇聯為首的共產主義集團，對臺灣當局在聯合國的地位和代表權必然構成挑戰性威脅。因此，與蘇聯相抗的美國勸告臺灣不要因小失大，以免得不償失云云。

面對蘇聯的要脅和美國的施壓，臺灣當局表示了極大憤慨並做了「寧為玉碎，不為瓦全」的抗議，制訂了「不顧一切，否決到底」的行動方針，臺島各媒體也發動起來，投入到這一政策的大肆宣傳活動中。一時間整個臺灣上下掀起了反對美蘇粗暴干涉聯合國常任理事國權力和「外蒙古」入會的滔天巨浪。

時間在臺灣、美國、蘇聯等三方相互牽制又各不相讓的尖銳衝突中一天天熬過，直至十月初，聯合國安理會日期已定，情勢緊迫，嚴陣對峙的僵局仍無鬆懈的跡象。蔣介石不斷拍發密電致常駐聯合國代表蔣廷黻和駐美「大使」葉公超，指示方針大計，最後對蔣葉兩位臣

在外交舞臺上春風得意的葉公超

差在列強之間的斡旋與處置能力十分不滿，乃在一電中訓斥道：「弟平時一再請兄等在外發言務必慎重，以免引起揣測而損及立場，為敵所乘而影響交涉。今外蒙事謠諑紛紜，將何以收拾？……仍盼秉政府既定方針，據理力洽為是。」[15]

在極度緊張沉悶的氣氛中，駐美「大使」葉公超於十月十四日奉召返臺，此時距聯合國安理會復會日期十月二十三日不到十天。因事出突然，葉以為是回臺述職，或為「外蒙入會案」當面聽旨，幾天後必返美，因而只帶了一只旅行箱，連辦公室都沒有收拾，便匆匆乘機抵達臺北暫住博愛賓館。

葉公超在賓館梳洗打扮一番，等待總統蔣公召見，結果是三天過去，一點召見的跡象也沒有，而過去主動前來攀親道故的官僚政客也不見了，自己被晾在賓館裡成為一塊沒人理睬的洋鹹菜。既然上頭沒有召見的意思，耐不住孤寂冷清的葉氏便決定探親訪友，並於十月二十日早上來到了胡適家。主客見面自是親切，寒暄幾句，葉說自己離美匆忙，竟把一根結實耐用的皮腰帶忘於寢室。江冬秀聽罷笑著說：「找條麻繩給你吧！」胡適說：「那怎麼行，一個堂堂的駐美大使腰繫麻繩出入廳堂，成何體統？」於是到臥室找了一條黑色的皮帶送給葉，雖短了一些，但勉強可用。葉公超又抱怨臺北天氣悶熱、流汗，衣服帶得太少了。胡適又讓王志維找了兩件夏威夷衫送給葉。一番忙碌過後，胡適招待葉吃早點。飯後，原四川大學校長、時任臺灣當局教育部長的黃季陸來訪，幾個人一起聊起天來，此時葉還不知道自己已不能返美了。

當葉公超告別胡適一家返回博愛賓館的第二天，得知美國總統甘迺迪在華盛頓已發表聲明，宣稱美國強烈反對中共參加聯合國或聯合國所屬的任何機構，強調「蔣總統所領導的中華民國政府，合法的在聯合國中代表中國……美國一直認為中華民國是唯

中基會第31次年會成員合影。1960年9月2日，中基會在華盛頓召開第31次年會，前排左起：葉公超、赫契生、蔣夢麟、蔣廷黻、顧維鈞；後排左起：葉良才、霍寶樹、胡適、Kenneth L. Isaac、李國欽、李銘、李榦、教育部代表。（臺灣中央研究院近代史研究所提供）

一代表中國的合法政府，且一直合力支持中國政府在聯合國內的地位與所有權利」。16

甘迺迪的聲明經臺灣島內媒體報導，一般人尚未充分認識到這項聲明與「外蒙入會案」有何直接關係，但從稍後外交部鄭重其事地發表談話，對甘迺迪總統聲明表示「歡迎」等一系列動作分析，「外蒙入會案」已經出現了新的轉折。

而這時，葉公超還不知道自己遭到了老蔣的暗算。但很快，他便接到了一個召諭，大意是總統不召見了，葉也不必再回住所了，就在賓館好吃好喝地蹲著吧。

葉公超聽罷，如同晴天霹靂，想問幾句為什麼，可傳諭者早已離去。葉先是蹲在地板上發愣，接著是仰躺在沙發上發呆，繼之繞室徬徨，足足三天三夜不吃不喝，直到困乏不堪，才一頭倒在床上昏睡起來。未過幾天，葉的駐美大使被正式免去，同時當局令他搬出博愛賓館，到松江路一個小巷的院內居住。葉公超的外交生涯與從政之路算是折戟沉沙，就此夢斷。

聯合國安理會按預定時間召開，對立交鋒了五個多月的「外蒙案」，在蔣介石同意並指使臺北方面放棄使用否決權的讓步下順利結束，美蘇雙方皆大歡喜，臺灣當局也風波不驚，漸入沉寂。

由於葉公超奉召返臺後，不到十天當局突然決定放棄否決外蒙入會，臺島和海外許多人士認為：葉公超一直不贊成對「外蒙入會案」持否決權，並與蔣公的戰略方針有衝突，是他返臺說服蔣介石「懸崖勒馬」，最終放棄了否決權，因而他是保護臺灣免於「玉石俱焚」的一大功臣。想不到突又傳出葉氏被罷黜的消息。這一變故，讓世人陷入一個迷魂陣中，苦思冥想不得其解。

丟掉駐美大使帽子的葉公超，自搬入松江路一個院子居住之後，當局又派人送來一頂行政院政務委員的紙糊帽子讓其戴在頭上。自此，臺灣當局與葉氏之間，便開始了貓戲老鼠的遊戲。葉的家室皆在美國，當局對其來了個「斬足」行動，明令葉不能邁出臺灣半步，更不要想出國探望妻子兒女之事，只能在臺灣本島內部轉悠。[17]原來的友朋相好一聽說葉被蔣公下令免職，皆認為背後必有隱情，乃像躲瘟疫一樣躲避其人，再也不敢上門或在路上相遇打招呼了。尚有自知之明的葉氏除了與幾位相當密切的舊友——而這幾位又不會因與他接觸有所損失的人物如胡適、蔣夢麟、梅貽琦等人來往，實在感到憋不住了，便以「政務委員」的頭銜向當局要部車子，於黃昏時分到臺北郊外與海邊轉上幾圈，藉以紓解心中的鬱悶之氣。

如此往復數日，葉公超感到胸中的悶氣消了不少，如是者數日。有一天，葉驅車轉悠時突然感覺不對，四周好像多了點什麼，腦海裡忽地冒出「跟蹤」一詞，再往周圍一看，果然如此，顯然有便衣跟蹤自己。葉公超大怒，當天晚

約1960年前後，葉公超自美返臺，蔣經國到機場迎接。

上就打電話給蔣經國，發了一陣牢騷後痛斥當局派特務跟蹤。蔣經國表面上對葉極為客氣，似是親兄弟一般，但內心深處從沒把葉當成自己圈中的人物。他聽罷，表示可能是主持這方面事務的彭孟緝誤會所致，一定要與其說個明白，何必如此無禮云云。結果隔了幾天葉氏再度外出，仍有特務和祕密警察盯梢，葉遂明白這是蔣家父子耍的布袋戲，自己實際上已鑽入人家張開的布袋中被軟禁了，遂不再抗議，任憑特務們跟蹤下去。

對於這種非人非鬼的生活，葉公超自是惱怒於心，但又無處發作。一次，葉的老友，曾與蔣經國一度關係密切後又分裂的「中統」重要特工之一蔡孟堅前來拜會，葉說：「你雖然被經國摘了紗帽，但社會輿論很同情你，好在與老先生有深遠歷史，否則，你如我一樣，不准步出國門，讓你出國亂跑。」蔡說：「你已有一政務委員高職，足以安慰。」葉說：「我此時有『務』而無『政』的空名義。」蔡不解此意，葉公超不無憤怒地解釋：「身邊有『特務』，『政事』不准問。」還補充說：「行政院會議時，只有我一人『小便』，有人隨同『保護』。」[18]

儘管有特務跟蹤，生活還要過下去，葉公超開始蹲在居室習字繪畫，過起了「怒寫竹，喜寫蘭」的文人雅士生活。幾十年前的好友、時任教於臺灣師大的梁實秋認為葉不宜長時間憋在屋子裡，需到外面透透空氣，遂不避各方射來的警覺緊張目光，力邀葉到校任教，講授「現代英美詩」等課程。[19]葉自是樂意前往，遂重執教鞭當起了教書先生，只要是葉氏上課，臺下居然坐滿了聽眾，到底是聽課還是觀人，葉並不計較，只是私下向梁實秋感慨：「還是文人最自由啊，早知今日，何必當初」云云。然而不久當局便來干預，向校方施壓。

一個學期勉強結束，葉公超被迫收拾場子走人。

除了特務跟蹤給自己帶來的鬱悶與孤憤，被困臺灣不准去美國和親人團聚，亦是葉公超晚年最大的痛苦之一。他說：「我會被困死在這個島上。」一九七七年，費正清由美國造訪臺灣，此時蔣介石已撒手歸天，其子蔣經國掌控大局。費氏回憶說：「在臺北最使我們感到高興的是再次會見前任外交部長葉公超，他依舊是一個性格堅強的人，仍然牢牢地坐在政務委員的位置上，他喜歡孤獨，然而卻奉命去處理預算問題。他外出時，祕密警察跟蹤他；當他住院時，蔣經國卻蒞臨探望——一種對最高級天才的奇怪的愚弄。」[20]

晚年葉公超書顧亭林詩以自勵

晚年葉公超所畫竹

一九八一年臨近中秋節的一個晚上，葉公超在鄰居陳子和的畫室裡歎了口氣說：「我是有家歸不得。」過一會兒又說：「我要給我在美國的女兒畫一幅竹。」在場的人都為他這種孤獨思女的心緒所感染。到了這年的十一月，葉公超一病不起，行將進入另一個世界。在彌留之際，他不斷念叨：「我的家人，我的太太、女兒，都要來看我啦！」

一九八一年十一月二十日，葉公超在孤寂淒涼中因心臟病於臺北榮民總醫院去世，終年七十七歲。一生歷盡繁華、看慣了熱鬧的他，在撒手人寰之際，身邊沒有一個親人，殯葬時也顯得格外冷清，夫人袁永熹沒有赴臺告別，只以未亡人身分撰獻了一副輓聯：

狂傲本奇才，惟賢哲多能，如此江山煙客逝；
賤辰勞玉趾，憶清談移晷，最難風雨故人來。

葉袁結婚四十多年，總是聚少離多。葉在美國時，只有在外交場合非出面不可的時候，袁氏才以夫人身分出場應付一時，其家庭生活越來越淡漠，感情亦越來越疏遠，最後竟形同路人。本是一對「有情人」的結合，想不到結合之後卻難言幸福，令後之觀者扼腕一歎。

當葉公超去世的消息在海內外傳開，隨著各種弔唁文字遍載報章，人們又自然地想起了由「外蒙入會案」衍生出來神祕的「葉公超去職案」，繼之想起葉氏離美赴臺，被蔣家父子採取「斬足」行動，禁錮了整整二十個年頭，終致葉在悽慘的晚景中齎志以歿，許多人為之不平並一掬同情的熱淚。[21]

三、「葉公超案」最新破譯

關於「葉案」的隱祕，坊間有多種說法，較集中者有二：一說是葉公超不贊同蔣介石堅持對「外蒙」行使否決權，回臺後「老先生召見他，他跟蔣公頂嘴：『別的您懂，外交您比不上我懂！』」以致觸怒蔣。[22]特別是蔣介石最後抗拒不住美國的壓力而放棄使用否決權時，對美國極度不滿，卻無可奈何，乃遷怒於葉，予葉以嚴懲。[23]

二說是有人暗中向蔣介石進讒言，說葉在美國發表對蔣介石不敬之言論，激怒了蔣而遭罷黜。

對以上二說，一般民眾傾向前說，認為葉公超晚年的人生遭遇，是蔣介石受了美國人的窩囊氣而遷怒於葉的結果，這也是蔣介石死後最不見諒於世人的晚年行事之一。但這個說法，隨著各國檔案不斷解密，漸被研究者否定。據擔任過臺北《民族晚報》副總編輯兼採訪部主任，並有幸採訪過「外蒙入會案」的當事人之一黃天才說，「葉公超去職」與「外蒙案」無關。黃氏稱：就在甘迺迪發表聲明的第二天，即一九六一年十月二十一日，蔣介石主持召開了決定臺灣當局大政方針的國民黨中常會。會上，蔣說當初臺灣做出強硬姿態反對外蒙入會，就是迫使美國發表這個聲明，「外蒙入會，我們是一直反對的，但策略可以略具彈性，不一定要使用否決權」。又說：「我們的真正目的，是確保我們在聯合國的代表權……

我們以美國既對我國有所要求，則我國自亦可要求美國有所回報，遂透過外交管道，向甘迺迪總統明白表示『可以考慮不使用否決權』，但要求甘迺迪總統公開表明對我國代表權堅定支持，必要時，並將使用否決權以拒阻中共進入聯合國。」[24]

當天，有常委提出「外蒙」如果獲准進入聯合國，則蘇俄多了一個附庸，對臺代表權豈不是增加了一分威脅？蔣介石對此答覆說：當年聯合國創立之初，蘇俄體制內的白俄羅斯和烏克蘭就是分別申請入會的，美國、英國，甚至臺方，都沒有表示反對。現在怎麼能說「外蒙」是蘇俄傀儡而反對它入會？蘇俄加上白俄羅斯和烏克蘭，本來就有三票，「外蒙」如果加入，不過增多一票，但我們因茅利塔尼亞之入會，卻可以確保非洲法語系十二國的支持，這是以小換大的買賣，我們的得大於失……

如此這般，鬧騰了半年的「外蒙入會案」，在蔣介石同意放棄使用否決權，以駐聯合國代表蔣廷黻現場採取「不投票」的方式打了圓場。

面對這場陳年舊案的調查研究，黃天才認為蔣介石既不在「外蒙入會案」上因美國壓力而讓步，自然就不該有所謂「遷怒於葉公超」之事。據可考的證據顯示，促成蔣介石與甘迺迪總統最後和解並各有所得的人，並不是外界猜測的葉公超，而是美國中央情報局駐臺辦事處主任克萊恩（後晉升為副局長），此人當年奉美國白宮密令與蔣介石就「外蒙入會案」進行了祕密談判，最終打成了和解之局。

鑑於已經歷史否定和不斷發現的最新證據，黃天才認為第二種說法的可能性極大。理由如下：

就在葉公超去世之時，已調任臺北《中央日報》駐日本特派員的黃天才，偶然從時駐東京的原蔣經國祕書蕭昌樂處得知一個隱祕。蕭對黃說：「一天，經國先生交給他一份密碼電報，囑他趕緊譯出，不必謄抄，馬上送呈總統。蕭譯畢後，才知密電內容是說葉（公超）大使在美國某處發表談話，批評總統，措辭用語非常惡劣，令人憤慨……密電呈上去不久，就傳來葉公超奉電召返國的消息。」[25]蕭言畢，未再透露更多內容和發電人。

此事過去七年之後的一九八八年，有個名叫劉藎章的人，在寫給《傳記文學》社長劉紹唐的一封長函中，再度披露了「葉案」的一些內幕。

劉說，他當年擔任臺北外交部主管聯合國事務的條約司司長，一九六一年的九至十月間，隨同外交部部長沈昌煥在紐約出席聯合國大會。劉說：「……十月某日午後，我隨沈（昌煥）先生前往常駐代表團……到後不久，我有急公須往報告沈先生請示。當我手持文件，走到他的專用辦公室門前，聽到裡面正在講話，經向外面的祕書小姐打聽，知道是葉（公超）先生自美國某州打來的電話，於是我就走開等候。過了一陣，好像已講完了，我便再過去敲門入內，一見之下，我怔住了，但見沈先生鐵青著臉，一副眥目切齒的怒容。我問他：『怎麼啦？』這時他只氣急敗壞地向我說了一句話：『真沒有想到一個代表元首的大使竟然說出這樣的話來！』他沒有再說下去，我當然不便追問……至於那通電話中究竟說了些什麼，我後來也從未再聽沈先生提起，也未再問過。但那天沈先生盛怒的神情，我確湊巧是唯一的見證者。」又說：「翌晨九時不到，我照例再去行邸上班，但這次情況有異，我按了幾次門鈴，佇候良久，才由住在行邸內的李祕書過來開門，入內後但覺一片寂靜，而李祕書又是雙眼惺忪，面有疲態。我問他是否發生了什麼事，他強笑著說：『沒有什麼，只是睡得太晚。』我問：『是有夜來訪客嗎？』他說：『不是』，然後遲疑一會兒，說：『是翻電報，搞了個通夜。』我以為那是有關政務的電報，便再問：『是關於外蒙的事嗎？』他有些為難，欲言又止，終於笑而不答。我再問：『何時及如何發出去的？』他說：『是天亮後以電話讀碼發出的。』……過了兩三分鐘，他又過來，說沈先生請我去臥室談話，我走過去，見室門是開著的，僅沈先生一人躺在臥床的被蓋中，看樣子好像尚未入睡，他向我說：『你所知道的事，千萬不可對外人說出，因為這件事實在太不像話了！』我說：『請放心，我本來不知道是怎麼回事，所以不會說的。』我請他趕快休息……過了幾天，我聽說葉先生奉命回國述職，當時我心中雖覺得有些奇怪，但仍不疑有他。葉先生自華府先到紐約，來沈先生處曾有密談。然後他出來準備去登機飛臺，我送他電梯口，並祝他一路順風，早去早回。哪知再過幾天，就聽說他不回來了！究竟為什麼？沒有人能說出一個原因。我為此神傷多日，竟至感歎自己誤入宦途起來……」[26]

對於劉蓋章提供的線索，黃天才結合八年前在日本聽到的蕭昌樂的敘述，兩相比對，得出了一個驚人的結論：當時在臺北任蔣經國祕書的蕭昌樂那天早上所接收並翻譯的密電，正是劉氏在紐約所見外交部長沈昌煥辦公室李祕書所發，電報內容乃沈昌煥所親擬或口述，密告的對象就是葉公超。

對此，黃天才補充說，此事在媒體同行張作錦於一九九〇年年底發表在《聯合報》上的一篇題名〈拒絕出版語錄〉的短文中加以佐證。當年作為採訪記者的張作錦有一次參加了黨政集會的「讀訓」，聽到蔣介石在訓詞中痛斥駐外使節在外人面前批評自己國家的領袖，是喪失國格和人格云云。張氏在文中明確表示：「大家都知道這指的是葉公超，而葉氏當時正以中央評議員身分，坐在臺下讀訓……」因而，黃天才最後得出的結論是：「當年激怒蔣公，並使蔣公急電召回葉公超予以免職的，是葉公超在美國對蔣公的不敬批評，似與葉公超不贊同否決外蒙一事無關，至少無直接關聯。」[27]

按一般常情推理，黃天才後來揭露的這些隱情祕事，由美返臺後的葉公超應該是知道一個大體輪廓的，至少晚年有所醒悟。就葉氏的性格論，此人習慣於「見大人，則藐之」。在他剛當上駐美大使之際，幾個從前的學生前來祝賀，他卻一笑，俯耳低聲說：「別提了，是賠本生意！」而這個賠本生意沒做幾天，葉就牛氣沖天，不把世界一切人等放在眼裡了。他曾對幾個相熟的哥們兒揚言道：「見了艾森豪（總統），心理上把他看成是大兵，與甘迺迪（總統）晤談

2012年5月8日，作者在臺北國史館出席作家白先勇《父親與民國》研討會，其間就葉公超卸任外交部長之隱祕向黃天才先生（右）請教具體細節。（臺北，時英出版社社長吳心健攝）

時，心想他不過是一個花花公子、一個有錢的小開而已。」

對於葉的性情與脾氣，與其在西南聯大共事的朱自清日記裡亦有記載，謂此人「喜怒無常、狂狷耿介。和他相處，如同喝一杯醇酒，吃一碟辣椒……」如此驕狂放浪之人，想來對流落孤島的蔣介石是不大會放在眼裡的，在洋人們面前說一些狂話甚至對風雨飄搖的蔣家王朝來一番冷嘲熱諷，對蔣介石本人進行人格汙辱性謾罵與挑釁，亦不是絕無可能。當這一切出格的言行被忠於蔣的沈昌煥等輩得知後，葉的厄運就此到來。

葉公超後半生的悲劇固然值得同情，但就葉氏性格而言，除了朱自清所言的「狂狷耿介」，還夾雜著很大的外強中乾的軟弱成分，是一個敢做不敢當的主兒。綜觀葉的前半生，憑著搖筆弄舌於廟堂得志，一旦謀得了高官厚祿便驕狂不羈，不知天高地厚地意氣用事，更忘了一入廟堂便終身為奴的潛規則，對賞賜給他官帽的主子在人前背後鄙視甚至亂罵起來。當一番表現和謾罵終於激怒了主子，一個下勾拳打過來，把其烏紗帽打翻在地時，葉公超原形畢露，捶胸跌腳，徬徨山澤，嗟號昊天，一驚一乍地做報國無門的孤憤狀。其不知，無論是大陸還是臺灣，少了一個葉公超，會照樣開門辦學，廟堂議事，於黨於國毫髮不損。只是葉直到死都沒有看破官場的密鎖暗道，沒有參透人生的禪機，忘記了自己頭上那頂迎風飛揚的高帽，本來就是靠主子賞賜所得，儘管不能像佛家所言「一切皆空」，但也屬於短暫和臨時性質。當其飄然掉落時，無須整日悲哉痛哉，而竟至二十年未解心中的鬱結。就此一點論，葉公超比之傅斯年，可謂迥隔天壤。傅氏也熱中功名，但精神上卻能超越，孟子的格言：「得志，與民由之；不得志，獨行其道。富貴不能淫，貧賤不能移，威武不能屈，此之謂大丈夫。」這個話不是傅斯年單獨拿出來說給臺大學生聽的，而是在他人生征途上服膺和實踐的座右銘。令人扼腕的是，宦海漂浮數十年，從來就沒有被納入蔣氏父子政治圈中的葉公超，到了撒手歸天的前夜，還在為自己沒有得到主子的賞識，反倒中途罷黜而痛心不已，並為自己當初的言行追悔莫及。葉在最後遺言式的〈病中瑣憶〉短文中說：「生病開刀以來，許多老朋友來探望，我竟忍不住落淚。回想這一生，竟覺自己是悲劇的主角。一輩子脾氣大，吃的也是這個虧，卻改不過來，總忍不住要發脾氣。有天做物理治療時遇見張岳公，他講：『六十而耳順，就是凡事要聽話。』心中不免感慨。」此話真令人感到氣短。悲夫也哉！

一九八一年十一月，躺在病榻上自知不久於人世的葉公超，開始回憶過往的故人舊事，並要講一些故事給人聽。他想到並對人講述的第一個人便是胡適，特別提及許多年前他發表在天津《益世報》副刊的一萬多字的長文，裡邊講了對魯迅文學成就的高度評價，而這個評價正是胡適所不願看到的。對此，葉「特別想再看看這篇舊作……畢竟年紀大了，總會常常懷舊」。[28]在無限感懷和神情恍惚中，葉公超於長吁短歎之際，又突然想起二十年前由美返臺，於鬱悶中跑到胡適家中索取腰帶的那個早晨。想到此處，葉公超竟自笑了起來。繼而又以悲愴的心境想到了胡適長眠的南港學人山和中央研究院同輩學者的人生際遇……

注釋

1 據蔣夢麟的北大老同事，赴臺後官至考試院長的楊亮功說：「我在十七日下午四時同樊逵羽去看他，已在半昏睡狀態中……形骸雖苦，神志仍清，因此我們仍做最好的想法。次日程天放先生遇見我，問及蔣先生病情，我還說：『目前數天，當可無問題。』不意當日夜間蔣先生竟與世長辭矣」（楊亮功，〈悼蔣夢麟先生〉，《早期三十年的教學生活．五四》（合肥：黃山書社，二〇〇八））。

2 當天，蔣介石、陳誠、王世杰、黃季陸、陳雪屏、羅家倫、沈宗瀚等要員，以及各單位、機關、北大同學會、臺灣全省兩百多位「四健會」青年男女會員前來致祭，「四健會」會員在胸前掛了「痛失良師」的胸章，蔣介石致賜輓額「學淵績懋」，場面極其隆重。

3《傳記文學》五卷二期，頁三九。

4 溫梓川，〈敢說敢為的葉公超〉，《文人的另一面》（桂林：廣西師範大學出版社，二〇〇四）。

5 劉作忠，〈葉公超護國寶〉，收入葉崇德主編，《回憶葉公超》（上海：學林出版社，一九九三）。

6 同前注。

7 抗戰結束前夕，葉恭綽幾經變故，貧病交加，已無力保鼎。上海一個大商人陳詠仁為給自己留條後路，表示願買此鼎，並約法三章，勝利之後一定將鼎捐獻國家。陳詠仁者，字伯陶，民國二十年（一九三一）前後曾在江蘇無錫開設鐵器工廠，因技術高超又善於經營，發了一筆橫財，在江蘇工商界中有一定名聲。抗戰時期，陳詠仁貪於私利，與日本軍部做生意，協助日本人收購金屬物資，製作機械，直接為日軍軍需生產服務而淪為漢奸。曾任偽上海中央儲備銀行副總裁（總裁為錢大魁）。太平洋戰爭爆發後，陳詠仁感知日本必敗，為給自己留條後路，買下此鼎並有約。

一九四五年日本投降，國民政府立即派員接收了上海。在抗日期間負責除奸的國民黨軍統特務組織，光復後成立了敵偽財產清查委員會。這個會派出特務沈醉等人到上海捉住了偽上海中央儲備銀行總裁錢大魁。錢為了贖罪，把自己的房產、財產包括陳詠仁的毛公鼎等大批財務與文物一併列入清單上交給軍統，時間是一九四六年三月十七日。

毛公鼎暫由軍統接管的消息，傳到時任國民政府教育部主管文博事物的科長徐伯璞耳中，他聽說不少手握權柄的達官貴人想得到毛公鼎歸為私有，遂報告教育部政務次長杭立武，並隨杭一同前往行政院找到祕書長翁文灝，說明毛公鼎乃國家重器，必須立即撥交國家收藏，以防不測，最後終獲行政院「准予撥給」的批文。後經多方努力，毛公鼎由中央博物院（今南京博物院）派往上海接收的專門委員曾昭燏等帶回院內收藏。至此，在外遊蕩了近百年的國寶總算歸屬國有。一九四八年，隨著國共之戰越演越烈，毛公鼎與中央博物院其他精品文物裝箱運往臺北，現存臺北故宮博物院。直到今天，毛公鼎仍是臺北故宮博物院三件鎮院之寶之首，另兩件為：清代光緒皇帝瑾妃的陪嫁之物——翡翠玉白菜；晉代王羲之的書法真蹟《快雪時晴帖》（南按：一說東坡肉形石）。

8〈憶先兄葉公超〉，收入葉崇德主編，《回憶葉公超》（上海：學林出版社，一九九三）。

9〈水木清華四十年〉，《清華校友通訊》（新）四四期（一九七三年四月二十九日）。

10 趙蘿蕤，《我的讀書生涯》（北京：北京大學出版社，一九九六）。

11 李賦寧，〈回憶老師葉公超先生〉，收入葉崇德主編，《回憶葉公超》（上海：學林出版社，一九九三）。

12 許淵沖，《追憶逝水年華》（北京：生活．讀書．新知三聯書店，一九九六）。

13 王辛笛，〈葉公超先生十年祭〉，收入葉崇德主編，《回憶葉公超》（上海：學林出版社，一九九三）。王氏此文又名〈葉公超先生二三事〉，與本集文字稍有出入。

14 季羨林，〈也談葉公超先生二三事〉，收入王大鵬編著，丁聰插畫，《百年國士：自述．回憶．專訪》（北京：商務印書館，二〇一〇）。

15 秦孝儀主編，《總統蔣公大事長編初稿》（臺北：中國國民黨中央委員會黨史委員會，一九七八）。

16 黃天才，〈外蒙古問題使中共晚十年參加聯合國〉，《傳記文學》七三卷三期（一九九八）。

17 據說這個「斬足」行動，臺灣當局一是怕葉到美國去胡言亂語，破壞蔣氏父子在國際上的形象；二是怕其叔父葉恭綽對其「統戰」。據曾在中山大學與暨南大學讀過書，屬傅斯年、葉公超學生輩人物的馬來西亞人溫梓川說：「一九五〇年間，他（南按：指葉恭綽）淹寓香港時相當窮，有人問他黃梨洲、王船山、顧寧人三人的成就時，他說：『如今要做黃、王、顧都做不到呢，不但握政權的不容許你，而且顧寧人還有他的外甥徐乾學宰相掩護他、照應他呢。』這話無異在流露『有事於太廟』的北上心情。他雖然患有腎臟蛋白質尿的不治之症，在風燭殘年、行將就木的晚年，竟飄然一葉，墜向燕山去了」（溫梓川，〈敢說敢為的葉公超〉，《文人的另一面》〔桂林：廣西師範大學出版社，二〇〇四〕）。

事實上，葉當時的心態與溫說相差不大，自轉向北京後，一九五一年任中央人民政府政務院文化教育委員會委員，同年七月被聘任為中央文史研究館副館長。另擔任過第二屆全國政協常委、第三屆全國政協委員。一九五八年被打成「右派分子」，革除本兼各職。關於葉的罪名，與他終生擺弄的古董、文物有不少關係，此點從郭沫若的發言中可窺知一二。郭說：「在黨整風運動大鳴大放期間，章羅聯盟有見於此，認為有機可乘，章伯鈞就找到葉恭綽出來在文化界放火。一時許多右派分子都曾藉文物工作為題，大肆向黨進攻。他們硬說：『土改中，共產黨像秦始皇一樣焚燒古書』『共產黨對文物只有破壞，沒有保護』等等……葉恭綽、宋雲彬等右派分子，他們站在封建買辦資產階級的立場上，為了他們一小撮人的私利，來反對社會主義的文物事業。企圖把文物事業還原到半封建半殖民地的老路」（郭沫若，〈我們堅持文物事業的正確方向——一九五七年九月十六日在文物界反右派分子座談會上的發言紀錄〉，《人民日報》，一九五七年九月三十日）。

「文革」爆發後，受盡凌辱與折磨的葉恭綽於一九六八年八月六日去世，終年八十七歲。

18 蔡孟堅，《蔡孟堅傳真續集》（臺北：傳記文學出版社，一九九〇）。

19 梁實秋與葉公超皆為新月派的主將，梁氏在一九二七至一九三六年間，曾和左翼作家的主將魯迅展開激烈論戰，內容和範圍包括「文學的階級論與人性論」「第三種人」「硬譯」等多個話題，梁實秋堅持將永恆不變的人性作為文學藝術的文學觀，否認文學有階級性，不主張把文學當作政治的工具，批評魯迅翻譯外國作品的「硬譯」，不同意魯迅翻譯的蘇俄「文藝政策」。對此，梁氏被魯迅譏諷斥責為「喪家的資本家的乏走狗」。

抗日戰爭爆發後，梁實秋離家獨身到後方。一九三八年任國民參政會參政員，到重慶編譯館主持翻譯委員會並擔任教科書編輯委員會常委，年底開始編輯《中央日報》副刊〈平明〉，居住處號稱「雅舍」，梁氏的許多傳世小品文章在此寫就。一九四二年，毛澤東在〈延安文藝座談會上的講話〉中，把梁實秋定為「為資產階級文學服務的代表人物」。抗戰勝利後，梁氏在南京盤桓數日，爾後返回故都北平，任國立北平師範學院英語系教授。一九四八年年底，在中共勢力即將全面翻盤，新一輪改朝換代即將展開的最後時刻，梁實秋像許多知識分子同事一樣，擺在面前的重大抉擇是「走」還是「留」？據梁氏後來對朋友說，他當時不想跟腐敗的國民黨政權走，但也不敢留。因為「我是和魯迅打過筆墨官司的人，當年魯迅要打的『喪家狗』『資本家的走狗』指的就是我，新中國成立了，怎麼樣對待我，實在心中無底」（何季民，〈梁實秋題贈最後的北平師範大學〉，《溫故》之一四（桂林：廣西師範大學出版社，二〇〇九））。在走與留之間搖擺了數日後，梁實秋最後還是覺得不敢留，只能走。不過，他沒有參與南京方面「搶救學人」的行動而乘坐國民政府派往北平的飛機南行，而是將長女梁文茜留在北京大學繼續讀書，只攜幼兒幼女悄然離去。一九四八年十二月十三日，梁實秋到達天津，兩天後登船南下，由上海到廣州中山大學落腳。半年後自香港赴臺灣，先後任國立編譯館館長、臺灣省立師範學院英語系主任、國立臺灣師範大學文學院院長等。一九八七年十一月三日於臺北病逝。消息傳出，臺島學術界與海內外華文作家一片哀戚，紛紛撰文緬懷這位五四新文化運動時期的主將、傑出的文學家與翻譯家。

20 費正清（John King Fairbank）著，陸惠勤等譯，《費正清對華回憶錄》（*Chinabound: A Fifty-year Memoir*）（上海：知識出版社，一九九一）。

21 一九七七年經蔣經國特批，葉在臺北找人作保，赴美探親，但限期返回，葉稱此行是火燒島犯人的早晨「放風」。而這一切，除葉本人被當局視作不知天高地厚的狂士兼「高危政治人物」外，是否與留在大陸的故舊親友相關涉，無人說得清楚。

葉公超夫人袁永熹有位弟弟叫袁永熙，其人先是在昆明拉桿子鬧了一陣子革命，一九三八年進入西南聯大經濟系就讀，未久即加入中國共產黨，次年春出任西南聯大黨支部書記、總支書記。此為中共在西南聯大師生間培植勢力之始，後來在昆明掀起的轟動中外的學潮中，袁永熙等輩出力甚悍。據說袁永熙是個少有的奇才，在聯大期間，學習、工作、戀愛三不誤，與「一代文膽」陳布雷之女、時就讀於聯大地質地理氣象系、思想比較另類的陳璉在感情上碰出了火花，建立了戀愛關係。皖南事變發生，中共領導的新四軍被國民黨部隊擊潰後，風聲很緊，袁陳二人一起潛往箇舊隱蔽數日。一九四七年八月十日，陳袁二人在北平六國飯店舉行婚禮，後育有二子一女。一九五二年，袁永熙出任清華大學黨委書記，紅極一時。一九五七年被打成「右派分子」下放勞動，後調河北省南宮中學任教。眼看袁氏掉入「右」邊溝裡滿身泥汙不能自拔，陳璉在政治壓力下與袁離婚，成了各不相干的溝裡溝外之人。「文革」爆發後，陳璉因其父陳布雷的歷史問題受到批鬥。一九六七年十一月十九日，因不堪造反派毆打的屈辱，從十一層樓上跳下自殺。

22 張放，〈葉公超的寂寞晚年〉，《傳記文學》二〇〇一年一期（紀念葉公超逝世二十周年）。

23 葉公超之妹葉崇德在一九九二年修訂的〈憶先兄葉公超〉一文中，謂「一九六一年十一月他因未經請示批准，即舉手同意了《外蒙古入聯合國案》，接蔣介石電召返臺」（見葉崇德主編，《回憶葉公超》〔上海：學林出版社，一九九三〕）。如此謬誤，竟出於文史館研究者葉氏之妹筆下，著實令人歎息。

24 黃天才，〈外蒙古問題使中共晚十年參加聯合國〉，《傳記文學》七三卷三期（一九九八）。

25 黃天才，〈沈昌煥密電　葉公超去職〉，《傳記文學》七三卷三期（一九九八）。

26 劉蓋章，〈也為葉公超先生去職疑案說幾句話——那通電話和那通電報裡究竟講些什麼（書簡）〉，《傳記文學》五三卷六期（一九八八年十二月）。

27 黃天才，〈沈昌煥密電　葉公超去職〉，《傳記文學》七三卷三期（一九九八）。

28 葉公超，〈病中瑣憶〉，收入王大鵬編著，丁聰插畫，《百年國士：自述・回憶・專訪》（北京：商務印書館，二〇一〇）。葉在此文中說：「這篇文章裡我曾經提到胡適之、徐志摩的散文都不如魯迅。文章發表後，胡適之很不高興，他跟我說：『魯迅生前吐痰都不會吐在你頭上，你為什麼寫那麼長的文章捧他。』我是另一種想法，人歸人，文章歸文章，不能因人而否定其文學的成就。」胡適去世的第二天夜裡，葉公超有文紀念胡適，最後一句是：「適之逝世不及二十四小時，自由中國已感覺缺少了一個不該離開的人。我相信這種感覺必然會加深，而同此感覺者亦必一天比一天多。」

第七章

最難風雨故人來

一、代院長李濟

葉公超思念的胡適長眠於中研院對面的學人山，再也不會爬起來與生前的同事、好友甚至敵人對話、論戰了。為使科學事業不致因巨星隕落而停滯，同時也盡快掃除密布於臺島學界心頭的陰霾，臺灣當局再度任命李濟為中央研究院代院長。李推託一番，最後表示個人服從組織，拿起雞毛撣子，把故院長胡適坐過的那把有些灰塵的椅子掃了掃，躬身坐了上去。

李濟自一九四八年年底拒絕他的學生與陶孟和等人三番五次勸阻，毅然決然地押著他視若生命的國之重寶渡過波浪滔天的臺灣海峽，毫髮未損地在基隆港安全登陸後，國民黨大勢已去，兵敗如山倒，一批批官僚、政客、奸商、投機分子、散兵游勇與流氓、乞丐等各色人物，像蝗蟲一樣嗡嗡叫著，蜂擁至這座孤懸於汪洋大海中呈燒烤地瓜狀的島嶼。

因地小人多，時局混亂，來臺人員大都無處安身。李濟率領押船的部分史語所人員，勉強在臺大醫學院教室中搭個簡單的床鋪暫住下來。時臺大教室少而簡陋，其擁擠之狀從石璋如回憶中可以見出：「人多的可以住一間教室，人少的就兩家住一間教室，我就跟蕭綸徽家共住一間教室。教室有前後二門，蕭走前門，我走後門，兩家中間用帳子拉起來隔開。公家只給一家做了一張方形大床，上頭可以擱兩張榻榻米，全家人就擠在一起，睡在上頭。這就是我們的住。李濟先生比我們早來一段時間，家眷多，也住在臺大醫學院。雖然我們到這裡很苦，可是我們從基隆下船一早來到臺大安頓行囊之後，休息到第二天，史語所三組的同人就在李濟先生的帶領下，步行到圓山做遺址調查去了。」[1]

在遷臺的最初幾年，儘管孤懸一島，前程堪憂，李濟曾有過「心情迷亂，考古興趣傷失殆盡」[2]的情緒，但很快振作起來，並以一個國際級學者的風範和文化良知，重新投入到學術中去。除領導並參加了著名的圓山貝塚發掘，還參加了臺中瑞岩泰雅族的體質人類學調查，組織對桃園尖山遺址發掘、環島考古調查，整理安陽殷墟出土陶器、青銅器等事宜。再之後，李濟率領一幫弟子開始對中國上古史展開研究。此時的李濟與許多學者不同的是，他以一個傑出的人類學者的身分和地位，而不是以一個狹隘的考古專家的身分與角度，來觀察上古人類活動與創造文明的歷程與成果，充分展現了其在學術上的磅礴大氣與深刻洞見。對於這段史實的考察研究以及最縈繞於心的問題，在臺灣大學為其重刊的文章中，李濟以後記的形式做了如下說明：

治中國古代史的學者，同研究中國現代政治的學者一樣，大概都已感覺到，中國人應該多多注意北方。忽略了政治的北方，結果是現在的災難。忽略了歷史的北方，我們的民族及文化的原始，仍沉沒在「漆黑一團」的混沌境界。兩千年來中國的史學家，上了秦始皇的一個大當，以為中國的文化及民族都是長城以南的事情；這是一件大大的錯誤，我們應該覺悟了！我們更老的老家──民族的兼文化的──除了中國本土以外，並在滿洲、內蒙古、外蒙古以及西伯利亞一帶，這些都是中華民族的列祖列宗棲息坐臥的地方；到了秦始皇築長城，才把這些地方永遠斷送給「異族」了。因此，現代人讀到

「相土烈烈，海外有截」一類的古史，反覺得新鮮，是出乎意料以外的事了。[3]

李濟所說的「現在的災難」，當是指晚清以後的軍閥及蔣介石集團沒有注重中國北部的經營，因而有了「外蒙古」在蘇俄扶持下悍然獨立，國民黨受共產黨軍隊的重擊而敗退臺灣的事實。面對這一無法挽回的慘劇，李濟以他非凡的識見告訴他的同行並附帶警示逃亡臺島的政客們，越是在這樣艱難困苦的境況中，作為具有思想的政界和學術中人，就越要把眼光放得長遠與開闊，不要拘泥於一個小小的臺灣島或中國大陸，特別是「我們以研究中國古史學為職業的人們，應該有一句新的口號，即打倒以長城自封的中國文化觀；用我們的眼睛、用我們的腿，到長城以北去找中國古代史的資料，那裡有我們更老的老家」。如此的學術境界和氣魄，如張光直所說：「除了個人的胸襟，更代表了在上古史研究中的一種實事求是的科學態度。」[4]

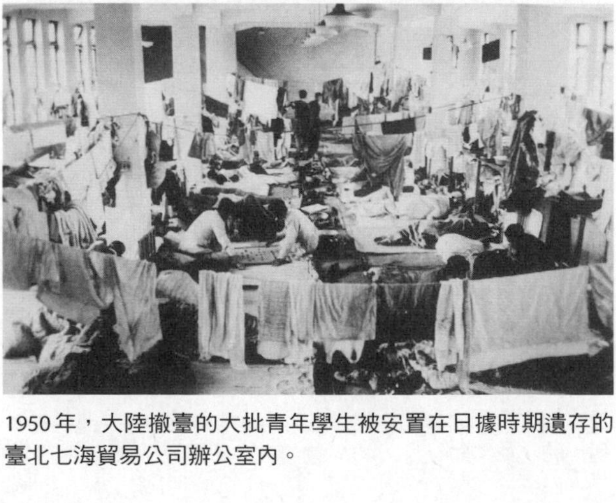
1950年，大陸撤臺的大批青年學生被安置在日據時期遺存的臺北七海貿易公司辦公室內。

一九五三年秋，李濟在菲律賓舉行的第八屆太平洋科學會議上所做專題報告〈安陽的發現對譜寫中國可考歷史新的首章的重要性〉，文章再次指出：「中國是一個大陸國家，因而這片土地上無論發生什麼變化都是大陸規模的。中國的文化和種族史的宏大堪與整個歐洲的文化和種族史相比擬。只有從這樣的角度來觀察，並以此為依據來研究，才能在中國古代史及其考古遺存的闡釋上取得真正的進展。」[5]

對於李濟思想所散發出的光芒，十年後，有個叫李敖的臺大歷史系畢業生，曾做了這樣的評價：「在中國考古家由早到黑發掘古物的時候，沒有人會想到這種『無聊的』烏龜殼研究會有什麼用，但是這三四十年來的古史研究，竟使我們發現我們民族的臍帶究竟在什麼地方，使我們民族的心胸遙遠的跑到長城以北、玉門關以外，這對民族自信心的鼓舞，總比空頭口號家的『大哉中華』來得實際有效吧？」而「這種想像——一個以國家為基點的學術研究的想像，在中國學人中是鳳毛麟角的，因為這需要一種博大的透視力、遠景的描繪、計畫的構想和對純學術以外的熱情。在這些條件上，李濟是現存老一輩學人中比較接近的一個。例如，他在四十年前就注意到中國民族的移動問題；三十九年前就注意到中國苦力的勞動量問題；三十八年前就注意到外人發掘古物必須留在中國的問題；二十九年前就注意到古物一律不得私人藏有的問題……這些觀點和構想，都是很博大的，都是超乎一般普通學者教授們的『管見的。這些博大的觀點，自然使具有它們的人，逐漸能從本行的專業，發衍為『科學的東方學正統』，再從而在中國全面的有組織的推進科學思想，以使中國真正達成現代化」。[6]

在所有謬論充棟的李敖言論中，這段論述算是少有的人話。其實，早在一九三四年李濟發表的〈中國考古學之過去與未來〉一文，就體現了這一思想脈絡和文化識見，而李濟作為大師之「大」，除了他對考古材料縝密的考證，主要還是體現在他的胸襟、學術眼光與對整個人類文明過去與未來的清醒認識。在考古人類學領域，李濟在初出茅廬，像「剛出籠的包子」滿身熱氣騰騰地走入田野的時候，便極富創見性地提出了如下主張：

一、古物國有，任何私人不得私藏；

二、設立國家博物院，獎勵科學發掘，並有系統地整理地下史料；

三、設立考古學系，訓練考古人才。

為實踐這三項主張，李濟在清華國學院第一次田野考察發掘西陰村時，就做出了「古物國有」的示範性表率。從他涉足古物那一天始，直到去世，據他的同事、親友及弟子們說，家中沒有一件古物，晚年書房裡只有五隻木雕的猴子，這是因為李濟屬猴，在臺北參加了一個猴屬同鄉會而特別製作的。生前藏有近二萬冊圖書無一善本，死後分別捐贈給北京和臺灣的科學、教育機構。[7]

有人認為李濟正是為了實踐他宣導的第二個主張，在史語所創辦的早期，才積極協助傅斯年籌辦中央博物院，並一度出任籌備處主任。只是其間遭逢八年抗戰和顛沛流離，使這一理想未能充分實現。所幸的是，來到臺灣後，他的第三個主張和理想得以順利實施，這便是創辦臺灣大學考古人類學系。

初到臺灣的李濟在朱家驊、傅斯年等人支持下，克服種種困難與阻力，於一九四九年創辦了臺大考古人類學系，並於秋季正式招生。李氏除繼續擔任史語所考古組主任，還兼任該系系主任之職，並聘請史語所同人董作賓、芮逸夫、石璋如、凌純聲、高去尋等到該系任教。這是中國科學界第一次在本國土地上把訓練職業考古學家列入大學計畫之內的典範，從而開創了大學教育體系設立考古專業的先河，為中國考古學繼往開來做出了劃時代貢獻。儘管這一學科創辦之初，限於當時的條件和大眾對這一「烏龜殼研究會」和「刨死人骨頭」工作的陌生與偏見，招生很少，但總算為考古學的未來播下了種子。當時除了一個叫喬健的學生自動轉系來到考古人類學系外，首屆畢業生僅有李亦園、唐美君二人。第二屆學生共招收三人，分別是張光直、林明漢、任先民。以後學生漸多，有許倬雲、宋文薰、尹建中、連照美等。這些學生走出臺大後，隨著歲月的淘洗磨練，大多數成為蜚聲中外的考古人類學家。其

1951年冬，臺灣大學文學院考古人類學系全體師生合影。前排左起：宋文薰、芮逸夫、董作賓、李濟、陳紹馨、淩純聲、陳楚光；後排左起：李亦園、張光直、謝劍、任先民、唐美君、林明漢、陶樹雪、許世珍、丘其謙。（李亦園提供）

中李亦園、張光直、許倬雲等大有青出於藍而勝於藍之勢。

一九五四年，中國大陸以「漢字落後論」為前提，根據毛澤東在一九五一年所做「文字必須改革，要走世界文字共同的拼音方向」的指示，延續了幾千年的正體字全部廢止，以拉丁化拼音文字取代正體字的聲浪遍及宇內。這年九月二十二日，李濟致信正在美國哈佛大學就讀的張光直，說道：「中國學術在世界落後的程度，只有幾個從事學術工作的人方才真正的知道。我們這一民族，現在是既窮且愚，而又染了一種不可救藥的、破落戶的習慣，成天在那裡擺架子，談文化，向方塊字『拜拜』——這些並沒有什麼『要不得』——真正『要不得』的是以為天地之大，只有這些。」又說：「但是，每一個中國人——我常如此想——對於糾正這一風氣，都有一份責任。所以，每一個中國人，若是批評他所寄託的這一社會，必須連帶地想到他自己的責任。據我個人的看法，中國民族以及中國文化的將來，要看我們能否培植一群努力做現代學術工作的人——真正求知識求真理的人們，不僅工程師或醫師。中國民族的稟賦，備有這一智慧。適當的發展，即可對現代科學工作做若干貢獻。你們這一代是負有大使命的。我很高興，有這一機緣幫助你走向學術的路徑。」[8]這封切中時弊要害又情深意長的書信，凜然鮮明地凸顯出李濟的心胸與思想情懷，並直接影響了張光直的思想和學術追求，使他在現代科學的道路上奮力前行，終成世界級考古人類學一代巨擘。

就在李濟寫這封信的第二年，與其並駕齊驅的史語所元老董作賓離職赴港，過起了一種獨在異鄉為異客的「另類」生活，而日後的人事糾葛與誤會也由此而發。

二、郭沫若斥罵董作賓

董作賓於一九四八年底攜家隨史語所遷臺後，繼續從事甲骨文研究並兼任臺大考古人類學系教授。傅斯年去世後，由董作賓接掌史語所所長一職。董氏上任後，仍像當年在李莊一樣領導群賢悶頭做自己分內的研究工作，對島內的政治爭鬥與海峽兩岸發生的政治事件並無興趣。按董的說法，個人的存在和力量非常渺小，如原清華教授浦薛鳳嘗謂的「太虛空裡一游塵」，或謂滄海一粟，特別是作為知識分子，還是埋頭做點自己力所能及的實事為好。只是樹欲靜而風不止，董作賓欲躲在孤島一角喝著南瓜鹽煮稀飯做點烏龜殼的研究，但大海那邊卻又掀起狂風暴雨，有人趁機興風作浪，向困阨於孤島的董作賓等人襲來。

自一九五〇年始，逐漸穩住陣腳的中共政權，出於一種政治需要，在掀起批判胡適運動的同時，號令留在大陸的一切人等，不論是工農商兵學，還是與國民黨有過瓜葛的舊官員與已沒有自由可言的原自由知識分子，都要接受馬克思唯物主義辯證法和以馬克思主義為主導的社會發展史，即從猿到人、勞動創造人等新式理論的教育。這個新式理論，具體分為原始社會─奴隸社會─封建社會─資本主義社會─社會主義社會等五大社會發展階段。每個在大陸地區紅旗下討生活的人，必須堅信這個社會發展演變模式，同時還必須堅信「資本主義一天天爛下去，社會主義一天天好起來」這一不容置疑的、放之四海而皆準的歷史發展規律。對這一規律是否信服，成為檢驗「誰是我們的敵人，誰是我們的朋友」的「分水嶺和試金石」。在這樣一種社會政治風雲鼓蕩下，新成立不久的中國科學院，特別是下屬研究人文歷史科學的考古研究所，自然要站在時代大潮的前列，為這個發展規律推波助瀾，使之一浪高過一浪，直至達到「無限風光在險峰」的奇效。

於是，在一九五二年那個乍暖還寒的春天裡，中國科學院考古研究所領導層，開始組織新老員工利用大塊時間蹲在會議室開會，除批判胡適的言論，便是集體學習社會發展史，特別是郭沫若的《中國古代社會研究》一書，成為政治學習的文件。在不斷深入學習討論中，郭沫若的這部著作被譽為「我國馬克思主義史學的開山之作」，作者也被加封為「在馬克思主義指導下研究中國古代社會、中國古代史而做出了創造性貢獻」的「第一人」。[9]按照郭氏以唯物史觀弄出的古史體系，其結論為：

商代是金石並用的時代。那時候已經有了文字，但在形成途中，所以左右行不能確定，每個字可以正寫反寫，一個字也可以有幾十種寫法；生產以畜物為主，農業剛剛開始；社會形態是原始共產制氏族社會，以母系為中心，所以有「兄終弟及」、「先妣持祭」、「多父」、「多母」的制度。商代才是中國歷史的真正起頭。西周是由氏族社會轉移到奴隸社會；春秋以後，又轉入了封建制度；最近百年為資本制。與此相應的中國有三次社會革命。第一次奴隸制革命在殷周之際；第二次封建制革命在周秦之際；第三次資本制革命在清代末年。

據考古所當時參會的年輕研究人員石興邦說：「大家討論得很熱烈，郭寶鈞也參加討論，寫了一篇介紹殷墟人殉慘狀的文章。這是說明殷代階級壓迫殘酷性的好材料，在報上發表，引起學界的震驚和重視。可是他在文末寫了兩句很不合時宜的話『事實至於遺存，推斷敬俟卓識』。意思是說，我只是報導事實，至於它的歷史含義，還請高明的人來論斷吧。這篇報導郭沫若先生看到後，如獲至寶，因為是說明奴隸社會最有說服力的材料，卻對文末的兩句結語做了嚴厲批評。說他是抱著金飯碗討飯吃。郭老對此批評很不滿意。其後，在思想改造的會議上，不無怨尤地說了幾次。從他的言談之間，可以體會到，他對殉人的歷史含義，不一定看作是奴隸社會的證跡，對社會發展階段上的種種論述和新事物，在他思想上還沒有準備，這與他過去在中央研究院歷史語言研究所的整個學術氣氛和環境以及受到的影響是相聯繫的。」[10]

考古學家郭寶鈞

早在一九四五年，郭沫若於重慶出版他的史學大作《十批判書》時（南按：即「文革」時期毛澤東警告郭「勸君少罵秦始皇……十批不是好文章」之《十批》），曾在後記中寫道：「在科學方法之外，我也接近了近代的文學、哲學和社會科學。尤其辯證唯物論給了我精神上的啟蒙，我從學習著使用這個鑰匙，才認真把人生和學問上的無門關參破了。我才真明白了做人和做學問的意義。」又說：「我比較膽大，對於新史學陣營裡的多數朋友每每提出了相反的意見。我堅持著殷、周是奴隸社會，重新提出了更多的證據和說明。」[11]這個時候的郭沫若尚能對不同意見有所容忍並設法重新提出更多的證據和說明，以表示自己的謙虛和創立的學說並非鐵板一塊，牢不可破。而對傅斯年、李濟、董作賓等史語所人員也頗為尊重。抗戰勝利後，在史語所大隊人馬復員之前，傅斯年、李濟等幾位大腕因經常到南京洽公，順便在中央研究院歷史語言研究所修理完工的房子裡小住。就在這個短暫的歷史空隙，作為國共之外的協力廠商代表應邀到南京參加促進國共和談座談會的郭沫若，來到了史語所戰後重修的房舍參觀並得以與傅、李等人相會。對於這段經歷，郭沫若有如下一段回憶：

歷史語言研究所在中央研究院的最後一進。因為今天是做三分之一的主人，在兩點半鐘的時候我提前趕到了。

研究所正在修繕，在裝門上的花格，漆樓梯上的欄杆。我在雜沓中被領導著上樓，而傅孟真先生卻打著赤膊剛好從左手最末一間的後房中走出。手裡拿著一把蒲葵扇，和他有點發福的身子兩相輝映，很有點像八仙裡面的韓鍾離。這不拘形跡的姿態我很喜歡，但他一看見我，發出了一聲表示歡迎的驚訝之後，略一躊躇又折回後房裡去了。他是轉去披上了一件汗衫出來。

——何必拘形跡呢？打赤膊不正好？我向他抱歉。

孟真只是笑著他那有點孩子味的天真的笑。他只連連地說：還早還早，他們都還沒有來，我引你去見濟之。

濟之就是李濟博士的表字，他是在安陽小屯發掘殷墟的主將。前一向在報上看見他到日本去清理古物去了，當然他是才從日本回了國的。

畢竟是搞學問的人又另外是一種味道。穿過廊道在東頭的一間相當寬敞的後房裡面見到濟之先生。另外還有兩位學者也經過介紹，可惜我的耳朵背，沒有聽出是誰。濟之先生的上身穿的是一件已經變成灰色的白衛生衣，背上和肘拐上都有好幾個窟窿。不知怎的，我就好像遇見了親人一樣。我接觸了我們中國的光榮的一面，比起那些穿卡幾服、拴玻璃帶的黨國要人確實是更要發亮一些……[12]

主賓見面小敘，經李濟引領，郭沫若參觀了少部分安陽發掘的古物並做了簡單的學術交流。從郭沫若的這段回憶看，他與傅斯年似是在重慶期間早已見面並有所交往，而與李濟在重慶時相識且有較深的友誼，故有了郭沫若在見到李濟之後產生了「像遇見了親人一樣」的感覺，同時從對方身上看到了「中國的光榮的一面」，只是這「發亮」的「光榮的一面」轉瞬即逝。隨著政治風雲突變和史語所人員流亡臺灣孤島，在郭氏眼中，李濟與傅斯年連同董作賓等人也隨之變成「黑暗」的或者是「中國的恥辱」的一面了。

一九五〇年，郭沫若為《十批判書》改版，於這年的二月十七日，專門寫了一篇〈蜥蜴的殘夢〉，公開向史語所的李濟、董作賓等人發難，內中說道：「前中央研究院在安陽小屯及侯家莊曾發掘到殷代宮殿遺址及殷王陵墓，均以大量的活人埋藏於地以供地下的保衛。

以墓而言，一墓的殉葬者多至三四百人。這是前史所未有的。《史記・秦本紀》載秦武公殉葬者六十六人，秦穆公殉葬者一百七十七人，比起來已大有遜色。二十多年前在中東所發掘的古代巴比倫的烏爾王墓，僅僅五十九人殉葬而震動了全世界的，更是小巫見大巫了。這樣大規模的用人遺跡，自然是奴隸制的鐵證。這些資料都不曾發表，遺物已全部搬往臺灣，一時無由考見……」又說：「應該感謝郭寶鈞先生，他所提供的這項材料是非常重要的。關於殷代的社會制度，好些朋友一直到現在都還採取著很慎重的態度，不敢斷定為奴隸社會。有了這項資料，我認為是毫無可懷疑的餘地了。以前搞田野考古的人大抵缺乏社會發展史的知識，有的人更根本不相信社會發展史的階級劃分，故他們對於這些史料不加重視，或則兢兢於古器物尺度輕重的校量，或則根據後來的曆法推譜所謂『殷曆』，真可以說是捧著金飯碗討飯了。」[13]

中央研究院歷史語言研究所在殷墟大墓中發掘清理的殉葬者頭骨（臺灣中央研究院歷史語言研究所提供）

郭沫若文中所說的「古器物校量」，喻指李濟和他的弟子吳金鼎等人的所作所為，這一派學者在抗戰流亡的昆明、李莊時期，曾對出土陶器、青銅器等做過詳細的丈量，並稱其重量，劃分類型類別等，這在郭沫若看來屬煩瑣考證，後考古界專門組織力量批判過所謂的「煩瑣考證」，意在消除李濟為代表的考古派的「流毒」。所謂殷曆的「推譜」自然是指董作賓。董在李莊時，根據殷墟甲骨文透露的信息所完成的皇皇大著《殷曆譜》，已廣為學界所知並大受推崇，包括時在成都燕京大學任教的陳寅恪。而傅斯年所言，「今彥堂之書，無類書之習，絕教條之科，盡可見之卜辭而安排之，若合符然，其功夫有若門德勒也夫（即門得列夫）之始為原子周期表，而其事尤繁矣」，[14] 即指該著。繼《殷曆譜》出版之後，董作賓在李莊與屈萬里又編成《殷墟文字甲編》，一九四七年，董作賓赴美國芝加哥大學講學，其間寫就一篇〈自序〉，內中曾針對郭沫若抗戰勝利前後的歷史觀點提出了不同的見解，明確反對殷代是奴隸社會的說法。其中一段說道：

> 殷代不是創造文字的時代，我們就不能根據甲骨文字來研究殷代的社會背景……我們不能據字形說「民」是剌瞎眼睛，「臣」是俯首聽命，民與臣是奴隸，殷代的臣民也就是奴隸，因而斷定殷代是奴隸社會。這是很有問題的。臣、民兩字，創造時的用意是否就是如此？即使如此，是否又經過了假借？而殷代的人民，也稱「人」，也稱「眾」；眾是一塊地方，下有三人，又何嘗有奴隸的痕跡呢？[15]

董的觀點有無道理，在為期三年的時間裡，郭沫若一直沒有做過回應。到了董氏流亡臺灣，郭沫若以新朝命官登上政治舞臺威勢，突然拔劍出鞘，以銳利的劍鋒，開始對董作賓進行反擊，文中說道：「雖然承蒙董先生沒有直接指出我的名姓，但這指責的是我，那倒毫無問題。但可惜董先生的關門主義關到了家。他雖然也在參加殷墟的發掘，而且在發掘著一個典型的奴隸社會，而他卻找不出『奴隸的痕跡』，實在也是值得同情的。」又說：「董作賓卻僅僅抓到一兩個字，根據自己的敵愾來隨便邏輯一下，便想把臣民是奴隸的本質否定了，把殷代是奴隸社會的說法否定了。這根本就不是學者的態度。就是這種非學者的態度，逼得他在今天跑到臺灣去準備殉葬，這一層，我倒是能夠充分理解的。」[16]

接下來，郭沫若以爺爺教訓孫子的口吻斥責道：「誰叫你要在它身上去找『奴隸的痕跡』？不邏輯竟到了這樣的地步！老實說，做學問的人是不能夠這樣的，一定要虛心，要把別人的著述先做適量的體會，從全面來了解別人，然後才能進行批判。不懂就不要假充內行。假充內行的結果，只是表示自己的無知。單純的無知倒還可以救藥，只要虛心地多讀書，改正一下頭腦，知識倒也會積蓄得起來的。假使在無知之中再加上敵愾，敵愾而且很強，巍巍乎儼然一個大權威那樣，是的，那才是『很有問題』的！在今天看來，殷、周是奴隸社會的說法，就我所已曾接觸過的資料看來，的確是鐵案難移。」[17]

最後，郭沫若以恐龍與蜥蜴做比喻，謂原中央研究院歷史語言研究所以李濟、董作賓為代表的舊的、資產階級學者們的「時代老早就過去了，這和爬蟲時代一去不復返一樣」。[18]

郭氏的戰鬥檄文雖沒有毛澤東後來出版的「雄文四卷」（郭沫若語）威力巨大，但同樣在社會特別是學術界引起了強烈震動。於是，天下士林聞風而動，藉機賦詩撰歌以迎合其趣味者紛至沓來。其聲之遠播，其勢之喧騰，新中國成立以來，在學界文人中鮮有其匹。更有好事者如中科院考古所的殷滌非等人，將郭董二氏相提並論，說道，「郭沫若院長的論述之所以正確，就因為郭院長是在馬克思列寧主義的思想指導下，是在辯證唯物主義和歷史唯物主義的理論基礎上進行考古研究的……而董作賓與此完全相反，他只是『準備殉葬』」，所以是腐朽和荒謬的。[19]中科院歷史研究所的李學勤或許出於壓力，或許是自願，在聽從郭老熱切召喚的同時，開始對董作賓連同死去的羅振玉等人開起火來，謂：「甲骨研究雖然有了半個世紀以上的歷史，但是由於羅振玉等封建學者和董作賓之流資產階級學者長期把持壟斷，阻礙了這項科學的發展」。「董作賓和他的徒裔，追隨著胡適的方向，提倡無用的煩瑣考證」。「這些資產階級學者，就是在甲骨史料的編纂上，實際也沒有做出多大的貢獻。他們斤斤計較的不過是點滴孤立的一字一義，或者是荒誕無稽的所謂『殷曆譜』；對於殷代社會，甚至殷代的歷史事件，他們是完全茫然無知的」。又說：「真正的甲骨學是郭沫若先生建立起來的。由於郭沫若先生等馬克思主義歷史學家的辛勤工作，才使我們對殷代史有了一定的認識。」因此，目前在甲骨學領域內，「也必須迅速而徹底地拔除白旗，高舉紅旗，向資產階級學術路線做毫不假惜的鬥爭」。李氏在文中附帶地指責了陳夢家《殷虛卜辭綜述》征人方歷程基本上是抄襲了董作賓說法，並斷言董作賓、陳夢家對這一組征人方卜辭的時代和地理的考證「是完全錯誤的」。[20]

在一連串的槍炮聲中，董作賓與他的徒子徒孫成了「荒誕無稽」的丘八，尊敬的郭老成了甲骨學界的開山鼻祖與永世飄揚的偉大旗手。與此相關的「殷墟的殉葬者是奴隸，商、周是奴隸社會」這一「鐵案」，在大中小學生教科書中連篇累牘地大規模出現，郭氏之說遂成為牢不可破的生鐵鑄成的堅硬的歷史文化瑰寶，大有撼山易，撼郭氏「鐵案」難之威勢。

就在「鐵案如山」，撼郭氏理論勢如登天之時，也有幾個不識時務的刺頭，或稱長著「花崗岩腦袋」者，如同被壓在五指山下的孫悟空，總是縮在山中伸頭露頭，不時地呼喊叫喚幾聲，以示掙扎抗爭。與吳金鼎同出生於山東安丘縣景芝鎮，且兩家只有一河之隔，抗戰前就讀於清華外語系，時為中科院編譯局編譯員的趙儷生，受家鄉綠林豪傑行俠仗義等英雄業績薰陶和影響，面對郭沫若的霸氣與虛妄，不免動起了肝火，欲與郭氏叫上一板兒。

趙儷生在八十壽辰會上回顧自己的經歷（趙絅提供）

趙儷生晚年有一部叫作《籬槿堂自敘》的回憶錄，此書以通篇短小精悍的文章，回憶了與他交往的人與事。在述及郭沫若時，先是說自己因為郭沫若拍著桌子訓斥陶孟和而看不下去，便給《人民日報》寫信反映情況。為此事，不明就裡的趙儷生差點被打成「反革命分子」。未久，與郭沫若叫板兒正式開始。趙儷生在文中說：

另一場衝突是為了我請他寫的一篇文章，題目是〈蜥蜴的殘夢〉，文中不點名的罵了董作賓和郭寶鈞，說這樣的人只好到臺灣去「殉葬」。這一下，我們犯難了，董是去了臺灣，罵他「殉葬」關係不大，可郭還在考古所任研究員，這樣罵合適嗎？我就問能否改一下？郭沫若很不客氣的說，「你們嫌不好，給我拿回來，別的報刊會要的！」沒有別的辦法，「原樣照登」就是了。我的氣越憋越厲害，當時才三十二三歲，火氣盛，就接連寫了三封信：辭職！當然，郭沫若也不是吃素的，叫人交給我一張便條：「編譯局編譯趙儷生三次請辭，礙難再留，應予照准。郭沫若」。這樣，我這一輩子跟「創造社」的兩員主將各碰了一下，但都是以鄙人的失敗而告終。我失敗了，但精神是愉快的。[21]

不知天高地厚的趙儷生在「人民專政」的新時代，居然膽敢跟當朝一品大員叫板兒滋事，其結果像他的家鄉大多數綠林英雄一樣，最後以失敗而告終，捲起鋪蓋灰頭土臉地走人。趙離開中科院編譯局，先是任教山東大學，後調偏遠的蘭州大學。一九五七年全國「反右」中，趙被山東大學揪回批鬥，並打成「極右分子」。「文革」中趙被下放

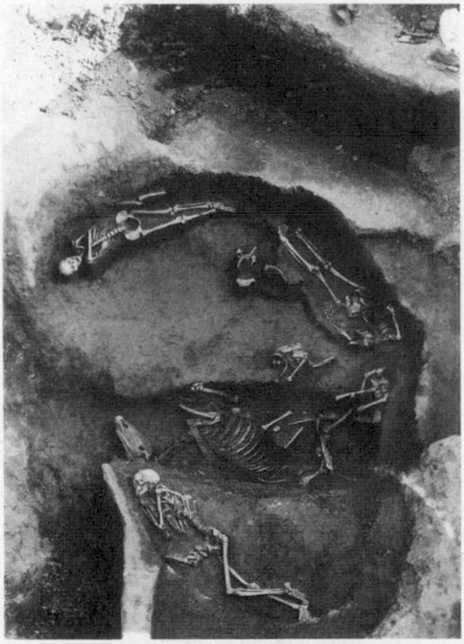

考古人員在殷墟發掘的殉人墓葬（臺灣中央研究院歷史語言研究所提供）

到河西走廊的山丹縣校辦農場勞改。他的二女兒趙紀，一個品學兼優的高三學生，因饑餓難忍和她的一位女同學為採摘野菜充饑，雙雙墜崖殞命。趙儷生經歷了九死一生，總算活了下來。

郭沫若的討伐檄文被憋著一肚子氣的趙儷生「原樣照登」之後，很快被《人民日報》等報刊轉載，引得四方震動，八面呼應。在這股聲勢下，又渡洋過海傳到了日本和澳大利亞，再由日本學者輾轉傳到臺灣。董作賓、李濟等人聞知，在震驚之餘嗤之以鼻，開始組織力量絕地反擊。除朱家驊組織人力撰寫文章外，一九五四年，董作賓在「聯合國中國同志會」第一百次座談會上，做了題為「殷曆譜的自我檢討」的講演，其中對郭沫若的痛斥做了回擊。董說：

> 最近看見澳國一位漢學家拜納氏所攜來的《奴隸制時代》，載有郭沫若在一九五〇年所寫的一篇叫作〈蜥蜴的殘夢〉，中間罵到我的《殷曆譜》，說：以前搞考古的人，大抵缺乏社會發展史的知識……他不懂我的《殷曆譜》，這是當然的。記得在三十四年，傅孟真先生送給他一部《殷曆譜》之後，他寫信給我，說「惜尚未能過細拜讀」。我想他不但那時沒有過細看，直到現在也不曾看過；就是看了，也不一定會了解的。因為他只接受了「斷代研究法」，只走過第一步。抗戰期間，他已捨棄了金文甲骨之學……到此時我才明白，陳夢家為什麼在一九五一年寫《甲骨斷代學》的時候只抄我的祀典，不敢談曆法。這樣也好，算是給他一個藏拙的機會。[22]

許多年後，石璋如對此事仍念念不忘，石氏說道：「他（郭沫若）根據馬克思主義的觀點，論斷殷代是奴隸社會，也就認為殷墓的殉葬者都是奴隸。可是後來田野考古的資料多了，此說法就值得商榷，但是那是過去的事了。我做殷墟C區的墓葬群，那裡的殉葬者就不是奴隸，而是軍隊，是有不同的。他被中共捧得很高，成為獨一無二的人物，他曾說遷到臺灣的史語所研究人員是『拿著金飯碗討飯吃』等等。」[23]石璋如顯然對郭氏的理論表示不滿，但就石氏本人一輩子老實巴交的性格而言，沒有過分地譏諷斥罵。

以郭沫若的戰鬥檄文發表為標誌，董作賓與郭沫若之間的交往與友誼徹底斷絕，以後再也沒有發生過聯繫。一九五三年，董作賓編著的《殷墟文字乙編》下輯在臺灣出版，該書著錄甲骨文兩千八百三十三片，並收入了殷墟第十三次發掘著名的YH127坑的大批完整材料，學術價值極其重要。該著傳到大陸後，郭沫若如獲珍寶，立即指示中國科學院考古研究所翻印出版，並親自為之撰寫了後記，但對編著者董作賓避而不談。偶爾談到董作賓並在後來被外界所知的一次，是郭沫若致原中央研究院人文和社會科學組院士，時任湖南大學文學院院長的著名語言文字學家楊樹達的信函，此時郭氏的口氣與幾年前已有了巨大變化。一九五三年九月二十三日，楊樹達在日記中寫道：

郭沫若來書……云董某妄人，其說未可盡信。記《卜辭通纂》曾言讀董氏斷代研究例，拍案叫絕，今乃斥為妄人，鼎堂真妙人哉！[24]

當楊樹達接看郭沫若信時，這位與毛澤東私宜甚重，且不斷書信往來的楊老先生大概尚未意識到，既然董作賓已流亡臺海孤島「殉葬」，著名的烏龜殼——「大龜四版」已用之完畢，「鴻蒙」已被鑿破，眼下已是江山易主，主客顛倒，「拍案叫絕」的時代已成過去，歷史的進程自然要換作「拍案叫罵」的時代了。深受辯證唯物論精神啟蒙，並「真明白了做人和做學問的意義」，天降大任於是人，捨我其誰的郭鼎堂君，焉能不成為一個顏色突變的「妙人」哉？

國共兩黨分別控制臺灣與大陸之後，臺灣的知識分子在漸趨穩定的政治環境中，開始寫一些回憶與總結性文章，而大陸知識界在連綿的政治風暴中，也在鴻篇巨製地書寫思想彙報與政治檢查。二者的不同正如美籍華人史家唐德剛所言：「臺灣學者是唱戲捔屁股——自捧自；而大陸學界則是對著鏡子喊王八——自罵自。」[25]此謂話糙理不糙，一針見血。一九六六年四月十四日，全國人大常委會第三十次擴大會議在京舉行，時為全國人大副委員長的郭沫若，在聽了文化部副部長石西民所做〈關於社會主義文化革命〉報告後，曾痛心疾首地檢討並當場宣布說：「幾十年來，（我）一直拿著筆桿子在寫東西，也翻譯了一些東西。按字數來講，恐怕有幾百萬字了。但是，拿今天的標準來講，我以前所寫的東西，嚴格地說，應該全部把它燒掉，沒有一點價值。主要的原因是什麼呢？就是沒有學好毛主席思想，沒有用毛主席思想來武裝自己，所以，階級觀點有時候很模糊」，因而，就應該全部燒掉。最後，郭氏「很慚愧」地說：「事實上很多農民學毛主席著作比我們任何人學得都好，比我們這些知識分子學得好得多。我們這些知識分子，誇誇其談的什麼哲學家、史學家、什麼家，簡直不成家」，[26]可謂狗屁不如。

郭氏一番自我作踐並把自己當成一個地地道道「小賤人」的發言，通過媒體輾轉傳到臺灣後，再度引起了學術界震動，許多學人為之搖頭歎息。此時「妄人」董作賓已死，無力再做評論和搖頭歎氣了，而尚活在人間的李濟則於慍怒中提出了公開批評，認為郭是個「才子」，「天分很高」，但是「沒有自信」，之所以沒有自信，是由於在做學問上缺乏「自約」的精神。[27]後來李濟給郭氏的為人為學做了一個總結式的評價：「郭是一個天分很高的才子，可惜就是沒有骨頭」云云。[28]

三、學術巨人的消失

就在以郭沫若為代表的大陸學術界批董的同時，跑到臺灣「準備殉葬」的董作賓卻沒有馬上要死的準備，而是思慮起改變生活窘境，繼續活下去且活得好一點的辦法。

董作賓自大陸攜家赴臺不久，在朱家驊與傅斯年等人支持鼓動下，創辦了學術性刊物《大陸雜誌》，並擔任發行人。傅斯年臨死前急著寫文章拿稿費，讓其妻俞大綵買棉花做一條禦寒的棉褲，就是為董辦的這份《大陸雜誌》投稿。只是當傅的文章發表，董作賓眼含熱淚捧著稿費到傅宅奉送時，傅斯年已撒手人寰。作為史語所所長兼臺大校長的傅斯年，僅與其妻俞大綵組成了一個小家庭，生活境況尚且如此窮蹇糟糕。而有十個孩子的董作賓，一家生活遭際自是可想而知。胡適出任中央研究院院長後，江冬秀由美到臺，得知胡氏早餐只吃一點稀飯，一點南瓜，覺得吃得太苦，要另外加點主食和菜肴，被胡適阻止。胡談到史語所同人住在楊梅時代，有幾家每月到了二十日之後，就用南瓜加鹽煮稀飯過日子，一直熬到下個月發薪水，然後到了下個月二十日左右還得靠南瓜加鹽煮稀飯過下去。胡適所說「有幾家」中的第一號人家，就是董作賓。

儘管靠南瓜加鹽煮稀飯過日子，但不能趴在床上等死或蹲在屋頂上整天大罵蔣氏父子失察民情與缺少憐憫之心，生活還要繼續，各項工作也得琢磨著幹起來。因而董作賓繼傅斯年出任史語所所長不久，便拿出主要精力主持史語所在南港建造辦公大樓和宿舍的工程。當時建築行業與學術機關的知識分子，對搞建築拿回扣，還不像幾十年後臺灣或大陸那般火熱，並有「站起一座樓，富起一群狗」的說法和做法（南按：也有「倒下一群狗」之說，即貪汙者被抓進監獄），即使有，憑董作賓接受的教育和為人處世的準則，以權牟利，從中撈取油水的空間也較小。一晃幾年過去了，眼看一座座樓舍立起，而董家生活依然極其艱難，許多時候連吃飽肚子都不太容易。董作賓在臺大考古人類學系兼課後，有幾位要好的同事經常看到他每次下課回家，都從校內的小賣部買一包花生米邊走邊吃，且吃得很香甜的樣子，就問他為何總是買花生米吃。董說講完課後肚子就有點餓，吃幾個花生米充饑，別的買不起，花生米便宜些。對方不解地問，為何不拿到家中再吃？董一邊用手指捏著花生米往嘴裡送，一邊不好意思地笑笑說：「我家食指浩繁，拿回去，這包花生米就不是我的了。」

許多年後，董作賓的兒子董敏證實了此事，並認為是董作賓在李莊時代的助手屈萬里最先傳播出來的，但屈氏傳播這個故事，原本想證明董作賓是一河南老土和生活上的小氣鬼。按屈萬里的設想，一個大學教授，還是中央研究院院士，怎麼能在校園裡吃零食呢，這樣做不是很丟人的事嗎？除了老土誰還會這麼個樣子？因而，董敏認為屈萬里傳播此事是不懷好意，只是沒有達到預期的詆毀效果罷了。因為凡聽到這個故事者，都為董家生活的艱難而感動，沒有人去考慮董作賓是否河南老土或小氣不小氣的事，且在臺大校園當著師生的面吃幾粒花生米，也沒有什麼大不了，更不是什麼丟人現眼的事。對此，董敏補充說：「事實上當時的董家確實窮困得很，我爸爸有開夜車搞研究寫文章的習慣，他的桌子下面有個小鐵筒，裡面裝了一點餅乾糕點什麼的，晚上熬夜餓了的時候，就從鐵筒裡掏出一點點墊活墊活。開始孩子們不知道，等發現這個祕密後，就趁他不在家的時候偷偷給吃掉了，結果有一個晚上，我爸爸到半夜又從小鐵筒裡找東西吃，一看是空的了，很懊喪，起身在屋裡轉了幾圈，長吁短歎。我媽媽熊海萍起床看到爸爸愁苦悲戚的樣子，又看到那個空鐵筒，心領神會，當場流下了熱淚。」[29]

不管屈萬里傳播董作賓於臺大校園吃花生米之事真實動機如何，董家貧困是個不爭的事實，這個事實也是導致董作賓出走香港的重要原因。

一九五五年初，香港大學東方文化研究院有意聘請董作賓赴港任教授，薪水高於董在臺灣幾個機構服務收入總和約二倍。由於連日勞累和窮愁，此時的董作賓身體狀況極為虛弱，很希望找個清閒地方好好休息一段時日。加之南港的工程已經完成並交付使用，董覺得無愧上司與同人之託，便答應了港大聘請，並於這年八月辭卻史語所所長職，向臺大請假，赴香港就任。董走後，由李濟接任所長，屈萬里為所務祕書。

赴香港的董作賓儘管得到了較高的薪水和休息空閒，畢竟港島的學術氛圍無法與臺灣比擬，且作為立志以研究甲骨文為終身職業的學者，離開了由大陸運往臺灣的殷墟出土甲骨，如同魚兒離開了大海，學術生命受到嚴峻挑戰，其內心的孤獨與焦躁不安難以向外人道及。

一九五六年，董作賓在香港發表了〈甲骨學前途之展望〉一文，以憂傷的筆觸寫道：「去年曾訪韓、日，前年曾遊菲律賓，此來香港得接洽學術界人士，兼可以見到大陸上的許多學人發表的甲骨文論著。至於歐美漢學家的動態，也在通訊中略見一斑。展望世界，甲骨學的前途甚是暗淡。甲骨學的沉悶，也就是中國古史研究之消極停滯，茫無端緒了。」[30]

1957年，第二次院士會議期間，李濟（左）與李方桂（中）、董作賓（右）在臺北史語所樓前合影留念。（李光謨提供）

一九五八年，胡適由美抵臺出任中央研究院院長，力邀董作賓返臺繼續從事以前的教學與研究工作。已感鬱悶至極的董作賓聽從了胡氏召喚，於當年秋辭卻港大職位重返臺北。

返回史語所的董作賓已無職務可言，亦無組可歸，只好專任臺大教授，處境很是尷尬。作為院長的胡適深感過意不去，經過一番苦心孤詣的琢磨權衡，終於想出了一個令各方面都能接受的兩全辦法，即在史語所成立一個甲骨學研究室，由董作賓擔當主任主持工作。當時史語所內的考古館已落成，正好讓此研究室進駐並有充足空間來做甲骨文研究。對於這個微妙的方案，董作賓自己說：「這是我可以竭其殘年，再報效於甲骨學的一個機會。」[31]按石璋如的說法：「就編制而言，成立『室』而非『組』，是因為在組織規程中，室可大可小，大者可與所平等，小者可附屬於所。不過這時我們也沒有想太多。」[32]甲骨學研究室就在這樣的背景下，於一九五八年十一月鳴鑼開張，抗戰時期在李莊招來的人員屈萬里、張秉權、劉淵臨等繼續協助董作賓工作。

胡適弄出的這個方案，由於內含不足為外人道的微妙關係，自然引起外界議論與猜忌。如有李敖者就曾對此放言道：「董作賓丟掉史語所所長以後，無組可歸，於是專門成立了一個『甲骨學研究室』，這是為了脫離李濟的壓力、挽回自己面子的一個伏筆——他也預備有朝一日脫組而出，另成立『甲骨學研究所』。可是所未成而身先歿。落得生前常常怒目相向的李濟寫文章貓哭老鼠！」[33]事情就這樣泡了湯。李敖所說有無道理尚可討論，但謂董作賓「身先歿」，則是一九六三年的事了。這一年的臺灣學界不止董作賓一人去世，走在他前面的重量級人物還有兩位，一是朱家驊，另一位就是董同龢。

對於董作賓等三人的死，石璋如在晚年曾以哀惋的心情說：「五十二年真是不幸的一年，有好幾位同人過世。一月三日晚，王志維電告朱前院長於當日下午去世。朱先生是研究院奠基南港的重要人物，任期也長，對研究院有所貢獻，老同人對他都有感情，聽說了訊息都非常難過。」[34]朱家驊去世後，於五月十五日安葬於陽明山。按石璋如的說法，「由於上山耗時較久，十點鐘始舉行安葬式，稍微公祭一下十點半即結束，比起胡先生簡單得多」。[35]

很顯然，與胡適比起來，朱氏的葬禮「簡單得多」的根本原因，恐怕不是一個上山費力耗時可以解釋的，其背後深層的原因一言難盡——儘管死後蔣介石親臨弔唁，並特贈「愴懷勳碩」輓額，其間的裂隙和隱情亦令旁觀者看得分明。無論如何，朱家驊作為曾在中國政壇學界呼風喚雨、威震朝野、縱橫三十餘年的重量級「大鱷」，就這樣從芸芸眾生的視線中消失了。

朱家驊入葬三十四天後，即六月十八日，董同龢隨之而去。石璋如說：「董同龢先生是我們同輩之中最聰明能幹，也最用功的人，常有自己的主張，連傅先生也說服不了他。在抗戰大後方，他還是副研究員的時候就獲得過楊銓獎學金，可見才氣之高。」[36]石氏所說的董獲獎金之事，是在四川的李莊。那時的董同龢可謂風華正茂、意氣風發、心高氣傲，大有緊隨傅斯年「目空天下士」的氣勢。可惜天妒英才，不幸患了肝癌，未能掙脫死神的召喚，至堪扼腕。

董同龢過世五個月後，十一月二十三日，董作賓先生也過世了。石璋如說：「恰逢美國總統甘迺迪遇刺身亡日，我們說董先生是大人物，能與甘迺迪同日過世。董先生的身體底子並不壞，只是不愛運動，而且董先生既忙著大陸雜誌社的事，又擔任所長，去香港任教回臺又擔任甲骨文研究室主任，事情非常忙，因此同人曾勸他裝假牙，但他忙到沒有空去。牙齒不好就吃不好，連帶消化不好影響健康。董先生要是早日治好牙齒的問題，身體就容易養好了。」[37]

作為同鄉兼同事，一起共事幾十年的石璋如，可謂對董作賓有深透的了解。但世間的事往往旁觀者清，當局者迷，董作賓可能意識不到一個牙齒的問題竟引來這麼多麻煩，且引得死神找上門來糾纏不休，最後竟把命丟掉。不過，石氏之說也只是一家之言。據董作賓的兒子、曾給蔣介石當了幾十年「御醫」的董玉京說，董作賓在此前許多年就已患有高血壓、心絞痛、心肌梗死症和有家族性遺傳的糖尿病等，正是這成堆的疾病綜合徵，導致其在不該中風的年紀就已得過一次輕癱，而且一直未能復原。

從董玉京後來編寫的年表可知，一九五九年，也就是董作賓從香港返臺八個月後的五月十日，就「忽膺中風，不能言語，入臺大醫院治療三月而癒，然之後語言即告蹇澀」。[38]之後，董氏的身體每下愈況，直至再度心臟病發作和中風不治。前往醫院探視的石璋如等人看到：「董先生嘴巴歪了，也無法言語，當時大家醫學知識有限，均不知是何毛病，後來才曉得是中風（腦出血）。董先生住院期間，女兒常在旁照顧，董先生經常昏迷，神智不清，連拉出屎都渾然不覺，吃得也很少，偶爾才神智清醒，還能說笑，這時症狀應該是稍有改善了，吃得也比較多。特別是十一月二十二日，董先生清醒過來，交代了一些話，我們都稍微安了些心。沒想到二十三日董先生就過世了。像他平常是這麼痛快的一個人，身體要是不好，也不能拖這麼長時間，在臥病住院近八個月期間，想必受了不少罪，難受之至。」[39]

一九六三年十一月二十三日，董作賓於臺大醫院病逝。舉殯日，即以臺灣大學、中央研究院、教育部、親朋故舊等組成治喪委員會，其規格與胡適喪事基本相同，治喪主委同為教育部部長黃季陸。因中央研究院的學人在兩年中就失去了胡、朱、翁、董四位重量級大腕，治喪委員會決定把這四位學者安葬的墓地正式命名為「南港學人山」。當天公祭時，黃季陸、錢思亮、王世杰、孔德成、李濟等為主祭，蔣介石親自書寫輓額「績學貽徵」致賜。國民黨大老于右任、莫德惠、葉公超以及副總統陳誠等高官大員與席，學術文化界同人哀悼，執紼者千餘人。有二十餘家機構，六輛小車，四輛大車，一路浩浩蕩蕩，從殯儀館送到南港，葬於中央研究院高山之陽，與胡適墓為鄰。一代甲骨

位於臺北南港學人山上的董作賓先生與夫人墓園，該墓園由其兒媳馬若白女士設計整建。墓後有碑，上刻蔣中正輓額「績學貽徵」四字手書，碑文落款「後學陳槃敬撰同學弟臺靜農敬書」。（作者攝）

學大師就此告別人間。

董作賓的去世，標誌著史語所一根堅實的宏大支柱轟然倒塌，而與董氏匹敵者只有李濟與石璋如和稍年輕一點的高去尋等幾人，尚在暮年的風雨黃昏中苦苦支撐。整個史語所也進入了拉幫結派，爭權奪利，人員進出紛亂的迷濛歲月。因為組建中央研究院民族所的緣故，原本由鐵哥們兒逐漸產生間隙的淩純聲與芮逸夫兩員大將公開決裂，各自拉桿子鬧獨立。李濟如同控制一艘在巨大風浪中搖晃得厲害的輪船，不得不全力以赴為之掌舵，即便如此，這艘巨輪也在風浪中搖晃得厲害，而舵手更是苦不堪言。儘管胡適死後三個月，李濟不再代理院長，把這個位子交到幾經宦海沉浮的王世杰手中，但李濟與他那些早年的同事董作賓等人，還是未能避免外界的誤會甚至惡意的咒罵。正如從臺灣大學歷史系跑出校門，欲進中央研究院歷史語言研究所而不得的李敖在一九六三年十一月所言：李濟是漸成文化沙漠和板結的岩石的臺灣孤島「數一數二的鑿井工程師，也是真正有執照的人。可是，他無法鑿井。第一，李濟繼承了這副僵化的衣缽與工具，他無法把他們從牌桌上拉下來；拉下來也沒用，他們已不會或從來不會鑿井。他們只會把持住幾處水源不放。結果呢，年輕一代淚眼望李濟，李濟淚眼望著牌桌——他不但不能抓賭，反倒做了替罪羊……第三，李濟在性格上有他基本的不適合做領導人物的『缺憾』。例如，他沒有蔡元培的雍容、沒有丁文江的精明、沒有胡適之的小事糊塗，也沒有傅斯年的硬衝。他的性格屬於狷介的一面，嚴肅而不可親（甚至有時氣量狹窄小氣，態度跋扈專橫）……自古做領導人物的人，凡不能在雍容、精明、小事糊塗或硬衝任何一點上爐火純青的，都難免走上『惡惡而不能去，愛才而不能用（或不敢用）』的十字街頭。現在，可憐的李濟正走上十字街頭」。[40]

如果說此時的李敖還擺出一副臺大出身的公道人或文化殉道者的架式，一邊搖頭晃腦地做斯文狀，一邊居高臨下地指責呵斥，那麼到了一九六四年八月，李氏在確切地得知自己無緣進入中央研究院歷史語言研究所覓得一把木頭椅子坐上去之後，[41]原形畢露，殺氣騰生，抄起一根類似梁山上霹靂火秦明手中那樣帶刺的狼牙棒，從一個由李鐵拐、蕭猛熊、張二狗等一干「土鼈」組成的風雨飄搖的土寨子——《文星》雜誌的巢穴衝將出來，一路狂叫著向正在中央研究院埋首工作的大字號「海龜」李濟殺奔而來。李敖到得南港學人山，勒住馬頭，揮舞著寒光閃爍的狼牙棒，在陣前叫罵道：「我們不但要『罵倒一些個人』，甚至應該打倒一些個人，我們要逢佛砍佛、逢羅漢砍羅漢、逢老不長進砍老不長進。只有這樣，才能趕走攔路的老虎或紙老虎。」而對待「李濟型」的特大號「海龜」，只有採取「擒賊先擒王」的戰略戰術，給予致命一擊，才能把以李濟為首、發源於史語所的「新樸學集團」中的「村學究」、「老夫子」與「小老夫子」們盡數掃蕩之。與此同時，李敖一次開列了李濟「悲觀」、「氣量狹窄小氣與態度跋扈專橫」、「把持職位、學術資料」、「師心自用，不善用人，排斥異己，唯我獨尊」等九大「罪狀」，進行口誅筆伐，偶爾還舉例加以佐證，如扯到錢穆競選院士的往事，李敖指責道：「李濟這種氣焰震主（胡適、王世杰）的行徑，還很多呢！一九六〇年，院士提名會議之前，胡適曾經自己拿錢搜集錢穆的著作，而且提名他競選院士，可是人文組開審查會議時，李濟負責審查，他說錢穆反對胡適，我們不能提名他競選院士。胡適當時解釋說：『我們今天選舉院士，是根據他的學術著作，不應該扯到個人恩怨上去。』結果是李濟又用錢穆沒有正式大學畢業的資格提出否決，因此錢穆不得提名。其他薩孟武等之不能擠進院士行列，大率類此。」[42]

除了當空揮舞狼牙棒叫罵，李敖由原來做咬文嚼字狀的「咬文」，漸漸演變得如小瘋狗一樣狂吠與「咬人」，認為李濟除了經常在文字上散布悲觀消極的氣氛以外，還在言辭上表示同樣的洩氣，而「這種表示最明顯的一次是在一九六二年二月二十四日中央研究院第五次院士會議及選舉一九六〇年度和一九六一年度新院士後的酒會上，李濟支著拐杖致辭，先沒有必要的聲明他支拐杖的理由『不是賣老』，然後來了一大套又臭又長的悲觀論……李濟的悲觀論當場就受到吳大猷院士的反駁，然後由胡適院長出面總結，他說他『贊成吳大猷先生的話，李濟先生太悲觀了』！說了這些話後十幾分鐘，胡適就死掉了。但是，李濟絕不因為他的悲觀就讓位給別人幹，他還是死氣沉沉地賴在那兒，照舊向皮球裡扎針——洩氣」。[43]

面對這些謾罵、滋擾、攻訐和「咬人」的惡行，蹲在南港中央研究院史語所研究室漸入老境的李濟自然是憤懣的，但他又是堅定、樂觀、向上的，他的學生許倬雲說從他的身上看見了「希臘精神與儒家修養的結合」，或許尚有偏頗，但要說李濟在心靈深處有一股他自謂的「寧犯天下之大不韙而不為吾心之所不安」的精神，則是大體不差的。此處有二事可以為證：一是李不到海外任職；二是對殷墟出土器物的整理與研究。就在李濟代理中央研究院院長的前後，幾所海外大學和研究機構競相邀請李濟到海外去做教學或專門的學術研究工作，但都被一一拒絕了。在被不懷好意者叫罵與攻訐的日子裡，李濟沉下心來，一如既往地與同事對運臺的殷墟發掘器物投入大量精力進行整理研究，其取得的豐碩成果越來越為世人所認知。如梁思永當年主持發掘的安陽殷墟王陵出土器物的整理與研究成果，就曾使學術界為之震動，李濟與高去尋、石璋如等學者所付出的心血與情感，也漸被海峽兩岸的學人所理解，並由衷地為之敬佩（南按：此點後有詳述）。

身在美國，對自己恩師李濟把精力投入到殷墟出土器物整理研究，並堅決拒絕海外邀請這一做法不太理解的張光直，與許多人一樣，一度認為李是戀棧，不願捨棄自己到手的地位而放手讓給別人來做。直到晚年，張光直才有所頓悟：「我強烈地意識到，李濟一生之所以一再拒絕美國一些大學提供職位的邀請，沒有移民過去，最根本的原因是他感到自己必須留在國內看到安陽研究的全過程。到了李濟先生逝世前，殷墟發掘出來的大部分資料均已公諸於世。為此我們不能不感謝李先生數十年如一日盡守他領導殷墟發掘的職責。」[44]

張光直的悟性在同代人中堪稱一流，對李濟內心的了解也遠遠超出一般的同學故舊，不能說當年李濟堅定地押運國之重器遠赴臺灣，像胡適使美、梅貽琦保管清華基金一樣，也是為了一件「大事因緣」而來，但內中也確實含有這一層成分，至少是為了一種責任和一個學者的文化良知而來。既然國之重寶已運抵臺島，作為這批寶藏的發掘者與保護、研究者，就理應負起相應的責任，並把這種責任與國家民族的學術命脈聯繫起來。正是為了這一責無旁貸的歷史使命，當李濟進入八十歲高齡即生命的後期，用英文寫成了一部全方位總結安陽殷墟發掘的具有經典意義的劃時代著作《安陽》，先後在美國和日本出版。李氏這一做法的目的，就是要把殷墟的研究成果和中華民族的光榮歷史展示於東西方學術界，為悠久輝煌的中國文化和這個文化孕育出的中國學者爭得一世界性名譽。

遙想當年烽火連天的抗戰歲月，李濟攜家帶口自南京而長沙，由長沙而桂林、越南、昆明直到四川南溪李莊，一路顛沛流離，歷盡艱難困苦。好容易盼到抗戰後復員回京，內戰又起，在山搖地動的一九四八年底，李濟偕妻與唯一的兒子、時正在上海同濟大學讀書的李光謨登上「中鼎」號軍艦，押運一批重寶渡過波濤洶湧的臺灣海峽，抵達基隆再轉赴臺北。按照李濟的計畫，其子到臺後可進入臺大讀書，繼續完成學業。但年輕的兒子李光謨在臺北住了三個月後，覺得此地人多嘈雜，社會治安混亂不堪，沒有什麼可看、可玩的地方，一度心情比較鬱悶。正在這時，李光謨收到了上海同濟大學幾個同學的書信，希望他回到大陸，一起學習。年輕的李光謨為同學們的友情所吸引，徵求父母同意後，隻身一人重返大陸，繼續在上海同濟大學讀書。令一家人意想不到的是，隨著戰爭形勢急轉直下，李光謨再也沒有回臺灣的可能了，這一別竟成永訣。此後的歲月，李濟夫婦在臺北，李光謨在北京，雖父（母）子情深，但海峽阻隔，信息斷絕，只有依依思念之情牽動著三顆跳動的心相互碰撞纏繞，遙遙祝福。隨著南雁北來，雲捲雲舒，倏忽幾十個春秋過去，李濟已進入垂垂老矣的暮年。而隨著一批親朋故舊的先後離世，李濟對故土的思念越強烈，他深情地懷念著留在大陸的朋友梁思成、梁思永兄弟，當然更思念自己的兒子李光謨，以及在昆明與李莊相繼駕鶴西去的鶴徵、鳳徵兩個愛女。對親人故舊的思念之情，於李濟的心中漸漸鬱結成一枚堅硬的化石而揮之不去，在寫給費慰梅的信中，李濟傷感地說道，「和我有著同樣觀點和感情的老朋友們一個個地逝去，無疑削弱了我對周圍事物的親密感」。[45]這是李濟一生中親筆書寫的最後一封個人信函，此時的他已是油乾薪盡，即將帶著欣慰與遺憾告別人世。

一九七九年八月一日，李濟因心臟病猝發在臺北溫州街寓所逝世，是日恰為他親手創建的臺灣大學考古人類學系成立三十周年。

人生有限，文章千秋，薪盡火傳。李濟走了，其精神思想卻伴著他留下的皇皇著作注入後來者的血液，化為一種新的精神力量，激勵後學繼續在科學的蜿蜒小徑上奮力前行。正如張光直所言：「對於任何一個願意研究中國考古學即願意研究中國古代器物的人而言，李濟的考古學著作都是必讀的，直到可以預見的未來仍將是這樣……很可能有人會批評他沒能顯示出理論上的全能本領，指責他在晚年沒能夠甚或不願意更多重視瓦爾特·泰勒的『結合法』。但是迄今為止，在中國考古學這塊廣袤的土地上，在達到最高學術典範這一點上，還沒有一個人能超越他。隨著他

李濟去世後，沒有葬於胡適、董作賓等老友所在的學人山，而是葬於臺北一處公共墓地。圖為2011年7月23日，作者與臺灣中央研究院歷史語言研究所研究員石璋如之子石磊（右三）、臺北故宮博物院副院長李霖燦之子李在中（右二）、南京博物院民俗研究所所長陸建芳等一起拜謁李濟墓。（作者攝）

的過世，一個巨人消失了。」[46]

就在李濟去世二十五年後，臺灣島內傳出了有關石璋如病逝的消息。據《聯合報》二〇〇四年三月十九日報導：

被譽為「考古人瑞」的第一代中國考古學者和中國考古學泰斗、現任臺灣中央研究院院士石璋如，三月十八日上午十時五十二分因心臟衰竭，在臺灣國泰醫院病逝，享壽一百零四歲。

石璋如不但是中國考古學的奠基者之一和中國考古學泰斗，也是臺灣當代考古工作的奠基者，他的逝世為中國現代考古學第一代畫上了一個徹底的句號。

石璋如一生展現了一個學者的「韌性」，他在七十歲以前發表的著作都是單篇的研究，但在七十歲以後卻開始發表著作，愈老愈努力，愈有成就。據說，石璋如在生命晚期仍對大陸充滿眷戀，對學術充滿雄心，他在病中的夢話常是安陽、小屯等地名，或是與考古夥伴在田野工作的情形。在後輩學人的眼中，石璋如是一位「一生唯一念」的學者。

在人生的晚年，躺在病榻上的石璋如，夢中經常回到安陽小屯繼續他的發掘工作，於清醒時分也經常憶起他在大陸走過的山山水水，特別是抗戰八年萬里流徙越過的高山大川。他沒有忘記四季如春、花鮮果豔的春城昆明，還有那敵機轟炸的悽慘情景；更沒有忘記避住

石璋如在野外考察時的情形（石磊提供）

了六年之久的四川李莊板栗坳那留下了他生命印記和溫情的山間民居；沒有忘記揚子江盡頭那滔滔江水和滾滾波浪給他帶來的澎湃激情——當然還有那融入他血液中的山野田疇與鄉土人情。就在去世的前三天，石璋如託臺灣中央研究院近代史研究所的研究員陳存恭，把最新出版的《石璋如先生訪問紀錄》（南按：陳為訪問者之一）拿到醫院的病床前，用顫抖的手親筆簽名後，叮囑陳氏把這部有大量篇幅記載抗戰時期史語所與自己在長沙、昆明、李莊居住生活和工作內容的回憶錄，寄往四川省宜賓市李莊鎮人民政府，以示對這塊土地與人民的感激、懷念之情——這是石璋如在臨終前所留下的最後筆跡，也是與祖國大陸最後一次交往，而聯結的終點，則是承載了他青春和夢想、永生難忘的——中國李莊。[47]

注釋

1 陳存恭、陳仲玉、任育德訪問，任育德記錄，《石璋如先生訪問紀錄》（臺北：中央研究院近代史研究所，二〇〇二）。

2 張光直、李光謨編，《李濟考古學論文選集》（北京：文物出版社，一九九〇），頁九六二。

3 〈記小屯出土之青銅器（中篇，鋒刃器）〉之〈後記〉，臺大文史哲學報編輯委員會編輯，《國立臺灣大學文史哲學報》第四期（一九五二年十二月）。

4 同前注。

5 李濟，《安陽》（石家莊：河北教育出版社，二〇〇〇）。

6 李敖，〈李濟：他的悲劇與貢獻〉，《教育與臉譜》（北京：中國友誼出版公司，二〇〇一）。文中加引號的段落是李濟與傅斯年在各自的文章中所述，如李濟〈我在美國的大學生活〉、〈如何辦科學館〉及傅斯年創辦史語所發表言論等。

7 關於李濟的這一主張，據考證最初始於安陽殷墟的發掘。李濟到職伊始，就跟董作賓商定，向全體工作人員做了嚴格規定：一切出土物全屬國家財產，考古人員絕不購買、收藏古物。這條約定在那盜掘古物成風，收藏古物成癖，且大有越演越烈之勢的特定社會環境下，對保護文物、加強考古人員的自律，以及防止倒賣文物之風的蔓延，起到了極其重要的作用。對這條規定，李濟除自己身體力行，終生不渝外，還透過他的弟子和年輕的同人傳衍下來，並成為海峽兩岸考古界、文物博物館界乃至民俗學界的一條不成文的鐵律。凡從事這一方面工作者，無不以此自尊、自律、自勉。據李濟的長子李光謨說：「二十世紀五〇年代初期，大陸上成立黃河考古隊時，隊長夏鼐就對全體人員做了個人不收藏古物的號召。夏鼐是三〇年代從殷墟田野考古這座大學校走出來的，他自然懂得這個道理，只不過他沒跟大家說是誰在我國最早提出這個原則的」（李光謨，《從清華園到史語所：李濟治學生涯瑣記》〔北京：清華大學出版社，二〇〇四〕，頁二五〇—二五二）。下引同）。就當時的社會政治情況論，李濟等人已被視為跟「蔣幫」逃跑到孤島的「殉葬」的人物，即使夏鼐想講這一傳統的來源，恐怕也是心不由己。故夏鼐氏只講下半部也許是最為恰當的。

另據李光謨說：李濟終其一生，勉強可以算跟「收藏品」沾得上邊的，先後只有過三件東西。「一是在北平時期，他的書房桌上曾擺過磁製的猴頭一座。據一位親戚回憶，這是魯迅在西安送給他的，他認為滿好玩就擺了一陣子，後來搬家到南方就不見了。這一件是否算古玩不得而知，很可能是一件近代藝術品。」關於這個猴頭的故事，據青年學者石舒波在他的《龍山春秋》（鄭州：大象出版社，二〇〇八）中說：一九二四年八月一日，魯迅日記中有這樣一段記載：「一日，晴。上午同孫伏園閱古物肆，買小土偶人二枚，磁鴿二枚，磁猿首一枚，彩畫魚龍陶瓶一枚，共錢三元，以猿首贈李濟之。」按石氏的考證，這是一九二四年夏天，陝西省省長兼督軍劉鎮華為裝點門面，著令西北大學和陝西省教育廳舉辦「暑期學校」，以培訓從陝西各縣抽調上來的教員和官員，特地邀請京津等地名流前往講學。時在南開的李濟與在北大任教的魯迅應邀前往，二人始相識並結下了深厚的友誼。因李濟屬猴，西安臨別時，魯迅在古肆買下了一只「猿首」相贈。由於事前李濟沒有想到魯迅會贈以禮物，未來得及上街選購禮品回贈，但李對魯迅的哈德門香煙留下了深刻的印象。據李光謨說，自西安分別後，魯迅與李濟相互通過幾封信，惜隨著抗戰八年和「文革」抄家，此信散失不明了。

李濟收藏的另一件器物，是山東省博物館館長王獻唐送給他的一件做紀念的玉器，據說這可能是一件稱得上古董的器物，還是少年的李光謨親眼見過的。但只是「始終也叫不上名字來」。李濟帶回家沒多久就交給中央博物院籌備處作為公物保藏了。

最後一件就是李濟去世後，同人們在他的寫字桌上發現的五隻木雕猴子。這是一九五六年臺大教員和學生們組成的一個按屬相排列的「猴會」相贈的。這一年正是傳統的「猴年」，當時李濟剛好進入花甲之齡，已度過了五輪猴年，因而「猴會」成員便以五隻木雕猴子相贈，以祝其健康長壽。以上三件器物便是李濟一生的全部「收藏史」。

8 李光謨編，《李濟先生百年誕辰紀念系列活動》（資料），手稿，一九九六年六月。

9 郭沫若，《中國古代社會研究・前言》（石家莊：河北教育出版社，二〇〇〇）。

10 石興邦，〈我所知道的郭寶鈞先生〉，《中國文物報》，二〇〇一年八月二十九日。另據中國社會科學院考古研究所資深研究員王世民說，石興邦記憶有誤。事情的經過是這樣的：大約一九五〇年初，郭沫若約請王冶秋、徐炳昶、郭寶鈞、蘇秉琦等到科學院座談，了解他所需要的考古資料。會上，郭寶鈞講述所知殷墟發掘中的殷代人殉情況，會後於一月二十九日書面提供郭沫若參考。隨後郭老寫了〈蜥蜴的殘夢〉、〈讀了「記殷周殉人之史實」〉等文章。當時考古研究所尚未成立（該所是一九五〇年五月開始籌備，八月一日正式成立），石興邦人在浙江大學隨夏鼐學習，並未親歷。郭沫若的文章及這件事經過，均見〈奴隸制時代〉（《郭沫若全集．歷史編》卷三）。再者，郭寶鈞「推論敬俟卓識，事實止於遺存」，是在《一九五〇年殷墟發掘報告》末尾說的（見《中國考古學報》第五冊）。因而，我覺得還是以〈奴隸制時代〉中述及的郭寶鈞文為宜。（南按：此為王世民在審校本著稿時批語。）

對於王世民先生的話，作者在進一步查對核實後，認為距事實更近。郭寶鈞於一九五〇年一月二十九日致信郭沫若，就「發掘中所見的周代殉葬情形」做了說明。此信明言「謹就追憶所及，參以《考古學報》石璋如先生所述，及聞於梁思永先生者，撮述一二，聊備採擇」（參見郭沫若，《十批判書．後記》〔北京：東方出版社，一九九六〕）。對於是否殉葬的觀點，在受到郭沫若的批評後，郭寶鈞將原信又做了整理改動，以〈記殷周殉人之史實〉為題，刊發於一九五〇年三月十九日的《光明日報》。但文章沒有服膺郭沫若的所謂「鐵證」，郭寶鈞以《墨子》與《呂氏春秋》作比，認為其二人皆反對厚葬，但「墨子言殺殉，呂氏不言……二人所見不同，故所言亦異」。因而仍以「是否如此，疑不敢決」做了結語。這一觀點在當時可謂鳳毛麟角，是頗有一點膽量和學術自由精神的。只是這種精神隨著各種運動的興起，成為晚霞消失之後最後一抹亮色，接下去的日子，再也見不到這一縷亮色了，整個中國大陸學術界沉浸在一片茫茫的黑暗與混沌中。

11 郭沫若，《十批判書．後記》（北京：東方出版社，一九九六）。

12 郭沫若，《南京印象》（上海：群益出版社，一九四六）。

13 郭沫若，《十批判書．後記》（北京：東方出版社，一九九六）。

14 〈殷曆譜．序〉，收入歐陽哲生主編，《傅斯年全集》卷七（長沙：湖南教育出版社，二〇〇三）。

15 郭沫若，《十批判書．後記》（北京：東方出版社，一九九六）。

16 同前注。
17 同前注。
18 同前注。
19 殷滌非，〈考古學必須「厚古薄今」〉，《考古通訊》一九五八年一〇期。
20 李學勤，《殷代地理簡論》（北京：科學出版社，一九五九）。又，一九九六年，上海古籍出版社出版李學勤、彭裕商《殷墟甲骨分期研究》一書，該著一開始回顧了甲骨分期的研究過程，只是這次已經變調，對董作賓、陳夢家等人的著作稍有抬捧之意，並承認董作賓的甲骨文十項斷代標準是「首次對甲骨分期理論方法的系統探索，並通過董作賓先生的實踐，證明是行之有效的。故其在學術界產生了很深遠的影響」。同時認為陳夢家《殷墟卜辭綜述》「是集甲骨學五十多年大成的巨著」，「在『十項標準』的基礎上，對甲骨斷代的方法做了更為系統的分析整理」。看來學術的價值是與時代同步的。
21 趙儷生，《籬槿堂自敘》（上海：上海古籍出版社，一九九九）。
22 董作賓，〈殷曆譜的自我檢討〉，《大陸雜誌》九卷四期（一九五四年八月）。
23 陳存恭、陳仲玉、任育德訪問，任育德記錄，《石璋如先生訪問紀錄》（臺北：中央研究院近代史研究所，二〇〇二）。
24 楊樹達，《積微翁回憶錄》（上海：上海古籍出版社，一九八六）。
25 胡適口述，唐德剛整理、翻譯，《胡適口述自傳》（合肥：安徽教育出版社，一九九九）。
26 郭沫若，〈向工農兵群眾學習，為工農兵群眾服務〉，《光明日報》，一九六六年四月二十八日。
27 李光謨，《從清華園到史語所：李濟治學生涯瑣記》（北京：清華大學出版社，二〇〇四），頁一八四—一八五。
28 二〇〇四年十二月十八日，作者在北京採訪一位不願透露姓名的知情者記錄。
29 二〇一〇年五月二十二日，作者岳南在北京李濟之子李光謨家中，採訪從臺北來京的董敏記錄。
30 〈李丙燾博士花甲紀念論叢〉，一九五六年十月，轉引自《董作賓先生全集．乙編》第三冊（臺北：藝文印書館，一九七七）。

31 董作賓，〈甲骨學六十年〉，《董作賓先生全集．乙編》第五冊（臺北：藝文印書館，一九七七）。

32 陳存恭、陳仲玉、任育德訪問，任育德記錄，《石璋如先生訪問紀錄》（臺北：中央研究院近代史研究所，二〇〇二）。

33 李敖，〈從李濟的悲劇看中央研究院的幾個黑暗面〉，《文星》（一九六四年八月二十二日），轉引自《教育與臉譜》（北京：中國友誼出版公司，二〇〇一）。

34 陳存恭、陳仲玉、任育德訪問，任育德記錄，《石璋如先生訪問紀錄》（臺北：中央研究院近代史研究所，二〇〇二）。

35 同前注。

36 同前注。

37 同前注。

38 國立清華大學藝術中心策畫，《殷商史的解謎者：董作賓百年冥誕特輯》（臺北：藝術家出版社，一九九四）。

39 陳存恭、陳仲玉、任育德訪問，任育德記錄，《石璋如先生訪問紀錄》（臺北：中央研究院近代史研究所，二〇〇二）。

40 李敖，〈李濟：他的貢獻和悲劇〉，《文星》七三期（一九六三年十一月）。

41 李敖罵李濟並往其身上潑汙水，與前者欲進中央研究院歷史語言研究所未可得有關。據《李敖回憶錄》載：「一九六三年五月二十六日，余光中向我說：『梁實秋先生聽說你失了業，想替你找事。』後來我才知道，梁實秋不讓我知道，直接寫信給中央研究院院長王世杰和歷史語言研究所所長李濟，大意說李敖如此人才，任其流落，太可惜，該請李敖去他們那邊。王世杰、李濟收信後，先行內部作業」。又說：前國民黨外交部長中央研究院院長王世杰日記中寫到，「有李敖者」，「日前在文星書店為《蔣廷黻選集》寫序時，對余被免總統府祕書長」，「及簽訂中蘇條約兩件事情，做侮辱性的抨擊」。「李敖為臺大畢業生，有才華而品行不端。梁實秋等於五十二年五月曾經推薦予中央研究院，史語所、李濟之以其行為不正，拒絕之，彼即因此懷恨。」

42 李敖，〈從李濟的悲劇看中央研究院的幾個黑暗面〉，《文星》（一九六四年八月二十二日），轉引自《教育與臉譜》（北京：中國友誼出版公司，二〇〇一）。又，當年錢穆棄昆明西南聯大教職，與胡福林等悄悄來到成都，投奔到以顧頡剛為首的齊魯大學國學研究所任職。後來顧錢反目，顧應朱家驊邀請出走重慶創辦《文史雜誌》，錢氏與胡福林等人勉力支撐。一九四三年秋，齊魯大學國學研究所在經費短缺和人事糾葛、吵鬧中停辦，錢穆受華西大學文學院長羅忠恕之邀轉入該校任教兼四川大學課業，胡留在齊魯大學先後任中文、歷史兩系教授。抗戰勝利後，北大復校，按錢穆的說法：「舊北大同仁不在昆明者，皆函邀赴北平，但余並未得來函邀請」（錢穆，《八十憶雙親・師友雜憶》〔北京：生活・讀書・新知三聯書店，一九九八〕）。於是在北大復員北上後，錢穆受邀來到昆明五華書院任教，其間與留在雲南大學的劉文典和師範學院的羅庸過從甚密。一九四八年春，錢氏受邀由昆北返，到無錫西門外太湖之濱的江南大學任教。一九四九年春，國共爭戰的炮聲已隔江可聞，錢穆決定再次「南渡」，並藉「春假旅行」名義隻身「倉皇南行」。當在廣州華僑大學落腳後，國民黨兵敗如山倒，政府機關大部分遷廣州，時任行政院長的閻錫山邀錢氏等人到官邸開會，錢氏謂：「今日形勢已非，前線軍隊在崩潰中，恐不可恃。政府遠退在此，知識分子教育界可以人自為戰，深入民間，當轉上第一線。俟人心有定向，國事庶可挽回，政局可重建基礎，然後軍事始再可振作。余意僅盼政府多方注意國內知識分子，至少在當時負群望為眾情所歸者，須及時多聯絡，設一妥善之安排。」但會場無人理會，「僅發一場空言而止」（《八十憶雙親・師友雜憶》）。從錢氏的發言中可以看出，此時他仍對國民黨政權抱有一絲認同和企圖扶大廈之將傾的痴情。

一九四九年秋，錢穆出任香港亞洲文商學院（夜校）院長。一九五〇年秋，在香港創辦新亞書院，使流亡學生得以弦歌不輟。因辦學有成，獲香港政府尊崇，於一九五五年獲香港大學名譽博士學位。一九六五年正式卸任新亞書院校長，應聘馬來亞大學，前往講學。

就在傅斯年去世前後，錢穆因香港新亞書院的經費問題和辦學艱難，遂到臺灣請求支持，其間受到蔣介石夫婦、陳誠、朱家驊等人的接見和善待。在奔走於港臺期間，錢氏除了親眼目睹傅斯年之喪，還遭遇了無妄之災，而大難不死的他又飽嘗了豔福，這便是與其女弟子胡美琦的老少婚配。

錢穆的第一位妻子是無錫後宅鄒氏，一九二八年去世，嬰兒夭折。第二位妻子叫張一貫，一九二九年在蘇州與錢穆成婚。張一貫是一位知識女性，畢業於蘇州女子師範學校，曾做過蘇州北街第二中心小學校長。她為錢家生有三子二女（錢拙、錢行、錢遜、錢易、錢輝）。抗戰爆發後，錢穆流轉西南，隻身一人而去。一九四九年的廣州、香港西南之行，亦是孤身一人，其子女全由夫人一手撫養成人。如此舉動，不免受到時人的責評，認為「就後果而言，錢氏此舉實有『棄家』之嫌」。或曰：「為師則可，為夫非宜」（王昊，〈文人南渡〉，《歷史學家茶座》總第八期〔二〇〇七年二月〕）。

一九四九年錢穆在港辦新亞書院時，有一個俊俏的女生進入了他的視野，此人便是胡美琦。胡乃江西南昌人，其父曾做過江西省主席熊式輝的祕書長。一九五〇年暑期，胡家遷居臺北，未久胡美琦也轉往臺中師範學校圖書館任職。一九五二年四月十六日，正在臺灣籌備經費的錢氏應朱家驊邀請，在淡江文理學院新落成的大樓驚聲堂，為臺北「聯合國中國同志學會」做演講。講演方畢，正待聽眾提問，突然屋頂塌陷，水泥塊直擊他的頭部，他頭破血流，緊急送醫院搶救，幾乎喪命。此後數月，錢穆一直在臺中存德巷養病，也就在這個時期，他暗戀的學生胡美琦飄然而至，主動照顧起錢的生活，二人暗度陳倉搞到了一起。一九五二年秋，胡美琦進入臺灣師範學院教育系學習，畢業後赴香港，一九五六年一月三十日與錢穆結為夫婦。對於這段婚姻，臺大出身的學生李敖曾譏諷臺大的教授與領導者搞女人成風，竟至將此風氣蔓延至學校各系的人事安排中，即女多男少的不良局面。據李氏言，此只是一個方面，「等而下之的，非『巧合』的，就是『扎下女』的流行。文學院的老教授中，與家裡『歐八桑』先姦後娶者有之；姦而不娶者亦有之（遮羞費照付），流風所及，從臺大理學院到東海文學院，再從而『偷渡』至港，到大談中國文化單掛英國國旗的新亞書院，都有先姦後娶或後不娶之『學風』，尤以愛談宋明理學者，最愛搬弄此『天理』『人欲』分不清的醜事！」（李敖，《教育與臉譜》〔北京：中國友誼出版公司，二〇〇一〕）這最後一段，自然是指錢穆與胡美琦的結合。到底錢氏屬於哪一類，李氏沒有明言，外人亦無從得知了。

錢胡結合後，胡終身未孕，這是後話。

一九六六年，由大陸掀起的「文革」風暴蔓延到香港，一些「另類」分子聞風而動，開始按照大陸的模式打砸搶燒，製造動亂。作為被毛澤東在〈丟掉幻想，準備鬥爭〉雄文中點名痛斥過的「胡適、傅斯年、錢穆」之流的錢穆，自然受到衝擊。在危難之際，貓在臺北靜觀事態發展的蔣介石伸出了援手，邀請錢氏夫婦赴臺安居並從事力所能及的學術工作。一九六七年十月，錢胡夫婦以歸國學人的身分自港赴臺。蔣介石令蔣經國拜錢穆為師，學習治國之學。

錢氏夫婦抵臺後暫住臺北「自由之家」，不久租居於臺北金山街，並著手準備在臺北自建住房。為此，胡美琦抛掉了香港滙豐銀行的股票作為建房之款。經過踏勘，最終選定在翠林幽谷的外雙溪建樓，並由胡美琦親自設計繪製了圖紙。想不到此事被蔣經國得知，小蔣立即來到錢家拍著胸脯說：「這區區小事，老師不必費心，由我來辦好了。」遂從胡美琦手中要過圖紙，交給陽明山管理局有關人員辦理。未久，在外雙溪，一座小樓拔地而起，這便是著名的素書樓。同年，錢穆膺選中央研究院院士。愛情、事業、名聲等等，凡人生所追求者，錢氏皆有所得，這是其一生的巔峰時刻。

倏忽二十年過去，蔣氏父子先後駕鶴西去，錢穆的素書樓起了風波。

一九八九年，時任臺北市議員的周伯倫，指稱時任總統府資政的錢穆「非法占用市產」。因為素書樓是當年蔣經國委託陽明山管理局所建，產權當屬臺北市政府。如今兩蔣的「威權時代」已經過去，錢氏就不能再倚仗國民黨的權勢「非法霸占公共財產」，必須遷出素書樓，還歷史和臺灣人民一個公道。

當此之時，一個叫陳水扁的立法委員聞聽，立即蹦了出來大造輿論，並以書面質詢方式強烈要求臺北市政府收回素書樓，並對國民黨領袖新任總統李登輝裝憨擼人、保持沉默表示強烈不滿。但也有人站出來指責陳水扁不仁不義，謂素書樓是當年蔣氏父子的特意安排，說「非法」還沾邊，但說「霸占」根本談不到。在一番吵鬧聲中，陳水扁想出了一個妙招：錢穆搬出後，可把素書樓改為「錢穆紀念館」。

錢穆聞聽，憤然歎道：「我活著不讓我住，我還沒有死就建紀念館，這是哪家的邏輯？」

錢穆在臺北素書樓前留影

最終，在陳水扁等人的圍攻夾擊下，時年九十五歲、雙目失明的錢穆被迫於一九九〇年六月一日遷出居住了二十多年的素書樓，在臺北市杭州路闢屋居住。

此後不到三個月，一九九〇年八月三十日，心情鬱悶的錢穆於一個風雨交加的黎明病逝於新闢的寓所。根據錢氏的遺願，一九九一年一月，未亡人胡美琦把其夫的骨灰葬於無錫太湖之濱的石皮山，算是落葉歸根，魂歸故土。

一九九四年，陳水扁當選臺北市市長後，曾在「錢穆紀念館」素書樓開幕時，對當年自己的魯莽舉動表示懺悔，並對錢氏搬出素書樓不及三月即死表達了歉意和「對不起」。

二〇一〇年八月三十日，為紀念錢穆去世二十周年，國民黨主席、總統馬英九來到素書樓發表講話，表達了對錢氏的敬意。時正在醫院養病、年已八十二歲的胡美琦在追思會上，再次吟詠了錢穆去世前寫的一副春聯，表達此時的心境：

　　塵世無常，性命終將老去。
　　天道好還，人文幸得綿延。

43 李敖，〈從李濟的悲劇看中央研究院的幾個黑暗面〉，《文星》（一九六四年八月二十二日），轉引自《教育與臉譜》（北京：中國友誼出版公司，二〇〇一）。

44 張光直、李光謨編，《李濟考古學論文選集》（北京：文物出版社，一九九〇），頁九六二。

45 李濟，〈致費慰梅〉，《從清華園到史語所：李濟治學生涯瑣記》（北京：清華大學出版社，二〇〇四）。

46 張光直，〈李濟〉，收入李光謨編，《李濟與清華》（北京：清華大學

錢穆的素書樓，現已改為紀念館對外開放。

出版社，一九九四）。

47 石璋如著作由陳存恭先生寄岳南，由岳在赴李莊採訪時親自轉交李莊鎮黨委書記孫遠賓、鎮長毛霄。

第八章

池南舊事不堪記

一、吳金鼎之死

高山塌陷，大師遠去。

當胡適、梅貽琦、朱家驊、傅斯年、李濟、董作賓、凌純聲、芮逸夫、石璋如等學界大腕，連同蔣夢麟、毛子水、姚從吾、錢思亮、蔣廷黻、羅家倫、葉公超、蒲薛鳳、張其昀等一批學人政客，相繼出走美國和臺灣後，國民黨統治集團土崩瓦解，當年未回應「搶救學人」計畫而堅持留下來的大小學者，隨著五星紅旗遍插神州大地，開始了新一輪生命歷程。

一九四八年十一月二十九日，傅斯年專門找到夏鼐問有何打算？夏表示「決定返家」，傅勸其早走。兩天後，傅斯年又問夏鼐：「能否押運古物赴臺？」夏斷然拒絕，堅不受命，並做好了回家的準備，先後幾次將自己存在南京的兩百多包藏書郵寄到溫州。

當國民黨大潰退，中央研究院與中央博物院籌備處部分人員倉皇撤離南京、上海之際，與此相關的幾個人卻在大失控、大混亂、大逃亡的世紀變局中悄悄留了下來，這便是梁思永、丁聲樹、夏鼐、郭寶鈞、曾昭燏、王振鐸、逯欽立等人。據王振鐸後來對人說，傅斯年行前再三勸王跟自己到臺灣，王卻以八歲女兒需要照顧為由謝絕。傅無奈，遂將自己旅美時帶回的一個英國名牌3B煙斗和一個頗像毛澤東去重慶談判時所戴的巴拿馬帽贈王以為留念，同時說了一句：「留下也好，共產黨會重用你們的！」[1]似有嘲諷之意。

梁思永當時正在北平家中養病，已不能遠行，即使有意隨史語所主力撤退，也是心有餘而力不足，且由於整個梁氏家族在平津根深柢固的歷史淵源，梁思永尚沒有如此打算。時主持中央博物院籌備處實際事務的曾昭燏，由於多層次的牽掛表示堅決不赴臺。面對朱家驊、傅斯年等人的一再催促，據說丁聲樹的書箱等物已先行運抵臺灣，只是由於夫人堅決反對最終沒有渡海，後來此人加入了中科院語言研究所，主持編纂《現代漢語詞典》等大型語言工具書，隨後大陸幾代人都與這本典籍結下了不解之緣，只是知道丁聲樹為何許人者寥寥無幾，不知是歷史的無情，還是丁氏的不幸？時已從中博籌備處轉到史語所服務的郭寶鈞，想起當年殷墟發掘時傅斯年故意「嗚哩哇啦」說著英語和自己這位壓根不懂英語的土學者對話，很有些憋氣與惱火，遂產生了藉混亂之機擺脫傅斯年與史語所另謀生路的念頭。後來有人說，當年史語所人員全部被傅斯年動員去臺灣，就是沒有動員郭寶鈞。對此傳聞，幾十年後中國科學院考古研究所研究員石興邦曾做過說明，當年郭也在傅的動員之列，只是郭一時四顧茫然，下不了決心，躊躇中便向夏鼐問計，聰明過人的夏鼐毫不猶豫地對郭說：「我們不要走，我們還有前途，我們留下還有許多事情要做。」[2]石興邦說，這個話郭寶鈞後來在考古所召開的大會小會上說過好幾次，當時夏鼐在場，以郭的性格和言行推斷，沒有撒謊的必要，可見外界傳聞是不實的。

一九八〇年，身為美國哈佛大學人類學系教授兼系主任的張光直到中國大陸訪問，其間與時為中國社會科學院考古研究所所長的夏鼐進行過交談。同為李濟的得意門生，夏在談話中對張坦露心跡，把自己一生的大體經歷告之對方。張在筆記本上有過這樣一段記錄：

一九四七年傅去美，找夏做所長，約法三章才同意。（一）不得為後例；（二）只一年；（三）如做了後得罪人，允許離所。一九四八年卸任。怕傅延命所長，故未隨去臺。同時也不怕共。

這個記錄被後來由大陸赴美國哈佛訪學的青年考古學家陳星燦抄錄並公開披露。按陳星燦的說法，「傅斯年赴美治病那一年，不足四十歲的夏鼐代理所長，這一點人盡皆知，但鮮有知道『約法三章』者。這件事，我估計也不會有任何文字留下來，因為這本來就是他和傅斯年之間的默契，所以這段文字對於了解一九四七年至一九四八年歷史語言研究所的情況，有很高的文獻價值。傅斯年對夏鼐的器重和夏鼐對傅斯年的敬重，在近年公布的檔案中多有流露，所以夏鼐才會有『約法三章』之舉。但把夏鼐不肯離開大陸解釋為害怕傅斯年再次派他的差事，不知道是夏的真實想法，還是張的記錄有誤。因為這種解釋太簡單，也不太符合邏輯」。

對此，陳星燦分析認為：「夏鼐滿肚子的學問，需要找一個施展的機會。一九四九年以前，他雖然參加過幾次西北和西南的調查和發掘，已經發表的論文初步奠定了他的學術地位，但積累的材料畢竟有限，而殷墟的資料整理和研究他又沒有參與，所以排除他的政治傾向，但從學術的前景來看，他不去臺灣，自在情理之中。據說，夏鼐的老朋友，科技考古史家王振鐸先生當年也不願意隨傅斯年遷臺，傅勸說無效，遂把自己的煙斗和旅行帽贈之以為留念，並深情地說：『留下也好，共產黨會重用你們的！』這也許是張光直筆記中所謂『同時也不怕共』的注腳。」[3]

陳氏的懷疑與分析自有其道理，就從已公布的傅斯年檔案與其他相關材料看，在一九四八年大地「陸沉」之際，傅讓夏鼐隨所遷臺是真，但沒有看出讓夏到臺灣出任史語所所長的言辭與跡象，而事實上也不太可能讓夏在如此混亂的局面中擔當一所之長的重任。若夏出任所長，那麼李濟、董作賓、淩純聲、芮逸夫等大腕級人物又做何安排？眾人又如何服膺？工作又如何展開？傅斯年又如何自處？局促於一隅之地畢竟與在大陸不同，且這個所長不是代理，而是要「真除」，即正式掌控一方地盤，這個地盤可是有點令人眼熱心跳的託命之處。事實上，到了臺灣之後，李濟與董作賓之間的暗中較勁兒，淩純聲與芮逸夫之間的最終決裂與鬥得死去活來，淩單獨拉桿子搞獨立開辦的民族研究所，因芮的不合作與李濟等人不支持，導致淩氏只有空名而無法工作，如此等等事例，便可證明傅斯年不會如此做，也可推斷這個說辭只能是夏鼐的一廂情願，或憑空猜測罷了。需要對陳星燦的推理進行補充的是，儘管夏鼐是一隻才氣過人、智慧非凡、學問廣博的大型號「海龜」，但假如到了臺灣，在這座孤島上屬於自己可做的工作，只能是面對安陽殷墟發掘的一堆器物，抱殘守缺地研究下去。而對這堆器物的田野發掘，當年尚是一名實習生的夏鼐僅僅是稍有參與而已，且挖的都是小墓（夏鼐語），那些氣勢恢宏、器物眾多的大墓發掘和出土文物的具體情形幾乎全然不知，因而在研究上自然就存在著不可彌補的先天性不足和限制。更重要的是，有李濟、董作賓、石璋如、高去尋等當年親自參與發掘的幾座高山屹立，要想憑著這堆器物的研究脫穎而出，甚或要達到青出於藍而勝於藍的境界，幾乎是難於上青天——此點在許多年後仍能得到海峽兩岸大部分考古界同行的認同。

出類拔萃的夏鼐尚且如此，對於滿身泥土氣味，不被「海龜」們放在眼裡的土學者郭寶鈞，其學術前途自然可想而知。而一旦留在大陸，面對的將是高山塌陷，丘陵與墳包同時崛起的境界。在新的制高點上，夏、郭等人放眼學界將是一馬平川，無人與之匹敵，其燦爛前景正可謂海闊憑魚躍，天高任鳥飛，風光無限好。當年夏鼐與郭寶鈞的對話，可謂一語雙關。就可以預見的情形而言，無論從個人的政治命運還是學術前途考慮，既然只能在國共分野的大陸和臺灣之間選擇，夏鼐與郭寶鈞留在大陸是明智的。也正是聽從了夏鼐這極富戰略指導意義和前瞻性的忠告，郭寶鈞才在一九四八年底那個混亂時刻下決心留下來，以迎接新時代的到來。聰明過人的夏鼐打定主意後，也於這年十二月九日在一片紛亂中，悄然離開南京，返回故鄉溫州貓了起來，靜觀時局，等待命運轉機。在離開南京之前，夏鼐做的最後一件事，是為好友吳金鼎撰寫了一篇悼念文章並公之於世。

吳金鼎自在李莊投筆從戎後，入四川成都新津盟軍第二招待所擔任接待主任一職，軍方之所以讓吳擔任這一差使，皆因他是留洋的「海龜」，洋文、洋話都不在他的話下，搞接待事宜非有如此本領的人不能辦到，吳所具備的洋文與洋話正好派上用場。但吳是學者出身，生性靦腆，不愛與人打交道，且還有一股子山東人特有的倔強脾氣，嫉惡如仇，對看不慣的人和事就要迸發心中的不平，甚至還要出手擺平抹掉。是時，美國大兵在中國土地上的所作所為已令人漸覺失望與厭惡。太平洋戰爭爆發後，英美盟軍大量進駐成渝後方，而一九四四年日本軍隊完成「一號作戰計畫」，打通大陸交通線之後，又有兩萬多盟軍官兵進入中國。對於盟軍在中國的生活狀態，《劍橋中華民國史》一書這樣寫道：一個美國士兵在中國的費用，抵得上五百個中國士兵的費用。孔祥熙曾對美國官員抱怨說：「在中國，你們的孩子每天需要六只雞蛋，而現在減為四只……為了供應肉食，我們把耕牛拿來給你們吃……很快將沒有任何牲畜留下來幫助農夫們耕種他們的田地了。」[4]另據一位美國專家對一千兩百名中國士兵檢查結果發現，有百分之五十七的中國士兵營養不良。如此艱難困苦的情況下，盟軍官兵吃了中國老百姓的耕牛，還性欲大發，四處留情。對此，江西學者廖作琦曾做過這樣的記述：「『食色性也』，這批美軍大哥們的『性』的解決問題，最初落到了勵志社總幹事黃仁霖的頭上。初期人數不多時，黃仁霖在重慶市七星崗下面的一小塊平地上，建了一幢兩層樓的『勝利大廈』，裡面有舞廳、宴會廳等場所，並找一些交際花之類伴舞，但粥少僧多，只能供應部分中上級軍官。而那些士兵們呢？就任其自由發展，讓一些妓女來擔任此一任務。因為美軍手中花花綠綠的美鈔炫眼，於是一些生活困苦的家庭婦女（曾發生過產下混血兒、夫妻離婚的事），和極少數的女大學生也加入了此一行列。當時經常看見美軍駕著吉普車，旁邊坐一個濃妝豔抹、花枝招展的女郎嘻嘻哈哈的招搖過市，有的不會說英語，還比畫著手勢，這些被市民們譏稱為『吉普女郎』，成為當時街頭的一種奇景。」又說：「三十四年抗戰勝利前夕，成都華西壩發生了一起教會辦的華西大學學生搗毀成都某報館事件，起因是該報將《西廂記》中敘張生赴鶯鶯約會時的一首詩稍作改動，以諷刺該校少數少女兼作『吉普女郎』的事情。」[5]

王實甫所作《西廂記》的原句是：

待月西廂下，迎風戶半開。
拂牆花影動，疑是玉人來。

而報館編輯竟借題發揮，把此詩改為：

待月西廂下，迎風腿半開。
月移花影動，疑是美人來。

如此肉麻加赤裸裸地諷刺美軍與中國女大學生的交易，自然要引起麻煩。只是麻煩過後，報館照常開業，「美人」繼續四處尋找花姑娘讓其「迎風腿半開」，且憑藉自己所具有的世界強者的地位，態度跋扈，氣焰囂張，從不把中國人特別是中國年輕的男人放在眼裡，更不理解中國人民面對如此窘迫之境錐心泣血的內心劇痛。美國大兵們的橫行霸道，引起了中國具有民族文化良知者的厭惡、憤慨甚至仇視。當年由昆明史語所偷偷跑到成都齊魯大學國學研究所的胡厚宣，在新中國成立後的思想改造運動中曾提到這段抗戰生活，謂「對因新津建美軍機場而成都充斥美軍，橫行霸道，產生仇視」。[6] 既然躲在清淨之地搞學術研究的胡厚宣都有如此的感受和敵視心理，與美國佬們天天打交道且承擔接待之責的吳金鼎，面對美國人將富兵橫的挑剔與呵斥，頗具血性又沉默寡言的他所受的委屈與心中的苦痛可想而知。當時在成都燕大任教的陳寅恪詩作〈詠成都華西壩〉中「誰知萬國同歡地，卻在山河破碎中」所透出的悲涼，正是具有文化良知的中華民族自由知識分子憂國憂民的涕泣與悲呼。

在新津機場服務的日子，吳金鼎經常感到失眠頭痛，夜不能寐，精神委靡不振，陷入一種悲情意識不能自拔。為化解心中的鬱結，吳氏利用自己的職權，經常喝一點不花錢的、只有美國佬才能享受的洋啤酒予以排解。當幾瓶散發著醋酸氣味的啤酒灌進肚子後，酒量並不大的吳金鼎醉倒在地，狂喊亂叫著嘔吐不止。

1948年底，從前線撤下的國民黨軍隊穿越南京街道。

好容易盼到抗戰勝利，吳金鼎總算擺脫了在他看來魔窟一樣的盟軍招待所，重返學界。只是他沒有回到令自己為之神傷的李莊，而是轉入尚在成都華西壩的母校——齊魯大學任教。一九四六年三月，作為教育界名流和齊魯大學代表之一，吳金鼎赴重慶參加教育部召集的全國各大學復員會議，之後隨齊魯大學一道返回濟南原地，主持學校復員事宜，先後出任校長室西文祕書、校訓導長、文學院院長、國學研究所主任、歷史學教授兼圖書館主任等職，直至去世再也沒能有機會從事他一生摯愛的田野發掘工作。

一九四八年夏秋，吳金鼎因患胃癌赴北平協和醫院就醫，此時已病入膏肓，協和醫院回天乏術，宣告無能為力，吳只好隨著潰退的國民黨大軍以及紛亂的人流返回濟南「靜觀待變」。九月十八日，吳金鼎撇下病床前淚流滿面、悲慟欲絕的夫人王介忱，於齊魯大學辭世，終年四十八歲。

當這個不幸的消息輾轉傳到南京史語所人員耳中，已是十月二十八日。此時國民政府首都已是風聲鶴唳，草木皆兵，史語所人員正紛紛打點行裝倉皇出逃與遠遁。夏鼐在北極閣一間小屋裡，孤獨一人默默地想著吳金鼎的死，想到了過去流逝的時光，以及吳氏夫婦與自己的交往和友誼，不禁潸然淚下。在一片人喊馬叫的混亂之夜，他藉著昏暗的燈光，懷揣悲戚蒼涼的心境，為自己的好友寫下了如下文字：

> 今天得到了吳禹銘（金鼎）先生的死訊，不僅是我們朋儕間覺得喪失了一個不可多得的良友，並且也是中國考古學界的一個大損失。今日中國考古學界中，真正能夠吃苦，肯下田野去做發掘工作，既有豐富的田野經驗，又有充分的考古學知識的學者，不過十來個人。正感覺到人才的缺乏，現在呢，在這十來位中又弱了一個。

在悼文的最後，夏鼐以深情的筆觸寫道：

談到吳先生一生的事業，自不能不提及吳太太……夫婦一道出來做田野考古工作，在國外是司空見慣的事，但在事事落後的中國，吳先生夫婦還是第一對。這次吳先生的逝世，吳太太的悲痛，可想而知。聽說吳太太仍在濟南城中，料理吳先生的後事。我在這淒風苦雨的晚上，趕寫這篇文章，一面以追悼吳先生，一面也藉以慰唁吳太太。我們在哀悼吳先生之餘，更盼望著這混亂的局面早日澄清，使我們能繼承吳先生的遺志，展開中國田野考古學的新天地！[7]

吳金鼎悄然無聲地走了，蹲在家鄉的夏鼐觀望一陣後，受浙江大學校長竺可楨之聘到該校任教。此時的傅斯年仍沒有忘記夏鼐的存在，幾次發函促其速赴臺灣，夏一面在覆信中「含糊其詞」，一面在日記中寫下了「何苦跟他走死路」、「誰還再走死路」等決絕之語，堅守不動。或許是傅斯年見自己未能促成夏鼐的行動，乃另設其計，指示與夏鼐同一輩分的高去尋從朋友的角度再發快信勸告，抑或是高氏自己的主意，無論如何，一九四九年的早春，夏鼐收到了安陽殷墟發掘時期的好友高去尋自臺灣託人輾轉帶來的一封信，內容懇切真摯，讀之令人眼睛發燙。高在信中先敘述了一番他本人到臺灣後生活的艱困情形：「終日苦痛（已非苦悶），焦急如待決之囚，四鬢頓成斑白。」繼而筆鋒一轉，談起了夏鼐與考古學的未來，謂：「中國考古之學，不絕如縷，今日繼絕起衰者，則捨君其誰，弟過去即作如是觀，今日尤然。故切盼兄能早日赴寧，或更轉平，目下思永先生及照林（尹達）兄，頗有重振此學之力也，兄乃考古學之巨擘，亦應體會孟子『天將降大任於斯人也』之句。」稍後，夏鼐又收到梁思永由北平寄來的信，信中說道：「弟敦促兄北來之意，不止為共同支持史語所殘局（此殘局似乎在短期內即將結束），更為今後（尤其是今後一二個月中）中研院等研究機關合併改組為科學院（此殆成定局）之過程中，亟須兄親自在場，積極為將來之中國考古事業計畫奮鬥。目前國內能領導全盤考古事業者唯兄與濟之先生，而濟之先生遠在臺灣，音信阻絕，未必能及時趕到參加此項工作。此事關係中國考古學之前途甚鉅，願兄予以深切之考慮，至盼。」

面對高去尋與梁思永代表著兩條不同道路的邀請函，夏鼐仍不為所動，堅持靜觀待變。直到一九五〇年五月報紙上公布中國科學院成立考古研究所，由鄭振鐸任所長、梁思永和夏鼐任副所長，後又先後收到郭沫若院長的親筆信、周恩來總理署名的政務院任命書，夏鼐遂於七月前往北京向郭沫若院長報到，然後了結浙江大學人類學系的教務，十月一日正式到考古所履任，並在郭沫若和鄭振鐸的領導下，與梁思永、郭寶鈞等一道「展開了中國田野考古學的新天地」。只是好景不長，梁思永便丟下事業、家人、同事撒手歸天。

二、花落春仍在

抗戰勝利不久，躺在李莊板栗坳病床上的梁思永偶然從一本外文雜誌上看到一個新的醫學成果，患肺病者如去掉肋骨可使有病的肺萎縮下來，健康的肺將發揮更大作用。這個消息令臥病在床飽受病痛折磨長達四年之久的梁思永極度興奮，他當即決定赴重慶實施手術。得到傅斯年同意，在梁思成的幫助下，梁思永攜家眷乘船來到了重慶，入住高唐奎醫院，由著名胸外科專家吳英主持，切除了七根肋骨。[8] 自此，梁思永一直在重慶醫院休養。當一九四六年全國性的復員開始時，傅斯年透過時任交通部長的俞大維的私人關係，讓梁思永一家搭乘一架軍用飛機飛往北平。當時梁的身體尚未恢復，他躺在一張帆布椅子上被抬上飛機。考慮到路途困難，傅斯年再以個人名義發電報讓夫人的堂兄、時在北平的俞大孚幫忙接機。梁思永一到北平，即由俞大孚等四人抬下飛機舷梯，專車護送到梁在北平的大姐梁思順家暫住。一個星期後搬到東廠胡同原黎元洪大總統居住的院內三間北房休養，此後病情稍有好轉。

對於梁思永這段很少為外人所知的經歷，遷往臺灣的屈萬里在回憶傅斯年的一篇文章中說道：「抗戰期間，八年艱苦的歲月，他為了維持史語所，真費盡了心血。他千方百計的來維持研究人員的生計，使他們能安心治學；他對於生病的人那麼關心，他想盡辦法來給病人弄錢養病。因患肺病而割掉七條肋骨的某君，假若不是孟真先生督促醫生治療，假若不是孟真先生想法子給他弄錢休養，那無疑地在九年以前已經故去了。」[9] 這段回憶大體不差，如果沒有傅斯年的鼎力相助，或者說假如梁思永服務於中央研究院其他的研究所如陶孟和主持的社會科學研究所，就當時的經濟、醫療條件和梁氏的身體狀況，很難說能維持到戰後回北平的日子，因為與梁思永、林徽因患同樣肺病的陶孟和之妻沈性仁就沒有保住性命，且當時沈的病情並不比梁、林更險惡。

一九四八年八月五日，在北平養病的梁思永致信南京史語所的李濟說：「弟五月底入協和醫院，住院十二日。檢查身體，結果是右肺健全，左肺壓塌狀態良好，胃腸透視都沒有發現毛病。除了氣管裡的結核病灶可能尚未痊癒外，可以說沒有病了。不過身體經過這幾年跟病菌鬥爭之後，真猶如戰後的英倫，雖然戰勝敵人，但元氣消蝕殆盡，就要恢復到小康的局面，也萬分困難。」又說：「弟近間起坐之時已加多，且能出到院中行走。只可恨注鏈黴素後發生頭暈現象，走起路來搖搖擺擺，不很穩當。」[10]這是梁思永在生命的暮年，即將油乾燈盡時與史語所同人的最後一次通信，自此海天相隔，書信中斷，再也聽聞不到對方的信息了。

一九五〇年五月，梁思永以他在考古學界巨大的影響力和崇高地位，被新生的中央政府任命為中國科學院考古研究所副所長，名列夏鼐之前。儘管梁的身體仍虛弱無力，不能出門直接指導所內事務，但可在家中參加或主持所內一些重要會議。據夏鼐說：「他（梁）在考古所成立後初次看見我時，便很興奮地談著關於考古研究所的計畫。他說：『所中一切事情都由鄭所長和我來管好了。只希望你和所中具有田野工作經驗的幾位，帶著一班年輕朋友們，在外面多跑跑，訓練年輕的人才是目前最迫切的任務。這種訓練是需要在當地實際工作中親手指點的。』因此，我到所後一年半中的大部分時間是在外地工作，沒有多替他在所內分勞。」[11]

自一九五〇年秋開始，於政治運動尚未大規模到來的短暫空隙，考古所人員幾乎傾巢出動，在夏鼐帶領下，先後對河南輝縣琉璃閣、固圍村和趙固等地進行了大規模發掘，發現一批東周時期的大型和中小型墓葬以及車馬坑數座，出土了大量青銅器物。梁思永不僅在家中主持考古所的日常工作，還為撰寫《輝縣發掘報告》的青年考古學家具體輔導，並親自撰寫報告參考題綱。梁的工作熱情與人格風範給進所不久的青年學生，後來成為考古所夏鼐手下「五虎上將」之一的安志敏留下了難忘的印象：「從我們到考古所那天起，（梁）便給我們布置了必讀的書目和學習計畫，每周還要填表逐日彙報學習和工作情況，並經常同我們談話以便做更深入的了解，從治學方法到思想修養無所不包，以督促和愛護的心情幫助我們克服思想上和學習上的缺陷，為考古研究所培養了一批新的骨幹。」[12]

一九五三年二月，梁思永心臟大幅度衰竭，身體更加虛弱，只得脫離工作安心在家休養。到了一九五四年春，心臟病發作，入北京人民醫院救治。三月八日，梁思永讓夫人李福曼打電話叫自己的妹妹、時在北大圖書館工作的梁思莊到醫院，當梁思莊匆匆趕來時，梁思永握著她的手說，「自己將不久於人世，要和大家永別了！」[13]

據梁思莊女兒吳荔明回憶說，在梁思永生命垂危的最後階段，都沒有為自己的病情和痛苦哼一聲，一直默默堅持著，為戰勝病魔奮鬥著。突然有一天，「三舅（梁思永）對著和他相廝相守二十二年的三舅媽平靜地說：『我不奮鬥了，我奮鬥不了啦，我們永別了！』一九五四年四月二日，我照常騎車到了人民醫院，傳達室老大爺說：『姑娘，不用拿牌子快上去吧，你舅舅去世了。』我不能相信他的話，我轉身看見很多小臥車停在院中，我腿軟了，扶著樓梯兩邊的扶手一步一步上了樓，在灰暗的樓道裡我一眼看見二舅（梁思成）那瘦小駝背的身軀，我輕輕走到他身邊叫了一聲『二舅！』他悲傷地拍著我的肩膀示意我進病房去……三舅媽鎮定地坐在一旁，柏有姐傷心至極已哭不出聲倒在門口一個床上，我拉著她的手輕輕叫著：『蹦子，你哭啊，你哭啊！』我自己的眼睛淚水止不住地往下流」。[14]

一顆考古學巨星在他五十歲的英年隕落了，同人聞訊，無不傷感悲泣。梁思永的遺骨被安葬在北京八寶山革命公墓，梁思成親自設計的漢白玉臥式墓碑上刻有郭沫若題寫的碑文：

中國科學院考古研究所副所長
梁思永先生之墓
一九〇四年十一月十三日生
一九五四年四月二日卒
郭沫若敬題

梁思永隨風飄逝，但他生前的功業卻長久地留在了人間大地。對於梁思永的墓誌銘，有學術界中人士認為郭沫若如此題刻，是對這位學術巨人的不敬。梁思永的成名來源於他對中國考古學所做出的重大貢獻，他的業績是通過一個無與倫比的考古學家的身分創造的，絕非一個「考古所副所長」這樣綠豆粒般大小的官銜可與之相提並論。失去了考古學家的頭銜，梁思永便不再是人們心目中崇敬有加的梁思永，也不是一九四八年當選為首屆中央研究院院士的學術大師梁思永，而只能是烏煙瘴氣的宦海中，猶似一個整日戰戰兢兢、欺軟怕硬、欺上瞞下、陽奉陰違的小芝麻官了，而這樣一個小小的芝麻官又算得了什麼呢？或者說，再大的官僚又算得了什麼呢？一九二七年二月，梁思成由美國致信父親梁啟超，對自己和弟弟梁思永所學專業於國家民族進步，提出了到底是「有用」還是「無用」的詢問。對此，梁啟超斬釘截鐵地回答道：「這個問題很容易解答，試問唐開元天寶間李白、杜甫與姚崇、宋璟比較，其貢獻於國家者孰多？為中國文化史及全人類文化史起見，姚、宋之有無，算不得什麼事。若沒有了李、杜，試問歷史減色多少呢？」又說：「思成所當自策勵者，懼不能為我國美術界做李、杜耳。如其能之，則開元、天寶間時局之小小安危，算什麼呢？」[15]

後來的事實證明，梁思成與梁思永兄弟的確沒有做成近代的李、杜，卻像英國首相邱吉爾在二戰中那句名言一樣，為人類奉獻了「熱血、辛勞、眼淚和汗水」，並用自己的辛勞和智慧構築起前無古人的名山大業，成為近現代建築史學和田野考古學這道星河中最燦爛的明星，其對中國乃至世界文化史的貢獻，怎是一個小小副所長的官帽所能涵蓋得了的？

李白在〈江上吟〉中寫道：「屈平詞賦懸日月，楚王臺榭空山丘。」意謂楚王當年耗盡百姓血汗興建的一堆豪華美麗的樓堂館所，早已隨著風雨飄散而去，而楚國偉大的作家屈原留下的那些名篇佳構，兩千年來卻像日月一樣永恆不朽，閃耀著蓋世光輝，成

1953年，病中的梁思永在北京大學中關園96號妹妹梁思莊家休養，每天上午都在院內曬太陽。（吳荔明提供）

為人類文化史上璀璨的瑰寶。當年梁啟超對兒子們所做的比喻，正是李白文化思想的繼承和延伸。就人類歷史發展的長河論，一個王朝的宰相若此，一個皇帝或一個總統，對於文化與文明的進步所充當的角色同樣若此。梁啟超深邃的思想與宏闊的歷史見地，很能令人想起美國第三任總統湯瑪斯・哲斐遜的墓碑碑文：

湯瑪斯・哲斐遜，《獨立宣言》的起草人，《維吉尼亞宗教法案》的起草人，維吉尼亞大學的創建人埋葬於此。

這個令世界人類為之景仰的墓誌銘據說是哲斐遜本人生前所題，死後刻到墓碑上的，但他沒有提及自己曾做過美利堅合眾國總統之事。究其原因，臺灣學者李敖曾有這樣的解釋：「美國總統算老幾啊，這個是世俗的職位，值不值得這樣談呢？不談，不值得這樣談，不值得這樣重視。」[16]

或許李氏說得有些偏頗，但不能說沒有一點道理。同理，只有作為中央研究院院士兼考古學家的梁思永，他的光芒才顯得耀眼奪目，才能令一代代學人景仰懷念。而把一個小小的官帽硬扣在他死後的頭顱之上，不但不能令他的光芒照耀於來者，相反，這個官帽的陰影將會遮蔽梁氏的光芒。當年與梁思永一同選為首屆中央研究院院士，後來成為高教部副部長的曾昭掄在文革中含冤去世，費孝通在追憶文章中說過這樣一句話：「將來說起曾昭掄先生在歷史上的貢獻，我看他在中國化學學科上的貢獻會比他當部長的貢獻重要得多。」[17]費氏認為曾昭掄是個「真正的學者，『學』的根子，是愛國，所以我說他是愛國者」。對梁思永而言，他當年赴美留學就是為了振興祖國落後的科學，並在這門科學上為祖國爭得世界性名譽和地位。他當年確實是這樣想的，也這樣做了，且一生都在為這個理想而努力，因而以費氏之語來給梁思永定位也是恰當的。反之，以官僚大小特別是一頂微不足道的軟皮官帽給梁思永蓋棺，既不合適也不人道。此理如同魯迅死後，為其蓋棺的若不是「民族魂」大旗，沒有了毛澤東為其做出的「八最三偉大」的定論（南按：僅比毛澤東本人少了一「偉大」），[18]僅一個國民政府教育部僉事或科長，甚或在國立北京大學國文系教一、二點鐘課的講師這頂帽子樹碑立傳，那麼，世人看到的不再是偉大的魯迅，而是三千大千世界中形如草根的芸芸眾生，甚或北大校長蔣夢麟所諷喻的整天趴在陰森恐怖的紹興會館裡默默抄寫古碑的「紹興士老」周豫才了。

試想，與梁思永同為首屆中央研究院院士的郭沫若，假如死後在墓碑上鐫刻「中國科學院院長」或什麼副總理外加什麼副委員長等一類官帽頭銜，與梁氏之墓同立於一公墓之中，對於只鐫刻一個副所長頭銜的梁思永，倘若地下有知，情何以堪？活著的後人又會做何感想？此舉或許正應了孔子那句古話：「始作俑者，其無後乎？」梁思永墓誌銘公正的銘文，必須在姓名前加上「著名考古學家」或相應的院士等學術頭銜，或鐫刻象徵他思想與學術業績的標誌性術語，才顯出對逝者的公正與厚道。當然，由於政治的因素，「中央研究院院士」一銜，當時不提，世人亦可理解，但這個頭銜最終是要加上去的，否則將失去了人類的公正和道德秩序，也違背了人類基本精神。若起郭沫若氏於地下，以為然否？

梁思永在去世前，向前來看望的夏鼐等考古所同人回顧了自己一生的事業，最令他牽掛惦念的是殷墟侯家莊西北岡墓葬發掘報告的命運。這是梁思永在抗戰前後最看重並親自動手操作的一項重要工作。梁去世後，夏鼐在紀念文章中專門提及此事，並說：「一九四一年我在李莊和他（梁）會面時，他正工作得非常起勁。他將全部的出土古物，都已摩挲過一遍，並寫下要點。對於報告的內容組織，也已有了大致的輪廓。這報告的完成，似乎是指日可待了。不幸一九四二年初夏，他的肺結核病轉劇，只好將這工作中途停止了。但是他仍念念不忘這件工作。」

回憶至此，夏鼐筆鋒一轉，用哀惋的口氣說道：「抗戰勝利後，他復員到北京，這批材料留在南京，解放的前夜又被劫往臺灣去了。這部報告不能在梁先生手中完成，不僅是先生的不幸，也是中國考古學的不幸。」[19]

此時的夏鼐沒有想到，這批材料被運往臺灣後，在他的老師李濟具體組織主持下，由當年參加殷墟發掘的中央研究院歷史語言研究所考古學家高去尋，在梁思永原稿的基礎上加以輯補編寫，歷經二十多年，終以《侯家莊》為總標題陸續分冊出版。

一九三五年，二十五歲的高去尋於北京大學歷史系畢業入主史語所時，著名的殷墟侯家莊西北岡已是第三次也是最後一次發掘，高去尋算是趕上了殷墟發掘的尾巴。當年史語所考古組安陽發掘者共有十位青年才俊，號稱「十兄弟」，依入所先後排序，高排行第九，也接近於末尾了。對於高的為人為學，傅斯年、李濟等前輩學人極為看重，高去尋於北大畢業時，被講究「拔尖主義」的傅斯年當作「尖」拔到史語所效勞。到了安陽之後，高氏敏銳的學術眼力與開闊的治學方法，又受到梁思永欣賞喜愛，遂當作自己的嫡系弟子加以栽培。當時史語所的前輩們大都認為，能傳承梁思永學術衣缽者，非高去尋莫屬。想不到後來真的部分地成為現實。高在安陽發掘的最後兩年中，於殷墟西北岡和小屯將近一千八百座墓葬中，親自視察摸索過約三百座，儘管所涉多是小墓，但已領略了基本的內涵。繼西北岡第三次發掘之後，高去尋有幸參加了小屯第十至十二次、大司空村和琉璃閣的發掘，其間還擔任過大司空村墓葬發掘領隊，成就赫然。抗戰軍興，高去尋隨史語所一路長沙、昆明、李莊等地輾轉奔波，復員回京未久，又隨史語所遷往臺灣。據夏鼐說，當年在決定留大陸還是赴臺灣的問題上，夏與高

安陽殷墟發掘工作夥伴與師友（名牌上有編號者為「十兄弟」長幼順序編號）。本圖根據中央研究院歷史語言研究所印行之「殷墟發掘八十周年學術研討會海報」製成。（董敏製作並提供）

曾在一起私下商量過，最後的結果是高願去臺灣，以便保護遷臺文物的安全；夏願留在大陸，繼續發展考古事業。二人各自為了心中的理想就此分手。莊子曰「相濡以沫，不如相忘於江湖」，既然非此即彼，中間無轉圜的餘地，相忘於江湖，也不失為一種明智的選擇。但真的相忘，又談何容易？

梁思永去世的消息還是被臺灣孤島上的史語所同人所知，只是消息傳播的管道別有一番況味。據石璋如說：「梁先生興趣寬廣，注意力強，並積極從事，惟身體被病魔所纏，不能發揮，殊可浩歎。四十三年夏，在日本某刊物上，刊出梁先生逝世的消息，這個噩耗，傳到臺灣，使得這裡的考古學界，關心考古的人士，以及知道梁先生的其他學者，莫不為之哀悼。」[20]

時傅斯年早已撒手歸天，史語所所長由董作賓出任。受梁思永去世的情感刺激，為了完成梁氏未竟的事業，對安陽發掘的同事與中國學術事業有個交代，董作賓、李濟等決定由高去尋對照實物資料，全力以赴輯補梁思永的遺稿，使其成為完璧。此時董作賓與李濟更堅定了高氏就是梁思永衣缽傳承人，這一觀點從李濟給趙元任的信函中可得到證實。函中說：「他（高去尋）進所雖不太早，但曾趕上安陽發掘，為思永所賞識。現在他整理侯家莊的工作及思永遺著，成績甚佳。在考古組內中國書讀得最好，英文及日文的閱讀能力亦不差，現在日本的梅原末治教授來此，對他的淵博甚為敬佩。孟真在時久有送他出國之意，以時代非常，屢遭挫折，只能怨命了。此次若有成功的希望，亦算我們完成了傅公一未完之願也。」[21]此信作於一九五六年底，是臺北的李濟請當時任教於美國加州大學柏克萊分校的原同事趙元任，設法安排高去尋赴美訪問的私人信函。

當時高已經接手梁思永遺稿整理輯補的任務，因美國方面又有可能讓高訪問的機會，作為前輩的李濟和趙元任自然想「完成傅公一未完之願」，遂有了這封通信。按高的弟子，曾做過臺灣史語所所長的杜正勝（南按：後任阿扁政權的教育部長，並頒布命令，全臺各學校、機關及相關機構，都必須把地球儀倒過來安裝，以示臺灣在上，大陸在下）所說：李濟與趙元任通信中提到高的學問淵博程度，連享譽世界的日本考古學大家梅原末治都敬佩不已，「這當然不是客套。兩位老同事的私人信函何必恭維一位學生輩的同人呢？」[22]

杜氏在這件事上的分析，比他把地球儀倒過來安裝且邀功爭寵、意淫大陸的頭腦要清醒得多，高早年不但中國書讀得好，外國書讀得也頭頭是道，且有志於「斯克泰．西伯利亞」的學問，即長城以北以西的中亞、南亞和歐洲的東方學問，也就是傅斯年所特別看重的「虜學」。只是高氏僅僅參加了兩年安陽殷墟發掘就遇到了抗戰爆發，一路動盪顛簸，直到流落臺灣方穩定下來。當年傅斯年憐其高材而沒有出國放洋的機會，曾為此做過努力，惜傅斯年未久去世，此事遂不了了之。當李濟舊事重提，並與趙通信過去一年半後，高去尋才得以成行，但此時他已四十八歲，如杜正勝所說：「這領域涉及許多語文，的確太遲了。」[23]

一九五九年秋，高去尋結束了美國訪學生活歸臺，正式對梁思永遺稿進行整理和輯補。從臺北史語所保存的遺稿中，可以清楚看出當年梁思永主持的殷墟西北岡共發掘大墓十一座（東三西八，後者含一個大坑），小墓一千兩百二十一座。梁思永擬定的《西北岡殷代墓地發掘報告》共分十三章、三表。梁思永病發前完成了第一至四章，第五章只寫了一頁，以及

第六、七兩章和第九章的「儀仗痕跡」。寫出的部分皆為初稿，共約二十二萬字。另外還編好表一與表二，「可能為了撰寫的需要而先行做的工作」。[24]當文字資料與實物資料漸形展開後，對安陽殷墟遺址及出土遺物深有了解的李濟，認為若按梁思永的計畫，絕非一人之力短期內可以完成，於是在一九五六年擬定了一個新的編撰構想：

第一本：（原無題，茲定為「墓葬研究」）

甲編：發掘之經過——梁稿一至四章

乙編：大墓

丙編：小墓

丁編：其他墓葬

第二本：遺物研究

甲編：石刻與玉

乙編：青銅

丙編：其他

第三本：人骨研究

甲編：體骨

據史語所人員透露，李濟這一規畫也不是一人之力短期內所能勝任的，於是決定依次分別整理大墓，也就是做梁思永的第六章，而第九章的構想則按所屬之墓分別敘述。高去尋就是按照這一規畫，開始了為期十八年漫長的「輯補」之路。自此，高氏的後半生就與恩師的未竟事業緊緊地維繫在一起。

到了一九六二年，高去尋編撰的殷墟西北岡一〇〇一號墓報告開始出版，一九六五年又出版了一〇〇二號大墓報告。未來幾年，又陸續出版了一〇〇三號大墓（一九六七年）、一二一七號大墓（一九六八年）、一〇〇四號大墓（一九七〇年）、一五〇〇號大墓（一九七四年）、一五五〇號大墓（一九七六年）等七座大型墓葬的發掘報告。其間高氏花費的心血難以描述，只是每本報告重達十幾公斤的分量就足以讓人為之震撼，並從中感歎主事者之不易。據史語所統計，高去尋增補的部分，占梁思永原稿的百分之八十強，至於插圖、繪圖等繁重事宜已不必說了。

由於梁思永的原稿僅是一個題綱性質的未成品，在後來的編輯補寫過程中，高去尋做了大量宏繁的工作，在補述的出土器物中，每一件都要核對原物，許多地方不得不另起爐灶重新寫就。此種情形，高去尋於一九六八年給張光直的信中有所透露：「現在每天都是描寫破爛的東西，量多長多寬，枯燥無味已到極點，下班回家已筋疲力盡。」[25]對此，張光直曾感慨地說：「高先生花這麼大的力氣寫西北岡大墓的報告，完全是出於對史語所李濟先生，尤其是對老師梁思永先生的義務感和責任，而他自己研究的主要興趣並不在此，但是這番努力的結果，使中國近代考古學上最重要的一批原始資料公諸於世，而且由於高先生的細心和負責的態度，使那些『枯燥無味』的『破爛東西』轉化為價值連城的史料，這幾本報告也成為中國近代考古報告中的精華楷模。」為了這報告中的「精華楷模」，高去尋幾乎耗盡了後半生所有的精力。據杜正勝說：「他本來可以指導年輕同人協助從事，但他告訴我，他整理報告是替史語所還債，希望年輕人發展自己的學問，不要掉入這個大泥塘。我覺得他好像在訴說自己年輕時的心願，『己所不欲，勿施於人』，他始終由自己一人扛起全所的『債務』。」[26]

一九九一年十月二十九日，高去尋去世，終年八十二歲。他在去世前仍斷斷續續地整理西北岡東區三座大墓（一一二九、一四〇〇、一四四三）以及小墓總述，惜未完成而駕鶴西行。在高氏去世之後五年，三座大墓報告經當年發掘過安陽殷墟的老同事石璋如校補，於一九九六年得以出版，編號是《侯家莊》第九本。至此，西北岡遺址發掘報告基本全部完成。[27]

梁思永主持發掘的殷墟王陵區M1004大墓出土的鹿鼎與牛鼎（臺灣中央研究院歷史語言研究所提供）

為了紀念梁思永對殷墟西北岡遺址發掘所付出的努力和做出的特殊貢獻，《侯家莊》系列大墓的發掘報告，仍用梁思永的名字發表，高去尋只作為一名「輯補」者忝列其後。對此，報告的組織者和主持者李濟，在《侯家莊一〇〇一號大墓報告．序》中深情地說道：「關於這批資料的『取得』以及『保管』，實在不是一件容易的事。梁思永先生，中國的一位最傑出的考古學家，已經把他的全部生命貢獻於這一件事了。他雖部分地完成了這一發掘工作，並將報告的底稿做了一個詳細的布置，也寫成了一大半，卻不及見這報告的出版。現在——他的墓木已拱了罷！——我們才能把這一本報告印出來。我們希望由於這一本報告的問世，研究中國史的學者，對於這位考古學家的卓越貢獻，得些真正了解。」[28]

舉世聞名的殷墟西北岡發掘成果，經過了世間硝煙炮火的燻染與政治的阻隔和桎梏，居然在這樣的時間以這樣的特殊形式出版問世，倘梁思永地下有知，一定會為之頷首慶幸的吧！

三、林徽因之死

就在梁思永去世一年差一天的時候，與其同庚的林徽因於北京醫院病逝，時為一九五五年四月一日。

抗戰勝利，國民政府各機構準備復員，在李莊的梁思成、林徽因夫婦實際主持的中國營造學社，由於經費來源斷絕，面臨著兩種抉擇：一是率領本部人馬投奔復員後的清華大學這個學界重量級山頭，於清華園設系建院，打拚出屬於自己的一塊地盤，以便立穩腳跟，創造輝煌；二是將本部人馬徹底與中央博物院籌備處合併（南按：為了飯碗問題，梁思成等人的編制配額已在中博名下），由梁思成出任中央博物院籌備處主任，統領全局，創造另一方天地。經過一陣反覆思考斟酌，最後梁、林還是選擇了投奔清華大學。關於此事，李濟後來在致費慰梅的信中曾有所提及。李說：「二次大戰結束後，我決定辭去中央博物院籌備處主任一職，當時我推薦思成來擔任，他沒有接受。杭立武繼我之後出任此職。」[29]

就當時的條件和個人感情而言，梁、林自然更傾向於清華，因為復員後的中博籌備處在國民政府首都南京，清華則在北平。南京與梁林夫婦沒有多少瓜葛，而北平則是二人的前輩和整個家族棲息坐臥的地方，這裡鐫刻著梁、林兩個家族的歷史印痕，也留下了梁思成、林徽因各自的青春和夢想。北平有令人難以忘懷的「太太的客廳」，以及在客廳中培植起來的相濡以沫的鐵桿朋友，如張奚若、錢端升、老金、陳岱孫、周培源等。而這一切溫馨而美好的記憶，是首都南京所不曾有，以後也很難再有的。正如林徽因於戰後的昆明致費慰梅信中所言：「我們是在遠離故土，在一個因形勢所迫而不得不住下來的地方相聚的。渴望回到我們曾度過一生中最快樂的時光的地方，就如同唐朝人思念長安、宋朝人思念汴京一樣。」[30]

正是基於這樣一種心理情結，梁思成早在抗戰勝利前的三月九日，就致信梅貽琦，建議清華大學增設建築學系，戰後再成立建築學院。梅貽琦接受了這一建議，並擬聘梁為建築學系主任。按梅的設想，戰後的清華不只是增設建築學系，還要增設考古人類學系、語言人類學系等多個院系，並欲將傅斯年從清華挖走的幾員大將如陳寅恪、趙元任、李濟，再加上清華出身的李方桂等重量級學術大師，全部招募到自己旗下，重展當年清華研究院的雄風威勢，這一輝煌的構想從一九四六年三月一日，清華文學院院長馮友蘭自昆明聯大寫給李濟的信中可以看出。信中說：「茲謹將清華聘書寄上，乞將應聘書擲下為感。兄所任功課總以考古及人類學為限……清華習慣系主任職責最重。語言人類學系主任一職，將俟方桂、元任及兄諸公到後再為商定。」[31]令梅馮二人大為遺憾的是，這一計畫最終未能實現，李方桂、趙元任一直留在美國未能回歸，李濟留在了南京中央研究院歷史語言研究所，只有雙目失明的陳寅恪一人輾轉回到了他記憶中的清華故園。

同離鄉背井的所有知識分子一樣，抗戰勝利令林徽因驚喜異常，但由於八年離亂，長期流亡異鄉，且一直遭受病痛與貧困的折磨，此時的林徽因雖正值盛年卻是形貌憔悴蒼老，宛如風中殘燭，最後的光焰即將熄滅。一九四五年初秋，林氏在李莊致信重慶的費慰梅談到自己的病情：「使我煩心的是比以前有些惡化，尤其是膀胱部位的劇痛，可能已經很嚴重。」[32]就在此種病痛折磨中，林徽因依然沒有放棄她在學術上的追求和思考，趕在復員之前堅持寫完了醞釀已久的學術論文〈現代住宅的參考〉，在《中國營造學社彙刊》七卷二期發表。同時作為這一期《彙刊》的主編，林徽因在撰寫的〈編輯後語〉中指出：「戰後復員時期，房屋將為民生問題中重要問題之一。」這一極具前瞻性眼光的學術觀點，很快得到了應驗。

一九四五年十一月初，在枯水期來臨之際，林徽因在梁思成陪同下，乘江輪來到重慶，住進上清寺聚興村中央研究院招待所，準備檢查身體和接受醫療。這是林徽因流亡李莊五年多來首次出行，自此便永遠地離開了這個令她終生難忘的江邊古鎮。

林徽因來到重慶，受到傅斯年等人的熱情關照，在好友費慰梅幫助下，梁思成請來了在重慶中國善後救濟總署服務的著名美國胸外科醫生李奧・艾婁塞爾（Leo Eloesser）為其做了檢查。艾婁塞爾斷定：林徽因的兩片肺和一個腎都已感染，在幾年內，最多五年，就會走到生命的盡頭。

就在這一期間，外界傳出林徽因病故的消息。淪陷期間蟄居上海的作家李健吾得知這一凶訊，在《文匯報》發表了〈咀華記餘・無題〉一文，表達了對林徽因與另外三位女性作家的思念。文中說：「在現代中國婦女裡面，有四個人曾經以她們的作品令我心折。我不想把她們看作流行的『女作家』，因為侮辱她們，等於傷害我的敬意。好像四種風，從四個方向吹來，她們從不同的社會角落出來，傳統不同，環境個別，因而反應和影響也就不能屬於一致，有時候也許完全相反。一位從舊禮教中出來的丁玲，綺麗的命運挽著她的熱情永遠在向前跑；一位是

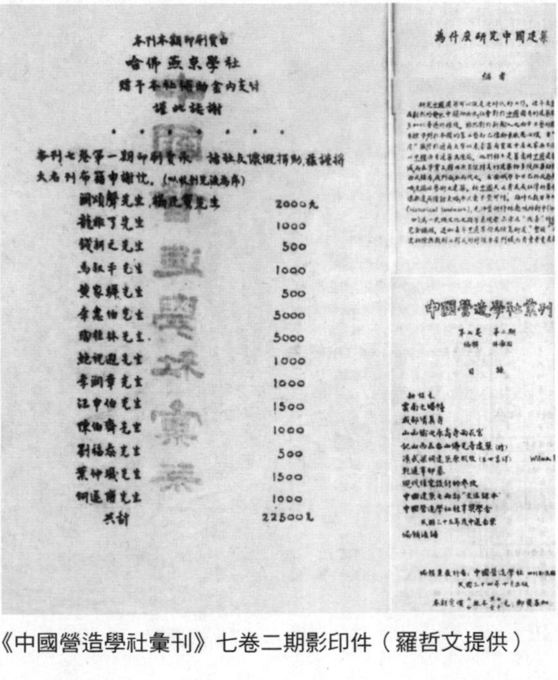
本刊本期印刷費由
哈佛燕京學社
贈予本社補助金內支付
謹此誌謝

本刊七卷第一期印刷費承 諸社友慷慨捐助，藉謹將大名刊佈藉申謝忱。（以收到先後為序）

顧頡剛先生、楊廷寶先生	2000元
龍非了先生	1000
錢新之先生	500
馬叔平先生	1000
黃家驊先生	500
李惠伯先生	5000
陶桂林先生	5000
姚祝選先生	1000
李潤章先生	1000
江申伯先生	1500
陳伯齊先生	1000
劉福泰先生	500
葉仲璣先生	1500
何遂甫先生	1000
共計	22500元

為什麼研究中國建築
編者

中國營造學社彙刊
第七卷 第二期
目錄

《中國營造學社彙刊》七卷二期影印件（羅哲文提供）

溫文爾雅的凌叔華，像傳教士一樣寶愛她的女兒，像傳教士一樣說故事給女兒聽；一位是時時刻刻被才情出賣的林徽因，好像一切有歷史性的多才多藝的佳人，薄命把她的熱情打入冷宮；最後一位最可憐，好像一個嫩芽，在希望長成一棵大樹，但是蟲咬了根，一直就在掙扎之中過活，我說的是已經證實死了的蕭紅。」又說：「但是，我前面舉出的四位作家，死的死（據說林徽因和蕭紅一樣，死於肺癆），活的活……林徽因的聰明和高傲隔絕了她和一般人的距離。」[33]

就在這篇文章發表不久，李健吾確切地得知了林徽因尚活在人間的消息，驚喜之餘又寫了一篇題為〈林徽因〉的文章，表達他的感佩敬意之情。文中說：「足足有一個春天，我逢人就打聽林徽因女士的消息。人家說她害肺病，死在重慶一家小旅館，境況似乎很壞。我甚至於問到陌生人。人家笑我糊塗。最後，天彷彿有意安慰我這個遠人，朋友忽然來信，說到她的近況，原來她生病是真的，去世卻是誤傳了。一顆沉重的愛心算落下了一半。」[34]

當李健吾發表此文時，已轉入戰後美國駐華使館新聞處工作的費正清夫婦，表示邀請林徽因到美國長住和治病，林卻以「我要和我的祖國一起受苦」為由婉言拒絕了。

一九四六年二月十五日，林徽因乘飛機赴昆明休養，與她日夜思念的清華老朋友張奚若、錢端升、老金等人相會於張奚若家中，其「他鄉遇故知」的喜悅心情，正如林徽因在致費慰梅的信中所言：「在這個多事之秋的突然相聚，又使大家滿懷感激和興奮。直到此時我才明白，當那些缺少旅行工具的唐宋時代詩人們在遭貶謫的路上，突然在什麼小客棧或小船中或某處由和尚款待的廟裡和朋友不期而遇時的那種歡樂，他們又會怎樣地在長談中推心置腹！」又說：「我們的時代也許和他們不同，可這次相聚卻很相似。我們都老了，都有過貧病交加的經歷，忍受漫長的戰爭和音信的隔絕，現在又面對著偉大的民族奮起和艱難的未來……我們的身體受到嚴重損傷，但我們的信念如故。」[35]儘管此時的林徽因疾病纏身，但在這飄灑著詩意的字裡行間，仍透出一股倔強得近乎強悍的激情和精神。像當年林徽因一家離開北平踏上流亡之路一樣，林徽因對中國在戰爭中的前景以及整個民族的未來，始終抱有堅強、必勝的信念，她給費慰梅的信正是這種信念和心理的真實寫照。

林徽因在昆明的朋友處繼續休養，梁思成則因料理復員事宜提前回到了李莊，為他的英文本《圖像中國建築史》做最後一部分的撰寫。這部見證了作者流亡苦難和民族抗戰史的著作，終於趕在復員前全部完成。梁思成在前言中滿含深情地寫道：

> 最後，我要感謝我的妻子、同事和舊日的同窗林徽因。二十多年來，她在我們共同的事業中不懈地貢獻著力量。從在大學建築系求學的時代起，我們就互相為對方「幹苦力活」。以後，在大部分的實際調查中，她又與我作伴，有過許多重要的發現，並對眾多的建築物進行過實測和草繪。近年來，她雖然罹重病，卻仍保其天賦的機敏與堅毅。在戰爭時期的艱難日子裡，營造學社的學術精神和士氣得以維持，主要應歸功於她。沒有她的合作與啟迪，無論是本書的撰寫，還是我對中國建築的任何一項研究工作，都是不可能成功的。[36]

這個前言，是一個丈夫對妻子的讚譽，更是一位獨立的學者對另一位學者、同事的摯誠感念。

這年七月初，林徽因、梁思成分別自昆明與李莊會聚重慶，並拜訪在此辦理復員事宜的梅貽琦，對復員後的工作計畫進行了詳談。七月三十一日，在焦急地等了近一個月後，梁林夫婦與金岳霖等清華教授，自重慶乘西南聯大包租的專機飛抵北平，踏進了離別九年的故園。

回到北平的梁氏夫婦與老金等人暫住在宣武門內國會街西南聯大復員教職員工接待處。此次重返北平，難免有一種「國破山河在，城春草木深」的感慨。遙想九年前的北平，差不多就在同樣的時刻，隨著國民黨軍潰退的何基灃將軍，面對淪陷的北平和緊隨不捨的青年學生們喊出了「北平——我們還要回來的！」的豪邁誓言。想不到真的回來時，倏忽已是九個年頭的時光。面對熟悉又陌生的古城舊地，梁林夫婦與老金等清華教授們於激動中蘊含著辛酸的淚水，可謂悲欣交集，千言萬語不知如何表達。正如梁從誡所說：「母親愛北平。她最美好的青春年華都是在這裡度過的。她早年的詩歌、文學作品和學術文章，無一不同北平血肉相關。九年的顛沛生活，吞噬了她的青春和健康。如今，她回來了，像個殘廢人似的貪婪地要重訪每一處故地，渴望再一次串起記憶裡那斷了線的珍珠。然而，日寇多年的蹂躪，北平也殘破蒼老了，雖然古老的城牆下仍是那護城河，藍天上依舊有白鴿掠過，但母親知道，生活之水不會倒流，十年前的北平同十年前的自己一樣，已經一去不復返了。」[37]

不久，梁思成一家搬入清華大學教授宿舍新林院八號，梁思成正式出任清華大學營建系（後改為土木建築系）主任，林徽因以特邀教授身分參加創辦新系的工作（南按：根據夫婦不能在清華同時任教的規定，林為特邀人員而非清華正式教員）。原中國營造學社的人員除王世襄轉入故宮博物院外，劉致平、莫宗江、羅哲文，連同梁思成原來的學生吳良鏞等一干人馬，全部投奔到以梁思成為掌門人的清華營建系門下任教。一個全新的格局在柳絮飄動、荷花蕩漾的水木清華形成，中國營造學社完成了它的歷史使命，就此成為一件珍貴的標本，鑲嵌於中國文化史的一頁。也就在這一年，從李莊憲群女子中學穿著草鞋走出來的梁再冰，幸運地考入北京大學西方語言文學系就讀。[38]

一九四七年三月，費慰梅欲返國就職，在離開中國前，專程從南京飛北平與林徽因、金岳霖等朋友話別，這是他們最後一次見面，自此海天相隔，只能彼此在心中念叨了。同年冬，結核菌侵入林徽因一個腎體內，必須手術切除。林氏帶著渺茫的希望入住醫院，並留下遺書樣的信函致費慰梅，內有「再見，親愛的慰梅！」等告別的傷感之語。所幸手術意外取得成功，林徽因又從死神的擁抱中掙脫出來。但整個健康狀況進一步惡化，傷口幾個月才勉強癒合。

一九四八年十二月十三日，解放軍進駐清華園，進逼北平城。整個平郊炮聲隆隆，硝煙瀰漫，北平古城危在旦夕。憂心忡忡的梁思成每天站在校門口向南眺望，傾聽著遠處陣陣炮聲，一邊來回轉圈，一邊自言自語道：「這下子完了，全都完了！」[39]意思是說北平有文物價值的建築將全部毀於炮火。出乎意料的是，不久，幾位頭戴大皮帽子的解放軍代表由張奚若陪同來到梁家，請梁思成、林徽因在軍用北平地圖上標明需要保護的古建築與文物存放所在地點，以便在攻城中加以保護。儘管梁思成意識到可能是當年自己在重慶給盟軍製作轟炸日本本土文物保護圖時，送給周恩來的一份複件起了啟示作用，但他面對中共領導下的軍人親自上門請教的做法，依然深為感動。正是懷著這種理想與對中國共產黨的點滴了解，梁思成、林徽因夫婦自願留在了清華園並在歷史的轉折點上揭開了人生新的一頁。

新中國成立後，林徽因除擔負清華的教學工作，還兼任北京市都市計畫委員會委員、人民英雄紀念碑建築委員會委員等職。同時當選為北京市第一屆人民代表大會代表、全國文代會代表等。按林徽因的說法，從這時起，她才真正以林徽因自己，而不是以「梁太太」的世俗身分投身於新的政權和新的社會改造、建設之中。在此期間，林徽因頗為自豪地與梁思成等清華同人共同參與了新中國國徽與人民英雄紀念碑的設計，具體擔任了紀念碑碑座紋飾和花圈浮雕的設計任務。據說，當毛澤東主席在政協全國一屆二次會議上宣布清華大學設計的國徽圖案獲得通過時，坐在臺下的林徽因激動得流下了熱淚。

一九五四年秋，林徽因病情急遽惡化，完全喪失了工作能力。是年底，病危，入住北京同仁醫院搶救。一九五五年一月，梁思成積勞成疾，入住同仁醫院林徽因隔壁病房治療，與林徽因成了病友。梁的病情稍有好轉，便每天到妻子房中探視、陪伴，但此時的林徽因已衰弱得難以說話，最後拒絕吃藥救治。

一九五五年三月三十一日夜，林徽因進入了彌留之際，梁思成從隔壁病房來到她的床前，此時林徽因臉上已沒有一點血色。看到妻子痛苦掙扎的神情，焦急又沒有辦法醫治的梁思成放聲痛哭，喃喃自語道：「受罪呀，徽，受罪呀，你真受罪呀！……」[40]夜深之後，梁思成回到自己的病房休息。未久，林徽因自知不久於人世，用微弱的聲音告訴護士，她要見梁思成最後一面並有話要說。蠻橫的護士竟以「夜深了，有話明天再說」為由予以拒絕。但林徽因已沒有氣力等到天亮了，最後一個心願竟未能實現，遂成為終生遺憾。

四月一日清晨六時二十分，林徽因嚥下最後一口氣，撒手人寰，終年五十一歲。在生命的最後一刻，她究竟要對夫君梁思成說些什麼？這個疑問隨著林徽因的去世成為一個不解之謎。

林徽因去世後入葬八寶山革命烈士公墓，人民英雄紀念碑建築委員會決定，把林徽因親手設計的一方富於民族風格的花圈與飄帶的漢白玉刻樣移作她的墓碑，碑上鐫刻著「建築師林徽因之墓」字樣。按照梁林夫婦此前約定的「後死者為對方設計墓體」的承諾，梁思成親自為妻子設計了墓體。一位美麗的詩人與建築學家帶著她的夢想與信念就此長眠。

悼唁儀式上，眾多親朋故舊和學生送來了花圈輓聯，最醒目的當是林徽因生前的摯友金岳霖、鄧以蟄聯名撰獻的輓聯：「一身詩意千尋瀑，萬古人間四月天。」[41]

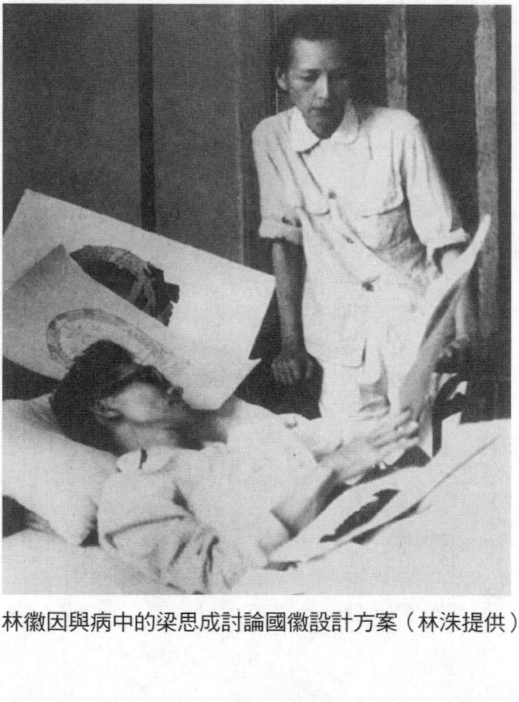
林徽因與病中的梁思成討論國徽設計方案（林洙提供）

一身詩意的林徽因在春意盎然的四月隨風飄逝，她美麗的心靈與曠世才情循著瀑布的飛騰灑向大地人間。她為中國文學與建築史學留下的不朽佳作名篇，將作為一個時代的典範永垂後世。

林徽因經歷了抗戰八年的顛沛流離，經歷了國恨家難、貧病愁苦的慘痛煎熬，這位遍體鱗傷的人間精靈化作一縷淡淡的彩虹在西天消失。著名詩人何三坡說：「造物主賦予林徽因驚豔的美貌，就不必再賜給她絕世才情；而賜予她絕世才情，就無須再給她光輝燦爛的淒豔之美。既然兩者兼而有之，則必假上帝之手設法令其不壽。」天耶？命耶？抑或天命歟！

大道無形，大音希聲。林徽因的仙逝，或許是仁慈的上帝老人對這位下凡人間的天使特有的愛戀與眷顧，以免其潔白真誠的身心遭受侮辱與蹂躪。假如她再活下去，那就不是只被砸毀一塊墓碑的侮辱了（南按：林氏墓碑在「文革」中被清華紅衛兵砸毀），很可能有被拋骨揚灰的下場。林徽因的早逝，是上帝的愛撫，是她不幸之中的大幸運。至於她的家人與好友仍在世間的大風雨中摸爬滾打，直至慘遭不幸，則是天國裡的她所無法顧及的了。

林徽因之墓（梁再冰提供）

四、陶孟和之死

林徽因去世一年零十一個月的一九五七年二月二十七日，毛澤東在最高國務會議第十一次擴大會議上發表了〈關於正確處理人民內部矛盾的問題〉的重要講話。全面分析了社會主義社會的矛盾，提出在共產黨和民主黨派的關係上實行「長期共存，互相監督」，在科學文化工作中實行「百花齊放，百家爭鳴」的「雙百」方針。偉人的一聲號召，使兩個月後的「大鳴大放」達到了高潮。

四月二十七日，中共中央發出〈關於整風運動的指示〉，決定在全黨進行一次以正確處理人民內部矛盾為主題，以反對官僚主義、宗派主義和主觀主義為內容的整風運動。此後，全黨整風運動逐步展開。與此同時，「極少數資產階級右派分子乘機鼓吹所謂『大鳴大放』，對共產黨的領導和社會主義制度進行攻擊」。[42]

五月十五日，毛澤東的〈事情正在起變化〉一文內部下達，自此拉開了中國現代史上著名的「反右」序幕。頭懸利劍，許多人已進入張開的網中，只是這個時候大多數入網者還蒙在鼓裡渾然不覺，仍在繼續著「鳴放」的迷夢。為此，毛澤東對黨內幹部指出：「在民主黨派中和高等學校中，右派表現得最堅決最猖狂。我們還要讓他們猖狂一個時期，讓他們走到頂點」之後再加以收拾。「或者說：誘敵深入，聚而殲之……右派有兩條出路。一條，夾緊尾巴，改邪歸正。一條，繼續胡鬧，自取滅亡。」[43]

六月八日，中共中央發出〈關於組織力量準備反擊右派分子進攻的指示〉。指出：「這是一場大戰（戰場既在黨內，又在黨外），不打勝這一仗，社會主義是建不成的，並有出『匈牙利事件』的某些危險。」同日，《人民日報》發表題為〈這是為什麼？〉社論。此後，全國性大規模「反右」風暴開始，給歷史留下最悲愴的影響是一網打盡數十萬知識界菁英，開創了現代中國政治運動翻手為雲、覆手為雨的先例。「在以後一連串政治鬥爭及一系列政治人物的升降浮沉中，人們都可以看到『反右鬥爭』毫無遊戲規則的政治變幻。這是一段思之依然令後人不寒而慄的歷史。」[44]

在這段歷史中，首當其衝的是「章羅聯盟」的定性，[45]隨之而來的是名動朝野的「六教授事件」出籠。據童第周回憶說：「一九五七年反右派鬥爭時，有一個『章羅聯盟』。過去高教部和科學院有矛盾，我到北京後，這個矛盾已經尖銳化。中國科學院成立後，很多人想到科學院來工作。高教系統提出取消科學院，科學院應分散到各個大學去。當時民盟提出：成立一個科學體制委員會，民盟科學體制委員會有我、錢偉長等人。沈鈞儒召開過一次會議，在會上我發言的中心思想是科學院不能取消。我的發言當時已刊登在《爭鳴》雜誌上。」又說：「後來毛主席召開了一個高教部（楊秀峰等人）和科學院（張勁夫、郭沫若、吳有訓、嚴濟慈、我、范長江、于光遠、胡喬木等）的聯席會議。在毛主席辦公室召開的，大家都發表了意見。我當時的意見是兩者都要存在，要互相合作。每人發言後，毛主席說：『我給你們畫條三八線，都要存在，不要再拉繩了。』」[46]

童第周與夫人葉毓芬當年離開李莊後，流亡到重慶的復旦大學，抗戰勝利復員時又來到了他早年任教的山東大學，先後出任動物系教授、系主任，副校長等職，一九四八年被選為中央研究院院士，也是山東大學、復旦大學、同濟大學等三所高校走出來的唯一一位院士。一九五六年，童第周調任中國科學院生物學部副主任，同時兼任民盟中央常委等職。他所說的在毛主席辦公室開會，就是以中國科學院要員身分參加的。會議之後，按童第周的說法：「由於我清楚這個情況，所以沒有去參加民盟的『體制問題』會議。有一次進城開會回來，路過民盟中央，進去一看，華羅庚、曾昭掄、千家駒等正在討論『體制問題』，並訂了幾條。我去了大約一小時，沒有參加討論就走了。後來這幾條成為所謂的『反動科學綱領』登在《光明日報》上，下面卻登了我們五人的名字。葉毓芬要我趕緊聲明，當時我已去青島，後來華羅庚打電話給我要發表聲明，我們就聯合發表了聲明。」

童第周所說的「體制問題」，是經過民盟中央決定，由時任高教部副部長、民盟中央常委的曾昭掄與民盟負責人之一黃藥眠，分別負責召集兩個小組草擬的〈對於有關我國科學體制問題的幾點意見〉和〈我們對於高等學校領導制度的建議（草案初稿）〉兩份文件。文件就保護科學、科學院與高等學校以及與業務部門研究機關之間的分工協作等問題，提出了建設性意見。令他們萬萬沒想到的是，〈意見〉在一九五七年六月九日《光明日報》一發表，來勢凶猛的「反右」鬥爭便狂襲而來，這兩份文件被視為「章羅聯盟」路線與「反黨反社會主義的科學綱領」的「鐵證」。參與制定文件的主要人員曾昭掄、黃藥眠、費孝通、陶大鏞、錢偉長、吳景超等六位教授，立即被打成「右派分子」，或撤職查辦，或充軍發配，或送往邊疆農場勞動改造，一時間，社會各界如春天裡點燃的野火，掀起了大規模圍剿、批判

「六反動教授」的烈焰。因童第周、華羅庚此前已嗅出導火索正在暗中燃燒的不祥氣味，引起警覺並在高人指點下適時發表了聲明，命運開始有好轉。

六月二十六日，《人民日報》發表了華羅庚、千家駒、童第周在全國人民代表大會上的聯合發言，認為〈意見〉中關於重視資產階級的社會科學，強調人民內部在培養機會上應一視同仁，保護科學家等意見，都不符合事實。七月十四日，《人民日報》登出了華羅庚〈我願以這件事作為教訓〉的檢討書，對不贊成「外行領導內行」的觀點做了自我批評，表示：「黨能夠領導科學，能夠領導教育，能夠領導知識分子。」因了這一連串不斷彎腰點頭作揖的檢討，加之周恩來及時出面援手保護和周旋，童第周、華羅庚二人僥幸成為漏網之魚，暫時沒有被緝拿歸案，而其他「六教授」則被一網打盡。

一九五七年七月中旬，中國科學院哲學社會科學部在北京飯店舉行聲勢浩大的批判曾昭掄等六教授「反黨反社會主義科學綱領」大會。出席會議的有一百多名專家學者。會議連開五天，中科院主要領導和大小嘍囉們紛紛發言，對曾昭掄等「右派分子」進行「憤怒聲討」。會議認為「民盟中央科學規畫臨時小組的『幾點意見』，實際上就是一個在科學工作方面的反社會主義的資產階級綱領」，是「右派分子企圖奪取國家領導權，首先是文教工作的領導權的陰謀的一部分」。[47]就在眾人統一步調的大呼小叫中，突然，從羊群裡蹦出一匹老馬，衝全場發出了與眾不同的嘶鳴——這匹半道殺出的老馬便是大名鼎鼎的陶孟和。

在國民黨行將崩潰、全面撤出大陸的前夜，由於陶孟和與國民黨不同的另類思想和對共產黨的同情，使他堅決地率領本部人馬離開中央研究院大本營，轉戰四方，最後下得水泊梁山大寨，重投新主。

一九四九年四月二十三日，陶孟和以極為亢奮的心情出席解放軍占領南京的儀式。第二天，中國人民解放軍第三野戰軍司令員陳毅身著灰布軍服，帶一位警衛員，來到中央研究院社會研究所辦公樓看望陶孟和，由於陶事先不知道陳氏到來，當然也不認識陳某人，乃像往常一樣身著長袍至會客室相見，待互道姓名以後，方知對方身分。據陳毅說，他早年在北平中法大學讀書時，曾讀過陶孟和發表的一些文章，受到啟發，並留有印象云云。到底讀過什麼文章，則沒有說出。在解放軍渡江前夕，陶孟和與幾位同道者在報紙上發表了一系列如國寶不能南遷臺灣等文章，已被這位陳司令員所聞並表示讚賞——這或許正是陶孟和所要達到的效果。此次會談，陶孟和與傅斯年等人大不同的另類思想，以及甘為共產黨效力的表態，令掌控生殺予奪大權的陳毅司令員非常滿意。

同年五月十七日，中國人民解放軍南京軍管會文教會派趙卓到南京北極閣中央研究院總辦事處，召集員工聯誼會理事會，陶孟和積極出面支持軍管會的要求。在中央研究院各所被新成立的中國科學院接管之前的一段空隙裡，根據南京軍管會安排，曾成立中央研究院院務委員會，維持南京各所的日常工作，共選出十四位委員，陶孟和為主任委員。九月，中國人民政治協商會議第一屆會議在北京召開，陶孟和以「特別邀請人士」身分出席會議，被選為政協全國委員會常務委員。

一九四九年十月十九日，成立未久的中央人民政府委員會第三次會議，組成了以郭沫若為院長，陳伯達、李四光、陶孟和、竺可楨為副院長的中國科學院。陶氏能擠進新生的中國科學院並出任高官，據說是陳毅出面向中共中央力薦的結果。陶孟和當年的心思總算沒有白費，在改朝換代的歷史形勢下，其政治理想如願以償。十一月一日，中國科學院在北京正式辦公，後來即以此日為中國科學院成立日。院址最初借用東四馬大人胡同十號，十一月二十三日遷入王府大街九號；一九五〇年六月二十三日遷至文津街三號；一九六六年遷往西郊友誼賓館北館；一九七〇年七月，遷往三里河路五十二號。建院之初，科學院下設辦公廳和研究計畫局、國際合作局（聯絡局）、出版編譯局等三個局，陶以副院長的身分兼任出版編譯局局長。

有些巧合的是，中國科學院於一九五〇年遷入的文津街三號，正是二十世紀三〇年代原社會調查所與靜生生物調查所舊址。已成為中科院副院長的陶孟和，辦公室就在他原任社會調查所所長的那間屋內。想不到在風風雨雨、硝煙炮火中繞了大半個中國，人到白頭又回到了事業起點的位置。舊地新任，百感交集，陶孟和自是嗟歎不已。儘管他不再像當年那樣年輕和朝氣蓬勃，不再為自立山頭還是歸附水泊梁山聚義廳之問題與中基會總幹事任鴻雋不惜一戰，但面對舊屋中的那把顯然有所增高的座椅，內心深處對新政權的恩情還是由衷地感激，並力圖在科研事業上有所貢獻。正是懷揣著這樣一個偉大夢想，在新中國剛剛成立之時，他與同時被任命為副院長的竺可楨從北京返回南京、上海等地，以各自在學術界的聲望和影響，同時以新任學部大員的威力，動員收攏已散落於各派系山頭和流落於江湖中的舊部與科學界好友留在大陸，以為新中國效力。只是出乎陶孟和意料的是，當他坐在副院長的高大椅子上環顧四周，突然發現面臨的處境並不容樂觀，且越來越陷入有苦難言的尷尬境地。

就當時的情形論，中國科學院副院長這一職位，與他此前的學術聲望，以及後來為中國共產黨奪取政權所費的心力是相稱的。但此一時，彼一時，既然新政權已經建立並漸趨牢固，陶的學術價值與當年所做的敲邊鼓性質的一點事業，已經不值一哂了。據當年與陶共過事的中科院人士回憶：陶孟和是文科，解放後不興文科，他在科學院沒多少實際的工作（管出版、圖書），開會也可以不叫他來。

然而，令陶孟和不快和對他的致命打擊還在後頭。當他坐上中國科學院副院長交椅的時候，其一手經營的社會科學研究所尚在被視為蔣介石老巢的南京，工作、生活方面諸多不便，經批准於一九五二年底遷往北京。這個時候，社會學已經被新政權和新生的「天才」們當作偽科學進行了否定，該所到北京後即被改為學術性質和研究方向大不相同的經濟研究所，整個社會學專業被無情地取締。正如陶的部下巫寶三所說，「到一九五二年底，可以說社會調查所和社會研究所完成了它的歷史使命」。[48]這個由陶孟和頂著各方面壓力一手創建，中途經過改編和重組，歷盡風雨坎坷始終由陶氏掌舵達二十六年之久，且最初是以研究人民生活問題為指導方針的社會調查所，就這樣如一縷輕煙無聲無息地消失了。一個在社會學界頗負盛名的重量級學者，最後落到學術成果無人理會，甚至連自己的專業都保不住的悲愴境地，其內心的痛苦與精神上的打擊可想而知。

更令陶孟和為之扼腕的是，抗戰期間他與同事輾轉幾萬里，含辛茹苦，耗時八年，以國際通用的科學計算方法調查研究出的科學報告，因抗戰勝利後國共兩黨與日本政府的複雜關係，這批研究成果竟成了一堆廢紙，被當局棄之麻袋不再理會。最後的結局是：中國人民八年堅苦卓絕的抗日戰爭打贏了，但國共雙方分別代表自己所統領的黨派主動放棄了對日本政府的戰爭索賠，中國在戰爭中折合當時計算數額高達一千億美元以上的經濟損失，未得到一分一釐的賠償。這是當時在李莊時期的陶孟和與社會科學研究所全體人員沒有料到的，也是中國普通民眾沒有想到的。更不可思議的是，幾十年後的二〇〇四年，一個撿垃圾的老漢在北京某地一個廢墟中，撿到一麻袋文件，經中國社會科學院近代史研究所李學通等專家鑑定，正是當年陶孟和等人在李莊時期所撰成的抗日戰爭期間中國損失調查報告。而對這堆「廢物」做何處理，仍無人理會。[49]

既然社會科學研究所已不復存在，陶孟和的兼職所長也自然隨之化為烏有，他成了一個被架在空中的光桿副司令，晚年的人生也隨之步上了另一段高聳雲端、搖晃不止、虛無縹緲的天梯。他在忽忽悠悠的騰雲駕霧中，身心俱疲，精神幾欲崩潰，再次發出了久積於心的「夢想是人類最危險的東西」[50]的呼喊。儘管他的呼喊有些聲嘶力竭，但沒有人樂意回首一聽，其尷尬情形從擔任中國科學院黨組書記兼副院長的張稼夫回憶中可以看出，張說：「在科學院工作時期，我們相處得十分融洽，科學院的重大事項，郭老、李老、竺老、范老（范文瀾同志）和我都事先交換意見，統一思想，然後再交院務會議通過。」[51]

在張氏提到的幾位科學院大老中，唯獨沒有陶孟老，這當然不是作者的疏忽。既然陶孟和還坐在副院長那把儘管有些搖晃但尚未徹底翻倒的椅子上，這「事先交換意見」的程序，按院章規定也應有他的一席，可遺憾的是陶孟和確實已經沒有「席」了。一位中科院的老科技幹部後來也有類似的回憶：郭沫若因有副總理頭銜，事情多，交往忙，平時難有時間顧及科學院的事。張稼夫一九五六年因病調出後，與其一字之差的張勁夫入主中科院，從一九五六年到一九六七年，張勁夫實際領導科學院，成為事實上的一把手。陳伯達、李四光都在科學院外有事忙，做事務的副院長就是竺可楨、吳有訓（南按：一九五〇年十二月出任副院長）。這位老科技幹部又說，科學院的副院長通常也沒有掌大權，大權是科學院黨組，黨組成員行政職位可以不高，但是決策權在黨組。如果黨組書記願意，可以給科學家院長副院長一些權。如果現在誰以為當時的副院長在決策圈裡面，那就搞錯了。實際上張勁夫的黨組成員有裴麗生、杜潤生、秦力生、謝鑫鶴、武衡、郁文等人。

這個時候的陶孟和顯然被踢到了圈子之外，成為一個懸在空中可有可無的影子。時過境遷，痛失地盤和人馬的陶氏自知再拉桿子轉戰二龍山，重登梁山聚義廳或忠義堂的時代一去不返，只好把花白的頭顱埋於中科院圖書館（南按：陶兼圖書館館長）一摞又一摞的故紙堆中尋找一絲精神的慰藉。但慰藉也不是那麼容易找到的，有時不但找不到慰藉，反而帶來更大的苦惱甚至羞辱。曾在中科院編譯局任職的趙儷生，對陶氏的經歷有過這樣一段回憶：

郭沫若，我從小對他的文章有好感。在初中時，我讀到他那情書集《落葉》，「你那飄浮在逝水上的落葉啊」，我常常吟誦。又讀了他的短篇小說〈葉洛提之墓〉，這是一篇「盜嫂」的故事。還讀了他的譯品《茵夢湖》，開頭幾句我一直能背，「一日晚秋薄暮，一老人衣冠楚楚，徐行走下城市」……這一切都說明，一開始我對他並無反感。反感，是自到科學院以後。我是院長副院長學習小組組長……我親眼看見他拍著桌子訓斥吳有訓和陶孟和。吳有火性，不服，跳起腳來同他吵；陶則安安穩穩地承受這種凌辱，其狀甚慘。于立群當時並不是科學院人員，但也搬一把椅子坐在郭老身後幫腔，說三道四。

我忍不住了，就寫信給當時設在王府井大街南頭路西的《人民日報》，說有情況要反映，他們打電話約我傍晚七點到報社。我去了，當時還沒有錄音機。有四五臺打字機圍在我周邊，啪啪啪啦價打。但最使我吃驚的，是事隔一月，我收到一封覆信……前一段是「應酬」的口氣……後一段就厲害了，「但是」（一個「但書」，毛澤東就幾次闡發過「但書」的重要作用）說毛主席教導說，假如拿敵對的態度對待同志的話，那麼我們自己的立場就不知不覺站到敵人那方面去了。「謹供您參考」！好傢伙！這不就是說，誰給郭沫若提意見，誰就是反革命嗎？[52]

趙儷生因了對郭沫若的霸道作風表示不滿，很快被當權者踢出圈外，另謀生路去了。而此時的陶孟和儘管政治上失落，人格上遭到羞辱，內心悲鬱憤懣，幾有屈原憂心愁悴，徬徨山澤，經歷陵陸，嗟號昊天之悲苦。但身為一個立志以科學報國的知識分子，出於文化良知和對社會的責任，仍有屈原「思君念國，憂心罔極」的悲憫情懷。一九五一年之後，陶孟和對中國大地興起的一連串「知識分子改造運動」，以及運動之後學術研究工作仍一籌莫展的狀況甚為焦慮，言談中經常帶出一些不滿情緒，最後終於將積憂憤懣爆發出來。當此次舉行聲勢浩大的批判曾昭掄等六教授「反黨反社會主義科學綱領」大會時，陶孟和眼見中科院的主要領導和大小分子登臺發言，一個個齜牙咧嘴、大呼小叫，沒有辛酸淚，只有荒唐言，且神經兮兮地對曾昭掄等人進行「憤怒聲討」，對此不以為然，不滿情緒更加外露，認為曾昭掄們搞出的那個科學綱領並沒有什麼大錯，即使有錯亦不能如此上綱上線地批鬥。想到這裡，遂與以郭沫若為首的批判者叫起板兒來。

經陶孟和一頓攪局，狂叫者的氣焰稍有收斂。但最後的結果據當年社會科學所研究員巫寶三說：「有人藉機散發了陶孟和平時對黨不滿的言論，大概由於受到領導上的保護，陶先生後來沒有成為批判對象。」[53]也就是說，有人想藉機拿陶孟和在會議上攪局一事開刀，但最終未能開成，其內在緣由巫寶三猜得不錯，的確是受到領導上的保護，且這個保護的「領導」，就是「坐地日行八萬里，巡天遙看一千河」，發動並遙控運動形勢的毛澤東本人。

早在一九五七年整風初始，當政者動員知識界「大鳴大放」，意為「引蛇出洞」時，滿面真誠的陶孟和乘「鳴放」的東風，稀里糊塗地發表了自己的「高見」，認為「舊知識分子之未得其用……以中國幹部之缺乏，有材者不用，而無材者充數，以致釀成許多混亂」。到了整治曾昭掄等「六教授」時，陶受到慘烈的批鬥場面刺激，開始反省並認為當權者不能這樣做，特別是科學人材集中的中國科學院更不能以這種形式上綱上線地整人，遂自己跳出來與郭沫若等人叫板兒。主持會議的郭沫若自然不把陶孟和當一盤菜，於是決定反制，將陶氏踢出圈外，或乾脆打翻在地並踏上一隻腳，賜給他一頂「鋼盔」（南按：各類「反動」分子帽子的別稱）戴著，但幾個月下來仍沒有成功，此事連郭沫若都有點不解。這年九月，當「反右」進入高潮時，中國科學院連續開了三天大會，集中火力批判費孝通、吳景超、陳振漢、李景漢等四教授的「恢復資產階級社會學和經濟學的政治陰謀」。會議由郭沫若主持，許多所謂的科學文化界名流都加入了這個把對方「批倒批臭」的運動行列。就在各色人等懷著不同目的紛紛登臺聲嘶力竭地大加鞭撻時，素不習慣在大會上發言的陶孟和又出人意料地報名登臺發言，他一張口就令眾人大吃一驚。陶說：「在社會主義社會裡，人們相互間的關係和社會的進步，依靠的是友愛，而不是仇恨，知識分子應發揮他們的作用，而不應受到敵視。」最後，陶孟和臉色鐵青地大聲疾呼：「反右鬥爭對知識分子是一場浩劫！」[54]後來在社會上興行和廣為流傳的「浩劫」一詞，就肇始於陶氏這次偉大而冒險的發言。

陶孟和在中國科學院會議上發言

陶孟和此言一出，眾皆驚悚譁然，認為僅憑這一個「浩劫」，打成「反革命」並拿入大牢，再抬上老虎凳，捏著鼻子灌一頓辣椒湯已成定局。陶的言論很快被寫成專門報告呈送到周恩來辦公室與毛澤東的書房，最高當局盛怒之下，一度把陶氏內定為「右派」加「反革命」雙重分子，後來毛澤東經過反覆思慮又改令手下對陶孟和提出警告，終沒有將其置於死地。內中原因，據說是陶的兩層非凡的人脈背景使他在極度的危難中免遭壓頂而來的「浩劫」。第一，陶孟和為南開中學的開創者之一，屬於周恩來的師輩人物，並與周一直保持著良好的師生關係。另一個更為重要的原因是，陶在北大任教的一九二〇年，毛澤東在長沙時代的老師兼準岳父楊昌濟教授病故，當時楊家來京不久，無依無靠，生活艱難，且楊教授生前有幾個錢都贊助了欲出國勤工儉學的學生。在這種處境下，是蔡元培、馬寅初、胡適、陶孟和等四人聯名刊登啟事，向北大師生徵集賻金，並料理了喪事。喪事辦完後還剩了一點錢掌握在楊夫人手中，準備以後生活所用。當時楊昌濟的女兒楊開慧受毛澤東的影響已加入社會主義青年團，並準備與毛正式結婚，但毛澤東卻根據當時的形勢要回湖南創辦文化書社，只是缺少資金一時無法離開，在這種情況下，楊開慧便動員母親把父親辦喪事剩下的那筆錢拿出來交給毛澤東，作為創辦文化書社的資金。毛在感謝楊開慧母女的同時，自然知道這筆來之不易的錢是蔡、馬、胡、陶等四人發起呼籲捐助的，因而毛澤東對上述幾位教授的情誼刻骨銘心，念念不忘。正是念及這段舊事，毛才手下留情，沒有對陶採取嚴厲行動。也正因為毛感念這段舊情，馬寅初才成為後來的北大校長。而成為「美帝國主義走狗」的胡適在遭到中共控制的文人策士們一陣口誅筆伐，被批得體無完膚之後，毛澤東於一九五七年二月十六日在頤年堂接見政協知識分子代表時，就胡適的是非曲直和功過，說了一段出乎眾人意料且意味深長的話：「胡適這個人也真頑固，我們找人帶信給他，勸他回來，也不知他到底貪戀什麼？批判嘛，總沒有什麼好話，說實話，新文化運動他是有功勞的，不能一筆抹殺，應當實事求是。二十一世紀，那時候，替他恢復名譽吧。」[55]這是作為政治家的毛澤東出於政治的考慮，對當年爭取胡適和清除胡氏「毒素」的無奈，也是作為一個普通人對舊情無法割捨的感念之舉。而其他的自由主義知識分子，如已赴臺灣或香港的傅斯年、錢穆或留在大陸的馮友蘭等輩，一生都沒有等到，也不可能等到這句令人思之感傷的心裡話。所謂「行下春風才有秋雨」，其根源就在於此。陶孟和躲過了一劫，三生有幸，可謂當年燒香布施找對了廟門。否則，性命憂矣！

一九四九年八月十六日，身居美國的胡適在給趙元任夫婦的信中談到一些留在大陸的故友，對大陸的變化及朋友們的出處表示了深情關切。在談到陶孟和時，胡適引述故友沈怡，也是陶孟和郎舅的來信，謂陶在京滬「很活躍」，並說「他是道地好人一個，可惜自己太無主意，並且容易衝動，於是別人的見解都成了他自己的一套看法」。[56]這個評價是否公允，自是仁者見仁，智者見智，但性格就是命運，陶孟和後半生的生活與精神狀況，確實令人為之扼腕一歎。

一九六〇年四月十七日，陶孟和心懷鬱悶孤寂之情赴上海參加中國科學院第三次學部會議，突發急性心肌梗死，經搶救醫治無效不幸去世，終年七十二歲。

注釋

1 李強，〈關於傅斯年的兩件文物〉，《中國文物報》，二〇〇四年六月九日。

2 石興邦，〈夏鼐先生行傳〉，收入杜正勝、王汎森主編，《新學術之路：中央研究院歷史語言研究所七十周年紀念文集》下冊（臺北：中央研究院歷史語言研究所，一九九八）。

3 陳星燦，〈夏鼐與張光直交往的一點史料〉，《萬象》六卷一〇期（二〇〇四年十月）。南按：據考古研究所研究員王世民先生在審校本稿時說：「陳星燦的分析有道理，不過傅斯年確實將夏鼐作為自己的接班人看待，至今史語所中年以上的研究人員仍如是說。」

4〔美〕費正清（John King Fairbank）、費維愷（Albert Feuerwerker）編，楊品泉等譯，《劍橋中華民國史・一九一二—一九四九》（*Cambridge History of China*）（北京：中國社會科學出版社，一九九四）。

5 廖作琦，〈渝郡金陵憶見聞〉（上），《傳記文學》七八卷六期（二〇〇一）。

6 葛劍雄編，〈虔誠的懺悔——思想改造手記〉，《譚其驤日記》（北京：文匯出版社，一九九八），頁三五七。

7 夏鼐，〈考古學家吳金鼎先生〉，南京《中央日報・泱泱副刊》，一九四八年十一月十七日，第六版。轉引自夏鼐，《夏鼐文集》（北京：社會科學文獻出版社，二〇〇〇）。下段兩封信是王世民先生自夏鼐資料中檢出，並最先刊於〈夏鼐先生的治學之路〉一文中，後收入王世民，《商周銅器與考古學史論集》（臺北：藝文印書館，二〇〇八）一書中。

8 吳荔明，《梁啟超和他的兒女們》（上海：上海人民出版社，一九九九）。另據夏鼐說，梁「將肋骨截去六根」，參見夏鼐，〈考古學家梁思永先生〉，原載《新建設》一九五四年六期，轉引自夏鼐，《夏鼐文集》（北京：社會科學文獻出版社，二〇〇〇）。

9 屈萬里，〈敬悼傅孟真先生〉，《自由中國》四卷一期（一九五〇）。

10 梁思永，〈致李濟〉，收入李光謨，《從清華園到史語所：李濟治學生涯瑣記》（北京：清華大學出版社，二〇〇四）。

11 夏鼐，〈考古學家梁思永先生〉，原載《新建設》一九五四年六期，轉引自夏鼐，《夏鼐文集》（北京：社會科學文獻出版社，二〇〇〇）。

12 吳荔明，《梁啟超和他的兒女們》（上海：上海人民出版社，一九九九）。

13 同前注。

14 同前注。

15 張岱年顧問，張品興主編，《梁啟超全集・卷二一・家書》（北京：北京出版社，一九九九）。

16 李敖，〈李敖的快樂人生觀〉，《李敖有話說》（北京：中國友誼出版公司，二〇〇五）。另：關於梁思永的墓碑碑文和近來學術界中人對郭沫若的非議，中國社會科學院考古研究所研究員王世民先生有不同的看法。王氏認為：郭為梁題寫碑文，不存在敬與不敬的問題，學術界去過八寶山公墓的人有限，尋訪梁思永墓的人更少。當年梁思永的葬儀是相當隆重的，逝世後新華社迅速發消息，稱「我國著名考古學家」，郭沫若參加弔祭、葬儀（四月五日）和紀念會（四月十八日），後又題寫墓碑和《梁思永考古學論文集》。只是近年在貶郭的風潮中，才產生這一說法。事實上在二十世紀五〇年代初期，學術界並不視所長、副所長為官職，而是相當高的學術地位，因為當年周總理親自任命所長、副所長。這些人都是學術界頂尖人物，基本上與學部委員相當（後來也多是學部委員）。近年來不學無術的記者炒作，「大師」、「著名」滿天飛，有的還稱「著名大師」，都「大師」了還不著名？殊不知能夠稱之為「XXX學家」即為學術界最高榮譽，請看《辭海》、《大百科全書》，能夠上書的不過稱「XXX學家」而已，並沒有加更高的帽子，云云。（南按：王世民先生在審校本稿時所做評語。）

17 費孝通，〈我心目中的愛國者〉，收入《曾昭掄百年誕辰紀念文集》編撰委員會編，《一代宗師：曾昭掄百年誕辰紀念文集》（北京：北京大學出版社，一九九九）。

18 毛澤東於一九四〇年一月九日在陝甘寧邊區文化協會第一次代表大會上的講話，後改為〈新民主主義論〉。毛在講話中評價魯迅：「就是這個文化新軍的最偉大和最英勇的旗手。魯迅是中國文化革命的主將，他不但是偉大的文學家，而且是偉大的思想家和偉大的革命家。魯迅的骨頭是最硬的，他沒有絲毫的奴顏和媚骨，這是殖民地和半殖民地人民最可寶貴的性格。魯迅是在文化戰線上，代表全民族的大多數，向著敵人衝鋒陷陣的最正確、最勇敢、最堅決、最忠誠、最熱忱的空前的民族英雄。魯迅的方向，就是中華新文化的方向」（中共中央毛澤東選集出版委員會編，《毛澤東選集》卷二（北京：人民出版社，一九九一）。毛澤東在威權鼎盛時期，曾被封為「偉大的導師，偉大的領袖，偉大的統帥，偉大的舵手」。一時間，「四偉大」在全國廣為流傳，婦孺皆知。

19 夏鼐，〈考古學家梁思永先生〉，原載《新建設》一九五四年六期，轉引自夏鼐，《夏鼐文集》（北京：社會科學文獻出版社，二〇〇〇）。

20 石璋如，〈考古方法改革者梁思永先生〉，收入杜正勝、王汎森主編，《新學術之路：中央研究院歷史語言研究所七十周年紀念文集》上冊（臺北：中央研究院歷史語言研究所，一九九八），頁三六〇。

21 李光謨，〈李濟致趙元任〉，《從清華園到史語所：李濟治學生涯瑣記》（北京：清華大學出版社，二〇〇四），頁三四一。南按：此信是李濟一九七九年去世十幾年後的一九九二年，其獨子李光謨赴臺北，從臺灣大學考古人類學系李濟大批遺存信件、遺稿、日記和筆記中翻檢出來帶回北京後整理發表的。李光謨在信末注：「據信稿。缺簽名及日期，但稿紙右上方有發信人用鉛筆所注『十二月四日發出』字樣；從內容看，寄信年份應為一九五六年。」

22 杜正勝，〈通才考古學家高去尋〉，收入杜正勝、王汎森主編，《新學術之路：中央研究院歷史語言研究所七十周年紀念文集》下冊（臺北：中央研究院歷史語言研究所，一九九八），頁六九一。

23 同前注。

24 同前注。

25 張光直，〈懷念高去尋先生〉，《考古人類學隨筆》（北京：生活．讀書．新知三聯書店，一九九九），頁一六一—一六二，下同。

26 杜正勝，〈通才考古學家高去尋〉，收入杜正勝、王汎森主編，《新學術之路：中央研究院歷史語言研究所七十周年紀念文集》下冊（臺北：中央研究院歷史語言研究所，一九九八），頁六九一。

27 據杜正勝說，《侯家莊》報告系列的第一本，可能是規畫整理梁思永遺稿的第一至四章，第五章大墓總述只有一頁文稿，故第一〇〇一號大墓的報告序列自第二本編起。第一本沒有整理，唯原稿俱在，問題也比較單純。後一部分與高去尋的遺稿一併整理付梓（參見收入杜正勝、王汎森主編，《新學術之路：中央研究院歷史語言研究所七十周年紀念文集》下冊（臺北：中央研究院歷史語言研究所，一九九八），頁七〇二—七〇三）。

28 李濟，《侯家莊一〇〇一號大墓・序〉，《史語所報告集》之三《侯家莊》第二本（臺北：中央研究院歷史語言研究所，一九六二）。

29 李濟，〈致費慰梅〉，《從清華園到史語所：李濟治學生涯瑣記》（北京：清華大學出版社，二〇〇四）。

30 〔美〕費慰梅（Wilma Fairbank）著，成寒譯，《中國建築之魂：一個外國學者眼中的梁思成林徽因夫婦》（上海：上海文藝出版社，二〇〇三）。

31 李濟，〈馮友蘭致李濟〉，《從清華園到史語所：李濟治學生涯瑣記》（北京：清華大學出版社，二〇〇四）。

32 〔美〕費慰梅（Wilma Fairbank）著，成寒譯，《中國建築之魂：一個外國學者眼中的梁思成林徽因夫婦》（上海：上海文藝出版社，二〇〇三）。

33 轉引自陳學勇，〈林徽因與李健吾〉，《林徽因尋真：林徽因生平創作叢考》（北京：中華書局，二〇〇四）。

34 同前注。

35 〔美〕費慰梅（Wilma Fairbank）著，成寒譯，《中國建築之魂：一個外國學者眼中的梁思成林徽因夫婦》（上海：上海文藝出版社，二〇〇三）。

36 同前注。令梁思成沒有想到的是，這部傾盡了他們夫婦與中國營造學社同人無數心血的經典之作，卻一度在國外失落近四十年，幸虧得到費慰梅的多方幫助與查找，歷經曲折，才使這一「國之重典」失而復得，並於一九八四年由美國麻省理工學院出版社出版。此書出版後，引起了世界建築學界與建築史學界的廣泛矚目與重視，當年即獲全美優秀圖書獎。

37 梁從誡，《不重合的圈：梁從誡文化隨筆》（天津：百花文藝出版社，二〇〇三）。

38 一九五〇年，與梁再冰共同從李莊穿著草鞋走出來的梁從誡考入清華大學歷史系就讀。梁再冰最初報考清華大學，未被錄取。時林徽因曾懷疑清華判分有誤，當透過有關人員調看女兒的試卷之後，認可無誤，遂讓梁再冰改投北大，並被西語系錄取。當梁從誡投考時，先報清華營建系，因兩分之差未被錄取，不得已而改為歷史系。對於再冰與從誡報考事，後世有多人表示不解，認為憑梁思成夫婦的地位和權力，遂兩個孩子的心願是件並不太難辦的事，但梁思成夫婦沒有這樣做，此舉令人感到不可思議。對此，有文章稱梁思成、林徽因在此事上深明大義，人格特別不得了，思想特別高尚云云。梁氏夫婦的人格與思想高尚是當然的，但就當時的情形而言，清華乃至整個教育界的風氣尚屬清廉，還沒有太大的歪風邪氣，教授們的思想差不多都是這個樣子，特殊的例子倒是少見。在他們看來，如果自己的孩子不能錄取而託關係找門子，甚至不惜把別的考生擠掉而霸王硬上弓，強行塞進一個軟蛋的兒子等不法做法才是不可思議的。至於世風日下，亂了朝綱，失了方寸，過了道德底線，甚至人格變異、道德淪喪等見不得天日的荒謬做法，則是後來的事了。假如此事放在今天，若有一點作假或託關係走後門的可能，想來寫文章表示不可思議，並假惺惺地謂梁氏夫婦人格高尚的作者，一定會透過他所練就的投機鑽營之術獲取自己的私利吧。

39 梁從誡，《不重合的圈：梁從誡文化隨筆》（天津：百花文藝出版社，二〇〇三）。

40 陳學勇，〈林徽因年譜〉，《林徽因尋真：林徽因生平創作叢考》（北京：中華書局，二〇〇四）。

41 一直暗戀林徽因的金岳霖終身未婚，他把對林的愛深藏心中，其內心的感情世界外人很難知曉，世人所知的只是他偶爾顯露的一條縫隙中透出的光，而僅這片刻的心靈之光便足以透視老金豐富真摯的內心世界以及對林徽因的愛是如何博大深沉。

故事之一：一九五五年春天，金岳霖在西南聯大時期的學生周禮全到北大哲學樓辦事，此時老金已由清華被調整到北大哲學系任教並兼系主任。當周禮全來到老金辦公室時，已有幾位教師在同屋裡談論問題。老金一見周禮全就說：「禮全，你等一等，我有事同你談。」約一個小時後，其他人陸續都走了，辦公室中只剩下金岳霖與周禮全。老金把門關上，先是默不作聲，過了一會兒突然說：「林徽因走了！」他一邊說，一邊就號啕大哭起來。只見老金兩只胳膊靠在辦公桌上，頭埋在胳膊中，哭得極為傷心沉痛和天真。周禮全靜靜站在老師的身旁，不知說什麼好。幾分鐘後，老金慢慢地停止哭泣。他擦乾眼淚，坐在椅子上，目光呆滯，一言不發。周禮全陪伴著默默地坐了一陣，才伴送老金回到燕東園的宿舍。當晚，周禮全約同學王憲鈞一起去燕東園看老金。此時金岳霖已恢復了平日那種瀟灑輕鬆的風度，只同周王二弟子談了幾句林徽因患病與去世的情況，就把話題轉移到邏輯課程的改革問題上去了（參見周禮全，〈懷念金岳霖師〉，《人物》一九九五年六期）。

故事之二：據文學評論家仲呈祥聽歐陽中石教授說，林徽因去世幾年後，梁思成續娶了清華營建系資料室的學生輩職員林洙為妻，當時梁的老朋友張奚若等竭力反對，但未能阻止。面對這種結局，金岳霖更是百感交集。有一天，他到小賣部買了一瓶二鍋頭，一包花生米，獨自來到八寶山林徽因墓前，倒出半瓶酒以敬獻亡靈，剩餘的自己就著花生米慢慢喝。當半瓶酒下肚後，醉眼矇矓的老金說了一句話：「徽因啊，你看看，當年找錯人了吧？人家又結婚了，我還是光棍一根，事實證明，最愛你的人還是我老金頭啊！」言畢大哭。（南按：此事後來由老金親告歐陽中石，再由歐陽中石傳出。）

42《中國共產黨大事記》（一九五七年部分）（北京：人民出版社，一九八九）。
43 同前注。
44 陸鍵東，《陳寅恪的最後二十年》（北京：生活．讀書．新知三聯書店，一九九五）。
45「章羅聯盟」，即章伯鈞、羅隆基組成的「右派」集團。章羅二人除共同擔任民盟中央副主席職務外，章伯鈞時為交通部長，羅隆基時為森林工業部部長。其聯盟的主要罪狀是向共產黨向人民向社會主義發動了猖狂進攻。反對黨對知識分子的領導，煽動和籠絡舊知識分子抗拒思想改造，向黨「講價錢」，陰謀奪取黨對知識分子的領導權。在民盟全國工作會議上叫囂「今天的主要矛盾，是馬列主義的小知識分子領導小資產階級的大知識分子」等。有研究「反右」運動的學者認為，正是羅隆基提出的這最後一句話，使沒有受過大學教育的中共領導受到刺激。後來，還有從蘇聯回來的共產主義的大知識分子，也對毛輕視，說山溝裡沒有馬克思主義。一九五八年毛寫給第一師範的同窗好友周世釗的信中說：「那些留學生們，大教授們，人事糾紛，複雜心理，看不起你，口中不說，目笑存之，如此等類。這些社會常態，幾乎人人要經歷的」（中共中央文獻研究室編，《毛澤東書信選集》（北京：人民出版社，一九八三），頁五四八）。
46 童第周，《童第周：追求生命的真相》（北京：解放軍出版社，二〇〇二）。
47 張錫金，〈華羅庚入黨始末〉，《縱橫》二〇〇三年八期。
48 巫寶三，〈紀念我國著名社會學家和社會經濟研究事業的開拓者陶孟和先生〉，《近代中國》第五輯（上海：上海社會科學院出版社，一九九五）。
49 一九八五年，一個叫任明忠的退休工人，湊了兩萬元現金從北京一家廢品站買到了一批材料。其中有一份是陶孟和等人署名的編為十七號的祕密文件，該文件末尾附有「本會三十五年（一九四六年）八月十一日編製全國公私財產損失統計表暨全國人力損失統計表」等字樣。文件統計，全國公私財產損失總計三百一十八億美元（一九三七年七月之美元價值），全國軍民死傷失蹤近一千一百八十三萬人，其中軍隊三百四十一萬，人民八百四十二萬。但文件裡也表示，「因少數省市以情況特殊不允調查，或調查較遲不及報送，致未能如期編製，不無遺憾耳」。除這份文件外，其他均為抗戰調查的表格與數據。經中國社會科學院近代史所研究員李學通等專家鑑定，整麻袋材料均為當年社會科學研究所的調查報告，但至今仍未引起當局的重視（參見《京華時報》，二〇〇五年四月二十六日報導）。二〇一〇年初，在《中國地理》雜誌召開的一個小型座談會上，作者遇到了李學通，問及那麻袋材料的下落，李先生說他也不知道了。

50〈新年的夢〉（「夢想的中國」徵文），《東方雜誌》總三〇卷一號（一九三三年一月）。

51 張稼夫，《庚申憶逝》（太原：山西人民出版社，一九八四），頁三九。一九五二年十二月底，張稼夫由中共中央西北局宣傳部長調中科院任黨組書記，一九五三年一月十四日為副院長。一九五六年因病調國務院二辦工作，中科院職務由張勁夫繼之。一九八二年九月當選為中共中央顧問委員會委員。一九九一年五月二十九日在北京病逝，享年八十八歲。

52 趙儷生，《趙儷生文集》卷五（蘭州：蘭州大學出版社，二〇〇二）。正文中「但是」與括弧內「但書」，原文如此。

53 巫寶三，〈紀念我國著名社會學家和社會經濟研究事業的開拓者陶孟和先生〉，《近代中國》第五輯（上海：上海社會科學院出版社，一九九五）。

54 同前注。

55 唐弢，〈春天的懷念〉，轉引自劉倉，〈新中國成立初期的胡適思想批判運動〉，《黨史博覽》二〇〇九年三期。

56 耿雲志、歐陽哲生編，《胡適書信集》（北京：北京大學出版社，一九九六）。

第九章

高才短命人誰惜

一、大時代裡的曾昭燏

對陶孟和的死，除了他的家人親屬、門生故舊陷入悲痛，有一位與陶氏似乎並無多少瓜葛的女性，在致唁電表示哀悼的同時，內心分外傷感淒涼。這位女性便是南京博物院院長曾昭燏。

按輩分，曾昭燏與陶孟和屬於兩代知識分子，無論是在昆明初識還是在李莊為鄰，只是偶爾有業務上的往來，並沒有建立起親近的私人關係。但到了抗戰結束還都南京，隨著國內政治形勢狂飆突進式的進展，二人對時局的看法和政治上的關係也發生了質變，開始作為一個溝裡的盟友發表言論並雙雙引起中共的注意和重用。

抗戰勝利復員之際，曾昭燏先後參加「戰時文物損失清理委員會」和「戰區文物保存委員會」等組織工作，由於此前李濟辭去中央博物院籌備處主任，受領中國代表團赴日本追查「北京人」頭蓋骨化石等任務，李推薦的梁思成又表示捨南京而赴北平到清華工作，中博籌備處主任一職便由曾昭燏代理，一九四七年五月由教育部次長杭立武兼任，曾昭燏擔任專門設計委員、總幹事，主持日常工作。這一時期，曾昭燏最為熱心的是中央博物院建設事宜。

抗戰爆發後，中央博物院籌備處人員匆忙撤出南京，擬定的博物院三個館的工程建築只完成了人文館，而最重要的大殿等主體工程只完成了大半，且在日據期間又遭部分毀壞，急需擴充、整修、完善，使其成為一個名副其實的國立中央博物院。對於這段經歷，曾昭燏回憶說：

一九四六年十一月，偽國大的召開，等於替和談關了門，但我沒有注意這些事情，因為有新的工作占據了我。博物院負責人李濟因他父親的病而留重慶，南京方面的事全由我管，我便趁此機會，找到傅斯年、翁文灝兩人，向偽教育部要了一大筆錢（偽國幣二十三億多）來修建博物院的陳列室，在一個多月之內，找建築師做好了計畫。要到了款子，招了標，與營造廠訂立了合同……[1]

一九四七年一月，在曾昭燏具體操持下，中央博物院主體大殿修建工程開始，至年底按計畫竣工，這座當年由著名建築師徐敬直設計，梁思成修訂並最終定案的仿遼建築的博物院，至此才算初具規模。此項工作使曾昭燏在政學兩界人士和同事心目中的地位得到了大幅度提升。其間，曾昭燏充分展示了她的聰明才智和處理行政事務的能力。繼大殿之後，一個造型優美堅固的陳列室又很快建成並陳列藏品向民眾開放。在官場混亂、貪汙腐化遍及宇內的墮落風氣下，這座建築透明得體的運轉機制和不凡的業績，猶如一潭死水掀起微瀾，令人精神一振，朱家驊、翁文灝、胡適、傅斯年等政學兩界的大腕備加讚許。一九四七年十月十九日，胡適在日記中記載：「曾昭燏女士邀在中央博物院吃蟹，飯後與俞大維談。看博物院新建築，甚讚歎其在大困難之中成此偉大建築。」[2]除了與曾氏友善的學界中人，即使是國民黨內部純粹的官僚政客也不得不點頭為這偉大的建築與曾昭燏的主政能力表示由衷敬佩。

因了這一緣故，後來一度擔任過南京博物院院長的梁白泉猜測，曾昭燏之所以在一九四九年堅決地留在大陸，「很可能是因為中央博物院籌備處大殿和陳列廳凝結著她的汗水和情感，也可能是她以為如日中天的考古事業還是在大陸」。[3]這個推測的前半句自不待言，那滲透著自己心血的陳列室與博物院大殿，就像自己親生的嬰兒，當然是傾注情感與戀戀不捨的。而後半句則與當年夏鼐對郭寶鈞所說的那句「我們還有前途」頗為相近。若從曾昭燏的生命軌跡與思想轉變情形深入探究，又非如此簡單，內中暗含的隱祕曲折自是複雜得多，此點從曾昭燏留存的日記和向組織部門提交的〈自傳〉暗含的密碼系統可以窺探出一點門道。

一九五一年十月三日，在大舉清理階級隊伍的風潮中，按上級組織部門要求，曾昭燏以戴罪之心，模仿湘鄉荷葉鎮曾氏家族所藏太平天國忠王李秀成兵敗被俘所寫的〈李秀成供詞〉，寫出了數萬字的供狀式〈自傳〉，謀篇布局為十一個部分，目錄如下：

一、我的家庭和它的經濟狀況

二、我的社會關係

南京博物院大殿（南京博物院提供）

三、我的童年
四、我的中學時代
五、我在大學讀書和中學教書的時代
六、我在國外讀書的時代
七、我回國後在抗戰中的七年
八、抗戰勝利後三年零八個月的我
九、我與美國人的關係
十、解放後我的認識
十一、總結[4]

〈自傳〉按程序逐級上交，並經中央高層組織內查外調核實一番，作為「祕密」案卷封存於冰冷陰暗的鐵櫃中，除曾氏自己和少數幾個參與調查者，外人對案卷內容自是無法窺知。「文化大革命」後全國進行大規模平反昭雪，但南博及相關部門並沒有任何形式的表示，直到一九八四年底才有紀念她的文章問世，寫作者對她的人生經歷、在政權鼎革之際的所思所想，以及政治思想轉變的內因外力等仍是茫然無知，只能憑藉日常生活中的所見所聞，來替這位考古文博界傑出的女性說幾句公道話，以表彰我民族「獨立之精神，自由之思想」。

這一尷尬局面延續了幾十年，直到二〇〇九年才得以打破。是年春，南京博物院在「紀念故院長曾昭燏百年誕辰」專題籌畫中，由精明強幹的龔良院長親自出面，特別提請上級有關「組織」打開了陳封的卷宗，複製出了列入「祕密」級的曾昭燏〈自傳〉的大部分，以做曾氏生平研究的參考材料。就像二十世紀五、六〇年代〈李秀成供詞〉被重新發現和定位一樣，透過曾氏〈自傳〉那一頁頁泛黃的紙片，許多懸而未決、爭論不休的隱祕得以揭開。

從曾昭燏〈自傳〉可以看到，湘鄉曾氏家族子弟一直稟承曾國藩「耕讀持家」的家訓，以及「居官不過偶然之事，居家乃是長久之計」的教誨，而子弟們也確實按照這位曾文正公指引的「大道」走了下去。只是這條路走得也不平坦，從龔自珍、曾國藩兩代人意識到老大中華「頹世」難挽和「洋患」逼人，直到歷史進入急遽變革又動盪不安的民國時代，這條「大道」漸漸淤塞成「小道」，最後竟變成了一條死胡同。倏忽間，社會進入了一個「革命」的大時代，在這個大時代鼎盛的一九二七年，魯迅寫下了這樣的話：「今年在南方，聽得大家叫『革命』，正如去年在北方，聽得大家叫『討赤』的一樣盛大……一是在一方的指揮刀的掩護之下，斥罵他的敵手的，一是紙面上寫著許多『打，打』，『殺，殺』，或『血，血』的。」[5]

就在這鮮血噴濺、哀哭嘯叫的「大時代」中，每個中國人都有幸或不幸地被裹挾於政治漩渦，並隨著漩渦的消長而升降沉浮，於生死間遊蕩或者翻滾。誠如魯迅在這一年冬天所說：「中國現在是一個進向大時代的時代。但這所謂大，並不一定指可以由此得生，而也可以由此得死。」[6]時在湖南的大儒葉德輝被農民協會砍了頭，在北京的王國維驚恐跳湖，皆緣於這一既可以得生又可以得死的「大時代」。

就在這股打打殺殺加「血，血」的「革命」聲浪中，曾昭燏所在長沙藝芳女校校長曾寶蓀仍固執己見，不贊成學生參加政治活動。對此，曾昭燏在〈自傳〉中有過這樣一段回憶：「一九二五年初秋，到二六年初夏的這十個月，是很平凡的過去的，五卅運動的餘波，省港罷工的大運動，對於這個保守的女子中學，沒有發生什麼大的影響，但北伐軍的炮聲，終於把這深閨繡門的美夢驚醒了，革命軍攻入湖南的時候，我們不知道它是什麼性質，只知道趙恆惕走了唐生智來，唐生智走了葉聞鑫來。葉揮隊還把歡迎唐生智的軍隊的學生打傷了，我們派人去慰問。」又說：「北伐軍占領長沙後，全長沙市學生界的示威遊行，提燈遊行，講讀、貼標語，我們學校一概不參加，這在革命群眾的心目中，當然認為是反動的，許多人來同我們的學生會來談，我們不理睬，報紙上起始對我們責難，我們起初不理，後來分辯，責難得急了，招架不來，我們校長表面上辭了職，由教員學生組織了維持會來負學校的責任，我也是維持會的一個負責人。」

作為負責人的曾昭燏帶領一班學生向當時任湖南省教育廳廳長的董維鍵請願，請求維持學校正常教學。時任湖南省農民協會祕書長及主席的柳直荀（南按：毛澤東〈蝶戀花．答李淑一〉中「我失驕楊君失柳」之「柳」）妻子李淑一之妹與曾昭燏同學，遂一同率人找到柳直荀交涉，希望柳能拉藝芳一把。但柳氏不以為然，且態度蠻橫強硬地指斥「藝芳女子中學是個反動的學校，不應存在」。[7] 經了柳直荀這一番表態，藝芳女校面臨分崩離析的危險，儘管曾昭燏等奔走呼號，還是於一九二七年四月八日被毀，學生被迫解散。對於這一經過，曾昭燏回憶說：「一九二七年的四月八日，住在我們學校隔壁毛主席所創辦的船山學社裡面的農民協會的梭鏢隊，持著教育廳的命令，來解散我們的學校，我們認為這是不公平的事，抗拒著不接受命令，大家搶著把學校的東西往附近的同學家裡搬，衛護著校長出了大門，然後大家集合在教室裡，唱歌，用墨水在牆上寫『藝芳精神不死』的標語。然後大家呼口號，整隊出門。」[8]在梭鏢橫飛、哀號奔逃的大混亂中，曾昭燏率一班學生掩護主要教職人員離校，校政主持者曾寶蓀與曾約農逃往漢口避難。曾昭燏與藝芳女校校舍總監、曾寶蓀表姐蕭孝徽、左景馨（南按：左宗棠曾孫女，曾留學英國，後為藝芳教師）、陳昭炳、彭堅等師生租賃長沙「遵道會」房舍，將小學和初中部恢復起來，並輪流兼任教員和後勤人員，勉力苦撐。

隨後的日子，曾昭燏與她領導的「同學維持會」一直為復校奔走呼號，在親朋好友和社會同情者的幫助下，是年十月，終於把毛澤東所辦船山學社農民協會占據的曾國藩祠中的「浩園」奪回。外避漢口的曾寶蓀接到曾昭燏拍發的電報，立即返回長沙欲圖東山再起，並在一九二八年春得以復校。此次事件，是曾昭燏首次親身與找上門來的政治勢力接觸和面對面的交鋒對壘，顯示了潛伏於身中果敢決斷的性格，其臨危不亂的組織領導才能此時已初露鋒芒。這一時期，曾昭燏除了與「革命」者展開鬥爭，還目睹了「湯鬵事件」，並經歷了營救失敗的痛苦和迷茫（南按：前文已述）。曾氏從英國歸來到昆明，一度想當新聞記者的願望，就由早年這一悲劇性事件刺激而萌發。

當藝芳女校恢復之後，曾昭燏接受的仍是埋頭讀書、「不要問政治」、「愛你的仇敵」等具有基督教義色彩的教育。直到第二年考入南京中央大學，仍盡力躲避政治干擾。曾氏在〈自傳〉中說，她與二哥曾昭掄整日忙於各自的事務，「除上課外，他關在他的實驗室裡，我關在我的實驗室或圖書館裡（我是外文系學生，兼有化學系的課，第二年才轉到國文系），晚上回來後他做功課，我們沒有時間講話，更沒有時間談政治，那時我對於政治的認識是非常模糊的」。儘管後來在留學海外期間深受國內抗戰悲情的刺激，一度對時事和政治產生了興趣，但仍屬於對家國、親人的掛懷，以及海外遊子的特殊情形造成，一旦回歸國內進入學術研究領域，對政治的興趣又趨緩下來。當曾昭燏隨中央博物院籌備處遷入四川李莊並隨吳金鼎率領的發掘團到彭山進行田野考古調查時，其心態基本如前。只是，這個時候與政治緊密相連的社會現實不斷刺激著她的神經而令人難以迴避。對此，曾昭燏曾有過這樣一段交代：

此時發生的驚天動地的皖南事變，我們竟一點不知道。在彭山工作了一年，也同在大理一樣只從第三者的態度來看世界發展。蘇德戰爭的發生，使我又興奮一下，但只興奮而已，國際上複雜的局勢，使我不願多想。但不論你如何不願意過問政治，許多血淋淋的景象呈現到你眼前來。例如成都附近各縣在抽壯丁時各種離奇和慘無人道的事實，以及壯丁入伍後種種被虐待的情形，在老百姓口中傳播著，就在我們發掘的地方附近，一個青年農民為著躲壯丁竟跳入糞坑內，把頭臉埋在糞裡，差一點悶死，我聽見這些事，直覺地認識到國民黨這樣殘虐，決不能長久。[9]

就在差不多相同的時間，曾昭燏的二哥、時任教於西南聯大的曾昭掄也發生著變化，並逐漸向政治祭壇靠近。這一轉變，從曾氏留存的一九四〇年日記可窺其一斑。五月二十五日，曾昭掄記載道：

晚七時半，聯大化學會在昆北五號開會，歡送畢業生，挽我出席。到會學生共五十餘人，惟女生則一人未到。教員中只有楊石先、曹本熹與我三人。今晚我之講演，大為成功。內容係勉勵學生，於今後十年中，努力奮鬥，以求一生事業之成功，且不妨懷有極大之野心云。

同年十二月十八日又記載：

五時，應約往訪仲兄（南按：曾昭承）。仲兄相告，謂胡小石告彼，黨部向重慶告密，謂林同濟在此組織新政黨，以《戰國策》為其機關刊物。其常相往來之友人中，以我列第一名。按《戰國策》論調右傾，主張獨裁，與我之政治主張，正係相反。此項消息，真是離奇。暑假中林、何等與黨部合作，舉行學術講演會，關係似頗親密，不料今竟相忌至此。國民黨之不能容人，於此可見。[10]

出於自己的政治主張和對國民黨的不滿，到了一九四四年，曾昭掄索性加入了中國民主同盟，並作為這個民主黨派中舉足輕重的一員，與中共地下黨攜手合作，會同聞一多、吳晗等輩，與國民黨或明或暗地唱起了對臺戲。以此開始，曾昭掄徹底捲入政治旋渦，在「不是你死，就是我活」的鬥爭哲學風行的時代大潮中升降沉浮，直至慘遭橫禍，命赴黃泉，算是為政治鞠躬盡瘁之一典型的悲劇人物。

對於曾昭掄的思想轉變，曾昭燏深受影響，並由逐漸認同到敬佩，認為曾昭掄投身民主運動，綜論時局風雲的氣魄與決心，「為自己所欽佩」。在潛移默化中，曾昭燏原本有些動盪卻被強壓於內心深處的思想，像春雨過後的小草慢慢從枯枝敗葉下探出頭來，欲接受風霜雨雪的吹打與洗禮，其生長的根苗漸漸向以紅色為主調的左方傾斜。到了一九四七年，幾個隱形的助推器潛入她的身邊，曾氏漂流的速度驟然加快，差一點漂出身在的江湖，躍上紅色的彼岸。對此，曾昭燏列舉了一個頗具傳奇色彩的個案以示明證：

我的一位堂侄女曾憲楷忽到南京來，住在我這裡。憲楷與我是中學同學，她有一位胞妹名憲植，在大革命時代就加入了共產黨，後來成為葉劍英將軍的愛人。在抗戰初起的時候，因為統一戰線的成立，憲植同著許多老同志回到了湖南，憲楷因之而與葉劍英將軍、周恩來總理以及其他許多老同志認識，常常往來。憲楷自己雖未參加革命工作，但對於共產黨至少有初步的了解，她和我談一切她所知道關於共產黨的事，她說共產黨絕對要文化，絕不會仇視知識分子，她勸我盡力保存著博物院這個國家文化的庫藏，以待新時代的到來。她的言辭使我消釋一切的疑慮，更積極地來做博物院的工作。[11]

曾憲楷是曾國荃的重孫女，國立湖南大學文科學士、燕京大學碩士、歷史學家。一九四八年底進入華北大學任教。這個歷史上存在時間較短的華北大學，在國共鼎革之際，其地位蓋過了國內所有公、私立大學。校長吳玉章是一名老共產黨員，副校長成仿吾儘管是被魯迅諷刺為「才子加流氓」的所謂「創造社」成員之一，但他屬於左翼陣營的急先鋒，也是一位能量很大的人物。這個僅存活了一年多的革命大學，為中共培養了近兩萬名中青年幹部，這些幹部中的大多數，像用特殊材料製成的種子撒遍全國，很快在鄉村城市生根發芽，成為中共建政後依靠的嫡系和鎮壓「反革命分子」的鐵桿機器。一九五〇年十月，華北大學改名為中國人民大學，成為根正苗紅的中共第二黨校，一直站在革命前沿陣地的曾憲楷也隨之成為這所黨校歷史研究所教授，後一度出任副所長等職。曾憲楷詩文俱佳，有著作傳世，終身未婚，晚年與其妹，曾任全國政協常委、全國婦聯書記處書記的曾憲植同住在一起。（據曾憲楷在人民大學招收的最後一位研究生鈕海雁說，曾氏去世前搬到鐵獅子胡同人民大學的宿舍，也就是段祺瑞府院內居住，房子是單位分給她的，好像與她侄子或者外甥一家三口住在一起，直至去世。）

直至二十世紀末，對曾憲楷生平的研究幾乎一片空白。隨著新世紀到來和以曾國藩為首的曾氏家族祕史被重新發掘、研究，其後世子孫亦成為研究的重點對象，曾憲楷的事蹟，特別是國共鼎革之際從事的一些隱祕活動也引起了研究者注意。據學術界初步研究的結果顯示，二十世紀四〇年代，中共高層透過葉劍英夫人曾憲植，令曾憲楷以隱蔽的身分，周旋於曾氏家族中的自由知識分子，以及與其有姻親關係的民主黨派人士中間做「政治思想工作」。當時手握中央博物院實際權柄的曾昭燏則是重點爭取的對象之一，於是便有了曾憲楷肩負政治使命突來南京與曾昭燏同居一室的經歷。

曾憲楷不辱使命，其目的顯然是達到了，僅幾個月，曾昭燏的思想就有了重大轉變，並在政治上朝著紅色彼岸奔湧向前。不僅如此，曾昭燏在準備突出國民黨官僚體制和思想箝制的多重圍困之時，也試圖把身邊的親友、師生一同拉上彼岸，免得與蔣家王朝這艘古船一同沉沒，其「政治思想工作」觸角，竟伸向了國民黨政府的鐵桿支持者傅斯年。對於這段看上去有些不可思議的經歷，曾昭燏在〈自傳〉中做了這樣的供述：

傅斯年……在思想上對我的影響相當的大……至於我對他怎樣呢？我雖和他長期在一起，而且非常接近，但我看不出他反革命的本質，我看見他反孔宋，反對官僚資本，反對二陳，我崇拜他，認為他有正義感，我看見他生活的嚴肅，對於自己的刻苦，對於朋友的肯幫忙，我認為他的死心塌地的幫國民黨，只是對於蔣介石私人的感情，而和社會主義在基本上沒有什麼衝突。我佩服他的學問與才能，因為他始終如一的對我的關切與支持，我對他有「知己之感」。當抗戰期間我還在四川的時候，我的思想不大能超越他的範圍，直至抗戰勝利回到南京以後，我逐漸認識清楚，而他越來越反動，我不能正言勸他，因為他是很固執的，我只能用旁的方法，想使他和國民黨脫離關係。在一九四七年，他要出國養病，而一再拖延，不願出去，我用盡方法催他，通過俞大綵的關係催他，等他到美國以後，我又繼續地寫信去，勸他不要再回來。我希望他能逃過蔣家王朝覆亡的那一幕（我知道時候不久了），免得他自己捲入旋渦中去，也希望他在國外能比較清楚的觀察國內的情形，而改變他的思想。不過我一切的努力都是徒勞，他於一九四八年七月回到南京來，不到半年他便逃到臺灣，不到一年南京便解放了。

儘管在傅斯年身上施展的連環妙法隨著傅氏的歸國而基本宣布破滅，但曾昭燏的政治熱情卻隨著國共實力彼此消長，以及國民黨腐敗現象的膨脹蔓延而變得高漲起來。而與生俱來的「果敢、負氣、質直」性格也在新的環境中得到了啟動，「湖湘士風」的精神傳衍已融入了她的身心並令其感到亢奮。當時俞大絪正在南京暫居，姑嫂來往頻繁，在政治觀念上已站在丈夫曾昭掄一邊的俞大絪，亦無形地對曾昭燏施加著影響。曾昭燏回憶說：「一九四七年八月至一九四八年十一月，她在南京，我們時常見面，互相討論問題，對於政治上的見解，她是大致和昭掄相同的，因此她對我可說有幫助。」[12]

一九四八年一月，赴歐美考察原子彈製造方法的曾昭掄已由歐洲轉赴香港待機歸國，曾昭燏與之多有信函來往，曾昭掄勸這位小妹不僅在政治思想上傾向紅色一邊，最好要像一些急進的左派知識分子如清華大學的吳晗等人一樣付諸行動，與二嫂俞大絪一起投奔中共控制的解放區參加革命。這個另類的設想令曾昭燏興奮了好一陣子，但最終未付諸行動，其理由是：「第一，對於博物院認為是自己製造的東西，已經有感情上的留戀，不願意在半途離它而去；第二，認為自己以前沒有勇氣參加革命，現在人家沒有你，革命也可成功了，你去湊熱鬧幹什麼，不如保存著博物院，對於將來國家的貢獻也許還要大些，而自己保存這個寶藏，總是有功無過。」[13]曾昭燏這個說法既合乎情感又具有理性，應當是真實可信的。這年四月，中共山東兵團已攻克號稱「魯中堡壘」的濰縣，山東解放區連成一片，兵鋒之強勁，大有飲馬長江，直搗南京之勢。國民黨衛戍司令部於恐慌中急調城外憲兵進城守護，因事出倉卒，進城官兵無房可住，軍方欲強占中央博物院的房舍充作兵營。作為實際負責人的總幹事曾昭燏自是不能相讓，於是與軍方展開了一場拉鋸戰。軍方態度強悍蠻橫，勢欲開進，曾昭燏動用各種人脈資源，「費了九牛二虎之力，找了許多大官們出來說話，才沒有讓這些軍人駐進來」。[14]在這樣一種危難情形下，曾昭燏要想一個人悄悄溜走，於情於理皆不相合，更無法向與自己同甘共苦的同事們交代，她所做的只能是苦撐待變，以圖將來。

這年冬天，國民黨政府開始將中央博物院籌備處所藏珍品運往臺灣。曾昭燏認為此舉不妥，力加阻止，但總是胳膊擰不過大腿。焦急憂慮中，只好致快函向當時與中共關係密切的鄭振鐸、徐森玉等文化界名流求援。十一月二十九日，曾昭燏得到徐森玉自上海發來的快信，內稱：「此意既出於行政院及教育部，本院在京理事又皆贊同，先生即不以為然亦無法違命。」[15]徐氏對曾氏的舉措表示支持和同情，但深知大局如斯，無法挽狂瀾於既倒，只有安慰而已。

十二月四日，國民政府軍政大員在行政院院長室召開國立中央博物院第三屆理事會第三次會議，決定選擇最精品文物隨同故宮古物遷臺。曾昭燏列席了會議並做記錄，雖當場提出抗議，但無人理睬。盛怒之下，曾昭燏於十二月六日致中央博物院籌備處主任杭立武一函，曰：

立武鈞鑒：

前日本院理事會開會，決議將本院所藏文物選擇精品壹百貳拾箱運至臺灣。此決議純為諸物之安全著想，凡愛護民族文化之遺存者，必無異辭。惟是夜即聞招商局江亞輪在吳淞口外爆炸沉沒消息。爆炸原因陳說不一，最大可能為觸浮雷或船中置爆炸物，交通當局深以航行安全為慮。又昨日有從臺灣來者，謂臺灣屢次要求託管運動，皆一部分美僑策動主持。今美國態度昭然若揭。若萬一南京有失，美國既不願意放棄其軍事根據地之臺灣，又不願捲入中國戰事旋渦之中，最巧妙方法為支持臺灣人要求託管或宣布獨立。此運動若成，則所有運臺文物恐無運出之日。此次遵照理事會決議，所選諸物多獨一無二之國寶，若存京文物，安然無恙，而運出文物，在途中或到臺之後，萬一有何損失，則主持此事者，永為民族罪人。職對此事雖無責任，然為本院保管文物已七八年，對於諸物有濃厚之感情，知有各種危險，豈可緘默。望鈞座陳之本院理事長，轉商各理事，慎重考慮，權衡輕重，要求較安全之策，則幸甚矣。謹此上陳，伏乞垂鑑。並賜覆為禱。祈請鈞安！

職曾昭燏謹上　三十七年十二月六日[16]

杭立武比曾昭燏大五歲，一九二三年畢業於金陵大學文學院。同年以第一名的成績考取安徽省公費留學名額，赴英國倫敦大學深造，其間赴美國威斯康辛大學擔任名譽研究員，獲碩士學位後返英倫繼續學習，一九二九年獲倫敦大學政治學博士學位。回國後任國立中央大學政治系教授並一度兼任系主任。一九三一年任中英庚款董事會總幹事，一九三二年創立中國政治學會並兼任總幹事，一九三三年在南京成立中英文化協會，此後中法、中比、中瑞、中美等文化協會亦相繼成立。抗戰期間，任國民參政會參議員、美國聯合援華會會長。一九四四年任國民政府教育部常務次長，一九四六年轉任政務次長，一九四八年開始負責運送國寶到臺灣。

杭立武看罷抬頭光禿禿，連個「先生」的尊稱也沒賜予，且直呼「立武」其名的信函，甚為惱怒，認為曾氏是不可理喻的妄人，簡直是一派胡言亂語，所述內容完全是婦人之見，所謂頭髮長見識短是也，遂於盛怒中棄之一邊不予理睬，仍運用手中掌控的權力，指揮大隊人馬按原計畫遷運中央博物院籌備處所藏珍寶。一九四九年一月十四日，國民政府行政院院長室再度舉行第三屆理事會第四次會議，出席會議者有朱家驊、張道藩（洪蘭友代）、徐森玉（杭立武代）、薩本棟（錢臨照代）、傅斯年、王世杰、翁文灝、胡適等，會議決定「盡可能將文物遷運臺灣。留下文物，封存於該院（中博）及朝天宮故宮博物院倉庫內」。[17]這個決定，仍遭到曾昭燏反對，但無濟於事。

自一九四八年十二月至翌年四月，中央博物院籌備處文物分三批運往臺灣，總數為八百五十二箱，其中包括殷墟卜辭、毛公鼎等出土文物和宮廷文物，皆為國之重寶。[18]曾昭燏眼見自己保管的藏品大勢已去，在極度悲憤又無可奈何的傷感中，於一九四九年四月十八日在上海與徐森玉、陶孟和、王家楫、吳有訓、周仁等學術界著名專家學者聯合發表公開信，強烈呼籲把運往臺灣的文物古籍重新運回大陸，以表明自己的政治態度和所站位置。就在這短暫而混亂的非常時期，曾昭燏與陶孟和因思想與政治觀點相近逐漸走到一起，並結成了政治同盟。在國民政府屬下幾個中央級的人文科學研究機構中，陶孟和與曾昭燏是國民黨風雨飄搖中留在大陸最為堅決和高調的兩位負責人，而中共控制局勢後對二人加以重用也緣於此。

當時曾氏家族及親友已有許多人在大混亂中出走臺灣或香港，如曾昭燏的大哥曾昭承，弟昭拯，妹曾昭楣和妹夫譚季甫，堂姐曾寶蓀，堂兄曾約農，另有至親俞大維家族等，而遷臺灣或香港的大多數親屬都勸其隨之前往，曾昭燏不為所動留了下來。傅斯年赴臺之前，特地找曾昭燏約談，勸其一同赴臺到臺灣大學教書或做專門的學術研究工作，並謂像曾昭燏這樣的家庭出身與社會關係，若留在大陸絕不會為共產黨所容，而且她在博物院工作十年，不知得罪了多少人，將來一定有人趁機報復云云。此時曾昭燏雖在感情上仍對傅斯年感恩戴德，敬佩有加，但在政治上已成了兩股道上的人，因而當場拒絕，傅見事不可為，滿含傷感地默默離去。

一九四九年三月某日，居住在南京五臺山的曾昭楣即將與丈夫譚季甫攜家飛臺北，此時

1949年春，從前方戰場撤下來的國民黨部隊與大批軍政人員向南京下關碼頭擁去。

解放軍已飲馬長江，進入渡江的前夜，南京混亂不堪，大街小巷流竄著各色滿臉恐怖哀愁逃難的人群，車站碼頭更是人滿為患，逃生的最大通道下關碼頭人山人海，不時爆出叫罵與廝打之聲，滿面的塵土伴著汗水和鮮紅的血水在亂拳揮動、棍棒飛舞中噴灑流淌，哭爹喊娘之聲不絕於耳，蕩漾散發著脂粉氣息的六朝古都，再度由天堂變成了人間地獄。在這樣一個大背景下，曾昭燏得到妹妹出逃的消息，立即驅車趕到五臺山譚公館探望。這段經歷給年輕漂亮的曾昭楣留下了終生難忘的印象：「三十七年冬要從南京撤退來臺時，某日清晨燏姐來五臺山我家，將她所分得的亡母遺物：金手鐲、翠玉鑲、金戒指各一只贈我，並諄諄叮囑，說她孑然一身（燏姐終身未婚），留飾物無用，要我好好保存，想不到這就是我們最後一面。」[19]曾昭楣是曾氏家族成員在新中國成立之前出走海外的最後一人。從此姐妹天各一方，人海兩隔，再也沒能相見。

二、田野考古的第一位女性

一九四九年四月二十三日，南京與南京人民被解放。

對這一天的情形和感受，身在中央博物院籌備處的曾昭燏回憶道：「我們憑著窗柵，看國民黨匪軍，從南京最後的潰退，我們以萬分興奮嚴肅的心情迎接著新時代的來臨。」[20]四月二十四日，曾昭燏與留在南京的同事一起站在大門口，迎接解放軍渡江部隊一個排的官兵進駐中央博物院籌備處院內守衛。五月十七日，中央博物院移交中共南京市軍事管制委員會。六月二十九日，南京市軍管會決定成立中央博物院籌備處院務委員會，由曾昭燏、蕭溫、顧其林、王天木（振鐸）、曾志宏等五人為常務委員，全面接管文物和主持日常工作。十月二日早晨六時，曾昭燏率全院同事二十三人，在博物院大殿前升起了第一面五星紅旗。自此，中央博物院籌備處正式易幟，無論是曾昭燏本人還是她的同事，未來的人生與事業都將在紅星照耀下的新政權統治下進行，幸與不幸，是活著還是死去，就看各自的運氣和命中的「八字」如何了。

一九五〇年三月九日，遵照新中國中央文化部令，中央博物院籌備處正式改名為國立南京博物院，由中央文化部文物事業管理局直接領導。任命南京市軍管會文教處處長、書畫鑑定專家徐平羽為院長，曾昭燏為副院長。得令後的中央博物院舉行去舊迎新的冠名掛牌大會，曾昭燏履行新職並宣誓，成為中共信任和重用、手握實權的知識分子中堅。對這一變革與人事安排，曾昭燏感到心滿意足，她在日記中以一個女性特有的溫情與嫵媚寫道：「今日，是南京博物院正名的日子。這有無限前途的博物院的新生，也是我自己事業的起始。離去年六月二十九日，只八個月零十幾日。去年的接管，可以說是起始懷胎時期，今年則真呱呱墮地了。」[21]

曾昭燏主持院務日常工作半個月後，即出面接待號稱蘇聯最權威的考古專家吉謝列夫前往南京博物院的訪問。七月三日，應南京人民廣播電臺邀請，播講「美帝侵略朝鮮和臺灣，駁斥杜魯門的讕言！指出：『美帝大量的武器不能在大陸挽救蔣家王朝的覆亡，同樣的也不能在一個小島上挽救國民黨匪幫必死的命運』」。[22]同日，接中央文化部通知，南京博物院改為華東文化部領導，院長由徐平羽兼任，副院長曾昭燏主持日常工作。在新的政治環境中，曾昭燏迎來了事業上的第二個高峰。

曾昭燏（右四）與部分同事出面歡迎解放軍代表進駐博物院（南京博物院提供）。

早在一九四九年十二月，曾昭燏邀請在南京任教的恩師胡小石以及原中國營造學社的劉敦楨（南按：胡劉二人分別為南京大學中文系與建築系教授），與文物考古專家朱偰、賀昌群、王振鐸等名流碩儒，對南京棲霞山附近六朝陵墓及棲霞寺等十一處古蹟進行調查，提出了切實可行的保護方案。一九五〇年五月一日，曾氏再度約請胡小石等五位專家學者，調查南京祖堂山南唐二陵被盜情況。同年十月，曾昭燏主持對南唐二陵正式發掘——這是新中國成立後於紅星照耀下首次運用科學方法發掘封建帝王陵墓。發掘期間，曾昭燏和全體工作人員同住在荒僻的祖堂山幽棲寺內，每日奔走於居住地和工地之間，過著艱苦的野外考古生活，每天工作十小時以上。隨著考古發掘工作推進，兩座陵寢的神祕面紗逐漸揭開。

南唐建都於金陵（九三七—九七五），是五代十國時期南方一個經濟文化相當發達的國家，中主李璟和後主李煜皆為中國文學史上著名的詞人，特別是後主李煜的詞更是達到了文學史上的巔峰，如「問君能有幾多愁，恰似一江春水向東流」等神來之筆，一直為歷代讀書人稱道並流傳不衰。王國維在《人間詞話》中謂：「詞至李後主李煜而眼界始大，感慨遂深，遂變伶工之詞而為士大夫之詞……『自是人生長恨水常東』（〈相見歡〉），『流水落花春去也，天上人間』（〈浪淘沙〉），〈金荃〉、〈浣花〉能有此氣象耶？」[23]除了令人驚豔歎絕的詞曲，當時的南唐畫院亦著稱於世，流傳的畫作被視為稀世之寶，受到歷代文人墨客的追捧。

南唐二陵位於南京祖堂山的西南麓，由南唐先主李昪的欽陵和他的兒子李璟的順陵組成，係依山為陵，相距約一百米。李昪及其皇后宋氏的合葬陵居東，稱為欽陵，建於西元九四三年。李璟及其皇后鍾氏的合葬陵居西，稱為順陵，建於西元九六一年。李昪陵因建於南唐國勢強盛時，故規模較大，隨葬品較豐富；李璟陵建於南唐國勢衰弱時，規模略小，隨葬品亦不豐富。

1950年3月19日，南京博物院與南京市有關專家聯合調查南京近郊六朝遺跡。右三為劉敦楨，右四為朱，右六為曾昭燏，右七為金仲華，右八為賀昌群。（南京博物院提供）

中國歷史上的「十國」，前後共歷時八十九年，產生了四十一個地方性的「皇帝」。後人能夠看到這些「皇帝」陵墓地宮者只有成都「琴臺」的王建墓和南京發掘的南唐二陵，而這三座帝王陵墓的發掘，均與中央博物院人員有密切關係，前者的參與者有吳金鼎、王振鐸等人，後者有曾昭燏與南博的同事。由於南唐遺跡留存者很少，因而曾昭燏主持發掘的兩座地下宮殿的建築、彩畫、雕刻，以及出土的陶俑等遺物皆彌足珍貴，為研究南唐歷史提供了重要參考資料。

按當時的行政劃分，南京博物院屬於華東區下屬的文化機構，工作業務範圍涉及整個華東六省一市，氣勢頗為不凡。曾昭燏在南唐二陵發掘成功後，信心倍增，又於一九五四年三月，以華東文物工作隊隊長的身分，率領南博同人與山東省文管會，共同發掘了著名的山東沂南漢代畫像石墓，收穫頗豐。前後兩次重要發掘成果，皆以曾昭燏為主編，分別撰成《南唐二陵發掘報告》和《沂南古畫像石墓發掘報告》出版。兩部大書中均有曾昭燏單獨撰寫的章節，她在中央大學隨胡小石讀書時打下的深厚功底，與倫敦大學留學時學到的新知識，在這兩部報告中得到了全面展示，其精闢的見解和淵博的學識，使兩部報告的學術地位得到了大幅度提升，為全國學術界所重。

山東沂南漢代畫像石墓發掘完畢之日，正是新發現的鄭州二里崗商代古城遺址即將大規模發掘之時，同年十月十八日，中央文物事業管理局電調華東文物工作隊支援發掘，曾昭燏與南京博物院考古部主任尹煥章（南按：抗戰前殷墟發掘的參與者，史語所「十兄弟」之一）率隊趕赴鄭州，與河南省文物工作隊第一隊合併組成一隊，任正副隊長，共同進行鄭州二里崗遺址的發掘。一九五五至一九五八年，曾昭燏、尹煥章又率領文物工作隊先後四次對南京北陰陽營遺址進行考古發掘。其間，安徽壽縣發現蔡侯大墓，曾氏率隊於一九五五年五至六月，轉赴安徽與當地文物工作者一起對蔡侯墓進行發掘、清理，對出土的大批珍貴文物想辦法進行有效保護、收藏。一九六〇年，曾氏再度率隊赴江蘇連雲港，對二澗遺址進行了首次發掘……一次次的考古發掘，使曾昭燏在國內外所學知識得到了充分發揮，也使南京博物院迎來了歷史上最為輝煌的時代。未久，曾昭燏又與尹煥章合作完成了〈試論湖熟文化〉一文，隨後又系統整理江蘇地區考古資料，寫出了〈江蘇古代歷史上的兩個問題〉長篇論文，刊發於《江海學刊》。這一切，意味著曾昭燏與南京博物院研究人員的學術業績進入了黃金時代，此為曾氏個人之幸，更是整個南京博物院全體同人的光榮。

為使已發表的學術論文更趨成熟，並為新的課題研究打下基礎，曾昭燏認為必須到各地實際調查訪問，廣泛搜集資料加以鑑別研究才能達到國家和世界級的學術水準。兩年之後，曾尹二人開始行動，陸續走訪了上海、浙江、廣東、山東、湖南、湖北和江西等七個省市，對各地的藏品、遺址與出土器物做了大量的調查研究，終於將初稿修訂完成，並作為《江蘇省出土文物選集》的前言發表。這篇論文是新中國成立以來江蘇地區考古的綜合研究成果，又是利用考古發現的實物資料印證有關文獻記載對江蘇古代史問題的一次充分探討，其力透紙背的功力與深邃的學術洞見，散發出璀璨的光輝而歷久不衰。

與此同時，曾昭燏憑藉十幾年對博物館事業的研究和實踐，先後撰寫了〈博物院藏品的徵集、保管工作〉、〈南京博物院十二年遠景規畫綱要〉（草案）等富有前瞻性的計畫，為長遠發展奠定了堅實的基礎。南京博物院作為業內的一個龐然大物蹲立於長江之岸，俯瞰江南，北望中原，傲視群雄。曾氏領導的南博與夏鼐主持日常工作的中科院考古研究所南北呼應，一個新興的格局業已形成。[24]曾昭燏與夏鼐作為業內兩隻碩果僅存的留英「海龜」和這一領域的頂尖學者，被當時文博界稱為一對並駕齊驅的魁首，具有「南曾北夏」之稱。

一九五四年九月九日，經歷了如同一隻見尾不見首的飄浮於人間天龍般神祕兮兮的「組織」考驗，僥幸得以過關的曾昭燏被「扶正」，正式出任南京博物院院長，掌控全院通盤事務。像年輕的夏鼐進入中國科學院考古所一樣，當年曾昭燏不去臺灣而留在大陸的抉擇，此時看來是明智的。

南唐二陵出土的人首魚身俑（南京博物院提供）。

一九五六年，曾昭燏作為全國政協委員出席會議，其間受到毛澤東等中央領導人宴請，曾氏也得有機會一睹天顏。就在這次宴會上，毛澤東與曾昭燏等幾位女性「碰了杯，喝了酒」，天南地北地暢談了一通。當問及曾昭燏的身世與職業時，毛自是大感興趣，對曾氏家族的歷史與功績大談了一番。毛澤東的母親是湘鄉唐家坨人，少年毛澤東曾在湘鄉外祖母家生活並入學讀書，對湘鄉大賢特別是曾國藩推崇備至。一九一三年春，毛澤東進入湖南省立第四師範（隨即併入第一師範）求學，在為期五年半的學習生涯中，青年毛澤東在恩師楊昌濟指導、影響下，認真研究過「立德立功立言三不朽，為師為將為相一完人」的曾國藩思想。從毛當時聽課的筆記

南唐二陵出土的陶俑（南京博物院提供）

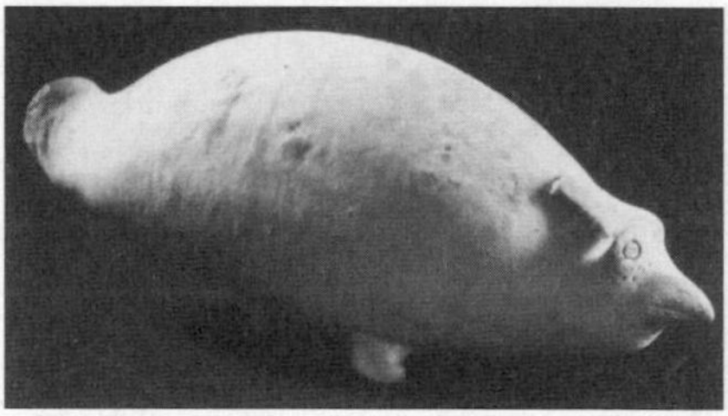

1960年，曾昭燏指導南京博物院清理吳江梅堰新石器時代遺址發掘的陶水鳥。（南京博物院提供）

本《講堂錄》，中可以看出其潛心閱讀《曾文正公家書》、《曾文正公日記》、《聖哲畫像記》等書。一九一七年八月二十三日，毛澤東在致黎錦熙的長信中寫道：「天下亦大矣。社會之組織極複雜，而又有數千年之歷史，民智汙塞，開通為難……愚於近人，獨服曾文正。觀其收拾洪楊一役，完滿無缺。使以今人換其位，其能如彼之完滿乎？」[25]此段敘述，可見青年毛澤東對曾文正公之傾心和仰慕之情。正是這一歷史淵源與風雲際會，令毛澤東對曾昭燏留下了深刻印象，並在一次講話中特地提到曾昭燏，說「曾國藩的後代，還有個叫曾昭燏的」云云。[26]

三、改男造女態全新

正當「南曾北夏」於文物、考古領域大展宏圖之時，始料不及的政治運動接踵而至。在風捲浪滾的政治背景裹挾下，作為一名踏入新政權門檻的自由知識分子，倘只埋頭學術研究，則被認為是落伍甚至是對抗革命的惡劣表現，思想改造成為不可避免的生活方式。

早在一九五一年十月二十三日，毛澤東在全國政協一屆三次會議上明確提出：「思想改造，主要是各種知識分子的思想改造，是我國在各方面徹底實現民主改革和逐步進入工業化的重要條件之一。」至於為什麼「要思想改造」，周恩來曾做過這樣的解釋：「因為我們過去的思想不是受著封建思想的束縛，就是受著帝國主義奴化思想的侵蝕。只要我們有些知識，就在受到這些影響。」「這就需要我們每一個人不斷地在思想上求得改造，以適合我們今天新中國的需要，適合於人民的利益。」[27]

一九五一年十二月二十三日，南京為迎接「思想改造運動」，成立了南京市毛澤東思想學習委員會，曾昭燏受聘擔任該會委員。就在這年冬天，她主動要求參加赴皖北太和土改工作隊，到基層接受「改造」。據當時剛從學校分配到南京博物院的羅宗真回憶：南京博物院第一批人員去安徽太和地區搞土改，此地人民生活異常艱苦，社會治安混亂，前來進行土改工作的工作隊隊長晚上都把手槍枕在頭下睡覺，時刻防備不測之事發生。有位年輕人把情況寫信向曾昭燏彙報後，曾院長表示要作為第二批隊員來太和，與大家同甘共苦，共創理想中的改造運動之偉業。羅說：「她當時的身分是官宦地主家庭出身，南京博物院副院長，南京市婦聯副主席，頗有一定聲望的知名民主人士，主動要求下來參加土改運動，體驗生活，接受教育，這是非常不容易的。後來經過批准，她終於下來了……給人以印象她是強烈地要求思想改造，以消除自己身上地主階級的烙印。這和她後來一直向黨靠攏，並在一九六〇年前後屢次向黨提出申請，要求加入共產黨組織，是她一貫的思想發展軌跡。」[28]

同許多知識分子一樣，當五星紅旗在南京博物院粗壯高大的旗桿上升起之時，星光照耀下的曾昭燏瘦小的身影，仰望代表著中共勝利與光榮的獵獵旌旗，頓時覺得自己的渺小與身心所帶有的「罪惡」，一股恐怖與不祥的陰影瀰漫心頭。根據上級指令，她必須老老實實地向中共組織交代自己的家庭背景和人生經歷，並毫無保留地交代做過哪些對共產黨不利的事。指令下達，曾昭燏如泰山壓頂，氣喘胸悶，無論是家庭出身還是人生經歷，在江山易主、改朝換代的歷史輪迴時刻，都令她感到英雄氣短，心生愧疚。如果當年自倫敦歸國不是跑到昆明，或蒼山洱海甚至四川李莊的小鎮上搞田野考古發掘、研究，而是像後來改名尹達的劉燿一樣，越過國民黨軍與日軍血戰的武漢戰場，一路化裝打扮，穿越國民黨在晉陝的封鎖線，跑到延安寶塔山中的窯洞裡蹲起來研究馬列主義，那該是多麼光榮偉大的革命事業啊！那樣的前景該是多麼光明！歷史已矣，後悔已遲，青春歲月如江水東流，一去不返。現在要做的只能是立功贖罪，爭取黨和人民的寬宥，加之拚命工作，低調做人，如此這般，可苟全性命於盛世。然而，這個苟全也並不像當年在南陽耕地的諸葛孔明那般舒適瀟灑，必須眼觀六路，耳聽八方，在每個生活細節上謹小慎微，三思而後行，否則，後果依然不堪設想。

有了這一清醒的認識，曾昭燏在交代材料中所採取的策略是，盡量真實地敘述家庭背景和人生經歷，但在敘述的同時必須注意稱謂和情感的流露，旗幟鮮明地表示哪些事是不該做的，哪些人是反革命的，對過去做錯的事與接觸的反革命分子如傅斯年之類，必須予以唾斥和譴責，以示決絕的態度與對黨的忠誠。只有如此，才能達到機關算盡又誤不了卿卿性命的境界。在這個思路指導下，類似於〈李秀成供詞〉的〈自傳〉就此出籠。

按照上級組織的要求，在這份供狀中，曾昭燏需要著重交代的當然是被中共認為狗坐轎子——不識抬舉，跟著國民黨政府和蔣介石亂跑一氣，並被毛主席點名唾斥的胡適、傅斯年、錢穆之流，而這幾個被視為「帶著花崗岩腦袋去見上帝」的反動分子，與曾昭燏本人和曾氏家關係最近、交往最密切的自然是傅斯年。因而，這位墓有宿草的「傅大炮」，便成為供詞的重中之重。為此，曾昭燏首先承認傅斯年對自己無論是思想、學術還是生活上，是一個影響重大的人，爾後敘述自己的內心感受及對傅氏的評價：

> ……直到最近我把傅的生平仔細地分析一下，才認清他始終是站在反革命的立場，是國民黨蔣匪幫的幫凶者，而我對於他那樣的懷念，

「土改」時期在農村改造的曾昭燏（曾寧提供）

純全是從個人的感情出發，嚴格說起來，這是種反人民的意識與行為。[29]

在大罵傅斯年和對自己進行精神「洗澡」的同時，並不算糊塗的曾昭燏還沒有傻到把過去的陳年舊事兼個人私情全部抖出來的程度。事實上，有一些關乎家族榮辱與個人性命的隱祕，是不能輕易披露傾吐的。這個情結的糾纏發酵，成為日後曾氏壓力與恐懼不斷加大並終於走向絕路的因子。

一九五六年三月六日，曾昭燏向全院職工傳達全國政協會議內容，說：「知識分子問題是最中心的問題，特別是思想改造的問題。郭老引曾子『吾日三省吾身』說，每個知識分子每天都可以把自己問三次：一、我為人民為社會主義建設服務是否有不夠積極的地方？二、我為擴大隊伍加強團結上做得多少？三、我學習馬列主義是否有高度的積極性和自覺性？」[30]自此之後，曾氏開始真誠地「三省吾身」，每日都要反思檢查自己的言行是否符合政治形勢和黨的要求。當中共提出要「完成臺灣與祖國統一大業」時，曾昭燏立即按「上邊」的要求，透過國際廣播電臺三番五次地對臺廣播，用現身說法規勸對方「棄暗投明」，趕快想法離開那個「水深火熱的孤島」，重新投到人民的懷抱，享受幸福自由的生活云云。身在廣播室的曾昭燏心中明白，當局之所以選她出來對臺廣播，並不是因為她的北京或南京官話說得地道，也並不是她的官帽子足以震懾臺灣群僚，實在是因為她的家族有許多重要親友雲集臺灣。這些直系親屬又與國民黨許多官僚有著千絲萬縷的聯繫，如畢業於西南聯大生物系的曾昭楣，夫婿是譚延闓的公子譚季甫，而譚季甫的姐姐譚祥則是臺灣國民黨政府副總統陳誠之妻。曾昭燏二嫂俞大絪雖留在北大西語系繼續任教，但她是臺灣國民黨國防部長俞大維之妹、傅斯年之妻俞大綵的姐姐。這些盤根錯節的關係，令當局對曾昭燏格外看重又放心不下，她必須如實交代且要表明自己的態度。

遙想當年，曾昭楣就讀於西南聯大時，其母於一九三九年冬在昆明惠滇醫院病逝，當時正在大理與吳金鼎、王介忱組織考古發掘的曾昭燏，於十一月二十三日得到消息，她在當天的日記中載：「下午歸，連接二電報：一為母親病重，一為母親棄養，晴天霹靂，夢寐未曾想到!!!傷哉！遂為無母之人，此生尚有何趣味也！」[31]二十六日，曾昭燏趕回昆明，與親友相見，「惟有痛哭而已」。料理了母親的喪事，曾昭燏對兩個時在西南聯大讀書的三妹昭鏻、四妹昭楣主動承擔起關愛的責任。對此，曾昭楣回憶說：母親去世後，「燏姐待我，姐兼母職，自己節衣縮食，每月匯我用費從不間斷，如昆明有轟炸，必從大理來信問訊，真是無微不至，直至我婚後」。[32]正因這種亦姐亦母的雙

曾昭燏與家人合影。前排左起：曾昭燏，曾昭拯夫人勞藹如，曾昭拯長女憲韞，曾昭拯，曾昭懿；後排左起：曾昭承，俞大絪，曾昭掄，曾昭楣，譚季甫。（曾寧提供）

重身分，曾昭燏才當仁不讓地插手妹妹的婚事並產生了影響。

關於四妹曾昭楣的婚事，曾昭燏在〈自傳〉中說：「一九四五年抗戰勝利以後，她在重慶和剛從歐洲回來的譚季甫訂了婚。譚是曾任偽國民政府主席譚延闓的兒子，當時為經濟部次長譚伯羽的親弟，當時為國防部部長陳誠的妻弟。那時我正在從四川西李莊來到重慶，昭楣和譚季甫已經相好了，我對於這段婚姻沒有反對，而且在他們訂婚以後，我促成他們在十月結了婚。」事實上，對於這門婚事，曾昭燏不但沒有反對，還做了一些牽線撮合的工作。據俞大縝女兒彭鴻遠口述，曾昭楣與譚季甫之婚姻，曾昭燏出力甚大，因「我的母親俞大縝與陳誠妻，即譚家的女兒關係極好」。透過俞大縝與陳誠之妻牽線，曾昭楣與譚季甫接上了火。曾昭燏聞訊後，對這門親事極表贊成，再度添柴加油，使這對年輕戀人的欲望之火越燒越旺，有情人終成眷屬。作為姐姐的曾昭燏為何要扮演這樣一個角色，她在〈自傳〉中有如下交代：

譚季甫是在國外學了十四年冶金的工程師，學問和技術總是不存在問題的，人又老實，昭楣嫁給他，總算有個依靠……昭楣到他家去，不致大吃苦，關於譚家與陳誠的親戚關係我也想過。我認為陳誠在國民黨軍人中是一個比較廉潔的人。沒有舊軍閥那許多壞習慣，昭楣在那裡，不會學壞的。而且這時毛主席到了重慶，我對國共和談還抱著很多的幻想，認為在全國人民一致要求之下，這個仗打不起來。再退一步想，便是打起來也是國家大事，我們管不了。好在譚季甫是技術人員，不一定靠親戚吃飯……我還保留著濃厚的封建意識對於妹妹只是溺愛，只希望她嫁個有錢有本事的丈夫，可以享福。

曾昭燏自以為當年管不了的「國家大事」，如今像一把利劍落到自己頭上，且非讓她表態「管一管」不可。她必須硬挺著身子表明立場，且在對臺灣親友的公開政治表態和廣播講話中，顯得異常激烈，勢如冰炭甚至寇讎，如此方能過關。曾昭燏這樣做了，且做得還算令當局滿意，因而尚未引來大的麻煩。令她想不到的是，按倒葫蘆起來瓢，海外的親屬剛剛按住，國內的親屬卻接二連三地「出事」，痛苦與恐慌隨之加深、加重。

一九五七年，曾昭燏最敬重的二哥曾昭掄因提出所謂的「反黨反社會主義科學綱領」被打成「右派」，同時撤銷高教部副部長職務，發配到武漢大學接受監督改造。兩年之後的一九六〇年，曾昭掄身患網組織細胞癌和非典型白血病，生命受到嚴重威脅，不得不住院治療。這一不幸遭遇，不只給曾昭掄和夫人俞大絪，也給在南京的曾昭燏帶來極大痛苦，而這種痛苦和焦慮才剛剛開始。

曾昭燏大哥昭承赴臺後，其子曾憲洛於一九四九年初曾短暫赴臺，後又回大陸迎接解放。與胡適之子胡思杜不同的是，在二十世紀四〇年代末，就讀於金陵大學的曾憲洛就成為中共地下黨員，並開始按中共的要求開展政治活動。據早年畢業於金陵大學歷史系的章開沅回憶：一九四八年前後，「金大中共地下黨員根據教會學校的特點，利用基督教團契的形式來團結、教育有進步傾向的同學。我曾參加的是『爝火團契』，主要由金大和金女大歷史系學生組成，具體負責聯絡這個小團體的是地下黨員曾憲洛。團契活動一般是舉辦讀書會，共同閱讀進步書刊並交流心得。記得我們有一大皮箱書籍，包括莫斯科中文版的《國家與革命》、《列寧主義問題》、《聯共黨史》以及延安出版的毛邊紙《新民主主義論》、《論聯合政府》等。」[33]大約在一九五五年「肅反」運動後期，曾憲洛由於家庭出身問題，被組織上「勸退」（勒令退黨），自此曾憲洛失去了黨籍。他本人自視一貫追求中共，僅因「出身不好」被視為階級異己分子而橫遭打擊，情緒大壞，身體也漸漸衰弱下來。到了一九五七年六月，曾憲洛和好友蕭亦五等人發起組織了一個叫作《江南草》的刊物，撰寫一些政論文章，八月即被報章點名批判，曾憲洛被打成「極右分子」，遭到批鬥圍攻，繼之被放逐到一個偏遠農場勞動改造。一九六一年，曾憲洛難以忍受勞改農場的非人生活，在一個月黑風高之夜翻越圍牆鐵網，潛逃回南京，並翻牆進入陳方恪家。陳方恪是陳寅恪的七弟，屬陳氏家族兄弟中唯一風流倜儻、不拘小節的文人，精通版本之學，時正在南京任《江海學刊》編輯，專門審讀文史方面的稿件。陳家與曾家有「三世之交」，此時陳方恪見曾憲洛深夜潛入，先是大驚，待問明情況後，頓覺事關重大，勸其千萬不能逃跑，要他繼續回農場老老實實地接受改造。但自此以後，曾憲洛下落不明，死活不知。一直把曾憲洛當兒子看待的曾昭燏得知此消息，精神大受刺激，憂傷悲痛不能自制。

一九六二年三月，曾昭燏最敬重的恩師、南京大學胡小石教授帶幾個學生到夫子廟吃館子，回來後中風不治去世，對曾的精神再度給予重擊。胡氏在南京乃至全國文史界享有很高的地位，曾氏終生服膺。胡生前還兼任南京博物院顧問，在南唐二陵發掘時，曾昭燏專門請其去一道勘察，後又請他為南博工作人員做「中國文字與書法」系列講座。曾氏一些重要文章，如〈關於沂南畫像石古墓年代的討論〉、〈江蘇古代歷史上的兩個問題〉等，都是由胡小石審讀後才公開發表的。學術是曾昭燏生命中的重要一部分，如今突然少了一位能與之探討學問、真心交流的師長，黯然神傷之情不言而喻。

曾昭燏一生未婚，自然免不了背後有人議論與猜測，特別是在單身主義尚不能為大眾理解的愚昧年代，更有不懷好意者以「小人之心」在曾氏師生與同事和她的祕書之間妄意揣度，說曾氏與某某有男女關係，且所列男人有四、五人之多，致使曾昭燏又平添了一份苦惱。[34]而這個苦惱不只是一個人對婚姻的選擇不被理解，在政治與「生活作風」問題無孔不入的惡劣環境中，很有可能一不小心就被染上各種顏色而拋入萬劫不復的深淵。因而每當面對一些不知好歹者刨根問柢式的探詢和不懷好意的眼神與笑意，曾昭燏便從心底裡湧出一種膩味不堪又無可言解的苦痛。當曾昭燏殞命幾十年後，有研究者循著曾氏的生命軌跡細加考察推研，才發現她的獨身主義理念與她對社會苦難的認識與感悟，以及家庭背景、青年時代接受的教育和文化薰陶有著重大關係。對於此點，曾昭燏生前曾有過流露，她說：童年在家

1954年11月，曾昭燏（右一）與侄子曾憲洛、鄭秀琴夫婦及侄孫曾寧合影。（曾寧提供）

鄉的時候「親眼看到許多中年母親，帶著一群骨瘦如柴、衣不蔽體的孩子，向大戶人家乞討，哀聲叫『老爺太太做好事』，叫了一整日，得不到一點殘羹冷飯……還聽說一個貧家的女兒，業已定了人家，就要過門，被個地主搶去做小，過了一年多，生了個兒子，大太太嫉妒，用繡花剪刀把她的喉管剪斷，她死了，她娘家忍氣吞聲，不敢打官司」。又說：「我有位表嫂，為著和小叔子說了幾句話，被丈夫看見了，說她和小叔子不正當，用門槓把她打得頭青目腫，遍體鱗傷，還罰她跪了一夜。我那時就想：為什麼世界上有這樣多不平的事？」[35]

從這段記述可以看到，中國婦女的悲慘生活在曾昭燏幼小的心靈中打下的深深烙印。當她到長沙讀中學的時候，「所看見、所聽見的，還是這類事，女學生的命運並不比農村婦女好多少。某女校一個學生，長得很漂亮，功課又好，被一個軍閥看中了，強要娶她做第九個姨太太，她和她父母抱著哭了幾天，最後還是被迫上了轎，從此過著玩物般的生活，羞愧得不敢和同學們見面」。又說：在抗戰前後的重慶和南京，「親眼看到許多機關的女職員，打扮得妖妖豔豔，來討上司的歡心，甘受『花瓶』的稱號而不辭。一些公務人員，為著保住自己的飯碗或者想升官發財，讓自己的太太穿得花花綠綠，到大官們的公館裡去陪著打牌跳舞」。[36]面對這樣一種生活狀況和態勢，曾氏感到的只有厭惡與憎恨，心情沉重，「甚至有些恐怖」。這使她對女人自身命運感到一種心底的悲涼，而對婚姻的美好幻想也漸漸被這慘痛的事實與烏煙瘴氣的社會生活場景所消融。

以上所見所聞所感，只是在曾氏心中留下了巨大陰影，還不能說就是她抱定獨身主義的全部原因，促使她做出這一決定的，還有時代潮流的推波助瀾。

曾昭燏所處的時代正是中國社會「三千年未有之大變局」的劇烈轉型時期，受過教育的女性開始追求個性解放並欲在經濟上獨立，擺脫男人的束縛，不靠男人供養且同男子具有平等的社會地位——也就是魯迅所倡導的「必須地位同等之後，才會有真的女人和男人，才會消失了歎息和苦痛」。[37]而在追求平等的道路上，婚姻則被視為一大障礙，女性一旦結婚就如同進入墳墓，葬送一生的追求與幸福。在這股大潮推湧下，曾昭燏認識並接受了這種理念，認為不少女子結婚後整天忙於家務，埋沒了她們的聰明才智，為了自己嚮往的事業，決心不結婚，過自己的獨身生活。據可考的材料顯示，這個念頭自她在長沙藝芳中學讀書的時候就產生了，並與她的家族背景和受的教育緊密相連。

就曾氏家族成員而言，曾昭燏的二妹，也就是林巧稚的那位得意門生，後來出任北京市第三醫院院長的曾昭懿，同樣終身未婚。曾執掌長沙藝芳女校的曾寶蓀、曾約農姐弟均終身未婚，直到赴臺灣之後，二人仍相依為命。曾寶蓀曾對自己終身未婚解釋說：「一個人結婚，頂多只能教育三五個子女……如果獻身教育，卻可以教育千千百百人。」[38]曾寶蓀的本家曾寶菡為了獻身事業，與她的同輩曾寶蓀一樣，也是終身未婚，後來領養姐姐寶荷的養女富生，待富生長大成人，又是終身未婚。獨身主義似乎成了曾氏家族一個無法繞開的情結，這種情結不只是曾家所獨有，當時社會上已不罕見，比如金陵女子大學校長吳貽芳，嶺南大學教授冼玉清等，皆是終身未婚的獨身學者。而上述人物的一個顯著特點是，各自都有教會學校的背景，或乾脆就是虔誠的基督徒。在這種精神洗禮下，這些女性不但對婚姻不以為然，反而視婚姻為人生事業的羈絆。吳貽芳當年有以學校為家，以學生為兒女，「為中國女子提供最好的教育」之心志。深受基督精神薰染與啟示的曾昭燏，同樣以這種精神和人生態度為楷模，把事業當作心靈的寄託和安身立命之所在。曾寶蓀也懷揣與吳貽芳相同的觀點，並親口對曾昭燏說過這樣一句話：「你要是結婚就只能服務幾個人，不結婚卻可以服務無數人。」[39]這一切內在與外在的情感糾結，便是曾昭燏獨身主義觀念形成的線索與終身未婚的緣由。

與這個緣由相伴的，還有一個與曾昭燏有關的不太為人知的小小插曲，即抗戰時期，曾寶蓀、曾約農姐弟倆隨父避居香港，珍珠港事件發生後，姐弟倆隨父逃出香港回到湖南湘鄉荷葉塘老家居住。一九四四年，族人推舉曾約農主持對曾氏家族族譜進行第五次拾遺補闕的修訂。時日寇侵陵湖南，「風聲鶴唳，彈雨槍林」，然而，曾約農欣然應約受命，全力整理家族檔案和族譜，雖兵荒馬亂，「未曾少息，不辭辛苦，欣欣然以譜為樂」。[40]一九四六年修成付梓，簡名為《大界曾氏五修族譜》。是譜十九卷，首一卷，三省堂木刻活字本，是湘鄉曾氏家族歷修族

1959年，曾昭燏（左一）與吳貽芳（左三）、竺水招（右一）在國慶十周年南京新街口觀禮臺觀禮。（南京博物院提供）

譜中內容最豐富的一個版本。譜中除通常收入歷修序、跋外，在「褒頌」目內收入了清朝皇帝給曾國藩及其兄弟和兒子紀澤的御製匾額、恩詔、御制祭文、碑文；在「祖訓」目內收入了「文正公遺訓」；在「傳志」目內收入了曾國藩、李鴻章、郭嵩燾、曾國荃等人寫的墓表、壽序、祭文、傳略；在「典制」目內，收入了大量的有關條規、契據等資料，曾寶蓀還專門為此撰寫了跋語，從而使這部族譜的品質和使用價值得到了全面提升，成為中國譜牒文化和曾氏家族人物以及湘鄉乃至湖南文化研究的重要史料。

《大界曾氏五修族譜》一個最引人注目的特點是，打破了民間以往私修家譜的慣例，准允女子入譜。過去中國的家譜、族譜，女子只能作為男子的附屬入譜，沒有名字，只以X氏或XX氏相稱。在曾約農所主修的族譜「凡例」中規定「女子不字，且經親支公認，有承嗣權者，得照男丁例提行」，算是開了湖南乃至全國家譜有女子入譜的先聲。但畢竟受歷史與風俗的局限，雖開風氣之先，也有保留，只有「不字」女子才可，也就是終身未嫁的女子才有資格入譜。因此，譜內有曾寶蓀、曾寶菡等名字「照男丁例提行」入譜。在譜中「傳贊」目內有曾昭燏寫的「家祭文」，不知為什麼她的名字未上族譜。或許家人認為當時這位只有三十六、七歲的曾大小姐，還有結婚生子的機會。直到一九八三年臺灣重印五修族譜，昭燏、昭懿單列加入附錄，二〇一〇年湖南六修族譜亦單列入譜。

在曾昭燏生命的後期，湘鄉荷葉塘曾氏長輩便讓曾昭燏從小一手帶大的侄孫曾寧（曾憲洛之子）稱呼曾昭燏「爺爺」。曾寧說：「因她終身未婚，按照我們湖南老家的風俗習慣，家裡人叫我喊她『爺爺』。據說爺爺出生時有算命先生來，說爺爺命中缺『火』，故而家裡長輩為其取名『昭熽』。」[41]據曾寧後來解釋說，湖南老家的風俗，具體指曾氏家族的規矩而不是整個湖南，依此推測，這個把未婚女性當作「爺爺」的規矩，或始自曾約農主持修訂族譜之時。作為「不字」女性的曾昭熽當年未列入族譜中，而幾年之後曾氏家族的族譜，又在政治運動中被當作「變天帳」、「封資修」和「反革命的鐵證」予以查抄，在新的政權統治下，繼續家譜已無可能，也就只能以男性身分的稱呼來聊補當年的虧欠，並在形式上給予曾昭熽在家族中一個「宗主」的地位，以立香火於曾氏祠堂，令後世子孫永誌不忘。

四、巷哭江南盡淚痕

曾昭熽稟承和堅持的獨身主義，可謂生逢其時，但又並不得意。在一個紛亂並漸漸失去理智的社會裡，她所得到的不是心靈的安靜與快慰，相反的卻是沉滓泛起的鼓譟與不懷好意的流言甚至毒箭。面對內心的苦痛，她只好躲到無人處，或像魯迅所說自己痛苦時索性躺在荒山裡，在草莽中，舔著自己的傷口。但這個躲時避世的方法，仍無法使她的傷口癒合，無休止的思想改造運動一直伴隨著她形影不離，且逼迫其走出荒野直面酷烈的人生苦痛。湘鄉荷葉塘曾氏家族從前是一種榮耀的世家身分，而如今已完全變成一座壓在自己頭頂上推之難去、避之不及的大山，隨著改天換地的時勢鉅變與政治風浪興起，曾家和太平天國在南京的陳年舊事，於新的歷史交叉點上又陰差陽錯地再度掀動起來——儘管矛頭指向的是「漢奸、劊子手曾國藩」，而沒有指向原本無辜的曾昭燏。

一九四九年底，共產黨徹底翻盤，江山易主後，整個大陸掀起了一股歌頌農民造反的熱潮，鼓吹社會的進步是農民戰爭直接作用的結果。一些政客文人見風使舵，很快把精力集中到農民造反與革命的主題上來，藉題發揮，興風作浪。在這一歷史背景下，南京市開始籌備太平天國起義百年紀念會並籌建紀念館，而已是太平天國史研究專家的羅爾綱奉命與文物考古人員，在太平軍當年活動的主要區域南京、上海、蘇州、無錫、紹興等地收集、鑑定有關太平天國史料，並為即將舉行的大規模展覽做準備。在搜集史料過程中，發現了許多與太平天國相關的遺跡和文物。一九五二年，在南京堂子街七十二號、七十四號住宅，發現了疑似太平天國壁畫的東西。這年十二月七日，羅爾綱邀請曾昭燏、潘菽、胡小石等文物專家前往堂子街實際勘察並確定為原物。曾昭燏事後執筆撰寫了〈南京堂子街太平天國某王府遺址調查報告〉一文刊布。隨後幾年間，大量太平天國史料陸續被發現，據羅爾綱在一九五四年底批判胡適運動中所說，除了具有頭等的人民藝術價值的太平天國壁畫，另有「蘇州忠王府的建築經過鑑定了，太平天國結婚證書在紹興發現了，天朝元勳曾水源的墓在南京發現了，太平天國實行耕者有其田的政策也得到文獻證實了，在解放前我所見太平天國文獻不到四百種，現在已發現了一千二百多種了，這一切的一切，使我深切地體會到黨和政府領導的無比正確」。[42]

就在羅爾綱於全國政協大會上頗為得意自豪地說這個話的時候，當年隨他一道前往堂子街鑑定壁畫的曾昭燏，對政治始終保持高度警覺，如同躲在窩中受驚的野兔，一有風吹草動便迅速拿出相應的脫險對策，在太平天國問題上也是如此，否則就落入圈套。據後來一度擔任過南京博物院院長的梁白泉說「上邊每有個什麼運動，她（曾昭燏）總是聞風而動」，當批判胡適唯心主義思想興起時，她又「聞風而動」，立即把胡適當年親自題名贈予她的一部印刷精美的《胡適文存》從箱底翻出來交給了「組織」。[43]梁白泉此言，意在表達曾昭燏對黨的忠誠和對政治運動的熱情，但觀其後來的言行，便可知這個「聞風而動」實是一種表象，內在的真相則是隱含著曾氏內心的恐懼與自保策略的無奈之舉。

1952年12月，羅爾綱、潘菽、胡小石、曾昭燏等在南京堂子街74號李姓宅內發現的18幅太平天國時代壁畫之一。（南京博物院提供）

曾昭燏與胡適的交往並不多，由於她與其兄曾昭掄，以及陳寅恪、俞大維、傅斯年等學界名流和軍政要人等親友保持著千絲萬縷的聯繫，與胡適相識進而相知則是自然和順理成章的事情。

一九四八年冬，國民黨在淮海戰場上節節失利，大批傷兵空運到南京，一部分進駐中央博物院籌備處陳列室治療養傷，搞得整個博物院烏煙瘴氣。曾昭燏對此大為不滿，在勸說無效的情形下，致函北大教授、著名敦煌文物專家王重民，懇請王氏向時任北京大學校長，也是中央博物院理事的胡適反映。王在十二月二日致胡適信中說：「曾昭燏女士來信，說最高（當局）命令中央博物院古物集中，空出房子住榮譽軍人，明知先生愛莫能助，但她願重民轉告先生。」[44]由這封信可見曾氏對胡的敬重和仰仗之情。當江山易主，批胡與倒胡運動山雨欲來時，已成驚弓之鳥的曾昭燏以一套《胡適文存》倉皇應對，於危急中不失體面地蒙混過關，實屬無奈中的一個對策。眼看批胡的高潮大幕在全國拉開並逐漸升級，眾多文化學術界人士或被迫、或自願地在報刊電臺對著鏡子喊王八——既罵胡適的幽靈又罵自己，喪心病狂地歪曲事實並對胡適的影子一頓刀砍斧剁。深受儒家文化薰陶並具有西方教會學校背景的曾昭燏，在表面積極回應的同時，內心的文化良知與道德規範又使她做著脫逃溜滑的準備。當「組織」派出官員挾「運動」之威到南京博物院下達批胡任務時，作為一院之長的曾昭燏只是召集全院人員開會傳達指示，讓眾人現場聲討，會散之後便偃旗息鼓，未再鼓動群眾撰寫批鬥文章在院內張貼和報刊發表，更未親自出頭露面對胡適展開口誅筆伐。當「組織」派人令其書寫文章在報上發表，以彰顯本省文化思想界對運動的態度和批胡業績時，曾氏以「與胡適交往不深」為由做了堅決的拒絕。

許多年後，南京博物院研究員陸建芳認為，曾昭燏這個冒有極大政治風險的做法和抉擇，除了對胡適的友情和學問人格的認可，更深層次的原因是對胡氏一貫倡導客觀看待太平天國，亦即客觀對待曾國藩與湘軍歷史功績的感激。[45]其說是否屬實，尚可探討，但無論如何，曾昭燏沒有捲入這一運動的旋渦，算是她本人和身懸大洋那邊的胡適都值得欣慰的一件幸事。

然而，所幸之中的不幸是，此時曾國藩已被當局定性為「鎮壓農民起義的漢奸、劊子手」。而學術界忽傳有海外新印《李秀成供狀》問世。未久，隨著這份《供狀》進入大陸，以及羅爾綱對李秀成言行進行顛覆性重新評價和戚本禹的再顛覆，以曾昭燏為代表的曾國藩家族留在大陸的子孫，再度陷入了難堪和痛苦境地。

《李秀成供狀》所涉及的內容，是一個在朝野流傳了百年的懸案，即太平天國城陷之日，曾國藩在天京匆匆處死太平軍將領、忠王李秀成的一段隱情祕事。[46]在處死之前，曾國藩曾命李秀成寫了一份口供，爾後將李之供詞抄錄，一面上報清廷軍機處，「以備查考」；一面在安慶刻印公開，題作《李秀成供》，亦有作《克復金陵賊黨供招》者，原稿藏於湘鄉荷葉塘曾家老宅祕而不宣。

隨著太平天國灰飛煙滅以及與其對立的大清王朝滅亡，此事本來告一段落。想不到民國建立之後，另一批農民造反起事和革命口號又興行起來，洪楊之亂開始被一些人拿來作為革命的先驅和樣板加以鼓吹仿效。於是，一股太平天國史研究熱潮在軍閥混戰、槍炮隆隆的中國大地悄然升起。據羅爾綱說：「在抗日戰爭前，著名歷史考據學者陳寅恪先生，得看過《李秀成自述原稿》，他對人說曾國藩不肯把它公布，必有不可告人之隱。其實，何止曾國藩不肯公布，曾家後人也同樣不肯公布。明清史專家孟森先生於一九三六年六月，為北京大學影印《李秀成供》作序，曾以委婉的言辭向曾家後人提了意見，希望他們及時發表原供。

孟森的話可說是代表當時社會上對曾家收藏《李秀成自述原稿》不肯公布的輿論，可是曾家後人並不理會。一九四四年，曾國藩的曾孫曾昭樺因在廣西工作的關係，經過家庭會議才勉強答應廣西通志館派人前往抄錄。後來那個抄本和十多張照片，一再排印和影印出版。」[47]

羅爾綱所說前往湘鄉荷葉塘曾家抄錄《李秀成供》的人，是廣西通志館祕書呂集義，呂氏根據流傳本與曾氏家藏祕本兩相對勘，補抄下了流傳本被曾國藩刪除的五千六百餘字，並攝影十六頁返回廣西。經羅爾綱鑑定、研究，確定曾氏祕本屬於真品，被刪內容正是對曾國藩和湘軍極其不利的語句。一九五一年，羅爾綱《忠王李秀成自傳原稿箋證》一書由開明書店出版，書中提出了李秀成「偽降」說，認為忠王此舉意在效仿蜀漢大將姜維偽降鍾會故智，以圖恢復太平天國大業。一九五七年，該書增訂本依然持「偽降」說。就在羅氏的觀點如羊群裡躥出一頭叫驢般在學術界和社會上引起嗚響之時，卻遭到部分學者的阻擊。一九五九年，史家趙矢元指出，李秀成「承認太平天國革命已經失敗，消失了對革命前途的信心，要求曾國藩招降他的部眾，這也是應該承認的」。[48]此後，史家苑書義認為李秀成在生命最後十幾天的言行，是對革命前途喪失信心和對封建勢力產生幻想的表現，其性質是「妥協投降」。[49]對於「假降」和「真降」兩種不同的觀點，各路學者與政客紛紛撰文表態，臧否不一。同時，曾國藩當年是否塗改刪節、毀滅了李秀成供詞的問題，也一併成為史學界爭論的熱點。

就在史學界圍繞以上問題爭得不可開交之際，一九六二年，忽然傳來消息，臺北世界書局影印出版了原藏於湘鄉荷葉塘曾氏家族的祕本《李秀成供》，題簽《李秀成親供手跡》。

這一諱莫如深的祕本，據說是曾約農於一九四九年離開大陸時，祕密攜往臺灣的。曾約農與其姐曾寶蓀一起離開大陸後由香港轉赴臺灣定居，繼續從事教育工作。臨走之前，他們帶走了部分湘鄉「富厚堂」曾國藩的藏書，其中就有這部對考證太平天國具有重大史料價值的祕藏本《李秀成供》。

《李秀成供》出版的消息在大陸政學兩界引起震動，有關方面很快派人透過香港購得此本鑑定。這個影印本清晰地保留著曾國藩等人用朱筆、墨筆進行刪改的痕跡，篇幅比曾國藩當年的安慶刻本多出九千餘字。經過多方鑑定，影印本為《李秀成供》的真本內容無疑。全本七十四頁，全頁寫滿，最末一頁最後一句話是「實我不知也，如知」，全篇結束。

從寫滿的頁碼和書寫的規律來看，李秀成的話似未講完，下面應有延續，至少要把「如知」這句話講完。何以成為影印本的現狀呢？這意味著李秀成最後一部分供詞一定包含著更深的隱祕，或者對曾氏來說極不利的話語。為怕曝露於世，曾國藩或曾家後人便有意把最後一部分撕去銷毀了。至於這個真本為何要在此時印出，據羅爾綱推斷，因當時廣西通志館抄錄本已在社會上廣為流傳，「這才迫使曾家後人不得不把原稿影印公布」。50

臺灣影印本《李秀成親供手跡》傳入大陸不久，羅爾綱再度提出李秀成「假降」說，一時得到眾多學者的呼應，羅氏對李秀成這一顛覆性評價，眼看就要成為不可撼動的鐵案，除報刊電臺予以呼應外，一些表現李秀成被俘後寧死不屈，圖謀東山再起的戲劇也紛紛出籠，在全國各地上演。令羅爾綱和他的擁護者想不到的是，一匹更加驕悍的黑馬又從羊群中鳴叫著竄出，此人便是號稱史學界「新銳」的戚本禹。年輕氣盛的戚本禹在題為〈評李秀成自述——並與羅爾綱、梁枯盧、呂集義等先生的商榷〉一文中，對羅爾綱等人的評價再次進行了顛覆。文章說：「太平天國後期的重要將領忠王李秀成，在一八六四年七月二十二日被曾國藩的軍隊俘虜了。他在敵人的囚籠裡寫了一個自述。這個自述，從它的史料價值來看，無疑是極其珍貴的；但是，從它的根本立場來看，卻是一個背叛太平天國革命事業的『自白書』。」最後的結論是：忠王不「忠」，李秀成是叛徒，並「認賊作父」。[51]

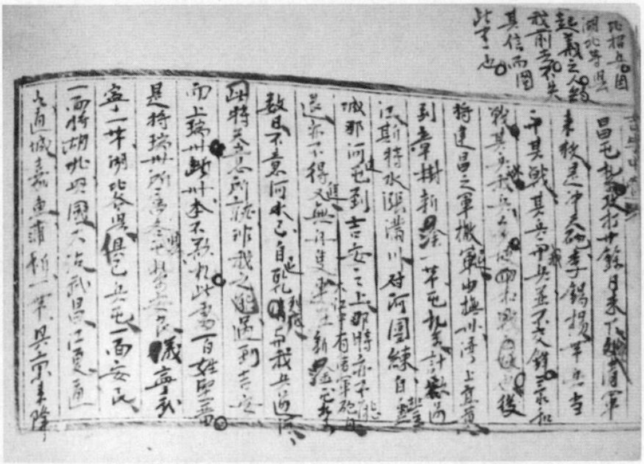

李秀成供詞，每行每句都有曾國藩朱筆圈點訂正痕跡。
（臺北故宮博物院收藏，作者攝）

戚文一經發表，在史學界引起了一場更大的震動和爭論，各色人物紛紛表達不同看法，致使爭論呈越演越烈之勢，最後演化成文化思想界最高層的一場角逐。當年被魯迅指斥為「四條漢子」之一，此時掌控中央宣傳部的周揚，對戚文觀點予以否定。但自稱文藝界「流動哨兵」的江青出於政治目的適時跳將出來，明確指出周揚等人的觀點是錯誤的。正官場得意且不明就裡的周氏及其一幫大小嘍囉表示不服，雙方你來我往地交起手來。江青一看自己的威力不足以制伏周揚等輩，將戚本禹的文章送給毛澤東審閱。毛讀了戚文和《忠王李秀成自述》原稿影印本後，做了如下批示：「白紙黑字，鐵證如山，晚節不忠，不足為訓。」隨著這十六字手諭的傳達，江青握到了尚方寶劍，寒光閃過，周揚等幾條漢子於亢奮中勃起的頭顱當場蔫了，角逐的大幕轟然落下，李秀成被定性為「忠王不忠」。

既然大勢已定，明白過來的周揚急轉航舵，迅速指示中宣部給各地打電話，發布通令：今後凡是歌頌李秀成的文章和戲劇，不要發表和演出。於是，正在上演的話劇《李秀成》被封殺。而竭力主張李秀成「假降」、忠王還「忠」的羅爾綱等人，自然地成了站在革命對立面的人物，被扣上「叛徒李秀成辯護士」的帽子加以整肅。一時間，文化思想領域又掀起了一場批判李秀成運動。在這場運動中，洪秀全成為一個完美無缺的革命的農民領袖；楊秀清定性為「野心家」；韋昌輝為「階級異己分子」；石達開為「分裂主義者」；李秀成為不折不扣的「叛徒」。整個太平天國的重要人物可謂紅臉、黑臉、花臉、白臉各有所得，各得其所了。

就在太平天國歷史隨著政治形勢的變化顛來倒去，主要人物頭上的「鋼盔」不斷變換的十餘年間，蹲在南京博物院的曾昭燏，以一種複雜的心境密切關注外界的一舉一動。只是不管洪秀全、楊秀清、韋昌輝、石達開，特別是爭議最大的李秀成頭上的「鋼盔」如何變化，鎮壓太平天國的「漢奸、劊子手曾國藩」的黑色「鋼盔」則無人為之更換。不但沒有更換，隨著《李秀成供》的爭論與臺灣影印本的出現，一種有形無形的壓力向整個曾氏家族襲來。一直對曾家後人遲遲不肯交出《李秀成供》真本大為不滿的文化學術界人士，對留在大陸的曾氏家族人員未能保住這一珍貴的歷史文獻，卻讓一個曾約農偷偷攜往臺灣並且於國民黨掌控的出版機構出版發行，更是滿腔惱怒，強烈懷疑曾國藩本人與其後人的險惡用心。這種憤怒和懷疑十幾年之後仍不能從心中消失，正如羅爾綱後來所說：「曾國藩為什麼不肯公布《李秀成自述原稿》交給清廷呢？這就是陳寅恪先生所說的『不可告人之隱』。『不可告人之隱』是什麼呢？就是我們上面所舉曾國藩那些欺騙清廷、損人利己和把現存原稿七十四頁以後毀滅的祕密。」[52]羅氏的激憤之詞，代表了學術界多數人的態度，一度影響了最高當局並引起部分領導者的不快，紅極一時的史學家范文瀾也隨聲唱和，撰文聲稱曾國藩是地地道道的反革命分子和漢奸劊子手。在如此的政治形勢和語境下，身在文化、文物界且主掌一個國家級大型博物院的曾昭燏自是百感交集，痛苦不堪又不能公開言說，只有私下向要好的友人訴說心中的苦悶。有一天，曾氏滿面悲憤地對南京大學歷史系主任賀昌群說：「范文瀾說的『漢奸劊子手曾國藩』，怎麼也想不通；說他是鎮壓太平天國的劊子手，是不錯的；但說他是漢奸，我們曾家絕不能接受，因為這不是事實。」[53]

一九六三年春，曾昭燏藉到南方出差之機專程到中山大學拜訪了陳寅恪，就臺灣影印本《李秀成親供手跡》一事與陳氏進行了密談。所談內容和應變之策外人不得而知，可以想像的是，話題自然涉及曾國藩、湘軍與太平軍等陳年舊事。當曾昭燏說到欲購海外新印太平軍將領李秀成供狀等事宜時，陳寅恪也一定為自己祖輩與曾家三世之交，以及祖父陳寶箴在為曾國藩幕僚期間曾施計活擒幼主洪天貴福之事，於心頭湧出一種白雲蒼狗、滄海桑田、聚散無常的感觸。[54]

當年曾國藩特別賞識俞樾「花落春仍在」的詩意，如今是流水落花春去也，寒風苦雨中，已是英雄白頭，美人遲暮，只有「我自無語向天行」了。就在曾昭燏訪問的當日，陳寅恪於愴懷哀愁中賦詩一首：

銀海光銷雪滿顛，重逢臏足倍淒然。
澗瀍洛下猶餘地，韋杜城南莫問天。
雄信讞詞傳舊本，昆明灰劫話新煙。
論交三世無窮意，吐向醫窗病榻邊。[55]

因陳詩向來以隱晦艱澀著稱，又有一套獨特的密碼系統，後來的釋家如胡文輝先生在他的《陳寅恪詩箋釋》中雖破釋了「澗瀍」指澗水、瀍水，皆流經洛陽注入洛水，後泛指洛陽，而此處的洛陽又喻指曾昭燏所在的南京，以及「單雄信為王世充的將領與李世民為敵，而李秀成作為太平天國的將領與曾國藩為敵」、「讞詞，犯人供詞，此句扣緊詩題所指的《李秀成親供手跡》」等詩句的喻義，但仍難讀懂和全面破譯陳詩中隱含的密碼。隨著曾昭燏與陳寅恪先後謝世，二人的談話內容更不為外界所知。稍能透露曾昭燏在批判李秀成運動中內心活動與應變之策的，是一九六四年曾氏所作〈讀李秀成自述手跡〉詩兩首：

一火金陵萬屋墟，焚身猶欲救池魚。
百年心事分明在，試讀名王自白書。
萬家春樹感深思，巷哭江南盡淚痕。

身後是非誰省識，欲從遺墨共招魂。

又：

曠代功勳曠代才，擎天高柱復危榱。
緣何一著差終局，百戰英名付劫灰。
鴻毛岱岳須臾事，取捨分明是丈夫。
寄語世人須著意，親仇有界莫模糊。56

詩中的「緣何一著差終局，百戰英名付劫灰」句，當是曾昭燏緊跟形勢，對已定調的「叛徒」李秀成，因最後十幾天「投降變節」而使一世英名付於劫灰的扼腕歎息。最後兩句當是警告活著的人，對輕如鴻毛與重如泰山這般人生大事，一定要想好、想開了，不要稀里糊塗地親家與寇讎不分，把本是狗熊一樣的反革命分子當成革命的英雄，或像羅爾綱最初稱頌的「反革命的英雄」來對待。特別是最後半句，既是痛惜李秀成「認賊作父」，不該乞降於「偽君子」、「反動劊子手」曾國藩，同時旗幟鮮明地宣示自己愛恨分明，界線清晰，堅決與羅爾綱所一口咬定的「中國近代史上第一個反革命的巨魁」曾國藩決裂。

當曾昭燏獨自趴在南京博物院一間空寂的屋子裡寫下這兩首詩的時候，正是李秀成遇難一百周年。曾氏這些在嚴酷的政治壓力下為自保而苦心孤詣吟出的詩行，與一百年前李秀成身陷囹圄時的「供狀」對比，自是令人悵然太息。而這個時候，離曾昭燏身死靈谷塔還有不足一年的時間。

五、靈谷塔下付劫灰

批判李秀成運動方興未艾，波及社會各階層的「四清」又成燎原之勢。這場自一九六二年底開始的、由中國農村逐步推開的政治運動，最初的口號是「清工分，清帳目，清財物，清倉庫」，後來擴大為「大四清」，即「清查歷史、清查思想、清查政治、清查經濟」運動。又名「社會主義教育運動」。在清查中，鬥爭對象先是農村和城市的貪汙腐敗分子，逐漸出現帶有個人恩怨和嚴重政治傾向的階級鬥爭，重點集訓、戴鋼盔、立罰規、搜查、批鬥、群毆等現象開始大規模出現——這是全面混亂的十年「文革」的前奏。

在這一聲勢浩大的運動中，曾在學術界紅極一時、不可一世的紅色巨頭楊獻珍、孫冶方、翦伯贊、羅爾綱等輩，遭到公開點名並被當權得勢者提著脖子拎出來大加批判。曾昭燏雖在此前的幾場運動中僥幸躲了過去，但當運動來臨時，感到了一種更加劇烈的痛苦、迷惘與恐懼。按照「四清」的行動原則，曾昭燏除了自信經濟上無問題可查，「歷史問題」則無話可說。曾氏家族被定為「反革命歷史家庭」已是鐵板釘釘，且這個釘子還是拐了彎的鐵案。而在思想、政治上，曾氏始終認為這是懸在自己頭上的一把利劍，時刻有落下並刺向自己頭顱的可能，必須拚盡全力來應付這場對自己凶多吉少的風浪。此時曾昭燏的身體已大不如前，明顯消瘦無力，無精打采。這年三月，曾昭燏在巨大的壓力下導致精神崩潰，患上了抑鬱症，不得不入住南京丁山療養院接受醫治。

一九六四年十二月初，第三屆全國人民代表大會即將召開，當曾昭燏躺在病床上收到燙金的代表證書時，先是目光呆滯，毫無表情，爾後潸然淚下。送證書者一看對方精神狀態處於崩潰的邊緣，遂好言相慰，令其放下一切思想包袱與生活煩憂，勇敢、理性、熱情地投入到偉大的「四清」運動中來，展開雙臂擁抱火熱的社會主義新生活云云。面對風雨共濟幾十年的老同事那充滿善意和真誠的目光，曾昭燏淒然地說：「別再寬慰吧，我不行了！」[57]

此時曾昭燏的心境如同曾國藩晚年「心力交瘁，但求速死」的詛咒，她心如死灰，感到活著已了無生趣，對生命的最後一點留戀隨風飄散。十幾天之後的十二月二十二日，曾昭燏主動提出要用南京博物院的小轎車送為她治療的醫生回家。當送回醫生後，她對司機淡淡地說：「去靈谷寺吧，我想散散心。」司機會意，駕車向靈谷寺駛去。

靈谷寺位於南京中山陵東，最早修建在紫金山獨龍阜，是紫金山風景最勝之區，原名開善寺，乃南朝梁天監十三年（五一四）梁武帝蕭衍為葬其師寶志和尚所建。寺內葬有名僧寶志和尚遺骨，造有志公塔，唐代更名寶公禪院，南唐改稱開善道場，北宋稱太平興國寺，明初改名蔣山寺。明洪武十四年（一三八一），明太祖朱元璋決定在獨龍阜建明孝陵，遂將寺與塔遷移於後來的中山陵附近，並改名靈谷寺。當時的靈谷寺規模龐大，占地五百餘畝，山門上書「天下第一禪林」，後寺院毀於兵燹，僅存無梁殿。清同治六年（一八六七）兩江總督曾國藩在原址上修建「龍王廟」，成為民眾祈雨之地。一九三一年，國民政府在原寺址始建國民革命軍陣亡將士公墓，一九三五年建成，在公墓的中央安葬了一九三二年「一・二八」淞滬抗戰中陣亡的一百二十八名將士的遺骸，其中有威名赫赫的十九路軍七十名、第五軍與憲兵團五十八人，這些名字作為中國國民黨軍人頑強精神的象徵，受到社會各界的瞻仰紀念。新中國成立後，此處改名為靈谷公園，但習慣上仍稱靈谷寺。寺內有一標誌性景點靈谷塔，塔高六十六米，九層八面，底層直徑十四米，頂層直徑九米，為花崗石和鋼筋混凝土混合結構。一九三三年建成，當時稱陣亡將士紀念塔，俗稱九層塔。塔內有螺旋式臺階繞中心石柱而上，計兩百五十二級，每層均以藍色琉璃瓦披簷，塔外是一圈走廊，廊沿有石欄圍護，供遊人憑欄遠眺。塔上有蔣介石親筆手書「精忠報國」四字，以及蔣介石所撰「黃埔軍校第一至六期同學錄」、「序」各一篇，分別由戴季陶、張靜江等國民黨元老書丹。

曾昭燏乘坐的小轎車悄然停在了靈谷寺前，她把一包蘋果送到司機懷中，輕輕地說：「請你吃著，等我一會兒。」說畢打開車門，匆匆向靈谷塔走去。在塔下茶室，曾氏逗留沉思，又拿出筆在一個小紙條上寫著什麼，寫畢將紙條裝進大衣口袋。在外面等候的司機似乎感到了一點不祥氣息，急忙棄車走進茶室，曾昭燏表情木然，把大衣脫下交給司機，讓其在此稍候，自己要到塔上散心，言畢即登上塔梯向上攀緣。十幾分鐘後，外面遊客忽見高聳的靈谷塔上，一個身影凌空一躍，如同天空一朵瑰麗的彩雲飄然而下，倏忽間落入枯草叢生的石階，鮮血噴濺處，枯草被染成殷紅——一代女傑與世長辭。

據有關部門派來的驗屍者說，曾氏是從靈谷塔第七層跳下，屬自殺身亡。後在其交於司機的大衣口袋裡發現一個小字條，上寫「我的死，與司機無關」。[58]由於記載曾昭燏生命軌跡，特別是一九四九年之後的第一手材料，因複雜的歷史原因未能公布，不免讓外界對曾氏的死因產生種種猜測甚至妄言。當時任南京博物院辦公室祕書的梁白泉回憶說：「曾昭燏跳樓之前，曾投到郵筒一封信給我，她死後，全院被有關部門封鎖，這封信落到了省委統戰部有關人士手中，上面寫的什麼內容，我現在仍一無所知。」[59]據梁氏推測分析，曾昭燏的自殺，除無休止的政治運動牽涉曾氏家族與她本人，使她整日戰戰兢兢，如履薄冰，造成巨大心理壓力，還有下面幾件典型事例，也是導致她最後走向毀滅道路的深層原因：

一，新中國成立初期，地主階級被打倒掀翻，除了被押赴刑場或槍決，或亂棍打死、亂刀砍死外，其罪小惡少的地主家屬如老人與「狗崽子」外加「狗腿子」等大都被掃地出門，流落街頭。湖南湘鄉荷葉塘曾家一個老年「狗腿子」——頭戴瓜皮帽、眼戴老花鏡的帳房先生，在被掃地出門後因一時生活無著，於二十世紀五〇年代早期輾轉來到南京求助於曾昭燏。當年在家鄉生活的曾大小姐，是在帳房先生的尊崇與愛撫下一天天長大成人的，二者自有非同尋常的感情。儘管事隔多年，面對故人求助，曾昭燏毫不猶豫地接待了他，並做了力所

靈谷寺山門（作者攝）

靈谷塔

能及的招待和救濟。大約與這位帳房先生在南京見面的某個夜晚，二人談到了湘鄉荷葉塘曾氏家族的情況，以及在新形勢下面臨的險惡處境。出於一種自保、自救的心理，曾昭燏把一直壓在箱底祕不示人的湘鄉曾氏家族（南按：或許只是曾國潢一支）的地契、房契等被中共認為是「變天帳」的證據，全部祕密燒毀。後來隨著精神「洗澡」不斷深入，曾氏猛然頓悟，認為當時應該把曾家的「變天帳」全部無條件地交給「組織」，不應由自己悄悄燒毀，立感這是自己所做的一件對黨對人民不可饒恕的罪行，遂產生了悔恨、責己之心，精神壓力驟然加大。

梁白泉的說法得到了書面材料的支撐。曾昭燏在向組織提交的「供詞」中，在談到「我的童年」一段時說：「在我滿六歲的時候，母親即從衡陽請了一位貧寒的讀書人來做我們（那時我還有位姐姐在世）的老師，此人名曾筱屏，從輩分算，是我們的叔父。」[60]另據曾昭楣回憶說：「族叔筱屏老師從姐（昭燏、昭懿）教起（長沙兩兄另從一師），至我讀書，整整在我家教了十八年。姐學得最精，詩詞歌賦，無所不能。後入藝芳攻讀六年，學行俱佳。」[61]一九二〇年，曾昭承與昭掄兄弟皆在國外留學，而這一年天下大亂，土匪活動猖獗，曾昭燏全家整日生活在恐懼之中。曾昭燏回憶說：「我們不敢在家裡住，總是這個佃戶家住一晌，那個佃戶家住一晌，回到家裡來，也是偷偷摸摸的，晚上讀書，點燈的時候，要把窗戶全遮了，怕外面看見，夜裡不敢在正房裡睡，躲到書樓上去睡，我們孩子們還把磚砌成一個個的空洞，準備土匪來的時候躲進去。有幾次聽見門外響動，竟從床上爬起來，往菜園裡跑，準備越牆逃走。這種恐怖的生活，使我對於這個古老的家庭，老是懷著一種陰森憂鬱的感覺。」

就是在這樣的亂世中，有一天，曾家被一股強悍的土匪搶劫，曾昭燏的祖父與父親等人皆遭土匪綁票，曾家陷入混亂。筱屏師除了負責曾氏子弟讀書，還四處奔波求助曾家的親朋好友，設法營救被綁去的主人。主人被救回後，筱屏師兼任曾家的帳房。一九二五年，曾昭燏祖父曾紀梁去世，「家中的氣氛一片悲哀」。曾氏姐妹每日與業師曾筱屏一起在書樓上埋首讀書。有一天，曾昭燏的二妹曾昭懿因躲在黑暗的書樓上讀書，不慎從樓上墜落，把手腕跌斷，醫治甚久方愈。接連的痛苦折磨和「憂鬱的環境」，使得曾昭燏不願再待下去，她與母親反覆商量，懇求離開這裡，加上二位哥哥的支持，母親終於「無可奈何地答應了」。

一九四八年四月，筱屏師辭去教職兼帳房職務，告老還鄉，曾家給了這位業師一份撫恤金與妥當安排，使其能安度晚年。令曾家和這位筱屏師意想不到的是，一年之後，隨著曾國藩成為地主階級的代表和「鎮壓太平天國的漢奸、劊子手」的定性，這位塾師自然成了地主階級和漢奸劊子手的孝子賢孫，受到當地政府的鎮壓與控制，最後被驅出家門，流浪街頭。正是在這樣一種政治、生活背景下，筱屏師一路流浪來到了南京博物院，找到了他一手拉扯成人的曾大小姐昭燏。而此時的曾院長一見業師如此落魄狼狽，自是百感交集，淚眼婆娑，領回家中熱情招待，一切都不在話下。

此處有個至關重要的情節，就是梁白泉說的這位帳房先生把他掌握的曾家的地契或者還有其他家產帳目交給了曾昭燏。這些東西在「打土豪，分田地」之後的新政權嚴密控制下再度浮出現世，對曾昭燏產生的心靈震撼和驚恐是不言而喻的。也正是這種突然而至的恐懼，使曾昭燏在兩難的抉擇中選擇了一種在當時看來明智的做法——一把火燒掉。只是智者千慮必有一失，歷史的弔詭處在於，那位筱屏師沒有在燒掉之後當場死去，使此事做到死無對證，而是活著回到了原籍。如此這般，事情變得嚴重起來。隨著政治形勢越來越緊，一個個運動不斷展開與升級，已回到湖南老家受到監控和鎮壓的帳房先生，如果經不住世道人心的誘惑或銅頭腰帶抽打的折磨，被迫洩漏天機，並供出與曾氏合謀銷毀了地主頭子的「變天帳」，後果不堪設想。一旦追查起來，這無疑是對黨和社會主義新中國的背叛，曾昭燏被以

1948年，蔣介石在聯展中觀賞書畫。身邊為曾昭燏。（南京博物院提供）

「現行反革命分子」罪行論處自是必然，或革職查辦、批鬥，或蹲幾十年深牢大獄。這種深入骨髓的恐懼，隨著時間的延遲和政治環境的惡化越來越重，成為導致曾氏精神崩潰的一個重要原因。

二，一九四六年十月，中央研究院歷史語言研究所與教育部在南京聯合舉辦了一個展覽，內部傳說是專為蔣介石祝壽。當時參展的教育部只是個名義，具體承辦者是隸屬於教育部的中央博物院籌備處，作為總幹事的曾昭燏自然成為具體的操作者。為此，曾氏主持了展品的選擇，並對展品的設計做了具體指導。開幕那天，曾昭燏以主持者的身分接待了蔣介石、宋美齡夫婦，以及美國駐華特使馬歇爾與太太凱瑟琳等高官顯貴。這段歷史，曾昭燏在一九五一年的「供狀」中曾向「組織」做過坦白交代：

一九四六年十月，我同博物院許多人員復員到南京，中央研究院歷史語言研究所與偽教育部聯合舉辦了個文物展覽會（據說為替蔣介石祝壽而辦的，不過外面一點沒有表示出來），找我去臨時幫忙，當蔣介石與宋美齡陪著馬歇爾夫婦來參觀的時候，我還去招待了他們，特別是馬歇爾太太……[62]

蔣介石一行參觀時有大批中外記者隨行，並有大量照片發表於報刊，這個事實曾昭燏自是心知肚明，硬抹是抹不掉的，只有根據中共「坦白從寬，抗拒從嚴」的口號加鐵律，戰戰兢兢、如履薄冰地試探著招供。但從這幾句短短的「供詞」中可以看出，曾昭燏確實算得上是個聰明的女人，她快速蹚過蔣宋這對「戰犯夫妻」與馬歇爾這個「美帝國主義走狗」等潛伏著凶險暗流的聯合板塊，接著滑向馬歇爾夫人一邊，並以「特別」二字抱住了這位黃髮碧眼的凱瑟琳女士。曾昭燏知道，在薄如白紙的光滑冰面上，夾在幾位權要顯貴之間的凱瑟琳夫人離中國的政治最遠，腳下的冰層最厚，身處政治危機中的曾昭燏在不能撇清或抹掉這段歷史事實的處境中，這個「供詞」著力點是明智的。

然而，與蔣介石的瓜葛並未到此結束。一九四八年五月二十九日至六月八日，中央博物院籌備處與故宮博物院南京分院在中山門新落成的陳列廳聯合舉辦展覽會。中博方面奉獻的展品有商周銅器、漢代文物、歷代帝后像及中國西南及南部民族文物，以及印度名畫。其中，最令人矚目的是安陽殷墟出土的著名的司母戊大方鼎。此鼎由安陽小屯村附近農民在抗戰期間於地下商代陵墓中盜掘而出，後落入駐豫北國民黨第三十一集團軍總司令王仲廉之手。一九四六年蔣介石六十歲壽誕時（虛歲），王仲廉敬獻此鼎作為壽禮，蔣把這件禮物批轉給中央博物院籌備處收藏保管（南按：國民黨敗退時，曾打算把此鼎運臺，但終因體大沉重被棄於機場而作罷）。當展覽會開幕時，蔣介石受邀前往出席典禮，順便參觀了展品。在參觀中，曾昭燏作為中博籌備處的總幹事和聯合展覽的主持人之一，為蔣介石一行進行了導遊和講解。蔣氏這一次顯得特別高興，待興致勃勃觀畢，特別在大廳內率群僚與主辦方負責人合影留念——這是曾昭燏一生中唯一一次與蔣介石的正式合影。但到了江山易主，政權更迭之後，曾氏意識到當年與「蔣賊介石」那張合影很可能成為自己反黨反人民，擁護蔣家王朝的「罪證」，而要全面銷毀已不可能，遂惶惶不可終日，驚悚而不能安寢。

三，曾昭燏當上南京博物院院長後不久，深感江浙畫家在明清畫壇上的重要地位，而當年的中央博物院籌備處自成立之初，就特別注重這一方面的收集並有重大收穫。只是在新中國即將成立之際，包括聞名於世的《歷代帝后像》、《唐明皇幸蜀圖》等約三萬件一流藏品皆被國民黨運往臺灣，所剩無幾且檔次較低。在道統上承續中央博物院籌備處衣缽的南京博物院，仍打著以歷史與藝術收藏、研究、展出為主體的招牌，若要做到名副其實，除了田野考古發掘所獲出土文物，另一個側重點是必須主動到社會上徵集書畫作品，以充實館藏和展出。在這一思想指導下，自一九五〇年始，曾昭燏率領同事為此奔波，取得了極其理想的效果。至一九六〇年短短的十年時間，南京博物院徵集的書畫達到了一萬餘件，明清以來的「吳門畫派」、「揚州八怪」、「金陵八家」、「海上畫派」等作品皆有斬獲，其中不乏閻次平〈四季牧牛圖〉、夏珪〈灞橋風雪圖〉等珍品。後經國家文物局組織專家鑑定，其品級位列全國第三，僅次於北京故宮與上海博物館。

就在書畫徵集的過程中，出現了一個意外插曲。時任江蘇省文化局副局長的鄭山尊（南按：

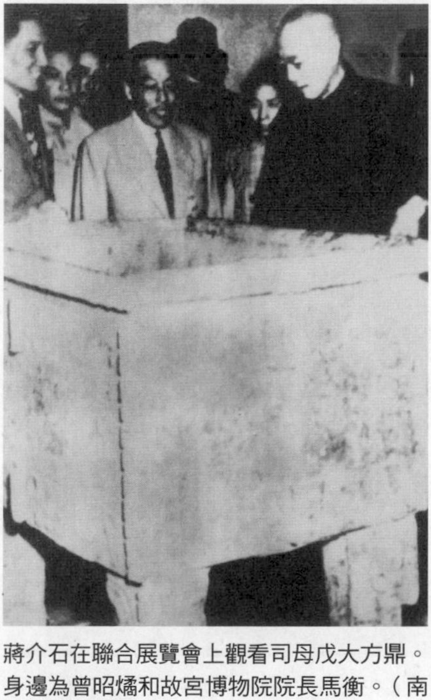

蔣介石在聯合展覽會上觀看司母戊大方鼎。身邊為曾昭燏和故宮博物院院長馬衡。（南京博物院提供）

到過延安並聆聽毛澤東在延安文藝座談會上的講話）有一位叫龐增和的親戚，龐是海內外知名大收藏家龐萊臣（虛齋）之孫，在蘇州繼承了家族遺留的大量書畫文物。鄭氏出於愛國熱忱，在徵得省委宣傳部同意後，動員龐氏把祖上留下的這批珍貴文物捐贈給南京博物院。龐為之所動，遂專門挑選了一百三十七件自宋至清各個時代的代表作品，如宋徽宗趙佶的《鴝鵒圖》、黃公望的《富春大嶺圖》、吳鎮的《松泉圖》、倪雲林的《叢篁木竹石圖》等國寶級文物捐獻給南京博物院。龐增和捐獻的這批「虛齋」藏畫，正如文物專家趙啟斌所言：「無論就學術意義還是文物價值，確實非同一般。這批藏品對於南京博物院展開學術研究，起到了巨大的支撐作用，也為南京博物院的學術繁榮做出了特殊貢獻。」[63]儘管有如此了不起的價值和意義，龐增和卻不圖一分錢之利，主動謝絕了南京博物院本該獎勵給自己的兩千元現金。主持接收這批書畫的曾昭燏面對龐氏的義舉，深感過意不去，對龐增和做了一次高規格款待，爾後又為已故的收藏家龐虛齋做冥壽，刻有硯臺一方送龐家做紀念等。當政治運動到來時，有人提

1957年，曾昭燏（左二）在博物院庫房向年輕的工作人員介紹文物保管與保護方法。（南京博物院提供）

及此事，認為曾昭燏大吃大喝並搞資產階級腐朽迷信，曾氏對此事無法辯解和說得清楚，內心的痛苦進一步加重。

四，一九六四年，毛澤東明確提出城市「五反」，農村「四清」，並向各地派駐工作隊。這個運動原來與潔身自好、終生愛惜羽毛的曾昭燏沾不上邊，卻觸動了她一塊心病。其病源是：一九五四年，曾昭燏主持山東沂南畫像石墓發掘過程中，與山東博物館派出協助的文物專家臺立業、蔣寶庚建立了友誼。臺蔣二人年輕氣盛，工作時經常調侃。不諳世事的臺立業自稱「姓臺灣的臺」，蔣寶庚則自稱「姓蔣介石的蔣」。當「反右」風暴一來，臺蔣二人便被作為人民公敵「臺灣老蔣」的孝子賢孫打成「右派分子」。因「老蔣」的姓氏比「臺灣」地名響亮得多，罪過也就嚴重得多，臺立業仍在博物館接受群眾監督改造，而蔣寶庚被打成「極右」，停薪停職，發配到一個偏遠農村勞動改造，家人全部隨往。未久，令人談之色變的「三年自然災害」到來，蔣寶庚一家生活陷入困頓，全家人幾欲餓死。走投無路中，蔣寶庚便偷偷寫了一信向曾昭燏求援。面對昔日的同志，今日的「反動分子」，曾昭燏思慮了許久，最後還是冒著極大的政治風險匿名給這位落難的「老蔣」郵寄了三十元錢。[64] 樂善好施本是有家教學養的中國女性的一種美德和高貴品性，但在當時以階級鬥爭為綱的政治風浪下，卻是一種極大的冒險行動。儘管「老蔣」心知肚明，沒有吭聲，幾年來南京博物院也沒有什麼風聲傳出，但曾昭燏一直放心不下，當「四清」運動來臨時，曾氏心中打起鼓來。因為雙方不能通信通電言明此事，曾氏對「老蔣」的情況無所知曉，更增加了幾分神祕和恐怖。假如這位憨直的大嘴「老蔣」把不住門，或在勞動改造中突然提高了政治覺悟，決定

「反水」立功，把三十元錢的舊事掀動出來，曾昭燏無疑成為引火焚身、站在黨和人民對立面的「反動分子」，後果不可想像。

五，與「四清」緊密相連的是針對城市的「五反」，其中一個重點是在城市劃分階級成分，江蘇為中央確定的試點省，關係重大。曾昭燏深知自己的家庭背景，無論如何表現和撇清，這個「五反」與自己是脫不了干係的。而恰在這個時候「已經有人開始對她在運到臺灣南遷文物中的責任，開始清算」。[65]因而，當江蘇省的「五反」開始不久，曾昭燏便認為大限將至，精神高度緊張，直至精神全面崩潰。當她聞訊自己被選為全國人大代表時，不但沒有解脫，反而壓力加重，認為自己身心沾滿了汙泥濁水，不配做「人民代表」。當時梁白泉奉命每周一次到丁山療養院去看望曾昭燏，並帶去相關信息。梁白泉看到，「此時她一臉木然，眼光呆滯，並沒有要去北京開會的意思」。[66]在深深的自責與恐懼中，痛苦至極的曾昭燏最終決定遠離紅塵滾滾的三千大千世界，孤身一人駕鶴西去。

曾昭燏於靈谷塔上縱身一跳，不禁令人想起了王國維頤和園的自沉，想起了「五十之年，只欠一死」的悲愴遺言，想起了陳寅恪那「凡一種文化，值此衰落之時，為此文化所化之人，必感苦痛……殆非出於自殺，無以求一己之心安而義盡也」的精闢宏論，同時又讓人想到屈原在汨羅江的自沉。此前，曾氏為其師胡小石所撰的墓誌中，特地點出他生平所最致力的三大領域，即古文字之學、書學和楚辭之學，這也是曾昭燏得益最多的三個方面。楚辭之學對於出生於楚地的曾昭燏來說，自有一種特別的感情，曾家老母親對包括她和曾昭掄在內的七個子女都教讀過屈原的作品，曾昭燏後來還寫過〈讀楚辭〉九首之類的詩作，如「哀吾生之無樂兮，幽獨處乎山中。吾不能變心以從俗兮，固將愁苦而終窮」。屈原不能變心從俗，但兩千多年後的曾昭燏卻能，晚年居住於南京且與曾氏有往來的世家子弟陳方恪也能。如陳方恪就曾說過，「人不可俗，但也不能不隨俗」，陳氏所指的「俗」，可認為是社會風氣和政治形勢。青少年時代風流成性，整日在脂粉中徜徉磨蹭的花花公子陳方恪，與他的兄長陳寅恪在性情、處事等諸方面可謂大異。新中國成立後，陳方恪經過不斷的精神「洗澡」，思想忽於一夜之間發生了突變，陳的一位同事後來說：陳方恪「能在黨領導的期刊編輯部處理文史稿件，與黨內同志相處融洽，從無間言。學習時政，三言兩語，頗得要領。真是『日對千賓，不犯一諱』，對世道人心皆有把握，處世圓滑嫻熟得已是爐火純青，寅恪與方恪兄弟二人的巨大差異，真讓人有龍生九子，各有不同之浩慨」。[67]

曾昭燏經過「洗澡」後，基本上也按這個路數走了下來，她在當時的南京學術界頗受尊重。因一直未婚，孤身一人在博物院生活，外間俗事少有牽掛，特別敬業，幾乎把全部精力都投入工作中。二十世紀五〇年代早期，她的辦公桌旁掛有一張蔡元培的照片和一幅毛公鼎拓片，蔡元培是其精神領袖，毛公鼎拓片則是她追求事業的象徵，也是她理想生活的全部內容。隨著思想「洗澡」不斷深入和各種運動風起雲湧，蔡元培的畫像已作為資產階級的代理人，並與胡適同流合汙的侏儒丘八之類被她悄悄扯下銷毀，代之以偉大領袖毛主席揮動手臂的巨幅肖像來指引她的精神航向了。在這一系列無休止的洗心革面、痛改前非的「一日三省」中，曾氏的精神始終處於高度緊張狀態，一旦出現一點疏忽或差錯，就痛心疾首，不能自制，終致走向精神分裂與崩潰，直至像她的先輩曾國藩晚年所發出的「心力交瘁，但求速死」的絕望悲鳴一樣，以速求一死的方式謀得解脫。這便是一代傑出的女性考古學家、博物館學家、古文字學家死亡的幾個主要脈絡。

當然，歷史是複雜的，許多隱祕往往埋藏於歷史深處而被人忽略，除了曾昭燏在新的政權之下由於家族關係和個人思想觀點而深感自責，以及在多波次政治運動中被迫在刀刃上起舞旋轉而產生的恐慌驚懼，還有一個不可忽視的癥結，就是曾昭燏蟄伏在內心深處的孤獨、孤傲、孤憤和耿介剛烈的性格，這種性格與以霸蠻著稱的湖南人脈管裡流淌的血液有關，也與她長期獨身有一定關聯，即通常所說的「老姑娘症」是也。對於此點，與曾氏相識的博物館學家陳晶曾專門問及抗戰中在李莊的王世襄和羅哲文二人對曾昭燏的印象，羅說「她很有學問，也謙虛。那時我年輕，她很關心我，教過我外文，輔導我工作。她自尊心很強，你對她好，她也會對你好得不得了，若對她不好，就不高興」。而王世襄的評價與羅似有差距，王說：「在李莊時常見，她留學德國（按：為留學英國之誤，但確在德國柏林國家博物館參加過考古實習），跟李濟、傅斯年先生工作，很傲慢的樣子。也經常到營造學社去，但沒有多大接觸。」[68]

從上述回憶可以看出，曾昭燏對王氏這位燕大畢業的「土包子」學者的不屑，也見出王世襄並沒有把這位「海龜」女學者太放在眼裡。文人相輕，自古已然，於是有人公開批評曾氏性格剛烈，說她「孤傲、嚴肅、不易親近，沒有親和力」。[69]對此，早年曾受曾昭燏指導的曾憲洛同學許復超說：「先生是即之冷靜理智的學者，也是心如熾火耿介的性情中人。在別人可以不以為意的言語、氣色，在先生很可能無法釋之、置之。這是先生的性格使然，也是賢者難為的短處。」[70]

許氏的評價應是公允的。或許正是這樣的性格，才有了在她殞命之前偶爾露崢嶸的一幕。一次，曾昭燏以政協委員的身分參加了省裡組織的一個民主黨派座談務虛會。會上，眾人附和主持者的說法道：「形勢不是小好，是大好。」交頭接耳中，曾昭燏突然站起身大聲說道：「我看你們都是佞臣！」眾人大驚，立即啞然無聲。待緩過神來，群起反攻，疾言厲色地質問曾：「我們怎麼是佞臣？」曾昭燏似感到自己過於激動，也知道此舉戳了馬蜂窩，遂轉身離開了會場。[71]這個看似偶然的事件，除了曾氏骨子裡暗含的一種對當政者的不服氣和對阿諛逢迎者的厭惡，也是她長期精神壓抑之後真情的流露和爆發。

或許，從這個時候起，曾昭燏開始反思她的人生歷程，以及江山易主時自己抉擇的得失。因這一時期的日記一直藏於曾氏後人家中未能公布，思想流變與具體的言辭不得而知，但從曾氏自作的文章中可以發現一個特別值得重視的細節，即她在自殺前曾寫過一篇〈我也來談談《桃花扇》的結尾問題〉的戲劇評論。在這篇評論中，曾昭燏謂孔尚任所創作的《桃花扇》，對劇中人物，特別是侯朝宗、李香君兩個男女主角的褒貶，是合乎歷史事實和恰當的。但這齣戲經歐陽予倩改為話劇後，人物形象遭到扭曲，特別是結尾寫侯朝宗赴清朝的鄉試，中了副榜，為李香君所唾棄一幕，與孔氏原劇大不相同且離譜太遠。對此，曾昭燏直言不諱地指出：當看到戲劇結尾處，侯朝宗穿著清朝衣冠出場，那種卑鄙的樣子，總令人心中感到不爽，覺得實在是有點委屈了侯朝宗，甚或是一種人格侮辱。按曾昭燏對歷史事實和人物背景、身分的把握，侯朝宗在入清以後是被迫應鄉試的，侯的應試策已刊布於世，內中很少阿諛逢迎、希圖得到新朝恩寵的言辭，只是對當時政治經濟上一些問題提出意見和建議，而對順治皇帝入關後貴族官僚弄權枉法，指斥頗為切直。面對侯的試策和其他遺留的材料，曾昭燏認為：「推侯之意，這時滿洲人統治中國，已成定局，要推翻已不可能，自己既已應試，爽性進些直言，希望新朝政治修明一點，老百姓少受點苦。至於自己，本無意功名，中與不中，在所不計。當然，假如侯朝宗當日竟高掇巍科，則很有可能他從此投身仕途，不顧名節。可是他的直言，觸怒了有關的人。於是給他一個副榜，以損害他的才名。侯朝宗受此侮辱，心中自然更加痛苦，不久就跑到南方去了。」又說：「侯朝宗應試，到底非出於本心，應試後心中痛苦，越三年而死，與甘心投敵者不同。孔尚任在劇的末尾，寫皂隸訪拿山林隱逸，就暗暗點出當時一些隱居的人的出山是出於不得已，在他的心中，侯朝宗是屬於此類的。至於藉皂隸之口，說『那些文人名士，都是識時務的俊傑，從三年前俱已出山了』，鞭撻的是錢牧齋之流，侯朝宗不在其列。」[72]

曾昭燏是很少寫戲劇評論的，這是目前發現的唯一一篇，可見她是有意而為之。在敘述侯朝宗內心痛苦與不得已而「出山」，最後鬱憤而死的悲慘結局時，曾昭燏是否想到了自己的命運？影射自己在改朝換代的新時代隱逸山林而不得，被迫「出山」的無奈？而戲評中把侯朝宗的言行舉動與甘願降清的錢牧齋（謙益）之流截然分開，是否是自我標榜與評價？抑或此時曾昭燏已預料到自己沉入九泉之下，後人會對她真實的內心世界與言行產生誤解或予以歪曲，而特意把侯朝宗拉出來，以明自己不可為外人道的心曲？這是一個隱喻。或許曾昭燏在生命的中途戛然而止的密碼，就隱藏於歷史空隙這不經意間的偶然流露吧。

當曾昭燏血濺靈谷寺時，據說「組織」上已批准了她的入黨申請，只是未來得及通知她本人。南京博物院副院長姚遷把曾氏的死訊向江蘇省委、省政府做了彙報，因當時中國各階層特別是知識分子自殺者太多，每有人「自殺」，便被認為是對革命的背叛，是自絕於黨和人民的一種「罪惡」，而曾昭燏又恰恰是在安葬國民黨抗戰陣亡將士與蔣介石題字的靈谷塔絕命，無疑有蔣介石經常提及的「一死報黨國」的況味，自是一種「超級罪過」。因了這種只可意會不可言說的理由，江蘇省黨、政高層決定對曾昭燏之死祕而不宣，並給南京博物院下達了三條指示：一，不發訃告；二，不開追悼會；三，以家屬的名義料理喪事。在省委統戰部部長親自坐鎮指揮、調度下，南京博物院採取從速、從儉和「打槍的不要，悄悄地進墳墓」的方式，將曾氏的遺體收殮於一個木質薄棺中，於牛首山腳下一個人跡罕至的角落匆匆挖坑掩埋——中國考古文物界一代女傑就此長眠於荒草野墳之中。

曾昭燏之死，如一盞殘燈熄滅，如此迅捷又悄無聲息，令她的同事、親朋故舊驚愕不已，一種人生無常的感慨油然而生。事隔近兩個月的一九六五年二月十四日（舊曆正月十三日），遠在中山大學的陳寅恪從曾氏後人信中得知這一噩耗，於驚愕中悲不自勝，當場流下了熱淚，遂強撐年邁體衰的殘軀，作詩一首，以示敬輓。在這首〈乙巳元夕前二日始聞南京博物院院長曾昭燏君逝世於靈谷寺追輓一律〉中，已是七十六歲高齡、雙目全瞽的陳寅恪，深情地追憶了兩家三世之交的情誼，對曾昭燏的獨身生活、高才短命發出了憂憤哀苦的悲鳴：

論交三世舊通家，初見長安歲月賒。

何待濟尼知道韞，未聞徐女配秦嘉。
高才短命人誰惜，白璧青蠅事可嗟。
靈谷煩冤應夜哭，天陰雨濕隔天涯。73

因曾昭燏的自殺在當局看來是屬於政治抗議和對黨不滿的表現，當局對此草草埋葬不做聲張，曾氏的親朋故舊自是不敢觸怒「天顏」，自入牢籠，只能仿效曾國藩當年奉行「打脫牙，和血吞」的處世哲學，默默哀悼。此時陳寅恪已被劃為「中右」分子，受到革命隊伍的監控，時刻有被打翻在地的危險，因而詩成之後不敢公開，特別在附言中交代：「請轉交向覺明先生一覽，聊表哀思，但不可傳播也。」從後來輾轉流傳的詩稿看，此詩不止一個版本，或許是陳寅恪怕被當局抄沒銷毀而特別匿留。另一稿後四句為：

多才短命人咸惜，一念輕生事可嗟。
靈谷年年薰寶級，更應流恨到天涯。

對曾昭燏的死，陳寅恪不能在詩中明言自殺，只能隱晦地以「逝世於靈谷寺」表白，並特別注明「不可傳播」，可見當時政治高壓和陳氏的小心謹慎。附言中轉交的向覺明，即向達，時任北京大學歷史系教授兼圖書館館長。陳曾二人皆與向達友善。一九四二年九月至一九四三年五月，向達以敦煌專家的身分參加了中央研究院組織的西北史地考察團，出任考古組組長，與副組長夏鼐及弟子閻文儒，前往敦煌及周邊長城、烽燧考察。其間，向達與時任中央博物院籌備處總幹事的曾昭燏通信達二十九封，信中詳細介紹了沿途見聞和考察經過，以及經斯坦因等帝國主義分子劫掠和破壞後敦煌的慘狀。這部分書信在曾昭燏去世十五年後被發現，並由南京師範大學於一九八〇年刊布。通觀向、曾通信內容，可見二人交情篤厚純美，言辭禮數堪稱由士大夫脫穎而變為自由知識分子這一新興階層交往的典範。正是緣於這樣一種肝膽相照、心地皎潔的深情大愛，陳寅恪才敢冒政治風險由嶺南寄寓遠在北京的向達，以示共同緬懷悼念。

陳詩中的前兩句，指陳家與曾氏家族自曾國藩與陳寶箴一輩起，已有三世之交。據史家胡文輝先生在他的《陳寅恪詩箋釋》中解釋：「長安」意指國民政府首都南京。「初見長安」，當指陳寅恪與曾昭燏相識於南京。「歲月賒」，意指二人相識已經很久。三、四句，當是以東晉女詩人、著名才女謝道韞比擬曾氏，並以謝道韞與徐淑、秦嘉之典，指曾昭燏雖有忠貞之情卻終身未婚的身世。前稿的五、六句借陳子昂〈宴胡楚真禁所〉「青蠅一相點，白璧遂成冤」句，喻指讒言陷害無辜，以及曾昭燏因家庭和政治受誣陷而蒙冤釀成悲劇。[74]最末二句前後稿亦不同，後稿中的「靈谷年年薰寶級」，一般解釋指佛教殿堂建築。錢謙益〈長干偕介邱道人守歲〉有「頭白黃門薰寶級，香爐曾捧玉皇西」句，疑陳氏此處「薰寶級」乃借錢詩辭。但據南京博物院考古學家陸建芳釋解：此句首先要追述曾昭燏的身世，曾氏之所以終身未婚，除了家庭文化薰染，更多的是與西方教會學校背景有關，此有與曾昭燏本家曾寶蓀、曾昭懿，以及金陵大學的吳貽芳和嶺南大學的冼玉清等一代才女和社會名流為證。這種獨特的身世，使之思想觀念自然地傾向於宗教，並受宗教的感染與不同程度的教化。「寶級」應是指佛門修練的一種境界，也就是六道輪迴和十法界中的最高境界。佛教中的六道輪迴與十法界說，即預知和測定人死後生命靈體的歸宿及飄向何方的命題。按佛教中六道的能量級劃分：一級能量以下的生命靈體要向下墮，墮入地獄道；二級生命能量靈體，下墮為鬼道；二級以上至三級的生命能量靈體進入畜生道；三級以上至四級的生命能量體進入人道；五級以上至六級的生命靈體上升為天人道；七級能量的生命靈體進入羅漢法界；八級生命能量靈體進入菩薩法界；九級能量的生命靈體入九地菩薩位，即進入佛法界最高的「寶級」，從而成佛得道。

作為受東方儒家文化浸淫並有西方教會學校背景，同時又對佛學教義頗為傾心並有一定研究的曾昭燏，對於生命的終結，一定經過了較長時間的思考和內心搏鬥，最後去意已決，便從容自若，心如止水，這從她死亡前的言行中便見得清楚，其間的過程自是與宗教信仰有著千絲萬縷的聯繫。曾氏將生命的終點選定在靈谷寺，理由自是多多，比如此處較其他佛門寺院更加神祕幽邃，瀰漫著靈異濃郁的神佛氣氛，但其主要的緣由可能還在於靈谷寺由廢墟中重新興起，與曾國藩有著密不可分的關係。在曾昭燏的心中，此處乃是鐫刻著曾氏家族施以恩德，佛家香火得以延續，佛家教義得以興行的具有明顯歷史印痕的神聖之地，這個神聖之地就是曾氏家族光榮與夢想的一個組成部分。曾昭燏因了這份光榮與夢想而來，更是為了心中的宗教理想而選擇靈谷塔而去。曾氏之所以從靈谷塔的第七層，而不是最高的第九層跳下，按陸建芳的說法，其內在原因就是曾昭燏認為自己的精神修練尚未達到佛家所說的最高境界，故從七層飄然而下，進入心中的佛國淨土與佛家所說的羅漢法界。自此，便是「天陰雨濕隔天涯」，靈魂飛升，世間萬物不復見矣。

繼陳寅恪的哀鳴與歎息，隱居於武漢大學校園的沈祖棻聞曾氏死訊，有〈屢得故人書問，因念子雍、淑娟之逝，悲不自勝〉六首，前三首是悼念曾昭燏的詩文，其中有「猶記芸窗共一編，幾回風雨對床眠」句。子雍即曾昭燏表字，沈曾二人早年在中央大學和金陵大學讀書時相識相知，並與杭淑娟、游壽、尉素秋、章伯璠、徐品玉、張丕環、胡元度、龍芷芳等同學在中央大學校內六朝松下「梅庵」結成詞社，名為「梅社」，吟詩唱和，度過了一段快樂時光。當年同學情深誼厚，如今人世兩隔，沈詩格調分外哀惋淒涼，讀之令人淚下。

一九七四年，沈氏再作〈歲暮懷人四十二首〉，其中一首為緬懷故人曾昭燏而作：

湖邊攜手詩成誦，座上論心酒滿觴。
腸斷當年靈谷寺，崔巍孤塔對殘陽。

沈祖棻夫婿、當年金陵大學的同窗程千帆為

靈谷塔前，陸建芳說：「曾昭燏從塔上跳下後墜入此處，塔面上鐫刻的是蔣介石手書『精忠報國』的『忠』字。」（作者攝）

沈詩箋釋云：

子雍長南京博物院，位高心寂，鮮友朋之樂，無室家之好，幽憂憔悴，遽以一九六四年十二月二十二日墜靈谷寺塔，享年僅五十有五。傷哉！[75]

注釋

1 曾昭燏於一九五一年十月三日所作「幹部履歷表」中之〈自傳〉，收入曹清、張蔚星編撰，《曾昭燏年譜》（徵求意見稿）（南京：南京博物院，二〇〇九）。以下引文凡不注明之處皆引自曾氏〈自傳〉。

2 曹伯言整理，《胡適日記全編》第七冊（合肥：安徽教育出版社，二〇〇一）。

3 二〇〇六年十一月二十八日下午，作者於南京詠梅山莊梁府採訪記錄。

4 曾昭燏於一九五一年十月三日所作「幹部履歷表」中之〈自傳〉，收入曹清、張蔚星編撰，《曾昭燏年譜》（徵求意見稿）（南京：南京博物院，二〇〇九）。

5 魯迅，《而已集・革命文學》，《魯迅雜文全集》（石家莊：河南人民出版社，一九九四）。

6 魯迅，《而已集・〈塵影〉題辭》，《魯迅雜文全集》（石家莊：河南人民出版社，一九九四）。

7 曾昭燏於一九五一年十月三日所作「幹部履歷表」中之〈自傳〉，收入曹清、張蔚星編撰，《曾昭燏年譜》（徵求意見稿）（南京：南京博物院，二〇〇九）。

8 同前注。

9 同前注。

10〈一九四〇年日記（兩則）〉，收入《曾昭掄百年誕辰紀念文集》編撰委員會編，《一代宗師：曾昭掄百年誕辰紀念文集》（北京：北京大學出版社，一九九九）。

11 曾昭燏於一九五一年十月三日所作「幹部履歷表」中之〈自傳〉，收入曹清、張蔚星編撰，《曾昭燏年譜》（徵求意見稿）（南京：南京博物院，二〇〇九）。

12 同前注。

13 同前注。

14 同前注。

15 同前注。

16 宋伯胤，〈高才短命人人惜〉，收入南京博物院編，《曾昭燏紀念》（南京：江蘇人民出版社，二〇〇九）。

17 參見南京博物院編，《奮進之路：南京博物院七十年院史》（二〇〇三）。據該著頁三一、三二記載：一九四八年十二月二十日，遵照理事會決議，第一批兩百一十二箱珍貴文物裝船運往臺灣，另有雜物三箱。一九四九年一月五日，第二批四百八十六箱珍貴文物裝船運臺。一九四九年一月二十七日，第三批運臺文物一百五十四箱裝船。杭立武去上海，派幹事顧其林為南京留守處主任。

18 同前注。

19 譚曾昭楣，〈憶亡姐昭燏〉，收入藝芳旅臺校友會編，《湖南私立藝芳女校五十周年校慶暨慶祝校長曾浩如寶蓀先生教務主任曾約農先生七秩晉七嵩壽慶典聯合大會特刊》（一九六八）。

20 曾昭燏於一九五一年十月三日所作「幹部履歷表」中之〈自傳〉，收入曹清、張蔚星編撰，《曾昭燏年譜》（徵求意見稿）（南京：南京博物院，二〇〇九）。

21〈曾昭燏年譜〉，收入南京博物院編，《曾昭燏文集》（北京：文物出版社，一九九九）。

22 同前注。

23 王國維，《人間詞話》（上海：上海古籍出版社，二〇〇四）。

24 一九五四年，梁思永去世後由尹達出任副所長，一九五八年鄭振鐸去世後，由尹達任所長。一九六二年夏鼐任所長直至一九八二年。自一九八三年起，夏鼐任中國社會科學院副院長兼考古研究所名譽所長。

25 李銳，《毛澤東早年讀書生活》（瀋陽：萬卷出版公司，二〇〇四）。

26 唐茂松，〈遺愛在人間〉，《文博通訊》一九八四年六期。

27 中共中央文獻研究室編，金沖及主編，《周恩來傳：一八九八—一九四九》（北京：人民出版社，一九八九），頁一一八八。

28 羅宗真，〈紀念曾昭燏女士誕辰九十周年暨逝世三十五周年〉，收入南京博物院編，《曾昭燏文集》（北京：文物出版社，一九九九）。

29 〈曾昭燏年譜〉，收入南京博物院編，《曾昭燏文集》（北京：文物出版社，一九九九）。

30 梁白泉，〈憶曾昭燏先生〉，《文博通訊》一九八四年六期。

31 〈曾昭燏年譜〉，收入南京博物院編，《曾昭燏文集》（北京：文物出版社，一九九九）。

32 譚曾昭楣，〈憶亡姐昭燏〉，收入藝芳旅臺校友會編，《湖南私立藝芳女校五十周年校慶暨慶祝校長曾浩如寶蓀先生教務主任曾約農先生七秩晉七嵩壽慶典聯合大會特刊》（一九六八）。

33 章開沅，〈往事悠悠憶金陵〉，原載《人民日報》，轉引自「東方老年網」，二〇〇四年九月十三日。

34 曾昭燏在李莊的時候，有人說與夏鼐有曖昧關係，這可能由於兩人都是年輕人又同在英國留學的緣故。後來又傳說與李濟有不正常關係。二〇〇九年十一月二十日，李濟之子李光謨赴南京博物院參加曾昭燏誕辰一百周年紀念會期間，有記者專門就此事訪問了李光謨，報導說：「一九三九年曾昭燏冒著戰火回到抗戰時期的國內，前往四川李莊擔任中央博物院籌備處總幹事。在籌備處主任李濟支持下，她撰寫出中國第一本博物館專著《博物館》，雖然署了兩人名字，實則為她一人撰寫。此時，因工作關係，李濟和曾昭燏成為知己，一男一女經常在一起，傳出了一些緋聞。傅斯年曾在日記中寫道：『曾於濟之信服之至，亦怪事也。』但李濟的兒子李光謨認為，他父親與傅斯年在學術上有分歧，傅斯年對博物館學並不感興趣，父親與傅斯年之間的分歧，正是李濟和曾昭燏接近的原因。『當時母親對此傳聞也很生氣，其實曾先生人長得不漂亮，我父親應該不會和她有什麼不軌的事，對於這樣的傳聞，我很難想像。』」（蔡震，〈南博寶物多功在曾昭燏　她曾反對文物遷往臺灣〉，《揚子晚報》，二〇〇九年十一月二十日）。

另據梁白泉回憶說：「不但有些人不懷好意地猜測曾昭燏與她的恩師胡小石的關係，『文革』時候還有人說我與曾院長有不正當關係，四處散布謠言，簡直是無稽之談。」據梁白泉解釋，他是四川合川縣人，一九四六年高中畢業後於重慶沙坪壩考入中央大學地理系，後隨校復員回南京，於一九四八年轉文學院元史專家韓儒林主持的歷史系，一九四九年二月祕密加入共產黨，十月之後公開政治身分並出任文學院分支部書記。一九五〇年暑假畢業時，南京博物院分了南京大學（原中央大學）的三個學生，但無一黨員，工作有些困難。到了一九五一年梁白泉畢業時，曾昭燏仍向南大文學院要學生，並向院長胡小石說：「要物色一個黨員，以便更好地開展工作。」於是，學校便把梁白泉分配到南京博物院。曾昭燏當時兼任南京大學歷史系教授，主講「考古通論」課程，梁聽過課，與曾算是師生關係。當梁報到後，曾氏認為梁頭腦靈活，精明能幹，就讓其當了自己的祕書兼與黨組織聯繫的中間人。因了這雙重身分，梁受到一些別有用心的人的攻擊，其中一條就是與曾的男女關係問題。好在「組織上」沒有在此事上與梁氏為難，「文革」結束後梁白泉還一度出任過南京博物院院長，算是善終的一個人物（二〇〇六年十一月二十八日，梁白泉在南京梅苑家中接受作者採訪時所談）。

35〈在參加毛主席設宴後的一夜〉，收入南京博物院編，《曾昭燏文集》（北京：文物出版社，一九九九）。

36 同前注。

37 魯迅，《南腔北調集．關於婦女解放》，《魯迅雜文全集》（石家莊：河南人民出版社，一九九四）。

38 李又寧，〈曾昭燏——我國最傑出的女性考古學家與博物館學家〉，《近代中國婦女史研究》一九九三年一期。

39 蔡震，〈南博寶物多功在曾昭燏　她曾反對文物遷往臺灣〉，《揚子晚報》，二〇〇九年十一月二十日。

40 曾寶蓀，《大界曾氏五修族譜．跋》，現藏曾國藩故居管理所。

41 曾寧，〈憶爺爺曾昭燏〉，收入南京博物院編，《曾昭燏紀念》（南京：江蘇人民出版社，二〇〇九）。

42 羅爾綱，〈兩個人生〉，《光明日報》，一九五五年一月四日。

43 梁白泉，〈憶曾昭燏先生〉，《文博通訊》一九八四年六期。

44 參見南京博物院編，《奮進之路：南京博物院七十年院史》（二〇〇三），頁三二、三三。

45　當年羅爾綱把初版的《太平天國史綱》拿給胡適過目，胡適對羅給予了嚴厲痛責，認為羅「專表揚太平天國」，沒有看到中國近代自太平天國之亂，「幾十年來不曾恢復元氣」的事實，要羅爾綱放棄主觀成見，「把事實的真相全盤托出來」。在胡適的思想觀念裡，太平天國之亂，固然有其革命的意義和進步的一面，但對國人的生命財產造成的危害是巨大的，必須客觀公正地評價，不能一味地抬捧奉迎以誤導國人再接再厲，重新弄出幾個太平天國，置人民於倒懸。一九三四年夏天，被國民黨關在南京監獄的陳仲甫（獨秀），想做太平天國史研究，便請給他送衣物的好友汪原放搜羅了幾部坊間出版的太平天國史，內含羅爾綱放在亞東圖書館的《太平天國廣西起義史》未刊稿。陳對羅稿以及稿本中的觀點很是欣賞，當他知道羅是胡適的學生時，便請汪原放寫信給胡，讓羅到南京與自己共同探討、研究太平天國。胡適得信，當著羅爾綱和正在家中拜訪的亞東圖書館編輯章希呂的面說：「仲甫也要研究太平天國，他對原放說想請爾綱去南京和他談談。仲甫是有政治偏見的，他研究不得太平天國，還是讓爾綱繼續研究吧」（羅爾綱，《師門五年記・胡適瑣記》（增補本）〔北京：生活・讀書・新知三聯書店，一九九八〕）。在胡適的心中，陳獨秀屬於激進的革命者，對造反起事倍感興趣，不管是農民造反，還是工人暴動，抑或商人罷市，凡此類鬧騰之事陳獨秀聞聽必血脈僨張，高聲讚美，而對像太平天國鬧騰得「幾十年來不曾恢復元氣」的事實，卻是很少看到和放在心上的。因而胡適仍把希望寄託在他的學生羅爾綱身上，期望羅能以客觀的研究態度，還太平天國真相於天下。而羅爾綱也以「慚愧無地」的心情，表示一定要以客觀的態度寫一部太平天國史云云。

46　清同治三年（一八六四）六月十六日一早，金陵城太平門一帶的城牆，被曾國荃率領的湘軍事先填入地洞裡的炸藥炸開了二十餘丈。曾國荃趁勢指揮吉字營官兵從缺口中衝進城內，然後分成四路人馬，分別進攻天王府、神策門與儀鳳門、通濟門、朝陽門及洪武門。當夜三更，天王府及其他王府同時舉火焚燒，乘著火勢，忠王李秀成帶著幼天王洪天貴福及一千多號太平軍將士，穿著湘軍號坎號褂，從太平門缺口衝出，向孝陵衛、定林鎮一路奔去。就在此時，湘軍衝進天王府內城，天京陷落。僥幸逃脫的一千餘名太平軍將士出城後，忠王李秀成將其分成前隊、後隊兩部分，藉著夜色一路狂奔。十六歲的幼天王洪天貴福由前隊保護先走，李秀成率後隊抵擋追擊的湘軍。途中，李秀成將坐騎換給洪天貴福，自己騎一匹劣馬率部且戰且退。如此這般，洪天貴福得以逃脫追兵，李的後隊被打散，他和隨身的兩三個士兵到六十多里外的方山中一座破廟裡休息。後被當地百姓接回家中匿藏，但很快被人出賣，成為曾國荃的階下囚。六月二十五日下午，聞獲捷報的湘軍統帥曾國藩由安慶大營趕到金陵，當晚便見了李秀成，問了他幾句話後下令關押。幾天後，曾國藩對李做過一次審訊。李秀成是廣西藤縣人，出身貧寒，幼年和父母一起「尋食度日」。洪楊之亂初起即投太平軍，英勇善戰。咸豐九年（一八五九），受封忠王，與英王陳玉成一道成為天王洪秀全的左膀右臂。陳玉成被殺後，李秀成為太平天國地位僅次於洪秀全的人物。李秀成被俘後，被施以酷刑，用刀錐割其臀股，一時血流如注。曾國藩的心腹謀僚趙烈文日記載「忠王被俘之初，曾國荃向之刀剜錐刺，以勝軍之主將，對待敗軍之俘虜，竟如青皮流氓，報復私仇」（趙烈文，〈能靜居士日記〉，收入太平天國歷史博物館編，《太平天國史料叢編簡輯》第三冊〔上海：中華書局，一九六二〕）等語，足見湘軍對李秀成之恨。李秀成在審訊中拒不投降，願以死「殉國」。後來在曾國藩的威逼利誘下，李秀成答應寫供詞，「今自願所呈此書，實見中堂之恩情厚義」。六月二十七日，開始動筆，寫了七、八天，長達數萬言。自述中，李秀成流露出了乞降求撫之意，聲稱曾國藩為「老中堂」，並有「昨夜承老中堂調於駕前訊問」，「久悉中堂恩深量廣，切救世人之心」，「久知中堂有仁愛惠四方，兼有德化之心，良可深佩」，且自己「心悔莫及」，自歎「一身（生）屈錯，未遇明良」。他還將南京淪陷喻作「我主無謀，清朝有福」，聲稱「今天國已亡，實大清皇上之福德，萬幸之至」云云。最後李氏提出「收齊章程」，自願以「罪將」之身，出面代為招降太平軍餘部，從而「盡義對大清皇上，以酎舊日有罪愚民」，「免大清心腹之患再生」等。

自述寫得差不多了，李秀成也面臨著如何被處置的問題，曾國藩在此事上的態度前後不一。在六月二十三日的奏章中說，李秀成「應否檻送京師，抑或即在金陵正法，咨請定奪」。七月初六日，李秀成被殺，時年四十二歲。四天後，曾氏收到朝廷「檻送京師」的上諭，隨即奏明李已「就地正法」。朝廷無奈，只能乾瞪眼而無話可說。

對於曾國藩因何前後變化，在未得朝廷下諭的情況下就倉卒將李殺掉，趙烈文於同治三年七月初二日記中說：「晚至中堂處久譚，擬即將李秀成正法……余答言，生擒已十餘日，眾目皆睹，且經中堂錄備，當無人懷疑，而此賊甚狡，不宜使入都。與中堂意同」（趙烈文，〈能靜居士日記〉）。這段話有兩層意思，一是擒李之事眾人皆知，且有供詞，不會被外人認為是假的；二是李甚狡猾，不宜押解入都。

對於第一點，世人無甚議論，只是對第二點，有人認為有詐，除了怕有人半路打劫，最重要的是，傳李秀成曾在審訊時勸曾國藩率兵造反自做皇帝，曾氏不敢且怕走漏風聲，擴大影響面，特別是怕李秀成被押到京都後供出此說，給自己帶來禍端，因而從速殺之。

47 羅爾綱，〈前言〉，《李秀成自述原稿注》（北京：中華書局，一九八二）。

48 趙矢元，〈讀《忠王李秀成自傳原稿箋證》（增訂本）〉，《歷史研究》一九五九年三期。

49 苑書義，〈略論農民革命英雄李秀成〉，《北京日報》，一九六一年九月七日。

50 羅爾綱，〈前言〉，《李秀成自述原稿注》（北京：中華書局，一九八二）。

51 《歷史研究》一九六三年四期。

52 羅爾綱，〈前言〉，《李秀成自述原稿注》（北京：中華書局，一九八二）。另據羅爾綱說，曾國藩的曾外孫女、北京大學英語系教授俞大縝，早年久聞母親曾廣珊說太平天國忠王李秀成被俘後，勸曾國藩反清為帝，曾國藩不敢，遂匆忙把李秀成殺掉。當批判李秀成運動在全國展開後，俞大縝把李秀成勸曾國藩反清為帝的家傳舊聞寫了一份材料，託人送給了周恩來。因事涉敏感，從淮河流域老前輩李鴻章處得到處事真傳，周恩來一直到死也沒給俞大縝一個回覆。一九七七年秋，苦等周氏結果而不可得的俞大縝，只得退而求其次，於重病中用墨筆親自寫了一個記錄給羅爾綱，敘述家傳往事。一九八一年三月二日，羅爾綱將俞大縝所言在《廣西日報》公布。

53 劉敬坤，〈關於曾昭燏先生〉，《文匯報》，二〇〇七年六月十八日。此話為賀昌群轉述於劉敬坤，劉氏記之。

54 咸豐六年（一八五六），陳寅恪祖父陳寶箴以舉人身分入京參加會試，不第留京，居三年。咸豐十一年，陳寶箴南歸省母，時曾國藩以兩江總督之職屯駐安慶，陳氏前往拜謁，曾氏引為上賓，驚其才學識見，譽為「海內奇士」。後陳寶箴離江西入曾國藩幕府，曾氏見之驚喜交加，當即書有「半杯旨酒待君溫」等句以勉。同治三年，湘軍攻陷天京，太平天國幼主洪天貴福在李秀成、洪仁玕等臣僚將士護佑下，與眾宗室姻親出逃。陳寶箴斷定洪氏一行必逃亡瑞金，立即向湘軍將領席寶田獻奇策於廣昌、石城間設伏，言幼主出逃，「奔逸數千里，日夜疾行，輜重婦女相隨屬，見無追軍，憊甚，行必緩。我亟趨間道，要擊廣昌、石城間，寇可滅也」（秦國經主編，《清華官員履歷檔案全編》（上海：華東師範大學出版社，一九九七））。席依其計，果在道中俘獲太平天國幼主洪天貴福及洪仁玕、黃文瑛、洪仁政等重要人物。陳寶箴由此名動公卿，聲布朝野，踏上了仕途進身之路，官至湖南巡撫。其間，曾家與俞家、陳家建立了姻親關係，交往更趨親近密切，因而陳寅恪在追悼曾昭燏詩中有「論交三世舊通家」一句。通家，世交也。

55 陳寅恪著，陳美延編，《陳寅恪集．詩集》（北京：生活．讀書．新知三聯書店，二〇〇一）。

56 南京博物院編，《曾昭燏文集》（北京：文物出版社，一九九九）。

57 唐茂松，〈遺愛在人間〉，《文博通訊》一九八四年六期。

58 二〇〇六年十一月二十八日下午，作者於南京詠梅山莊梁府採訪記錄。

59 同前注。

60 曾昭燏於一九五一年十月三日所作「幹部履歷表」中之〈自傳〉，收入曹清、張蔚星編撰，《曾昭燏年譜》（徵求意見稿）（南京：南京博物院，二〇〇九）。

61 譚曾昭楣，〈憶亡姐昭燏〉，收入藝芳旅臺校友會編，《湖南私立藝芳女校五十周年校慶暨慶祝校長曾浩如寶蓀先生教務主任曾約農先生七秩晉七嵩壽慶典聯合大會特刊》（一九六八）。

62 曾昭燏於一九五一年十月三日所作「幹部履歷表」中之〈自傳〉，收入曹清、張蔚星編撰，《曾昭燏年譜》（徵求意見稿）（南京：南京博物院，二〇〇九）。

63 原載《中國文物報》，二〇〇五年二月二十三日。

64 陳晶，〈歲月留痕〉，《文匯報》，二〇〇七年一月七日。

65 鄒霆，《楊憲益傳》（上海：華東師範大學出版社，二〇〇四）。

66 二〇〇四年六月十五日，梁白泉給作者信，以上諸條內容均為梁信所提供。

67 徐雁平，〈舊世家、新女性——以湘鄉曾昭燏為例〉，《東方文化》二〇〇一年第二期。

68 陳晶，〈歲月留痕〉，《文匯報》，二〇〇七年一月七日。

69 高仁俊，〈憶前中央研究院的幕後功臣——曾昭燏女士〉，收入南京博物院編，《曾昭燏紀念》（南京：江蘇人民出版社，二〇〇九）。高仁俊是原中央博物院籌備處人員，一九四八年押運古物去臺灣。高文意在讚揚曾氏的高貴品質，並認為上述那些說法不全然如此。對此，高在文中舉例說：「在我押運古物來臺灣的時候，曾小姐給我一封介紹信，介紹她在臺灣的兄長曾仲威（昭承）先生，信的主要內容是，當我在臺灣遭遇到困難的時候，攜帶此信去拜見他，定可得到幫助。當日離鄉背井渡海來臺，總有遇到困難的時候，這是大家都可理解的，但是在這封介紹信中特別將如果我『在臺或不能久留，如須購機、船票』時，請她的兄長『特為幫忙』諸事，書寫在先。或許有人問：曾小姐為什麼會擔心我在臺灣『或不能久留』？其實全都是因為她相當關注同人日常生活。當時中央博物院押運來臺的同人一共有七人，除了領軍的譚旦冏先生以及同人李霖燦、周鳳森兩位先生已婚，並且家眷同行，其他人是隻身來臺，包括案了明、麥志誠、張銀武和我。我們這四人都未婚，其他三人是真正的光棍，我雖然單身，可並非『真正的光棍』，正與一位女同事交往，單身的曾小姐也注意到了，一方面積極安排當日的女友、今日的老伴李謹小姐的來臺，一方面又未雨綢繆地想到：萬一女友不能成行，為免於兩地隔離，我可能『在臺不能久留』而必須返回南京，阮囊羞澀的我如何是好？遂寫了這封介紹信，以便必要時可以請曾仲威先生協助、幫忙。結果女友來臺成為我的老伴，我也始終未去拜見這位長輩，衷心深感抱歉。今日再度覽信，昔日的種種湧現，更能體會曾小姐對於屬下日常生活關注的用心。」

70 許復超，〈文如其人　字如其人——懷一代學人曾昭燏先生〉，收入南京博物院編，《曾昭燏紀念》（南京：江蘇人民出版社，二〇〇九）。

71 劉敬坤，〈關於曾昭燏先生〉，《文匯報》，二〇〇七年六月十八日。

72 南京博物院編，《曾昭燏文集》（北京：文物出版社，一九九九）。

73 陳寅恪著，陳美延編，《陳寅恪集・詩集》（北京：生活・讀書・新知三聯書店，二〇〇一）。

74 參見胡文輝，《陳寅恪詩箋釋》（廣州：廣東人民出版社，二〇〇八）。

75 沈祖棻，《沈祖棻詩詞集》（江蘇：江蘇古籍出版社，二〇〇二）。

第十章

「鐵證」下的亡靈

一、《海瑞罷官》出籠

曾昭燏血濺靈谷寺，撒手歸天。繼之而來的慘烈政治風暴，又將她的兄嫂，連同近親故舊、同事友好推向了煙霧迷濛的鬼門關。

一九六四年七月七日，根據毛澤東提名，成立了一個由彭真、陸定一、康生、周揚、吳冷西組成，以「貫徹中央和主席關於文學藝術和哲學社會科學問題的批示」為職責的五人小組，這個小團體後來取名為「文化革命五人小組」。

一九六五年十一月十日，上海《文匯報》登載姚文元〈評新編歷史劇《海瑞罷官》〉一文，對明史專家、時任北京市副市長的吳晗進行公開批判。以這篇文章為標誌，長達十年之久的「文化大革命」拉開了序幕。

一九四六年夏，西南聯大撤校後，吳晗偕夫人袁震先抵上海，於八月返回北平清華園，住進了西院十二號。這個房子位於王國維當年居所的前一排，外觀有點破舊，據說是供給四等教授居住的，但比起昆明的居住條件好多了，吳氏夫婦很是滿意。據吳晗後來在〈清華雜憶〉一文中說：「就在這所房子裡我度過了兩年多黑暗的歲月。儘管外面的天是黑的，這所房子裡卻經常有明朗的笑聲，熱烈的爭論。」[1]吳氏心中的黑暗歲月，自是指國民黨的統治。而所謂房子裡的笑聲和爭論，則是吳回到北平後，與北平民盟的汪駿（汪行遠）、沈一帆等人員接上頭並建立了聯絡。未久，北平市民盟主要負責人劉清揚赴天津籌備河北省民盟組織，北平市民盟的工作便由吳晗主持，這是吳氏出任民盟黨派方面大員的開始，也是接觸中共高層步入仕途的轉捩點。

一九四七年初，表面上形成的國共和談再度破裂，更大規模的血戰即將爆發，以葉劍英為首的軍調部中共代表團決定撤離北平。臨別時，葉劍英、徐冰等在南灣子十三號吳昱恆（北平地方法院院長、民盟祕密盟員）家中，舉行了一場民主黨派負責人、知名人士告別宴會。到會的有吳晗、潘光旦、費孝通、許德珩、張奚若、陳垣、徐悲鴻、錢端升、張東蓀等三十餘人，葉劍英、吳晗等在會上分別講了話。會後，徐冰把一臺收音機送給吳晗，以便讓其及時收到中共方面的廣播，發動北平各大學師生配合中共的行動。吳晗先是把收音機放入幾位盟員家中，派專人晚上收聽廣播，記錄並油印出來，第二天祕密分發到民盟成員和一些師生手中。由於收音機要安裝天線，很容易被國民黨軍警發現，三五天必須轉移新的地方。有一個時期極度緊張，吳晗透過關係把收音機放在北大物理系的實驗室中，才躲過軍警耳目，收聽與記錄、油印等事宜方得以持續下去。

清華園西院，大樹前電線杆處房舍為十二號吳晗故居（作者攝）

與此同時，吳晗利用清華大學教授身分，把自己的家變成一個祕密聯絡點，暗中與中共在北平的地下黨員崔月犁、王冶秋、馬彥祥等人聯繫，召開祕密會議。時王冶秋為國民黨駐北平孫連仲司令部少將參議，根據中共指示，王與孫連仲手下的設計委員會副主任佘心清一起，試圖策反孫連仲反水倒戈，因中共設在北平的地下電臺被國民黨特工人員破獲，抄去許多機密電文，王冶秋等策反之事敗露，佘心清首先被捕，而幫佘向中共方面拍發電報的翻譯員陳融生聞訊逃到吳晗家中，吳透過中共地下黨員孫國良把陳祕密送往中共控制區。陳融生離去後，王冶秋又逃到吳晗家中，吳見事急，一時又不知如何是好。據王冶秋事後對夏鼐說，袁震見此情形果斷地讓吳脫下自己的衣服給王，吳猶豫不決。袁震竭力主張，且態度堅決，吳才脫下自己的衣服讓王冶秋換上，然後把他送出清華園，經中共內線接應，王冶秋經天津轉入河北中共實際控制區。新中國成立後，王氏擔任國家文物局局長等職。

吳晗的一系列舉動，引起了國民黨軍警注意，開始對其嚴密監視。一九四八年八月二十日，北平軍警包圍了清華大學，欲逮捕「危害國家」的「共匪嫌疑分子」。吳晗自知難以逃脫，遂燒毀家中所藏的民盟與中共祕密文電，坐等被擒。由於清華大學校長梅貽琦出面在軍警之間竭力斡旋，「嫌疑分子」全部疏散，吳晗和當時已入軍警名單的所有人員無一被捕，但後來吳還是從清華園祕密出走了。

關於吳氏出走的經過，據當時的清華大學教務長吳澤霖回憶：一九四八年，國民黨派了一個叫陳繼承的人擔任北平警備司令。此時北平局勢已很緊張，陳繼承經常找各個大學的校長、教務長、訓導長到他家裡去開會、吃飯，完了以後，總要對校負責人們說，學校裡的學生鬧得太厲害了，要求學校當局限制學生運動，並公開指責吳晗，說他在煽動學生鬧事，要予以制裁。「有一次晚上邀請大家吃飯，北大有胡適、鄭天挺，清華的有梅校長和我，師範大學有二位先生。陳繼承很明白地講，你們清華的吳晗鬧得不像樣吧，要約束他啦。當時，梅先生解釋了一下，他是個讀書人，也沒什麼，也做不了什麼東西。在回來的路上，在汽車上我就跟梅先生談，看樣子恐怕吳晗有點不利了，怎麼辦？是不是應該保護他一下。他就說我馬上就找他，找到後他說：『吳先生，你得趕快走，晚了不行了。』怎麼樣給他安排的，那我就不知道了。不過具體安排要找他，讓他早離開，是我參加了的。」[2]

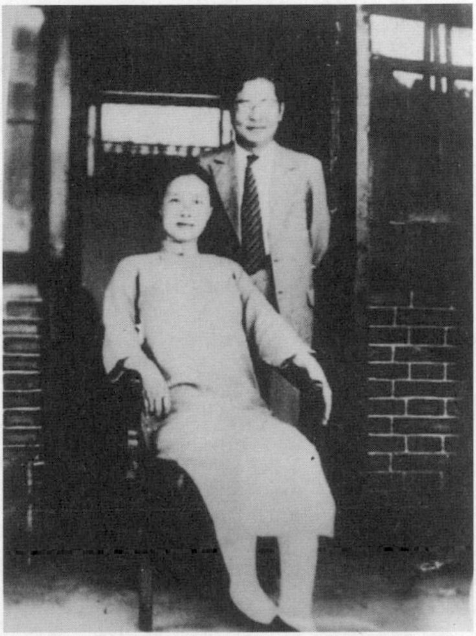

吳晗與袁震在清華園西院12號家中留影

吳澤霖這個話當是事實或離事實不遠。梅貽琦是國民黨中的名人，但他一貫稟承自由民主的傳統和校風，總是頂著種種壓力保護持不同政見的師生。在昆明時，他就對聞一多、吳晗等人弄出的政治主張和做法表示反感和厭惡，但在關鍵時候仍對其進行力所能及的保護，此為梅氏一貫的作風，也是人格最為光榮的一面。吳晗接到通告，迅速開溜，在中共地下黨幫助下，先到上海，未久又祕密飛回北平，旋轉入天津，與先前抵達天津的夫人袁震會合，再由崔月犁派出的地下交通員送往河北一帶中共控制區。當年十一月，吳晗夫婦輾轉來到了中共中央所在地河北省西柏坡，受到毛澤東、周恩來等中共領導人接見。其間，吳晗把自己寫的《朱元璋傳》修改稿呈給毛澤東過目，毛對傳中彭大和尚歸宿的意見，以及吳晗表示要按毛的指示重新修改文稿等含有不祥之兆的故事，都發生於此時此地。

一九四九年一月三十一日，北平和平解放，吳晗隨中共軍隊參加了入城儀式。幾天之後，吳與錢俊瑞等人受中共中央委託接管了北京大學、清華大學。僅僅是幾個月前，吳氏作為國民黨捕捉的對象而被迫逃離清華園，如今卻以勝利者的身分重返清華大學，其爽快的心情和意氣風發的態勢可想而知。據馮友蘭在他的《自述》中說，當一九四八年解放軍圍困北平城時，中共軍事管制委員會下屬的文管會張宗麟等人，就找到清華校務會議成員講了一堆好好維持學校之類的官話，其間特別對馮友蘭說道：「我們對於你的行動曾經做了估計，現在你的表現跟我們的估計差不多。黨中央很重視你。」未久，馮友蘭被軍管會任命為清華校務委員會主任委員，主持全盤工作，成了清華的一把手。只是好景不長，中共高層特別是毛澤東認為馮氏此人，總是不能採取「老實態度」為人為學，難堪重用，必須讓其靠邊站。於是，解放軍入城之後，軍管會負責人錢俊瑞來到清華宣布：「派吳晗為軍代表。從此以後，校務就實際上由吳晗主持了。」[3]

已成為北大、清華兩校實際上的一把手的吳晗，在北平騎河樓清華同學會聚會上，曾說過這樣一句話：「梅可以留在清華，胡是走了好。」[4]據當時聽報告的清華校友林從敏回憶說：「那時吳先生與鄧小平、彭真的關係很和諧，聽說是鄧的撲克牌友，鄧總是稱他為教授，且已內定為北京副市長。吳先生對梅師與胡適先生的看法，可以說是半官方的意見。」[5]只是梅貽琦沒有聽從吳的召喚，也沒有憶及當年他冒險通知吳氏離開清華園的舊事，最終還是由南京轉香港，把自己的老骨頭埋葬於「田橫之島」。

在清華園當了近二年「太上校長」的吳晗，於一九四九年十一月出任北京市副市長之職，當初清華校友的傳言並非空穴來風。自此，吳晗開始了機遇與風險共存的宦海生涯。

早在一九四九年一月十四日，共產黨軍隊炮擊天津，北平即將拿下，在這個時候，吳晗連夜給毛澤東寫信，強烈要求加入中國共產黨。日理萬機的毛澤東正在指揮千軍萬馬準備南下，他讀過吳晗的信之後很快寫了幾個字作答：「我們同意你的要求，唯實行時機尚值得研究，詳情恩來同志面告。」[6]由於資料缺失，毛接信後的想法與周恩來面告的詳情已不可考，想來毛周二人不會忘記三年前的這個時候，即中國人民走上新的歷史階段——「兩個中國之命運決戰」開始之時，吳晗與章伯鈞、羅隆基、張東蓀、儲安平、費孝通等輩，以所謂的「第三者」，即超然於國共兩黨之外的「人民代表」的姿態跳出來，明確表示：「國民黨不好，共產黨也不好；國民黨是內戰的罪魁，共產黨也是內戰的禍首；你們都是反人民的，代表人民的只有我這『不左傾也不右袒』的『第三者』。」[7]同時，毛、周等中共領導人也一定不會忘記，一九四六年一月，吳晗等人在聯名致國民政府政治協商會議的信中，把共產黨說成同國民黨、青年黨是「一丘之貉」，並且以「人民代表」的口吻叫囂道：「你們的黨史，你們的黨綱，你們自吹自擂的宣傳品，我們人民，老實說，都不大感興趣。」[8]同時擺出一副老子天下第一的派頭，咬牙切齒地對國共兩黨發狠話並威脅道：「兩黨相持，人民受罪，結怨於人民是不會有什麼好處的。」[9]

想不到僅僅三年時間，隨著改天換日，乾坤倒轉，作為「鬥士」的吳晗也與時俱進地轉變了態度。如此變化，當是讓久經沙場的毛澤東與周恩來兩位革命領袖都感到過於唐突或不可思議，並有「人為何物」之感。前事不忘，後事之師，假如毛澤東大筆一揮，當即批准吳晗強烈要求加入共產黨的請求，可能連毛氏本人都會感到臉紅，更難以向黨內同志做出合理的解釋。鑑於這一歷史的門檻和緣由，毛澤東與周恩來索性不再顧及，這是作為政治家的毛、周恰當的應變之策。

就這樣，吳晗被晾在一邊，卻不甘心自己被冷落，三番五次地給中共中央和北京市委主要領導者寫信，表示自己不加入共產黨絕不罷休，也死不瞑目。一九五四年，身為副市長的吳晗在給北京市委第一書記彭真的一封長信中再次表白道：

> 過去幾年，我沒有偷懶，相反是忙亂。每天都很疲倦，但是工作抓不住重心。參加了許多工作，也用了心，也出了力。但是從來不知道哪些是做對了的，哪些是做錯了的。也沒有人告訴我做對的總結下去，再深入搞。做錯了，為什麼錯，如何改正。因為我不能參加黨，黨對我是客氣的，優容的。
>
> 我沒有放棄要求參加黨的想法，我想以努力工作來爭取，今年不成，到明年，五年不成，十年，二十年，只要不死，總有一天會達到的。目的沒有什麼，只是要求得到教

育，做好工作……10

此時的吳晗當然知道加入中共與非黨員的巨大差異，正如許多年後一個副市長是否是黨委常委一樣，若是，則可參與權力核心事務；若非，對不起，只能做點敲敲邊鼓的事情，就連身邊的祕書、打水端菜者都能感覺到「常」與「非常」之輕與重。吳晗如此堅挺地死纏硬泡差不多一個抗日戰爭的時間之後，中共方面見吳確是「鐵了心」，遂於一九五七年由中共北京市委第二書記劉仁出面談話，通知中央已正式批准其加入共產黨。吳晗聽罷，自是歡喜異常。

就在吳晗入黨的這一年，因「反右」鬥爭擴大化，不少幹部和知識分子怕招惹是非，開始對自己的言行細加斟酌。在一九五八年「大躍進」和人民公社化運動中，出現了以高指標、瞎指揮、浮誇風和「共產風」為主要標誌的「左」傾錯誤，更使一些愚而詐、整日做著升官發財美夢的大小官僚緘口無言，對許多已明顯曝露出來的嚴重問題欺上瞞下，報喜不報憂。此時的毛澤東很快察覺了這個問題，並在一九五九年四月黨中央召開的上海會議上，對這種不敢講真話的作風提出了批評。一次，毛澤東正津津有味地看家鄉的湘劇《生死牌》，戲到結尾時出現了明代嘉靖年間的一個清官海瑞。毛精神為之一振，一個奇特的念頭在心中滋生。戲散後，他把《明史．海瑞傳》找來翻閱，當閤上最後一頁，一個念頭也在心中產生了。

第二天，毛澤東向一位分管宣傳的領導人講了一段海瑞的故事。毛說：「海瑞這個人對皇帝罵得很厲害，罵嘉靖是『家家皆淨』。他還把這話寫在給皇帝的上疏裡，以後被關進監獄。有一天，看獄的人忽然拿酒菜給他吃，他很奇怪，便問看監的老頭，才知道嘉靖皇帝死了。他大哭，把吃的東西都吐了出來。儘管海瑞攻擊皇帝很厲害，但對皇帝本人還是忠心耿耿的……」[11]毛講完，指示這位領導要宣傳海瑞剛正不阿的精神，找幾個歷史學家研究一下，從什麼角度、用什麼方法做宣傳工作。

既然涉及明史，就不能不想到號稱明史專家的吳晗。這位領導把毛澤東的指示給吳晗講過之後，鼓勵吳來寫有關海瑞的文章。一聽是毛主席吩咐，吳晗自是受寵若驚，並施展才華很快寫了一篇〈海瑞罵皇帝〉，刊登在同年六月十六日的《人民日報》上。這篇文章的內容，基本上就是毛澤東講的那段海瑞的故事，也是《明史・海瑞傳》中的內容，中心思想突出海瑞的「敢」字，即不管是天王老子，還是神仙皇帝，他都敢亂罵一通。之後，吳晗以極大的熱情又寫了〈海瑞〉、〈清官海瑞〉、〈海瑞的故事〉等文章，其宗旨和主要內容仍然是按照毛澤東的意見，著重宣傳海瑞敢說話、敢說真話、敢罵人的「三敢」精神。在吳晗所寫關於海瑞的一系列文章中，最受矚目的一篇是〈論海瑞〉。此文寫於一九五九年廬山會議之前，發表於廬山會議之後。文章比較系統地論述了海瑞一生的功績，對海瑞的「三敢」精神和做法在鼓與呼的同時，給予充分肯定。

廬山會議之後，吳晗把這篇文章送給參加過此次會議的一位領導人看，這位領導把毛澤東說的是提倡真海瑞、不是假海瑞，提倡左派海瑞、不是提倡右派海瑞的意思對吳晗講了出來。出於政治形勢考慮，在發表此文之前，精神上早已站在御用文人行列，具有投機心理的吳晗又畫蛇添足地加入了一段反對右傾機會主義分子假冒海瑞等與全文毫不相干的文字。既然是賭博性投機作文，關鍵體現一個「敢」字和「賭」字，至於相干不相干，在吳氏眼中已不重要了。

一九五九年九月，善於聞風而動、四處察看政治動向的北京京劇團演員馬連良，隱約感到海瑞這個人物在新的政治鬥爭中「有戲」，於是主動約請吳晗把海瑞的事蹟改編成京劇。儘管吳晗對戲劇創作完全是個外行，但由於海瑞在新的階級動向中是個「有戲」的人物，便答應下來，並在京劇界一夥蘇秦、張儀式的策士及一批三國時代楊修與蔣幹式才子的幫扶下，於一九六〇年三月寫成五場京劇《海瑞》劇本。此時的吳晗無論是對劇本藝術，還是對政治風向都沒有實底，為防止馬失前蹄，或弄個三國時代的蔣幹盜書——兩來無功的悲慘結局，決定徵求一下文化、戲劇界大老們的意見。想不到這幫大老對劇本的戲劇情節是否連貫尚能說個一二，但玩起真正的政治自是票友水準甚至是連票友都不如的一群糊塗蛋。如此這般，在這群糊塗蛋一番鼓譟吹捧之中，吳氏劇本於一九六〇年底開始彩排，並改名為《海瑞罷官》。

這時的吳晗和馬連良沒有想到，《海瑞罷官》一劇公演後，得到的反應是「毛主席很高興」。未久，毛澤東在家裡接見了主演海瑞的馬連良，同他一起吃飯，還說：「戲好，海瑞是好人。」馬連良受寵若驚，飯桌上手與腳一起哆嗦已屬必然。馬氏出得中南海，仍滿面興奮地告訴吳晗說：「毛主席真偉大，禮賢下士，接近群眾。」[12]吳晗聽了自然是喜出望外。能得到主席的讚賞，可見這個寶是押對了。聽說毛主席肯定，文學藝術界的大老們自是奮起歡呼，於是，喝采之聲鋪天蓋地，廖沫沙等大老發文驚呼一個歷史學家居然能寫出京劇劇本來，打破了「史」和「戲」的界線，為中國新文藝運動提供了一個新的良好開端云云。

就在偉大領袖毛主席肯定，馬連良山呼「毛主席真偉大」，廖沫沙等輩狂讚吳氏打破了「史」與「戲」的界線，成了無所不能的幹才加天才時，遠在上海的一個人，卻表示了不同看法並生發出一種不祥的預感，此人就是抗戰期間吳晗在西南聯大的同事施蟄存。施在後來對吳晗的回憶中，先是述說了吳是自己同輩人飛黃騰達得最快的一個，因此也就助長了吳的自信與驕氣，如「他那篇〈海瑞罵皇帝〉發表於『文化大革命』前夕，當時我看到後，就震驚於他的魯莽無知。後來果然，這篇小文章成為他的大罪狀」。[13]

施蟄存時任教於華東師範大學中文系，成了有名的現代派作家和文藝理論家，他對人物的臧否有一部分合乎事實，比如吳晗的「自信與驕氣」；有的則文過於實，像〈海瑞罵皇帝〉、〈海瑞罷官〉帶來的殺身之禍，很難想像當時的施氏已具備如此精明銳利的政治頭腦，在翻雲覆雨的政治漩渦中一眼就看出了吳晗「魯莽無知」，且有倒大楣的先兆。如果施氏有這種本事，早就先於吳晗「飛黃騰達」了。要說施蟄存把自己比作料事如神的諸葛武侯，把吳晗比作不成器的阿斗或許有些不妥，但說施氏這種推斷屬於「事後諸葛亮」也許並不冤枉。

當然，後來的事實證明，吳晗確是因了這幾篇御用作文的發表引火焚身，觸了霉頭，以致釀成了死無葬身之地的人生悲劇。

一九六五年十一月十一日，吳晗從外地開會回來，和往常一樣來到寓所西屋的書桌旁，準備翻閱學習當天的報紙，以便與時俱進，再弄個海瑞的哥哥或爺爺之類的人物寫一寫，讓毛澤東一高興請自己到中南海撮一頓兒。只是他和那些或真心或假意的敲邊鼓者如廖沫沙輩沒有想到的是，晴空突然傳來一聲霹靂，眾皆倒地，且在倒地的過程中踩破了秤砣——暗伏在不同角落裡的江青、張春橋、姚文元等才子加美人，早已磨刀霍霍，藉機登臺亮相。一場史無前例的浩劫，圍繞著海瑞這具殭屍騰跳飛舞開來。

吳晗剛坐下，妻子袁震從正房走過來，她臉色慘白，指著桌上那張頭一天的《文匯報》，怔怔地站了一會兒，沒說一句話就悄聲走開了。吳氏順手打開報紙，原來上面刊登著一篇姚文元〈評新編歷史劇《海瑞罷官》〉的文章。他粗粗地看了一遍，覺得過於牽強附會，所用史料也有不少是斷章取義，大有蠻不講理的勢頭。本想不去理會，但出於一種政治敏感又認真地看了一遍。當他讀到文章最後一部分時，大吃一驚。文中說道：

《海瑞罷官》這張「大字報」的「現實意義」究竟是什麼？對我們社會主義時期的中國人民

1964年5月1日，吳晗（第三排左一）陪同中央領導鄧小平（左三）、賀龍（左二）、楊尚昆（左四）在北京景山公園與兒童們觀看文藝節目。

究竟起了什麼作用？要回答這個問題，就要研究一下作品產生的背景。大家知道，一九六一年，正是我國因為連續三年自然災害而遇到暫時的經濟困難的時候，在帝國主義、各國反動派和現代修正主義一再發動反華高潮的情況下，牛鬼蛇神們颳過一陣「單乾風」、「翻案風」。他們鼓吹什麼「單乾」的「優越性」，要求恢復個體經濟，要求「退田」。這就是要拆人民公社的臺，恢復地主富農的罪惡統治。那些在舊社會中為勞動人民製造了無數冤獄的帝國主義者和地富反壞右，他們失掉了製造冤獄的權利，他們覺得被打倒是「冤枉」的，大肆叫囂什麼「平冤獄」，他們希望有那麼一個代表他們利益的人物出來，充當他們的政治代理人，同無產階級專政對抗，為他們抱不平，為他們「翻案」，使他們再上臺執政。「退田」、「平冤獄」，這就是當時資產階級反對無產階級專政和社會主義革命的鬥爭焦點……《海瑞罷官》並不是芬芳的香花，而是一株毒草。它雖然是頭幾年發表和演出的，但是歌頌的文章連篇累牘，類似的作品和文章大量流傳，影響很大，流毒很廣，不加以澄清，對人民的事業是十分有害的。14

吳晗讀了這段話後，憤慨之餘，靜下心來細細琢磨一番，覺得這不是一篇學術討論的文章，也不太相信這篇文章僅僅出自姚文元一人之手。他隱約感到，一場風暴就要到來了。

應該說吳晗的這個預感是對的，未出幾個月，大樹梢頭已響起了颶風的呼嘯之聲。一九六六年三月十七日至二十日，毛澤東在杭州召開中央政治局常委擴大會議，專門研究如何進一步開展文化批判的問題。在這次會議上，毛澤東點了吳晗、翦伯贊兩位史學界大老的名並舊事重提，說他們是反共，是國民黨，並在講話中說：我們在解放以後，對知識分子實行包下來的政策，有利也有弊。現在許多文化部門被資產階級知識分子掌握實權。社會主義革命越深入，他們就越抵抗，就越曝露出他們的反黨反社會主義的面目。吳晗和翦伯贊等人是共產黨員，也反共，實際是國民黨。各地都要注意學校、報紙、刊物、出版社掌握在什麼人的手裡，要對資產階級的學術權威進行切實的批判。我們要培養自己年輕的學術權威。不要怕青年人犯「王法」，不要扣壓他們的稿件。中宣部不要成為農村工作部云云。同時，毛澤東還因上海滬劇《蘆蕩火種》不能在北京演出，當面批評北京市委第一書記彭真是搞「獨立王國」。

三月二十八日至三十日，毛澤東在杭州接連兩次同康生單獨談話，問為什麼吳晗寫了那麼多反動文章，中宣部都不打招呼，而發表姚文元的文章偏偏要跟中宣部打招呼，難道中央的決議不算數嗎？什麼叫學閥？那些包庇反共知識分子的人就是學閥，包庇吳晗、翦伯贊這些「中學閥」的人是「大學閥」，中宣部是「閻王殿」，要「打倒閻王，解放小鬼」！北京市委針插不進，水潑不進。中宣部要解散，北京市委要解散，五人小組要解散。毛澤東特別指出，吳晗、翦伯贊是學閥，上面還有包庇他們的大黨閥，並點名批評鄧拓、吳晗、廖沫沙寫的〈三家村札記〉，以及鄧拓寫的〈燕山夜話〉是「反黨反社會主義的」。最後，毛澤東說：我歷來主張，凡中央機關做壞事，我就號召地方造反，向中央進攻，各地要多出些「孫悟空」，大鬧天宮。去年九月會議，我就問各地同志，中央出了「修正主義」，你們怎麼辦？很可能出，這是最危險的。要支持左派，建立隊伍，走群眾路線云云。

1960年，鄧拓在江蘇太湖考察時留影。

三月三十一日，康生回北京向周恩來、彭真詳細傳達了毛澤東的談話內容，同時把消息透給了江青。與康生同係山東諸城籍人士且關係友善的江青聞訊，自是心領神會，立即組織人員展開對吳、翦等輩和背後「大學閥」的討伐，形勢隨之急轉直下。四月一日，張春橋拿出了一份對「文化革命五人小組關於當前學術討論彙報提綱」的幾點意見〉，羅列了〈提綱〉三條罪狀。四月二日，《人民日報》和《光明日報》同時發表被膽大包天的中宣部「扣壓」的戚本禹〈「海瑞罵皇帝」和「海瑞罷官」的反動實質〉兩篇文章。四月五日，《紅旗》雜誌發表關鋒、林杰的〈「海瑞罵皇帝」和「海瑞罷官」是反黨反社會主義的兩株大毒草〉長篇戰鬥檄文。進而把皇帝罷了海瑞的官，同廬山會議上中共中央決定撤銷彭德懷職務一事聯繫在一起，使對《海瑞罷官》的批判帶上更為濃重的政治色彩。史學界、文藝界、哲學界等社會科學領域開始進行全面的「揭蓋子」。自此，報刊上批判吳晗的調子再度提高，態度也更為激烈。

自五月八日開始，京滬兩地各大報刊紛紛發表江青化名的高炬、關鋒化名的何明，以及姚文元、戚本禹、閻長貴等輩的文章，矛頭直指北京市委，並搞出了一個「三家村」的靶子。所謂「三家村」，乃原人民日報社社長兼總編輯、時任中共北京市委書記處書記鄧拓、北京市委統戰部部長廖沫沙與吳晗等三人，在北京市委機關刊物《前線》陸續發表的六十七篇〈三家村札記〉雜文。這些文章同早些時候鄧拓應《北京晚報》之約撰寫的〈燕山夜話〉雜文，以及後來吳晗的〈海瑞罵皇帝〉一起，被定性為「反黨反社會主義的黑線」，吳、鄧、廖三人被打成「三家村反黨集團」和「反社會主義的黑店老闆」。又因毛澤東對北京市委第一書記彭真等人不滿，毛在布置力量收拾彭、羅（瑞卿）、陸（定一）、楊（尚昆）這一群「閻王」的同時，對鄧拓、吳晗、廖沫沙等「閻王殿」前臣僚的批鬥全面升級。上海《解放日報》和《文匯報》發表了姚文元〈評「三家村」〉、〈「三家村札記」的反動本質〉等文章，宣稱鄧拓的〈燕山夜話〉和〈三家村札記〉，是「經過精心策畫的，有目的、有計畫、有組織的一場反黨反社會主義的大進攻」，號召要「徹底挖掉『三家村』的根子，徹底肅清『三家村』的流毒」。一時間，全國掀起了一場聲勢浩大的圍攻、聲討「三家村」的滔天巨浪。

在這股風浪中，遠在山西省昔陽縣大寨大隊的黨支部書記陳永貴也受到指示站了出來，以全國人大代表和大寨大隊黨支部書記的雙重身分，在《人民日報》公開發表署名文章，義正詞嚴地指斥道：「當我看到報紙，聽到廣播，知道鄧拓、吳晗一小撮人的反黨反社會主義的罪行以後，真是越看越生氣，越聽越起火。我的心快要跳出來了，我的話在肚裡憋不住了。『三家村』黑店的掌櫃夥計們，我要質問你們：你們每天吃的是人民的茶飯，為什麼專門幹反人民的勾當？我警告你們這些壞傢伙，我們大寨人和全國工農兵群眾堅定不移地高舉毛澤東思想偉大紅旗，一定要把反黨反社會主義的毒蛇消滅乾淨……誰支持鄧拓、廖沫沙、吳晗這夥反黨分子，我們就和誰算帳；誰想掩護他們，我們就揪住誰鬥爭。」最後，陳永貴斬釘截鐵地表示：「『三家村』一夥反黨反社會主義分子的企圖是永遠不會達到的。社會主義是鋼幫鐵底鐵江山，你們搬上一萬年也搬不了一塊半頭磚。你們自己點起來的火，現在已燒到了你們自己的身上，將把你們這些毒草統統燒盡。」[15]

一九六六年五月四日至二十六日，在北京召開了中共中央政治局擴大會議。會議前半期，主要揭發「彭真、羅瑞卿、陸定一、楊尚昆陰謀反黨集團」問題，同時宣布革職查辦，此為著名的「彭羅陸楊事件」。這是「文化大革命」運動中第一個被拖出來插旗示眾的「陰謀反黨集團」，也是「文革」中第一批打倒的當權派。五月十六日，毛澤東親自主持制訂的「五・一六通知」獲得通過，歷時十年的「文化大革命」正式開始。

就在「五・一六通知」通過後的第二天晚上或第三天凌晨，鄧拓在家中給彭真、劉仁等北京市委的同事寫了一封長信，此時彭真早已被打翻在地，並在五月十六日這一天失去了自由，但鄧並不知情，他在信中寫道：「許多工農兵作者都說：『聽了廣播，看了報上刊登的鄧拓一夥反黨反社會主義的黑話，氣憤極了。』我完全懂得他們的心情。我對於所有批評我的人絕無半點怨言。只要對黨對革命事業有利，我個人無論經受任何痛苦和犧牲，我都甘心情願。過去是這樣，現在是這樣，永遠是這樣……」又說：「文章的含意究竟如何，我希望組織上指定若干人做一番考核。〈燕山夜話〉和〈三家村札記〉中，我寫的文章合計一百七十一篇，有問題的是多少篇？是什麼性質的問題？我相信這是客觀存在，一定會搞清楚的。」

從上述幾句話可以看出，鄧拓對蹲在山西省大寨村山頭上的陳永貴那篇文章是相當重視，並誤認為這個頭戴羊肚子毛巾的傢伙，真的能代表全國人民和工農兵群眾。如果這個腰別長柄煙袋，滿臉舊社會的老農的聲音確是發自內心，那麼作為知識分子加黨內高級幹部的鄧拓心中產生震撼也就成為必然。但此時的鄧拓仍不認為自己的為人和所寫文章有什麼過錯，他在信中申明自己絕不是「混進黨內，偽裝積極，騙取了黨和人民的信任」的「叛徒」。當認為該申明和辯解的情與事全部了結後，鄧拓在這封篇幅相當長的遺書中寫下了最後幾句話：

作為一個共產黨員，我本應該在這一場大革命中經得起嚴峻的考驗。遺憾的是我近來舊病都發作了，再拖下去徒然給黨和人民增加負擔。但是，我的這一顆心永遠是向著敬愛的黨，向著敬愛的毛主席。當我要離開你們的時候。讓我再一次高呼：偉大的、光榮的、正確的中國共產黨萬歲！我們敬愛的領袖毛主席萬歲！偉大的毛澤東思想勝利萬歲！社會主義和共產主義的偉大事業在全世界的勝利萬歲！[16]

寫完這幾句表明自己態度，同時意在保護未亡的妻子兒女的政治口號後，時間大約是五月十七日深夜或十八日凌晨。此時鄧拓已心力交瘁，有速死之念。在生命的最後一刻，他堅持給早年在晉察冀邊區鬧革命時代結識的妻子、當天晚上被他藉故支走的丁一嵐寫了一封簡短的遺囑：

一嵐：我因為趕寫了一封長信給市委，來不及給你們寫信。此刻心臟跳動很不規律，腸疾又在糾纏，不多寫了。你們永遠不要想起我，永遠忘掉我吧。我害得你們夠苦了，今後你們永遠解除了我所給予你們的精神創傷。永別了，親愛的。[17]

寫下這些文字後，鄧拓吞服了烈性毒藥。未久，毒性發作，鄧拓砰然倒地，就此結束了五十四個春秋的人生。

二、引火焚身

就在鄧拓懷揣極度的悲愴和絕望心境，窩在家中悲慼交集地給北京市委領導寫信，並為自己心愛的妻子留下簡短遺書之時。遠在千里之外的《浙江日報》印刷廠排字工人，正在燈光暗淡的車間緊張而神祕地趕排一篇事關重大的政論文章。車間門口陰暗處，幾位戴紅袖標的執勤者瞪著明晃晃賊亮的眼睛，手持鐵棍來回走動，整個工廠內外籠罩著一種肅殺恐怖氣氛。當鄧拓僵硬的屍體被家人發現時，《浙江日報》的黑體大字號標題文章〈揭露吳晗的反革命真面目——吳晗家鄉義烏縣吳店公社調查材料〉已出現在街頭報欄和各機關的辦公桌上了。

這篇重大政論文章一開始即先聲奪人：「吳晗這個『三家村』黑店的急先鋒，究竟是個什麼貨色？最近，我們到他的家鄉——義烏縣吳店公社苦竹塘大隊和附近的民主、解放、和平、勝利等大隊，傅村、義亭等公社，進行了一次調查。當地貧下中農揭露的大量事實，和我們搜集到的一批罪證，戳破了吳晗多年來苦心編造的種種謊話，充分曝露了吳晗的反革命真面目。」

接下來，文章分四個主題十三個專題，對吳晗的「反革命面目」一一揭露。

第一個主題主要揭露吳晗「偽造進步家史，隱瞞兩代反革命罪惡，掩蓋地主家庭反動本質，進行政治投機」。調查人員依據的材料，是吳晗本人於一九五〇年二月在《中國青年》三二期發表的〈我克服了「超階級」觀點〉一文，其文主要向青年人講述自己當初對共產黨從不太了解到了解，直到認識到共產黨是「中國的救星，只有共產黨才能挽救中國」的革命道理，同時提到了在西柏坡與毛澤東就自己創作的《朱元璋傳》進行了一個晚上的談話，認為：「(談話) 給了我極深刻的階級教育，挖出了我思想中的毒瘤，建立了我為人民服務的觀點。」吳晗表示：「我要大聲喊出：感謝毛主席！感謝共產黨！」[18]

揭露文章又說：一九六一年和一九六二年，資產階級、地主階級向黨猖狂進攻達到了高潮，牛鬼蛇神，認為他們的春天到了，紛紛出籠。就在一九六一年，吳晗感到「心花怒放」、「春色滿園關不住」，出版了他的《春天集》。在這本集子裡面，吳氏把一九五〇年寫的〈我克服了「超階級」觀點〉一文，原封不動地推薦給讀者。他自我吹噓說：遠在二〇年代末期，自己就對農民革命「寄予無限的關切和嚮往」，「一九三〇年以來，我無條件地接受了歷史唯物論，企圖應用這新觀點、新方法來研究中國歷史，這二十年寫了四五十篇專門論文」。他還介紹了自己怎樣從一個窮學生到成為專家、學者、教授的經過。到了一九六二年，吳晗又透過記者，向青年詳細介紹了自己在三〇年代，下「苦功夫」，「鑽到浩瀚的明史資料中去」，「勤讀、勤抄、勤寫」，「克服擋在他面前的一切困難」，終於「成為專家學者」的經驗。文章說，我們雖然沒有親聆教誨，但是從記者所記載的，吳晗同志「興致勃勃」，「越談越興奮」，以致記者們都「為這種驚人的毅力，辛勤的勞動深深感動了」的情況，可以想像得到吳晗同志當時躊躇滿志、「心花怒放」的心情。在這次談話中，吳晗對青年寄予「殷切地盼望」和「希望」，要青年們以他的三〇年代作為樣板，向三〇年代的他學習、看齊。

從揭露吳晗的文章可以看出，在敘述一系列理想與超階級觀點，外加高喊政治口號山呼萬歲的同時，春風得意的吳晗沒有忘記「痛說革命家史」和「憶苦思甜」。正是自己畫蛇添足的一番表白與撇清，才令對立面抓住了辮子一個滾翻扭倒在地，扔入汙濁的池塘，成了人人喊打的「泥猴」，直至被壓於五指山下不得翻身。吳氏在〈我克服了「超階級」觀點〉中這樣「添爪」道：

我出生於一九〇九年。祖父是佃農，兄弟倆勤苦成家，他養了五個兒子，靠著人力多，節衣縮食，到晚年居然可以溫飽了。父親是小兒子，有福氣進蒙童館，一面念書，一面幫著家裡做爆竹。祖父死後分家，分到三畝田，而且是窪田，經常被水淹……分家後父親考入縣學，那時叫作秀才，名為縣學生，其實是不上學的，算有了功名，就有人來請教蒙童館了，一年有二十串錢。加上三畝田的租，兩夫婦勉強可以過日子。我就是他們的長子……父親畢業後一直做公務員，大概一個月有幾十元銀元薪水，一家省吃儉用，把省下的錢寄回家買田地，到我上中學的時候，大概已經有靠近三十畝左右水田了，還蓋了一所瓦房，每年可以收五六千斤穀子的租子。我小學剛畢業，父親就失業了，愛發牢騷，成天喝酒。他寫得一筆好字，卻不會下田地。雇長工種了幾年田，不會經理，划不來，又佃給人種，靠租子過日子。這時候又添了兩個女兒，一家六口，日子已經不寬裕了……

由浙江省委派往義烏的調查人員經過實際走訪調查認為：吳晗這部「進步」、「光榮」家史，是「妄圖矇騙群眾，掩蓋他的反革命面目」。從吳晗父親編訂的《椒山吳氏宗譜》，給吳的祖父懋環作的〈府君行述〉中查考得知：「吳晗的祖父吳懋環，並不是什麼『佃農』，而是一個『登仕郎』——封建王朝的九品官，一個『奮勇當先』屠殺和鎮壓太平天國農民革命軍的劊子手，一個『權貿子母』的高利貸者。」同時，調查人員在〈行述〉中偵知，吳晗的父親「以邑庠生畢業於浙江高等巡警學堂，歷任象山石浦、岱山、鳳峽、玉山各鎮警佐」、「可見，吳晗的父親吳瑸鈺，並不是什麼『公務員』，而是一個反動警察官，一個反動統治階級的忠實爪牙，勞動人民的凶狠敵人」。

在這一線索的基礎上，調查人員再接再厲，透過進一步明查暗訪，得知：「據苦竹塘大隊貧下中農揭露：吳瑸鈺由於反動統治集團內部『狗咬狗』的原因，丟掉了警察官的『烏

浙江義烏苦竹塘村吳晗故居

紗帽』，回鄉以後，又成了地方上的惡勢力，為非作歹，稱霸一方。村裡大小事情，要由他說了算。窮人家碰到紅白喜事，非要請他吃酒不可。肉燒得不好，他還要篤著『斯的克』（手杖）罵人。地方上的土豪劣紳和地主富農常來他家拜訪。多的時候，一天就有八九頂轎子抬進他家大門。當地反動警察所的警察，好比他家的看門狗，只要吳璌鉦一個條子，什麼事都馬上照辦。群眾說：吳璌鉦是當地一個出名的惡棍。」

由吳璌鉦的罪過又牽涉到吳晗所說自己那位「同情」革命、「讚揚」革命部隊的「好人」母親蔣三英。調查人員根據當地貧下中農揭露，這蔣三英不但不是什麼「好人」，反而可惡得很，是個口碑極壞的地主婆。揭露文章說：「一九四三年到一九四四年，我金蕭支隊第八大隊根據黨中央的指示，在根據地進行『二五』減租。當時，吳家佃戶吳璧輝（共產黨員）帶頭要地主婆蔣三英減租，地主婆惡狠狠地說：『你要減租，我就收田！』吳璧輝向溪口民主政府控告，地主婆又先後兩次乘轎去溪口，瘋狂頑抗，拒不減租。後來，因民主政府做出判決，才被迫減了租。又據傅芝英等革命幹部家屬揭露：地主婆蔣三英還經常咒罵金蕭支隊第八大隊是『土匪』，是『蛆蟲』，咒罵八大隊的幹部家屬是『土匪娘』、『土匪婆』。一九四五年，第八大隊主力北撤，地主婆蔣三英氣焰更加囂張，咒罵第八大隊說：『老天爺有眼睛，這批蛆蟲飛走了。』」另據在吳家當過雇工的貧農陳金娥、龔銀妹和鮑華英等人揭露：「吳晗家中，火腿多，陳糧多，他母親天天喝酒，父親嗜吃『紅丸』，一家人過的是『朱門酒肉臭』的奢侈生活。吳晗本人，也從小厭惡勞動，蔥麥不分；到金華讀書，是乘轎而去，騎馬而歸；喝酒、賭博，過的是浪蕩公子的生活。在調查過程中，我們給當地貧下中農讀了吳晗編造的『吃餿飯』等謊話，當地貧下中農氣憤地說：『地主老爺，警官太太，酒肉都吃不光，哪裡還會吃什麼餿飯，真是胡說八道！』」又說：「貧農龔銀妹母女兩人，因生活所迫，到吳家當女傭人。女兒陳金娥，在吳家，起三更，落半夜，做了六年牛馬，沒有拿到一分錢的工資。陳金娥因受不了這種非人的虐待，逃回家去。地主婆蔣三英便趕到陳家，硬逼金娥回吳家。金娥不從，蔣三英竟剝走了陳金娥的棉衣和單褲。正是因為這樣，當地貧下中農對吳家地主深惡痛絕。他們說：『吳家的每一寸土地，每一塊磚、每一片瓦，都滲透著我們勞動人民的血和淚。要不是他們在土改前死掉，非鬥爭他們不可。』」最後，調查人員總結道：「吳晗苦心編造的『進步』家史，真相大白！原來，他不是什麼『佃農』的孫子，『公務員』的兒子，而是屠殺和鎮壓太平軍的劊子手的孫子，反動警察官的兒子。他自己也不是什麼『窮人』、『窮學生』，而是一個喝勞動人民血汗長大的地地道道的地主大少爺。吳晗的家史，不是什麼『進步』家史，而是一部反革命的罪惡史！地主階級的剝削史！」又說：「吳晗為什麼不遲不早地選擇中華人民共和國剛成立不久的一九五〇年耍弄花招偽造進步家史、掩蓋地主家庭的反動本質呢？對此，吳晗在〈我克服了「超階級」觀點〉一文中，有一段自白。他說：『由於幼年時家境的困難，我自然地對農村中生活富裕的大地主不滿意，對農民同情』，『對農民革命則寄予無限的關切和嚮往』。原來，吳晗無中生有，挖空心思偽造家史的目的，不是為了別的，而是為了在他的『反骨』上栽上一條『進步』的階級根源，從而使人們相信，他是『自然地』成為『無產階級或者至少應該跟著無產階級走了』的人，以便他在『進步』面目的掩護下，更加肆無忌憚地向黨猖狂進攻。這是一個無恥的謊言，惡毒的政治陰謀！……一九五〇年，土地改革運動開展前夕，吳晗一面抛出〈我克服了「超階級」觀點〉這篇文章，公開宣揚他家是『勤苦窮家』的，一面又以『擁護土改』的『進步人士』面目出現，給義烏縣人民政府寫信說：『我的房子、田地和家具一切，全部獻給政府……』吳晗妄圖用『獻田』、『獻』屋的手段，麻痺群眾的革命鬥志，逃避群眾鬥爭。當地群眾識破了吳晗的詭計。他們說：『地主的土地，都是從我們勞動人民手上剝削去的，如今是土地還老家，哪要你地主獻殷勤！』他們根據黨的政策，把吳晗的家庭劃為地主成分，吳晗的『獻』田陰謀沒有得逞。」[19]

在第四個主題中，調查人員以吳晗「藉口『支持農村文化革命』，以贈書為名，妄圖破壞工農兵群眾學習毛主席著作的熱潮」為引子，對吳晗的所作所為再度給予重擊。文章說：「一九六五年春天，本省農村掀起了大學毛主席著作的群眾性熱潮。苦竹塘大隊辦起了俱樂部，這是一個學習和宣傳毛澤東思想的重要陣地。這個大隊在外地工作的同志，紛紛給俱樂部寄書。有的寄來了毛主席著作，有的寄來了《雷鋒日記》，有的寄來了《必要的一課》。就在這個時候，吳晗也一反過去對家鄉群眾的冷漠舊態，忽然熱心起來，給俱樂部寄來了一百多本圖書。你道是些什麼書呢？大都是關於帝王將相的書！《唐太宗》、《袁世凱》來了，《李鴻章》、《梁啟超》來了，《海瑞》、《于謙》也來了。此外，還有一批這樣那樣的『史話』，可就是沒有一本大家迫切需要的毛主席著作。社員對此極為憤慨。他們說：『吳晗這樣做，是公開反對我們農民讀毛主席的書，聽毛主席的話；要我們讀吳晗他們的書，聽帝王將相的話！』在這次調查中，我們對這批書進行了一次粗略的剖析。這一百多本書，都是吳晗主編的。」

在文章的最後，調查人員緊扣現實批判的主題，總結性地說道：「這些書歌頌的對象，幾乎都是帝王將相。說什麼大地主頭子、唐太宗李世民，是一個『傑出的軍事家和政治家』。說什麼雙手沾滿勞動人民鮮血的武則天，是個『好皇帝』。說什麼宋朝窮小子寇準，由於『讀書用功』、個人奮鬥，十九歲中了進士，二十歲當了『知縣』，最後居然爬上了宰相的高位。吳晗把這些封建王朝的統治者，吹噓成為『我們後學的典範』。特別是吳晗把自己『精心』製作的大毒草《海瑞的故事》和《于謙》，也公然拿到家鄉去推銷。他的這些毒草，在苦竹塘大隊的群眾中引起了強烈的反對。廣大貧下中農、青年民兵一致指出：吳晗『送書』是個陰謀。有的說：『我們學習毛主席著作，學習雷鋒，學得正起勁的時候，吳晗卻給我們送來了《海瑞的故事》，要我們學習海瑞的罵皇帝精神，這就是要我們反對黨中央，反對毛主席，反對我們貧下中農自己。這絕對辦不到！』有的說：『吳晗派海瑞、于謙到農村來占領文化陣地，是想用封建思想、資產階級思想來迷住我們貧下中農的心竅，騙我們去走資本主義道路，這是痴心妄想，我們絕不上當！』這些活生生的事實說明，吳晗送書，絕不是為了『支持農村文化革命』，而是為了毒害群眾，與我黨爭奪思想陣地，爭奪領導權！苦竹塘大隊的群眾，眼睛雪亮，徹底揭穿了吳晗的陰謀。」[20]

揭露吳晗「老底」和「罪惡面目」的文章甫一問世，以《人民日報》為首的全國各大報刊如獲至寶，紛紛轉載，全國掀起了一個「砸爛三家村」、「痛打落水狗」、批吳倒吳的高潮。此時，在北京召開的中共中央政治局擴大會議仍未結束，「彭羅陸楊集團」中人已被有關方面控制，各自失去了人身自由。當時的彭真是北京市委第一書記兼市長；羅瑞卿是中央軍委總參謀長兼公安部部長；陸定一是中共中央宣傳部部長；楊尚昆是中央辦公廳主任。此外，彭、陸、羅等三人均為中央書記處書記，楊尚昆是中央書記處候補書記。毛澤東首先從四人頭上動刀，自是出於「文化大革命」整體戰略的考慮。正因為將其四人捆綁在一起全盤掀翻，才能夠使毛澤東和他的同志順利掌握首都控制權、軍警控制權、宣傳機器控制權，進而掌控「文革」全盤運轉機器的大權。更為重要的是，「彭羅陸楊」的倒臺，等於斬斷了劉少奇、鄧小平掌控的中央書記處的臂膀，使陳伯達、江青、康生主導的「中央文革小組」有翻身的機會。後來的事實證明了這個戰略的正確，當臂膀被斬斷之後，其主體「劉鄧陶」很快被打翻在地，分別被整得一佛出世，二佛流放，三佛進了監獄，算是各自有了該去的歸宿。[21]

一九六六年五月二十八日，新組建的中共「中央文化革命小組」成立並對外公布。組長：陳伯達；顧問：康生；副組長：江青、王任重、劉志堅、張春橋；組員：謝鏜忠、尹達、王力、關鋒、穆欣、姚文元。這個小組很快成為「文革」最高指揮機構，實際凌駕於中央書記處和政治局之上，一切生殺大權皆控制在其手中。劉鄧集團的勢力被削弱，且處於風雨飄搖的境地，時刻有被剪除消滅的凶險。按照毛澤東「與人鬥，其樂無窮」的指導思想和「農村包圍城市」的一貫戰略戰術，只有把對立面的羽翼全部剪除之後，才揮師殺入集團核心，集中力量，一舉殲滅之。在這樣一種政治搏殺的格局下，於國共翻盤，解放軍進駐北平之初，就已經「與鄧小平、彭真的關係很和諧」，且是「鄧的撲克牌友」、「內定為北京副市長」的吳晗，自是在劫難逃，大限將至。

在這樣一個波詭雲譎充滿刀光劍影的短暫歷史空間裡，除了陳伯達、康生、江青、張春橋、姚文元等早已為天下熟知的顯赫人物，有一個此前並不太顯山露水的人物，在歷史的大潮中竟稀里糊塗地被推上前臺，手握尚方寶劍，張牙舞爪地鬧騰起來。此人就是「中央文革小組」成員尹達。

這位尹達，就是抗戰軍興，中央研究院歷史語言研究所同人於長沙清溪閣醉別後，悄然投奔延安的那位叫劉燿的河南大學畢業的學生。當時眾人對其捨棄眼前正面戰場武漢保衛戰的國民黨軍不投，千里奔走偷偷跑到陝北山溝貓在窯洞裡，以馬列主義理論搞歷史學術研究多有不解。傅斯年訪問延安時還不明就裡，並有些糊塗地以老前輩和導師的雙重身分，勸其回李莊的史語所繼續從事學術研究，並認為在延安那塊黃土高坡上白白浪費生命，斷送學術前途云云。想不到當年孫悟空大鬧天宮的口號再度現世：皇帝輪流做，明年到我家。當一九四八年底，傅斯年倉皇出逃臺灣，而尹達走出陝北那座黑忽忽的寒窯，梳洗打扮，騎著高頭大馬，在初升的太陽照耀下，金光閃爍地隨解放大軍浩浩蕩蕩席捲中原大地，繼而入主北平城的時候，就大不一樣了。此舉可不是後來電影裡上演的「我胡漢三回來了」那樣風光一時，稱雄一刻。胡漢三是地主流氓演變而成的「還鄉團」首領，是被革命者打倒的對象，當然無法與真正的革命者相提並論，也不應該相提並論。尹達與他那些山溝裡摸爬滾打的難兄難弟們，這次是真的「回來了」，且實實在在地掌握了政權，控制了局勢，當家做了主人。而成了人民主人的尹達，也由當年的小尹一下子變成了老尹同志，再後來就成了尹老或尹老夫子。當他成為「中央文革小組」成員的時候，所擔任的兩個重要職務分別是中國科學院歷史研究所實際主持工作的副所長和中國科學院考古研究所所長。

由於歷史的淵源和職務的關係，自尹達主持中科院歷史研究所工作始，就與吳晗、鄧拓有過合作並成為要好的朋友。不僅與吳晗一起負責組織《中國歷史地圖集》繪製工作，還與鄧拓一起負責籌建中國歷史博物館。關於尹與吳的關係，從中國社科院歷史所研究員王春瑜的回憶中可知一、二，王說：「我讀大學時，就已知道尹達先生。我學的是歷史專業，上中國古代史課時，讀過他的《中國新石器時代》，後來也知道他主持歷史研究所工作，是中國史學界的領導者之一。大概是一九六一年秋，我在復旦歷史系讀研究生，參加上海史學會的一項活動，聽吳晗先生、尹達先生演講。這二位前輩都給我留下深刻印象。吳晗先生坦誠地說：『這次我與尹達同志去伊拉克參加巴格達建城一千八百周年紀念活動，但我們找來找去，國內竟未找到一個對巴格達歷史有研究的學者，只好請了一位學者，寫了一篇中國人民與伊拉克人民在歷史上的友好往來的文章，到會上去宣讀，文不對題，我感到很慚愧。』尹達先生趕忙插話說：『吳晗同志當了北京市副市長，做了父母官，哪還有時間研究歷史？該檢討的是我，我沒有搞好歷史所。』吳晗先生連連擺手，說：『尹達同志不必檢討。』二老在會上一唱一和，談笑風生，毫無名人架式，亦無學者派頭。尹達先生留個平頭，表面看去，很像是商業局或別的什麼局的老幹部，很難一下子與歷史學家畫上等號。」[22]

但是，當「文化革命」風暴席捲而來的時候，就大不相同了。尹達以歷史所為陣地，組織了一個「史紹賓」寫作組，以中國史學界的「哨兵」自居，專門揪鬥失勢或正在失勢或即將發霉運的知識分子。一時間，整個史學界煙霧升騰，雞飛狗跳，牛鬼蛇神一個個被揪了出來，在各種媒體和會議上遭到口誅筆伐，遊行示眾。當年以中共老資格自居，號稱戰功赫赫的翦伯贊、范文瀾輩很快失勢倒臺，成為「史紹賓」揪查批鬥的對象。繼而吳晗的《海瑞罷官》案發，「史紹賓」更是憑著敏感的政治嗅覺，以比雪山飛狐還要快的速度躥上前來，給予吳晗迎面痛擊。

尹達

一連串出色的表現與戰功，立即引起了毛澤東的關注和重視，毛在杭州召開的政治局會議上說：「現在史學界的翦伯贊、范文瀾都不行了，有個尹達，是趙毅敏的弟弟，文章寫得好（按：大意如此）。」示意各色大員把翦伯贊、范文瀾輩踹出圈外，重新提拔重用像尹達這樣能耳聽八面長著火眼金睛的革命新銳和紅色哨兵。毛澤東的話很快傳到歷史所尹達的耳中，「尹哨兵」聞聽狂喜，按捺不住心中的激動，在所內大會上發表了慷慨激昂的演說，宣稱中科院歷史所是保衛毛主席、保衛黨中央的最靠得住、立得穩的「紅色堡壘」。未久，尹達經御筆親批，躋身新組建的「中央文革小組」，由史學界崗樓中的一介哨兵和「紅色堡壘」中的一個土堡主，一步踏入閻王殿，成為手搖尚方寶劍，掌控生殺大權，天下士子聞之全身頓呈篩糠狀顫抖哆嗦，一怒而使各路諸侯大員恐懼膽寒的閻王爺中的一個。

「文革」全面展開後，貴為「中央文革小組」成員的尹達回到他賴以起家的「紅色堡壘」，以革命新貴兼紅色堡主的雙重身分，召集幾個「史紹賓」寫作組的得力幹將和一群隨風搖擺的小嘍囉訓話，嚴厲告誡說，「文革」是什麼？就是要「把腦袋別在褲腰上幹革命，隨時有掉腦袋的危險」。[23]又說：「寧可政治上犯錯誤，不可組織上犯錯誤。」[24]意在表示堅決跟從「文革」小組戰鬥到底，哪怕粉身碎骨也無怨無悔。如此一番豪言壯語，令在場者熱血奔湧，情不能自制，恨不得立即挾刀帶箭衝出堡壘，給吳晗之流的知識分子一頓刀砍斧剁，打發其速向西天。尹達見此情形，迅速拋出了一套整治吳晗和對付史學界一批「東霸天」、「西霸天」的祕密方案，並各授寶劍一柄。「史紹賓」寫作組幾員哨兵頭領根據既定方案，呼呼隆隆地擁出坐落在建國門旁那座堅固如鐵的堡壘，開始了革命行動。一時間，壯士出山，劍氣如虹，應戰接招的對手紛紛倒地，命懸一線的吳晗即將面臨斷氣前的最後一擊。

三、投靠胡適的「鐵證」

對吳晗來說，彷彿一眨眼間，時間就到了一九六六年六月三日。這一天，《人民日報》發表了一篇長達一萬六千餘言的文章——〈吳晗投靠胡適的鐵證——一九三〇年至一九三二年吳晗和胡適的來往信件〉，文章的作者就是手搖尚方寶劍，見血封喉，令史學界大小知識分子聞風喪膽、哭爹喊娘惟恐避之不及的超級紅色巨獸——史紹賓。

按史紹賓的說法：「全國解放前夕，胡適匆匆逃出大陸，丟下了一批檔案，其中有吳晗和他的來往信件。這批檔案，後來保存在中國科學院近代史研究所，由該所有關負責人直接掌握。」又說：「從去年十一月對吳晗的《海瑞罷官》展開批判以來，大家一直期待著，近代史研究所負責的同志能充分發揮本所同志的專長，利用本所的優越條件，特別是他們所掌握的胡適檔案，積極投入這場鬥爭，揭露吳晗反共、反人民、反革命的真實面目。令人奇怪的是，幾個月來，全國範圍內對吳晗的批判進行得這樣激烈、這樣廣泛，許多拿鐵錘、拿鋤頭、拿槍桿的工農兵群眾都拿起了筆桿，參加了戰鬥。而眾所矚目的近代史研究所，在該所個別當權者的領導下，卻冷冷清清，不見動靜。」[25]

鑑於近代史研究所領導者裝聾作啞的態度，早已對這批材料垂涎三尺，於摩拳擦掌中等得不耐煩的史紹賓們悄然來到近代史研究所，想從中撈取部分乾貨，以便製成打擊吳晗的炮彈。想不到竟吃了閉門羹，對方拒絕交出任何材料。正在史紹賓們於資料室胡亂轉悠之時，突然看到了一個上書「胡適檔案目錄」的資料櫃，打開一看，胡適與吳晗來往信件的案卷目錄寫得一清二楚，但對方卻以只有目錄，信件「拿到城外去了」和「保密」為由，仍拒絕其觀看。如此往復折騰了十幾天，史紹賓只摘抄了兩封信，並於《人民日報》一九六六年四月十三日以〈胡適與吳晗〉為題發表，進行了批判，其他更為高級的乾貨仍未得手。

正在史紹賓們大為惱火又無可奈何之時，由近代史研究所主辦的《歷史研究》於這年第三期披露了吳晗與胡適的十三封通信並進行了評注。史紹賓們見一次竟有如此多的信件披露，而此前自己一番辛苦奔波卻只得了一點殘羹剩飯，像叫化子一樣被打發出門，惱羞成怒。於是，在已成為「文革」新貴的尹達具體指揮調度下，「史紹賓寫作組」很快將這批信件重新編加按語，作為集捆式重磅炸彈於《人民日報》一起發射而出。

為發洩當初上門遭拒的激憤之情，在「鐵證」亮出的「前言」中，史紹賓先是將中科院近代史研究所副所長、《歷史研究》主編黎澍罵了個狗血噴頭。質問黎澍「為什

1966年6月 日 星期五 第二　　人民日報

吴晗投靠胡适的铁证

——一九三〇年至一九三二年吴晗和胡适的来往信件

前言

《历史研究》从一九六一年第一期由一位新主编接手以来，逐渐成为资产阶级代表人物在史学领域内反党反社会主义的阵地。

这个刊物，在学术讨论的幌子下，以显著的地位，大量的篇幅，在史学方向问题、农民战争问题、阶级观点与历史主义问题、历史人物评价问题等等一系列原则性问题上，发表了许多反党反社会主义和反马克思列宁主义、反毛泽东思想的反动文章，大放毒草。自《海瑞罢官》的批判展开以来，他们先是大减篇幅，抵制这场斗争。最近，他们突然一反常态，故作积极，由双月刊改为月刊，大登“批判”文章。

五月十五日出版的一九六六年第三期《历史研究》，发表了编辑部的《评注吴晗胡适通信》。据编者按说：“我们必须从各方面彻底揭露吴晗这类暗藏的反革命分子，坚决把这场关系党和国家命运的斗争进行到底。”乍看起来，他们这一回好象是要革命了，好象是要对吴晗彻底揭露、坚决斗争了。其实这是骗人的鬼话！

如果《历史研究》编辑部不同意这样的论断，那末我们要问：既然吴晗是“暗藏的反革命分子”，既然这场斗争“关系党和国家命运”，身为《历史研究》和近代史研究所的负责人，你们为什么长期不公布在所内藏着的这批材料？为什么一个多月以前许多单位向你们借阅这批材料的时候，你们百般刁难？为什么在“三家村”反党集团的急先锋吴晗的反革命的历史已经真相大白的时候，你们才匆匆忙忙公布这批材料？

显然，你们公布这批材料，是为形势所迫；是为了掩盖你们自己包庇吴晗罪行的资产阶级立场，给你们自己脸上搽粉。

你们被迫公布这批材料，玩的是假斗争、真包庇的把戏。你们通过所谓“评注”，继续给吴晗打掩护。你们说什么这些信件“说明”吴晗走的是“成名成家的资产阶级道路”；说什么吴晗在相当一段时期内“还只是在学术上请教”胡适；说什么吴晗在九一八事变以后还有“一点点淡薄的民族观念”；说什么吴晗“从一九三〇年以来唯一无条件地接受了的是胡适派实用主义”，“三十年来，他走的就是这条道路”。按照你们的说法，吴晗只不过是在学术上跟着胡适走，并没有成为胡适的忠实奴才，并没有全盘接受胡适反共反人民反革命的衣钵、追随胡适走上反革命的道路。这叫什么“彻底揭露吴晗”呢？这叫什么“坚决”“斗争”呢？

人们只要运用阶级观点来分析这些信件，就不难看出，吴晗和胡适的关系不仅是什么学术上的关系，而且是反动的政治关系，吴晗三十年来的道路不仅是什么实用主义的道路，而且是一条反共反人民反革命的道路。

你们公布这批材料，还有一个极可耻的目的，那就是向一些积极批判吴晗的革命者暗放冷箭。你们假借批判吴晗的“先史后论”，攻击被你们称为“想在二十四小时里就一鸣惊人的人”。人们知道，吴晗的“先史后论”，就是要“多研究些问题，少谈些主义”，具体地说，就是胡适的所谓“处处脚踏实地”，“勤劳”，“细细点读《明史》”，钻到史料堆里去。这和“有些想在二十四小时里就一鸣惊人的人”有什么相干呢？你们把这两件完全相反的事情硬扯在一起，不只是逻辑的混乱，显然，你们是另有所指的。你们的矛头究竟是指向谁？我们看来，只能是指向今天那些积极参加社会主义文化大革命的同志。

你们既然敢于如此这般，人们就有理由问：你们和吴晗一伙之间究竟是什么样的关系？

下面，我们也把这批信件加上按语，请读者拿来同《历史研究》编辑部的评注加以对照、比较，从而得出自己的结论。

史绍宾　　五月三十一日

《人民日報》發表的〈吳晗投靠胡適的鐵證〉一文

麼一個多月以前許多單位向你們借閱這批資料的時候，你們百般刁難？為什麼在『三家村』反黨集團的急先鋒吳晗的反革命的歷史已經真相大白的時候，你們才匆匆忙忙公布這批資料？」答案是「為形勢所迫，是為了掩蓋你們自己包庇吳晗罪行的資產階級立場，給你們自己臉上抹粉……還有一個可恥的目的，那就是向一些積極批判吳晗的革命者暗放冷箭……攻擊被你們稱為『想在二十四小時裡就一鳴驚人的人』」。而「你們的矛頭究竟是指向誰？我們看來，只能是指向今天那些積極參加社會主義文化大革命的同志」。

與「前言」同聲相應的是，當日的《人民日報》發表了標題為〈奪取資產階級霸占的史學陣地〉的社論。社論言辭犀利，殺氣瀰漫，在引用了毛澤東的「搗亂，失敗，再搗亂，再失敗，直至滅亡」的光輝理論之

人民日报

1948年6月15日创刊　第6538号　1966年6月3日　星期五　夏历丙午年四月十五

毛主席语录

我们提倡百家争鸣，在各个学术部门可以有许多派、许多家，但是就世界观来说，在现代，基本上只有两家，就是无产阶级一家，资产阶级一家。或者是无产阶级的世界观，或者是资产阶级的世界观。共产主义世界观就是无产阶级的世界观，它不是任何别的阶级的世界观。

（在中国共产党全国宣传工作会议上的讲话）

社论　夺取資产阶級霸占的史学陣地

《人民日報》發表的社論

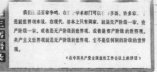

後，含沙射影地對近代史研究所以及領導者之一黎澍痛斥道：「霸占一些史學陣地的資產階級『權威』，在某些部門裡實行了對無產階級專政。他們利用職權，大放毒草，壓制無產階級左派的反擊。他們對革命的史學工作者，採取各種卑鄙的手段，加以打擊。他們像奸商一樣壟斷資料，甚至在『三家村』反黨集團的急先鋒吳晗已經被揭穿之後，還隱瞞關於吳晗的史料，包庇這個反共老手。他們簡直是史學界裡十惡不赦的『東霸天』、『西霸天』。」

社論在結尾處，嚴厲警告以黎澍為代表的「惡霸」與「老爺」們：「對於你們反黨反社會主義的史學陣地，我們就是要去占領。在你們看來叫『侵略』，在我們看來叫『奪權』……在你們實行資產階級專政的地盤上，重新建立起無產階級專政。」

正因了史紹賓與代表中央口徑和政治態度的「社論」的喊打，《歷史研究》被迫停刊，主編黎澍從此被打入另冊，接受批判與勞動改造，開始了為期八年的苦難歷程。

此前的若干年，吳晗應一些報刊約稿，陸續寫了一些自傳中夾雜了鼓吹社會主義好得不得了的短文，後來結成《春天集》出版發行。在講述自己早年求學歷史時，吳晗說道：二〇年代末期，我「到上海進中國公學大學部，念了兩年」。「在中國公學的最後一學期，寫了一篇論文〈西漢的經濟狀況〉……這篇論文是在胡適之的中國文化班上寫的，他很賞識。這學期結束，胡適之被迫離校，在那時候他是反對蔣介石的。他一走，我想在中國公學再念下去也無聊……就糊里糊塗跑到北平。」「一九三一年夏天考進清華大學歷史系二年級。還是由胡適之介紹，系主任蔣廷黻給我一個工讀生的機會，每天工作二小時，每月得十五元的報酬。」[26]

一九五九年，吳晗在〈我愛北京〉一文中，又講述了自己留校任教的往事：「那時候大學中間有句名言：『畢業即失業！』大體上，每個人在畢業前一年半年就得費盡心思，計較上哪裡去。」「畢業後，因為我專治中國歷史，專治明史，當時各大學的歷史系還沒有開明史課程的，我就被留在學校，講明史。」[27]這些回憶，在當時看來不過是一些吹牛皮兼抬轎子的應景文章，沒有人把它當回事，但後來就變得大為不同和十分重要了，重要得竟要了吳氏的卿卿性命。

以尹達為掌門人的史紹賓，此次在《人民日報》亮出的「鐵證」，時間跨度為一九三〇年至一九三二年，大體圍繞吳晗由上海到北平，並由胡適推薦到清華大學讀書的一段生活，其中一大部分牽涉到了吳晗當年吹牛的回憶文章。「鐵證」白紙黑字地將當年的實情真相一一列舉開來，令讀者不容置疑。如：

吳晗致胡適（一九三〇年三月十九日）：

> 適之先生：
>
> 去年我作了一篇〈中國古籍上之南洋諸國研究地名索引〉，是預備做南洋諸國研究的初步工作材料，是把二十四史、稗史、唐人宋人筆記小說等等有關於南洋的圖書彙集的分析起來，做成一個索引。今年開學的時候，我又找到幾部書，預備把它重新編製一下。

上海中國公學時代的吳晗

上星期在整理《佛國記》的時候，忽然引起我研究法顯的興味，內中有幾點：

1.《佛國記》稱中天竺為中國（自稱則為秦人漢人）。

……

假能找到達摩瞿缔與高德沙門之生卒葬期，則法顯回時之年月問題當不難解決了。因為先生現正在研究佛教史料，所以我把我的疑問提出來，寫信給先生，並且希在可能範圍以內給予我下列幾點幫助……

明知先生現在很忙，不過除了先生以外，我實在想不出一個比先生更能用科學的方法來解決和指導路徑的人。希望先生能化（花）幾分鐘的工夫給我一個回信。

學生　吳春晗（吳晗原名）上　三月十九日

〔史紹賓〕按：一九二四年到一九三四年，胡適為什麼對佛教史發生了濃厚的興趣？他自己說得很清楚：「從前禪宗和尚曾說，『菩提達摩東來，只要尋一個不受人惑的人。』我這裡千言萬語，也只是要教人一個不受人惑的方法。被孔丘朱熹牽著鼻子走，固然不算高明；被馬克思列寧斯大林牽著鼻子走，也算不得好漢」（〈介紹我自己的思想〉）。胡適企圖乞靈於菩提達摩之流的幽靈，來抵制馬克思主義的傳播，為帝國主義和蔣介石效勞。吳晗知道胡適「正在研究佛教史料」，急急忙忙投其所好，以做進身之階。

胡適向當時的「少年朋友們」兜售實用主義的「一點科學精神，一點科學態度，一點科學方法」（〈介紹我自己的思想〉）。吳晗就向他獻上諛詞：「除了先生以外，我實在想不出一個比先生更能用科學的方法來解決和指導路徑的人。」這就是說，吳晗是心甘情願地請求胡適牽著他的鼻子走，走上反共反人民反革命的「路徑」。

吳晗致胡適（一九三〇年六月二十九日）：

適之先生：

《胡適文存》二集卷四頁一七四〈跋紅樓夢考證〉有這麼一條：

「⑶曹雪芹的兒子先死了，雪芹感傷成病，不久也死了。據此，雪芹死後，似乎沒有後人。」

前幾個月我做〈西王母與崑崙山〉的時候，翻了很多書，當中有一部清梁恭辰《北東園雜錄》（道光癸1843A. D.），內中有一條提及此事，當時把它鈔下來，預備你來中公的時候來問你，可是終於沒有機會。今天翻讀《胡適文存》的時候，又看見了這一條。連忙去找從前鈔的來對照，又忘記夾在什麼地方去了。現在把梁書提及的大意述之如下……

學生　吳春晗　六，二九

又，我下半年要轉學到北平燕大去讀歷史系去，想請先生寫一封介紹書，不知道可以嗎？

吳晗致胡適（一九三〇年X月二十八日）：

適之先生：

先生的《紅樓夢考證》頁三十七，以敦誠兄弟的詩斷定曹雪芹的生卒時代——生約一七一五—一七二〇，死乾隆三十年左右，約一七六五——這是一個極精確的論斷，但是先生的話只是假設，並沒有什麼強硬的同時代的證據。

近幾天在《延芬室稿》找到一些可以證實此問題的材料，特地鈔了獻給先生……

以上這些是因為我先做了《延芬室稿》中的《志學編》的跋，近幾天重讀先生的考證，見有引永忠的去處，便開始注意這部破稿本，果然找出這麼一些來，高興極了，立刻寫信告訴先生。

據這書的內含而論，內中一定還有關於曹雪芹的詩，我明天還要細細地找去（因為紙已陳舊，只能慢慢地翻）。或者再有發現，亦未可知。

敦誠一輩人的生卒事蹟，有否再考查的必要？假使先生要，我可以把一切永忠和他們投贈的詩鈔奉。生卒也有查出的可能。

明陳文燭的《二酉園文集》有沔陽盧氏《湖北先正遺書》本，已請圖書館購得。附聞，專此謹頌康健。

學生　吳春晗上　二十八日晚

〔史紹賓〕按：胡適關於《紅樓夢》的「研究」，是洋奴買辦文化的一個標本。「適之先生」做了「大膽的假設」，「學生吳春晗『連忙』小心的求證」。

一九六二年五四青年節，吳晗在〈關於研究歷史的幾個問題〉這篇講話中，坦率地向青年推薦自己的「經驗」：「抄書這一關很重要，要眼勤手勤，否則就要吃虧，我是常吃這個虧的。」讀了這封信可以知道：吳晗的所謂「眼勤」，就是要看準主子的喜好。所謂「手勤」，就是要勤抄書，進獻資料；勤寫信，表白忠忱。所謂「吃虧」，就是漏抄了一條可做敲門磚的材料，後悔莫及。吳晗的一整套「經驗」，就是這一類奴才趨炎附勢的登龍術。

吳晗說：一九五四、一九五五年由《紅樓夢研究》批判引起的胡適批判，他所以一聲不吭，是因為參加了政府工作，公務繁忙，手頭又沒有一本胡適的書。這封信拆穿了吳晗的彌天大謊。原來，當年的吳晗就是胡適派「紅學」的一個小嘍囉，他不願意背叛師教，看來不是沒有緣故的。

吳晗致胡適（一九三一年五月五日）：

適之先生：

在兩個月以前，找到一篇《婺書》中吳之器撰的〈胡應麟傳〉。撰者的時代稍後於胡氏，在這篇傳中說胡氏的卒年是在萬曆三十年壬寅（一五六二），存年五十二歲。這可以把顧頡剛先生在〈四部正訛序〉中所提及的應麟卒年問題解決了（他在序中據江湛然的話推存年在六十以上）。恰巧前幾天由燕大圖書館借來一部《少室山房全集》和《弇州四部稿》，就費了將近半個月的工夫在二書中輯出關於胡氏生平的事歷，另外翻了一些和應麟同時代人的詩文集和地志，以及《明詩綜》、《金華藝文志》、《全浙詩話》一類書，和中海圖書館所藏的《太函集》《二酉園文集》諸書，草成了一篇將近三四萬字的〈胡應麟年譜〉……

這做法不知道對不對？請先生能費一點工夫，多多指教。我所參考的書很有限，也希望先生能另外介紹一些給我。

因為沒有和先生直接談過話的緣故，最後要替我自己介紹一下：我是一九二九進中國公學的學生，去年先生離開中公後，我也立刻到北平來轉燕京大學，不料到北平後燕京又不許我入學，因為我在中公的英文成績是C，雖然在轉學時他們曾寄入學允許證來。後來頡剛先生介紹我到燕大圖書館中日文編考部做事。現在我又要想下半年到北京大學史學系插班，因為恐蹈去年的覆轍，就辭了燕大的職務，先時預備功課，所以現在有時間來寫這篇年譜。

學生　吳春晗　五月五日

〔史紹賓〕按：吳晗拍馬有術：先是提問題，後是獻材料；眼看時機成熟，隨即「自我介紹」。果然，皇天不負苦心人，第二天，佳音傳到。吳晗在解放後無恥地為胡適辯解，說胡適因為反對蔣介石，被迫離開中國公學。並且撒謊說「他一走，我想在中國公學再念下去也無聊」，「就糊里糊塗跑到北平」（〈我克服了「超階級」觀點〉）。這封信說明，吳晗千方百計地鑽進美蔣奴才胡適的門下，死心塌地跟著他走，完全清清楚楚，哪裡糊里糊塗？

胡適覆吳晗（一九三一年五月六日）：

春晗同學：

我記得你，並且知道你的工作。

你作〈胡應麟年譜〉，我聽了很高興。

前年我曾推斷胡氏「死時年約五十歲」（見我的《文存》三集》頁六三〇），但我的根據很少，不過是一個假定而已。今得你尋出吳之器所作傳，考定他死在萬曆三十年，年五十二歲，與我的假定相差甚微。

但你信上在萬曆三十年下注「一五六二」，是大錯。不知何以有此誤。此年是一六〇二。生年是一五五一。

你的分段也甚好，寫定時我很想看看。這星期有暇請來談。羅爾綱君住我家中。

胡適　二〇，五，六

〔史紹賓〕按：這是胡適給吳晗的第一封信，對吳晗阿諛和逢迎的「工作」，表示「記得」和「知道」。主子給奴才下了第一道嘉獎令，並且立即召見。從此，吳晗登堂入室，得附驥尾，成了胡適手下一名反革命的「過河卒子」。

吳晗致胡適（一九三一年X月十九日）：

〔本件上缺〕

去年冬間，發心編一個《四史人名索引》——我以為研究古代史，應該從兩漢倒溯，但是苦於事蹟的不集中，無法整理，所以有編人名、地名和其他索引的必要——到現在已經寫好了四五萬片子，經過兩三度的校對（底本用殿本，校本用百衲本的景祐本和金陵本）和排比，大約下半年如能入學，年底可以成功。可是困難的問題極多，現在舉幾個大的請你指教……

以上幾條，不過是其犖犖大者，此外如去取，婦女，神仙之甄錄，有名無姓或僅一字，匈奴南蠻之氏族等等，這些均成問題。盼望你能簡單地指示給我一條明路！

上次你所說的北大旁聽生制度，我已去問明，據說現在沒有這種制度了。現在我對於英文、西洋史、邏輯等尚有法可想——英文我現在能夠看書，就是文法不了了——就是數學要抱佛腳，也來不及。這真是一個致命的打擊！

又，我想找出錢牧齋批評胡應麟的話，這幾天曾把四部叢刊本的《初學集》和《有學集》翻了一遍，不料竟找不出來。不知道是否在旁的書中？你能告訴我嗎？

學生　吳春晗上　十九日午

〔史紹賓〕按：為什麼不能到北京大學去旁聽，就那麼喪魂落魄？很簡單，當時在北京大學任教的胡適，已經以一個美帝國主義代理人的身分，出現在政治舞臺上。吳晗看準了胡適是能夠給他「指示」「一條明路」、掌握他命運的靠山，因此，不能到北大去當胡適的跟班，對他「真是一個致命的打擊！」

南按：吳晗入北大未能成功，轉考清華，僥幸錄取。胡適於一九三一年八月十九日，給清華大學代理校長翁文灝、副校長張子高寫信，請求給吳一個工讀的機會，並附上吳的〈胡應麟年譜〉，請求把此稿讓清華史學系與中國文學系的教授一閱，以便給吳晗創造一個「助手」的機會。未久，清華史學系主任蔣廷黻閱看了此稿，感到吳氏有栽培的希望，便指教其專治明史。由此，吳晗步上了明史研究之路。

胡適覆吳晗（一九三一年九月十二日）：

春晗同學：

你的信使我很高興。蔣張諸公之厚意最可感謝，甚盼你見他們時為我道謝。

蔣先生期望你治明史，這是一個最好的勸告。秦漢時代材料太少，不是初學所能整理，可讓成熟的學者去工作。材料少則有許多地方須用大膽的假設，而證實甚難。非有豐富的經驗，最精密的方法，不能有功。

晚代歷史，材料較多，初看去似甚難，其實較易整理，因為處處腳踏實地，但肯勤勞，自然有功。凡立一說，進一解，皆容易證實，最可以訓練方法。

你問的幾項，大致可以解答如下……

胡適　二〇，九，十二

吳晗致胡適（一九三二年九月二十六日）：

適之先生：

憑著着先生的好意，得入清大，一眨眼又是三星期了。上次先生所指示的幾項，讀後恍如在無邊的曠野中，夜黑人孤，驟然得著一顆天際明星，光耀所及，四面八方都是坦途。在上星期已託人買了一部崇文本的《明史》，逐日點讀，另外做了幾千卡片裝了幾只匣子，分為⑴人名⑵書名⑶紀事三種，按類填寫。比較複雜的就寫上札記簿。準備先把明史念完後，再照先生所指示的逐步做去。

關於工作方面，上星期蔣先生說（在向他道謝的時候）校務會議已經規定：「研究生欲在校內兼任工作者須得主任允許，工作時間每日不得過二小時，報酬月不得過二十五元。」生的工作範圍，已定整理檔案，不過因為新圖書館內部布置尚未完工，須一月後方能開始工作。這事始終都是先生的力量，謹在此向先生致最懇摯的謝意！

……

〈胡應麟年譜〉的稿子，原只是一個極潦草的初稿，因為知道先生很注意他，所以才敢送給先生看。

在寫好後到現在又陸續找出這些材料，恐怕將來把這些東西丟了，或者竟會失去對他的興趣，所以生現在預備把它再寫一次，在寫二稿前想請先生指示在初稿中的錯誤和應注意和簡略及其他地方，不知道先生能夠應許不？此稿現如在先生處，並請寄還，以便重寫。前寄給先生的《婺書》，無需寄回，就請先生替我們家鄉永遠保存著吧！謹頌

康健

學生　吳春晗上　二十六日

〔史紹賓〕按：這是一來一往的兩封信。《北京日報》曾經發表了一篇〈史家談治史〉的吳晗訪問記（一九六二年八月三十一日），宣揚吳晗成為「明史專家」的經過，說什麼一九三二年前後，由於發現了胡惟庸黨案記載的矛盾，「揭開了吳晗同志研究明史的序幕」。這兩封信告訴我們，吳晗研究明史，完全是奉胡適、蔣廷黻之命。[28]《北京日報》完全是在幫吳晗撒謊。[29]胡適關於如何研究明史的幾點指示，其中大有奧妙。吳晗對這些指示心領神會，身體力行，三十多年來一貫「照先生所指示的逐步做去」。他很會用「札記」的形式，藉歷史的「小題」，「大作」反革命的文章。〈海瑞罵皇帝〉就是個典型。在這以前，吳晗已經完全接受了

原清華大學歷史系主任，時為臺灣駐美大使蔣廷黻（右一）與當時位居第二的夫人沈恩欽，1964年在華盛頓會晤尼加拉瓜駐美大使。蔣氏在國際舞臺上的敏感身分和特殊地位，加重了「文革」小組成員們打擊吳晗的砝碼。（引自《傳記文學》29卷4期）

胡適「度與」他的實用主義「金針」，為什麼還會有「恍如在無邊的曠野中，夜黑人孤」的感覺呢？那是因為他在政治上還沒有成為胡適的心腹。這時，依靠「先生的力量」，得到「主任允許」，每月有一、二十塊錢的賣身銀，特別是領到了一張「訓練自己做一個學者」的保票，這樣，胡適就成了吳晗的「一顆天際明星」，「光耀所及」，一直照到今天。

四、吳晗之死

史紹賓在《人民日報》亮出的一連串「鐵證」與「剖析」，如同密集的排炮射向吳晗，同時射向已死去四年、遠在臺灣孤島的胡適的屍首，儘管有些意淫的味道，但感覺應該是與射向身陷囹圄但尚在喘氣的吳氏是一樣爽的。許多年後，據中國社科院歷史研究所歷史學家王春瑜回憶說：尹達當年曾對他們幾個年輕的研究人員說：「『文革』是什麼？就是讓我們洗澡，互相都看見了，原來你有一個鳥，我也有一個鳥！」[30]

按時間推算，尹達說這個話的時候，應是在「文革」中期之後，也就是他被歷史所的造反派從「中央文革小組」大本營揪回所內，接受群眾批判並在中央政治集團內部失勢之後的事。因歷史所有造反派公開張貼大字報，揭露尹達所說的「鳥」事，並謂此話是「惡毒攻擊文化大革命」而廣為人知。

但在初向吳晗亮劍揮棒和發射排炮的時候，正春風得意的尹達所言之「鳥」尚未露出，露出的是已被打倒和即將被打倒、手握重權、言行舉止關涉國家安危的高官大吏的人頭。當然，還有一部分無職無權，只有一肚子學問，言行舉止輕如鴻毛的知識分子。但後者並不是重點，而前者才是最早被展示、閹割的對象。

就在吳晗投靠胡適「鐵證」亮出的當天下午四時，中央人民廣播電臺緊急插播了新華社電訊：

中共中央決定：由中共中央華北局第一書記李雪峰同志兼任北京市委第一書記，調中共吉林省委第一書記吳德同志任北京市委第二書記，對北京市委進行改組。李雪峰、吳德兩同志業已到職工作。北京市的社會主義文化大革命的工作，由新市委直接領導。

翌日，《人民日報》發表社論，指出：前北京市委的領導，貫穿著一條反黨反社會主義的黑線。「在社會主義文化大革命中，揭露了『三家村』反黨反社會主義的反革命集團。這個反革命集團的根子，就是前北京市委……不管他是什麼人，不管他的職位有多高，資格有

「文革」中被打倒批鬥的北京市委領導人彭真、劉仁。

多老，都要全黨共誅之，全國共討之。他們得到的結果，只能是身敗名裂。」[31]

隨著以彭真為首的北京市委領導班子徹底倒臺和身敗名裂，吳晗的命運也急轉直下。除已經身染的「海瑞」、「三家村」等「現行反革命分子」罪過，又因史紹賓「鐵證」的出籠，牽涉出早年的家庭出身和胡適的瓜葛，吳晗的頭上又驟然增加了「反革命老手」、「美帝國主義的奴才的奴才」等幾頂沉重的鋼盔。自此，吳晗徹底失去人身自由，整日接受「組織」審查和革命群眾遊街批鬥。他面臨的不只是「身敗名裂」，而是時刻有被「誅之」的危險。

吳晗的養子、當時只有七歲的吳彰後來回憶道：「我永遠忘不了他們把爸爸綁跪在烈日下的枯樹幹上，往他脖子裡灌曬得滾燙的沙子。他們掄起皮帶抽他，揪他的頭髮，擰他的耳朵，用各種想得出來的法子侮辱他。爸爸三天兩頭被拉去遊鬥，學校要鬥，區裡要鬥，縣裡要鬥，這裡要鬥，那裡也要鬥……以後我們聽說，爸爸戴著手銬被押到人民醫院看病，他滿頭的白髮都被揪光了，還大口大口地吐著鮮血。」[32]

在批鬥之初，吳晗全家住在北長街一處市政府撥給的寬敞明亮舒適豪華的住宅裡，隨著批鬥的升級，吳氏一家被掃地出門，進入只有十幾平方米的黑屋子居住。除了吳晗被整日拉出去轉著圈遭受棍棒伺候，「文革」中誕生的紅衛兵還勒令身體恢復得剛剛能走路的吳妻袁震，每天拿著掃帚到北長街打掃馬路，並隨時把吳袁夫婦二人綁在一起拉出去批鬥與侮辱。當時住在北長街的許多人親眼所見，在酷暑烈日下，吳晗被紅衛兵與街道內一些不知道什麼身分的北京土著，擰著脖子反剪雙手拖到馬路上，被強行按跪在粗硬的瓦礫上，用皮鞭棍棒等施以毒打。毒打過後，吳晗每次爬起來，青紫色的膝蓋早已磨爛，全身皮開肉綻，鮮血順著大腿一道道淌下。而吳晗一旦得到赦令，一瘸一拐地回到只供容身的小黑屋裡，擦去身上的血跡，便將毛主席親自簽名送他的那本《毛澤東選集》著作捧在手裡，以虔誠、崇拜加迷惑不解的複雜心境反覆誦讀。只是他越看越覺得自己委屈，越看越感到心緒茫然。他不斷在內心自問，自己儘管沒有當年的蘇秦、張儀之才，但作為一個不鹹不淡、多少有些名聲的革命「鬥士」，在國共兩黨之間合縱連橫地捭闔了這麼多年，何以最後「鬥」出了這麼一個名堂？

當時的吳晗尚未意識到，這個「名堂」對他來說已經是夠幸運的了，比他資格更老、官帽子更大、權勢更不得了的高官大員更感到冤枉和委屈。開始批鬥彭真的時候，彭更是不服氣，自己乃一介老革命幹部，為何要把我打翻在地，還要踏上一萬隻腳？於是，彭真在批鬥會上強烈辯解道：「『毛主席萬歲！』這五個字是我最先提出來，也是最早喊出來的。」[33]

吳晗作為「反革命修正主義分子」批鬥，頭髮幾乎被拔光。

按照一般的邏輯，難道一個最早發明「毛主席萬歲」的人會反對毛主席嗎？彭真想不通，並為自己在政治上受到的不公待遇和肉體遭受的折磨大喊冤枉。但時勢比人強，特殊時期自有特殊的邏輯和對事對人的方式，何況即是每天「萬歲不離口，語錄不離手」之人，也不見得就是真心忠於毛主席和毛澤東思想。而「當面哈哈笑，

1954年10月1日，毛澤東、彭真等在天安門城樓上檢閱遊行隊伍。

背後下毒手」的多頭巨人也不是沒有，且在歷史上、特別是在推崇和講究權變詭弔之術的中國人群中，弒君弒父者可謂屢見不鮮，觸手可及，五步之內必有謀此詐術者。

當然，這時的彭真想不通，而吳晗同樣是整不明白。但不管你明白還是糊塗，都必須面對現實和這個越來越凶多吉少的「名堂」。

一九六八年三月，公安部長謝富治下令將吳晗逮捕入獄。一個月後，妻子袁震被送往郊區勞改隊勞動改造並接受「群眾專政」。吳袁夫婦由此開始了更加酷烈與悽慘的厄運。

一九六九年春，身體幾不能站立的袁震被允許回家看病，就在她回到家的當晚，住在同院的北京市委書記處書記萬里聞訊，特地送來一碗袁氏最愛喝的紅豆稀粥以示慰問，想不到這碗稀粥竟成了「最後的晚餐」。身體早已垮掉的袁震當天夜裡病情加重，臉色青紫，大口喘氣，全身抽搐。其時只有十歲的養子吳彰與養女小彥，立即用平板車把母親拉到醫院，由於袁是吳晗的家屬，同時又是沒摘帽的「右派分子」，院方將其視為階級敵人而拒絕接收搶救。熬到翌日凌晨，躺在醫院大廳一角冰冷水泥地上的袁震，於慘澹的星光映照中，撇下了兩個未成年的孩子撒手歸天。據說，直到女兒小彥去太平間為其更衣時，袁震的雙眼還半睜半閉，面頰上殘留著幾滴清淚——她死不瞑目，因為她不知道自己走後，夫君吳晗與兩個孩子的命運將如何。

一九六九年十月十一日，突然有人來到吳家門外招呼吳彰與小彥去看他們的爸爸，姐弟倆聞訊異常興奮，一蹦三跳地躥了出來。當二人來到大門口時，一陣陰風撲面而來，停在門前的汽車竟是醫院的牌子，姐弟倆心頭立即掠過一絲不祥之兆。果然，來人對他們冷冷地說：「你爸爸今天早晨死了，屍體就在車上。」

猶如晴空一聲霹靂，小彥癱坐在地，先是號啕大哭，繼而雙手抱住來人的腿追問：「我爸爸（活著的時候）怎麼不想看看我們呀？」

來人將小彥的手扒開，道：「昨晚他提出要見你們，我們不知道你們住在哪兒。」姐弟倆聞聽哭聲更高，小彥昏倒在地人事不省。在場的醫生忙把她抱起來救治，望著這位瘦小的姑娘臉白如紙的面容，醫生禁不住流下了同情的熱淚。

這時，車後走過一個身穿黃軍裝的大漢，對姐弟倆厲聲斥責道：「你爸爸是個壞人，如果不和他劃清界線，沒有你們的好果子啃……這件事不許告訴任何人，否則饒不了你們的！」[34]說罷，招呼眾人上車。

裝載吳晗屍體的汽車隨著騰起的滾滾塵土疾駛而去，吳彰和小彥都未能看一眼斷氣的爸爸。吳晗留給這對姐弟倆的唯一紀念品，就是他在獄中穿過的一條血跡斑斑的褲子。

吳晗死在一九六九年十月十一日，距姚文元那篇評《海瑞罷官》文章發表正好四年。

對於吳氏一家來說，事情遠沒有結束。由於袁震與吳晗之死，女兒小彥刺激過大，一度精神失常。未久，小彥以「影響首長安全」的罪名被捕入獄。在獄中，小彥的門牙被獄警打掉，額頭上打開了一道口子，整日流血不止。一九七六年九月二十三日，已被折磨得難以忍受的小彥跳樓自殺。

注釋

1 蘇雙碧、王宏志，〈吳晗小傳〉，收入李華、楊釗、張習孔主編，《吳晗文集》卷四（北京：北京出版社，一九八八）。

2 吳澤霖發言，〈回憶梅貽琦座談會〉，收入黃延復主編，陳岱孫、尚傳道審訂，《梅貽琦先生紀念集》（長春：吉林文史出版社，一九九五）。

3 馮友蘭，《馮友蘭自述》（北京：中國人民大學出版社，二〇〇四）。

4 林從敏，〈追憶校長梅貽琦先生〉，收入黃延復主編，陳岱孫、尚傳道審訂，《梅貽琦先生紀念集》（長春：吉林文史出版社，一九九五）。

5 同前注。

6 張友漁、薛子正，〈深切懷念吳晗同志〉，《北京盟訊》二期悼念吳晗同志專刊（一九七九）。

7 吳晗，〈論反內戰運動〉，《上海週報》四二期（一九四六年六月）。

8 同前注。

9 同前注。
10 蘇雙碧、王宏志，《吳晗傳》（上海：上海人民出版社，一九八四）。
11 同前注。
12 同前注。
13 施蟄存，〈雜覽漫記〉，《施蟄存七十年文選》（上海：上海文藝出版社，一九九六）。
14《文匯報》，一九六五年十一月十日。
15 陳永貴，〈我們是毛主席教導的新型農民　堅決要把「三家村」黑店徹底搗毀〉，《人民日報》，一九六六年五月十三日。
16 錢江，〈《人民日報》社前社長鄧拓自殺前的抗爭〉，《世紀》，二〇〇九年二月。
17 同前注。
18 吳晗的《朱元璋傳》原是在昆明西南聯大時代所創作，一九四四年出版兩個版本，分別名為《明太祖》（重慶勝利出版社）、《由僧缽到皇權》。一九四八年，吳晗由清華園逃出來到石家莊，曾將書稿託人進呈毛澤東。毛對書中跟著朱元璋起義的一個頭目彭和尚「功成不居」提出異議，認為像彭和尚這樣堅強有毅力的革命者，不應有逃避行為，不是他自己犯了錯誤，就是史料有問題。閱讀後退還稿本時，毛還特地給吳寫了一封信，著重談到史學研究中的方法論問題。最後表示「倘若先生於這方面加力用一番功夫，將來成就不可限量」。一九四八年十二月，吳在河北平山縣西柏坡毛澤東住處，又就這一書稿聆聽了毛的諄諄教誨，談話時間從下午六時到十二時，吳聽後頗為感動，受寵若驚，很快轉變思想方法，用馬列主義唯物史觀理論重新找證據、修稿本，最後據說查到了彭大和尚的史料，此人確實沒有「功成不居」隱退江湖，而是一直戰鬥到最後一口氣，直到被敵人殺害時還高呼造反有理的革命口號云云。一九四九年，吳晗按毛澤東的意圖把原稿修改後，以《朱元璋傳》的書名由上海三聯書店出版。
吳的〈我克服了「超階級」觀點〉，說的就是這一背景下的這件事。至於吳氏在文章中聲嘶力竭地高呼「萬歲」，原也屬平常，此等事實歷史上也並不罕見，如明末清初號稱狂妄不羈、視功名如臭狗屎的一代文士金聖歎，聽到一個被順治皇帝召見的號曰「道忞和尚」的人傳出消息，謂剛登基不久的順治帝，於日理萬機中看過金氏的《西廂》、《水滸》等批注本。於是，金聖歎於驚訝中面北叩首，感而淚下，作詩曰：「何人窗下無佳作，幾個曾經御筆批。」三百年後的吳晗之「大聲喊出」，亦不過是金某人心境與姿態的一種延續罷了。所謂文人之可憐可悲，豈在茲乎？豈在茲乎？

19 齊力、孟進，〈揭露吳晗的反革命真面目——吳晗家鄉義烏縣吳店公社調查材料〉，《浙江日報》，一九六六年五月十八日、二十一日。

20 同前注。

21 一九八四年，清華大學為吳晗立了塑像和一座紀念亭。不明就裡的原西南聯大學生、後為中國社科院研究員、清華大學教授何兆武提出異議，認為：「講名望、社會地位或影響，梁啟超大概要遠遠超過吳晗，為什麼不給梁啟超立像？要論『文革』受迫害，受迫害的人太多了，為什麼專給他立像，不給別人立？比如趙九章，氣象專家，兩彈一星的功臣，『文革』受迫害自殺了，可是沒給趙九章立像。再比如葉企孫，物理學的元老，『文革』的時候被關了好幾年，後來死得很淒涼，但也沒給他立像。我並不是說吳晗不可以立像，不過比他更優秀的人太多了，講學術，他比不上陳寅恪、王國維，講影響，他比不上梁啟超，講貢獻，他比不上葉企孫、趙九章，為什麼單給他立像？或許因為政治原因吧，不過我覺得這個標準不太適宜」（何兆武口述，文靖撰寫，《上學記》〔北京：生活．讀書．新知三聯書店，二〇〇七〕）。

22 王春瑜，〈難忘語驚四座時——懷念尹老夫子〉，《中華讀書報》，二〇〇七年三月十二日。建成的吳晗紀念亭位於清華園內近春園遺址，一九八四年十月二十六日下午舉行揭幕典禮。鄧小平親自題寫了亭額，另有彭真題詞：「吳晗同志以一個勤奮治學追求真理不斷進步的歷史學家和愛國的民主主義者，轉變為共產主義者的道路，是本世紀我國知識分子前進的光明大道。」

23 同前注。

24 同前注。

25 史紹賓，〈為什麼替吳晗打掩護？〉，一九六六年六月三日。

26 吳晗，《春天集》（北京：作家出版社，一九六一）。

27 同前注。

28 蔣廷黻自離開清華大學進入國民政府行政院為官之後，整日周旋於官場，在燈紅酒綠的歡笑以及與妻子無休止的吵鬧、廝打聲中終了一生。據知情者說，如果蔣廷黻人生的最後十八年不是在女人之間周旋奔波，敝精勞神地瞎折騰，或許他當年志願的《中國近代史》這部大書有可能寫成。可惜蔣廷黻周旋於官場與女人之間不能自拔，一切皆成泡影。據陳之邁，〈蔣廷黻的志事與平生〉（《傳記文學》九卷一期）等文章披露，蔣廷黻在美國大學讀書時曾與一個叫凱塞琳的美國土著女人，狗扯羊皮地拍拖過一陣子，但最終還是成為胡蘿蔔與大頭蒜，各自被端上了人生的不同餐桌而互不相干。後來蔣氏與一位名叫唐玉瑞的留美女生勾在了一起。一九二三年蔣唐一起回國，在返國的輪船上二人情欲難耐，遂請船長證婚，公開結為夫妻，爾後鑽入一個小獨間由著性子盡情折騰起來。回國後，唐和蔣同在南開、清華任教職。後蔣氏棄學為官，唐玉瑞也棄學做了專職官太太。蔣唐夫婦生有二女二男，分別為志仁、壽仁、懷仁、居仁等「四仁」。抗戰勝利之後，蔣廷黻任聯合國善後救濟總署（UNRRA）中國代表兼行政院善後救濟總署（CNRRA）署長，官職相當於部長。由於署長掌握巨量物資分配權，隨著「五子登科」（位子、房子、車子、票子、婊子）在國民黨接收大員中興行開來，救濟總署也產生了轟動一時的蔣氏親信、副署長李卓敏等群官貪汙案。因了這個案子，蔣廷黻的情愛生活也發生了嬗變。此事從蔣廷黻的親侄子蔣濟南於一九五〇年一月十六日在《人民日報》發表的〈致蔣廷黻的一封公開信〉中可以看出大略。蔣濟南在信中先是痛斥了叔叔蔣廷黻甘於充當帝國主義走狗並弄出了臭名昭著的救濟總署貪汙案，接著說道：「你搶了你下屬（編審處長沈維泰）之妻，與這次貪汙案有關。李卓敏想拿實權，你又極無聊，他便投你所好，將沈的妻子介紹與你打牌，跳舞，進一步便同居，又進一步便與沈維泰脫離，由李卓敏將她拉進建國西路五七〇號。沈維泰則被你調『升到』美國去！李卓敏得了實權，便與端木愷，趙敏恆等合夥，強迫你的妻子唐玉瑞與你離婚。不成功，後來到美國又要張平群來辦這事，勸唐玉瑞與你離婚，由上海鬧到紐約，由紐約到墨西哥，醜名處處聞！最後你說墨西哥法庭准予離婚。到了美國，你又利用你的美國汽車夫來欺壓唐玉瑞，以後到巴黎開會，或紐約開會，你便與『沈小姐』（沈維泰之妻，也姓沈）雙雙出現在外交場合之下！」

儘管蔣濟南這篇文章明顯帶有特殊時代「對著祖宗喊王八」的政治痕跡，但這一段說的卻是實話，需要略作解釋的是，蔣廷黻因玩牌而結識了風情萬種的少奶奶沈恩欽。副手李卓敏見主子在牌桌上總是與沈少奶奶眉來眼去心領神會，便主動把沈氏夫婦調到救濟總署工作。對此，少奶奶沈恩欽心通靈犀，而蒙在鼓裡的其夫沈維泰則感恩不盡。未久，蔣廷黻又以「特別栽培」的名義把沈維泰「晉升」到美國工作。此時唐玉瑞陪長期患哮喘病的幼子居仁赴美國醫病，蔣廷黻索性與沈思欽同床共枕過起了夫妻生活。後來蔣氏奉派常駐聯合國，沈恩欽又以隨員名義同赴紐約與蔣過起了資本主義的浪漫生活。此事很快傳出並被蔣妻唐玉瑞知曉，於是唐氣勢洶洶地前來找蔣算帳，蔣公開提出與唐玉瑞離婚，但唐卻死活不離，於是在中國、美國、法國等地鬧將起來。在進退兩難中，蔣廷黻開始思謀用邪招制勝，當他聽說墨西哥有法律空子可鑽時，便偕沈少奶奶悄悄潛入墨西哥，以單方面理由訴請與唐玉瑞辦了離婚，進而與沈恩欽回到美國在紐約一個教堂正式宣布成婚（時沈與其夫已離婚）。

事情本來就此了結，但在墨西哥弄到的這個離婚文書，中美兩國皆認為是胡鬧臺，不予承認。於是，蔣廷黻的麻煩又來了。唐玉瑞聘中外律師起訴蔣，結果，中、美法院皆判決唐玉瑞勝訴。儘管唐勝訴，但蔣卻要一根筋走到底，仍與少奶奶沈恩欽在官邸同居，把唐拒之門外。唐於悲憤中與在美的一些好友想出了一個懲治蔣的妙法連環計，即根據唐玉瑞安插在中國駐美「代表處」、「大使館」的內線提供的情報，只要學術界、外交界請蔣去演說、開會、酒敘，唐玉瑞總是以「大使夫人」身分不請自來，設法與蔣氏靠近並力爭坐在一起，間或以流暢英語同諸國來賓歡談。蔣氏於尷尬中只有暗地裡派人「清場」，或強按怒火，露著笑臉陪在唐氏身邊「安撫」，以免鬧出大的亂子。如此這般，蔣唐夫婦皆感身心俱疲又不願和解，死結越擰越緊，雙雙在痛苦煎熬中度過了十八個年頭，直到一九六五年蔣氏自「駐美大使」退休未久的十月九日在紐約砰然倒地猝死。

蔣唐這對冤家對頭的糾纏結束了，而隨著蔣廷黻的撒手歸天，作為大奶的唐玉瑞與二奶沈恩欽又圍繞誰是「蔣大使」的「法律上的正當遺孀（legal widow）」、財產如何繼承分割等一系列問題展開了漫長的拉鋸戰。對於這一不幸的結果，臺灣史家蔡登山在為之扼腕的同時曾說過這樣一句話：「如果他（蔣廷黻）沒有『家累』，或可寫成幾部大書，或可再活十年八載」（〈蔣廷黻的婚姻悲劇〉，《歷史學家茶座》總一四輯）。但歷史沒有這樣發展，世人看到的是一個因女人糾葛而心力交瘁、倒地猝死的學人，官僚兼情種的悲劇。惜哉！

29《北京日報》所載訪問記如下：

史家談治史

——吳晗同志訪問記

吳晗同志還在幼年就因為讀《三國演義》、少年叢書和一些通俗的歷史讀物，對歷史產生了濃厚的興趣。到他考進清華大學歷史系做插班生的時候，已經閱讀了大量的歷史書籍。一九三二年前後，他在閱讀明清歷史的時候，發現了一件疑案：史籍上關於胡惟庸黨案的記載，矛盾繁多，破綻百出，這究竟是怎麼回事呢？胡惟庸案的研究，揭開了吳晗同志研究明史的序幕。

……

我們趁機插進了一句話：「聽說吳晗同志還在大學求學時期就寫過一篇學術論文，不知是否確有其事？」吳晗同志從北面的書櫥上抽下一本書——一九三四年十五期的《燕京學報》，就在這本刊物上，載著〈胡惟庸黨案考〉，這正是吳晗同志當年苦心鑽研的結晶。

30王春瑜，〈難忘語驚四座時——懷念尹老夫子〉，《中華讀書報》，二〇〇七年三月十二日。同前注。

31〈毛澤東思想的新勝利〉，《人民日報》，一九六六年六月四日。

32吳彰，〈倖存者的回憶〉，轉引自蘇雙碧、王宏志，《吳晗傳》（上海：上海人民出版社，一九八四）。

33據時任中共中央華北局第一書記兼北京軍區黨委第一書記的李雪峰說，就在他即將出任北京市委第一書記，而彭真也將落難之時，一次有個聚會，他看見彭為一件什麼事突然發火，彭真態度激昂，大聲說：「誰是第一個喊叫萬歲的！」意思是歷史上是他先喊「毛主席萬歲」的。歷史學家雷頤在〈「萬歲」故事〉（《炎黃春秋》二〇〇八年一〇期）說：一九五四年十月一日，毛澤東、彭真等在天安門城樓上檢閱遊行隊伍，彭第一個高呼「毛主席萬歲！」從此，「毛主席萬歲」在中國大地流傳開來。「文革」爆發後，彭真入獄九年半。據說，彭真出獄後曾對人感歎：「解放前，我在國民黨監獄坐了六年牢；解放後，我在自己人的監獄裡坐了九年半牢。這是我們黨不重視法治的報應啊！」因而，當他東山再起，擔任全國人大常委會副委員長、委員長之後，領導制定了一系列關於憲法、國家機構、民事、刑事、訴訟程序、經濟、涉外等方面的基本法律，算是當年高喊「萬歲」教訓後的一個收穫。

34 蘇雙碧、王宏志，《吳晗傳》（上海：上海人民出版社，一九八四）。

第十一章

簡編桀犬恣雌黃

一、花落春意盡

歷史的詭譎之處還在於，就在史紹賓拋出〈吳晗投靠胡適的鐵證〉的當天下午四時，中央人民廣播電臺在播出中共中央決定改組北京市委消息之後，接著播發了新華社另一條電訊：

中共新改組的北京市委決定：（一）派以張承先為首的工作組到北京大學對社會主義文化大革命進行領導；（二）撤銷中共北京大學黨委書記陸平、副書記彭佩雲的一切職務，並對北京大學黨委進行改組；（三）在北京大學黨委改組期間，由工作組代行黨委的職權。[1]

第二天，《人民日報》發表了〈毛澤東思想的新勝利〉社論，痛斥「三家村」反黨集團，連帶地提出北京大學也是前北京市委控制的一個「最頑固的堡壘」。

此前的五月二十五日，北京大學哲學系聶元梓等七人貼出了〈宋碩、陸平、彭佩雲在文化大革命中究竟幹了些什麼？〉的大字報。六月一日，毛澤東命令向全國廣播聶元梓等人書寫、火藥味嗆人的號稱「全國第一張馬列主義的大字報」。這張大字報指責陸平、彭佩雲實行「十足的反對黨中央、反對毛澤東思想的修正主義路線」，號召全國人民「堅定地、徹底地、乾淨地、全面地消滅一切牛鬼蛇神」。在大字報內容播出的當天晚上，中共中央派出由江青、康生等人實際掌控的工作組進入北京大學，取代了原來的領導班子，陸平、彭佩雲作為「黑幫分子」被革職查辦。

六月四日《人民日報》社論稱：「現在，北京大學已經出現了一個轟轟烈烈的革命形勢。聶元梓等七同志的大字報，打響了第一炮。這張大字報在電臺上一廣播，在報紙上一發表，全校人心激動，一片歡騰。無產階級革命派揚眉吐氣，左派隊伍迅速擴大。千萬張大字報，像排炮一樣，打在反黨反社會主義分子的頭上。」

就在千萬張排炮一樣的大字報在北京大學「反動分子」頭上狂轟濫炸之時，有幾張不幸落到了歷史系教授汪籛的頭上。因了這幾張大字報，汪籛命赴黃泉，成為北京大學「文革」中第一個罹難者。

汪籛早年畢業於清華大學史學系，後考入昆明北大文科研究所，拜在陳寅恪門下讀研究生。一九四〇年六月，陳寅恪受牛津大學之聘離昆去香港轉赴英國講學，汪氏又受鄭天挺指導，後隨史語所遷往李莊板栗坳，與張政烺、任繼愈、逯欽立、楊志玖以及傅斯年的侄子傅樂煥等人一起在李莊居住生活達六年之久。在讀書和做研究期間，享受傅斯年專門批發的每月三十元津貼補助。據當年與汪氏同在李莊生活的同學周法高回憶：「汪籛和下一屆的研究生王永興都是在陳寅恪先生指導之下念中國中古史的，汪籛的碩士論文是〈新唐書宰相世系表母系的研究〉。」關於汪在昆明、李莊時期的學習和生活狀況，周法高的評價是：「汪籛人很聰明，可是讀書沒什麼恆心和耐心，有時好多天不看書，有時好多天挑燈夜讀。這種起居無節、作息不時的習慣，不大適宜做沉重的學術研究。《論語》說：『士不可不弘毅，任重而道遠。』顧炎武的詩句說：『道遠不須愁日暮。』胡適先生晚年時常提到這句詩，意思是說：不必愁年紀的老大，路程的遙遠，只要有智慧有毅力有恆心就可以一直向前完成大業。汪籛是屬於智慧型的，而缺少恆心，我在後來也很少看到他的著作發表。不過由於他的聰明、博學和口才，仍然在北方大學裡做教授，也許很叫座。在某些中國史大學教科書前面，有時看到他列名於集體編撰者之中。一九五四年，中國科學院曾經決定請陳寅恪先生由廣州嶺南大學到北平任歷史研究所第二所的所長，就是派汪籛去的，後來陳先生沒有就聘。」[2]

周法高所言大體不差，就汪的才分而言尚屬人中少有的才子，只是缺了一個「恆」字，這個說法得到了資料的支持。一九四二年二月六日，鄭天挺曾為汪籛留校事致函傅斯年徵求意見：

> 汪籛人甚聰明，根柢亦好。但生活不甚有規律，用功時或至通宵不寐，不用功時或竟數日不讀書，以故論文尚未做好。弟個人頗覺其將來可有希望，前言之湯公（用彤），欲俟其畢業後留之北大，不知兄意云何？[3]

讓鄭天挺失望的是，汪隨史語所自李莊返南京後，沒有留在史語所工作，也未能進入北大，而是遠赴吉林長白師範學校教書。是否傅斯年也與周法高有同樣感受或有其他複雜的原因而沒有把汪氏留下，不得而知。有據可考的是，汪對北方嚴寒感到極不適應，並不斷致函鄭天挺訴苦求援，希望導師能「拉學生一把」，讓自己重返北大。一九四七年四月九日，汪在給鄭天挺的信中寫道：「自來吉林，十旬瞬屆……關外奇寒，去冬特甚，經常在零下三十度左右，尤甚時竟至零下三十八度……堅冰在鬚，亦屬常見之景象矣……雖燃壁爐，仍未能免（於奇寒侵襲）也。」繼而說教學工作之忙亂與生活之無趣，「益感心力交疲，精神全竭，以是亦大少研讀進益之餘暇。長此以往，心致孤陋寡聞，不能復振，寧不可哀?!故企盼吾師遇有機緣時，予以提攜為感。」最後特別強調「名義、待遇，在所不計」。[4]

正在鄭天挺為汪重返北大想方設法時，汪實在耐不住長白師院的生活而捲起鋪蓋欲自行離開。當他得知陳寅恪已回北平清華大學任教後，在未受到任何機構聘用的情形下，以他固有的性格和特殊的讀書、處事方式，隻身來到陳寅恪家中要做陳的助手。陳寅恪一看這位昔日弟子如此莽撞與天真熱誠，出於同情和愛惜，便把汪氏留了下來，與從北大借調的弟子王永興共同協助陳氏著述。半年後，經陳寅恪與鄭天挺、傅斯年、胡適溝通，為照顧陳氏面子，也為了卻鄭天挺等人的一塊心病，北京大學決定聘用汪為副教授，並以此名義繼續做陳的助手。於是，汪在陳寅恪南飛之前這段不太長的歷史時期內，成為拿著北大薪水為清華導師服務的特殊人員。這兩年多的時日，汪吃住都在恩師家中，與陳寅恪朝夕相伴。而他的人生經歷也與導師相

汪籛

似，年近四十歲才成就婚事，在北京安了個簡單的家。

歷史賦予這對師生的最後兩年中，汪籛顯然比在昆明和李莊時期用功、用心了許多，並得到了陳氏治史方法的真傳。這個時期的汪籛不僅協助陳寅恪著述與修改、校正書稿，且能提出自己的見解，並為陳氏所接受和採納。一九四八年五月，陳寅恪在給鄭天挺的信中表露了他對汪籛為人做事的滿意態度：

敬啟者：去歲之夏，弟拙著《元白詩箋證》中〈長恨歌〉一篇，曾託由汪籛君整理。當時除稔知其熟於唐代史實外，又覺其思路周詳，文理縝密，甚為歎賞。近以另篇〈新樂府箋證〉一稿急於付印，頗覺其整理工作殆捨汪君莫屬，故仍請汪君任之。此稿共分五十餘節，約占拙作《元白詩箋證》全書之半。不特篇幅甚長，排比不易，兼又每節前後救應尤費推敲。汪君自從事整理以後，殫盡心力，無問晝夜，輒與弟商討斟酌，改訂增補，用功既勤，裨益尤大。昨據汪君言，前接洽北大職業時，先生曾促其速行完成研究院（指北大文科研究所）畢業論文。近月餘之時間，已以全神貫注於弟之文稿，而此稿之殺青尚需時日，深慮先生以其論文未成，致有斥責且或影響及於其暑假晉級或續聘之前途。竊以為汪君自借住弟處以來，於今行將一載，弟深悉其深宵攻讀，終日孜孜，而察其史料之熟，創見之多，亦可推見其數年來未嘗稍懈，誠足當所謂好學深思者。至其論文所以未能於近日完成之故，實由於全力整理弟之文稿，致行擱置。因敢特為證明其事，甚望先生有以諒之，並稍寬假其呈交論文之時間，俾其安心為感。以弟所知者，而論其為弟整理文稿所費之工力，實已不下於撰寫論文一篇。而其作為研究院畢業論文之用者，其大旨則久曾與弟討論，深以為可，或不致有負先生提攜獎拔之苦心也。專此

奉懇，敬頌

著安！

弟　陳寅恪敬啟　五月十七日

儘管在以後的幾年，汪氏像他的同學周法高所言，沒有發表太多的研究論文，但在中國史學界隋唐史研究領域的學術地位，受到越來越多的同行矚目與尊重也是事實。這一事實用傳記作家陸鍵東的說法，唯一「合理的解釋是，汪籛公開發表的為數不多的論文，大部分都有獨創性」。[5]據說後來汪氏也開始靜心治學，準備成就一番大事業了，可惜時不我待，「文革」不期而至。有人說，假如汪籛不是在生命的中途自殺身亡，其學問之造詣與成就並非在臺灣孤島上自視甚高的周法高輩所能望其項背的。惜哉天不假年，汪氏英年早逝，遂為後繼乏人的中國史學界又添一悲劇。

一九四八年底，當陳寅恪與胡適倉皇離開北平南下之時，年輕的汪籛沒有排在傅斯年擬就的「搶救學人計畫」名單中而留了下來。當然，即使名單中有汪氏的大名，此時思想已急遽變化的他也會與恩師分道揚鑣，毅然決然地去走他的陽關大道的。

留在北京大學的汪籛很快成為中共信任的人物和新時代的寵兒，並於一九五二年二月加入中國共產黨，第二年作為北大教師隊伍中一顆騰空而起的耀眼明星，被保送到北京馬列學

院（中央黨校前身）帶職學習，很快成為一位真誠的馬克思主義追隨者與前程不可限量的中共後備領導人才。

一九五三年十月，以中共延安時期有名的大才子陳伯達為主任的歷史研究委員會做出幾項重要決策：盡快在中國科學院再增設兩個歷史研究所；創辦一份代表新時代歷史研究最高水準的刊物《歷史研究》，目的是要確立馬列主義在史學研究中的領導地位，以便更好地對人民群眾進行教育，讓中共實際控制的大陸地區人民盡快走上馬列主義這軌道上來。這個方案上報後，得到了高層人物的嘉許，著名才子陳伯達高興得三天三夜不能合眼。兩個月後，郭沫若在《歷史研究》創刊號上撰文聲稱：「學習應用馬列主義的立場、觀點和方法，認真的研究中國的歷史」，以迎接即將到來的文化建設的新高潮云云。由於中共上層如毛澤東、周恩來等人的密切關注並不時下達一點詔諭，陳伯達、郭沫若輩未敢忽視偏居於嶺南一隅、遠在幾千里之外的陳寅恪的存在。[6]鑑於陳氏在學術界的赫赫聲名與不可撼動的學術大師地位，陳、郭等在擬定的歷史研究所所長名單中，頗為識趣地做了如下安排：郭沫若、陳寅恪、范文瀾，分別出任第一所（上古史研究所）、二所（中古史研究所）、三所（近代史研究所）等三個所的所長。

這個名單很快得到了最高當局毛澤東、劉少奇、周恩來等的認可，但就陳寅恪的性格和一貫提倡的「獨立之精神」，能否痛快地北返並出任所長一職，一時成為操作者們沒有把握、頗感頭痛的難題。

當年陳寅恪離開北平南飛時，據他自述，多半是因為自己怕北方的寒冷，更適合南方氣候，抑或怕共產黨來了，只能吃小米，或買不到對自己嚴重失眠症至為重要的進口安眠藥云云。但據浦江清日記載：陳寅恪此前早有南行之意，「上回我為了系中同人提出添聘孫蜀丞事，特地去看他，徵詢他的意見。陳先生說，此刻時局很危，不宜在此時提出。他雖然雙目失明，如果有機會，他願意即刻離開。清華要散，當然遷校不可能，也沒有人敢公開提出，有些人是要暗中離開的。」又說：「我告訴他，都是中國人，中國共產黨人未必就是俄國共產黨人。學校是一個團體，假如多數人不離開，可保安全，並且可避免損失和遭受破壞。他認為我的看法是幻想。」[7]

陳寅恪沒有聽從浦江清幼稚的規勸，毅然為「避秦」而南飛。只是令陳氏想不到的是，隨著國民黨兵敗如山倒，他此前預想的中國再現南北朝格局的事實化為泡影，國民黨的地盤只有一個海峽阻隔的臺灣。此時奉命主持史語所和臺灣大學的傅斯年，數次致信陳寅恪，請其赴臺到史語所與臺灣大學任職。陳寅恪心理複雜，猶豫不決，始終沒有對這位老友的邀請做出答覆。陳氏當時的心境與真實想法，後世研究者已很難窺知，唯可沿著歷史脈絡和陳氏性格推想的是，假如陳寅恪回應傅斯年的呼喚登船赴臺，一旦孤島失守，一家老小又何以自處？而落入作為「解放者」出現的中共軍政人員之手，又情何以堪？事實上，當年與梅貽琦一起南飛的清華數學系教授楊武之，也就是後來的諾獎得主楊振寧的老爸，抵達南京後轉赴昆明接家眷到上海，迎接「解放」。當清華「解放」後，新的主人卻把他一腳踹出圈外，拒絕續聘，理由當然是他追隨梅貽琦出走的「罪過」，楊氏在清華兢兢業業服務十六年的業績也一筆勾銷。此舉對楊武之極大刺激，只好留在上海，投奔同濟大學任教。經清華當權者如吳晗等人的一擊，楊武之身體很快垮了下來，一九五二年再轉入復旦大學任教，未任多久即因病回家休養，精神鬱悶，甚感苦痛。直到一九五七年楊振寧與李政道一起獲諾貝爾物理學獎後，楊武之才引起中共高層的重視，但此時楊氏已年過六十，且已退休，無法以在職教授身分實現重返清華園的夢想了。中共高層只是令有關方面對其多加照顧，並把楊振寧的岳父、在淮海戰役中被俘的前線總指揮杜聿明將軍作為「特赦」戰犯從監獄裡放出來，以示給楊振寧一點面子和爭取的砝碼。據清華物理系教授虞昊說，楊振寧自美國退休後到清華居住，並給大一學生上課，還帶研究生，清華領導方面的邀請是一個方面，但楊的內心深處還是埋藏著實現父親重返清華園的未竟之夢。楊振寧之由美國返清華，實則是楊武之心願的一個延續。當然，這都是後來的事，至於楊在清華以八十二歲高齡抱得一個二十八歲的美人翁帆歸，則與楊武之的夢想沒有關係了。

當年楊武之被清華新貴拒之門外的事實，由北平南飛的陳寅恪一年之後才從朋友處得知。此時陳氏的心境是，既感到國民黨不可靠，對共產黨也不太感冒。正是因了這一系列的緣由，蟄居於嶺南大學的陳寅恪於天崩地裂的最後時刻，在去留之間再次陷入進退維谷的境地，最後還是在「一動不如一靜」的心理作用下，於觀望中沒有邁出生命中的最後一步。而臺灣方面的中央研究院歷史語言研究所第一組主任之職仍虛位以待，雖指定由勞榦代理，但一直不能「真除」，直到陳寅恪於一九六九年去世，史語所同人為陳氏開過紀念會之後，勞榦才正式繼任此職——此為一種期待，更是同人們對陳寅恪人格學問的尊敬。

中共在大陸正式翻盤之後，已在嶺南大學校園定居的陳寅恪，抱定「從今飽吃南州飯，穩和陶詩晝閉門」，[8]不問世事，終老嶺南的決心。而這個時候的他不僅不去國民黨統治的臺灣，連新中國的首都北京也不願重返了。與楊武之命運不同的是，陳寅恪的名氣實在太大，大到使一切當權者都不便或不敢在中共政權剛剛建立、尚未站穩腳跟之時，就將其當作一個可有可無的黑色足球踢出圈外——這不僅是學術和用人制度的問題，更是一個關乎江山社稷、鼎之輕重的政治問題。

於是，清華園被中共政權接管之後，陳寅恪一些故舊門生如已實際掌控清華大學黨政事務的吳晗，曾與校務委員會主任葉企孫聯名以信代電，勸陳氏重返清華效力，但均未奏效。一九四九年十月二十五

1952年，陳寅恪與陳序經、姜立夫等三對夫婦於廣州市中山紀念堂前留影。左起：姜立夫，陳寅恪，唐篔，陳序經夫人黃素芬，姜立夫夫人胡芷華，陳序經。（引自陳美延編，《陳寅恪集》〔北京：生活·讀書·新知三聯書店，2009〕）

日，陳寅恪致函葉企孫、吳晗，陳述了不能遵命北返的理由：

企孫
春晗　兩兄同鑒：

頃奉電囑令即返校任教，當即覆一電，其文云：因嶺大關係難即返，函詳。想已先此函達覽。電中所謂嶺大之關係者，即弟在嶺大其薪水係向華僑募捐而來，嶺大當事人曾向捐款人言，在此聘約期內弟不他往。故弟今夏受其一年聘約時，已同意此點，以免嶺大失信於人，此弟所以不能即返之最大原因也。又北地苦寒，煤炭火爐設備等等，耗費極巨，值此時艱，北地此項禦寒工具，恐亦更難與昔比，弟性畏寒，兄等所夙知者也。又第二小女小彭，今夏已考入嶺大農學院，嶺南規章，每一學生之學雜費，其數甚巨，約合數百美元，惟教員子弟，可以優待。若弟一旦他去，小女又不能中途轉學，則亦頗困難，此等又其小原因也。遭此兵戈之際，累承諸友關念，感激之忱，何可言喻。實有苦衷，未能遵命即返，想亦能蒙鑑原者也。匆此奉覆，順頌

研祉

弟　寅恪敬啟　十月二十日

校中諸友芝生、伯倫、心恆、一良、永興兄等均此不另，或即以此函交其一閱。

賜示請寄：嶺南大學東南區十二號[9]

就在陳寅恪明確拒絕葉吳二人邀請不久，新成立的中國科學院又向陳氏發出了邀請信息。據梁方仲之子梁承鄴透露，一九五二年，時任中科院副院長的陶孟和曾致函時在嶺南大學任教的梁方仲，商談梁氏北調中科院社會學所事宜（南按：梁氏於一九四九年一月為照料患病的祖父母，脫離陶孟和主持的社會學所回到廣州，任教於嶺南大學經濟商學系），同時提到「陳寅恪先生近況如何？科學院前年曾擬請其來京主持歷史研究，迄無結果。請便中一詢（最好直接不要經過旁人），並代述科學院擬借重之意。陳先生離嶺南有無問題，也請調查一下為感。」[10]由此可知，陶氏是以中國科學院領導人的身分，請梁方仲對陳氏轉達邀請北上之意。信中所稱的「前年」，即一九五〇年前後。邀請之意，是讓陳寅恪出任即將組建的中國科學院歷史研究所（非後來的三所之一）所長。

梁方仲接信後，遵陶孟和之囑向陳寅恪做轉達，陳氏又託梁方仲回覆陶氏，言明無意北上，並推薦一九二六年清華國學研究院畢業、抗戰時期與陳氏共同執教於成都燕京大學的徐中舒「以自代」。陳氏薦徐的意見後來沒有得到認同，陳氏也留居嶺南堅不北返，並作〈庚寅人日〉詩一首以明心志。詩的最後四句是：「催歸北客心終怯，久味南烹意可嗟。閉戶尋詩亦多事，不如閉眼送生涯。」[11]

對於陳寅恪拒不北返的真正內因，據研究者陸建東說：陳氏在給葉企孫、吳晗信中的一個「畏」字，即神形俱現地表達了其心理與感情。「畏寒」自是一種推託的理由，當年在清華研究院做導師時的陳寅恪尚生活得自由自在，豈有「畏寒」之理？而「畏人」則是他內心的真實寫照。這個推斷大體不差，陳寅恪詩中的「催歸北客心終怯」，也對這種情形做了清晰的透露，所謂「心終怯」，自然體現一個「心」字，而不是陳氏所說的諸如學校「募捐」、孩子上學等凡俗之事。許多年後，出身清華的史家趙儷生在他的回憶錄中，談到名噪一時的創造社驍將成仿吾時，曾有過這樣一段涉及陳寅恪的描述：

華北大學，是以范文瀾為校長的、設在邢臺的北方大學與以成仿吾為校長的、設在張家口的華北革命大學——兩校合併改組而成的。改組後范、成擔任副校長，另由更加德高望重的吳玉章擔任校長……成仿吾，他是一個倔老頭，當年「創造社」時期翻譯法、德詩歌散文的那種才華，已經蕩然無存了，只剩下當年罵「文學研究會」、罵茅盾為什麼「群鬼」的那股橫勁兒。我自己想來也感到奇怪，在三〇年代我在文藝界有來往的，全是「文學研究會」的人，如鄭振鐸、葉聖陶、茅盾、王統照等，而與「創造社」的郭沫若、成仿吾則從來就是「不相與謀」的……

有一天，一輛中型軍吉普從平山開來，直開到小學十字街吳校長門口。車上下來的是周揚，他是中宣部副部長。此來，是下達中央命令，北平即將和平解放，進城後接管大專院校和文化部門的任務，就交給華北大學了。要大家組織討論……討論一直很熱烈。

有一天，討論到北平各大專院校教師都要到軍管會的文管會報到、並辦理登記的問題。有人主張，不管年齡老少，全要親自前來報到。於是有人說，譬如像陳寅恪，眼睛看不清楚了，身體也很衰弱，由家屬或朋友代替報到就行了。這時，成仿吾副校長用洪亮的湖南話發話了。他說，「資產階級知識分子到無產階級領導的革命機關來報到，來辦理登記，一定要親自來，本人來，不得由別人代替，因為……」他特別提高了聲音說，「這是個態度問題！」

他這句高亢的湖南話，叫人聽起來特別刺耳。會場上鴉雀無聲。我當時的內心活動很多。我想，這是把自己當成征服者，把知識分子當成被征服者，要他們「迎降」，在文管會門口辦個受降儀式吧？我又想，同是共產黨領袖，為什麼在河南三位高級將領前來拜訪我們，陳毅將軍還講了「兩條戰線的合流」那樣的話，而成仿吾則一口咬定即便像陳寅恪那樣國際聞名又那麼病殘的人也要親自來報到呢？

於是，我發言了。

我說，我講點題外的話。我讀過一些列寧的傳記。十月革命後，俄國知識分子可比中國知識分子凶得多，囂張得多，像巴甫洛夫，他開口閉口罵布爾什維克「匪幫」(the bandits)。可是列寧怎麼樣呢？他隔幾天就拿著黑麵包和黑魚子醬來看望巴甫洛夫。他罵，列寧並不抓起他來，也不同他吵，而是耐心地等他回心轉意，替蘇維埃共和國工作。我說：「這一切，我覺得值得我們大家學習。」話假如只講到這裡，將會一切太平無事，可是我卻提高嗓音說：「特別值得成校長學習！」

這一句話，可把馬蜂窩給戳下了。當時在會場上，仍是鴉雀無聲，沒一人反駁，沒一人表示同情。事隔幾十年，當我在北京又遇見李何林同志時，他對此事記憶猶新，他親切地握著我的手，對旁邊的幾個人說：「在那種場面，講那樣一段話，可是需要勇氣啊。」

我說：「也需要接受懲罰。」

他說：「我聽說了，貶到山東一年。不過，你當時沒進北平也好，那裡面五花八門，你應付不了的。」

在那次發言後三天，我接到華北大學調離的通知。通知說，現在山東已經解放，山東分局來函，要求華大在幹部人員上提供支援。趙儷生同志是山東人，理應支援桑梓……云云。我看了公文後對妻說：「我被開除了。」[12]

趙儷生所述的這一切，陳寅恪不見得知道，但對政治與人事比較敏感的他完全可以從飄浮的空氣中感受到時代的冷熱，以陳氏的性格和思想，不願充當「被征服者」而北返「受降」已是必然。對此，在清華與陳寅恪做了幾十年同事的馮友蘭，曾引俞樾會試典故引出陳寅恪學術思想之根本。遙想當年，浙江湖州府德清縣才子俞樾（南按：紅學家俞平伯曾祖父）道光庚戌進士，改庶起士，以複試詩有「落花春仍在」之句，為曾國藩所賞識，散館授編修，俞樾因其名所居曰「春在堂」，所著有五百卷學術巨著《春在堂全集》。

按馮友蘭的詮釋，曾國藩之所以賞識這句詩，除本身是留戀光景的佳句，當別有所感，即「西學為用」。中學的地盤必有許多為西學占據者，此乃「花落」也。但「中學為體」，則乃「春仍在」也。陳寅恪曾言自己「思想囿於咸豐、同治之世，議論近乎湘鄉、南皮之間。」而湘鄉（曾國藩）認為太平天國之亂是名教中的「奇變」。所謂名教，就其廣義說，是中國傳統文化，洪楊之亂就是以西方的基督教文化毀滅中國的傳統文化，曾國藩與太平天國之間的鬥爭，就是名教與反名教的鬥爭。曾氏本人也主張引進西方文化和科學工藝，但要使之為中華文化服務，即「同治維新」的主體。而南皮（張之洞）則對這一思想做了進一步發揮並用八個字做了概括，即「中學為體，西學為用」。這就是陳寅恪所說的「湘鄉、南皮之間」的議論。詩無達詁，俞樾這句「花落春仍在」的詩，可以看作是「中學為體，西學為用」的寓言。

由俞樾的詩和曾湘鄉、張南皮的思想一路延續下來，便有了王國維與陳寅恪在一種文化值衰落之時，「為此文化所化之人，必感苦痛」的內心痛苦，從而在社會劇變和鼎革之際，王、陳二人，一則自沉，一則突走。據此，馮友蘭認為：「靜安先生聞國民革命軍將至北京，以為花落而春意亡矣；不忍見春之亡，故自沉於水，一瞑不視也。寅恪先生見解放軍已至北京，亦以為花落而春意亡矣。故突然出走，常住不返也。其義亦一也。一者何？仁也。愛國家，愛民族，愛文化，此不忍見之心所由生也。不忍，即仁也。孔子門人問於孔子曰：『伯夷、叔齊怨乎？』孔子回答說：『求仁而得仁，又何怨。』靜安先生、寅恪先生即當代文化上之夷齊也。」[13]馮氏之言，在某種意義上可說是陳寅恪突走的不易之論。

二、國魂消沉史亦亡

以郭沫若為首的中國科學院高層，沒法勸說陳寅恪北返，范文瀾找到陳寅恪早年的弟子、時為清華大學教授的周一良寫信給陳氏代自己表示致意，但陳沒有任何反應。[14]後來陳寅恪寄給周一良幾首詩，並囑轉致陳的好友，也是周的恩師鄧文如（之誠）教授。其中有一首作於一九五一年的〈文章〉，詩曰：

八股文章試帖詩，宗朱頌聖有成規。
白頭宮女哈哈笑，眉樣如今又入時。

另一錄稿最後二句為：「白頭學究心私喜，眉樣當年又入時。」[15]陳詩第一句，喻當時知識分子作文章，像古代士子必頌孔子、朱熹等聖人之言一樣，紛紛撰寫官樣化的文章。第二句「宗朱」之「朱」，喻新政權或中共領導人，知識分子所撰寫的文章，離不開馬、恩、列、斯、毛的語錄。「白頭宮女」或「白頭學究」當是陳氏自況。最後一句或指歌功頌德「新八股」又成為一種時髦遍及學界。因了這一喻義，鄧之誠看後，對周一良說了一句意味深長的話：「這是陳先生的謗詩啊！」[16]後來此詩在社會上傳開，中山大學歷史系副主任、陳寅恪的弟子金應熙於一九五七年稱此詩是「譏諷馬克思主義」，而北京高層得聞此詩更是震怒，從而引發了一九五八年對陳寅恪的猛烈批判。這是後話。

且說正在中國科學院領導者們為如何勸陳寅恪北返絞盡腦汁又總是不得要領時，正在北京馬列學院學習的汪籛得此消息，感到藉此表現一下對黨忠誠的機會來臨，遂主動請纓，欲充當南下勸說的「使者」。這個請求讓左右為難的郭沫若等人大為驚喜，當即表示准予此行。於是，在馬克思主義史學領域嶄露頭角、鋒頭正健的「明星」汪籛，作為「特命全權大使」，懷揣郭沫若與李四光親筆書寫的兩封沉甸甸的手諭，帶著滿腔的熱情和志在必得的信念，於一九五三年十一月中旬踏上了南下的旅程。對於此次南行，汪籛信心十足，曾對勸其小心謹慎的周一良放言：「我這個老學生去請他來，一定請得動。」[17]周一良聽罷，頗不以為然，勸汪「不要太樂觀」，結果未出所料。

汪籛於十一月二十一日抵達廣州後，仍像五年前在清華園一樣，毫不見外地直接住進了陳寅恪家中。此時，隨著一九五二年全國院系調整，原是教會學校的嶺南大學已與中山大學合併，確切地說是被中山大學吞掉。當年引薦陳寅恪的嶺南大學校長陳序經被降為普通教授，中大的人員進駐嶺南大學校園並成為主政者，陳寅恪一家搬入嶺大校園的康樂園一號二層小樓上層居住，汪籛到來即住康樂園一號樓陳家。只是此時的中山大學已不是清華園，陳寅恪和汪籛無論是思想還是對社會的看法和觀念，都與五年前大不相同了。年輕氣盛、不明就裡的汪籛在陳宅住下後，沒有意識到無論是輩分、地位自己都沒有與陳寅恪展開正式對話的資格，在如此重大的問題上冒冒失失地前來充當所謂的「使者」，是何等的不自量力與糊塗。更致命的是，據說汪籛在與陳氏的交談中，以中央組織人事部門的架式，用剛剛在馬列學院武裝起來的革命者頭腦，以「黨員的口吻」和「教育開導的口吻」，「不知天高地厚」[18]地向陳寅恪進行嚴肅的談話。此舉令陳氏勃然大怒，竟脫口說出了「你不是我的學生，給我滾出去！」的激憤之語。遭此當頭棒喝，汪籛才驀地意識到大事不好，於驚愕惶恐中頭腦稍微清醒。但師徒既已反目，挽回似無可能，汪氏只好灰頭土臉地搬出陳宅到中大招待所暫住。

後來的幾天，儘管汪籛又做過許多亡羊補牢式的努力，但陳寅恪總不能釋然。當然，陳氏的激憤其實並不是針對汪籛本人，而是對郭沫若或更大的社會政治集團背景和氛圍，冒失的汪籛只是做了個出氣筒而已。在汪籛竭力挽救、斡旋下，十二月一日上午，陳寅恪與汪籛做了一次正式長談，算是汪氏離開廣州對北京方面的正式答覆。汪籛對這個「答覆」做了詳細記錄。陳寅恪說：「我的思想、我的主張完全見於我所寫的王國維紀念碑中……我認為研究學術，最主要的是要具有自由的意志和獨立的精神。所以我說：『士之讀書治學，蓋將以脫心志於俗諦之桎梏。』『俗諦』在當時即指三民主義而言。必須脫掉『俗諦之桎梏』，真理才能發揮，受『俗諦之桎梏』，沒有自由思想，沒有獨立精神，即不能發揚真理，即不能研究學術。」又說：「我決不反對現在政權，在宣統三年時就在瑞士讀過《資本論》原文。但我認為不能先存馬列主義的見解，再研究學術。我要請的人，要帶的徒弟都要有自由思想、獨立精神。不是這樣，即不是我的學生。你以前的看法是否和我相同我不知道，但現在不同了，你已不是我的學生了，所以周一良也好，王永興也好，從我之說即是我的學生，否則即不是。將來我要帶徒弟，也是如此。」接下來，陳寅恪向北京方面的郭沫若等人提出了兩條要求：

第一條：「允許中古史研究所不宗奉馬列主義，並不學習政治」。特別強調「不止我一人要如此，我要全部的人都如此。」

第二條：「請毛公或劉公給一允許證明書，以做擋箭牌。」其意是：「毛公是政治上的最高當局，劉少奇是黨的最高負責人。我認為最高當局也應和我有同樣看法，應從我之說。否則，就談不到學術研究。」

最後，陳寅恪把矛頭轉向郭沫若本人，並對汪籛談到了自己的思想早已刻在了清華園王國維紀念碑中。陳說：

你要把我的意見不多也不少地帶到科學院。碑文你帶去給郭沫若看。郭沫若在日本曾看到我的王國維詩。碑是否還在，我不知道。如果做得不好，可以打掉，請郭沫若做，也許更好。郭沫若是甲骨文專家，是「四堂」之一，也許更懂得王國維的學說。那麼我就做韓愈，郭沫若就做段文昌，如果有人再作詩，他就做李商隱也很好。我的碑文已流傳出去，不會湮沒。[19]

以上談話，顯然透出陳寅恪對郭沫若等搞的那一套「馬列主義新史學」和范文瀾等所謂「新史學大師」們的新理論以及所謂「史學」極大不滿，也是陳寅恪在極度的心理壓抑和精神苦悶中，一次被意外扭開關閉的龍頭後的總爆發，內中透出極大的憤慨與悲鳴。當心中的憂憤之氣發洩之後，陳氏又贈予汪籛幾首詩，其中最關鍵和重要的一首是〈答北客〉：

多謝相知築菟裘，可憐無蟹有監州。
柳家既負元和腳，不采蘋花即自由。[20]

追隨陳寅恪有年的汪籛，對詩中的用典和寓意當比其他人更能心領神會。菟裘，地名，在今山東泗水縣境。典出《左傳》隱公十一年：「羽父請殺桓公，將以求大宰。公曰：『為其少故也，吾將授之矣。使營菟裘，吾將老焉。』」後指退隱養老的居處。陳詩喻指中古史研究所所長的職位。「監州」，胡文輝《陳寅恪詩箋釋》解：宋代官名，典出歐陽修〈歸田錄〉卷二。此處指北京的政治空氣令人窒息，學術異化，淪為當權者利用的政治鬥爭工具。「柳家既負元和腳」，柳家，即柳宗元，此典與柳宗元有關。陳寅恪以古代的柳宗元自喻，並謂在學術上自有所恃，並有個人的精神風格和思想方法。柳宗元有〈酬曹內侍御過象縣見寄〉詩：「春風無限瀟湘

中山大學校園內康樂園陳寅恪故居（作者攝）

意，欲采蘋花不自由。」陳詩反其道而行之，指不赴北京任職，仍可在學術上相對保持「獨立之精神，自由之思想」。這是陳寅恪發自心靈深處的強音，也是對北京關閉大門的宣言。

汪籛手捧此詩，知道自己的一切努力就此終結，只好長歎一聲，帶著惶恐、沮喪與深深的遺憾踏上歸途。故都北京再也見不到陳寅恪那孤獨傲然的身影，陳、汪師生緣分已盡，就此永訣。

汪籛自中山大學返回北京三年後的一九五七年，全國性「反右」運動開始，至一九五八年，整個大陸戴帽「右派分子」的數量達到了五十五萬餘眾。躲在中山大學校園整日戰戰兢兢、如履薄冰、生怕惹火燒身的陳寅恪也未能幸免，雖僥幸未被劃為自絕於黨和人民的「右派」，戴上紙糊的呈寶塔狀的「桂冠」，但仍劃入「中右」受到監控。這個特殊待遇，據說是周恩來與廣東省高官陶鑄等人暗中關照的結果。

一九五八年三月，隨著「大躍進」狂飆突起，全國高校又掀起批判「白專道路」、「拔白旗」等在《辭海》裡找不到的各種名號的運動。隨著北京大學校長馬寅初的〈新人口論〉引起中共高層震怒，北大校內本著「人多熱氣高」的天才式預見加綱領性指示，立即掀起了批馬誅馬的群毆浪潮。孤軍奮戰的馬寅初以「三軍可以奪帥，匹夫不可奪志也！」的強硬態勢展開了與對立面的論戰甚至混戰，結果自是馬寅初被宵小們一頓刀槍加亂棍撥弄於馬下，以失敗告終。因了這場活生生的戲劇，一時舉國震動，天下士子名流膽寒。

就在全國各階層各色人等對馬寅初興師問罪，欲投放油鍋烹煮分食而後快之時，南北學術界似乎仍沒忘記隱居嶺南的陳寅恪那巨大投影的存在——儘管他的肉身已瘦弱不堪，走路都已深感困難。而在幾年前差遣汪籛南下邀請陳寅恪被無情拒絕而大栽臉面的郭沫若，與歷史研究所第三所所長范文瀾等人，趁機向陳氏發難，展開對其圍攻和敲山震虎式的攻伐戰略。范文瀾公開放言道：「胡適，經過我們近幾年來大規模的批判，一般地說，我們史學界已經看清楚了。但還有兩種人：一種是自覺的胡適門徒，直到今天還堅持學術獨立的看法，拒絕學術為政治服務，也就是拒絕為社會主義服務，為六億人民服務；也就是拒絕學習馬克思主義的立場觀點和方法來運用到自己的學術研究上去。這種人是極少數，但是必須對他們開戰。」又說：「這裡面也必然存在著興無滅資和興資滅無兩條路線的鬥爭。不是無滅資，就是資滅無，想妥協並存是不可能的。」[21]此時的范文瀾尚知自己吃幾碗乾飯，未敢在佛頭直接塗糞，只是含沙射影、指桑罵槐地把矛頭對準陳寅恪。但到了郭沫若那裡，就變得底氣十足，霸氣沖天，直接指名道姓地與陳寅恪進行單練了。

一九五八年五月十六日，郭沫若給北京大學歷史系師生以信的形式發出了一篇火藥味甚濃的戰鬥檄文，標題稱作〈關於厚今薄古問題——答北京大學歷史系師生的一封信〉。文中說道：

> 五月五日給我的信已經收到。十五日上午翦伯老也曾來我處，談到做報告的事。我因為不久要同文聯的朋友們到張家口地區去參觀，不能前來和你們見面，故寫這封信來表達我的意見。
>
> ……

「厚今薄古」本來並不是（陳）伯達同志個人的意見，毛主席早就提出過要我們重視近百年史的研究。今年二月，在一次最高國務會議上，主席提出了一位朋友（南按：原清華教授，時任教育部長的張奚若）批評共產黨的十六個字「好大喜功，急功近利，輕視過去，迷信將來」，加以指正，說共產黨正是這樣，正是好社會主義之大，急社會主義之功，正是「輕視過去，迷信將來」就是所謂「厚今薄古」。不僅歷史研究應該以這為方針，任何研究、任何事業都應該以這為方針。

……今天中國的社會已經實現了兩個階段的躍進，思想和文藝，雖不那麼顯著，也有飛躍式的發展。像毛主席的思想和詩詞就是前無古人的。我們在今天依然還要厚古薄今，那簡直是「呆子」中的呆子！今天我們的知識比古人豐富得多，就是三歲的小孩子所知道的東西，在某些方面，也遠遠超過了孔夫子和孟夫子。例如，今天的三歲小孩子都知道有第三個蘇聯的人造地球衛星，古時的聖賢就根本連做夢也沒有想到。

如同當年鴻門宴中的項莊舞劍，兜了幾個花花綠綠的圈子之後，郭沫若扭轉劍鋒向陳寅恪刺來：

資產階級的史學家只偏重資料，我們對這樣的人不求全責備，只要他有一技之長，我們可以採用他的長處，但不希望他自滿，更不能把他作為不可企及的高峰。在實際上我們需要超過他。就如我們今天在鋼鐵生產等方面十五年內要超過英國一樣，在史學研究方面，我們在不太長的時期內，就在資料占有上也要超過陳寅恪。這話我就當著陳寅恪的面也可以說。「當仁不讓於師」。陳寅恪辦得到的，我們掌握了馬列主義的人為什麼還辦不到？我才不信。一切權威，我們都必須努力超過他！這正是發展的規律。

……

此信於六月十日由《光明日報》公開發表，全國大小知識分子為之震驚，因為郭氏的頤指氣使已不僅僅是進廟瀆佛，或者佛頭抹糞的問題，實已現出殺氣騰騰的凶妄態勢。

早些時候，位於嶺南的中山大學校園內早已掛滿了幾十萬張大字報，自然有對陳寅恪的批判與筆伐，但僅限於學術方面的攻擊。當郭沫若的「雄文」一出，事情立刻變得嚴重起來，中山大學的「革命者」如在風雪急驟的暗夜中饑餓苦寒的狼群嗅到了遠處密林中飄來的血腥氣味，野性頓生，凶相畢露，縱身躍入草莽展開對獵物的捕殺撕咬。中大校園內的大字報出現了「拳打老頑固，腳踢假權威」、「烈火燒朽骨，神醫割毒瘤」等殺氣飛揚的標語。一批聽過陳寅恪課的師生，藉機興風作浪，欲將走路都極其艱難的陳氏徹底打翻在地再踏上一隻腳，以示「革命者」欺師滅祖、造反有理的勇氣與豪情。另有一批流氓無產者，見「尊敬的郭老」已公開點名向雙目失明的陳寅恪開火，認為投機獻媚、大顯神通的時代已經來臨。天將降大任於是人，斯人當無愧地擔當起亂世之梟雄的稱號以及批陳倒陳的「革命重擔」。

於是，除了在校園大字報中嗷叫著要對陳寅恪拳打腳踢、刀鋸斧砍、烹煮分食、銼骨揚灰，一批曾聽過陳寅恪「元白詩證史」課程的中大歷史系學生，開始向這位昔日的導師、今日的階級異己分子發難。如學生李春棠、林順曾、方早成輩，為了擴大影響，讓自己聲名遠播，並渴望能夠有幸落入「尊敬的郭老」法眼，從而達到青雲直上、一飛沖天的痴心妄想，開始製造一發發用白紙黑墨製成的炮彈，藉全國報刊的強大威力，對陳寅恪展開了先發制人式打擊。其中一文這樣說道：「郭老答北大歷史系師生的一封信裡，對我們有很大的啟發。以前我們站在陳老先生面前，認為其詩書博通，由而發生出自卑感。這是錯誤的……陳寅恪教授是徹頭徹尾的資產階級權威學者。他在『元白詩證史』這一門課程所宣揚的完全是資產階級的一套。」又說：陳本人從來不學習馬列主義，也不相信馬列思想，而是以資產階級厚古薄今的治學態度，對封建階級的史書古籍做了一些煩瑣考證。他對一些鄙瑣不堪的小事體和舊社會的達官貴人、王妃妓女特別感興趣，如楊貴妃身體是胖是瘦，體重幾何，入宮以前是不是處女等。他還特別考證出「楊貴妃和安祿山之間究竟發生過關係沒有，以及皇帝穿的龍袍是刺著五個爪的龍，大臣穿的蟒袍是刺著四個爪的龍」等。他還厚古薄今地講一些陳詞濫調，搞一些無聊的考證，如講〈鶯鶯傳〉時，鶯鶯是「如何把淡妝短眉變為濃妝細眉」。[22]講到白居易的

陳寅恪著《元白詩箋證稿》封面

〈琵琶行〉時，居然考證出了那個在船頭猶抱琵琶半遮面的商人婦，祖籍何處，什麼人種，什麼年月、什麼歲數入的妓院，在長安屬第幾流妓女，何時退居二線，何時嫁與做何生意的商人，屬於二房還是三房，是婦人還是妾身等。更有人揭露陳寅恪貓在家中偷偷研究唐朝的楊貴妃入宮前，是處女還是非處女，與唐玄宗的兒子是否發生過性關係的問題。一時間，揶揄、譏諷、謾罵，伴隨著「拳打老頑固，腳踢假權威」等喊打之聲甚囂塵上（南按：陳氏確實研究過楊氏的「處女」問題，結論是非處女入宮，但並非像批判文章所說的庸俗不堪，後來陳的好友鄭天挺曾為陳的「處女」事件做過解釋和辯護）。

面對南北夾擊、圍攻、謾罵與威脅，一九五八年七月下旬，悲憤交加的陳寅恪以「義無再辱」的悲壯心境致書中大校長，提出兩點要求：

一、堅決不再開課，以免「貽誤青年」。

二、馬上辦理退休手續，搬出學校校園，以不見為淨，不聞為安，自躲一處著書立說，以不見不聞了卻殘生。

經過交涉，居家未能如願遷出，仍住中大校園東南區一號樓，但不再開課。自此，陳寅恪告別了三十二年傳道、授業的講臺，而自開設新課之後講了大半部的「元白詩證史」就此中輟。陳寅恪的身影於中大師生的視線內淡出，同時在整個新中國史壇上隱去。歸隱的陳寅恪用盡殘年最後力氣，專注於明末清初錢謙益與江左文人集團，特別是一代名妓柳如是的研究與寫作。陳氏後半生的命運與精神寄託，與明清易鼎交革之際，那段散發著歷史悲情氣息中的人物緊緊地維繫在了一起。

三、廟小神靈大

與陳寅恪南北呼應的是，此時身處北國的汪籛早已不是「又紅又專」的「黨內專家」和著名馬列主義新史學的帶頭人了。自他南下以「革命使者」身分勸說陳寅恪北歸任職無功而返，便失去了郭沫若等科學教育界高層人士的信任，同時被當局認為是三國時代盜書的蔣幹——兩面無功式人物，受到了學術界的普遍輕視。汪氏本人弄了個灰頭土臉，從政治的高空墜入低谷。而自郭沫若於一九五八年公開點名批判陳寅恪時候起，作為陳門弟子的汪籛隨之地位一落千丈，立即遭到了來自同一戰線革命戰友的批判和圍毆。面對突如其來的鉅變奇劫，汪籛精神受到極大刺激，身體一下子垮了下來，大病一場後，由一個一百五六十斤重的大胖子，一下子減為不足百斤。不但掉了五六十斤肉，還差點在倏忽中登了鬼錄——這是一個信號，此次的劫數，為他在七年之後含恨死去埋下了伏筆。

當「文革」風潮興起，汪籛這位早已失勢的原陳寅恪得意弟子，便落入造反派的「法眼」。歷史系的革命小將們特意在汪家的房門上貼上「封條」狀的大字報，以示警告，並有刁難、挑釁之意。翌日，當革命小將前來檢查時，發現大字報竟變成了幾塊碎片在地下飄搖。

關於這一變故有兩種說法：一說大字報是被風自然吹掉的；另一種說法是汪要出入房門而不得，盛怒之下便把大字報撕扯下來。憤怒的革命小將見狀，開始譴責汪出於仇視「文革」而故意破壞搗亂，企圖阻止這場轟轟烈烈的革命行動。事情很快告發到中央「文革」駐北大工作組，工作組主事者立即把汪找來，命令他當面向昔日的學生、今日的「文化革命」的「英雄們」認錯，並回去把大字報貼好復原。汪籛只得在造反派的看押下按工作組的要求一一照辦，但他的內心卻無法忍受「革命者」對自己這位「黨內專家」的羞辱。或許是「士可殺不可辱」的古老教義和內心的道德律在不斷敲擊著敏感脆弱的心弦，就在當天夜裡，汪氏壓抑了近十年的精神苦痛突然爆發，於不能自制和難以擺脫中打開家中備藏的殺蟲劑「敵敵畏」喝了下去（其時家人住城內）。未久，「敵敵畏」毒性發作，汪籛痛苦不已，開始在家中號叫並且以頭撞擊牆壁。鄰居於漆黑的夜幕中聽到隔壁突然傳出如此悽慘可怕的聲音，於恐慌中急忙招呼眾人前來施救。但汪顯然是去意已決，早已反鎖了家門，外人無法進入。當眾人把門強行撞開時，發現他早已氣絕身亡。這一天是一九六六年六月十一日，汪籛五十歲。

汪氏之死，開了「文革」中北京大學教授自殺的先例。他死後被工作組定為「畏罪自殺，自絕於黨和人民」的罪名。這個罪名並未阻止「自絕」者的步伐，更多的受辱者紛紛選擇了這條路。

事隔一個星期後的一九六六年六月十八日，北大校園內發生了著名的「六一八事件」。這一天，幾乎北大所有的黨政領導人都被定名為「走資本主義道路的當權派」，被揪上了「鬥鬼臺」。據一位目擊者事後回憶說，只見幾十名紅衛兵瘋狂地衝到中文系辦公室所在的「二院」，高聲斷喝：「把程賢策揪出來。」程是中文系黨總支書記，突然聽到這一聲喊，立即意識到大事不妙，衝出門外企圖逃竄，慌忙中竟衝進了一個女廁所。正在廁所中小解的一位女職員見狀，大驚失色，但一看老程滿面驚慌，又聽到外面紅衛兵們的怒喊，立刻明白過來，快速站起一邊勒著腰帶，一邊把程擋在身後，繼而衝到門口，試圖阻止革命小將闖入。小將們追至廁所門口不見程賢策的人影，又見女職員手抓褲腰帶站在門口神色慌張，立感其中有詐，不顧女職員的阻攔，硬是衝進廁所把程抓了出來。一群人蜂擁上前揪住程的頭髮，反扭胳膊，押進一間小黑屋進行「化裝打扮」，以便送上「鬥鬼臺」進行批鬥。

此時酷暑已經來臨，全體中文系師生被召集到北大辦公樓大禮堂，因有外系「革命者」紛紛前來「取經」，一個容納八百多人的大禮堂被擠得水泄不通。一時間，人聲鼎沸，議論紛紛。突然外邊一聲大喊，大堂內鴉雀無聲。緊接著一聲呼嘯，程賢策被一群紅衛兵簇擁著架上了高高的「鬥鬼臺」。眾人望去，只見程賢策已是全副武裝，頭上戴著一頂呈鋼盔狀的白色紙帽，臉上被潑了黑紅混合的墨水。身前身後糊滿了大字報，大字報上布滿紅叉，周邊散落著濃黑的墨汁，猶如一副生鏽的鎧甲。程賢策如同一個戰敗的逃兵，確切地說像一個犯罪後即將開刀問斬的奴隸——或許還不如，被勒令站在一條支鋪板床用的木質窄凳上，搖搖晃晃地接受批鬥。在一陣高過一陣的呼聲中，程賢策神情委靡，面如死灰，汗珠和著淚水，又伴著黑紅混合的墨汁順著面頰嘩嘩地流淌下來。未過多久，「撲通」一聲跌落於條凳之下，身旁的紅衛兵見狀，滿臉憤怒地一擁而上拳腳相加，繼而在一片革命口號的聲浪中，程賢策被連拖帶拉地押出禮堂遊街示眾。

同一天，已從批鬥程賢策的革命行動中取得「真經」的紅衛兵，又很快把中文系教授王力、吳組緗、王瑤、向景潔等抓來，推上「鬥鬼臺」。陣陣口號中，一學生從廁所找來一個大便紙簍，「嘩」地一下扣在中文系副主任向景潔的頭上，爾後以拳頭和棍子猛力抽打。一革命小將掄動銅頭皮帶，只幾下就把彎腰低頭、戰戰兢兢的王瑤打翻在地。幾乎與此同時，全校的「革命者」都行動起來開始四處抓捕漏網的教授進行批鬥。程賢策的連襟、北京大學生物系講師兼總支副書記胡壽文，被革命小將捕獲後，用一根繩子套住脖子拽倒在地，然後像農民莊稼地裡拖拉一個捆起的穀個子一樣拉著就走。胡氏被拖得血跡斑斑，幾乎窒息昏死過去，被抬到「鬥鬼臺」上時已奄奄一息。

「文革」中站「鬥鬼臺」式批鬥

這一天，北京大學各系共有六十多名教授被用各種野蠻的方式拉上了「鬥鬼臺」，遭受批鬥與毒打。因程賢策青年時代曾參加抗日青年遠征軍到緬甸作戰，被紅衛兵視為「深藏黨內的歷史反革命」和「深藏的蔣匪特務」，為了找到「特務」罪證，在程賢策被遊街示眾放回後，一夥紅衛兵又闖入他的家查抄，並把程賢策按倒床前，用席子捲起來毒打，逼其招供。程賢策被打得皮開肉綻，只能喘氣卻已無力說話，紅衛兵無功而返。據與程賢策同在中文系任教的女教員樂黛雲回憶：「這一天的革命行動終於告一段落，我們都被放回了家……我去小雜貨鋪買醬油時，突然發現程賢策正在那裡買一瓶名牌烈酒。他已換了一身乾淨衣服，頭髮和臉也已洗過。他臉色鐵青，目不斜視，從我身邊走過，我不知道他是真的沒有看見我，還是視而不見，還是根本不想打招呼。總之，他就是這樣從我身邊走過，最後一次！我當時默默在心裡為他祝福：『喝吧，如果酒能令你暫時忘卻這不可理解的、屈辱的世界！』」又說：「後來，我被告知我心中的那個歡快、明朗、愛理想、愛未來的程賢策就在我買醬油遇見他的第二天，一手拿著那瓶烈酒，一手拿著一瓶敵敵畏，邊走邊喝，走向香山的密林深處。」[23]未久，人們在香山的一棵樹下發現了程的屍體，程雙手摟住小樹的底部，滿臉透著死前掙扎的痛苦，身邊不遠處倒放著一只「敵敵畏」毒藥瓶。

程賢策斃命兩個月後的八月十八日，毛澤東身穿綠軍裝，佩戴紅衛兵袖章登上天安門城樓，接見來自全國各地約一百萬紅衛兵，再次表示支持「文革」和紅衛兵行動。此後，革命熱情越發高漲，暴力事件也隨之升級，有人被活活折磨死。八月二十四日，是北京紅衛兵暴力行動掀起大規模高潮並處於失控的最為瘋狂的日子，整個城裡城外大街小巷，四處竄動著抄家打人、燒毀文物、沒收財產，滿臉汗水與血汙混合的紅衛兵的身影。在北京西郊大學區，清華大學紅衛兵邀請清華附中紅衛兵出面，用大卡車裝了十二所中學的紅衛兵來到清華大學，一面撕毀清華校園裡出現的攻擊劉少奇等國家領導人的大字報，一面在清華和北京大學的校園裡開始對教授展開抄家與戮殺。造反派在北大燕東園的牆上用黑色大字寫上了毛澤東所說的「廟小神靈大，池淺王八多」，爾後加以發揮創造，又寫出了「北大王八多得腿碰腿」[24]等警句格言。

這一天，孤身一人住在燕東園三十號的北大西語系英國文學教授、曾昭掄夫人俞大絪被北大西語系紅衛兵揪著頭髮摔在地上，繼之拖到校內四十樓前的「鬥鬼臺」參加批鬥會。俞大絪被強迫跪在臺上接受批鬥。經過近一天的反覆折磨，俞大絪幾次昏倒在臺上，而造反派將其拖下去稍微緩解之後，又拖上臺繼續批鬥汙辱，直到傍晚才被釋放回家。未久，只聽「哐噹」一聲巨響，一群紅衛兵把門踹開，蜂擁而入。此時俞大絪躺在床上，處於半昏迷狀態，全身腫脹疼痛，動彈不得。紅衛兵見對方並不主動起身低頭彎腰向自己彙報請罪，認為是對革命小將的大不敬，盛怒之下把俞大絪從床上拉於地上，揪住頭髮往牆上亂撞，讓其交代罪行。俞據理力爭，並斥責紅衛兵私闖民宅、無法無天等。紅衛兵們索性把俞大絪按倒在地，幾人一起動手打她。俞大絪被打得滿地亂滾，哀號不絕，直至昏死過去，紅衛兵才將其家中的財產查抄，把值錢的東西裝上卡車拉走了事。

從閻王爺與小鬼的懷抱重新回到陽間的俞大絪，醒來時夜幕已降臨大地，想起經受的毆打與人身汙辱，悲不自勝，當天晚上在家中服安眠藥自殺——這是北京大學自殺的第一位女教授。

第二天，俞大絪冰冷的屍體被找上門來欲繼續將其弄到「鬥鬼臺」批鬥的紅衛兵發現，並報告中央「文革」北大工作組。工作組簡單了解了情況，向俞大絪的丈夫、時在武漢大學接受「改造」的曾昭掄拍發電報，限其三日之內回京處理妻子的屍體，若三日不到，則拉到焚屍場火化，骨灰揚棄，財產充公，房屋收回。曾昭掄接到電報，當場昏倒，醒來後速到學校黨委請示，但得到的答覆是不能回京。面對這一結果，曾昭掄無以宣泄心中的悲痛，只好獨自跑到校外一塊荒地，以頭拱地，面北而泣，直至淚盡泣血，昏死過去。

此時的曾昭掄已隱約意識到，隨著愛妻的慘死，自己的生命也將走到盡頭。

1965年5月，曾昭掄回京治病期間與俞大絪攝於北大燕東園。（引自「曾昭掄百年誕辰紀念文集」編撰委員會編，《一代宗師：曾昭掄百年誕辰紀念文集》〔北京：北京大學出版社，1999〕）

注釋

1《人民日報》，一九六六年六月四日。

2 周法高，〈記昆明北大文科研究所〉，《傳記文學》四二卷一期、二期（一九八三年一月、二月），轉引自王世儒、聞笛編，《我與北大：「老北大」話北大》（北京：北京大學出版社，一九九八）。

3 臺北中央研究院歷史語言研究所傅斯年檔案。引自鄭克晟，〈中央研究院史語所與北大文科研究所——兼憶傅斯年、鄭天挺先生〉，收入布占祥、馬亮寬主編，《傅斯年與中國文化》（天津：天津古籍出版社，二〇〇六）。

4 鄭克晟，〈陳寅恪與鄭天挺〉，收入中山大學歷史系編、胡守為主編，《陳寅恪與二十世紀中國學術》（杭州：浙江人民出版社，二〇〇〇）。

5 陸鍵東，《陳寅恪的最後二十年》（北京：生活・讀書・新知三聯書店，一九九六）。

6 竺可楨日記，一九五四年一月二十八日，科學院在政務院做報告時，周恩來總結說：「要團結一切愛國分子，如陳寅恪，要考慮科學家待遇」。可見外界傳毛澤東、周恩來等關注陳寅恪是有所依據的。參見陸鍵東，《陳寅恪的最後二十年》（北京：生活・讀書・新知三聯書店，一九九六），頁二一九。

7 浦江清，《清華園日記・西行日記》（增補本）（北京：生活・讀書・新知三聯書店，一九九九），一九四八年十二月十二日條。

8〈丙戌居成都五十六歲初度有句云「願得時清目復朗扶攜同泛峽江船」辛卯寓廣州六十二歲生日忽憶前語因作二絕並贈曉瑩〉，陳寅恪著，陳美延、陳流求編，《陳寅恪詩集》（北京：清華大學出版社，一九九三）。

9 陳寅恪著，陳美延編，《陳寅恪集・書信集》（北京：生活・讀書・新知三聯書店，二〇〇一）。最後諸人名由上到下分別是：馮友蘭、雷海宗、邵循正、周一良、王永興。

10 梁承鄴，〈從新發現史料看陳寅恪北上問題〉，《南方周末》，二〇〇六年三月二十三日。

11 陳寅恪著，陳美延、陳流求編，《陳寅恪詩集》（北京：清華大學出版社，一九九三）。

12 趙儷生，《趙儷生文集・籬槿堂自敘》卷五（蘭州：蘭州大學出版社，二〇〇二）。

13 馮友蘭，〈懷念陳寅恪先生〉，收入北京大學中國中古史研究中心編，《紀念陳寅恪先生誕辰百年學術論文集》（北京：北京大學出版社，一九八九）。

14 陳寅恪沒有回應范文瀾的示好，最大的一個原因是陳對范為人為學的鄙視，具體的事例可追溯到老范在延安時代主持編寫的《中國通史簡編》，亦即一九四五年七月傅斯年赴延安時，陳寅恪囑傳「向林、范諸人索取」的「中國史數種」之一種的歲月。這部《中國通史簡編》由毛澤東和中共中央直接指示范文瀾主持編寫。參編者共有七人，分別為謝華、唐國慶、佟冬、尹達、葉蠖生、金燦然、范文瀾，署名為「中國歷史研究會編」。一九四一年完稿，一九四二年在延安印行，一九四七年由新華書店正式出版。毛澤東曾對此做過高度評價，至一九五一年，《簡編》已先後印行了八版。以後范氏幾次對《簡編》重做修訂，並以個人名義再版，累計達數百萬冊，為當時中國大陸最有影響的中國通史。范文瀾在《簡編》中不但去掉了殷墟遺址發掘者的姓名與功績，且在書前〈研究中國歷史的鑰匙〉、〈論正統〉兩文中宣稱，以傳統士大夫統治為「亂」，以農民起義為「治」或「治」的原因；又以中國歷史上的所有王朝，尤其是近代以來的北洋軍閥及中華民國政府為「偽」，以農民起義，尤其以新政府為「正統」（胡文輝《陳寅恪詩箋釋》之「中國通史」）。此種顯然是顛倒正統歷史觀念，公然歪曲歷史事實，為現實政治服務的用意，引起蟄伏於嶺南的陳寅恪極大反感。除陳寅恪之外，許多正直的史家無不感到荒唐魯莽，著名學者宋雲彬於一九四九年七月二十七日在日記中記載：「范文瀾主編之《中國通史簡編》，經葉蠖生重加刪改（南按：葉擔任北京教科書編審委員會委員），權作高中本國史課本，交余做最後之校閱。范著敘述無次序，文字亦『彆扭』，再加刪節，愈不成話……」（宋雲彬，《紅塵冷眼：一個文化名人筆下的中國三十年》（太原：山西人民出版社，二〇〇二）。因了這部《簡編》作為中學課本在中國大陸地區風行，類似信口雌黃、顛倒黑白的所謂史學著作越來越多，且自認為真理在握，不可一世，陳寅恪的態度也由反感變為厭惡與憤怒。一九五〇年末或一九五一年初，陳寅恪在〈題冼玉清教授修史圖〉中表露了壓抑已久的憂憤之情。詩曰：

流輩爭雄續史功，文章羞與俗雷同。

若將女學方禪學，此是曹溪嶺外宗。
國魂消沉史亦亡，簡編桀犬恣雌黃。
著書縱具陽秋筆，那有名山淚萬行。
千竿滴翠鬥清新，一角園林貌得真。
忽展圖看長歎息，窗前東海已揚塵。

該詩「簡編桀犬恣雌黃」句中的「簡編」，自是指范文瀾的《中國通史簡編》。桀犬，典出鄒陽〈獄中上梁王書〉：西漢時吳王劉濞手下有一名叫鄒陽的文士，「為人有智略，慷慨不苟合」。吳王陰謀叛亂，鄒陽不願隨從，上書勸諫無望，便投奔梁孝王劉武。劉武心腹公孫詭等輩嫉妒鄒陽而不斷說其壞話。梁孝王聽信讒言把鄒陽關進監獄欲處極刑。鄒陽在獄中憤而上書梁孝王為自己辯白，書中列舉歷史上許多仁人志士被統治者猜疑甚至被迫害致死的事例，提醒梁孝王細察真情，重用賢才，不要冤枉好人。最後對梁孝王做了警告性提示：「今人主（梁孝王）誠能去驕傲之心，懷可報之意，披心腹，見情素，墮肝膽，施德厚，終與之窮達，無愛於士，則桀之犬可使吠堯，蹠之客可使刺由，何況因萬乘之權，假聖王之資乎！」此一典故，比喻奴才一心為他的主子效勞，同時不惜為自身利益而假借權勢剷除異己，壞人攻擊好人之意。另有各為其主之解，如馮夢龍《東周列國志》第三十六回：「當初奉獻公之命，去伐蒲城，又奉惠公所差，去刺重耳，這是桀犬吠堯，各為其主。」未久，陳寅恪又作詩〈有感〉，內有「一代簡編名字重」，亦指此事。

15 陳寅恪著，陳美延、陳流求編，《陳寅恪詩集》（北京：清華大學出版社，一九九三）。
16 周一良，〈從《陳寅恪詩集》看陳寅恪先生〉，《畢竟是書生》（北京：北京十月文藝出版社，一九九八）。
17 同前注。
18 陸鍵東，《陳寅恪的最後二十年》（北京：生活・讀書・新知三聯書店，一九九六）。
19 同前注。
20 陳寅恪著，陳美延、陳流求編，《陳寅恪詩集》（北京：清華大學出版社，一九九三）。

21 范文瀾，〈歷史研究必須厚今薄古〉，《人民日報》，一九五八年四月二十八日。

22 〈陳寅恪教授和「元白詩證史」〉，《史學月刊》一九五九年四期。

23 樂黛雲，〈「啊！延安……」〉，《絕色霜楓》（天津：百花洲文藝出版社，二〇〇〇）。

24 周一良，《畢竟是書生》（北京：北京十月文藝出版社，一九九八）。周一良時在北京東郊星火公社參加「四清」運動，「文革」爆發後回到北大。周說：「我一到歷史系所在的三院門口，就看見貼著對聯：『廟小神靈大，池淺王八多。』據說這兩句話來頭大，我當時只覺其庸俗，而且惡毒攻擊知識分子，頗為反感。以後這句名言竟發展成為什麼『王八多得腿碰腿』之類，益發令人噁心。」

第十二章

百年駒隙過如馳

一、中國人的原子彈之夢

一九四五年抗戰勝利後，曾昭掄受北大代理校長傅斯年委託，率先由昆明飛臨北平察看、接收原北大化學系實驗室、儀器設備與圖書資料，籌備復校事宜和化學系工作，這是北大、清華教授中第一位抵達北平者。之所以由曾氏首抵北平，並非由於他是曾國藩家族的後代，或脾氣古怪，別人惹不得，實與美國原子彈爆炸後在國人心目中形成的強大震懾力帶來的氣氛有關。

一九四五年八月，美軍向廣島、長崎投擲原子彈而迫使日本投降，這種新型核彈所爆發出的巨大威力，震撼了世界的同時也改寫了世界戰爭進程，人類進入原子時代。就在國人為原子彈對戰爭的作用與奧祕感到不可思議，在一片驚呼聲中大加讚譽又盲目推崇的時候，曾昭掄於日本向盟國正式舉行投降簽字儀式一個星期的九月九日，於昆明《正義報》發表了〈從原子彈說起〉一文，明確警示國民政府軍政人員與普通國人，對於原子彈的來龍去脈以及對未來國家安全的影響，必須有一個清醒而具常識性的認知。曾氏明確指出：「原子彈的引用，雖然不是使遠東戰爭急遽結束的唯一因素，至少對於迅速結束此次戰爭，具有莫大關係，那是不容否認的。日本人民，不幸成為此項新武器的試驗品。兩枚原子彈，炸死了幾十萬人。據今所知，廣島被炸以後，若干日內，人民繼續死去。到了今天，那一度聞名東亞的海軍基地與工業城市，完全變成了死城。地面一切生物，完全滅絕。只有天空飛來的老鴉來此憑弔往日城市的古蹟。科學家對於原子彈的幻想，似乎完全證實了一顆總重不過四百磅，含鈾僅只六兩重的原子彈，不但其爆炸力量相當於兩萬噸的高炸藥；而且炸過以後，因有放射元素的產生，其事後影響，對於生物，亦具有毀滅性……從此種觀點看去，原子彈的發明，的確在武器製造史上，開闢了一個新時代。」又說：「素來不講究科學的中國，這次也為原子彈的驚人功效所震眩。一月以來，街頭巷尾，茶餘飯後，不分老少，大家都在時常談論著原子彈，連蘇聯進軍東三省後進展如此神速的奇蹟，也為原子彈所掩蓋。」但是「我們必須記得，原子彈在美國之所以能發明，實乃半個世紀來世界上許多第一流科學家潛心研究原子構造所得到的實用結果之一。一般不懂科學的人，只知道提倡工業，強調實用，認研究純粹科學為迂遠與不切實際。哪知道劃時代的新發明與新發現，向來是從高深的學理研究演化出來。純粹科學之極端重要，在原子彈上即得到具體證明。」

最後，曾昭掄提醒國民政府當局：「戰敗後的日本，業已宣布以研究科學為教育主旨。他們是說得出，就做得到的。相反地，我們面臨此科學支配一切的世界，卻徒託之於空談。對於原子彈，也不過談談寫寫，並不從事實際研究……要想急起直追，此刻正是時候。要不然，恐怕機會就要錯過了。」

就在曾昭掄發表此文前後，有一個人也在為原子彈爆炸的神奇威力所震撼，並密切關注、蒐集這一神祕武器的情報。此人就是曾昭掄的郎舅，時任國民政府軍政部次長兼兵工署署長的俞大維。

俞大維由哈佛大學讀書時的數理邏輯研究，轉入柏林大學研究院後兼及文史，因同學中出了個後來成為他妹夫的「傅胖子」（斯年），感到在文史上無出頭之日，遂傾全力專攻數理邏輯與哲學。留德期間，俞大維聆聽過愛因斯坦教授的相對論等課程，學識大進。一九二五年，俞氏寫了一篇題為〈數學邏輯問題之探討〉論文，刊登於愛因斯坦主編的德國數學雜誌《數學現況》，由此成為在這一國際級刊物發表論文的第一個中國人。在該期刊發表論文的第二個中國人則是更年輕的華羅庚，俞華二人日後成為同道上的好友與這一緣分有一定關係。一九二九年六月，俞大維返國，未久出任軍政部參事。一九三〇年五月，俞氏第二次赴德，任商務專員，負責採購軍火裝備，專門學習軍事，包括兵器製造、戰役分析，尤其是彈道學。其間，俞大維用德文記錄了四十多本筆記，並自豪地說：「這兩年學到的比哈佛三年學的還多！」嗣後，俞大維成為彈道學專家，對原子核能的理論和運用信息也有所了解。

當美國原子彈在日本爆炸後，俞大維在中美聯合參謀本部參謀長魏德邁中將處，看到了美國關於原子彈研製的機密文件《史密斯報告》。與俞大維友善的魏德邁私下表示中國也可以研製這類超強威力的武器，並可派人到美國去學習。俞大維聞聽大喜，就此上報軍政部部長陳誠和最高統帥蔣介石。蔣對此自是大感興趣，遂令陳誠和俞大維負責籌畫組織這一關乎國防發展的重大計畫。俞大維受命，認為原子彈的研製最為重要的是物理、化學、數學三門科學，而這三科出類拔萃的人才都集中於西南聯大。於是，俞大維首先把目光集中到他最了解並有親戚關係的曾昭掄身上。

俞大維之所以選擇曾昭掄，除了與曾家有世代姻親，且自己的胞妹俞大絪嫁給曾昭掄之外，更重要的是作為國內一流化學家的曾昭掄，已進行了多年烈性炸藥和利用炸藥製造武器的研究，並於一九四三年發表了〈新型炸藥發明的可能性〉等論文，一九四四年出版了《火箭炮與飛炸彈》專著。而此時曾氏正在進行原子核能的研究，並撰寫《原子與原子能》一書，對原子核能已有相當深刻的理論研究。另一個原因是，曾昭掄對軍事與軍事理論有著天然的興趣。抗戰軍興，曾氏在從事教育與科學研究的同時，以充沛的精力和熱情研究軍事戰略，對中日戰爭，盟軍與德義法西斯軍隊的戰事，從武器裝備、戰略戰術、諸位將領的特長與弱點、各國軍民士氣等方面，發表了大量軍事評論。到抗戰結束，在各種報刊上發文達兩百篇以上，其中〈從軍事技術上推論歐洲戰局〉、〈現代戰爭中的武器〉、〈歐洲第二戰場〉等三篇軍事評論轟動一時，並給西南聯大師生和重慶方面的軍政要人留下了深刻印象。

一位叫汪子嵩的聯大哲學系學生，許多年後在回憶他的老師沈有鼎的時候，涉及曾昭掄並有一段頗具趣味的描述，汪說：「沈有鼎先生是聯大教授中幾位『怪人』之一。他和化學系的曾昭掄先生在外貌上相似：都戴著一副近視眼鏡，頭髮和鬍子總是邋邋遢遢，老是穿一件洗得已經發白的藍布長衫，有幾個扣子沒有扣上，腳上穿的布鞋，不但破破爛爛，有時還沒有穿好，似拖著走路；而且一面走路，面上總有點像是微笑，口上喃喃自語，顯然是自己在思考問題。他們的不同是：沈先生走路不慌不忙，老是在思考哲學問題；而曾先生卻走得匆匆忙忙，他是有名的民主教授，在每次民主集會上都發表講話，當然不是談化學，也不談政治和經濟問題，而是講軍事。他對當時抗戰的軍事情況了解得非常清楚，談起來像個軍事專家。曾先生是曾國藩的後裔，頗得祖傳遺風。」[1]

與曾國藩的實戰經驗或《曾胡治兵語錄》不盡相同的是，曾昭掄在他的軍事理論演講

俞大維

中，以一個傑出科學家的眼光，特別指出戰爭的進程將隨著科學技術的進步而進步，這種進步更多體現在日益發展的武器裝備上，謂：「現代戰爭，乃是科學的戰爭，在其他條件約略價等的情況下，誰在科學上占得優勢，哪個國家就會勝利，已成一定不移的真理……要談戰爭，就得明瞭作戰時所用的武器。」又說，隨著「時代變遷、科學進步」，投入戰爭中的武器將「在構造上愈來愈複雜，在種類上愈來愈繁多，在功用上愈來愈新奇」。而「這次大戰中戰爭技術的主要進步……就是運用已有武器配合新發明或改良的戰術而進行戰爭」。[2]

隨著戰爭的進展，曾昭掄對戰爭的研究越發精深，並不乏出神入化的篇章問世。一九四四年六月，當盟軍近三百萬大軍雲集歐洲西線戰場時，曾氏正確預測了盟軍將在諾曼第登陸的具體位置，而預測的登陸時間僅比實際相差不到一個晝夜。一九四五年一月，曾昭掄作為國際軍事問題專家應昆明《正義報》做「新年五問筆談」訪問，明確回答：歐洲戰事將於「上半年結束」。同年五月，曾氏在談到盟軍何時進攻日本時，認為「最早當在今年八九月，遲至則可延伸到年底。但是攻勢一旦展開，戰爭的結束，也許並不在遠」。屆時「蘇聯在遠東參戰，也開始成為可能」。[3]曾昭掄這一預言，引起了軍政當局和知識分子高度關注，戰爭的實際進程，很快證實了這一預言的正確，因而曾氏成為當時知識分子中最著名的軍事問題專家之一，《燕京新聞》對此專門做了評價：謂曾「雖為一個化學家，但對於政局、戰局的分析和綜合，都可以與任何專家媲美」。[4]

此處需要特別說明的一點是，在當時的西南聯大與其他機構的知識分子階層，談論戰爭與撰寫戰事評論者並非曾昭掄一人，而是有相當的一個群落，且各抒己見，大談特談，一時間出了許多大大小小的以「臥龍」與「鳳雛」自稱的軍事戰略理論家，傅斯年就是一個。當然，這些「臥龍」與「鳳雛」也有走眼跑光的時候，據時在昆明的北大文科研究所研究生任繼愈回憶說，西南聯大法學院一位教授在昆中北院做世界形勢報告，分析德蘇兩國會不會開戰的問題。按這位教授的分析，二者不會開戰，理由有四。這位教授先講了兩條，中間休息二十分鐘。恰好這時街上的報童在門口叫喊：「號外，號外，德蘇開戰了！德蘇開戰了！」主講人頗為尷尬，宣布下半段不講了，夾起包袱一走了之。

按任繼愈的說法：「世界風雲變幻莫測，一介書生僅僅根據報刊、文獻提供的有限信息資料去做判斷，結論有誤完全可以理解。後來二戰記載德國出兵進攻蘇聯，連史達林還判斷失誤，何況遠離實際的東方學者？」[5] 任氏之說自有其道理，但從另一個側面也說明做一個真正的「臥龍」或「鳳雛」式人物並不容易。當年在南陽隆中這塊地盤上耕種的民眾或鄉村知識分子，恐怕不止諸葛亮一人，但對天下大勢的認知和對形勢演變發展的預測，能與諸葛氏抗席者卻罕有其匹。以此推之，當時蝸居西南邊陲昆明城的曾昭掄，對軍事的研究確實有他的過人之處。

正是緣於天時地利人和等諸種條件，在如何研製原子彈這一關乎未來戰爭和國防建設的重大問題上，俞大維才把曾昭掄列為實現這一計畫的首要人選。

曾昭掄被俞大維電召重慶，談了欲派人赴美學習研製原子彈之事，曾氏聽罷異常興奮，開發原子武器正是自己的心願，如今有此機會，自然樂意效勞。根據俞和曾昭掄的意見，這些人才不應在中央研究院內部尋找，也不要在重慶的中央大學搜尋，最好還是把目光放在西南聯大，因為就物理、數學、化學三科而言，抗戰之前，北大、清華的理科在全國名列前茅，西南聯大組成後，其陣營更是強悍無比，在學術界的地位可以說是獨占鰲頭，其他院校和研究機構無法與之匹敵。此點，物理學家吳大猷曾做過披露：抗戰期間，清華、北大、南開共同組成西南聯大，物理系陣容非常強大。其中不僅有清華的葉企孫、吳有訓、周培源、趙忠堯、王竹溪、霍秉權，北大的饒毓泰、朱物華、吳大猷、鄭華熾、馬仕駿，南開的張文裕以及許貞陽等人。其中最令人矚目

1919年，葉企孫（二排左六）與在美國芝加哥大學的中國留學生合影。（葉銘漢提供）

也是資格最老的兩巨頭是葉企孫與饒毓泰。葉饒二人以及胡剛復、丁燮林、吳有訓、嚴濟慈等，皆是二十世紀二〇年代最早由海外返國的留學生，可謂是中國第一代響噹噹的物理學家。而這第一代中，尤以饒葉二人地位和威望最高，屬於恐龍級的「學術權威」，是中國物理學領域內有資格稱奠基人的「雙雄」，或曰「雙子星座」。其次才是「鱷魚」、「海龜」級如丁、吳、嚴，另加第二代的吳大猷、周培源、趙忠堯等人，而第二代的物理學家多出自上述諸人門下。在學生輩中，有楊振寧、黃昆、李政道、胡寧、林家翹、張守廉、黃授書、李蔭遠等，這一批學生在未來歲月裡，又成為承繼一、二代老師精神和業績，並有所創新和發展，繼往開來的世界級物理學家。對此，吳大猷後來頗為自豪地說，西南聯大八年，「遇見這樣的『群英會』，是使教師最快樂的事」。[6]

正是緣於這樣一種其他機構罕有其匹的強勢地位，曾昭掄於西南聯大推薦了物理學教授吳大猷、數學教授華羅庚兩位一流的科學家。在得到陳誠和蔣介石認可後，曾昭掄很快回昆找吳華二人密談。未久，三人來到重慶，在陸海空三軍招待所祕密住了下來。

當此之時，全國教職人員都處於貧困之中，根本無力添置衣服，其穿戴頗為一般官僚政客和追名逐利之徒所鄙視，連街頭叫化子都知道教授沒有錢，每遇到教授模樣的人，叫化子們都懶得伸手討要，只翻個白眼故作瀟灑狀、吹著口哨揚長而去。曾吳華三人中，只有吳大猷打扮得略微得體，儘管衣服外套已穿了幾年，總體上還算說得過去，而曾華二人就大不同了。曾昭掄仍是邋邋遢遢，趿拉著鞋子走路，一副滿不在乎的名士派頭。華羅庚衣履破舊，穿戴也算不上整齊，且走起路來依舊在地下不斷畫圈。三軍招待所守門的衛兵與服務小姐們突見住進了如此怪模怪樣的三位「大爺」，不但不放在眼裡，有時還滿臉鄙視地故意找點麻煩，以彰顯自己作為小鬼在閻王殿的特殊地位，三位衣衫破舊的「大爺」也只是乾生悶氣而無可奈何。想不到幾天之後，陳誠與俞大維攜眾隨員前呼後擁地來訪，兩位高官對三位教授禮遇有加，衛兵與服務人員大吃一驚，雖弄不清面前這三位「大爺」是多高的官銜，但顯然不是一般人物，遂立即轉變態度，將三位當作來路不明的一方神聖供奉起來。

曾吳華三教授與陳俞兩位部長商談後初步達成共識，即曾昭掄此前已撰文論述的，像原子彈這類事情，實乃半個世紀來世界上許多第一流科學家潛心研究原子構造所得到的一個碩果。中國要想研製原子彈，不是找幾個科學家貓在一間屋子裡，用幾天或幾個月時間就能造出來的。落後的中國人才缺乏，任何計畫，必須從科學的根本做起，具體做法是：一，成立研究機構，培植各項基本工作人才；二，初步可派物理、數學、化學人員外出，研習觀察近年來各部門科學進展情形，擬一具體建議，計畫籌建一研究機構，即時選送優秀青年數人出國，習物理、數學等基本科學。[7]這個方案很快得到蔣介石允准，由曾吳華三人各選兩名可堪造就的青年人才共同赴美，並撥發五十萬美元作為這一計畫的前期資金。這一行動的代號是「種子計畫」。

計畫既定，三教授分別做出國考察準備並挑選隨行的青年才俊。曾昭掄挑選的是西南聯大化學系一九四二年畢業聘任助教的唐敖慶和一九四五年畢業聘任助教的王瑞駪；吳大猷選的是一九四五年西南聯大物理系畢業聘任助教的朱光亞和正就讀物理系二年級的學生李政道；華羅庚選的是一九三九年西南聯大數學系畢業聘任助教的資深助教孫本旺和一九三五年畢業於清華大學數學系、時在美國布朗大學攻讀的徐賢修。

據吳大猷回憶說：「返昆明後，我告冠世一切經過。談到推選青年習物理者兩人時，冠世和我皆不猶豫地選擇李政道。當時在西南聯大的研究生及助教中，天賦勤奮未有如李的(楊振寧已考取清華留美，黃昆考取中英庚款留英)。」[8]吳氏所說的冠世乃阮冠世，原是南開大學物理系學生，吳大猷曾當過她一年級的教員，後二人戀愛結婚並雙雙赴美深造，抗戰軍興，阮氏隨夫來到昆明。從阮氏堅定的話語看，她對李政道的才華是有所了解並頗為賞識的。未久，吳與清華物理系位居第一把交椅之尊的葉企孫商量，得到葉的支持，旋得到校長梅貽琦批准。對於這一選擇，在聯大校園內引起一場波瀾。像這等出國留學的好事，竟被一個本科還沒有畢業的學生搶了鋒頭，著實令一些人心中不服。但此事不同於一般的庚款放洋，吳大猷手握先斬後奏的「尚方寶劍」，有絕對自主的權力，因而不服者也只能在嘰嘰咕咕一陣後歎息自己命薄了。後來李政道在參加上海敬業中學舉行葉企孫誕辰一百周年的紀念大會上說道：「葉師破格推薦當時只念大學二年級的我去美國讀博士生……沒有葉老師和吳大猷老師，就沒有我後來的科學成就。」[9]這話當是不差的。

人員既定，曾昭掄先期赴美聯繫有關事宜，吳大猷召集上述幾人加速講授近代物理，一方面著手翻譯俞大維交來的絕密文件《史密斯報告》，由唐、王、朱、李、孫等五人分頭翻譯，吳大猷統校修改，完畢後送軍政部存檔，只是後來未及出版，內戰爆發，此稿下落不明。此雖屬後來之事，但足可見出國民黨要員們辦事之劣與丟失大陸之一斑。

一九四六年六月，吳大猷奉朱家驊之命，代表中央研究院赴英國參加英國皇家學會舉行牛頓三百周年誕辰慶祝會。同年八月，由華羅庚率領唐敖慶、王瑞駪、朱光亞、李政道、孫本旺等五位青年才俊赴美，到加州大學與先期抵達探路的曾昭掄會合。此時，曾昭掄已被推選為聯合國原子能管理委員會中國代表。九月，吳大猷由英轉美，與曾昭掄、華羅庚及隨行赴美的幾位研究生會合，共同商討考察進修辦法。此時曾昭掄已透過關係了解到，美國對原子彈的研製過程被列為絕密，中國人到有關研製機構和工廠去學習考察已不可能。此前的一九四五年末，楊振寧獲取庚款留學美國，想成為芝加哥大學教授恩利克・費米（Enrico Fermi）的研究生，但沒有人能告訴他費米在哪裡，因為費米是世界上第一座可控原子核裂變鏈式反應堆的建造者，行蹤保密。早在一九四二年十二月二日，費米與其助手即在芝加哥大學建成世界上第一座可控原子核裂變鏈式反應堆，使它達到臨界狀態，產生可控的核裂變鏈式反應。這一成就是原子能時代的一座重要里程碑，為兩年後的原子彈誕生奠定了基礎，芝加哥大學因此被稱為「原子能誕生地」。

鑑於現實情況暫時不可扭轉，曾昭掄建議眾人分別選擇合適的大學或研究機構進修或從

1992年6月1日，吳大猷（左）與李政道共同出席北京國際流體力學與物理科學討論會時留影。

事外圍研究。在得到國民政府當局同意後，曾昭掄等師生分頭行動，陸續進入不同的大學和科研機構潛心學習，以圖將來。華羅庚去了普林斯頓高等研究院任客座教授；朱光亞進入密西根大學研究生院，後獲得博士學位；唐敖慶進入哥倫比亞大學化學研究院，後獲博士學位；王瑞駪進入華盛頓大學，後獲博士學位；孫本旺進入紐約大學柯朗研究院，後獲哲學博士學位。

在華羅庚率領赴美的五位青年才俊中，唯獨李政道有點麻煩。據吳大猷回憶說：「我沒有辦法把他推薦給任何一個大學的研究院，因為他大學還沒有畢業。我寫了幾封介紹信，其中有一封是寫給戈德斯米特（Coudsmit）教授的。那個時候，他在西北大學（North Western University），當然我寫了幾句關於年輕的李政道的話。我說，李政道是那樣的聰明，我發現他對於解決問題簡直有著不可思議的洞見、看法。總之，我希望能提供一些幫助，以便讓李政道能進入研究生院。」[10]此時的李政道雖然入學受阻，但沒有放棄努力，他堅信在這樣一個神奇的國家，只要不放棄努力就一定會有成功的希望。皇天不負苦心人，幾經周折，終於獲取進入芝加哥大學試讀的資格。對於這一關係李氏一生命運轉折並對世界物理學發展產生影響的關鍵點，李政道記憶猶深。許多年後，有這樣一個簡短的回憶：

芝加哥大學是個例外，她能夠接受沒有正式文憑的學生，但是有一個要求：該生必須熟讀過希欽（Hitchin）校長指定的幾十本西方文化的古今名著，並通過對這些名著的考試。可是當時的我，連對這些名著的書名和作者都完全空白，我向芝加哥大學招生辦公室的負責人解釋：我對東方文化的名著孔子、孟子、老子等的學說尚有造詣，而這些東方名著與希欽校長指定的書文化水準相當。他們信了，覺得這也有其道理，就讓我先進芝大的研究院試讀。兩個月後，芝大物理系的系主任替我爭取，這樣，我就被正式錄取為研究生。[11]

對於李政道這一說法，與其同赴美國的朱光亞在回憶中進行了間接的證實。朱說：

日本投降後，一九四六年吳大猷老師得到了一筆經費出國研究，可有兩名研究生隨行。吳先生選了政道和我。當時政道雖已具備很好的經典和近代物理基礎，但名義上還只是大學二年級學生。到芝加哥大學後，他因沒有大學文憑（其實因抗戰，他甚至連中學和小學也沒畢業），不能當正式研究生，只能先當非正式生。但進入研究院不久，由於他的天才和勤奮，很快得到了物理系費米（E. Fermi）、特勒（E. Teller）和札古賴亞森（Zachariasen）等教授的賞識，很快成了正式的研究生。[12]

就在李政道進入芝加哥大學的時候，楊振寧已提前幾個月進入了這所現代物理學「聖地」，從事學習和研究了。因而，記住曾昭掄、吳大猷、華羅庚三位科學家率領這批青年才俊赴美學習、研究，以及先前到達的幾位中國留學生菁英這段曲折的求學歷程就顯得極其重要。因為這一有計畫、有組織的行動，不僅是國民黨原子彈「種子計畫」的開端，更是新中國原子科學史上的重要篇章，後來中共領導下的科學家在西部大漠引爆原子彈，真正的源頭就是從這裡開始的。

一九四七年四月二十一日，時任國民政府國防部部長的白崇禧建議設立「中央原子物理研究所」，同時增加「國立物理科學所」的相關研究設備，要求撥給經費一百四十餘萬美元，外加第一年補充設備費一百萬美元。此時國共內戰已經大規模爆發，國民政府無力拿出大把的銀子換取遙遙無期的核武器，於是，蔣介石親筆批覆白崇禧的簽呈：「目前國庫支應浩繁，外匯亦須節用，所請設立原子物理研究所一案，似應緩辦。」[13]未久，國共戰局越來越不利於國民政府，「緩辦」二字為蔣介石在大陸統治期間研製原子彈的夢想畫上了一個無奈的句號。

就在曾昭掄、吳大猷、華羅庚等師生赴美國之前，中央研究院欲籌設原子物理研究所，並委託原西南聯大物理系教授趙忠堯赴美參觀在太平洋比基尼小島舉行的原子彈爆炸實驗，同時令趙想方設法購置研究原子核子物理的器材。

在第二代物理學家中，趙忠堯算是一個異數和少有的天才，也是離諾貝爾獎最近、幾乎觸手可得的一人。對於趙的傳奇性經歷，吳大猷曾特別惋惜地說過：「趙忠堯在三〇年代初，在加州工學院從事硬γ線的吸收研究，此項工作極為重要，為後來安得遜發現正電子的先河，惜失之交臂。」[14]在西南聯大時代，趙忠堯用由北平帶出來的五十毫克鐳，做了些人工（中子）放射性元素實驗，雖然成就不夠理想，確是代表了一種「知其不可為而為之」的精神。正是緣於趙氏非凡的才氣與精神，中央研究院才派其赴美欲成就一件「大事因緣」。

趙忠堯抵美後，歷盡千辛萬苦，經過兩年的努力，終於弄到了一批器材，此時已是一九四八年底，南京國民政府即將土崩瓦解。趙忠堯決定暫留美國，靜觀待變。一九五〇年十一月底，趙忠堯衝破種種阻撓，終於途經香港回到了祖國，只不過此時整個大陸已是共產黨的天下了，國民黨的大筆金錢算是為共產黨盡了義務。幾年後，趙氏利用從美國帶回的器材和零件，主持建成了第一臺七十萬電子伏的質子靜電加速器。一九五八年又主持研製成功了兩百五十萬電子伏的質子靜電加速器。這兩項研究的成功，為中共在不長的時間內引爆原子彈並發展核工業建立了頭功。至於後來大陸媒體和民眾談到物理學與原子彈，言必稱「三錢」（南按：錢學森、錢三強、錢偉長。實則錢偉長沒有參加原子彈和「兩彈一星」的研究），又是另一番天地的事了。

隨著蔣介石政府在大陸的瓦解，當年派往美國實施「種子計畫」的人員也隨之星散，曾昭掄赴歐洲訪問，其他人員也在變換調整自己的角色。一九四八年，曾昭掄、華羅庚、吳大猷三人均被選為首屆中央研究院院士，繼而國共兩黨除了於戰場上指揮各自的官兵真刀真槍地互相砍頭，還動用一切能夠利用的力量，想方設法展開了對海外高級知識分子的爭奪。曾昭掄率領的「種子計畫」全部人員和趙忠堯等滯留國外人員，連同一切與核能研究相關的研究人員，更是被國共兩黨看作決定未來兩黨政權能否在中國立足的「國寶」，為此展開的爭奪也就分外劇烈。最後的結果是：曾昭掄、華羅庚、唐敖慶、朱光亞、孫本旺返回大陸；吳大猷、李政道、王瑞駪、徐賢修留在海外。十幾年後，回到大陸的朱光亞、趙忠堯等科學家，與錢三強等另一個支系的海外回歸人員合作，最終為中共政權研製成功了原子彈。而臺灣方面在祕密研製過程中，因受現實政治、環境等限制並在美國的打壓下，「種子計畫」功敗垂成，最終夢碎孤島。[15]

隨著時間的推移，留美的李、王、徐等三人皆被陸續選為臺灣中央研究院院士，吳大猷曾一度出任臺灣中央研究院院長，徐賢修出任臺灣新竹清華大學校長。當時未做其他非分之想，更未想在國共兩黨統治的地盤上升官發財的李政道與王瑞駪兩位既有心機、又有骨氣的硬漢，堅決拒絕國共兩黨的統戰工作，懷揣造福人類、推動人類文明進步，而不是相互砍頭、剁腳、割喉、封口的夢想，鐵釘一樣牢牢地扎在美國這塊自由的土地上，於幾間小屋裡埋頭研究學術。一九五六年，李政道與楊振寧共同提出了「弱相互作用下宇稱不守恆」理論，並得到了另一位中國赴美的實驗物理學家吳健雄女士的實驗證明。隨著這一偉大成果橫空出世，李政道與楊振寧於一九五七年共同獲得諾貝爾物理學獎，受到世界矚目。一九七〇年，先後任教於耶魯和紐約州立大學的王瑞駪被選為美國藝術與科學院院士。就整個二十世紀而言，李政道、楊振寧、王瑞駪等三人，外加一個金岳霖弟子、哲學家王浩，是西南聯大走出去的學生中真正具有國際影響且對人類科學文化事業做出傑出貢獻的偉大學人。李、楊、王、王等四人，稱得上是當之無愧的西南聯大學生的「光榮代表」。至於其他學人，有的也做出突出貢獻，特別是中共實際控制大陸後，負責製造軍火如原子彈、氫彈的一批科學家，其在大陸普通民眾和中小學生心目中的地位，完全超過了李政道、楊振寧、王瑞駪、王浩，似乎成了科學家隊伍中最偉大光榮的代表人物。這樣的社會認知與聲譽，對一批赴美留學，回國後製造軍火者當然是一件幸事，但就整個世界人類文明和進步而言，幸與不幸，還有待時間的檢驗。

此處需要略加補充和提及的是，當年比李政道早幾個月進入芝加哥大學的楊振寧，沒有成為費米的研究生，倒是李氏有幸成為在物理學界號稱「偉大的費米」的研究生之一。在二十世紀的諾貝爾物理學獎獲得者中，其中不少是與費米共同合作的夥伴，或者是他直接指導過的學生。僅在芝加哥大學期間，費米直接指導過的學生就有五位諾貝爾獎獲得者，李政道是其中之一。因一九五七年李政道與楊振寧共同摘取諾獎桂冠，在外界宣傳上，楊也就躋身費米學生的行列（南按：據統計，截至二〇〇七年，芝加哥大學是世界上斬獲諾貝爾獎最多的學校，該校的教授、研究人員、學生獲諾貝爾獎的人數達八十一位，其中包括楊振寧、李政道，還有一位來自中國河南寶豐縣，於一九六七年進入該校就讀，一九九八年獲物理學獎的美籍華人崔琦）。如此這般，楊振寧是否是費米的學生，以及「宇稱不守恆」理論這一假設是誰最先提出，誰是諾獎的主角，誰是配角等問題，為日後李楊二人的分裂直至成為相互攻伐的寇讎埋下了種子。當這枚仇恨的種子在世道人心的大變動中生根發芽後，李楊雙方各執一詞，互不相讓，且把老師吳大猷也間接地捲入其中。李楊二人在你來我往的攻防中，來了個「公說公有道，婆說婆有理」，而吳大猷在尷尬無奈中，落了個「兩姑之間難為婦」的結局。當然，這是後話，不說也罷。[16]

二、一個有志和有趣的人

一九四八年底，由美國轉入歐洲考察、講學並一直做著製造原子彈之夢的曾昭掄，見事不可為，又聞國內戰火正盛，決定偕夫人俞大絪歸國。俞大絪於一九四六年由任教的中央大學赴哈佛大學進修，後隨曾昭掄赴歐洲訪問。既然國內國際形勢如此，自是不便久留國外，遂於一九四八年一月二十三日抵達香港。

抵港後，曾昭掄給仍在美國就讀的弟子王瑞駪發去一函，謂「原擬即返北平。到此得悉東北華北局面異常緊張，友人堅勸勿行，乃暫時留下，再做第二步打算」。同時叮囑王：「為弟前途計，畢業後宜設法繼續留美讀書或做事，四五年後再回國，如此局面方可望平定。」[17]其間，已遷往臺灣的陳誠、俞大維等人，給曾昭掄安排了一個「飼料公司」（實為核研究機構）經理的職務，並催其速赴臺北就職，以便繼續進行「種子計畫」的研究。中共方面得此情報，加強了對曾的「政治思想工作」，經過中共地下人員和民盟在港人員一番循循善誘的開導，曾昭掄決定拋棄臺灣的親友，堅決回到大陸，投入共產黨的懷抱。隨著中共翻盤，江山易色，曾氏所期待的弟子王瑞駪沒有步他的後塵回歸大陸，而是永遠留在了美利堅的土地上。

一九四九年三月十九日，國內大局已定，由中共領導人周恩來祕密派人接應，曾昭掄獨身一人乘船返天津（時俞大絪母親在港醫院治病，俞服侍未歸），三月二十七日到達北平，重返北京大學。由於曾氏自身具有的特殊分量和威望，根據中共此前的許諾，曾昭掄的腳步剛剛踏進北大之門，即被任命為化學系主任兼北大教務長、校務委員會常務委員，實際權力和地位與此前掌控清華的吳晗不相上下。

一九五一年，根據此前中共許諾的對勝利成果分配方案，民盟的一幫大老如章伯鈞、羅隆基、史良等輩，皆出任正部長或正部級政府高官大員。作為民盟主要成員之一的曾昭掄，被當局任命為教育部副部長兼高教司司長，這個官帽與民盟另一位重要成員吳晗出任的北京市副市長同等級別。既然勝利果實是大家共同鬥出來或打出來的，在分封加賞的檯面上，也要盡可能做得公允、公平，以展掌權者的懿德嘉行，也落得個皆大歡喜。一九五二年十一月十五日，根據蘇聯老大哥的教育模式，政務院教育部分設出高等教育部，曾昭掄出任高教部副部長。一九五五年，中國科學院化學研究所籌備工作完成，曾氏兼任該所所長。此時的曾昭掄在政治上達到了一生的頂峰，在生活上也是一生中最為得意的時期。

當曾昭掄實際掌控北大的一九五〇年，夫人俞大絪已由香港返回北平，出任燕京大學西語系教授。一九五二年院系調整，轉入北京大學西語系講授英國文學，與她的胞姐、北大西語系教授俞大縝同臺授課。一九四八年底，國民黨政府於淒風苦雨中組織「搶救學人計畫」時，俞大維特別關心在北大西語系任教的俞大縝。傅斯年曾專門致電負責搶運事宜的北大祕書長、老同事鄭天挺，特別提到指揮飛機調度的俞大維甚掛念仍在北平的妹妹俞大縝，在電報中明確表示「乞兄務必問她一下，給她一個機會」，[18]讓其隨機南飛。當鄭天挺把電文轉達後，俞大縝卻謝絕了其兄的盛意，拒絕南飛，表示要留在北平等待改天換地的新時代到來——她如願以償，新中國成立後得以與胞妹俞大絪在北大雙雙登臺講授英國文學。更令俞家姐妹感到開心和溫暖的是，隨著曾昭掄戴上高教部副部長的官帽，按照中國「論官行賞」的特色，曾昭掄、俞大絪夫婦搬入北大燕東園居住並有了一個單獨的院子。因曾俞二人是姑表親結婚，怕生下孩子後會有遺傳性殘疾，故一直未生育小孩，總是兩口之家。因曾氏夫婦房舍寬敞明亮，離異的俞大縝成為曾家的常客，並一度當作自己的家與曾氏夫婦共同生活。在這個流動著激情和浪漫的環境中，每於八月夏季的夜晚，天空銀河閃耀，繁星點點，在院中蕩漾著青春生命的草地上，大批親朋故舊、師生好友和蘇聯專家前來拜訪並受到熱情招待，曾俞夫婦在此度過了一段溫馨難忘的歲月。其間，像南京博物院的曾昭燏一樣，俞氏姐妹也受命通過廣播電臺向臺灣喊話，對她們的哥哥、時任臺灣國民黨國防部長的俞大維做「統戰工作」。曾昭掄還奉命與俞大絪、俞大縝，以及俞大維的胞弟、美國愛荷華州立大學博士、著名植物病理學與微生物學家、中央研究院首屆院士、時任北京農業大學校長的俞大紱及家人，於燕東園自家小院的草坪上，照了一張看上去很幸福美滿的合影交給當局，說是透過某種管道傳到臺灣俞大維手中，爭取其「覺醒」和「反正」，棄蔣投共，回到人民的懷抱云云。只是這樣的日子好景不長，未過幾年，曾、俞夫婦就稀里糊塗地踏進了鬼門關。

一九五七年七月，曾昭掄因「反黨反社會主義的科學綱領」的「六教授事件」被打成右派，隨即撤銷本兼各職，停止工作，自謀生路。與一般政客和官場的混混兒不同的是，對於曾氏來說，撤銷職務對他並不是多麼沉重的打擊，他一生最看重的還是學術生命。在曾昭掄去世之後發表的一些回憶和紀念文章中，多數人把曾氏描繪成一個沉默寡言的人，平時很少與人交際，只是專心治學，有時簡直是到了著迷程度的書呆子，對於治學之外的事情常常心不在焉。如潘光旦對費孝通說過曾昭掄的一件事：「一次天空烏雲密布，他帶著傘出門，走了不久，果然開始下雨，而且越下越大，衣服被淋濕了，他仍然提著那把沒打開的傘向前走，直到別人提醒他，才把傘打開。還有一次在家裡吃晚飯，他不知怎地，心不在此，竟拿煤鏟到鍋裡去添飯，直到他愛人發現他飯碗裡有煤炭，才恍然大悟。至於晚上穿著衣服和鞋襪躺在床上睡覺是常事。」[19]費孝通進一步補充說：曾昭掄幹起事業來，連家都不要的，有一次「他回到家裡，家裡的保母不知道他是主人，把他當客人招待。見曾先生到晚上還不走，保母很奇怪，鬧不明白這個客人怎麼一回事」。[20]另據俞大縝晚年回憶說：「在我近八十年的生涯中，還未見過有他那樣專心治學的人。他

曾昭掄夫婦與俞大紱一家攝於北大燕東園曾家。前排中間為俞大紱，後排左二站立者為俞大紱夫人陳昭熙（曾昭燏親表妹），前排右二為俞大縝（戴墨鏡者），左右分別為俞大絪與曾昭掄。（俞啟平提供）

用功到了精神非常集中的程度，以致有時竟像一個『傻子』。記得有一天，我從北大回家，路過沙灘前，只見昭掄站在紅樓前面，面對著一根電線桿子，又點頭，又說又笑，過往行人不勝駭然。我走近他身邊，他也不理我，仔細聽他說話，原來他在和電線桿談化學哩……我同院鄰居一位老先生，曾在北大當過職員，他對我說過：『你那位親戚曾昭掄有神經病，我親眼見他對著紅樓前的木柱說話。』」[21]

《詩．王風》有云：「知我者謂我心憂，不知我者謂我何求。」若說曾昭掄有神經病顯然是「不知」之故。與曾氏同為「六教授事件」當事人之一的費孝通，算是對曾氏的思想言行較為同情、理解的一位。費氏認為，曾昭掄在生活中有個東西，這個東西可以用「志」來表達，即匹夫不可奪志的「志」。這個「志」在曾昭掄包括與曾氏同輩的知識分子如陳寅恪等人的心中很清楚，他要追求一個東西，一個人生的著落。而「知識分子心裡總要有個著落，有個寄託。一生要做什麼事情，自己要知道、要明白。現在的人很多不知道他的一生要幹什麼……沒有一個一生中不可移動的目標了」。[22]

費氏之言，對曾昭掄應是公道的，但對「現在的人」之說似乎有些偏頗。自人類有史以來，有費氏所指的那種志向、毅力和恆心的人並不多，而有志向、恆心又有大成就者更是少之又少，曾昭掄與陳寅恪等一代人傑，算是少有的異數，可謂高山靈芝，空谷幽蘭。而靈芝與幽蘭的產生自然與它生長的環境、氣候等諸多條件密切相關，曾昭掄的「志」與一生成就的事業，也自然地與他的門第家風有密切關係，這一點非常重要。只要略知湘鄉曾氏家族歷史，或者進一步通讀曾文正公家書者，便知其言不謬。清道光二十四年十一月十一日，時年三十四歲、在京城充任翰林院教習庶吉士的曾國藩在給家鄉諸弟的信中明確提及：「是以往年常示諸弟以課程，近來則只教以有恆二字。」又說：「學問之道無窮，而總以有恆為主。兄往年極無恆，近年略好，而猶未純熟。自七月初一起至今，則無一日間斷。每日臨帖百字，抄書百字，看書少亦須滿二十頁，多則不論。自七月起至今，已看過《王荊公文集》百卷，《歸震川文集》四十卷，《詩經大全》二十卷，《後漢書》百卷，皆朱筆加圈批。雖極忙，亦須了本日功課，不以昨日耽擱而今日補做，不以明日有事而今日預做。諸弟若能有恆如此，則雖四弟中等之資，亦當有所成就，況六弟、九弟上等之資乎？」[23]咸豐七年十二月十四日夜，曾國藩在致九弟曾國荃的信中特別強調說：「凡人做一事，便須全副精神注在此一事，首尾不懈，不可見異思遷，做這樣想那樣，坐這山望那山。人而無恆，終身一無所成。我生平坐犯無恆的弊病，實在受害不小。」又說：「現在帶勇，即埋頭盡力以求帶勇之法，早夜孳孳，日所思，夜所夢，捨帶勇以外則一概不管。不可又想讀書，又想中舉，又想做州縣，紛紛擾擾，千頭萬緒，將來又蹈我之覆轍，百無一成，悔之晚矣……余生平坐無恆流弊極大，今老矣，不能不教誡吾弟吾子。」[24]

寫這封信的時候，曾國藩已在家鄉辦團練並率湘勇與太平軍交戰有年，且湘勇坐困南昌，進退不得。因父親去世，曾國藩偕弟曾國華由江西回籍奔喪。居家期間，九弟曾國荃組建吉字營入援江西，而洪楊內訌越演越烈。在這關鍵時刻，老九卻灰心懶散，有見異思遷之意。曾國藩針對這位九弟「來書謂意趣不在此，則興會索然」，認為「大不可」，並有了一番關於「志」與「恆」的諄諄教導。信中有些話當是曾國藩的自謙，但在對「志」與「恆」

的理解當是不差的，曾氏一生多次將「士人當有志有識有恆」的話題贈年輕學子，足見他對這一事理的深刻認知和重視。

通觀曾國藩家書，驗之曾氏一生言行，基本上是說到做到的，可謂「篤學尚行，止於至善」。如流傳後世的曾國藩日記就是一個極好的例證。曾氏自道光十九年開始記日記，一直到道光二十五年止，後來十多年沒有始終如一地堅持下去。咸豐八年，曾氏丁父憂復出，決心恢復記日記的習慣。此後儘管戰事連綿，作為湘勇的中流砥柱，諸務繁雜，但曾氏仍堅守定律，天天記之，從未間斷，直到臨終的前一天手不能執筆方罷休。此點體現的「志」與「恆」，皆非常人可比。

需要做一點補充和特別提及的是，曾國藩初入京城尚未發跡時，曾拜過兩位決定他一生命運的老師。一是官居太常寺卿的湖南善化人唐鑑，曾國藩得以奉旨在家鄉辦團練，正是唐鑑向咸豐帝推薦玉成。另一位是名震一時的理學大師、後來官至大學士的倭仁。他教給曾氏一個修身要訣：研幾。幾，乃幾微之意。研幾，即認真對待瞬間念頭、細微小事，然後思索考慮，並與修身齊家治國平天下的大事聯繫起來。要達到「研幾」的較高境界，最佳的方式就是記日記，在日記中留下瞬間抓住的念頭和思想火花，無情地解剖自己，批判自己，以求達到淨化靈魂和向更高境界邁進的目的。後世史家對這個「研幾」多有解釋，如曾氏家族研究專家唐浩明說，這個「研幾」就像六〇年代的「狠鬥私字一閃念」，[25]其實是不對的，應是詩人作家們通常所說的「靈感」，似更為合乎情理。

家人至親的言傳身教，自有別人不可替代的潛移默化作用。曾昭掄在湘鄉和長沙雅禮中學讀書時，對曾國藩家書和日記猶感興趣並有自己的領悟，前文已經述及，曾昭掄對祖輩留下的這份珍貴的文化遺產，是實實在在地下過大功夫拜讀學習鑽研過的。如對曾國藩提出的「士人讀書，第一要有志，第二要有識，第三要有恆」的主張，曾昭掄進一步闡述說：「『志』是奮發的決心，讀書必須有奮發的精神；『識』是遠大的眼光，一個人要讀好書，必須有識；『恆』是堅強的毅力。是否有恆，是決定能否真正獲得知識的關鍵。」[26]

年輕時代的曾昭掄如此理解，一生中也是這樣做的，而記日記的習慣，曾昭掄與曾昭燏兄妹可謂受家風薰染最重、體現也最為明顯的人物。曾昭掄自海外留學歸來，寫日記習慣堅持了終生。從臨時大學由長沙遷昆明時期的日記發表後尤其令人矚目。一九三九年，曾昭掄率領師生從昆明到西康考察，又寫了很多日記。這個習慣在曾氏日記中可以查到，如一九四〇年十月二十四日，曾氏日記寫道：「今日五時餘醒，六時起身。七至八時上『有機工業化學』。八至九時上『無機工業化學』。九至十一時半，寫《西康日記》。午飯後一時半至四時一刻，續寫《西康日記》一段……五至六時上『國防化學』第一課。連日傷風，昨今二日均冷。上此課時，竟致啞不成聲。」[27]在如此環境和身體狀況下，居然連寫五小時的日記，可見其「日記情結」已成為他生命中一個不可或缺的重要組成部分。

一九四五年，曾昭掄從重慶坐長途汽車去蘭州參加中國化學會年會，路上走了兩個星期。他坐在汽車上，邊走邊記日記、寫文章，令同行大為感動和敬佩。據研究曾昭掄的專家郭建榮統計，曾昭掄從一九二六年獲博士學位回國，到一九六七年去世的四十一年間，編著與譯著十三部，日記與考察記十一部，學術論文與譯文一百六十四篇，軍事理論與時局雜文八十七篇等，共約三百篇（部），數百萬字，而這些日記與著作還遠不是全部。曾氏日記部分，除了一九三六年天津大公報館出版的《東行日記》（一九三九年十一月－一九四一年二月），在香港《大公報》上發表的《西康日記》、一九四一年桂林文化出版社出版的《緬邊日記》和一九四〇年寫的昆明日記之外，其他日記下落不明。

在西南聯大時代的曾昭掄，有一次演講說過這樣一段話：「我常想，人生在世界上，成為社會的一分子，應該抱著兩種願望。一種是產生成績，一種是使自己成為一個有趣的人。這兩種願望若要達到，只有從讀書入手。」而「從事職業以外，假如要使自己成為一個有趣的人，一位別人願意親近的朋友，那就更非多讀書不行」。[28]因了曾昭掄涉獵廣泛和平時一些「怪模怪樣」的動作，才有人謂熟練掌握英、德、義、俄等五種語言的化學家曾昭掄，屬於典型的書呆子一類。此言有些道理，但他絕不是後來出現的數學家陳景潤那樣的書呆子。有一次陳景潤上街買東西，發現營業員少找了錢，便又登上公車回去討錢，營業員只短了他五分錢，坐公車卻要花一毛錢，而他居然去了。不過後來陳景潤時來運轉，因一篇〈哥德巴赫猜想〉報告文學而名動天下，成了「國寶級」名人。而陳氏隨著政治學習和不停地四處演講，頭腦逐漸開放，不再是人們心目中的書呆子，而是很靈活的社會活動家與政治家了。他不但知道了「緊跟高舉」，還活學活用地加以應用發揮，當實際控制中國政治局勢的葉劍英元帥，為「動員全黨全軍全國各族人民向科學技術進軍」所吟的那首聞名天下的「攻城不怕堅，讀書莫畏難。科學有險阻，苦戰能過關」的〈攻關〉詩篇問世後，陳景潤也「緊跟高舉」地賦詩一首：「革命加拚命，拚命幹革命。有命不革命，要命有何用。」從此詩的高度和境界可以看出，陳氏已由著名數學家鍛鍊成具有中國特色的大政治家和詩人了。這個本事，曾昭掄一生都沒有練就。

按曾昭掄在化學研究所的助手胡亞東晚年的說法，曾氏確有那種書生氣質，和他在一起甚至感到他似乎在生活和處世方面很幼稚，這和他曾經創辦中國化學會，主持北大化學系，活躍於科學界，也活躍於「政界」，叱吒風雲的作風，以至晚年蟄居武漢大學，於斗室中鑽研元素有機化學，並寫出了幾本巨著似乎又不太相同。因而，胡亞東認為：「也許大人物都是如此！近代史中頗可找到眾多這種氣質的人物，如陳獨秀、沈從文、陳寅恪等等，但是自然科學家中曾昭掄先生可謂獨此一枝。」[29]

胡氏所說不見得全對，但確是有點道理。陳寅恪早年在瑞士讀書時，就讀過《資本論》原文，並對國內外政治及社會風尚有很深的見地，只是陳氏與曾昭掄相比，似乎缺少了對政治的長期熱情，且思想覺悟的差異也越來越大。在西南聯大時期，曾昭掄在閱讀專業和軍事類書籍的同時，也與時俱進地讀一些當時在國統區被禁止的書籍，如一九四一年「皖南事變」之前，他就通過中共地下黨得到了毛澤東的《新民主主義論》等著作加以學習研究，並在演講中引用書中的觀點。而馬恩列斯學院編的《斯大林傳》、高爾基的《和列寧相處的日子》等更是他搜羅閱讀的對象。為了閱讀和研究方便，曾氏還在任教之餘，透過旁聽西南聯大外文系課程，硬是掌握了俄語並能熟練地閱讀俄文書籍和資料。一九四四年，曾昭掄在昆明加入民主同盟，算是早期的民盟成員之一。這一思想的轉變與行動，為他日後成為高教部副部長鋪就了階梯，當然也為他的倒楣直至身死埋下了伏筆。

三、曾昭掄之死

「六教授事件」案發，曾昭掄被打成右派分子並遭革職之後，除了被拉上「鬥鬼臺」接受批鬥，便是貓在自家屋子裡痛苦地「反省」。根據上級指示精神，中國科學院化學研究所批判曾氏「反動言行」的大字報也鋪天蓋地地展開。據胡亞東回憶說：曾昭掄儘管兼任該所所長，但在教育部的工作很忙，很少來化學所，只是每周來一兩次，主持重要會議、決策重大事情，日常工作由副所長柳大綱負責。當批鬥展開後，「誰也說不出曾到底講了些什麼，做了些什麼。他一點分量也沒有，輕輕地被送上了舞臺。在化學所因為他是所長，所以必須有鋪天蓋地的大字報，所有大字報的內容都是蒼白的。絕大部分寫大字報的人既未見過曾先生，也不知道曾先生為何許人，更不知他有什麼言論」。[30]這幅圖景恰恰反映了歷史的詭譎和人生命運的不可捉摸。

令曾昭掄最為痛苦的不是丟掉官帽和受到批鬥與凌辱，而是尋找接收工作單位的艱難和不能繼續工作的焦慮。自被逐出高教部大門那一天，他就在心中盤算著回北京大學任教，繼續自己教書匠的生活，因自己原本就是以北京大學教授、化學系主任、教務長的身分轉入政府機關做官的。如今官帽子被咔嚓一下擼掉了，回校當個教書匠總是可以的吧？只是他想得過於簡單，在政治風雲變幻莫測、人人自危的大趨勢中，北大掌權者不敢貿然答應也不可能答應這一要求，曾昭掄在北大校門之外苦苦徘徊而不得入，此為精神上最為沉重的打擊。正所謂「時來天地皆同力，運去英雄不自由」。時運已去，往事已矣，再大的英雄也只能對蒼天叫喊幾聲「奈何！奈何！」而又無可奈何！

曾昭掄的同事兼好友、留美博士，曾擔任過西南聯大化學系主任、聯大教務長，時任南開大學校長的楊石先，對曾氏的處境頗為同情，遂產生了冒險「拉兄弟一把」的念頭。但當時大學的權力控制在黨委手中，並無多少實權的楊石先兩次給學校黨委打報告，提出要曾氏到南開大學任教，皆未得到如願的答覆。

面對這一上不著天，下不著地，「閒愁最苦」的艱難處境，得知此情的武漢大學校長李達實在不忍聽聞，便主動出面聘請曾氏到武大化學系任教。李達之所以在狂飆突起的政治風潮中有些不識時務，或者說膽大包天地如此抉擇，與李氏天生具有仗義執言的性格、政治資歷以及與毛澤東本人建立的深厚友誼有著密切關聯。李達是湖南零陵人，與毛澤東同鄉。一九二〇年八月由日本留學歸國後，至上海與陳獨秀籌建中國共產黨小組，主編《共產黨》月刊，參加《新青年》編輯事務。一九二一年與毛澤東一起出席中國共產黨第一次全國代表大會，被選為中央宣傳主任。同年翻譯出版《唯物史觀解說》、《馬克思經濟學說》等紅色系列書籍。一九二二年秋應毛澤東邀請，任湖南自修大學校長，並主編《新時代》月刊。原為教務主任的毛澤東因有其他政治使命，只兼任自修大學的教員，當時的教員還有何叔衡、李維漢、夏明翰等人。因自修大學設在原曾國藩祠內的船山學社，而船山學社與曾昭掄的堂姐曾寶蓀、堂兄曾約農在曾國藩祠堂內浩園創辦的藝芳學校，因爭占地盤多次大打出手，雖在當地士紳調解下，船山與藝芳兩校築牆而隔，但以鐵器和梭鏢械鬥之事還是時有發生。自修大學進駐後，兩家雖未再大打出手，但無論是教員感情還是學校的教學內容都有很大差異，這才有了毛澤東對曾寶蓀、曾約農講的那句話：「你們兩位曾先生，書讀得好，品德也高尚，可惜我們政見不同。」

繼毛澤東之後主持自修大學的李達，與藝芳學校的兩位掌門人儘管「道不同」，但私人關係還算和睦，當一九二三年底，自修大學被湖南軍閥趙恆惕查封並強行解散，李達離開船山學社時，已與曾寶蓀、曾約農建立了個人友誼。北伐戰爭時期，李達出任國民革命軍總政治部編審委員會主席。新中國成立後，李達以馬列主義哲學家的名頭出任湖南大學校長，此後與自北大教務長調任教育部副部長的曾昭掄建立了業務上的關係和私人友誼。這一友誼的建立，除了二人皆為湖南同鄉，更重要的還是二十世紀二〇年代李與曾氏家族結下的因緣。所謂故交情深，在關鍵時候便體現了出來。

一九五二年，隨著全國院系調整，湖南大學曾先後更名為中南土木建築學院和湖南工學院。翌年，六十三歲的李達調任武漢大學校長。此時的李達與毛澤東仍保持著良好的私人關係，也正因了這層關係，李氏沒有把其他高官大員，特別是中南局、湖北省和武大黨委領導班子放在眼裡。而除毛澤東之外，其他的一切高官大員暫時對李達也無可奈何。正是李與毛這種特殊的背景和關係，才使李達在故交曾昭掄倒楣，人人避之唯恐不及之時，敢於頂風排浪，不顧「六教授事件」的影響和從上到下掀起的喊打之聲，力邀曾氏到武大任教。

一九五八年四月，在得到中央有關部門批准後，曾昭掄告別愛妻俞大絪，懷著沉重的心情隻身一人赴武漢大學化學系報到。按上邊要求，曾昭掄由一級教授降為二級，並根據「政

晚年李達在武漢大學寓所書房（王炯華提供）

治上改造，工作上使用」的原則，武漢大學由一名副校長分工管理曾的工作，每月談話一次，聽取彙報，並明確告訴曾昭掄「只許老老實實接受改造，不許亂說亂動」，否則，黨紀國法伺候。

來到武大的曾昭掄自是知道自己的處境和身分，再次顯示了湘鄉蠻子「埋著腦袋拚犁」的「黃牛性格」，而祖上「好漢打脫牙和血吞」的家訓，使他於痛苦中更加省悟了忍韌的重要，自此閉上了嘴巴（當然，也不允許他開口），將自己後半生的全部心血傾注於業務上。因幾年沒有參與教學工作，曾氏一頭扎入圖書館和資料室，開始查閱文獻資料，了解最新的前沿科學知識，以便盡快進入已有些陌生的教書先生的角色。對於這一時期的情形，曾昭掄的助手劉基萬許多年後仍記憶猶新：「他高度近視，但查資料的速度卻十分驚人。只見他小跑一樣在書架中穿梭，很快抱出一摞書，摘完後又快速歸還原處，馬上又抱出一摞。蠅頭小字在卡片和筆記本上記得密密麻麻，不少地方還貼上小紙條，精心寫著補充或注釋。無論是颳風或下雨，嚴冬或酷暑，總見他穿得比常人少，戴頂褪色的舊帽，腳趾頭露在鞋外，斜扣著衣扣，提著個舊書包，專心致志地做學問。一天深夜，他提書包回家的路上，不小心撞在樹上，碰得滿臉是血，跌倒在東山頭山坡下，路過的工人聽到哼聲，才將他扶回家去，第二天他照樣上班。」[31]眾人皆知，武漢大學校園在著名的珞珈山上，以其地形地貌和曾氏的壓抑鬱悶心情，出現深夜回家撞到樹上的情景應是真實的。

一九五九年底，因曾昭掄確實做到了「老老實實」，沒有「亂說亂動」，同時出於業務上需要，被校方任命為化學系元素有機教研室主任。當了主任的曾昭掄除給學生上課和指導教師的教學研究工作，仍是圖書館和閱覽室的常客，並以驚人的毅力查閱了近一千五百篇次文獻資料，在兩年左右的時間裡寫出了一百四十萬字左右的《元素有機化學》教材，由武漢大學出版社作為內部參考資料出版。這是中國第一部該專業方面的參考書，儘管當時紙張奇缺，印刷水準不高，但該書甫一問世，即在國內化學界產生巨大影響，並受到有關研究單位和高等院校的高度評價，紛紛要求正式出版。未久，中國科學院所屬科學出版社派出編輯部負責人專程赴武漢大學找到曾，欲把這部書稿

曾昭掄（左三）在武漢大學期間與部分研究生和助手合影。（引自「曾昭掄百年誕辰紀念文集」編撰委員會編，《一代宗師：曾昭掄百年誕辰紀念文集》〔北京：北京大學出版社，1999〕）

作為國際交流圖書由該社作為特約書稿出版。後經曾昭掄帶病修改，全稿分為六冊交由科學出版社出版。不幸的是，這部叢書只出版兩冊，「文革」爆發，後四冊就此夭折，原稿在「革命」風暴中散失，由此成為曾昭掄死前最大的憾事。

一九六一年暑假，處於政治漩渦中的曾昭掄仍擺脫不了心中的壓抑與苦悶，加之過度勞累，住進北京阜外醫院，確診為淋巴癌，不得不住院採取化學療法以控制病情發展。曾氏的愛妻俞大絪聞訊心如刀絞，一方面竭力為曾提供必要的醫療條件；另一方面，千方百計向病人封鎖病情消息。經過一個多月的精心治療，病情得到控制，曾昭掄又回到武大任教，從教師和學生中挑選了七名助手研究有機化學的相關課題。一九六四年，曾昭掄按慣例向學校黨委寫的一份思想彙報中稱：「我雖年老有病，但精神未衰，自信在黨的領導下，還能繼續為人民服務十年、二十年，以至更長的時間，爭取為國家做出更多的貢獻。」[32]

曾氏理想雖高，只是命運之神不會遂他之願了，隨著「文革」爆發，他的愛妻俞大絪在不堪凌辱折磨中自殺，而武大黨委以「參加武大文化大革命」為由，拒絕曾昭掄赴京辦理喪事的請求，一對天作之合的恩愛夫妻，在生命的盡頭未能見上最後一面。躺在北大燕園的俞大絪屍體被造反派找人拉於火葬場火化，骨灰被拋入荒野。曾家的財物全部被造反派沒收拉走，住房被他人占領。曾昭掄獨自於荒野中翹首北望，含淚祈禱妻子在天堂安息的同時，心中明白，隨著妻子撒手歸天，自己算是徹底被掃地出門，要做異鄉之鬼了。

事實上，就在北京大學進入瘋狂「革命」的時候，武漢大學也開始了大規模革命行動。此前，因毛澤東提出「人有多大膽，地有多高產」的口號，身為武漢大學校長的李達認為不合實際，以老同志的資格曾與前往武昌視察的毛澤東當面爭論起來，結果是兩人爭得臉紅脖子粗，不歡而散。再後來又由於林彪提出的「天才」、「頂峰」等高帽子問題，李達心中不服，又與前往武漢觀察的毛澤東發生了爭執。兩次爭執，使李達在毛澤東心目中的地位一落千丈，並為李的慘死埋下了伏筆。「文革」爆發後，中南局與湖北省委一些平時與李達關係不睦的當權者，見時機已到，開始藉機發難，欲置李氏於死地。湖北省委一位當權者公開放言道：「一九五八、一九五九年以前咱們對他還有點怕……我所說的怕，把話說透了，就是因為我們知道李達和毛主席有關係，主席很器重他，表揚過他，主席還叫他編書嘛！後來我們決定打倒他，就不許他走。怕就怕他去北京向毛主席告狀。」[33]對方的奇招祕訣果然奏效，再大的英雄身陷縲絏也無計可施，結果是湖北省委發動群眾把李達揪出來公開批鬥，並以種種方法加以折磨，意在盡快將其置於死地。李達在被鬥得奄奄一息之際，偶爾得知毛澤東正在武漢視察的音信，遂打起精神，想方設法向毛澤東祕密發出了一封簡短的求救信：

主席，請救我一命！我寫有坦白書，請向武大教育革命工作隊取閱為感。此致最高的敬禮！

李達七月十九[34]

遺憾的是，這封求救信被湖北省委某領導截獲扣押，鑑於私拆國家領導人的信件屬一種犯罪行為，武漢方面的主政者在不敢燒掉，又不敢長期扣押的兩難抉擇中，終於想出一條妙計，以平信郵寄的形式發往北京。據他們估計，當毛主席看到這封信的時候，李達應該是一命嗚呼了。

八月十日，已回到北京的毛澤東看到了這封信，此時李達尚存一息之氣。可惜的是毛澤東只提筆冷冷地批了「陶鑄閱後轉任重同志酌處」幾個字了事。

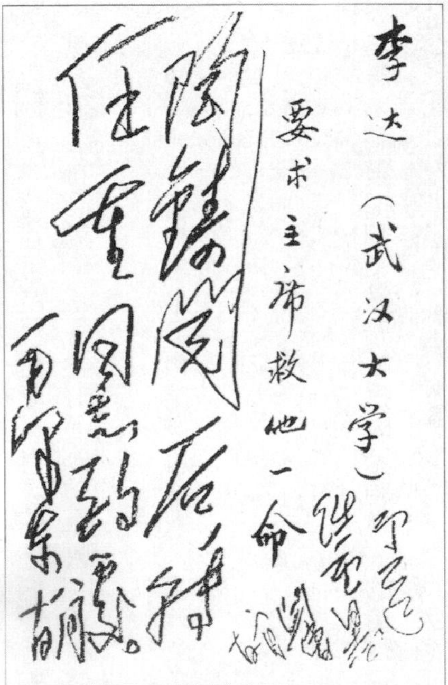

毛澤東對李達「救命信」的批示（武漢大學檔案館提供）

八月十六日，湖北省方面已得知毛主席的態度，一位掌權者率領隨員迅速來到武漢大學，召開了師生員工三萬人大會。這位掌權者以少見的威風和趾高氣揚的口氣講道：「李達，過去我們叫他李老，現在我們叫他老不死。他現在已經搞臭了，你們再用不著鬥他了。你們一定要相信省委，把他交給我們處理。讓他進博物館，吃飯、睡覺、拉㞎㞎！」[35]

八月十三日黎明，李達在臥室裡突然暈倒，仰臥在地，臉色慘白，口吐鮮血，但校中掌權者不許送醫院搶救。直到八月二十二日，奄奄一息的李達才被送往醫院，以「李三」的侮辱性名字（南按：意為李達是武大的「三家村」黑店老闆）住院救治。延至八月二十四日，也就是曾昭掄夫人俞大絪遇難的這一天，李達撒手人寰，含冤死去。

李達命赴黃泉，確切地說自李達被揪出批鬥之時，就意味著曾昭掄在武漢大學失去了一直庇護、照顧、支持自己的參天大樹。當大樹摧折，哲人其萎之時，便是曾昭掄死到臨頭之日。他很快被隔離審查，並在審查中不時被揪上「鬥鬼臺」，以「全國大右派」、「資產階級反動學術權威」、「漢奸、劊子手曾國藩的孝子賢孫」等罪名接受批鬥與羞辱。每聽到高音喇叭廣播，曾昭掄便心驚肉跳，隨即被拉出去站臺批鬥並等待棍棒與銅頭皮帶的伺候。如此反覆折磨迫害，曾昭掄體內的癌細胞開始大面積擴散轉移，死神已經逼近。在越來越瘋狂慘烈的批鬥與棍棒、皮帶捶擊抽打中，曾昭掄幾次昏倒，從「鬥鬼臺」上滾下來。每當醒來，批鬥仍按既定計畫進行。在一次批鬥中，造反派指著曾氏的鼻子惡毒咒罵一陣後，當面揭開了各方人士對曾氏本人封鎖了五年多的「癌症祕密」。站在臺上的曾昭掄突聞這一凶訊，全身顫抖，當場小便失禁，從「鬥鬼臺」滾下來昏死過去。經此次重擊，曾氏一病不起，大小便亦不自知。延至一九六七年十二月八日，曾昭掄在精神苦痛與病魔雙重摧殘夾擊下悄然死去，終年六十八歲。

因當時最有可能暗中給予曾昭掄一點照顧的助手已被隔離審查，學校無人出面照料，多虧聞訊從北京趕來的侄兒曾憲滌和俞大絪的侄兒俞啟平（俞大紱的兒子）前來探望並予以照料。曾昭掄去世後，兩位晚輩找了一輛平板車，含淚將屍體拉到火葬場火化。曾昭掄的骨灰盒先是存放在北京八寶山骨灰堂，後來因期限問題，曾昭掄是「右派分子」，不能永久保存在八寶山，只好由曾昭掄的孫輩曾寧、曾衛兄弟將其骨灰取出，於一九七六年五月二十四日上午，在南京燕子磯頭臺洞前長江邊上，將骨灰撒入滾滾東流的江水之中。

曾昭掄命赴黃泉，而對於留在大陸的曾氏家族而言，故事並未結束。「文革」一開始不久，南京博物院揭竿而起的造反派在一位首領指揮下，浩浩蕩蕩地來到幾十公里之外的南唐二陵所在地——祖堂山下，找到已故院長曾昭燏的埋葬處，欲刨墳掘墓，拋骨揚灰。只是剛動手不久，突然天昏地暗，狂風大作，山谷溝壑飛沙走石，將揮鎬弄鍬的造反派擊打得東倒西歪，睜不開眼睛。少頃，大雨傾盆而下，天地一片混沌。已被風雨趾巴得呈泥猴狀的造反派，在急促中集中力量把立於荒草中的曾昭燏墓碑砸毀，爾後四散奔逃。回到博物院的造反派帶著惱怒開始抄家，曾昭燏集畢生心血所購置的藏書，一夜之間被抄沒，凡稍微值錢的家具與生活用具也一掃而光。

曾昭燏身死靈谷寺的前兩年，她的二妹、曾任北京第三醫院院長兼北京市衛生學校校長的曾昭懿，因身體不好和一直未婚，調往南京鼓樓醫院工作，每天門診半日，吃住則和姐姐曾昭燏在一起。對於這位妹妹，曾昭燏有一段深情的回憶：「昭懿在小的時候，因為生得不好看，父母不鍾愛，只有我袒護她，所以她和我友誼最深。」正因這段深摯的情感，曾昭懿在生命的晚年來到姐姐身邊相依為命。想不到好日子僅過了兩年餘，隨著曾昭燏家被抄，南京博物院的造反派勒令當時患病住院的曾昭懿限期「滾」出南博的家。曾憲洛（於一九六二年底被解除勞動教養回到南京家中，很長時間失業在家）聞訊，前往南博與造反派據理力爭，陳述曾昭懿住在南博是曾昭燏死後由中共江蘇省委研究決定的，要我們搬家，也要寬限一些時間。造反派不但不允，還隨即批鬥曾憲洛，給他戴上高帽子，讓他頂著驕陽赤腳站在南博大殿的水泥臺階上接受批鬥。曾昭懿在南博的家門及門外的牆上貼滿了大字報，曾憲洛在中山南路的家門上也被造反派貼了大字報，極盡侮辱人格之能事。一九六六年八月底，南京博物院造反派聯合南京郵電學校（該校距曾憲洛家不遠）紅衛兵一起抄曾憲洛的家，同時令曾昭懿盡快「滾」出南博。這年九月，曾憲洛在曾昭懿所屬單位鼓樓醫院與其商議，讓其搬到鼓樓醫院後面一處平房。兩個月後，曾昭懿又搬到寧海路五十二號鼓樓醫院宿舍，在一座三層樓的二樓一間小屋中居住。一九六六年十一月，曾憲洛被街道派出所警察弄去一連幾天交代問題，晚上在街道居民委員會挨批鬥，並遭到殘酷毆打，於一九六六年十一月二十五日被迫害致死。

曾憲洛死後，曾昭懿的生活雪上加霜。據曾憲洛的兒子曾寧說：曾昭懿在二十世紀五〇年代中後期精神狀況就不太好，再加上她最要好的姐姐昭燏、哥哥昭掄相繼離世，對她刺激很大。唯一在南京的侄兒憲洛也死於文革初期，只留下侄媳鄭秀琴帶著三個孩子曾寧、曾衛和曾建，還要照顧她。後來，鄭秀琴請了一個很好的保母任媽媽，到寧海路五十二號曾昭懿的住處照顧她。一九六九年七月，曾昭懿遭到街道居委會連續批鬥，被強迫低頭認罪。居委會還不允許保姆照顧她，導致她精神病復發，病情不斷加重，將自己一個人反鎖在屋裡數天。侄媳鄭秀琴感到她可能是發生意外了，帶領其所住街道居委會的人砸開房門衝了進去。待把奄奄一息的曾昭懿送到鼓樓醫院，進駐醫院的工人宣傳隊認為她是「反動學術權威」，拒絕給予治療。鄭秀琴苦苦哀求醫生，但因工宣隊不允許，醫生亦不積極施救，萬般無奈只能再將其拉回家中。因得不到治療，曾昭懿於一九六九年七月二十五日死在家中。其妹曾昭鏻聞訊趕到南京，與鄭秀琴一起處理了後事，骨灰暫放於南京市清涼山火葬場。一九七六年四月二十五日上午，曾寧、曾衛兄弟把父親曾憲洛、姑祖母曾昭懿的骨灰，先後緩緩地撒入長江之中隨水而去。

曾經盛極一時，詩書傳家延綿五代之久的湘鄉荷葉塘曾氏家族，隨著曾昭掄、曾昭燏兄妹這兩顆耀眼明星的隕落，其家族成員在大陸的聲名漸漸淡出了人們的視線——聲播四方、名揚天下的豪門世家，連同這個世家的文化遺存，在精神層面上已香消玉殞，消散殆盡，於日後的神州大地不復見矣。

注釋

1 汪子嵩，〈中西哲學的交會：漫憶西南聯大哲學系教授（之一）〉，《讀書》雜誌編輯部編，《不僅為了紀念》（北京：生活・讀書・新知三聯書店，二〇〇七）。
2 戴美政，〈曾昭掄抗戰軍事評論概議〉，《雲南師範大學哲學社會科學報》二八卷三期（一九九六）。
3 同前注。
4 同前注。
5 任繼愈，〈西南聯大課餘學術報告會〉，《中華讀書報》，二〇〇八年四月三日。
6 吳大猷，《吳大猷文錄》（杭州：浙江文藝出版社，一九九九）。
7 吳大猷，〈抗戰期間的回憶〉，《傳記文學》五卷三期（一九六四年九月）。
8 同前注。
9《葉企孫先生的青年時代的兩件故事——一九九八年六月十二日在上海敬業中學紀念葉企孫先生百歲誕辰大會上

的講話》，抽印本。

10 高策，《走在時代前面科學家：楊振寧》（太原：山西科學技術出版社，一九九九）。

11 柳懷祖編，《李政道文錄》（杭州：浙江文藝出版社，一九九九）。

12 朱光亞，〈李政道物理生涯五十年〉，收入柳懷祖編，《李政道文錄》（杭州：浙江文藝出版社，一九九九）。

13 王丰，〈蔣氏父子研製原子彈祕辛〉，《同舟共進》二〇〇九年一期。

14 吳大猷，《吳大猷文錄》（杭州：浙江文藝出版社，一九九九）。

15 以蔣介石為首的國民黨當局在臺灣站穩腳跟後，基於「反攻大陸」的目的，曾一度舊事重提，開始著手發展原子彈計畫，而自二十世紀五〇年代中期始，美國也暗示臺灣，有意將原子技術暗助國民黨政府，以撩撥臺灣製造原子武器對付「好鬥成性」的中共。但後來美國又置於國際戰略考慮，對臺灣核技術和設施進行嚴密封鎖，不准再打此主意。儘管蔣氏父子為此極為惱怒和焦急（特別是中共引爆原子彈之後），並派人進行祕密研製，但最後還是落了個傻忙活，一切成為泡影。關於此段經歷與故事極其曲折複雜，吳大猷有一段回憶：「一九七六年夏，負責防務的蔣經國先生擬向安全會議提出發展核子武器計畫。我按客觀深遠的分析，指出：1.我們的目標，只有大陸，這基本上甚不妥。且大陸已有核子彈，又地面廣大；我方科技人才、基礎、原料皆缺，甚至試爆之處亦無之；2.我們任何『企圖』，皆無法防止美國知之；3.『計畫』中乃據德國西門子公司之估價，重水核子反應爐、重水產生廠、鈾之化學分離廠三項各四千萬美元。此數即使確切，但不包括輸送工具之洲際飛彈，全部所需，似無法估計。蔣公詳思後，決定不在安全會議中提出核計畫。然該計畫並未止於此，致數年、十年後美國有兩度干預臺灣的『企圖』，拆除實驗設備（包括重水）之事」（吳大猷，〈在臺工作回顧〉，《吳大猷文錄》（杭州：浙江文藝出版社，一九九九））。

16 李政道、楊振寧的最後一次科學合作終結於一九六二年。合作破裂後，李政道對二人間的是非曲直，一直保持沉默。二十年後的一九八二年，楊振寧首次公開發表關於李楊分歧的文章。一九八六年，李政道開始反擊，發表了他的書面說明。李所回憶的事實經過，與楊的敘述差異巨大。之後，楊時有辯解，但李政道保持了沉默。到了二〇〇二年，臺灣天下遠見出版公司、遠哲科學教育基金會聯合出版了江才健著的《楊振寧傳》，在臺灣甚至國際學術界引起很大反響。在這本傳記裡，作者用很大的篇幅敘述了李楊合作和分裂的故事，從而點燃了李楊之間新一輪論爭。二〇〇三年，李政道採取答中國《科學時報》記者楊虛杰問的方式，對《楊振寧傳》提出批評，並對事情的經過做了說明，同時毫不掩飾地表明了自己決絕的態度。現摘錄如下幾個段落，以見李政道之辯解和態度（南按：所摘錄段落相互之間有的並不上下承接連貫，因此特用●號作為每個段落的標誌）。

記者楊虛杰問：

●江才健寫的《楊振寧傳》去年在臺灣出版，引起了很大反響。今年可能又將在大陸出版，您對此書的出版有什麼評論？

李政道答（南按：段落之間有的不連貫）：

●此書對我和楊振寧在物理研究上的合作，以及對我本人人格的很多描述都與事實不相符合。

●我現在再補充一下四〇年代的事情。一九四六年通過吳大猷老師的選拔，我得到了中國政府留美深造的獎學金，進入芝加哥大學研究生院為理論物理研究生。那時候，我對經典和近代物理的了解都有自己的心得，很快地就得到了學校各位教授的注意。最傑出的費米教授先邀請我參加他主持的（需費米教授親自邀請才可參加）每周兩個晚上的物理討論會，然後又答應擔任我的博士導師。我入芝加哥研究生院後不久，芝加哥大學成立了一項新的獎學金，稱為「全校獎學金」。我被物理系推薦並被選中，得到了這份在全芝加哥大學來說是極富榮譽的三年的獎學金，共四千五百美元。再加上中國政府的五千多美元的獎學金，當時我是很受其他同學羨慕的。

一九四六年我到芝加哥後才與楊振寧初次認識。我入芝校與楊振寧毫無關係，我的一切入校手續，都是自己辦理的。而楊振寧亦要編故事、拉關係給自己戴高帽子。《楊振寧傳》上說楊「特別照顧他（指我），在芝加哥大學的許多事，像辦理入學許可，也都是楊振寧帶著李政道去辦妥的」。這完全不符合事實，雖然沒有什麼重要性，但楊振寧還是要造假。

●前面已經說過，在一九五一年時，我和他合作統計力學的研究，帶頭第一篇文章的兩個定理主要都是我證明的，寫完後楊振寧要求，如果我不在意的話能不能把他的名字放在我的前面，因為他比我大四歲。我對他的要求很覺吃驚，因為這並不是一般物理學界合作的習慣。但由於事出突然，當時雖感到很窘，但勉強答應了。稍後，我看了文獻，察覺這樣做是不對的。當我們寫第二篇論文時，我把一些文獻給他看，以說明年歲大並不是排名的考慮因素。而且，我又解釋，第一篇文章裡的兩個定理，主要是我證明的，可是我的名字卻不按習慣地被排在了後面。這樣，楊振寧才被我說服，同意我的意見，於是我和楊振寧的第二篇統計力學論文的名字排列次序便倒過來了，是依照一般物理學界合作的習慣，以李政道、楊振寧的次序署名。

●下面是一九八六年我寫的《破缺的宇稱》的序：

「一個陰暗有霧的日子，有兩個小孩在沙灘上玩耍，其中一個說：『喂，你看到那閃爍的光了嗎？』另一個回答說：『看到了，讓我們走近一點看。』兩個孩子十分好奇，他們肩並肩向著光跑去。有的時候一個在前面，有的時候另一個在前面。像競賽一樣，他們竭盡全力，跑得越來越快。他們的努力和速度使他們兩個非常激動，忘掉了一切。

「第一個到達門口的孩子說：『找到了！』他把門打開。另一個衝了進去。他被裡面異常的美麗弄得眼花撩亂，大聲地說：『多麼奇妙！多麼燦爛！』

「結果，他們發現了黃色帝國的寶庫。他們的這項功績使他們獲得了重獎，深受人們的羨慕。他們名揚四海。多少年過去，他們老了，變得愛好爭吵。記憶模糊，生活單調。其中一個決定要用金子鐫刻自己的墓誌銘：『這裡長眠著的是那個首先發現寶藏的人。』另一個隨後說道：『可是，是我打開的門。』」

●同文的結尾是：

「我和楊的合作在二十多年前結束了。它的價值，不需要更多的說明，就如我們已發表的科學論文所表現出的那樣，經得起時間的考驗。可是，使我真正感到傷心的，是因為新近出版的《楊振寧一九四五—一九八〇年論文選及注釋》一書使我不得不寫這篇文章。」

而現在，使我更為傷心的是，在我和楊振寧合作結束後的四十年，楊振寧又和江才健合作出版了《楊振寧傳》，使我又不得不再次破例，打破沉默，回答今天您問的這十幾個問題。事實上，對楊振寧如此這般的行為，我也完全不知道真正的原因是什麼（見季承、柳懷祖、騰麗編，《宇稱不守恆發現之爭論解謎：李政道答《科學時報》記者楊虛杰問及有關資料》〔蘭州：甘肅科學技術出版社，二〇〇四〕）。

17 曾昭掄，〈致王瑞駪的信函〉，收入《曾昭掄百年誕辰紀念文集》編撰委員會編，《一代宗師：曾昭掄百年誕辰紀念文集》（北京：北京大學出版社，一九九九）。

18 〈致鄭天挺〉，收入歐陽哲生主編，《傅斯年全集》卷七（長沙：湖南教育出版社，二〇〇三）。

19 費孝通，〈曾著《東行日記》重刊感言〉，收入曾昭掄，《東行日記》（重刊）（長沙：湖南人民出版社，一九八四）。

20 費孝通，〈我心目中的愛國者〉，《群言》一九九九年八期。

21 俞大縝，〈化學家曾昭掄二、三事〉，《中國科技史料》一九八一年一期。

22 費孝通，〈我心目中的愛國者〉，《群言》一九九九年八期。

23 《曾國藩全集・第三卷・書信》（北京：中國戲劇出版社，二〇〇一）。

24 同前注。

25 唐浩明評點，《唐浩明評點曾國藩家書》（長沙：岳麓書社，二〇〇二）。

26 〈雅禮中學部分師生回憶〉，原載《湘鄉人對曾昭掄的懷念》，收入《曾昭掄百年誕辰紀念文集》編撰委員會編，《一代宗師：曾昭掄百年誕辰紀念文集》（北京：北京大學出版社，一九九九）。

27 王治浩、邢潤川、胡民選，〈讀曾昭掄一九四〇年昆明日記（節選）〉，《中國科技史料》一九八二年二期。

28 曾昭掄，〈培養讀書的習慣〉，《世界學生》一卷一〇期（一九四二）。

29 胡亞東，〈往事如煙——憶曾昭掄先生二三事〉，《化學通報》一九九九年五期。

30 同前注。

31 劉基萬，〈緬懷曾昭掄先生在武漢大學的傑出貢獻〉，《化學通報》一九九九年一一期。

32 同前注。
33 王炯華等著，《李達評傳》（北京：人民出版社，二〇〇四）。
34 同前注。
35 同前注。

第十三章

風流總被雨打風吹去

一、今夜風靜不掀起微波

就在俞大綱自殺的當天夜裡，有一個人正在悶罐一樣的黑屋子裡悄悄服下了大量安眠藥，欲了結性命。此人便是與俞氏同在北大西語系任教的趙蘿蕤之夫，同時也是曾昭掄、俞大絪夫婦共同的朋友陳夢家。

一九四四年九月，陳夢家自西南聯大偕原燕大校花、年輕的妻子趙蘿蕤赴美後，在芝加哥大學東方學院講學一年，開課內容為中國古文字學，趙蘿蕤進入芝大英語系攻讀。就當時的陳夢家而言，此次赴美講學只是個名分，主要目的則是為一件「大事因緣」而來——收集百年來流散到北美和歐洲的中國銅器資料。

在芝加哥大學選讀陳夢家這門課的美國學生寥寥無幾，只四、五人，但正像陳夢家初到紐約答一家小報記者問時所言，他到美國來主要是要編一部全美所藏中國銅器圖錄。陳氏在講學與隨後逗留北美的三年間，長途跋涉，歷盡艱辛，遍訪美國的公私藏家所藏殷周銅器，並且遠赴加拿大多倫多安大略省博物館，收集並記錄所藏安陽、洛陽兩地出土的銅器。稍後又飛渡大西洋，訪問英、法、瑞典、荷蘭四國首都，收集流散歐洲的中國銅器資料。陳夢家以一個傑出研究者的學術眼光與氣度，透過各種信息和線索，全方位收集銅器資料，得以親手摩挲了千餘件中國銅器，費盡心血攝取圖片，打製銘文拓本，記錄器形尺度與流傳經過。面對祖國流失海外的大量珍寶，陳夢家悲感交集，睹物思人，於痛心疾首中越發激起「哀其不幸，怒其不爭」的故國情懷。

一九四七年，陳夢家將幾年來收集到的資料彙編成《美國收藏中國青銅器全集》，以英文說明稿打印數份，分別留存與寄送朋友並做回國的準備。對這段經歷，趙蘿蕤在一篇短文中回憶說：「在美國三年中，他就是為了這個目標而努力奮鬥……從第二年開始他遍訪美國藏有青銅器的人家、博物館、古董商，然後回到芝加哥大學的辦公室整理所收集到的資料，打出清樣……多數私人收藏家都是富貴之家，否則誰買得起一件、兩件，乃至數件精美絕倫、價值昂貴的中國青銅器呢？夢家是無所顧忌的，只要是有器之家，他是必然要叩門的……他和所有藏家、古董商、博物館幾乎都有通信關係，並留有信件的存底……他勝利地完成了他盡全力想要完成的工作。」又說：「在美國的三年中，除編寫龐大的流美銅器圖錄外，他還用英文撰寫並發表了一些文章：〈中國銅器的藝術風格〉、〈周代的偉大〉等……並和芝加哥藝術館的凱萊合編了《白金漢所藏中國銅器圖錄》。」[1]

陳夢家與趙蘿蕤夫婦在芝加哥留影

一九四七年十月，陳夢家認為

赴美的一件「大事因緣」業已完成，乃回絕了芝加哥大學欲長期聘其執教並留美定居的約請，毅然決定先趙蘿蕤一步歸國，重返清華大學。陳夢家如願以償，歸國後出任清華大學中文系教授，並在校內籌建了藏品可觀的文物陳列室並自兼主任。陳氏在海外工作期間，曾得到古董鉅賈盧芹齋的鼎力相助。盧氏原籍上海，後赴法國、美國等地經商，以倒賣中國古物聞名於業內。一九一九年，經與袁世凱二公子袁寒雲過從甚密的古玩商趙鶴舫，將盜運至京的唐太宗陵前著名雕刻「昭陵六駿」中的颯露紫、拳毛騧，經袁世凱庇護運至美國賓夕法尼亞大學博物館收藏，此舉令盧芹齋在發了一筆橫財的同時，也在業內暴得大名。陳夢家赴美並與盧芹齋取得聯繫後，盧氏除了介紹同行所藏器物，還將自己收藏的三百一十二件中國歷代青銅禮器祕密示陳並許攝影。此前，自知一生販賣中國青銅重器至海外而罪孽深重的盧芹齋，為洗刷惡名，減輕罪過，心靈上得些安慰，開始以實際行動做一些善舉。一九四七年應即將歸國的陳夢家提議，盧氏向清華大學文物陳列室捐贈了洛陽金村出土戰國時期青銅重器嗣子壺，陳氏將其帶回國內。這一行動，被視為對復員後的清華大學全面復興所做的貢獻之一。

由陳夢家提議，古董商盧芹齋向清華大學文物陳列室捐贈的戰國青銅器嗣子壺。此事日後成為陳夢家勾結帝國主義奸商的罪惡和遭受批判攻擊的「鐵證」。（中國國家博物館提供）

當陳夢家進入清華園之時，遭到毀壞的建築物大都修復，有的校舍正在修建，各項事宜基本恢復了戰前的模樣，教授們也各就各位，開始了新的生活。孟子云：「所謂故國者，非謂有喬木之謂也，有世臣之謂也。」在歸國的陳夢家看來，所謂故園者，非謂有喬木也，乃有世友之謂也。當他滿懷豪情步入草木蔥蘢的清華園時，荷塘碧淵尚在，只是見不到當年的恩師聞一多了。睹物思人，不免有一種痛楚與傷感。正所謂：「醉別西樓醒不記，春夢秋雲，聚散真容易。」

一九四八年冬，趙蘿蕤完成了芝加哥大學英國文學專業的博士論文答辯，來年六月即可在著名的洛克菲勒教堂登臺接受博士學位。此時中國內戰已進入最後階段，平津局勢緊張，趙蘿蕤怕萬一國共兩黨形成對峙局面，再現歷史上的南北朝割據情形，很難抵達北方，與家人團聚和服務於燕大的心願也必成泡影。趙氏歸心似箭，毅然決定提前乘船回國。當時美國工人正在鬧罷工，輪船停開，待罷工結束，才搭乘一條名為「梅格斯將軍」號的運兵船離開西海岸駛往上海。趙氏登船時就從廣播中得知，船上有三個人的目的地是北平，而此時的北平西郊清華大學與燕京大學及周邊地區已被解放軍拿下，傅作義部隊已陷入重圍，國民黨軍潰退在即。

一九四八年十二月三十一日，趙蘿蕤乘坐的運兵船進泊上海黃浦港。此時解放軍圍城正緊，北平已是孤城，地上跑的、水裡行的與天上飛的人造物體皆不能進城。謠言與烽火同時流竄，許多人困獸猶鬥，千方百計地逃離圍城。趙蘿蕤得知消息，反其道而行之，想方設法衝進圍城。幾年前，趙蘿蕤隨陳夢家在昆明郊外居住時，與遷往昆明的歐亞航空公

燕京大學師生在博雅塔前集會

司經理查阜西相識並成為好友，為能盡快抵達北平，趙找到戰後遷回上海的查阜西想辦法。很快，查阜西打聽到有一架給傅作義「剿總」司令部運糧食的飛機正要飛往北平，經這位經理疏通關係，趙與另外幾人搭乘這架完全沒有座位的簡陋飛行器向北平飛去。當飛機抵達天津上空時，被中共軍隊發現，當即用高射炮射擊，飛行員沉著冷靜，在天空劃了幾個大大小小的半圈，終於避開了密集的炮火抵達北平上空，最後於天壇一片柏樹叢中安全降落。趙蘿蕤從艙口爬出沒有舷梯的飛機，從臨時捆綁、離地還有二尺的竹梯跳下，暫住北大教授湯用彤家中，又到騎河樓清華辦事處託人帶信給陳夢家，告訴他自己已平安歸來，只要城門一開，趕快前來接人回清華園。

三個星期後，守城的傅作義部開出城外接受中共改編，趙蘿蕤趁此機會出城，赴清華園與陳夢家相會。未久，趙被聘為燕京大學西語系教授、系主任。當時系內有老一輩教授胡稼貽和青年教授吳興華，以及晚些時候自香港返國的俞大絪，加上趙蘿蕤共四人，組成了燕大的外語班底。一九五一年，受趙蘿蕤邀請，由芝加哥大學歸國的青年學者巫寧坤進入燕大西語系任教，翌年便被調整到南開大學，算是未名湖畔一行旅般的匆匆過客。

以趙蘿蕤為首的燕大西語系雖人數不多，但相互團結友善，此為趙氏最為春風得意的時候。為了照顧陳趙夫婦生活，學校把校園東北部朗潤園一幢中式平房分給了他們，這對才子美人算是有了一個正式團聚和接待親友的獨立空間，生活幸福得像花兒一樣。當此之時，剛從美國歸來進入燕大的巫寧坤住房尚未分配，暫住在陳家，受到趙蘿蕤溫馨殷勤的款待。許多年後，巫寧坤對這段經歷記憶猶新並動情地回憶說：「陳夢家教授當年是著名的『新月派』詩人，後來又以古文字學和考古學的成就蜚聲中外，當時在鄰近的清華大學中文系任教。夫婦倆住在朗潤園內一幢中式平房裡。室外花木扶疏，荷香撲鼻。室內一色明代家具，都是陳先生親手搜集的精品，客廳裡安放著趙蘿蕤的『斯坦威』鋼琴。這時我才知道她是燕大宗教學院院長趙紫宸博士唯一的女兒。趙老不僅是世界知名的基督教神學家，任世界基督教理事會的亞洲主席，而且是全國聞名的杜甫專家。蘿蕤從小在家受到中西文化薰陶，不但能詩能文，而且彈一手好鋼琴。二十歲自燕大西語系畢業後進入清華大學外國文學研究所，兩年後就將美國詩人愛略特（T. S. Eliot）以晦澀聞名的長詩 *The Waste Land*（《荒原》）譯成中文，受到專家學者的交口稱讚。後來在芝加哥大學攻讀博士學位，所選的研究專題又是以艱深聞名的亨利·詹姆斯長篇小說。我在風景如畫的洞天學府開始我的教學生涯，竟又得在這般清高優雅的人家流連，私心不由得不感到慶幸，怎麼也不會料到這樣的日子不久就會一去不復返了。」[2]

這種一去不復返的生活，既是天命，也與人事有關，天命人事交織在一起，鑄成了一曲不堪回想的哀歌。

新中國成立後，面對新的政治形勢，陳夢家開始尚表服膺和配合，並有實際表示。一九四九年十二月二十七日晚上，陳夢家寫道：

一年以來，以全體人民為基礎的中央人民政府已宣告成立，中國大陸上的解放戰爭已接近尾聲。當時人們所希望的廣大的全國的解放已將完全實現，光明的未來已建立了鞏固的根基，而我們所應感謝的還是賢明英毅的中國共產黨，勞苦勇敢的人民解放軍與支持這偉大革命戰爭的工農大眾。我們知識分子仍然沒有拿出應有的力量；反之，我們所受的是較優的物質待遇，我們所做的是輕而易舉的所謂「腦力勞動」，我們的落後性是如此嚴重，常常連「腦力勞動」也談不到。

最後說：

我們毫無疑義地把自己投進文化建設的漩渦內，認定它是一個改造自己服務人民的機會；抱定實事求是，不取巧，不畏縮，務求洗刷自己過去漠視人民漠視政治的重大錯誤，煥然一新，從頭做人。這正是我們感到最謙卑最抱愧的剎那，以我們過去所背的包袱的沉重，積習的堅牢，所享權利的優渥，自負之深，服役於人民的微渺，更應如何急追直上，求與全國人民步伐一致。

這是我們在革命的勝利中，迎新的狂歡中，應該保留的一點嚴肅的自我檢討。[3]

但沒過多長時間，陳夢家開始對當時的形勢產生歧見，特別是對全國掀起的政治風浪和「思想改造運動」不以為然，且自視甚高，常以全新的重量級「海龜」自重，口無遮攔，恣意譏評時弊，不把一般的「海龜」放在眼裡，更不能容忍一群頭戴革命帽子的「土鼈」把持校政，對一切認為不合理的現象深惡痛絕並怒形於色。陳氏的所作所為很快成為當權者的眼中釘、肉中刺，遂成為「思想改造運動」的活靶子受到猛烈批判。但詩人氣質與與生俱來的性格，使陳夢家難以改變幾十年養成的習慣，依然我行我素。據巫寧坤後來發表的一篇文章〈燕園末日〉說：「陳先生不過四十多歲，但又瘦又黑，經常皺著眉頭，走起路來弓著背，彷彿背負著什麼無形的重載，看上去有點未老先衰了。有一天燕京大學校園裡的大喇叭廣播一個通知，要求全體師生參加集體工間操，正從牆外路過的陳夢家聽到後，當即憤然曰：『這是一九八四來了。這麼快。』」

燕京校園內的女生

《一九八四》是英國作家喬治·奧威爾（George Orwell, 1903-1950）於一九四九年出版的小說，預言了未來極權社會的情景，堪稱世界文壇最著名的政治諷刺小說，有評論家說「多一個人看奧威爾，就多了一份自由的保障」。[4]同奧威爾的小說並不是「反共的小冊子」，而是「反對極權主義」一樣，陳夢家在當時和之後沒有公開批評過共產黨及其推行的制度，但他的言行還是與政治以及政治當權者發生了衝突，並為此付出了生命的代價。一九五二年，全國高等院校進行「院系調整」，大學重組，凡屬於帝國主義出資創辦的教會學校一律解散。位於北京地盤上的燕京、輔仁兩所大學正屬此類，於是，這兩座實力雄厚的著名學府如同兩頭碩大的肥豬被綁縛在地，引刀放血，大卸八塊，按不同科系分別併入北大、清華、北師大等具有社會主義特色的學校，原兩校的教職人員聽候統一分配。時為燕大西語系主任的趙蘿蕤調入北大西語系任教授，其部下俞大絪、胡稼貽、吳興華一同轉入北大西語系任教授。清華大學的文科併入北大，只保留一個工科，陳夢家被清華當權者藉此機會踢出校園，「分配」到中國科學院考古研究所任研究員，進行甲骨文和青銅器的研究，並協助夏鼐副所長主持考古學書刊的編輯出版工作。

在中国，从南到北，人们每天做广播体操，大家对那些突然集体做下蹲或其他体操动作的人群已经习以为常。就是在列车停车期间，也有乘客跑到月台上去做体操动作。

丹麥畫家赫爾魯夫・比茨特魯普於20世紀50年代在中國訪問時所畫圖並配文。作者說在中國，從南到北，人們每天做廣播體操，大家對那些突然集體做下蹲或其他體操動作的人群已經習以為常，就是在列車停車期間，也有乘客跑到月臺上去做體操動作。

進入考古所的陳夢家暫時收斂了一點個性與詩人的狂放姿態，開始埋頭於適合考古所計畫的學術研究，進入了學術研究的高峰期。陳氏以他過人的天資和勤奮，在短短幾年時間內，精心收集了四萬多片甲骨拓本，進行全面綜合整理、研究，對董作賓此前提出的「貞人」說和甲骨分期斷代「五期」說，以及「十項標準」做了補充和修正，對甲骨文分期斷代研究做出了新的開創性貢獻。一九五六年，陳夢家完成並由北京中華書局出版了洋洋七十餘萬言的《殷墟卜辭綜述》，這部在甲骨學史上劃時代的皇皇大著，全面、系統地總結了甲骨文自一八九九年發現至一九五六年歷代學者的研究成果，在充分總結、利用前人研究成果的基礎上，結合自己研究甲骨學的精深造詣，對甲骨文出土及其研究經過、方法和內容，特別是分期斷代研究方面進行了科學論述，綜合敘述了卜辭中的各方面內容，在許多方面較前代學者的研究有了新的開拓和突破，並為甲骨學的普及和提高發揮了積極作用。這部著作由此成為自甲骨文發現以來這一研究領域第一部百科全書式的巨著，在甲骨學史上占有崇高的地位，對國內外學術界產生了巨大影響。

陳夢家著《殷虛（墟）卜辭綜述》書影

正所謂「禍兮福所倚，福兮禍所伏」，這部《殷墟卜辭綜述》的出版，給陳夢家帶來崇高聲譽和學術地位的同時，也為他後來的生命歷程隱約地埋下了禍端。陳夢家以這部大作所得的八千多元在當時看來實為天價的稿酬（時一個工人的月薪僅為十幾元至幾十元），在考古研究所附近的錢糧胡同購買了一個擁有十八間平房的大四合院，且一語雙關地把自己的書齋取名「夢甲室」。與此同時，陳氏還利用剩餘和後續的稿費不斷收集、購買上等的明代家具，整個房舍儼然成了一座輝煌壯麗的小型博物館。據趙蘿蕤回憶說：「一九五六年他用《殷墟卜辭綜述》的稿費在錢糧胡同買了一所房子。從此他一個人占有了一間很大的寢室兼書房，在裡面擺下了兩張畫桌。這一大一小兩畫桌拼在一起成了他的書桌，上面堆滿了各種需要不時翻閱的圖籍、稿本、文具和一盞檯燈。夢家勤奮治學有著很好的物質條件。他身體好，不知疲倦，每天能工作差不多十小時到十二小時。他肩上曾長過一個脂肪瘤，有幾個拔掉了齲齒留下的空隙沒有填補上。但是他終於把瘤子割除了，牙也修配好。在這兩件事辦完後，我笑對他說：『現在你是個完人了。』」5

陳夢家以一介書生突然暴富，引起四鄰八舍特別是本單位人員的注意，而陳氏本人平時不好結交朋友，人緣較差。加之陳夢家生性吝嗇，暴富之後不請客送禮，也不拿出一筆錢犒勞一下考古所的同事，請大家到上等館子撮一頓兒，而他自己經常一個人，最多約上外面來訪的一、兩個朋友下館子喝紹興黃酒，且喝得醉醺醺地唱著小曲回家繼續寫作掙稿費。如此這般，很快引起眾怒，一時謠言四起，舉報信不斷，但陳夢家毫不在乎，依然我行我素。未久，陳氏以在西南聯大時代的西周金文講稿為基礎，加以補充修改，開始撰寫另一部巨著《西周銅器斷代》，對西周銅器進行詳細的斷代研究。其成果開始在《考古學報》連載，並引起學術界廣泛矚目（南按：四十年後，陳氏對西周銅器的斷代分期，對舉世矚目的國家重點科技項目——夏商周斷代工程「西周王年」課題的研究，還曾發揮了重要的參考作用）。而早些時候的《尚書通論》、《西周年代考》、《六國紀年》等著作，也在這個時期出版或再版。此為陳夢家一生精力旺盛、得意瀟灑、治學精進的黃金時代。天才加勤奮伴著那早已成熟在胸的古代文字與古器物學知識，使他的著述突飛猛進，其寫作速度與顯露的明斷卓識，令同行為之欽佩，特別是小一輩考古學者更是感到震驚，視陳夢家為世間少有的天才學者，其學術著作後來被譽為前無古人的優秀成果。

對這一時期的經歷和輝煌成就，趙蘿蕤曾做過如此解釋：陳夢家的興趣很廣，但他的主攻方向仍毫無疑問是古史、古文字和古籍的研究，「一九六四年，家裡有了電視機。他幾乎天天晚上看電視。看到晚上九點半、十點、十點半，我睡覺去了，他才開始工作。有時醒過來，午夜已過，還能從門縫裡看到一條蛋黃色的燈光，還能聽到滴答——滴答——他擱筆的聲音。不知什麼時候房間才完全黑了。但是他還是每天早起按時上班，傍晚按時下班。他在所裡、家裡各有一套比較完備的常用書，在兩處都能有效地工

陳夢家與趙蘿蕤夫婦合影

作。在三十年的時間裡，他在占有詳盡資料的前提下，寫了許多文章，著了許多書，編了各種圖錄，還留下了一本完成、未發表的大約二百萬字的遺稿和未整理完畢的其他資料」。[6]

趙氏所言並非虛妄或誇大事實，許多年後，已成為考古研究所所長的徐蘋芳對中國文化史學者劉夢溪談起陳夢家的治學精神與成就時，仍深懷敬意地說：「陳是個絕頂的學問天才，他主張幾個課題輪流做，不贊成死扣住一個課題不放。」[7]趙蘿蕤與徐蘋芳的這個說法，再次印證了當年聞一多對梁實秋說的「一個有天分的人而肯用功者陳夢家算是一個成功的例子」那句話，陳夢家作為一個天才加勤奮的學者，在當今的學術界已成為不易之論。

一九五六年，陳夢家著手將過去精心收集的海外所見銅器資料，重新整理彙編為《中國銅器綜錄》，很快完成了北歐、美國和加拿大三集。原定全稿分編五集，英、法二集尚未來得及著手，「反右」風暴興起，陳夢家倒楣的日子就此來臨。

二、厄運降臨

一九五七年夏季，陳夢家因在「大鳴大放」中「大放厥詞」，「向黨進行了惡毒的進攻」，並對「新中國的一切事物，極盡歪曲、誣衊、謾罵之能事」「對文字改革惡毒攻擊」，並且公開發表〈慎重一點「改革」漢字〉的類似三聚氰胺一樣的劇毒殺傷劑，反對廢除具有中華民族優秀傳統的正體字實行另類簡化的邪體字，且放言邪不壓正，中華民族的優秀傳統文化是你們這群不學無術的流氓無產者殺不盡、滅不絕的，等等狂言。當運動一來，就被早已虎視眈眈的當權者輕而易舉地抓住小辮子，立即扭倒在地，打成了「右派分子」。當此之時，陳夢家的《西周銅器斷代》剛剛在考古所主辦的《考古學報》連載不到一半，由於戴上了「右派分子」鋼盔，正在撰寫的文章被「腰斬」，後半部再無下文，成了當年黃侃老夫子調侃胡適的「太監」或「著作監」。陳夢家費盡心血在國外搜集整理並已經編成的北歐、美國和加拿大《中國銅器綜錄》三集，美國部分已經三校被迫中斷出版，另二集則未能編訂發稿。

一陣狂風暴雨伴隨政治高層迭次降下的道道限令金牌，陳氏從人生事業的頂峰一下墜入谷底。歷史和現實給予他的，不再是鮮花美酒與歡慶的掌聲，而是來自四面八方的明槍暗箭。中科院領導者趁勢糾集學術界，特別是考古所和人文學科單位的人員，集中炮火對陳氏展開口誅筆伐。據時已轉入中科院歷史研究所做研究工作的胡厚宣（南按：胡福林，抗戰勝利後由齊魯大學轉復旦大學，後轉歷史所專門弄甲骨文編撰事宜）回憶，陳夢家購了房子，又收集眾多珍貴的明代家具，還不知輕重地邀請一些同行到家中觀賞，結果更加重了一些人的嫉妒心，有的人甚至恨得牙根癢癢，但他渾然不覺，結果終於釀成了人生一大悲劇（南按：二十世紀九〇年代末，由上海博物館收藏陳夢家生前收集的明代家具二十六件，這批家具成為研究明代社會的重要物證。為此，上海博物館支付陳夢家、趙蘿蕤財產繼承人（他們沒有子女）人民幣高達八位數）。

關於此點，胡厚宣所言甚是。早年畢業於燕京大學，後成為著名文物收藏家的王世襄在〈懷念夢家〉一文中說道：「夢家比我大三歲。一九三四年我考入燕京大學，他已是攻讀容庚教授古文字學的研究生。他非常用功，而我則是一個玩得天昏地黑、業荒於嬉的頑皮學生……那時和陳夢家先生，都在搜集明式家具，有了共同興趣……我以廉價買到一對鐵力木官帽椅，夢家說：『你簡直是白揀，應該送給我！』端起一把來要走。我說：『白揀也不能送給你。』又搶了回來。夢家買到一具明黃花梨五足圓香几，我愛極了。我說：『你多少錢買的，加十倍讓給我。』抱起來想奪門而出。夢家說：『加一百倍也不行！』……夢家此時已有鴻篇巨著問世，稿酬收入比我多，可以買我買不起的家具。例如那對明紫檀直欞架格，在魯班館南口路東的家具店裡擺了一兩年，我去看過多次，力不能致，終為夢家所得。但我不像他那樣把大量的精力傾注於學術研究中，經常騎輛破車，叩故家門，逛鬼市攤，不惜費工夫，所以能買到夢家未能見到的東西。」[8]

陳夢家收藏的明式家具

與陳夢家夫婦既是前後同學，又是鄰居加好友的王世襄乃世家子弟，家底不薄，面對一件羨慕已久的明紫檀直欞架格而終未得手，就一般知識分子，特別是從農村進城的知識分子而言，當是連想都不敢想的事，唯一能做的就是乾瞪著眼以既羨又妒的心情，或者是兩眼噴著莫名的火焰，前往「夢甲室」觀賞這種名流雅士的快樂生活了。陳夢家之幼稚和不知輕重如此，竟在一幫寒士儒生面前顯財露富，自然是「群眾很生氣，後果很嚴重」。再加上陳夢家不時顯出幾分狂妄不羈，不顧政治風向而發表時論等，所有這一切，在陰謀或「陽謀」家設置的層層溝壑與陷阱中，倒大楣、吃大虧自是一種必然。結果「反右」風浪一起，沉重的黑色「鋼盔」就落到了他的頭上。

另據胡厚宣說，當時上邊明確指示手下人員對陳夢家展開批判，胡氏本人和同所的歷史學家張政烺也接到指令，但胡張二人覺得陳氏確實有文人的毛病與不良習氣，也有些討厭，但這些毛病和研究工作不相衝突，何況平時發表言論也是出於一種對黨對國家對學術的摯誠，沒有什麼大不了的，遂明確表示不幹這種損人不利己的缺德事。胡張二人打了退堂鼓，就被視為思想落後分子晾在一邊。許多思想先進的革命學者卻挺身而出，衝入陣前。於是，槍炮之聲響了起來。中科院歷史研究所的一位青年李學勤很快弄出〈評陳夢家《殷墟卜辭綜述》〉一文，對給陳氏帶來巨大聲名與金錢的甲骨學史上里程碑式的巨著，毫不含糊地進行了批駁，謂該書「較少新義」，「最主要的缺點是作者對殷代社會性質及其發展途徑沒有明確的認識，因而書中只羅列了龐雜的現象，不能提高到理論的階段，同時對若干現象也不能有滿意的解釋。這和馬列主義的歷史科學相距是很遠的」云云。同時批評陳夢家又「誤以四方名為『四方帝』，並毫無根據地與東周以後由五行說產生的五方帝比附。這一章節對殷代宗教的本質也沒有理論的敘述……」。[9]

李學勤於一九五一年清華大學肄業後，進入北京圖書館跟隨曾毅公綴合甲骨，後又到中科院考古研究所協助陳夢家整理甲骨文資料，雖屬臨時性質，與陳夢家算不上親近的師徒關係，畢竟有一段工作的緣分。陳夢家已倒了霉運，但李學勤無論是資歷還是和陳的關係，在槍聲剛剛響起之時，都不便出手太重、太狠，更不宜進廟瀆神，佛頭著糞，只從令人為之眼紅心熱的根源，或者禍端——《殷墟卜辭綜述》這部大著進行釜底抽薪式的修理，既表示了政治立場，又彰顯其學問之能，可謂一舉兩得，或曰一箭雙雕。但是，對李氏這一做法，上層的頭頭們似乎並不滿意，即在學術界人士看來，李氏的批判文章，似有底氣不足，獨自一人躲在亂糟糟的人群中嘰嘰咕咕發牢騷和自說自話的感覺。這種威力與設想中的效果還有不小的一段距離。高層領導在幾個學術界大內高手的指點下，經過一番分析認為：李學勤無論是資歷、學問還是地位，都還不足以與陳夢家這樣的名流大腕對話，更談不上對陣交鋒，若繼續下去，很有可能給不明真相的群眾一種《史記》多次記載的「弑君弑父」的誤解。同時，這樣的打擊力度，顯然不能一鳴驚人，一槍擊中要害，令狂傲不羈的陳夢家趴在地上動彈不得。要想把已戴上「右派」鋼盔的陳夢家打趴在地，必須採取以大腕對大腕、以名流對名流、以狂傲對狂傲的戰略戰術實施攻擊。倘如是，陳夢家休矣。

中科院領導者們聽從了幾個大內高手的獻計，迅速調兵遣將，組織重量級選手書寫批判文章，向夢家發出大規模攻擊。在中國科學院哲學社會科學部潘梓年、劉導生等輩具體組織、指揮下，時在科學教育界赫赫有名的羅常培、翦伯贊、唐蘭、夏鼐等人，連同考古所的一些人紛紛站出來向陳夢家開火。夏鼐在《人民日報》公開撰文指斥道：「右派分子是反社會主義的，是反黨的領導的。他們說黨不能領導科學。他們要取消黨的領導，要黨員領導同志『下臺』。『考古學家』陳夢家對訪問他的記者說：『事實上像考古所這樣技術性較強的部門，如果沒有黨員專家，讓非黨員專家來領導也是可以的……希望經過這次整風，能夠對黨員領導同志做一次調整。有些人地不相宜，有些人兼職過多，有些人是掛名的，都可以考慮調整。」[10]時在全國科教界頗有影響的《考古通訊》，以編輯部的名義發表了〈斥右派分子陳夢家〉一文，從多側面、全方位對陳夢家進行了措辭激烈並帶有謾罵性質的口誅筆伐，謂「陳夢家和其他右派分子一樣，首先反對黨的領導。他明目張膽地要科學院的黨下臺。他醜化領導全國科學事業的科學院，把它描繪成一個官氣十足的衙門。他把創造科學研究工作條件的一切工作人員說成是些『大大小小的官』，要『讓他們到做官的地方去做官吧，別在科學研究機關』……他狂妄地認為黨中央領導同志的報告是『宣教』，覺得太長了，不願去聽。他把人民廣播電臺說成是『宣傳教條主義的地方』，廣播出來的都是『教條腔』。他詆毀黨中央機關報《人民日報》，而對當時反黨的右派報紙《文匯報》卻大加讚賞……在整風期間，他挑撥副所長夏鼐和尹達同志的關係。他在考古所的一次座談會上逼問夏鼐副所長，『你是否有職無權』。」[11]

從夏鼐與《考古通訊》編輯部發表的文章看，除了指斥陳夢家反黨、反社會主義、反馬列主義等罪狀之外，一個重要的內容是揭露陳夢家對科學院和考古所當權者的不滿。陳夢家所說的「兼職過多」，自是指郭沫若與鄭振鐸，而以後者為甚。一九五八年十月十七日，鄭振鐸率領中國文化代表團一行十六人，取道蘇聯前往阿富汗和阿拉伯聯合共和國友好訪問途中，在蘇聯楚瓦什蘇維埃自治共和國的卡納什地區，飛機失事，全體人員遇難。當時的中共媒體做了如下報導：「全國人民代表大會代表，中國人民政治協商會議全國委員會委員，中華人民共和國文化部副部長，國務院科學規畫委員會委員，中國科學院學部委員，中國文學藝術界聯合會主席團委員，中國作家協會理事會理事，中緬友好協會會長，中國科學院文學研究所所長，中國科學院考古研究所所長鄭振鐸同志……不幸全體遇難。」[12]

從以上報導可以看出，鄭氏可謂是不世出的人中之龍，官運亨通且身兼數職，堪稱「國之重寶」，如果文化考古陣地少了鄭氏，何以為計？遙想當年，鼎盛時期的蔣介石一人身兼「軍事委員會委員長、兼國民政府行政院長、兼中央銀行、兼中國銀行、兼農業銀行理事長、兼中央大學校長、兼陸軍軍官學校校長、兼……長」。介公這一連串的「兼」與「長」，不但未受軍政大員和普通百姓尊敬，反而作為一個笑話成為人們消遣娛樂的飯後談資。想不到此種笑話沒有隨著老蔣跑到臺灣孤島而消失，在新中國亦偶有所聞，且有過之而無不及，身兼幾個或幾十「委員」與「長」者如過江之鯽。只可惜天不假年，六十歲的老鄭同志，乘機西行，結果竟是命赴黃沙，聞者為之扼腕。鄭死後，由尹達而不是夏鼐接替其考古所所長一職。

中國科學院歷史研究所成立之初，郭沫若當仁不讓地以院長身分兼任所長，尹達以「老革命」資格暫時屈居副所長的位置，主持所內日常工作。而自一九五四年梁思永去世後，尹達頂替梁的位置兼任考古所副所長，位列夏鼐之前。儘管尹達在學術上無法與學貫中西的「海龜」夏鼐相提並論，更不是一個等級的學者，但在革命隊伍中，尹是老黨員（中共）、老革命、老前輩，夏卻不是。既然夏鼐與幾個「老」字都未沾邊，自然要靠邊站，所內重要事務由尹副所長掌控，日常煩瑣的具體事務，從指導田野調查發掘，到審閱考古報告和各種出入稿件以及處理公文，統統由夏鼐承擔。正是鑑於這樣一個事實，才有陳夢家對這種畸形的狀況看不順眼，並公開叫囂「外行領導內行」，以及在大會上逼問夏「是否有職無權」等「反動言論」。不諳世事的陳夢家如此說，實屬當眾搧尹達的耳光，也是對上層領導如郭沫若等輩的大不敬。既如此，為何夏鼐要站出來批陳夢家呢？

此事其實很好解釋，夏鼐撰文批判陳，並不是因為陳當眾指責了夏，恰恰相反，陳的當眾指責，不能說夏鼐偷著樂，至少心中是舒坦、解氣的。但在舒坦、解氣的同時，又必須裝出很生氣的樣子，對陳氏加以痛斥——這是中國官場的老例，不必贅言。略需解釋的是，當時的夏鼐雖是黨外人士，但畢竟戴著一個副所長的帽子，既然戴著官帽，面對如此聲勢浩大的政治運動，且這個運動已經牽涉到所內之人，夏鼐撰文表態，進行斥責就成為必然和必需之事，想來陳夢家本人對夏鼐的無奈之舉也是清楚和理解的吧。

從此前和後來的經歷可以看出，夏陳二人一直保持著良好的私誼，當陳氏落難後，夏對別人指斥的陳，特別是在指斥不合事實時，抱有同情並暗中給予解套兒。正是由於夏與陳良好的個人關係，才有了陳在大會上公開「逼問」夏是否有職無權的「事件」出籠。

在中科院考古研究所，陳夢家自是牛人一個，但夏鼐比他還牛。從學位上論，夏是英國倫敦大學埃及考古學博士，陳夢家雖留過洋，但沒有博士頭銜，也沒有正式的師承。從道統上論，夏是前中央研究院史語所的嫡傳弟子，不但一度代理過史語所所長，且繼承了「中國考古學之父」李濟，以及「中國第一位考古專門學者」梁思永的衣缽——這一點極其重要，其重要的程度可與一千兩百年前唐代的慧能承繼五祖禪宗弘忍大師衣缽相比擬。而陳夢家的道統路數極為尷尬，夏鼐可以慧能相比，陳氏卻不能與北宗的神秀並論，因為慧能與神秀所尊的皆是五祖弘忍禪師，屬於同門弟子。而夏與陳則屬於兩個系統、兩個門徑、兩股道上走出來的人物。在精神和人生境界上說，夏的老師是「海龜」傅斯年，而陳的老師是土學者容庚。非常不幸的是，抗戰勝利後，傅斯年與容庚在北平與重慶之間的一場華山論劍中，竟以「漢奸」罪名把容庚從辦公樓扔入汙泥遍布的溝裡。作為徒子徒孫，自己的老師被別人的老師扔入汙泥濁水中而不能鹹魚翻身，更沒有來個鯉魚打挺，東山再起，當然是一件很丟面子的事。多虧陳夢家還有一位稱作老師的「鬥士」聞一多，儘管聞氏沒有「鬥」出什麼名堂就身歿昆明，卻是當時中共肯定和宣傳的英雄人物，後來清華大學還為其塑了雕像當作聖人供奉，這總算在師承和精神領域為陳夢家挽回了一點面子，與夏鼐的差距就此縮小，但二人還是不能平起平坐——因為那個光芒萬丈、神聖無雙的正統衣缽在夏鼐身上，而不在陳氏手中。從實際水平和名聲上論，當時考古文物界有「南曾北夏」之譽，而沒有「南曾北陳」之說。當然，這個「南曾北夏」含有學術界對作為一介女性的曾昭燏的愛憐、尊敬和客氣的讚譽成分，並非就真的指曾可以與夏鼐並立齊肩。試想，連當年的倫敦大學博士吳金鼎，「龍山文化」、「南詔文化」的發現發掘者都不能與夏鼐匹敵，何況一個曾昭燏哉？而曾氏死後，中國考古文物界一切牛人皆不能與夏鼐相提並論。甚至可以說，夏的才氣高於李濟，而一生在考古學上的成就不能說超過了李濟，也應該是並肩而立的兩位巨人，這已成為不易之論。[13]

按一般規律，凡學術界中的牛人，大都對比自己更牛者，從內心深處表示敬佩、服膺，如劉文典之於陳寅恪就是一個鮮活的例證。牛人所不服的，是那些比自己學問差或大體相當的學者，尤其是學問差而又整日指手畫腳、囉唆不休、自以為是的官僚政客，為學術界牛人最為不屑忌恨。這類人物真的如陳夢家所言別在科學研究機關做官，而應到賓館、飯店、洗澡堂子甚至殯儀館之類的地方去做官執政，或許還能為人類做出一點服務性貢獻。在當時的考古研究所，陳夢家對尹達的學問、人品特別是淩駕於夏鼐之上的一頂官帽，自是不滿意甚至是憤怒的，他公開質問夏鼐的言行，考古所內人士心知肚明，即便是發表指斥陳文的《考古》「編輯部」，也深知陳夢家是醉翁之意不在夏而在尹。

既然敢如此明目張膽地與黨對抗，與掌握生殺予奪大權的當朝者施政者為敵，在風暴突起之際，陳夢家的厄運隨之來臨，也就不再顯得突兀和奇怪了。

一九五七年十月十一日至十四日，中國科學院以哲學社會科學部的名義連續召開了三天三夜的會議，集中揭發和批判史學界「四大右派」分子雷海宗、向達、榮孟源、陳夢家。在「四大」中，雷海宗於一九五二年院系調整時，被視為原清華大學歷史系蔣廷黻一派人物遭到清理，由清華歷史系主任、代理文學院院長的身分，調往天津南開大學歷史系任普通教授。運動一開始他就受到批判，時病情惡化沒有進京參加。後「三大」分別屬中科院二所、三所和考古研究所，也就是說，這三個念歪經的反動和尚，與他們相依為命的寺廟俱在中科院的掌控之中，所謂跑了和尚跑不了廟，三個歪和尚一個也不能少，全部弄到會場接受批鬥。[14]在繼續三天的圍攻討伐中，除中科院系統的大小頭目與嘍囉，包括北京大學史學系主任翦伯贊等輩也應邀參加，翦在會上宣讀了討伐「三大」、「右派分子」特別是北大同事向達的戰鬥檄文。向、榮、陳「三大」在一頓棍棒夾擊和滿口仁義道德攙雜著馬列學說的大義凜然的唾罵指斥聲中，立即變成了螻蟻一樣微不足道、輕如鴻毛的「三小」，被迫在會上彎下因幾天沒吃沒喝而餓得宛如楊柳飛絮的細腰，低下高貴的頭顱，做悔恨交加狀，對著鏡子狂喊王八——自罵自地高聲「深刻檢討」起來。

為了把中科院系統包括陳夢家在內由「三大」變為「三小」的「右派分子」徹底批倒批臭，並作為反面典型警示那些大瞪著眼、懵懵懂懂、迷迷糊糊正在向「右」邊溝裡滑去的書呆子，中科院領導再度號召下屬各部門的頭頭腦腦，繼續組織強有力的革命中堅，對其給予致命一擊。

各單位和研究機構得令，爭先恐後回應，急速排兵布陣，並以外戰的外行、內戰的內行的革命大纛為嚮導，車轔轔、馬蕭蕭開入陣前。在一片紛亂雜蕪、旌旗獵獵、人喊馬嘶的戰陣中，隨著郭沫若帥旗擺動，只見三員將領頂盔貫甲，躍馬橫刀殺奔而來。居於中間為首的是一代名宿唐蘭，左右兩名小字號偏將乃潘山、秦華。三員將領到得陣前，勒住馬頭，先由二位青年小將分別叫號罵陣，潘秦二人抓住一個叫關錫的青年曾給陳夢家寫信大談文字改革弊端，而陳氏積極回應並在媒體上為之公開呼應的往事，分別以〈評關錫和陳夢家對文字改革問題的態度〉、〈繼續追擊右派——駁斥陳夢家、關錫〉為綱領，對陳氏進行了一番痛罵與鞭撻。二人罵過，回歸本隊，頭號戰將唐蘭接著豪氣干雲地殺奔而出。

唐蘭乃陳夢家的師輩人物，曾任教於燕京大學、北京大學、西南聯大。新中國成立後，一度出任北大中文系代理主任。一九五二年始，歷任故宮博物院研究員、學術委員會主任、副院長。就其資歷與學問而言，稱得上是著名的古文字學與古器物學家，完全可與陳夢家有一比拼。當年在甲骨學界興行的「羅董郭王」之「四堂」學術定位，就出自唐蘭之手並受到學界認可，這個定論曾在香港大學古文字研究生考試中作為試題被考過，可見其影響之大。據聞當年清華國學研究院畢業生、梁啟超的得意門生吳其昌（子馨）當面對唐蘭放出豪言：「當代學者稱得上博極群書者，一個梁任公，一個陳寅恪，一個你，一個我。」[15] 吳氏的大言能否被學界公認是另一回事，但足以見出唐蘭在對方眼中屬於重量級選手的事實。作為如此重量級戰將，如今親自披掛上陣大戰陳夢家，自是一件震撼人心的大事。據一九五〇年進入北大中文系就讀並聽過唐蘭授課的白化文說：「唐先生傳下來的老外號是『鬈毛獅子』，因其頭髮帶髦之故，我一看，真像，其實更像『畫獅不成反類狗』，老學長口中留情罷了。」又說：「唐先生口才極佳，如蹲獅一樣坐著講，雖帶著講義、參考書等，可是從來不看講稿，就那麼一句一句地接著說。他講課邏輯性特強，一點廢話沒有，而且引人入勝。本來文字學是夠枯燥的，經他來回一繞，把大夥兒全繞進去了，

唐蘭（中）與王冶秋（左一）、郭勞為（左二）、謝辰生（右二）、馮先銘（右一）1978年於香港。（引自國家文物局編，《回憶王冶秋》〔北京：文物出版社，1995〕）

覺得他說得全對，他批評別人的話完全正確。」[16]

當然，也有對此不服氣者，如一九四六年西南聯大解散後，暫時未北歸的留守學生編了幾個小冊子，對聯大生活有所回顧和評論，如在「聯大教授」的描述中，唐蘭的形象是這樣的：「唐蘭先生，中文系教授，『說文解字』教者，唐先生的課以前很叫座，現在卻不行了。但無可否認的，唐先生是古文字學的權威。唐先生自己常說只有容庚可以和他較量，郭沫若、董作賓等人的功夫都不太夠。在『一二・一』罷課中他力勸同學復課，曾有一句『名言』：『不忍不教而誅之。』大家才知道他是很頑強地為統治者說話的，並不如他平時表現得那樣『瀟灑』。」[17]此處所說的「統治者」自是指國民黨政府，大約正因為如此，唐蘭在「思想改造運動」中受到嚴厲的批判，並且被逐出北大中文系，調往故宮博物院。人隨風水一起轉，調往故宮的唐蘭從此變得異常積極，面對轟轟烈烈的「反擊右派」，認為正是表現自己的大好時機，於是便披掛上陣，對陳夢家大放厥詞。唐蘭說這話的時候，肯定忘記了一年以前自己因拋出不倫不類的文字改革方案，曾經遭受《中國語文》雜誌批判專號的特殊「待遇」而產生的心靈震蕩。

唐氏以《孫子兵法》所云「知己知彼，百戰不殆」的戰略，根據平時對陳夢家強勢與弱點的深入了解，結合前幾日在中科院批判「四大右派」分子會議上的發言，很快草成了一篇名為〈右派分子陳夢家是「學者」嗎？〉的戰鬥檄文。

在這篇長達萬言的雄文中，唐蘭以先聲奪人的凌厲氣勢，一開口便指斥道：「在大鳴大放期間，向黨進行惡毒的猖狂進攻的右派分子陳夢家是『學者』嗎？不是的。他是『冒牌學者』，實際上是一個十分熱中、不擇手段地拚命向上爬的野心家，是一個善於投機取巧、唯利是圖的市儈，是一個不懂裝懂、假充內行、欺世盜名的騙子。」

在年齡上比陳夢家大十歲，時年五十七歲的唐蘭，不愧是著名學者和英勇善戰的驍將。在搶占政治與道德的制高點之後，又以犀利的文筆，庖丁解牛式的嫻熟，對準「野心家」「市儈」和「騙子」陳夢家最薄弱的命門，揮刀便刺，指斥道：「正如他自己所說，他在『抗戰』以後，到一九四四年依靠了以新月派為主的種種社會關係，很快地往上爬到了『教授』。在抗日戰爭最危急的關頭，『想在國際上成名，到美國過美國式的生活，無恥地接受世界上最大的剝削家羅克菲勒的津貼，為他們服務。以研究銅器為名，實際上完全喪失了民族立場。贊助了美國豪商、軍人、官僚劫奪我國的銅器』。一九四七年到清華，和商人們拉交情，博取在古董商人間的威信，『從流氓詩人變為市儈學者』。他還妄想『把自己成為國際權威』。只是由於北京解放了，『這些狂妄的野心和夢想』不得不結束，但他說『只是暫時掩住而已』。因此，他對黨仇視懷恨在心，『抱著有一天……有東山再起之望』。在黨提出正確處理人民內部矛盾的方針後，他認為這樣的一天終於來到了，可以『東山再起』了，就發瘋似的到處發言、寫文章、拉攏、挑撥、點火、放毒箭，從各個方面來向黨進攻。」

當年陳夢家是中國知識界唯一前往國外考察，並收集大量銅器資料的學者，總計過手兩千餘件青銅器物，其收穫之豐碩可想而知。也正是這一歷史機遇和巨大收穫，令其他專家豔羨有加，從而增加了對陳氏的嫉恨。作為號稱古文字與古器物專家的唐蘭，當時要到一趟香港亦無機會（後終於成行），心中的嫉恨之情可想而知。正是緣於這樣的情結或曰心中的

「疙瘩」，唐蘭的出手才顯得分外狠辣。

旋風般的刀光閃過，接下來，唐蘭以歷史見證人的身分直刺陳夢家的前身舊事，以「戳穿」這個「野心家、市儈和騙子」自我吹噓的「舊學問」究竟是何等貨色。唐說：「一九三三年前後的一次宴會上，聞一多先生告訴我，有個青年陳夢家敢於說『夏朝就是商朝，夏禹就是商湯』，將要訪我。隔幾天，這青年來了，長頭髮，神氣傲慢。留下很厚一部稿子，內容荒謬，都是忽發奇想，懸空立說。這是我認識他的開始。不久，他入燕京大學研究院跟容庚先生學金文。就是這樣，這個在偽中央大學念過法律系，在燕京大學宗教學院學習過，準備當牧師，而又當過很反動的新月派青年詩人，寫過極其醜惡的黃色小說，在中學裡教書被轟跑的陳夢家，找著了一條爭名爭利的終南捷徑，所謂『從金石學出發的』這塊招牌就很容易地掛上了。」

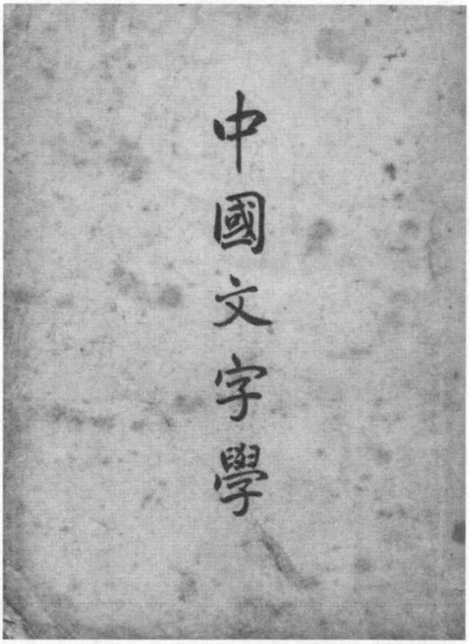

唐蘭，《中國文字學》（上海：開明書店，1949）。

為論證陳夢家何以成為「欺世盜名的騙子」，唐蘭以與陳氏打交道的親身經歷和感受舉例說：「他在他盡力誇張的七十萬字大書裡，單是『甲骨文字和漢字的構造』，就寫了一萬字。他基本上利用我在《中國文字學》裡所主張的象形、象意和形聲的三書說，但由於他一定要高出一籌，所以把象形象意合併起來，硬添上一種『假借字』……顯然，這樣的著作，其東拉西扯，加入了很多與題無關的東西，目的只在拚命賣弄，欺世盜名和拉長稿子多得稿費而已……郭寶鈞先生有一本《中國銅器學》的稿子在他那裡，他盡量利用了，寫信給郭先生卻說『很多地方，所見略同』，既然『所見略同』，當然不好算他『抄』或『偷』了，在他的書裡，始終沒有提到郭先生的著作。」

畫皮一層層剝開，露出了真正的帶血的骨肉，唐蘭就此認為「陳夢家既不是這個家，也不是那個家，只能稱為空頭專家」。在一陣見血封喉的猛刺痛責之後，唐蘭以勝利者的姿態溫柔地撫摸著陳夢家殘存的筋骨碎肉，掄下了最後一刀：

陳夢家在三反運動時是大老虎，黨和政府沒有追究既往，他應該改過自新。但在院系調整後，他轉入了考古研究所，相反地把尾巴翹得更高了。幾年來，他似乎很努力，很忙，據他說是「社會主義熱情」。但忙的是什麼呢？忙的爭權力，當把頭，捧這個，拉那個，搞小圈子，挑撥離間，打擊人；忙的東跑西跑，沽名釣譽多寫東西，多拿稿費；忙的買房子，買明代家具；裝著熱心戲劇，搞鬼把戲。

……陳夢家還用「十分贊成」的話來強力推薦關錫一封誣衊我們領袖的信，說贊成文字改革的人是「順大坡」，是「市儈行為」。右派分子向來慣於用「賊喊捉賊」的方法，所以「市儈」決不是別人而正是他們自己。陳夢家說，「說話要看時機」，可惜他把時機看錯了，把馬腳露出來了，這道道地地的市儈，投錯了機，終至於一敗塗地了。[18]

經此致命一擊，陳夢家確是一敗塗地，躺在地上如同一隻被踩扁了的癩蛤蟆，只是乾瞪著眼珠，咕咕嘎嘎地喘著氣息而動歪不得了。

三、藍的星，騰起又落下

為擴大戰果，除了中科院上層特邀的大腕名流，以及各研究所形形色色的人物參與對陳夢家圍毆，整個社會教育文化科學界也很快被發動起來，展開了一場聲勢浩大的圍毆運動。波瀾所及，連西北大學師生也捲了進來。據這所大學的一群師生揭發，陳夢家在受邀到該校講古文字學期間，曾膽大妄為地說：「郭院長搞考證，引經據典，你們不要認為真的讀了這樣多的書，其實所講的什麼字通什麼字等，是從『說文通訓定聲』來的。」對此，在運動中已經覺醒了的西北大學師生憤然批駁道：「郭院長是我國著名學者，我們向陳夢家抗議，不允許你這樣侮辱我們敬愛的郭院長。」棒喝之後，又揭發道：「他又大肆汙蔑革命先烈聞一多先生。他在介紹聞先生的時候說：『聞一多穿一件爛長袍，為了學習連尿也不到外面去，房裡臭得很。』」[19]正因為掌權者們不可為外人道的「隱祕」，被不知天高地厚的陳夢家在講堂上公開揭露，世人又從西北大學師生的反揭露中隱約看到了另一層隱祕，並堅信，陳夢家遭遇的一系列政治厄運，是得到了「我們敬愛的郭院長」首肯的。到了這個時候，「一敗塗地」的陳夢家再也無話可說，不得不忍受肉體與精神的極大創痛，低頭認罪並甘願遭受千刀萬剮的懲處。

未久，陳夢家被降級使用，後曾一度下放到河南洛陽白馬寺植棉場從事耕地種田等艱苦勞動。此時，趙蘿蕤面對自己、父親趙紫宸和丈夫陳夢家受到批判和遭遇群毆的事實打擊，身患精神分裂症，被送往北京安定醫院治療。就在「反右」風潮波滾浪湧之際，遠離風暴中心的甘肅省博物館在武威縣先後搶救性發掘清理了三十七座漢代古墓，並在磨咀子六號墓發現了四百六十九枚《儀禮》木簡和日忌雜占簡十一枚，另有一些零星漢簡出土。因木簡凌亂，字體難辨，甘肅方面向中科院考古研究所求援，時在考古所主持業務工作的夏鼐藉此機會，於一九六〇年六月將陳夢家悄悄派往蘭州，協助當地考古人員整理漢簡——這是夏鼐冒著政治風險為陳夢家尋找的一條避免肉體和精神折磨的通道，也是陳夢家人生道路上最後一次轉機。於是，陳氏心懷感激悄無聲息地來到甘肅省博物館，在一間形似倉庫工房裡蟄伏下來。因是戴罪而來，組織上規定陳夢家不能對外聯繫，不能與館外的人接觸，不能以個人名義發表文章，用當時流行的說法講，就是「只能老老實實，不許亂說亂動」。陳夢家吸取了

武威漢簡文字

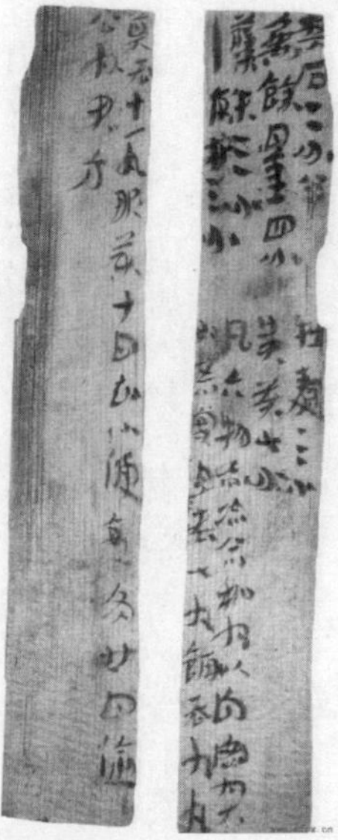
武威漢簡形狀

以前的教訓，也為了不給把自己從五指山下搭救出來的夏鼐增添麻煩，堅守規定，足不出戶（院），整日蹲在小屋裡做著綴合、校編等技術性工作，全部身心投入到漢簡整理研究中。時值盛夏，陳氏冒著酷暑，晝夜苦幹，博物館值班人員深夜巡邏，經常看到陳夢家光著膀子，揮汗如雨，趴在燈光下用放大鏡俯身察看簡上模糊文字的身影。經過三個多月的努力，陳夢家以驚人的毅力和廣博的學識，對出土的漢簡進行了整理和研究（包括六號墓出土的四百八十簡，十八號墓出土的「王杖十簡」，以及四號、十五號、二十二號、二十三號墓出土的「柩銘四條」），撰寫敘論、釋文和校記三篇，隨後完成了《武威漢簡》一書，於一九六二年經考古研究所同意，交由北京文物出版社作為「考古學專刊乙種第十二號」於兩年後出版。

一九六二年年底，經過五個寒冬冰窟煎熬的陳夢家，終於恢復了正常工作和政治生活，開始按考古所的計畫要求，主持籌備《殷周金文集成》、《西周銅器斷代》和《居延漢簡甲乙編》的編纂工作。就在這一年，與陳同劃為「四大右派」的雷海宗去世，時年五十五歲。噩耗傳出，令所有聽過雷氏講課的人無比哀痛和惋惜。這個學貫中西、博大精深的右派教授，同時能開「西洋近古史」、「西洋文化史」、「中國商周史」、「中國秦漢史」、「史學方法」五門課程。這個從不備課、從不講究教學法、想講什麼就講什麼的「右派」教授，以磁石吸鐵的力量吸引著無數青年教師和學生。據雷海宗的一個學生回憶，連他的老同行西南聯大歷史系主任、後到臺灣的劉崇鋐都極其推重他，稱其為大學問家，並對自己的學生說：「要好好聽雷先生的課，他講的歷史課，有哲學意味。我做不到這一點。」如此一個學問大家，在嚴酷的政治折磨下英年早逝。

當年陳夢家在國外搜集整理、編成的《中國銅器綜錄》的流散美國部分，在「反右」前已經製版三校奉命在編輯部壓了六年之後，終於以「中國科學院考古研究所」名義和「內部發行」的形式，於這一年由科學出版社出版，書名則改為《美帝國主義劫掠的我國殷周銅器集錄》。該著分三部分，一是器物的圖像；二是器物的銘文；三是記錄各器尺寸、銘文、年代、著錄等方面信息說明，共收有青銅器八百四十五件。書的序言中說：「本集所收的八百四十五件殷、周青銅禮器，是我所工作人員陳夢家先生十餘年前在美國搜集的。當時，他曾將在美國各博物館、大學和古董商肆所能見到的中國銅器，都攝了照片，拓了銘文，記了尺寸，並考查了來源。其中大多數皆加以觀察並做了取證，少數的未見實物。」又說：「我們知道，這些銅器都是幾經轉手，有局部加以配造的，有後來添刻銘文的，有不同數器的部分雜拼而成的，有全部是偽造出來的。我所曾將本集校樣送請于省吾、唐蘭、張政烺三位先生重加審訂。三位先生根據照片，只從銘文拓本，指出了幾件是可疑的，此外當還有可疑的器和銘……於此可以說明，由於帝國主義瘋狂地劫奪我國文物，造成偽造文物

陳夢家撰著的《中國銅器綜錄》，1962年被易名為《美帝國主義劫掠的我國殷周銅器集錄》書影。

風氣的一斑……」儘管此時的陳夢家像一個辛勤勞作的農民，眼睜睜地望著自己費盡心血和汗水澆灌的瓜穰，在結出一串碩果之後突遭風暴而只收穫了一個小小的瓜紐，但內心還是感到了一絲慰藉。

以此為契機，陳夢家的研究興趣逐漸從甲骨文、金文銅器方面轉到了漢簡研究領域，對居延、敦煌、酒泉等地所出漢簡進行了大規模整理和研究，其中包括對居延漢簡的出土地點、額濟納河流域的漢代烽燧遺址的分布排列，以及簡牘形制的考察探索。直到一九六六年去世為止，僅用了三年多的時間，便完成了十四篇論文，約三十萬字。這批論文僅發表五篇，未等結集出版，「文革」爆發，陳氏正在主持編纂的《殷周金文集成》與《西周銅器斷代》兩部大著也隨之擱淺。直到一九八〇年，陳夢家寫就的竹簡論文才由考古研究所人員整理、結集，並以《漢簡綴述》書名由中華書局出版。此書的出版，在業內引起震動，認為陳氏《漢簡綴述》的完成，「標誌著簡牘學科的正式形成。所使用的研究方法，對於開創簡牘研究的新紀元，具有重要的指導意義」。而陳氏對簡冊制度的研究，更是被後世學者譽為「既是簡牘學史上的一場革命，也是簡牘研究的發展方向」。[20]

正如徐蘋芳稱道陳夢家主張「幾個課題輪流做」且是做學問的天才一樣，陳氏在研究竹簡的同時，也展開了對古代帛書的探索，具有華路藍縷的開創之功。在中國大陸最早注意到流散海外的楚帛書並對其進行系統研究探索的學者中，陳夢家是成果較大的一個，假如在人生旅途中再多活十年，趕上七〇年代的簡帛大發現，如舉世聞名的銀雀山漢墓竹簡、馬王堆帛書、吐魯番唐代文書等，對其加以稽考鉤沉，探賾索隱，廓清歷史迷霧，成以行世，其學術成就必大放異彩，為中國學人爭得一世界性名譽。[21]可惜天不假年，陳夢家沒能等到這一天。

回到中科院考古研究所舊地稍微安頓並欲再度奮起的陳夢家沒有想到，隨著「文革」狂潮颶風興起，整日埋頭於考古所研究室內一堆烏龜殼與破銅爛鐵中的他又大難來臨。一九六六年八月，所內的造反派以經濟問題、作風問題和學術問題「三罪」，將陳夢家揪出來批鬥。所謂「經濟問題」，主要是指陳用稿酬在錢糧胡同購置的那個四合院；「作風問題」，則指陳氏早年是地道的新月派詩人，並有生活不端的緋聞，如和中央大學美術系學生、曾一度與徐悲鴻有過轟轟烈烈的師生戀、後跑去臺灣的孫多慈有一段糾纏不清的男女關係等。[22]而進入新社會後又拒不改造。而「學術問題」，則是罄竹難書，有抄襲、剽竊、編造、欺騙、假充內行、竄改歷史、欺世盜名等，無法計算。一時間，陳夢家的人格、學問成了毛主席所說的地地道道的「不齒於人類的狗屎堆」。

到了這年的八月十日前後，考古所的造反派陸續勒令以陳夢家為典型的「三反分子」、「右派分子」，每天上午在所內參加建房勞動，下午和晚上學習文件、寫檢查，並在晚間清掃廁所。據考古所年輕研究人員王世民後來說，陳當時表現態度甚好，勞動和打掃廁所不怕髒、不怕累，令人感動，也受到部分同事的同情。王世

又一次暫時獲得解脫的陳夢家露出了笑容

民於一九五六年北京大學考古專業畢業分配到考古研究所工作，經雙向選擇曾確定以陳夢家為導師，後來因陳劃為「右派」，實際接觸有限，但還是有十年的交往。因而，王對陳的遭遇算是知情者之一。當陳夢家「文革」受難之際，王世民因「保皇派」的罪名，也曾被驅入牛棚，與陳夢家朝夕相處，對陳的了解也就更為翔實。陳夢家在落難中的表現，王世民所言當是大體不差的。

隨著「文革」武鬥升級，成了「狗屎一堆」的陳夢家被從牛棚裡揪出來，強迫長時間跪在地下接受批鬥。烈日當頭，陳夢家汗如雨下，但不准抬頭起身，批鬥者懷著複雜的心理和仇恨，開始往他身上吐唾沫、潑汙物，並用棍棒擊打頭部，令其反省交代「三罪」。緊接著，他的家被抄，不惜破費萬貫錢財苦心蒐集收藏的明式家具、古玩器具，外加豐富的藏書、拓片、字畫被一掃而空。錢糧胡同的房屋成了外來人員的暖巢，趙蘿蕤的臥床也被陳夢家一位同事強行占用，陳氏夫婦被趕到一間原本是汽車庫的小黑屋存身。其間趙蘿蕤精神分裂症兩次復發，但送不進醫院救治，整日在親屬的看護下摔盆砸碗地大喊大叫。

這年八月二十三日，考古所的造反派成立紅衛兵組織，已關入牛棚的各類「牛鬼蛇神」二十六人被拖出來，分別戴上紙糊的高帽在所內遊行。紅衛兵不時對「牛鬼」或「蛇神」們拳打腳踢，並伴以棍棒和耳光伺候，作為「鬼」首的陳夢家自是成為重點伺候的對象，幾次被打翻在地，又被揪著脖頸拖起來繼續遊鬥。

二十四日上午十一點半左右，連續參加遊鬥「牛鬼」的紅衛兵身心疲憊，加之烈日當頭、暑氣逼人，一個頭目突發善心，下令「牛鬼蛇神」們可以回家吃頓中午飯，飯後再回所參加批鬥會和勞動改造。被鬥得像一隻霜打的乾癟茄子狀的陳夢家，突聞「大赦」，心中自是歡喜異常，在簡單清洗之後，經由與考古所相通的近代史研究所大門，去往東廠胡同東口路南一個蔡姓婦女家。所內的工勤人員和負責警衛看守的紅衛兵，一見陳夢家進了近代史研究所的大門，馬上意識到什麼，立即召集一干人馬悄無聲息地尾隨其後。待陳夢家到了蔡姓婦女家，剛要喝口對方端過來的水，忽聞大門「哐」的一聲響動，隨之衝進來一夥手持棍棒的紅衛兵。進得堂屋，紅衛兵們二話不說，當場搧了陳夢家幾個耳光，又將其踹翻在地，那位蔡姓婦女嚇得全身打哆嗦。只聽一個紅衛兵頭目說：「把這個亂搞破鞋的東西帶走！」眾人蜂擁而上，將陳夢家從地上拉起，連拖加拽地向外弄。就在翻過門檻的時候，陳夢家回過頭來，滿面悽楚哀惋地對蔡姓婦女說了一句話：「我不能再讓人當猴耍了！」言畢，被拖出了院子，隨之在考古所與中國科學院圖書館兩單位相鄰食堂的路口，遭到罰跪與棍棒敲頭的毒打與辱罵。烈日炙烤下，陳夢家頭上的汗水和著臉上屈辱的淚水嘩嘩而下，未出半小時，就昏了過去。

當日下午，緩過氣來的陳夢家仍被勒令在牛棚參加學習。據當時亦在牛棚學習的王世民後來說，這個時候，陳氏的情緒顯然與往常不同，時而走來走去，心情焦躁不安。傍晚的時候，陳夢家特別向牛棚中的學習組組長牛兆勳請假，說是夫人的癔症又犯了，在家大喊大叫，自己要回家照顧一下，晚間的學習就不參加了。同時，留下一封敞口的信，請牛兆勳轉交「文革」小組，說明蔡姓婦女與自己並無謠傳的不正當關係，只是不時請她幫助料理家務和照看一下有病的趙蘿蕤。當天中午去她家，就是因為愛人癔症復發，急需有人前去照顧……懷著對陳氏遭遇的同情，經牛兆勳向「文革」小組彙報和力爭，陳夢家被特許當晚不到考古所參加學習和寫檢討書，但也不許單獨外出，以免危害黨和國家。陳夢家答應後回到家中。

據「文革」史家王友琴調查考證，那一天，在考古所旁邊的東廠胡同，至少有六名居民被紅衛兵活活打死。拷打從下午一直延續到深夜，在用棍棒皮鞭打個半死之後，將人綁於葡萄架或小樹上，再用燒得滾沸的開水往被扒光衣服的人身上澆，其中有兩名婦女於沸水澆灌中「像殺豬一樣」哀號不止。鄰居們說，被折磨的人那淒厲的慘叫在夜空中迴旋，久久不散。有的鄰居不忍聽聞又感到無力救助，只好用枕頭摀住耳朵以減少精神刺激。[23]

那天夜裡，被勒令不能走出家門，蹲在一間小黑屋裡不敢吭聲的陳夢家，一定聽到了外面受刑者那「殺豬一樣」驚天動地的聲聲哀號，他不知什麼時候自己也被綁縛而出，在毒打中也發出這般殺豬一樣淒慘的叫聲。窗外的陣陣哀號使他無法再聽聞下去，他決定從人間地獄奔向幸福的天堂。這個決心，早在此前他被拖出蔡姓婦女堂屋的剎那間就已下定，那聲「我不能再讓人當猴耍了！」的呼喊，就是他對這個世界的抗爭和向對方委婉的告別。既然已經告別，就不再回頭。陳夢家吞下了家中所藏的安眠藥，斜倚牆壁，面向窗外，等待著死神的召喚。

三十五年前的一九三一年，二十歲的陳夢家編輯出版了那部著名的《新月詩集》，除了收集聞一多、徐志摩的詩作，另有自己的幾首詩也位列其內，其中一首〈搖船夜歌〉寫道：

今夜風靜不掀起微波，
小星點亮我的桅桿。
我要撐進銀流的天河，
新月張開一片風帆。

一九六六年八月二十四日，正是陰曆七月初九，是有「新月」的時候。不知身陷囹圄的陳夢家這一夜是否看到了新月，更不知他在這個新月初升的夜晚思考了什麼，是否想到了「新月張開一片風帆」那美麗的意境和隱喻：新月形如風帆，送自己走向理想的彼岸，這彼岸不是人間而是天國。

讓我合上我的眼睛，
聽，我搖起兩支輕槳——
那水聲，分明是我的心，
在黑暗裡輕輕的響；
吩咐你：天亮飛的烏鴉，
別打我的船頭掠過；
藍的星，騰起了又落下，
等我唱搖船的夜歌。

在這個新月初升的夜晚，陳夢家吞下了安眠藥，因藥力不足與死神擦肩而過，沒有「合上我的眼睛」，算是重新從幽暗空寂的墳墓裡爬了出來。

第二天，一群紅衛兵再度抄了陳夢家的家，在院子裡用銅頭皮帶打他的妻子趙蘿蕤，並把趙的頭髮剃去半邊，成為古怪的所謂「陰陽頭」——可能因形似古老的八卦「陰陽」圖案而得名吧。幾天之後，趙蘿蕤則被北大的造反派拉往北京大學校園，遭到更加酷烈的批鬥和毆打，而動手打趙蘿蕤的人中，最威猛凶狠、反覆掌趙氏耳光的一人，竟是趙蘿蕤親自教過並讓其留校做助教的年輕女性。[24]

「對死亡的恐懼被對這個世界的失望所壓倒，這個世界太醜陋了，沒有人願意從墳墓中重新站起來。」米蘭・昆德拉的這句話，似是受到陳夢家心靈的啟示而說出。十天後的九月三日夜，已回到家中的陳夢家再次遭到了造反派的狂毆與侮辱，他決意不再被這些已完全陌生的暴徒「當猴耍」，去意已決，於當天晚上在身患精神分裂症的妻子趙蘿蕤那驚恐的眼神與陣陣笑聲中，於僅供容身的一間小黑屋裡自縊身亡，那雙看夠了世態炎涼的眼睛終於闔上了。

藍的星，騰起又落下。這一年，陳夢家五十五歲。

注釋

1 趙蘿蕤，〈陳夢家：「完人」的癖好〉，收入凡夫等編，《名人的妻子憶丈夫》（珠海：珠海出版社，二〇〇二）。
2 巫寧坤，〈一代才女趙蘿蕤〉，《溫故》之八（桂林：廣西師範大學出版社，二〇〇七）。
3 陳夢家，〈在勝利迎新中前進〉，《人民日報》，一九五〇年一月一日。
4 〔英〕喬治．奧威爾（George Orwell）著，董樂山譯，《一九八四》（*Nineteen Eighty-four*）（上海：上海譯文出版社，二〇〇三）。
5 趙蘿蕤，〈陳夢家：「完人」的癖好〉，收入凡夫等編，《名人的妻子憶丈夫》（珠海：珠海出版社，二〇〇二）。
6 同前注。
7 劉夢溪，〈《學術思想與人物》後序〉，《學術思想與人物》（石家莊：河北教育出版社，二〇〇四）。
8 王世襄，《錦灰堆：王世襄自選集》（三卷）（北京：生活．讀書．新知三聯書店，一九九九）。
9 李學勤，〈評陳夢家《殷虛卜辭綜述》〉，《考古學報》一九五七年三期。
10 夏鼐，〈用考古工作方面事實揭穿右派謊言〉，《人民日報》，一九五七年七月十四日。
11 《考古通訊》一九五七年五期。
12 《考古通訊》一九五八年一一期。
13 據考古研究所一位資深研究員講，由於歷史原因，夏鼐一生在學術上的成就和貢獻遠遠超過了李濟。因為李掌握的資料僅限於早年的殷墟，無法與夏鼐三十多年面臨的全國各地出土的資料相比，而對兩個天資、才氣不相上下的考古學家而言，占有資料的多寡，就顯得極其重要。一九六二年，夏鼐被扶正，取年老體弱的尹達而代之，當上了考古研究所所長。「文革」中遭到衝擊，他一度被下放幹校勞動改造。一九七九年被選為中國考古學會理事長。一九八二年後，任中國社會科學院副院長兼考古研究所名譽所長，掌握實權的考古所所長由夏鼐手下「五虎上將」或「四大金剛」之一的王仲殊繼任。由於夏在考古學方面的傑出成就和貢獻，曾先後獲得英國學術院通訊院士、德意志考古研究所通訊院士、瑞典皇家文學歷史考古科學院外籍院士、美國國家外籍院士、義大利遠東研究所通訊院士、第三世界科學院院士（一九八五年當選）等榮譽稱號。主要著作有《齊家期墓葬的新發現及其年代的改訂》、《考古學和科技史》、《中國文明的起源》、《敦煌考古記》等。主編了《新中國的考古收穫》、《新中國的考古發現和研究》（可參看《夏鼐日記》中附錄的「生平事蹟年表」及中國社會科學院考古研究所編，《夏鼐先生紀念文集：紀念夏鼐先生誕辰一百周年》〔北京：科學出版社，二〇〇九〕）。一九八五年六月十九日，夏鼐突發腦出血去世，終年七十六歲。

夏逝世後，許多中外政要和學術界人士為之撰文紀念。在考古研究所工作過幾十年的考古學家王仲殊、王世民講：「夏鼐先生對中國考古學的巨大貢獻，首先表現在對中國史前考古學進行了長時期的創造性研究，不斷地拓寬道路，引導大家走向新的境地。主要是根據可靠的發掘資料，改訂黃河上游新石器文化編年體系，規範考古學上的文化命名，提出中國新石器文化發展多元說。他還是現階段最早從考古學上探討中國文明起源的著名學者。」又說：「夏鼐先生在相當長的時期內，是我國與世界各國在考古學領域進行學術交流的總代表。他的卓越學術成就，受到國際學術界的普遍重視，成為我國學術界接受外國國家級最高學術機構授予榮譽稱號最多的學者。這是夏先生本人的榮譽，也是我國考古學界的光榮」（王世民，〈夏鼐先生的治學之路〉，《商周銅器與考古學史論集》〔臺北：藝文印書館，二〇〇八〕）。

在夏鼐主持考古所期間，與夏交往較多的日本考古學家樋口隆康說：夏鼐在考古所，「雖然也經歷了文化大革命的考驗時期，而他之所以能保持了中國考古學界頂峰的地位，是由於他高尚的人品以及專心一致力求學問上的精進。他不僅對於國內考古學，而且對於國際上考古學方面的知識之淵博，涉獵範圍之廣泛，作為一個考古學者來講，也是無人可以與之匹敵的」（樋口隆康，〈夏鼐先生與中國考古學〉，收入夏鼐，《中國文明的起源》〔北京：文物出版社，一九八五〕）。另外，日本著名學者三上次男也說道：「夏鼐的去世，使這位身材不高的巨人從地球上消失了。他在天上，從天空繼續發出強烈的光，照亮著中國考古學的道路。」

14 榮孟源（一九一三—一九八五），直隸寧津人。一九三一年考入北平中國大學讀書，一九三二年參加反帝大同盟，在北平和家鄉之間來回折騰。一九三六年加入中國共產黨。一九三七年抗日戰爭爆發後，奔赴山西參加八路軍。一九三八年去延安，曾任八路軍總兵站衛生部股長，並先後在邊區師範和行政學院任教。後在北方大學和華北大學任教。一九五〇年，從華北大學歷史研究室轉到新創建的中國科學院以范文瀾為首領的近代史研究所工作。據與其相熟識的趙儷生回憶說，在知識分子中，榮氏是個「最妙的人」，他應是最老的中共黨員，但不知為何，黨籍被開除了。此事要追溯到延安時代。那時他是延安師範的教導主任，延安師範奉中央命令，校址要與西北局調換，學生們不同意，榮的「小農意識」也出來作祟，「為什麼我們辛苦一場打好的窯洞要讓給高麻子？」於是興起風潮，教員罷教，學生罷課，由榮執筆起草了〈上毛主席書〉。隔一日，毛的批示下來，四個大字，「豈有此理」。群眾歡騰了，「毛主席都說西北局豈有此理嘛！」誰知周揚到來，代表邊區教育廳宣布延師解散，停課整風，榮孟源停職反省。老榮的黨籍就這麼丟掉了。所以他滿腦子裝著「老革命不如新革命，新革命不如不革命……」這一類牢騷話（《趙儷生文集．籬槿堂自敘》卷五（蘭州：蘭州大學出版社，二〇〇二））一九五七年運動一來，榮氏就自然地被打成「右派分子」。可能因為榮氏資格較老的緣故，在學術界名氣並不大的他，很榮幸與雷海宗、向達、陳夢家三位學界名流並列入「四大」。

15 周一良，〈紀念陳寅恪先生〉，收入紀念陳寅恪教授國際學術討論會秘書組編，《紀念陳寅恪教授國際學術討論會文集》（廣州：中山大學出版社，一九八九）。

16 白化文，〈負笈北京大學〉，《萬象》八卷二期（二〇〇六年五月）。

17 西南聯大《除夕副刊》主編，《聯大八年》（北京：新星出版社，二〇一〇）（原為自印小冊子）。

18 唐蘭，〈右派分子陳夢家是「學者」嗎？〉，《中國語文》一九五七年一一期。文中提到潘山、秦華的批陳文章亦發表於本期。另據考古研究所研究員王世民說：在老一輩古文字學家中，陳夢家屬於晚於唐蘭、于省吾、容庚等人的一輩，平時陳最敬重于省吾，于也最器重陳。就掌握資料而言，前輩們都沒有出去過（截至二十世紀七〇年代中期以後，于省吾才去了一次香港，返回即一病不起），基本上沒有接觸過外文書刊。陳的缺點，最突出的是傲視他人，在文人相輕的情況下，更為前輩所不容。加以「反右」時的形勢，唐蘭想追求進步，表現積極（這與「三反」時在北大被鬥得很凶，最後被逐出北大，調往故宮，或有一點關係），發表那些批判陳夢家和其他的政治口號式的言論，可以給予同情的理解。相較唐的表現，于則不然，「反右」中批陳的會，于省吾拒絕參加，在陳夢家夫妻落難時，于還曾去過陳家。這一點頗令人敬重。

一九七八年冬，考古所為陳夢家平反開追悼會，王世民奉命去通知正在病中的唐蘭。唐表示因病不能參加了，但說了一句意味深長的話：「夢家還是有貢獻的。」這句話，當是唐蘭晚年的懺悔和良知的回歸吧（二〇一〇年十月下旬，王世民在審校本稿時，以眉批和電話等多種方式對作者所示）。

19 劉昭豪整理，〈西北大學考古班駁斥陳夢家在西大的反動謬論〉，《考古通訊》一九五七年五期。

20 沈頌金，《二十世紀簡帛學研究》（北京：學苑出版社，二〇〇三）。

21 據沙司馬說，在一次國際學術會議上，曾做過北大副校長的古文字學家朱德熙，在與美國芝加哥大學東亞語言學教授夏含夷談話時聊起了陳夢家與唐蘭，朱問夏國外漢學界對兩人如何評價，夏含夷毫不猶豫地說陳夢家的學術貢獻比唐蘭大。朱有些吃驚地說：「不會吧，唐蘭的學問比陳夢家可大多了。」後有學者分析，朱的吃驚和反問代表的是中國老一輩學人的觀點，而西方學術界強調研究的「科學性」和「系統性」，特別重視資料的全面、客觀和方法的規範。學問需要積累，但又不看積累，最後要看的是取得的成果以及在學術上的創見與貢獻。很顯然，陳在這方面已遠遠超越了唐蘭。對夏含夷的說法，比朱氏年輕一代的學者大都贊成，如中國社科院考古研究所研究員王世民就認為陳夢家生前在甲骨文、青銅器和漢簡三個方面掌握的資料，都遠遠超過同輩其他學者，陳比唐的成果也就更為宏富，貢獻自然要大得多。唐雖抱負遠大，知識「累積」比陳厚重，但終因天賦和識見的局限，終其一生沒有能夠完成計畫中的任何一個課題，因而學位、地位和貢獻無法與陳相匹。

22 陳夢家在南京中央大學讀書時，與該校藝術專科生孫多慈有過一段戀情，這個戀情從《夢家詩集》中可找到線索。其中有一首詩〈給微〉，據好事者考證，這個「微」就是孫多慈。據說「文革」後有人讀到了陳夢家的愛情詩很受感動，便跑去問陳夫人趙蘿蕤：「這些詩，是為您寫的嗎？」趙搖頭道：「他怎麼會為我寫呢？是寫給孫多慈的。」此事如果屬實，說明這個跑去問趙的人確是無知。《夢家詩集》出版於一九三一年，是陳夢家的成名之作，而當時陳還不到二十歲，尚在南京，他與趙相識是到北平燕京大學的事了，其間相隔好幾年，因而說他寫給趙自是不能成立。可做反證的是，陳夢家與同樣妙齡美麗的孫小姐當年確實有過一段戀情，只是後來徐悲鴻在中間插了一腿，才把事情攪黃了。因了陳夢家與孫多慈當年的戀愛一事，「文革」又扯出了許多舊聞，特別是民國期間一系列男女關係問題，這便是：陳夢家的女友孫多慈與徐悲鴻同居，徐悲鴻夫人蔣碧微與張道藩姘居，孫多慈的丈夫許紹棣與王映霞同居，王映霞的丈夫郁達夫憤而離婚與情人李筱英同居……因了這些扯不斷、理還亂的情欲糾葛，陳夢家被「文革」造反派拖入桃色的圈子有口莫辯，只能承受心靈與肉體的折磨，終至走上不歸路。

23 王友琴，《文革受難者：關於迫害、監禁與殺戮的尋訪實錄》（香港：開放雜誌社，二〇〇四）。

24 關於趙蘿蕤的命運大致如下：當年以趙蘿蕤為主任的燕京大學西語系俞大絪、胡稼貽和青年教授吳興華，於一九五二年院系調整後全部進入北大西語系任教授。一九五七年，胡稼貽與吳興華被劃為「右派分子」，俞大絪、趙蘿蕤兩位女教授的丈夫曾昭掄和陳夢家被劃為「右派分子」。如此一來，原燕大西語系的四教授都與「右派分子」密切相連了。「文革」開始後，吳興華被劃入「勞改隊」並遭到紅衛兵毆打和抄家。一九六六年八月三日，在校內烈日下「勞改」時，口渴難耐，遂向監工的紅衛兵討水喝。幾個監工為懲罰他的要求，對他進行了殘酷的對待，當天夜裡吳興華被妻子拉回家不久即斷了氣。紅衛兵堅持說他是以自殺對抗「文革」，要打成「現行反革命」，且不顧吳妻反對，把屍體拉到醫院剖腹驗屍，證明死於急性病毒性痢疾。剖開的屍體尚未縫合，又被強制拉到火化廠火化。吳興華生於一九二一年，死時年僅四十五歲。吳的遺孀和兩個小女兒被掃地出門，只得到海淀鎮上覓得一間民房棲身度日。
吳興華罹難三個星期後的一九六六年八月二十四日夜，俞大絪遭到紅衛兵毒打、抄家後服毒自殺。趙蘿蕤遭受了同樣的「鬥爭」並遭到毆打，連自己一手栽培的學生、留校沒幾天的女助教也開始掌她的耳光，趙的心靈受到重大打擊，精神分裂症加劇。
一九六六年十月，早就由二級教授降為六級的胡稼貽，在校園「勞改」時突然癱瘓。妻子把他送到北醫三院，醫院索要北大的公函才予治病。系中給醫院的公函上寫的是：「該人是我系右派分子，請給予一般治療。」醫院見函心知肚明，給了幾個藥片便打發走人，胡氏病情越來越重，在一九六八年一月撒手人寰（參見王友琴，《文革受難者：關於迫害、監禁與殺戮的尋訪實錄》）。
至此，原燕京大學西語系四位教授，死三人，瘋一人，可謂一網打盡，「英帝國主義文學」的種子也算是在這塊天地裡枯萎衰絕了。

僅剩一人孤獨存世的趙蘿蕤，在陳夢家去世後，精神分裂症幾次反覆加重，家人送醫院救治卻送不進去，她的弟弟趙景心把她從那間車庫房裡接走，和父母一起住進美術館後街二十二號院，病情時好時壞。這個四合院有著完整的院落格局、罕見的「象眼」磚雕與精美的落地雕花隔扇。「象眼」磚雕是明代四合院的一大特徵，而明代四合院在今天更是罕見。二十世紀末，在平安大街的建設中被列為拆除之內，二十二號院距平安大街拆除線約一百米，並不妨礙這條大街的建設，後經多位學者緊急呼籲，二十二號院暫得活命。然而好景不長，一年以後，開發商在無任何單位通知下，突然將四合院前院的南牆與東牆推倒，隨後拆除此院。羅哲文、鄭孝燮、劉西拉、舒乙、梁從誡、胡繼高、彌松頤七位學者再次呼籲保護，終於未果，於二〇〇〇年強行拆除。趙蘿蕤與陳夢家沒有生育子女，趙離開後，錢糧胡同的房子充公，使用的「斯坦威」鋼琴等物品當作「四舊」被當局沒收。

「文革」結束後，趙蘿蕤把有關機構退回的陳夢家遺稿和資料捐贈給中國社會科學院考古研究所，根據夏鼐的指示，考古所的王世民、張長壽、陳公柔等青銅器專家，開始進行《西周銅器斷代》整理工作，一九八二年書稿整理完畢。後經過長時間的拖延，這部著作終於在二〇〇四年四月由北京中華書局出版，此時距陳夢家首次發表已過去五十年矣。據王世民說，二十世紀八〇年代末，北京中華書局將這部著作排出清樣時，由自己陪同書局人員找趙蘿蕤商量有關事宜。已進入人生暮年的趙蘿蕤聽罷，先是眼睛盯著來者不吭聲，繼而歇斯底里地狂笑道：「我又能拿稿費了！」過了一會兒，又傷心地淚流不止。目睹此景，來者大為悲傷，禁不住熱淚盈眶。

一九九八年，趙蘿蕤去世，年八十六歲。

第十四章

人間熱淚已無多

一、一個民族已經起來

陳夢家死後，北京大學教授、詩歌評論家謝冕說道：「每一個詩的季節裡都有它的時尚和流俗，做一個既能傳達那時代的脈搏，而又能卓然自立地發出自己的聲音的詩人是困難的。慣性力圖裹脅所有的詩人用一種方式和共同的姿態發言，這對天才便意味著傷害；而天才一旦試圖反抗那秩序，悲劇幾乎毫無例外地便要產生。」[1] 謝冕說這話的時候，心中想著陳夢家，具體所指卻是與陳夢家經歷、命運相似且友善的另外一個詩人的悲劇。這個詩人的名字叫——穆旦。

穆旦，原名查良錚，出身浙江海寧查氏家族，生於天津。海寧查氏原籍安徽婺源，係出春秋查子，以地為氏。元至正十七年（一三五七），查瑜因避兵亂遷居海寧袁花鎮創業持家，漸逐發達。至明代已創立顯業，為江南名門望族，家道中興幾百年不衰。自第三世，分南、北、小等三支，明中期至清以來屬著名「文宦之家」。明代查約、查秉彝、查繼佐，清代查慎行、查嗣傈、查昇、查揆等著名文人學者，皆出於該家族。清康熙皇帝南巡時，在其宗祠外門聯上御賜「唐宋以來巨族，江南有數人家」，以示褒獎。及近現代著名人士查人偉、查猛濟、查濟民、查良釗、查良鑑、查良銳、查良銘、查良鍾、查良錚、查良鏞等均為其族人。就學術界小圈子而言，查良釗的人格、學問受到普遍尊重，這與他早年畢業於芝加哥大學與哥倫比亞大學並兼任全美中國學生會執行幹事長，一九二一年十一月曾率領在美學生與國內民眾團體和海外華僑相呼應，支持參加「華盛頓會議」的中國代表團而名聲大振有關；[2]亦與其回國後歷任河南大學校長、西南聯大訓導長，抗戰勝利後任昆明師範學院院長，中共翻盤後出任臺灣大學教授、訓導長兼臺大僑生輔導委員會主任委員長達二十年等一系列學政兩界的職位有關。但這一切並不是最重要的，重要的還在於查氏本人既懂教育又重視教育，且在自己的職位上，特別是西南聯大後期亂象叢生的艱難歲月裡，處事穩重，其無私無畏的精神與人格力量讓世人敬佩。查良釗的精神和事功，稱得上是西南聯大常委們所倚仗，在維持學校紀律和教學研究八年中屹立不倒的中流砥柱。

但就在世俗社會上的名氣而言，海內外華人知道更多的當然是後來名滿天下的武俠小說作家金庸（查良鏞）。穆旦與查良釗、金庸皆為同族的叔伯兄弟，按家族輩分排行，皆為「良」字輩，名字都帶金字旁。後來查良錚與查良鏞一個成了著名

1947年5月17日，穆旦（右一）參加堂姐查良錠與清華大學生物系教授沈同婚禮時攝於清華工字廳前。左起為穆旦的叔伯兄弟：查良銳、查良銘、查良釗、查良鍾。（引自《穆旦詩文集》〔北京：人民文學出版社，2006〕，以下引圖同）

詩人，一個成了名滿天下的小說家，又都起了個頗有講究的筆名。查良錚拆「查」字為木旦——穆旦；查良鏞，拆「鏞」字為金庸。金庸的母親是徐志摩的堂妹，徐與這對同族的查氏兄弟屬於沾親帶故的同鄉。金庸在一九七五年出版的《書劍恩仇錄》後記中寫道：「我是浙江海寧人……海寧在清朝時屬於杭州府，是個濱海小縣，只以海潮出名。近代著名人物有王國維、蔣百里、徐志摩等，他們的性格中都有一些憂鬱色調和悲劇意味，也都帶著幾分不合時宜的執拗……但海寧不出武人，即使是軍事家蔣百里，也只會講武，不會動武。」金庸其說，大體不差，無論是王、蔣、徐乃至穆旦的人生，皆充滿了悲劇意味。就人生的瀟灑超脫而言，可能只有金大俠在亂世中左右逢源，為海寧的「俠之大者」，無論是性格與人生際遇都沒有前幾位耆宿名流那樣憂鬱與悲涼。

一九三五年七月，十八歲的穆旦自天津南開中學高中部考入清華大學外國語言文學系，進校不久開始詩歌創作，並有〈更夫〉、〈玫瑰的故事〉、〈流浪人〉、〈古牆〉等陸續發表於《清華週刊》、北平《文學》等刊物，署名「慕旦」。此時的穆旦在校園和北方詩壇漸漸有了一些名氣，如他的同窗好友王佐良在〈穆旦的由來與歸宿〉這篇文章中，針對「穆旦是怎樣形成的？」寫道：「我們是同班。從南方去的我注意到這位瘦瘦的北方青年——其實他的祖籍是浙江海寧——在寫詩，雪萊式的浪漫派的詩，有著強烈的抒情氣質，但也發洩著對現實的不滿。」[3]而「作為四〇年代中國現代派詩的『探險者』，與五六〇年代英、俄浪漫派詩翻譯的集大成者，兩種藝術風格集於一身，其緣由從署名『慕旦』的校園詩中已見端倪」。[4]短短的兩年清華園生活，對穆旦詩歌創作確是起到了一個破冰導航的作用。

一九三七年抗戰爆發，穆旦於這年十月隨清華師生長途跋涉到長沙臨時大學暫設於衡山的文學院繼續就讀。除葉公超、吳宓等中國老師予以指導，英籍講師威廉・燕卜蓀（William Empson）的「當代英詩」課亦在此時開始講授，燕卜蓀（南按：其人自名燕謀格）的教學方法與內容，對雲集於外文系的一批青年才俊如查良錚、周玨良、王佐良、趙瑞蕻、李賦寧、許國璋等人，是一個真切感受外國詩人作品與性情的極好機會。只是開課不久，師生又要向昆明遷徙。穆旦打點行裝走出蕭條冷寂的衡山，跟隨聞一多、曾昭掄等師生組成的「湘黔滇步行團」，開始了「世界教育史上艱辛而具有偉大意義的長征」。[5]在橫貫湘、黔、滇三省，跋涉三千里到達雲南昆明國立西南聯合大學的沿途，風華正茂的穆旦懷揣一本小型英漢詞典，一邊行軍一邊背單詞及例句，到晚上，背熟了，便別出心裁地仿照據說是一位外國詩人的樣子，把背過的一頁頁撕去丟掉，為行走過的土地留下一份富有詩意的浪漫紀念。當到達目的地昆明的時候，那本詞典也就所剩無幾了。

三千里的行軍是艱苦和單調的，除了背誦英語單詞，穆旦沒有忘記對周圍事物與風土人情的體察。祖國土地的遼闊，高山峽谷的神奇壯美，以及人民苦難的生活與堅強不屈的精神，都在他的心靈深處打下了烙印並激發出創作的靈感，許多優秀詩篇在血脈僨張、激情閃爍的某個上午或某個夜晚，隨著筆端傾瀉而出。只是，詩人的情感與詩的內容、風格，較之清華園時代已有了轉變，正如王佐良所言：「我發現良錚的詩風變了。他是從長沙步行到昆明的，看到了中國內地的真相，這就比我們另外一些走海道的同學更有現實感。他的詩裡有了一點泥土氣，語言也硬朗起來。」[6]如在根據遷徙路上所見一幕幕場景和風土人情寫就的著名詩篇〈出發〉中，穆旦這樣寫道：

在軍山鋪，孩子們坐在陰暗的高門檻上
曬著太陽，從來不想起他們的命運……
在太子廟，枯瘦的黃牛翻起泥土和糞香，
背上飛過雙蝴蝶躲進了開花的菜田……
在石門橋，在桃源，在鄭家驛，在毛家溪……
我們宿營地裡住著廣大的中國的人民，
在一個節日裡，他們流著汗掙扎，繁殖！

我們有不同的夢，濃霧似地覆蓋在沅江上，
而每日每夜，沅江是一條明亮的道路，
不盡的滔滔的感情，伸在土地裡扎根！
喲，痛苦的黎明！讓我們起來，讓我們走過
濃密的桐樹，馬尾松，豐富的丘陵地帶，
歡呼著又沉默著，奔跑在江水的兩旁。[7]

西南聯大文學院暫設蒙自期間，穆旦成為創辦「南湖詩社」的骨幹和主要撰稿人之一。

其間，受朱自清、聞一多、吳宓、葉公超、馮至、卞之琳，特別是英籍的威廉・燕卜蓀等一大批著名教授、詩人指導和影響，穆旦開始大量閱讀艾略特、奧登等外國詩人的作品，系統地接觸英國現代詩歌和詩歌理論，找到了「當代的敏感」與眼下的現實相結合的道路，詩歌創作品質發生了飛躍式提升。對於這段經歷和詩歌藝術上的變化，謝冕曾做過這樣一段評論：「若把『五四』時期的北京大學喻為『中國新詩的搖籃』，則此時的西南聯大同樣可以比喻為振興並發展中國現代詩的新墾地。一批青年學生，在中外名師的指導下，再一次迸發了建設中國新詩的熱情。穆旦是其中最積極、最活躍、最有代表性的一位。據有關材料介紹，他也就是在這裡對葉芝、艾略特、奧登甚至對狄蘭・托馬斯發生了濃厚的興趣。在大師的影響下，由於包括穆旦在內的一批青年詩人的投入，中國新詩史掀開了值得紀念的新頁。」[8] 謝冕不愧是中國一流的現代詩歌理論家，他能在燦爛的中國詩歌星河中，找到穆旦這顆星的位置並將其誕生的背景與緣由一同託出，給予一個歷史的恰當定位，並做了「穆旦這樣在不長的一生中留下可紀念的甚至值得自豪的足跡的詩人不會很多」的預言，[9] 這實在是滔滔世俗社會與紛亂的詩歌評論界罕有其匹的真知灼見。

一九四〇年，穆旦由西南聯大外文系畢業後留校任助教。其間他的族兄查良釗正出任西南聯大師範學院教授兼聯大訓導長，後人每提及查良錚，往往與長他二十一歲的查良釗混淆。其實在聯大時查良錚僅是一名學生和年輕的助教而已，在大師如林的教授隊伍中沒有地位，至少遠沒有他的族兄查良釗引人矚目，如果翻一翻那個時期的梅貽琦日記，查良釗的名字不斷出現並有若干細節記錄在案。此時查良錚只是以用穆旦做筆名所寫的詩歌在校園學生和部分愛好詩歌的青年之間聞名。在隨後的幾年裡，作為受西方詩歌理論影響頗深的詩人穆旦，於香港的《大公報》文藝副刊和昆明的《文聚》等報刊，又連續發表了〈合唱〉、〈防空洞裡的抒情詩〉、〈從空虛到充實〉、〈讚美〉、〈詩八首〉等具有代表性的作品，從而引起世人更廣泛的關注。這一時期，中國抗戰已進入最艱苦的敵我相持階段，中國最精華的國土已失，人民雖衣衫襤褸，血汙浸身，貧窮和苦難纏繞著中華民族死死不放。但是，置之死地而後生的中國軍民，已經意識到在血與火的殊死搏鬥中，中華民族不但沒有被日本小鬼打垮壓碎，反而更加奮起並看到了一絲勝利的曙光。年輕的詩人穆旦，於一九四一年夏秋之交自四川敘永分校重返昆明本校途中，親眼目睹了殘破的大地山河與窘蹇的人民生活，在深刻感受時代苦難的同時，以詩人的敏銳視角感悟到人民奮起的精神和抗戰勝利的希望。在悲欣交集的心潮湧動中，穆旦完成了他那首意境深邃、蒼茫雄奇的〈讚美〉詩篇：

走不盡的山巒和起伏，河流和草原，
數不盡的密密的村莊，雞鳴和狗吠，
接連在原是荒涼的亞洲的土地上，
在野草的茫茫中呼嘯著乾燥的風，
在低壓的暗雲下唱著單調的東流的水，
在憂鬱的森林裡有無數埋藏的年代。
……

我要以一切擁抱你，你，
我到處看見的人民呵，
在恥辱裡生活的人民，佝僂的人民，
我要以帶血的手和你們一一擁抱。
因為一個民族已經起來。
……
一樣的是這悠久的年代的風，
一樣的是從這傾圮的屋簷下散開的
無盡的呻吟和寒冷，
它歌唱在一片枯槁的樹頂上，
它吹過了荒蕪的沼澤，蘆葦和蟲鳴，
一樣的是這飛過的烏鴉的聲音。
當我走過，站在路上踟躕，
我踟躕著為了多年恥辱的歷史
仍在這廣大的山河中等待，
等待著，我們無言的痛苦是太多了，
然而一個民族已經起來，
然而一個民族已經起來！[10]

在淒涼、悲愴、壯闊、沉痛又深含一股激昂旋律的詩句中，透著一份禮儀式的崇高和挺拔向上的力量，而每節「因為一個民族已經起來」的重複詩行，讓吟誦者真切感受到澎湃沸騰的熱血和民族奮起的身影，以及在那飄揚的靈旗之下，即將奏起勝利凱歌的歡騰。這首從詩人心尖上劃過、血淚交織的〈讚美〉詩甫一發表，即像一顆耀眼的明星照亮了中國詩壇，也正是這首詩的橫空出世，奠定了詩人穆旦不僅是「第一流的詩才，也是第一流的詩人」[11]的光榮地位。二十世紀八〇年代，詩人穆旦的星光被烏雲遮蔽三十年之後，這首詩再度引起世人關注，並被選入中學課本。許多現代詩歌評論家稱其為「九葉派」詩人群體中最傑出的代表，[12]而北京大學教授謝冕更是稱穆旦為現代詩歌第一人和一顆亮在天邊的星。

二、胡康河上的白骨

一九四二年，二十四歲的穆旦遇到了生命中一個重大轉折。這年二月，他回應國民政府青年知識分子參軍入伍的號召，以助教的身分報名參加了名噪一時的中國遠征軍，在副總司令杜聿明兼任軍長的第五軍司令部，以中校翻譯官身分隨軍進入緬甸抗日戰場與日軍作戰。綜覽中國抗戰八年歷史，校園內聲勢浩大的青年學生從軍熱潮共有兩次。第一次是一九四二年年底到一九四三年夏秋；第二次就是日本軍隊打到貴州獨山之後的一九四四年下半年。

首次大規模學生參軍的背景是：一九四一年年底，日寇繼珍珠港事件在太平洋暫時得手，又以精銳師團橫掃東南亞，英美軍隊望風披靡。一九四二年一月，日軍大舉進攻緬甸，勢如破竹，緬印戰場告急，中國唯一一條通往外部的交通命脈面臨被切斷的危險。在英美兩國元首建議下，中國政府於一九四二年二月以杜聿明第五軍、甘麗初第六軍、張軫第六十六軍和第三十六師編組為中國遠征軍，準備進入緬甸與駐緬英軍協同作戰。遠征軍以中國第十九集團軍總司令羅卓英為司令長官，杜聿明為副司令長官，由中國戰區參謀長、早年畢業於西點軍校的美國人喬・史迪威（Joseph Warren Stilwell）將軍任總指揮官。部署初定，日軍得到情報，於三月八日以精銳師團搶先攻陷緬甸首都仰光（編注：現新首都是奈比多）。三月十二日，英國政府急電蔣介石，請求中國遠征軍火速入緬作戰，以支持潰不成軍的英國軍隊。蔣介石下令成立不久的十萬中國遠征軍向緬甸挺進。在羅卓英、杜聿明率領下，遠征軍先頭部隊倉卒開赴緬甸戰場，以迎擊撲來之敵，抗戰以來中國軍隊首次在境外打擊侵略者的序幕由此拉開。遠征軍以劣勢裝備之單兵種——陸軍（機械化部隊僅裝備一個師），在緬甸戰場同優勢裝備的日本陸、海、空三軍聯合兵種展開了殊死較量。

中國遠征軍先頭部隊第五軍戴安瀾師長率領的第二百師在同古（現緬甸東吁，或譯東瓜）與日軍第五十五師團遭遇。狹路相逢，大戰隨之展開。自三月十八日正式交火，中日雙方皆抱定犧牲一切之決心，死打硬拚，戰事越演越烈，一時呈膠著狀態，難決勝負。據時為中國遠征軍總指揮部參謀王楚英回憶：「剛剛入緬的遠征軍第二百師就在距仰光五十公里的同古城與日軍交火，在沒有空軍支援的情況下，（第二百師）以集束炸彈、汽油瓶同數倍於己的日軍血戰，頂住了日軍十二天的猛攻，殲敵近五千人。」[13] 這次戰鬥是中國遠征軍入緬之後遇到的第一場正面攻防戰事。當時國內戰局已進入中日相持階段，戰爭進行得異常艱苦，急需振奮人心的消息傳來。而國際上，盟軍的處境亦非常艱難，同樣需要中國軍隊在緬甸拖住日本，避免其抽調兵力進入其他戰場，打亂盟軍整體戰略計畫。在這樣一種背景下，同古之戰的局勢意味著中國遠征軍成為日軍強有力的剋星。遺憾的是，在連續予敵以重創之後，由於中、美、英三國在緬甸的戰略目標不甚一致，統帥部對曼德勒會戰估計錯誤，遠征軍內部指揮系統不夠統一，致使中國軍隊陷入被動，補給斷絕，最終導致功敗垂成。杜聿明不顧史迪威反對，毅然命令該師放棄同古，於三十日拂曉渡河撤退轉移。中國遠征軍的首次戰役，就這樣鎩羽而歸。

更為糟糕的是，戰事延至四月底，中國遠征軍東路力戰不支，被迫分兩路向國內和印度境內撤退。因一時找不到合適的嚮導，撤退軍隊在茫茫熱帶雨林中迷失了方向。遠征軍所屬第五軍軍部、新二十二師及第六十六軍所屬新三十八師共幾萬人，在日軍尾隨其後、窮追不捨的情形下，由杜聿明、戴安瀾等將領率領，被迫翻越氣候環境極度惡劣的野人山。經九死一生，遠征軍殘部終於撤往印度與滇西。此後，這支部隊被納入盟軍國際戰場。而在此之前，孫立人率領新三十八師經過長途跋涉，進入印度。未久，根據蔣介石命令，與國內最新開進的青年軍一起被整編為中國駐印度遠征軍，簡稱「駐印軍」。由於戰事失利，原中國遠征軍正副總司令羅卓英、杜聿明被撤免召回國內，由美國人史迪威將軍和中國將領、黃埔一期出身的鄭洞國接替指揮。當此之時，英美的先進武器和機械化設備陸續趕運至印緬戰場，為適應盟軍作戰需要，史迪威、鄭洞國兩將軍要求中國國民政府迅速徵集一批會英語、懂機械化設備和先進武器的青年學生入伍，空運到印度蘭姆伽訓練基地接受戰前訓練。與此同時，由於美國空軍部隊如陳納德將軍率領的飛虎隊等來華助戰，在桂林、昆明等後方相繼設立基地，亟需大批翻譯人員與懂機械化設備的後勤人才協助，國民政府開始在西南各高校動員學生入伍。一大批學生紛紛響應，投筆從戎，來到空軍基地從事各種服務性工作。包括西南聯大常委梅貽琦女兒梅祖彤、兒子梅祖彥在內的一大批青年學生，就是在這個時候先後離開聯大，投奔到美軍駐昆部隊和空軍基地服務的——這是第一次高校學生從軍的歷史背景。

第二次參軍的學生在集中接受短期訓練後，隨著抗日戰爭勝利的接踵而至，號稱十萬之眾的青年軍在一片混亂嘯叫聲中，以虎頭蛇尾的形態宣布解散，在抗日戰爭歷史上沒有留下任何值得一提的戰績。

無論是第一次還是第二次，在全國高校中，除學生之外，還有部分青年教師自願報名應徵入伍。在所有參軍的青年教師、學生隊伍中，後來被外界廣為所知的典型代表人物，就有以詩文名世的西南聯大外文系青年教師穆旦。

當穆旦與其他學生兵進入杜聿明部隊後，杜氏對這批年輕知識分子特別關照（南按：杜之態度，與其女兒在西南聯大附中讀書多少有些關係。一九四四年，在西南聯大附屬中學讀高中的杜致禮認識了數學代課教師楊振寧，後二人在美國相逢、相戀並結婚），當他得知穆旦是西南聯大教師兼詩人後，關係更加密切，在難得的作戰間隙，不時讓穆旦作幾句現代詩在軍前朗讀，供大家欣賞，藉此活躍一下單調枯燥的軍旅生活和鼓舞大家的鬥志。當國軍第二百師撤退後，杜聿明鑑於東瓜被圍的教訓，制定了「利用隘路預設縱深陣地，逐次抗擊優勢敵人攻擊」的戰術，這就是中國抗戰史上著名的斯瓦逐次阻擊戰。三月三十日晚，杜聿明命令新二十二師在斯瓦河南北岸構築數個梯形陣地，兩側埋伏阻擊兵，正面埋伏地雷，新二十二師採用此戰術，運用靈活，虛虛實實，與日軍五個聯隊激戰十二個波次之多，敵人每前進一步，都要以人員、裝備的極大消耗為代價，國軍達到了以少勝多的目的，此役作為中國遠征軍一個罕見的戰例載入抗戰史冊。

這年四月，由於羅卓英的錯誤指揮，致使日軍攻占了臘戍，從西南面截斷了遠征軍的大後方。從此，遠征軍走上了慘敗境地。

自五月到九月，青年中校翻譯官穆旦親歷了中國遠征軍第五軍與日軍血戰及隨後的「滇緬大撤退」。因對當地環境缺乏應有的了解，第五軍撤退路線皆是崇山峻嶺、人煙稀少的地方，補給困難，蚊蟻成群，螞蟥吸血，沿途官兵死亡相繼，屍骨曝野。其間又經歷了震驚中

1942年年初至1943年10月間，穆旦參加中國遠征軍入緬對日作戰前後攝於昆明。

外的野人山戰役，於遮天蔽日的熱帶雨林穿山越嶺，扶病前行，杜聿明本人也感染重病，幾乎喪命。堪稱國民黨軍菁英的第五軍出征時兵力約四萬兩千人，戰鬥死亡人數為七千三百人，而撤退死亡人數竟達四千七百人，其悲慘之狀令人目不忍睹。最後，撤退的殘兵敗將總算逃出了死亡之谷，活著到達了印度利多。對於這段泣血錐心的戰鬥經歷，杜聿明曾有過這樣一段回憶：「各部隊經過之處，多是崇山峻嶺，山巒重疊。野人山及高黎貢山，森林蔽天，蚊蚋成群，人煙稀少，給養困難……自六月一日至七月中，緬甸雨水特大，整天傾盆大雨，原來旱季作為交通道路的河溝小渠，此時洪水洶湧，既不能渡河，也無法架橋擺渡，我工兵紮製的無數木筏，皆被洪水沖走，有的連人也沖沒。加以原始森林內潮濕特甚，螞蟥、蚊蟲以及千奇百怪的小巴（爬）蟲到處皆是，螞蟥叮咬，破傷風病隨之而來，瘧疾、回歸熱及其他傳染病也大為流行。一個發高燒的人，一經昏迷不醒，加上螞蟥吸血，螞蟻啃齧，大雨侵蝕沖洗，數小時內即變為白骨。官兵死傷累累，前後相繼，沿途白骨遍野，慘絕人寰」，[14]令人怵目驚心……

跟隨這支遠征軍殘兵敗將撤往印度，繼之於一九四三年初撤回國內的穆旦，對這段不堪回首的經歷很少向人提及，只是對自己的恩師吳宓和幾位好友偶爾做過敘述，深為驚駭感動的吳宓在日記中有「錚述從軍的見聞經歷之詳情，驚心動魄，可泣可歌。不及論述……」[15]之語。時在西南聯大外文系任教的青年詩歌理論家王佐良，後來在一篇紀念穆旦的文章〈一個中國新詩人〉中有一段涉及此事的回憶。王說：

那是一九四二年的滇緬撤退，他從事自殺性的殿後戰。日本人窮追，他的馬倒了地，傳令兵死了，不知多少天，他給死去戰友的直瞪的眼睛追趕著，在熱帶的毒雨裡，他的腿腫了。疲倦得從來沒有想到人能這樣疲倦，放逐在時間——幾乎還在空間——之外，胡康河谷的森林的陰暗和死寂一天比一天沉重了，更不能支持了，帶著一種致命性的痢疾，讓螞蟥和大得可怕的蚊子咬著。而在這一切之上，是叫人發瘋的饑餓。他曾經一次斷糧達八日之久。但是這個二十四歲的年輕人，在五個月的失蹤之後，結果是拖了他的身體到達印度。雖然他從此變了一個人，以後在印度三個月的休養裡又幾乎因饑餓之後的過飽而死去，這個瘦長的、外表脆弱的詩人卻有意想不到的堅韌，他活了下來，來說他的故事。

但是不！他並沒有說……只有一次，被朋

穿越叢林峽谷，中國遠征軍入緬作戰保衛最後的生命補給線。

友們逼得沒有辦法了，他才說了一點。而就是那次，他也只說到他對於大地的懼怕，原始的雨，森林裡奇異的，看了使人害病的草木怒長，而在繁茂的綠葉之間卻是那些走在他前面的人的腐爛的屍身，也許就是他的朋友們的。他的名字是穆旦，現在是一個軍隊裡的中校……」[16]

王佐良所說「五個月的失蹤」，即穆旦跟隨的這支撤退部隊與軍部指揮系統和兄弟部隊失去聯繫後，獨自在茫茫如海的熱帶雨林中穿行的經歷。後來這支部隊被美國軍隊派出尋找的一架直升機發現並做嚮導，倖存者才於茫茫叢林中擺脫了巨蟒、毒蛇、螞蟥與奇異爬蟲的威脅與血腥的吞噬，僥倖走出了死亡交織的胡康河谷。

此次中國遠征軍入緬參戰的總兵力約有十萬人，傷亡為六萬一千人，其中約五萬人死在了撤退中的野人山與胡康河谷。首次與敵軍在同古交

中國遠征軍殉國英靈無名碑

火的第二百師師長戴安瀾、九十六師副師長胡義賓、團長柳樹人和淩則民等將領，戴是與敵作戰中受重傷而亡，其他幾位將領則是被敵彈擊中或與敵肉搏壯烈殉國。但就整體戰況而言，與敵作戰傷亡的官兵比例極小，沒有倒在日軍槍炮下的無數中國遠征軍將士，卻在撤退途中遭巨蟒纏身與毒蛇吞噬而倒地慘死。在與日軍正式作戰中，中國遠征軍未損失一名團長以上軍官，而在撤退中竟連損四員優秀指揮員。沒有倒在日軍槍炮下的無數中國遠征軍將士，卻倒在了莽莽蒼蒼的山谷和望不見盡頭的原始叢林，野人山也因此有了「十萬軍魂」之說。

踏著堆堆白骨逃出野人山與胡康河谷，由印度轉往昆明的青年詩人穆旦，對這段酷烈的經歷不忍追憶，卻日夜感受著死去的戰友直瞪的眼睛追趕著自己的靈魂那種毛骨悚然的恐怖與痛苦，在極度驚悸與哀傷中，他以詩人的激情，於一九四五年九月，創作了中國現代詩歌史上著名的詩篇——〈森林之魅——祭胡康河谷上的白骨〉，展示了戰爭、戰爭中人的命運和詩人對生命的深層思考：

人：

離開文明，是離開了眾多的敵人，
在青苔藤蔓間，在百年的枯葉上，
死去了世間的聲音。這青青雜草，
這紅色小花，和花叢裡的嗡營，
這不知名的蟲類，爬行或飛走，

和跳躍的猿鳴，鳥叫，和水中的
游魚，陸上的蟒和象和更大的畏懼，
以自然之名，全得到自然的崇奉，
無始無終，窒息在難懂的夢裡，
我不和諧的旅程把一切驚動。

森林：
歡迎你來，把血肉脫盡。

人：
是什麼聲音呼喚？有什麼東西
忽然躲避我？在綠葉後面
它露出眼睛，向我注視，我移動
它輕輕跟隨。黑夜帶來它嫉妒的沉默
貼近我全身。而樹和樹織成的網
壓住我的呼吸，隔去我享有的天空！
是饑餓的空間，低語又飛旋，
像多智的靈魂，使我漸漸明白

它的要求溫柔而邪惡，它散布
疾病和絕望，和憩靜，要我依從。
在橫倒的大樹旁，在腐爛的葉上，
綠色的毒，你癱瘓了我的血肉和深心。

在詩的最後一段，詩人飽蘸熱血與激情，吟出了一曲淒婉哀絕的——

祭歌：
在陰暗的樹下，在急流的水邊，
逝去的六月和七月，在無人的山間，
你們的身體還掙扎著想要回返，
而無名的野花已在頭上開滿。
那刻骨的饑餓，那山洪的沖擊，
那毒蟲的齧咬和痛楚的夜晚，
你們受不了要向人講述，
如今卻是欣欣的樹木把一切遺忘。
過去的是你們對死的抗爭，

你們死去為了要活的人們的生存，
那白熱的紛爭還沒有停止，
你們卻在森林的周期內，不再聽聞。
靜靜的，在那被遺忘的山坡上，
還下著密雨，還吹著細風，
沒有人知道歷史曾在此走過，
留下了英靈化入樹幹而滋生。[17]

「身體還掙扎著想要回返，而無名的野花已在頭上開滿。」生命的無奈，飛速流逝的時光，大自然的無情，以及意象中沉痛絕望的恐怖之美，只有在野人山的胡康河谷才能發生，也只有發生於中國遠征軍將士的身上，才更令人感到這一悲劇的偉大精神力量。這篇蘊含著痛苦、沉重、悲憫情懷，閃耀著一種宗教式的神性光輝的詩篇剛一問世，立即震撼了讀者心靈，引起廣泛的傳誦和關注，被譽為中國現代詩史上直面戰爭與死亡，歌頌生命與永恆的偉大的里程碑式代表作。稍後，詩人又創作了紀念中國遠征軍苦難歷程與不屈精神的〈阻滯的路〉、〈活下去〉等閃耀著人性光輝和鮮明時代特點的作品，也成為中國抗戰史上具有永恆藝術價值的不朽篇章。

當穆旦以血淚凝成的情感在紙上揮毫走筆，酣暢淋漓地釋放擠壓在心中已如卵石般堅硬的悲壯人生之際，自然不會意識到，正是這段非同尋常的經歷，在他的人生歷程中埋下了潛禍，種下了置自己於絕地的種子，只待一個風雨之夜，這枚種子將以神奇的速度和魔幻的方式結出暗含毒汁的惡果，令其吞嘗。

自遠征軍撤退回國，穆旦欲回西南聯大任教已不可能，只好繼續在駐昆明與曲靖的國民黨第五軍服務，其間因流轉的關係幾度失業。至一九四五年五月，轉入青年軍駐雲南曲靖二〇七師任中校英文祕書，後升到由二〇七師改編並移駐瀋陽的第七軍，任上校英文祕書兼任《新報》總編輯。隨著國共內戰爆發，東北戰事迭起，穆旦辭去軍職，回到北平家中閒居並做出國留學的準備（南按：原在天津的老屋已於抗戰中賣掉，父母遷往北平租房居住）。一九四八年，穆旦先後在上海國民黨中央通訊社與南京聯合國世界糧農組織救濟署駐南京辦事處，以及南京美國新聞處工作過一段短暫的時期，一九四九年赴曼谷聯合國糧農組織任英文譯員，同年八月由曼谷登輪赴美國，進入芝加哥大學英語系研究院攻讀英國文學，從此開啟了另一扇命運之門。

1946年，幾經磨難，滿身疲憊的穆旦終於得以回北平與母親、妹妹重聚。（引自陳伯良，《穆旦傳》〔北京：世界知識出版社，2006〕）

三、從芝加哥到南開校園

穆旦之所以入芝加哥大學，與他的女友周與良已先在該校就讀有關。

周與良原籍安徽東至，曾祖父周馥發跡於李鴻章的淮軍，清末先後任山東巡撫、兩江總督，家業隨之興旺發達。祖父周學海，一八九二年進士，官至浙江候補道，《清史稿》有傳。周學海、周學熙兄弟曾師事李慈銘，李氏在日記中說周氏兄弟無貴族子弟氣。周學海性喜醫學，刊有《周氏醫學叢書》三集。周與良之父周叔弢乃著名的民族實業家、藏書家，後輾轉青島與天津，新中國成立後曾出任天津市副市長、全國政協副主席等職。周與良兄弟姐妹十人，分別是：長子周一良、次子周玨良、三子周艮良、四子周杲良、五子周以良、六子周治良、七子周景良、長女周珣良、次女周與良、三女周耦良。因是名門望族和財富充盈的書香之家，十個兄弟姐妹皆受過良好教育。其中周一良、周玨良、周艮良、周杲良、周與良後來皆成為著名教授、學者，在二十世紀中國歷史上，在政治、經濟、文化、醫學、宗教、收藏、戲曲等領域，時常見到周氏家族中人的身影。而周與良的大哥周一良，更是名噪一時，被學術界認為是繼承陳寅恪學術衣缽的最得力人選，只是「文革」時期在北京大學參加江青組織指揮的「梁效」寫作班子而名聲掃地，與陳寅恪的學術衣缽徹底絕緣。周玨良是清華大學外文系出身，與穆旦屬同班同學，戰後和穆旦的另一位同學王佐良同任清華大學外文系教授。正是因為這一關係，穆旦於一九四六年在周玨良家中結識了其妹、時正在燕京大學生物系攻讀研究生的才女周與良，並很快建立了戀愛關係。一九四八年年底，周與良赴美國芝加哥大學生物系攻讀博士學位，穆旦隨後進入芝加哥大學攻讀，也算順理成章。

自二十世紀二、三〇年代起，芝加哥大學就是中國留學生主要集聚地之一。若以大的歷史框架劃分，像戰前在此就讀過的饒毓泰、葉企孫、查良釗等人屬第一代，而戰後進入該校的應算第二代，而第二代學生人數遠超第一代數倍。當穆旦進入芝加哥大學校園的時候，在此就讀和訪學的就有楊振寧、李政道、李志偉、鄒讜、盧懿莊夫婦、周與良的二哥周玨良、傅斯年的侄女即傅樂煥胞妹傅樂淑、陳夢家夫人趙蘿蕤，以及剛由哈佛大學得了博士學位轉入芝大教中文的王伊同、婁安吉一家和在芝大教數學的陳省身，另外還有一個西南聯大外文系畢業的學生巫寧坤等。許多年後，巫寧坤回憶說：「一九四八年三月，我從美國印第安那州曼徹斯特學院畢業後，進入芝加哥大學研究院攻讀英美文學博士學位。當時已有數十名中國研究生在那裡深造，多半在『國際公寓』寄宿。我到校後也住在那裡，結識了其中不少人。在英文系研究生中有趙蘿蕤、周玨良、查良錚（穆旦）等人，他們都是國內英語界的菁英，我的良師益友，後來數十年中的患難之交。」又說：「玨良，我曾在昆明西南聯大見過一面，他的堂兄、我的忘年交周煦良教授介紹的。當時他已從清華大學外文系畢業，留校任助教，我是外文系一年級新生。那是一九三九年的事了，一別九年，倒成了朝夕過從的異國同窗。」[18]

巫寧坤比穆旦早到芝加哥大學一年多，因而與周與良、趙蘿蕤等女生相識並成為朋友，當穆旦到校時，趙蘿蕤已經回國任教於燕京大學，二人並未於芝大謀面，而趙的丈夫陳夢家更是提前歸國，周與良的哥哥周玨良已受清華大學之聘歸國，在行至舊金山時與赴芝加哥的穆旦相遇，穆旦還把帶在身邊的幾十美元給周以帶給北平的母親。應當說，當穆旦進入芝加哥校園大門的時候，戰後赴美留學的高潮已經退卻，已經到了決定是走是留，是回歸大陸，還是投奔臺灣這一關係人生命運的最後關頭。

一九四九年十二月二十三日，穆旦與周與良在佛羅里達州傑克森維爾（Jacksonville）結婚，結婚儀式極其簡單，在市政大廳登記後，由周與良的四哥、時正在哈佛大學動物研究中心從事博士後研究的周杲良，以及兩位美籍導師做證婚人。婚後，夫妻二人在一家小旅館住了一個星期即返回芝加哥大學，先是同芝大經濟系的李志偉合租一套公寓，後又與巫寧坤合租一套有兩間的公寓。正是這段同學、同吃、合住的經歷，使穆旦夫婦與巫寧坤結下了終身友誼，並在未來的人生道路上互相慰藉，共同度過了一段苦難慘烈的悲情歲月。

一九五〇年，國內大局已定，穆旦夫婦的去向也漸趨明朗，即一旦周與良獲得博士學位，便共同

周叔弢夫婦（中）與家人合影，後排右一為周一良。（周景良提供）

返回祖國大陸，為中共領導的新中國服務。因了這一決定，穆旦在攻讀英美文學的同時，開始有意識地選修俄羅斯文學。在西南聯大時代，穆旦曾學過俄文，還一度選修了俄語專家劉澤榮教授的俄國文學課。據當時在芝大的同學傅樂淑回憶說：「這門課程，每天六個小時，天天有課。從字母學起，到能讀俄國文學作品、報紙新聞、政府公文為止。選這一門課，等於平時上三年的俄文課。」[19]一九四七年六月畢業於北大文科研究所的傅樂淑，因俄文功底太差，被這門課程弄得焦頭爛額，異常痛苦。但在外文系出身的穆旦看來，這並沒有多大難度，在不長的時間裡，他的閱讀能力就超過了美國本土的研究生，為此經常被導師提名在課堂上做閱讀示範。遙想在抗戰時期，穆旦由長沙步行昆明，曾創造過背誦一部英文詞典的奇蹟。在芝加哥大學校園裡，再度上演了當年的一幕，在一年的時間裡，一部俄文詞典已被穆旦背誦完畢。而此時的穆旦與楊振寧、李政道等公費留學生的生活條件可謂天壤之別，他作為自費生必須半工半讀，白天上課或自修，夜間到一家郵局從事只有黑人才肯幹的繁重的運送郵包工作，以此賺取學費和生活費用。每天凌晨三、四點才能回家休息，為了省錢，每當休工回家，只是到黑人區買一個五美分的「熱狗」充饑，有時實在太過勞累，當「熱狗」拿在手中，不覺悲感交集，流下淚來。

一九五一年，穆旦夫婦與楊振寧、李政道、鄒讜、巫寧坤等芝加哥大學的中國留學生，組織了一個「研究中國問題小組」，對新中國成立後的情況進行探聽研究。對是否回國，楊、李等人舉棋不定，而穆旦與巫寧坤則傾向於盡快回國，迎接已經到來的偉大時代。

在學習英國文學與俄國文學的同時，穆旦試著把自己的詩譯成英文在美國一些報刊發表，居然很受讀者歡迎，並引起詩歌評論界關注。一九五二年，由美國詩人赫伯特·克里克莫爾（Hubert Creekmore）主編的《世界名詩庫（西元前二六〇〇－西元一九五〇年）》（*A Little Treasury of World Poetry*），收入了穆旦的兩首作品：〈饑餓的中國〉（From Hungry China）、〈詩八首〉（There Is No Nearer Nearness）中的部分章節，署名查良錚（Cha Liang-cheng）。這部《詩庫》僅有兩位中國現代詩人入選，另一位是擔任過中國科學院文學研究所所長的何其芳。

也就在這一年夏初，周與良獲哲學博士學位。未久，穆旦夫婦收到了臺灣大學的邀請函，邀其至臺大任教。幾乎與此同時，亦收到印度德里大學的聘書（南按：時穆旦的族兄查良釗為德里大學教務長）。當時美國南部一些大學經常到芝加哥大學選聘教師，若到南部大學任教亦不繁難。但夫婦二人還是決定回歸祖國大陸，其緣由是夫婦雙方父母兄弟姐妹等親屬皆在大陸，回國後在各自的專業上也能開創一番新天地。在穆旦心中，牽掛和夢想更多的還是他熱愛的詩歌創作與翻譯外國文學作品，並認為中國的詩歌若想來一次「文藝復興」，

周與良獲芝加哥大學植物學系哲學博士學位時與穆旦合影。（引自陳伯良，《穆旦傳》〔北京：世界知識出版社，2006〕，以下同）

非得借鑑外國詩歌的長處和新的意境不可，否則，絕無出路，而自己無疑是這項偉大使命的承載者與新墾土地的播種者之一。這一心境和志向，在穆旦歸國後致原西南聯大外文系同學、時正下放山西勞動的「九葉派」詩人之一杜運燮的信中已明顯流露，信中說道：「我把拜倫的長詩又弄出〈錫隆的囚徒〉和〈柯林斯的圍攻〉兩篇，這種敘事詩很可為我們的詩歌借鑑。我最近還感覺，我們現在要文藝復興的話，也得從翻譯外國入手。你談到你的學生看你的〈冬與春〉而『不易懂』，欣賞的水準如此之低，真是哭笑不得。所以如此，因為他光喝過白水，沒有嘗過酒味。國內的詩，就是標語口號，分行社論，與詩的距離遠而又遠……在這種情況下，把外國詩變為中文詩就有點作用了。」[20]

然而，祖國大陸已經改色，因中共已明確表示倒向蘇聯一邊，要在此時回返已不是件容易事。據周與良回憶：「當時留學生拿的都是國民黨政府的護照，又正值朝鮮戰爭時期，美國反華反共情緒正盛，且我為理科博士畢業生，美國政府根本不批准回中國大陸。」因而不得不設法求人，四處打聽能回歸的辦法。折騰了一個段落後，終於「找到一位猶太律師，花錢代向移民局疏通，加上我的導師 B. Palser 教授向移民局寫介紹信，證明『此人所學與生化武器無關，對美國國防沒有危害』，加之我們夫婦稱回國是定居香港，才最終獲准回香港。而國內親屬已替我們辦好香港入境手續……實際上我們根本沒有進入香港，直接由中國旅行社接回深圳」。[21]

一九五三年一月，穆旦夫婦由廣州至上海，受到巴金、蕭珊夫婦的宴請。一九四〇年夏，穆旦於西南聯大外文系畢業留校任助教時，結識了考入聯大外文系不久的陳蘊珍，也就是後來成為著名現代作家巴金夫人的蕭珊。因對文學和詩歌共同的熱愛，穆旦與蕭珊建立了深厚的友誼。當穆旦夫婦從芝加哥歸來時，巴金正在上海主持平明出版社工作，老友相遇，於談天說地中自是談到一直掛在心懷的文學之夢。當穆旦說自己準備譯介俄羅斯及蘇聯文學作品給中國讀者時，得到了巴金與蕭珊的鼓勵，希望盡快譯出交平明出版社出版，以便適應新形勢下文學轉型和讀者的口味。穆旦聽罷，自是以感激的心情應諾。

這年二月底，穆旦夫婦由上海抵達北平，穆旦暫住教育部招待所，周與良回天津家中。穆旦在等待分配工作的間隙，開始著手翻譯蘇聯季摩菲耶夫所著的《文學原理》。當此之時，就讀於芝加哥大學的趙蘿蕤已回國並出任燕京大學西語系主任，為擴大西語系陣營，趙蘿蕤報請校長陸志韋批准，邀請巫寧坤歸國至燕大任教。一九五一年上半年，尚未完成博士論文的巫寧坤懷揣滿腔激情和幾年海外苦讀的沉甸甸的收穫離開芝加哥大學，於七月初來到舊金山等船返國。時已獲得芝加哥大學博士學位、正在加州大學柏克萊分校任助理研究員和講師的李政道聞訊前來幫忙收拾行李，並在巫氏搜羅來的裝滿左派書刊的幾個鐵皮箱和紙板箱上，端正地寫上了「北京燕京大學巫寧坤」等字樣。

七月十八日早晨，巫寧坤登上了駛往香港的郵輪，同學好友李政道專程前來送行道別。就在二人相互道別的瞬間，巫寧坤突然有一種莫名的傷感和不祥之兆湧上心頭，一句話衝口而出：「你為什麼不回去為新中國工作？」李政道似乎沒太在意，笑笑說：「我不願讓人洗腦子。」[22]巫寧坤似有感覺，但沒有放在心上，也就一笑了之。令巫氏沒有想到的是，二人再度相會竟是二十年後的北京飯店國賓館，作為諾貝爾物理學獎得主的李政道自是中國政要迎接的貴賓，而巫氏的身分則是一個剛從牛棚裡放出來「內部控制」的「牛鬼蛇神」。當然，這是後話。

巫寧坤於這年的八月中旬自廣州乘火車來到北京，與分別兩年多的趙蘿蕤見面並順利進入燕大西語系任教。此時巫寧坤心中有一種忐忑不安、坐臥不寧的感覺，這種感覺絕不是由於對北京和燕大校園以及人事而來，而是發乎一種看得見又辨不分明、忽隱忽現的底色之中。或者說，當他風塵僕僕的身影進入北京城的那一刻，就有一種不祥的預兆衝入心頭，而使他突發這一預感的則是前往北京前門火車站迎接自己的趙蘿蕤。面對書生們心目中仙女下凡般的一代美人趙蘿蕤，巫氏卻「不無好奇地看到，她的衣著起了很大變化。當年在芝大，她總愛穿一身樸實無華的西服，顯得落落大方，風度宜人。眼前她身上套的卻是褪了色的灰布中山服，皺巴巴，不倫不類，猛一看人顯得有些憔悴了，但風度不減當年」。[23]

巫寧坤到校不久，趙蘿蕤即安排其教授「英國文學史」和「高級英文作文」的四年級課程，並鼓勵試用馬列主義觀點講授英國文學史。不料幾個月後「知識分子改造運動」從天而降，北京市委工作組進入校園，要求「人人過關」，並且發動全校批鬥趙紫宸、陸志韋，以及哲學系主任張東蓀，要求人人與他們「劃清界線」。[24]作為趙紫宸女兒和陸志韋乾女兒的趙蘿蕤自是不能幸免，成為討伐批鬥的對象，又因為巫寧坤是趙從美國引薦而來，巫氏也就很難「過關」。其結果是所教的課程下馬，繼之在一九五二年全國院系調整中因燕大與北大部分科系合併而被掃地出門，「發配」到了南開大學。對於這段經歷，巫寧坤在回憶中說：「七月，蘿蕤來訪，向我傳達本系教師分配情況。五名教授中，她本人和其餘三位教授都去北大（南按：三人指俞大絪、胡稼貽、吳興華），唯有我的去處是天津南開大學。話一出口，她就忍不住放聲哭了起來。我明白她的心情。當初是她讓我放棄未完成的博士論文，萬里來歸，而現在卻只能讓我任人擺布，無可奈何，吉凶莫測，她怎能不感到由衷的負疚？當初，她滿懷信心，要壯大燕京的英語教授陣營，以芝大英語系為藍本建立一個優異的英語專業。如今她以稀有的才華構建的象牙之塔在狂風暴雨中化為灰燼，美好的夢想成為鏡花水月，她怎能不傷心欲絕？」[25]儘管趙蘿蕤傷心欲絕，無奈大廈已傾，除了「相顧無言，唯有淚千行」，夫復何言？

巫寧坤被當政者踢出燕大校園，於一九五二年十一月秋風蕭瑟中，偕老繼母帶著簡單的行李由前門火車站乘車駛往天津，進入南開大學外語系任教。正是這段因緣，當巫寧坤得知當年的同學好友穆旦夫婦歸國的消息後，在校方缺乏師資急需用人的情況下，經巫氏牽線、校方與教育部批准，穆旦夫婦於一九五三年五月雙雙跨入南開大學的校門，穆旦出任外文系副教授，周與良為生物系副教授。這對年輕的夫婦算是所學有成，葉落歸根了。

穆旦夫婦任教南開之後，分配的宿舍與巫寧坤相鄰，經常相互串門聊天，從清華到燕京，從西南聯大到芝加哥大學，從提前歸國的陳夢家、趙蘿蕤，到遲遲觀望尚未決定動身的楊振寧、李政道等，另有南開大學的過去與未來……有的是回憶，有的是話題，有的是憧憬與夢想。歸國時的孤獨與寂寞消失殆盡，有的是在新的天地裡奮起的身影和理想。在這期間，因先前得到巴金夫婦的鼓勵和新形勢的需要，穆旦在授課之餘，加緊翻譯外國名著。繼一九五三年十二月譯完季摩菲耶夫的《文學原理》之前兩部分〈文學概論〉、〈怎樣分析文學作品〉，並由巴金主持的上海平明出版社出版之後，一九五四年二月，穆旦又翻譯並在平明出版社出版了蘇聯季摩菲耶夫的《文學發展過程》。之所以在如此短的時間內就完成了上述工作，是因為穆旦早在芝加哥大學時，就已經通讀了俄文原版並斷斷續續地做了一些翻譯筆記。上述三種文學理論著作的出版，立即引起了國內文學理論家的注意和好評，被許多高校作為文學概論課教材選用並受到師生的喜愛。

當然，作為詩人的穆旦，最為傾心和喜愛的自然是詩歌創作與翻譯。自一九五四年三月到年底短短的九個月時間內，穆旦翻譯並由平明出版社出版了普希金的《波爾塔瓦》、《青銅騎士》、《高加索的俘虜》、《歐根・奧涅金》、《普希金抒情詩集》等系列作品，其翻譯和出版速度之快、品質之高、讀者群之廣大令人驚歎，一個「普希金熱潮」旋即在社會上掀起，穆旦的聲名除了在象牙塔的學術界小圈子引起矚目，在更大範圍的讀者群體、特別是青年學生中間引起了廣泛的關注和追捧。這一情景，幾年後在穆旦寫給詩友杜運燮的信中有所表露：「我也有時聽到人們欣賞普希金詩的情況而為之鼓舞。總之是『特別』愛好，不同於一般。工廠裡三十多歲的工人師傅，在南大開門辦學去時，問老師們認識不認識這譯者（並不知我在南大），他想見見。一個譯者能有此幸會，確實不易。就是這類偶然的小事使我增加了力量。」[26]

因譯詩受到工人師傅們喜愛而「增加了力量」，心中增添了學有所用的成就感，並且還以此業績「想證明，給沒回來的人看，回來了是多麼好」[27]的穆旦沒有想到，屬於他的人生春天馬上就要過去，即將到來的是酷暑與寒冬。許多年後，周與良回憶說：「那時是良錚譯詩的黃金時代。當時他年富力強，精力過人，早起晚睡，白天上課，參加各種會議，晚上和所有業餘時間都用於埋頭譯詩。」然而，很不幸的是，「業務拔尖」、「書出得多」、「課教得好」、「受學生歡迎」等，卻無意中引來某些人的「不能相容」。[28]這種出於嫉妒而不能相容的心態，很快便借助於政治的威力爆發出來。隨著一九五四年年底南開大學著名的「外文系事件」，穆旦的厄運就此到來。

在發生這個著名的事件之前，南開大學像全國所有的大學一樣，隨著一個波次接連一個波次的政治運動，進行無休止的「思想改造」、清除「胡適思想」、「俞平伯《紅樓夢》研究錯誤思想」等批判。為在全國做出表率，南開大學領導又別出心裁地設置了一個「馬列主義夜大學」，勒令全校教授必須夜間到這所特殊大學聽報告，接受「洗腦」性質的思想改造。一位被南開派到中國人民大學學習的年輕男教師返回南開後，作為「教授的教授」向包括巫寧坤、穆旦在內的全校各系教授，朗讀他在人大「深造」時蘇聯專家講授的馬列主義筆記。校方規定，凡聽課的教授人人必須做筆記，期終還要考試。一時間，弄得教授們十分疲憊又感到無聊至極，有的教授在聽課中不停地抽煙，有的乾脆以打瞌睡的方式進行抵制。如此連續不斷的十幾個夜晚下來，聽課的教授開始表達不滿情緒，年輕氣盛的巫寧坤在夜校散罷之後回家的路上對年長的同事們嘰咕道：「這簡直是對教授先生們智慧的侮辱！」[29]想不到第二天就被人打了小報告，校方領導派人找到巫寧坤，指責其「思想落後」，並嚴厲警告只許老老實實聽課，不許亂說亂動，否則按反對馬列主義分子處理。

因了這一系列的政治改造、批判外加學習運動，人與人的溫情越來越淡薄，同事與師生之間的關係越來越冷漠，直至發展到相互猜忌，戰戰兢兢如履薄冰，甚至水火不容，非把對方置於死地而後快的殘忍、恐怖局面。面對這一惡劣的政治、生活環境，穆旦感到極為不適和沉悶，在致蕭珊的信中，他直白地道出了心中的憤慨、厭惡和無奈的心境：「這是一個沉悶的時期。我上封信裡的話想你也看到了，朋友們都這麼彼此多疑。杜運燮不但覺得得罪了我，也覺得得罪了巫寧坤，等我把這話和寧坤一提，他說哪來的這回事……我這幾天氣悶是由於同學亂提意見，開會又要檢討個人主義，一禮拜要開三四個下午的會。每到學期之末，反倒是特別難受的時候。過得很沒有意思，心在想：人生如此，快快結束算了。」[30]

正所謂人生不易，死亦難。延至年底，「外文系事件」終於是在長期鬱悶壓抑中爆發了。

四、詩人穆旦之死

事件的起因是南開大學外文系召開批判「俞平伯《紅樓夢》研究」的討論會上，以巫寧坤、李天生為首的幾位外文系教授，按規定批了一通俞平伯的錯誤思想，話題逐漸轉向了外文系領導人，對系領導專斷和不民主的作風以及學術水準低下提出了批評，同時對南開大學如何改進教學工作提出了批評性意見和建議。當時的穆旦也準備了發言稿，但他剛講了一句話，就被早已氣灌心胸、怒衝丹田的會議召集人厲聲打斷，不許其繼續講下去。穆旦見來勢凶猛，揣起發言稿起身離開了會場。巫寧坤等教授面對召集人如此粗暴蠻橫大為不滿，指責其「這種做法不對，要讓大家把話說完」。[31]召集人眼看幾個書生竟敢當面對自己不敬且還頂撞起來，怒髮衝冠，用拳頭狠狠地捶著桌子將巫寧坤等幾人罵了個狗血噴頭，繼而起身離座，一腳將桌子踹翻，轉身走人。巫寧坤等幾位教授先是目瞪口呆，待慢慢回過神兒來，一個個垂頭喪氣地各自回家。當天晚上，南開大學把巫寧坤等參加會議發言的幾位教授定為「反黨小集團」。儘管穆旦只說了一句話就被打斷並離開了會場，仍被以與巫寧坤等人過從甚密，且不懷好意地「準備發言」為由，羅織到「反黨小集團」之中。這便是南開大學轟動一時的「外文系事件」。

這次事件帶來的後果是：巫寧坤與李天生被隔離審查，中途退出的穆旦在接受審查的同時，抗戰期間參加過「中國遠征軍」的歷史被重新翻出，並作為一種逆天大罪成為「肅反」的對象。當年的穆旦於野人山叢林中九死一生終於活著逃了出來，想不到事隔十年，他在野人山的光影裡復陷入另一個看不見、摸不著，再也逃脫不掉的羅網遍布的深山大澤。隨著「審查」不斷深入，穆旦由國民黨遠征軍的「偽軍官」和「蔣匪幫的英文翻譯」，晉升為歷史和現行的「雙重反革命分子」。當一九五五年大規模批判聲討「胡風反革命集團」運動興起時，南開文學院召開全院教職員一百多人的大會，主持會議者聲色俱厲地宣布巫寧坤不僅是南開的頭號「暗藏的反革命分子」，而且是穆旦等人組成的「反革命集團」的頭目。主持者的話音落下，巫寧坤與穆旦被從人群中揪到「鬥鬼臺」接受批判。正當一夥積極分子蜂擁而上，揪住巫寧坤與穆旦等人脖頸往「鬥鬼臺」連拖加拉的混亂之時，另一夥積極分子跳上講臺宣布，在這個集團的背後，還隱藏著一批「反革命分子」，也要一同揪出來。在咄咄逼人的態勢和一片嘯叫聲中，一個曾任偽滿洲國皇帝溥儀翻譯官的俞姓俄語講師，嚇得當場昏倒在地，口吐白沫，不省人事，隨後被人抬出扔到會場之外，以落後分子「裝死」處理。

繼這次行動之後，穆旦和巫寧坤因在芝加哥大學攻讀的經歷，又被「晉升」為「美國特務」，接下來是搜查凶殺武器和祕密電臺等行動。對於這段經歷，周與良與巫寧坤皆有回憶文字傳世，據巫的回憶說：就在那位曾任偽滿洲國皇帝溥儀翻譯官的俞姓俄語講師當場昏倒的批判會結束後，他剛到家，就有三男一女破門而入，自稱是公安人員，還亮出一張「搜查證」。那個女的竟搜查已經有孕在身的巫寧坤的妻子李怡楷，並搜查已患糖尿病多年的老繼母的身。翻箱倒櫃地搜查，東西扔得滿地，並問巫寧坤有沒有手槍和別的武器、收發報機等。來者折騰了半天，沒有找到任何與「特務活動」有關的物證，感到很失望，便把巫的信件、地址本、筆記本、文稿等全部帶走。臨出門時，有一人還踹了巫寧坤一腳，警告讓其老老實實，不要自絕於人民。

當此之時，穆旦夫人周與良雖也有在芝加哥大學的求學經歷，但平時在校不顯山露水，實在沒有把柄可抓。更重要的，以她時任天津市副市長的父親為中流砥柱的龐大家族還沒有倒塌，且屬於光榮的「革命家庭」之列，校方一時無可奈何，其家庭成員的角色從周與良的大哥周一良的回憶中可看出一斑：「我們家大多數對他（南按：指穆旦）過去的情況都不夠了解，因此他每次到我們家來，當大家（兄弟姐妹十人中六個黨員，兩個民主黨派）歡聚在父母身邊，興高采烈，高談闊論時，他常常是向隅獨坐，落落寡歡。許多年中，我去天津，記得只上他家去過一次。現在回想起來，那時我們對他的態度是非常不公正的，感到非常內疚。」[32]

這段回憶除了透出當時的周氏家族這個「革命家庭」在天津具有超強的實力，也為穆旦此前給巴金夫人蕭珊信中所說的「這是一個沉悶的時期」、「朋友們都這麼彼此多疑」、「人生如此，快快結束算了」的憂傷悲情找到了一個歷史性注腳。周一良這段「懺悔」，是在內在良心與文化良知雙重壓力之下，不得不做的一點表面文章，但仍暗含著為自己開脫的投影。其他的人尚不必說，周玨良與穆旦既是清華與西南聯大時代的同學好友，又是芝加哥大學先後的校友，同時又是穆旦與周與良愛情的隱形牽線人與見證者，如何一個「對過去的情況不夠了解」就說得過去的？作為親屬尚且如此，而普通的同學、同事、朋友又將如何？真的是「人間熱淚已無多」了。[33]

儘管周與良謹小慎微地為人處世並有如此的家庭背景，但她畢竟是穆旦的妻子，自是與其夫脫不了干係。於是，學校令她停止開課，在家中「幫助」丈夫「反省」和撰寫「交代材料」，實際已被當作潛伏回大陸的「女特務」內部控制和監視起來。這一時期，與穆旦斜對門的一位俄語講師的妻子和一個在他家寄宿的先生，因為「運動」的關係雙雙上吊自殺。接著又傳出南開其他系有教授自殺的消息，所有這些自殺的人，都被說成

穆旦夫婦與岳父周叔及岳母左道腴合影於天津和平區睦南道147號周家院內。（1973年攝）

是「抗拒運動，自絕於人民」。並說：「黨和人民絕對不會被他們的罪惡行徑嚇住。」[34]

一九五六年五月中旬，學校人事處通知巫寧坤即將調往北京一所為黨中央培養機要外語人才的學院任教，他的妻子李怡楷也去該學院工作。六月中，巫氏夫婦帶著老繼母和五個月的兒子巫一丁前往北京任教，算是暫時擺脫了遊蕩於校園的幾隻翻手為雲、覆手為雨，神龍見首不見尾的鐵血魔掌。此時的巫寧坤尚不知道，日後等待他的將是更加酷烈的人格汙辱與身心迫害。[35]

好友巫寧坤走了，當年的「反黨小集團」也在政治風浪衝擊下分崩離析，穆旦陷入了人生最為孤獨和艱危的時期。一九五七年，風浪再起，剛剛在政治上抬頭的穆旦又稀里糊塗地落入圈套。因在《人民日報》發表了〈九十九家爭鳴記〉，他再次被監視居住，隔離審查。以前被定的「反革命分子」似乎只限於領導者口頭上和批鬥會場上「內定」，這一次卻要落實到官方文書與實際行動上來。一九五八年十二月，穆旦作為南開大學「反右傾運動」放出的「一顆衛星」，當年參加遠征軍和出任「中校英文翻譯」的歷史，再度成為反革命的「鐵證」，被天津中級人民法院以「歷史反革命分子」的罪名判處三年勞動改造，「接受機關管制」。當法院派人到學校宣讀判決書後，穆旦被逐出課堂，降職降薪，強迫在南開大學圖書館和洗澡堂接受管制，監督勞動。

一九六二年，穆旦終於熬到了被解除「管制」，但校方仍不讓其到課堂上課，繼續留在圖書館「監督使用」，以觀後效。其主要工作是每天打掃廁所與洗澡堂等。儘管仍在「監督使用」，作為公民的基本權利尚未恢復，此時的穆旦蟄伏在心中的文學之火與傾吐欲望再度迸發開來，他開始了一生中最大一項工作計畫——翻譯英國十九世紀初期偉大的浪漫主義詩人喬治·戈登·拜倫（George Gordon Byron）的長篇敘事詩《唐·璜》（*Don Giovanni*）（編注：或譯作《唐·喬凡尼》）。白天從事繁重的體力勞動和無休止的思想彙報，晚上拖著疲憊的身心回到家中，吃過飯後即關上房門偷偷伏案工作。經過三年含辛茹苦的勞作，到一九六五年年底，這部長達一萬六千多行的鴻篇巨製終於譯完了初稿。當他剛要歇一口氣時，「文革」風暴突起，穆旦首當其衝，被造反的紅衛兵拉出來批鬥，然後是抄家與打砸。繼之穆旦被關於「牛棚」，接受造反派監督勞動改造。當時穆旦一家居住的是東村七十號共三間屋的平房，因出入方便，抄家的紅衛兵一批接一批，把一些書籍、手稿或搬走，或乾脆一把火燒掉，甚至連家庭生活用具、被褥、衣服都洗劫一空。這一令人悲憤心悸的場景給穆旦的孩子們留下了深刻的記憶，據幾個兄妹回憶說：「記得那年八月的一個晚上，一堆熊熊大火把我們家門前照得通明，牆上貼著『打倒』的標語，幾個紅衛兵將一堆書籍、稿紙向火裡扔去。很晚了，從早上即被紅衛兵帶走的父親還沒有回來……直到午夜，父親才回來，臉色很難看，頭髮被剃成當時『牛鬼蛇神』流行的『陰陽頭』。他看見母親和我們仍在等他，還安慰我們說：沒關係，只是陪鬥和交代『問題』，紅衛兵對我沒有過火行為……母親拿來饅頭和熱開水讓他趕快吃一點。此時他看著滿地的碎紙，撕掉書皮的書和散亂的文稿，面色鐵青，一言不發……突然，他奔到一個箱蓋已被扔在一邊的書箱前，從書箱裡拿出一疊厚厚的稿紙，緊緊地抓在發抖的手裡。那正是他的心血結晶《唐·璜》譯稿。萬幸的是，紅衛兵只將其弄亂而未付之一炬！」[36]倒臥在床上的穆旦望著窗外漆黑的夜幕，聽著外邊不斷傳來的喧囂和「打倒」之聲，他的腦海中突然湧入那首多年前寫就的〈讚美〉詩的最後一個疊句：「一個民族已經起來！」想到此處，竟露出了少有的微笑。孩子們看了，不知何故，以為父親是在發神經。

折騰到一九六八年六月，穆旦的住房被生物系一個職工何某倚仗紅衛兵的勢力強行搶占，一家人被掃地出門，家中殘剩的衣物等被蠻橫地扔出房外露天地上。走投無路的周與良經過與校方「工宣隊」反覆交涉，才被允許搬入南開大學十三宿舍三樓三三七室一個朝西向、只有十七平方米的房間，全家六口在這間屋子裡一住就是五年之久。

一波未平，一波又起。一九六八年下半年，在「清理階級隊伍」中，周與良又被造反派盯上。其時，天津周氏家族因是民族資本家出身，隨著「文革」風浪興起早已崩潰。作為天津市第一位黨外副市長的周叔弢被革職查辦，爾後是揪鬥、批判、抄家、交代問題，居宅被一個紅衛兵組織強占。其他的幾個兒女如周一良等在教育界服務的教授，全被關入了「牛棚」，成為革命者專

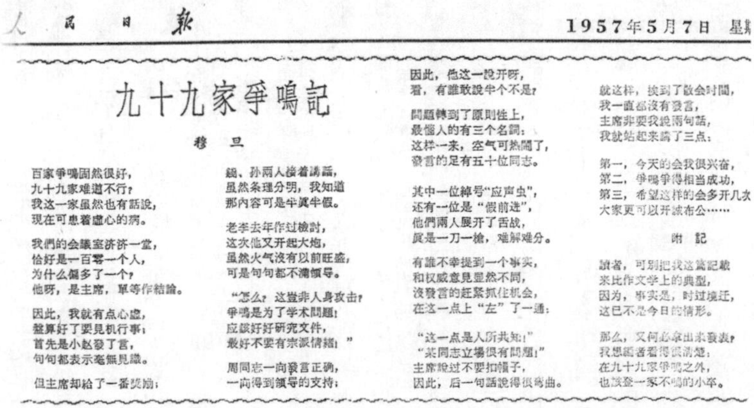

人民日報　1957年5月7日　星期

九十九家爭鳴記

穆　旦

百家爭鳴固然很好，
九十九家难道不行？
我这一家虽然也有話說，
現在可患着虛心的病。

我們的会議室济济一堂，
恰好是一百零一个人，
为什么偏多了一个？
他呀，是主席，單等作結論。

因此，我就有点心虛，
盤算好了要見机行事；
首先是小赵發了言，
句句都表示毫無見識。

但主席却給了一番獎励；

趙、孙兩人接着講話，
虽然条理分明，我知道
那內容可是半眞半假。

老李去年作过檢討，
这次他又开起大炮，
虽然火气沒有以前旺盛，
可是句句都不满領导。

“怎么？这豈非人身攻击？
爭鳴是为了学术問題！
应該好好研究文件，
最好不要有宗派情緒！”

周同志一向發言正确，
一向得到領导的支持；

因此，他这一說开呀，
看，有誰敢說半个不是？

問題轉到了原則性上，
最惱人的有三个名詞：
这样一来，空气可热鬧了，
發言的足有五十位同志。

其中一位綽号“应声虫”，
还有一位是“假前进”，
他們兩人展开了舌战，
眞是一刀一槍，难解难分。

有誰不幸提到一个事实，
和权威意見显然不同，
沒發言的赶紧抓住机会，
在这一点上“左”了一通：

“这一点是人所共知！”
“某同志立場很有問題！”
主席說过不要扣帽子，
因此，后一句話說得很彎曲。

就这样，挨到了散会时間，
我一直都沒有發言，
主席非要我說兩句話，
我就站起来講了三点：

第一，今天的会我很兴奋，
第二，爭鳴爭得相当成功，
第三，希望这样的会多开几次
大家更可以开誠布公……

附　記

讀者，可別把我这篇記載
来比作文学上的典型，
因为，事实是，时过境迁，
这已不是今日的情形。

那么，又何必拿出来發表？
我想讀者看得很清楚：
在九十九家爭鳴之外，
也該登一家不鳴的小卒。

穆旦發表於1957年5月7日《人民日報》上的〈九十九家爭鳴記〉

政的對象。在這一大的政治背景下，周與良被南開大學定為有嫌疑的特務，於十二月三日從家中抓走，關押於校內生物系教學樓二樓朝北一個房間內「隔離審查」，逼迫寫「交代材料」。因穆旦已進入校內集中關押的「牛棚」，周與良的四個孩子（最大的十四歲，最小的七歲）除了相依為命，還要每天為母親做飯、送飯。當然，幾個孩子不能與母親見面，送來的飯由看守的「工宣隊」人員檢查，確認沒有夾帶情報後才轉給隔離的周與良。有一天，穆旦的大兒子查英傳給媽媽送來了一盒稀飯，飯下有一塊醬豆腐，「工宣隊」看守查出後立即扣留，並在生物系師生大會上宣布，這塊豆腐就是周與良與外界串通消息和特務之間慣用的暗號，是穆旦授意周與良「一強（醬）到底，抗拒不要交代」。因了這塊醬豆腐，周與良與穆旦又慘遭更深重的迫害和折磨，連續幾個晝夜的審問，直至二人在各自的隔離場所被整得倒地不起、嘴不能言才罷休。

　　半年之後，周與良被解除隔離放回家中。未久，穆旦也被從「牛棚」放出，夫婦二人與南開大學一批「牛鬼蛇神」被下放到河北省保定地區完縣

1965年秋，穆旦夫婦與子女攝於天津。前排左起：查瑗、查平、查明傳、查英傳。（查英傳提供）

勞動改造。周與良下放到完縣的王各莊，穆旦被「隔離」在相距幾十里的另一個公社農村，彼此不通消息。當一九六九年的春節即將到來時，穆旦的心情變得焦慮不安，除了不通音信的周與良，還有留在天津的四個孩子也不知死活。在一個大雪紛飛的冬日，穆旦藉不能出工的機會，悄悄溜出居處，頂著漫天大雪向王各莊跑去。兩個多小時後，終於見到了分別達半年之久的愛妻。周與良看到丈夫又瘦又弱，臉色蠟黃，大口大口地喘著粗氣，滿頭汗水與雪水混合在一起順著額頭向下流淌，頭頂上升騰著白色的煙霧，話未出口，眼淚刷地湧出眼眶。當穆旦得知妻子同樣好久沒收到孩子們的信息時，一陣悲傷掠過心頭，很快又強忍淚水以平靜的口氣安慰周與良說：「孩子們都很好。」又說：「事情總會弄清楚的，要忍耐，不要惦著孩子。」繼之以負疚的心情一遍又一遍地說：「我是罪魁禍首。不是因為我，一家人不會這樣。」周與良看丈夫淚水在眼眶中打轉，幾度哽咽，遂反過來安慰道：「我也是特務，應該受到懲罰。」穆旦見妻子心情漸趨平靜，便要告辭。他身子轉過去又猛地轉過來，從兜裡掏出一小包花生米，還有幾塊一分錢一粒的糖果，拉過妻子的手輕輕地放下。周與良一見，熱淚再次奪眶而出，堅決不肯接受。穆旦將妻子的手抓得更緊，非要留下，並說：「你暈了，吃塊糖也好些。」周與良搖搖頭，說：「身體還可以，也不想吃零食。」穆旦還是堅持讓妻子把糖果留了下來，最後說了聲「要多注意身體」，[37]轉身消失在茫茫風雪之中。周與良一直跟在身後送到村口，望著穆旦遠去的身影，周與良感慨萬端，才五十三歲的年紀，已是步履蹣跚的衰弱老人了。

穆旦的突然來訪，很快被負責監督的領隊得知，頭頭們把周與良找到隊部，讓其「老實交代」傳遞了什麼「情報」，同時派人進入周與良的居處搜查，幸而那一小包花生米與幾塊糖果沒有被發現，最後在「查無證據」的情況下被釋放。而一路小跑往回趕的穆旦，剛到村口就被監督者派出的「積極分子」擒獲，繼之是審查與逼迫交代「串通情報」的經過，召開批鬥會批鬥。這個結果，早在穆旦出門的時候就已經想到了，既然十五年的苦難與厄運都熬過來了，淚已流乾，心已變硬，精神越發強健，這點風浪算得了什麼？況且，自己能與日夜掛念的妻子見上一面，即使為此被處一死，亦無遺憾。正是懷揣這樣一種悲壯決絕的心境，穆旦才義無反顧地出走，並敢於吞下由此帶來的這枚苦果。

一九七一年，周與良返回天津，穆旦則由完縣農村遣送到南開大學「五七幹校」繼續勞動改造。這所幹校設在津郊大蘇莊，原為犯人的勞改場所。此為校方就穆旦的「罪過」與「態度」特別賞賜的果子。

一九七二年，隨著政治氣候好轉，穆旦結束了勞改生活，回到南開大學圖書館當職員，除了被「內部控制使用」整理書籍，仍兼有打掃廁所的任務。自一九七三年起，穆旦又恢復了夜間翻譯的習慣，開始在夜深人靜之時，默默伏案修訂已擱置了七年的《唐·璜》譯稿。隨後開始翻譯雪萊、濟慈、艾略特、奧登等詩人的作品。一九七五年，在「文革」結束前夕，隨著政治風暴的式微，停止寫作多年的穆旦，心中鬱積已久的詩情於亂世風雲中再次得到了噴射，他一口氣創作了〈智慧之歌〉、〈停電之後〉、〈冬〉等近三十首作品，其中〈神的變形〉以「詩劇」的形式，通過「神、魔、權、人」四個人物的戲劇性衝突，展示了一個寓言式的人類悲喜劇，充滿苦澀的智慧，表達了「中國知識分子的受折磨而又折磨人的心情」，這個詩劇是他在生命晚年對人生命運的回顧和總結。「夕陽無限好，只是近黃昏」，可惜最後的輝煌過於短暫。由於身心長期受到摧殘和折磨，身體極度虛弱，一九七六年年初的一天晚上，穆旦騎自行車到南開大學校外德才里居民區，找人打聽「知青」招工的信息，以便為孩子尋找出路，好「掙碗飯吃」。回來時沒有路燈，不幸於昏暗中闖入一個深坑，穆旦從車上摔下，右大腿骨折，從此病臥床榻。在排隊等候到醫院治療期間，於病痛中繼續普希金詩歌的改譯。當傷痛難忍時，便讓孩子們燒一塊磚給他熱敷止痛，傷痛稍減，又拿起譯筆繼續工作。延至一九七七年二月二十四日，穆旦將《歐根・奧涅金》修改稿的抄寫工作全部做完之後，住進天津總醫院，準備接受傷腿手術治療。此時的他已油盡燈枯，感到死亡正向自己逼近，而自一九五四年以來嘔心瀝血翻譯的近十幾部譯稿，仍看不到出版的一絲曙光。為此，在入院手術之前，他曾將翻譯的《歐根・奧涅金》修改稿抄寫完畢，連同已抄好的《普希金抒情詩》譯稿，整整齊齊放於一只帆布小提箱中，交給小女兒查平，說「你最小，希望你好好保存這些譯稿。也許等你老了才能出版」。[38]說此話時，情甚悲戚，望之令人心酸。

穆旦入院的第二天又反常地返家更換衣物，再度對文稿做了料理，並與來津的妹妹相見。午飯後，心臟病突發，經南開大學校醫院心電圖診斷為「前心壁大面積壞死」，急送天津第一中心醫院搶救。無奈醫生回天乏術，二月二十六日凌晨三時含冤去世，時年六十歲。

死前，穆旦對自己一生的歷史做了回顧，特別對當年參加中國遠征軍並以此獲罪的得失做了反思，並重溫了〈森林之魅——祭胡康河谷上的白骨〉這首壯美詩篇。當他讀到「歡迎你來，把血肉脫盡」時，突然覺得自己這句話已不是普通意義上的詩行，而是一句讖語。隨後的穆旦作為一個即將走到生命盡頭的學者、詩人，在病榻上寫出了新的詩篇〈冥想〉，道出了自己一生的感悟：

為什麼萬物之靈的我們，
遭遇還比不上一棵小樹？
今天你搖搖它，優越地微笑，
明天就化為根下的泥土。
為什麼由手寫出的這些字，
竟比這只手更長久，健壯？
它們會把腐爛的手拋開，
而默默生存在一張破紙上。
因此，我傲然生活了幾十年，
彷彿曾做著萬物的導演，
實則在它們永久的秩序下
我只當一會兒小小的演員。
……
但如今，突然面對著墳墓，

我冷眼向過去稍稍回顧，
只見它曲折灌溉的悲喜
都消失在一片亙古的荒漠，
這才知道我的全部努力，
不過完成了普通的生活。[39]

其實，即使「普通的生活」也未能過得安寧和順暢。按穆旦生前好友、南開大學教授、著名史家來新夏的說法，穆旦自美國回歸祖國的二十幾年，「幾乎沒有一天舒心日子，主觀的嚮往和客觀的回饋，反差太大，不論做什麼樣的詮釋，穆旦終歸是一個悲劇人物」。[40]來氏所言與穆旦的同族兄弟金庸總結的海寧人物天然的悲劇性，可謂不謀而合。天歟？命歟？抑或際遇之不幸歟？

然而，穆旦作為一個天才的詩人和翻譯家，他留給這個世界的豐厚文化遺產，將隨著時間的推移越發彌足珍貴而不斷被人憶起，或許正如穆旦的知己評論家謝冕所發出的感慨：「他的詩歌創作所擁有的創造性，他至少在英文和俄文方面的精湛的修養和實力，作為詩人和翻譯家，他都是來不及展示，或者說是不被許可展示的天才。彗星尚且燃燒，爾後消失，穆旦不是，他是一顆始終被烏雲遮蔽的星辰。我們只是從那濃雲縫隙中偶露的光瑩，便感受到了他曠遠的輝煌。」[41]

注釋

1 謝冕，〈一顆星亮在天邊——紀念穆旦〉，收入穆旦，《穆旦詩文集二》（北京：人民文學出版社，二〇〇六）。

2 一九二一年十一月十二日至一九二二年二月六日在華盛頓舉行。有美、英、法、義、日、比、荷、葡和中國北洋政府的代表團參加。華盛頓會議實質上是巴黎和會（一九一九）的繼續，其目的是要解決《凡爾賽和約》未能解決的帝國主義列強之間關於海軍力量對比和在遠東、太平洋地區特別是在中國的利益衝突，完善第一次世界大戰後的帝國主義和平體系。

3 王佐良，〈穆旦：由來與歸宿——詩人查良錚逝世十年祭〉，《雲南文史資料選輯》三四輯（昆明：雲南人民出版社，一九八八）。

4 李方，〈穆旦（查良錚）年譜〉，收入穆旦，《穆旦詩文集二》（北京：人民文學出版社，二〇〇六）。

5 同前注。

6 王佐良，〈穆旦：由來與歸宿——詩人查良錚逝世十年祭〉，《雲南文史資料選輯》三四輯（昆明：雲南人民出版社，一九八八）。

7 《大公報．綜合》（重慶版），一九四二年五月四日，題為〈詩〉，收入穆旦，《穆旦詩集：一九三九－一九四五》、《現代詩鈔》（聞一多編）和《旗》時，題改為〈出發〉。

8 謝冕，〈一顆星亮在天邊——紀念穆旦〉，收入穆旦，《穆旦詩文集二》（北京：人民文學出版社，二〇〇六）。

9 同前注。

10 〈讚美〉，穆旦，《穆旦詩文集一》（北京：人民文學出版社，二〇〇六）。此詩作於一九四一年十二月，原載《文聚》一卷一期（一九四二年二月十六日）（雲南：昆明文聚社）；後收入《穆旦詩集：獻給母親》（一九三九－一九四五），該詩集共收入詩作五十四首，於一九四七年五月在瀋陽自費出版。

11 陳伯良，《穆旦傳》（北京：世界知識出版社，二〇〇六）。此為《傳》中「引言」所引詩歌評論家杜運燮的話。

12 「九葉派」指二十世紀四〇年代以《中國新詩》等刊物為中心，與其他詩歌流派風格趨向有明顯區別的詩人群體，代表詩人是穆旦、辛笛、鄭敏、杜運燮、陳敬容、杭約赫、唐祈、唐湜、袁可嘉。一九八一年，九位詩人合出《九葉集》，被稱為「九葉派」，又稱「中國新詩派」。

13 王紀卿編著，《中國抗戰全實錄：血肉長城》（雲南：德宏民族出版社，二〇〇六）。

14 杜聿明，〈中國遠征軍入緬對日作戰述略〉，《文史資料選輯》第八輯（北京：中華書局，一九六〇）。

15 吳宓著，吳學昭整理、注釋，《吳宓日記》第九冊（北京：生活・讀書・新知三聯書店，一九九八）。

16 王佐良，〈一個中國詩人〉，原載英國倫敦 *LIFE AND LETTERS*，一九四六年六月；北平《文學雜誌》，一九四七年八月，收入《穆旦詩集・附錄》（一九三九—一九四五），一九四七年五月於瀋陽出版（自費）。

17 穆旦，《穆旦詩文集一》（北京：人民文學出版社，二〇〇六）。原載《文藝復興》一卷六期（一九四六年七月），題為〈森林之歌——祭野人山死難的兵士〉。後收入《穆旦詩集：獻給母親》（一九三五—一九四五）時，作者對詩題和內容做了修改，此據修訂稿。詩中所說的胡康河谷，緬語意為「魔鬼居住的地方」，位於緬甸最北端，北臨冰雪覆蓋的喜馬拉雅山，東西皆為高聳入雲的橫斷山脈夾峙。此處重巒疊嶂，林莽蒼蒼，中間有一條深不見底的溝壑，四周是綿延不絕的沼澤。據說原有野人出沒，當地人稱這片方圓數百里的高山大澤為「野人山」。中國遠征軍自鑽入「野人山」這天起，就等於步向了《孫子兵法》中所說的「絕地」。杜聿明對陷入「野人山」的這段經歷，還有一段刻骨銘心的回憶：「鑽進這塊叢莽的時候，事實給我們證實了這確是一個鬼地方。日光被層層疊疊的密林遮得一絲透不出來，感覺到的只是天昏地暗，虎嘯猿啼！四圍活動的生物是在蔓長的雜草裡爬行著窸窣作聲的大蟒，和從腳踝上爬上來、從樹葉上落下來的吸血螞蟥，地下泥深沒膝，沒有路，只有累累白骨可做我們的指路牌，這些白骨，便是三十一年印緬難民撤退時饑病而死的遺骸！此情此景，使人類感覺到本身的渺小和生命的飄忽！真是『前面沒有路，人類不相通』，令人毛髮悚然，望而卻步的絕城啊！」（杜聿明，〈中國遠征軍入緬對日作戰述略〉，《文史資料選輯》第八輯（北京：中華書局，一九六〇））

18 巫寧坤，〈一代才女趙蘿蕤教授〉，《溫故》之八（桂林：廣西師範大學出版社，二〇〇七）。

19 陳伯良，《穆旦傳》（北京：世界知識出版社，二〇〇六）。此為《傳》中「引言」所引詩歌評論家杜運燮的話。

20〈致杜運燮六封〉（一九七七年二月四日），《穆旦詩文集二》（北京：人民文學出版社，二〇〇六）。

21 周與良，〈懷念良錚〉，收入杜運燮、袁可嘉、周與良編，《一個民族已經起來：懷念詩人，翻譯家穆旦》（江蘇：江蘇人民出版社，一九八七）。

22 戴煌，〈巫寧坤教授回國落難記〉，《炎黃春秋》二〇〇七年四期。

23 王友琴，《文革受難者：關於迫害、監禁與殺戮的尋訪實錄》（香港：開放雜誌社，二〇〇四）。

24 在燕大被批鬥的三個重要人物中，陸志韋、趙紫宸在學術界名聲不小，似有透明度，中共方面沒有視為重點對象，唯哲學系的張東蓀其人頗為神祕，因而成為批鬥的重中之重，而張氏本人的命運越往後越神祕莫測，成為一件百結難解的懸案。因了這些關係，張東蓀其人其事也就更能引起研究者的興趣。

清華的金岳霖早年與張東蓀交往頗多，屬於關係較近的一類。老金晚年回憶說：「我同張東蓀的關係，一部分是好的，另一部分是不愉快的。」不愉快的就是為從湖北來京求學的殷福生安排個事做，以便「得點錢過過日子」之事。想不到張出爾反爾，搞得老金大為尷尬，也大為不快。令老金高興的事是：「我加入民盟是張東蓀安排或幫助安排的。以後我會有一段講民盟幫助思想改造的特別作用。對我來說，那是極其有益，也是極其愉快的。這我應該感謝他」（金岳霖，〈張東蓀「玩政治」〉，收入劉培育主編，《金岳霖的回憶與回憶金岳霖》〔成都：四川教育出版社，一九九五〕）。

在回憶了這兩件事之後，老金總結性地評價道：「張東蓀這個人是一個『玩政治』的。這裡所謂『政治』和我們現在所了解的政治完全是兩件事。『玩政治』究竟是怎樣玩的，我也說不清楚，也不必知道。看來，在不同實力地位之間，觀情察勢，很抓機會……是『玩政治』的特點。林宰平（南按：哲學家、《哲學評論》主筆）先生曾同我說過，『東蓀太愛變了，並且變動得可快』。」

自二十世紀九〇年代起，金岳霖對張東蓀這一評價曾遭到學術界人士的批評，謂金氏並未真正了解張的政治主張與為人處世原則，說張「玩政治」是「言重了」云云。但綜觀張東蓀的政治生涯，確有些「玩」，不但是玩，而且有點「玩火」的成分在內，或許這正是金岳霖所說的「玩」字的真正含義吧。不幸的是，張東蓀之「玩」政治，不但使自己掉進了深牢大獄，一家三代人的性命都幾乎搭了進去——這不能不說是一個悲劇。

張東蓀，原名萬田，字聖心，一八八七年生於浙江杭縣（今屬餘杭）。早年留學日本，入日本東京帝國大學就讀。辛亥革命時回國，歷任孫中山臨時大總統府祕書，上海《大共和日報》、《庸言》雜誌、《大中華》雜誌和《正誼》雜誌主筆，《時事新報》總編輯，上海中國公學大學部部長兼教授。一九一九年在北京創辦《解放與改造》雜誌，任總編輯，次年改名為《改造》。一九二〇年與梁啟超等成立「講學社」，一九二二年與瞿菊農等創辦《哲學評論》，並主編《唯物辯證法論戰》。一九三二年與張君勱等在北平組創國家社會黨，發行《再生月刊》。一九三四年與張君勱在廣州創辦學海書院並出任院長。後回上海，任光華大學教授。旋又赴北平任燕京大學教授、哲學系主任。抗戰時期，曾一度被日軍拘禁。獲釋後，從事著作。一九三八年當選為第一屆國民參政會參政員。一九四二年當選為第二屆國民參政會參政員。抗戰勝利後，在國共兩黨新一輪決戰前夜，加入號稱「第三大黨」的中國民主同盟並出任中央常委。一九四六年出席中國政治協商會議。此後一直宣傳鼓吹他用新思維製造出來的「中國應該走一條既不同於歐美資本主義，又異於蘇聯」的另類路子，即所謂的「第三條道路」。這一另類主張當時得到了不少人的同情與贊成，在社會各界掀起了一股聲勢頗大的「中間路線」另類政治風潮，張東蓀由此一舉暴得大名，成為各派政治力量爭奪的焦點人物。一九四八年年底，國共決戰勝負已成定局，駐守北平的傅作義與中共就北平和平解放問題進行談判，由於雙方開出的條件過於懸殊，談判一度陷入僵局，傅作義部仍做困獸猶鬥狀。為打破這一局面，中共找到了當時正在走紅、聲名赫赫的張東蓀，請其從中斡旋、調解。張東蓀得令，當即表示甘效犬馬之勞，在和傅作義會晤過程中，使出平日在政治場上練就的捭闔、鉤箝、轉丸之術，綜論天下大勢與傅氏之處境和所選之道路，終於迫使對方放棄了繼續抵抗的念頭，老老實實地「放下武器，接受改編」（南按：這是建國後人民政權對傅作義及所屬部隊的明確性政治定語，不是社會上流傳的所謂「起義」，更不是「和平起義」等定語）。毛澤東事後在頤和園一次會議上當著許多人的面，豎起大拇指說：北平和平解放，「這是張先生的功勞！」張東蓀後來也頗為炫耀地認為，北平這座千年古都免遭戰火，是他一生中所做的最得意的一件事（黃波，〈一個捲入「叛國案」的學者〉，《文史天地》二〇〇五年一期）。

中華人民共和國成立後，張東蓀任全國政協委員，與周恩來等五十六人當選為中央人民政府委員會委員，中國人民外交學會理事，政務院文化教育委員會委員。著有《道德哲學》、《認識論》、《科學與哲學》、《階級問題》、《理性與民主》等著作。

張氏崇尚所謂的「自由主義」，他在四〇年代社會上展開的「自由主義向何處去」的討論中曾說過：「中國接受西方文化雖只短短將近五十年，然而卻居然在思想文化界中養成一種所謂 Liberal Mind。此字可譯為『自由胸懷的陶養』，乃是一種態度，或風格，即治學、觀物、與對人的態度或性情，亦可說一種精神。」這種精神「為時雖然不太長，幸而對於這個精神卻已植了一些根基。雖然有待於將來的更發揚光大，卻不能不說已經有了萌芽。為了將來發展科學，為了中國在世界文化有所貢獻，這一些萌芽是必須保全下去，千萬摧殘不得的」（《觀察》五卷一一期）。

在一九五一年知識分子改造運動中，作為燕京大學哲學系主任的張東蓀與校長陸志韋、宗教學院院長趙紫宸三人成為重點批判對象，後三人又晉升為全國知識界的「反動標兵」。令人倍感神祕與匪夷所思的是，一九五二年，「張東蓀案」東窗事發，天下震驚。據後來披露的消息稱，張東蓀認為中共制定和奉行的向蘇聯「一邊倒」的外交方針不符合中國的利益，同時又感到要說服中共改變這一大政方針是不可能的，便想起了當年他在國共兩黨角逐的大混亂、大失控中自己發明的錦囊妙計——「中間路線」，企圖借助個人的力量，以「中間路線」為撒手鐧，利用自己大半生練就的捭闔、鉤箝之術，單槍匹馬與美國方面進行聯繫並示好，以挽狂瀾於既倒。在這種魔幻現實主義心理驅使下，張東蓀意外碰到了一位自稱與美國方面有聯繫、實為美國特務的王志奇。張東蓀與王一見傾心，竟膽大妄為地和這位「美國特務」單獨祕密接觸起來。在中國即將捲入朝鮮戰爭的嚴峻局勢下，王志奇從天津進京告訴張東蓀，說美國決心打第三次世界大戰，並且正在制訂具體作戰計畫。張東蓀聞聽大驚，一面認為世界局勢果然按他的預想發展開來了，一面又為中國的外交路線充滿了焦慮與不安，他置自己頭頂全國「反動標兵」的政治帽子於不顧，倉皇中要王立即傳話給美國國務院，「打起仗來千萬不要打中國，留著中國，且看將來」云云（散木，〈從「張東蓀案」到「X」社案〉，《文史精華》二〇〇三年一一期）。

味於世事、書生氣十足的張東蓀，在對待此事的問題上，真可謂是「皇上不急太監急」，其荒唐幼稚程度可謂無以復加。為了向美國特務王志奇顯示自己像當年身佩六國相印的蘇秦那樣「所在國國重，所去國國輕」，以及在中國政界呼風喚雨的分量與能量，情急之下，張東蓀貿然將當時尚屬國家機密的「國家預算」和可有「合作希望」的政協民主人士名單用筆勾出交予王，令其轉美國國務院參考。張後來意識到王的身分，斷絕了與王的聯繫。但王不久被中國公安部門逮捕，交代了與張東蓀的聯絡經過。

就張東蓀而言，當時身為一位中央人民政府委員，卻幻想依靠個人的力量和聲望來打通中美關係，並私自傳送國家機密文件於對方，可謂愚蠢至極。其中的道理哪怕一個放牛的牧童都能明白，但張東蓀竟置新生的政權於不顧，膽大包天且不免有些稀里糊塗地做了，可見張此時已術窮智昏，失卻了一個正常人的理性。張的錯誤性質也由「一親四反」（親美和反蘇、反共、反人民、反馬列主義）的「封建買辦、投機政客」上升為「叛國」和「美國特務」，並從「思想改造」的對象和全國「反動標兵」轉變為「叛國罪行」的大奸佞了。

儘管如此，令時人和後人倍感困惑不解的是，張東蓀並沒有以「叛國」、「特務」或「漢奸」、「工賊」的罪名遭逮捕法辦。一九五二年四月二十一日，毛澤東在〈對北京高等學校「三反」情況簡報〉中批示道：「彭真同志：送來關於學校思想檢討的文件都看了。看來除了張東蓀那樣個別的人及嚴重的敵特分子以外，像周炳琳那樣的人還是幫助他們過關為宜，時間可以放寬些」（《建國以來毛澤東文稿》第三冊〔北京：中央文獻出版社，一九八七〕，頁四二二）。在《文稿》的注釋中說：「張東蓀，原為燕京大學教授、中國民主同盟中央委員會常務委員、中央人民政府委員。抗美援朝時因出賣國家重要情報，被免去政府委員職務，但從寬處理，不逮捕法辦，並照發工資，隨後民盟中央決定開除他的盟籍。」一九五二年八月七日，毛澤東約見梁漱溟，談話完畢後，梁受張東蓀之託，向毛澤東求情。梁漱溟說：「張的為人聰明特出，久在學術思想界享有高名，與我相熟數十年。北京城的解放，張亦是奔走內外之一人。一九四九年建國，組織中央人民政府，列居六十名委員之一，殊不料他親美，懼美（這時他是美國人辦的燕京大學教授），竟受一特殊間諜的誘惑，甘心為美國務院做情報，竊以政府會議文件密授之。此特務被捕，供出其事，張內心慌亂，如醉如狂，寢食俱廢。我對張『既恨之，又憫之』，雖無意為之求情，亦願探悉主席將如何處理。」毛澤東回答說：「此事彭真來向我詳細報告了。彭真要捉起他來。我說不必，這種秀才文人造不了反。但從此我再不要見他，他再不能和我們一起開會了。想來他會要向我做檢討的，且看他檢討得如何吧」（李淵庭、閻秉華編著，《梁漱溟先生年譜》〔桂林：廣西大學出版社，二〇〇三〕，頁二〇六）。

張東蓀後來是如何檢討的，外人不得而知。據說「東窗事發」後的張東蓀仍認為自己是好心辦壞事，或根本就是好事而不是壞事——自己是出於讓中國避免遭受第三次世界大戰的災難，才犯下大忌，進行所謂個人外交的。因而他拒不承認自己是美國特務，更不承認加在自己頭上的「叛國」、「賣國」和「美國特務」等罪名，只是自請處分於無意中洩漏了國家機密之事。但此一時彼一時，這個時候已由不得他了。毛澤東親自出面，把張定性為「壞分子」。隨後，對於張東蓀的所作所為，「世人皆曰殺」，民盟中央的幾位掌權者一看政治風向對「第三大黨」頗為不妙，立即撤銷了張東蓀的一切職務，並成立了由章伯鈞、羅隆基、史良、胡愈之、許廣平、曾昭掄、吳晗等人組成的審查小組，指控張「出賣我抗美援朝的重大政治軍事機密」、「掩護美帝特務活動」等罪行，同時一併清算舊案：在抗戰期間「領取汪逆組織津貼」、「與國社黨、漢奸頭子（南按：張君勱）共提賣國提案」、「解放後還企圖幫助戰犯張君勱混入新中國進行其陰謀活動」等，最後經張東蓀「民盟同志」討論，又給他戴上了一頂「漢奸」的帽子，開除盟籍，張東蓀的政治生涯自此正式告終。關於張東蓀案件的內情，千家駒在他一九八五年寫的回憶錄《七十年的經歷》中，曾單列一節專門做過介紹。據千氏說：「我曾受中國民主同盟中央委託，整理張東蓀的叛國材料，並起草民盟開除他的報告書，因此得以見到全部檔案材料和張東蓀的親筆信件，故對諸案經過知道得比較清楚。事隔多年，雖文字上可能有所出入，但基本情節相信是不會錯的。」根據千家駒的說法：「據王某招供，當第一屆全國政治協商會議開會時，張東蓀送了一份名單給美國國務院，凡他認為將來可以與美國合作的民主個人主義者，他都做了記號。有的是雙圈，有的單圈。又當我國政府決定抗美援朝時，他把消息透露給王某，並叫他趕快離開北京去香港。凡此種種，人證物證俱在，這是現行反革命的罪行，是通敵賣國的行為」（轉引自謝泳，《逝去的年代：中國自由知識分子的命運》〔北京：文化藝術出版社，一九九九〕）。千家駒之回憶並沒有引述原始文件，這就不免帶有那個時代對已被當政者定為「異己分子」落井下石，並進一步踏上一隻腳的政治色彩，不足為憑。

顯然，張東蓀案有許多令人不解之處，亦即一樁撲朔迷離的懸案。如前燕京大學政治系外交組畢業生林孟熹在著作《司徒雷登與中國政局》中所言：「此案從未公開宣布或審理，僅在民主黨派內部做過簡單口頭傳達，後不了了之。」林氏進而綜合和歸納此案中的種種可疑之處。即：A.「張案是當年公安部破獲的最大一起間諜案，但中途轉給周恩來辦公室接手，不讓公安部繼續追查」。B. 張案亦沒有經過司法部門定罪，據說中共有關方面曾有此打算，但為毛澤東所阻。毛說「張對北平和平解放還是有功的，就算了吧」。對此，林氏疑惑道：「張對民主革命當然有功，豈止和平解放北平一端，問題是否功過相抵？」如當時曾參與上海解放的楊虎，「最後仍以間諜問罪，何獨厚於張？」C. 當時的「三反」運動中，「值得注意的是，對張的批判沒有涉及其間諜罪行，儘管人們揭露了很多他的親美言行」。D.「案發之後張東蓀一直仍住在燕園的教授住宅，工資照領，直至一九五八年調到北京市文史館」。E. 張東蓀本人此後亦「從未表示悔意與自責，反而理直氣壯地宣稱自己是愛國的」，則「莫非背後另有同幕」等。

看來要去掉附在張身上的重重迷霧，弄清事實真相尚需時日。只是張東蓀的「寓公」生活沒過多久，隨著「文革」爆發，一九六八年一月，已是八十一歲高齡的張東蓀以「叛國罪」被逮捕，關入北京郊區特種監獄——秦城。張被捕後，他的家人五年中一直不知其被關在何處。直到一九七三年，家人被通知，張東蓀「自絕於人民」，已暴斃於秦城獄中，終年八十六歲。據說他在臨終前，得悉美國總統尼克森已經成功訪問了中國，中美兩國和解並且達成和發表了《上海公報》後，張東蓀激動不已，以致老淚橫流，喃喃地說：「中美不能對抗，還是我對呵！」（散木，〈從「張東蓀案」到「X」社案〉，《文史精華》二〇〇三年一一期）但是，這個遲到的消息並沒有絲毫減輕由於「張東蓀案」而帶給整個張家的巨大災難，令他始料不及的是，悲劇還將進一步上演。

當張東蓀被捕並關入「秦城」的同時，他的長子、留美博士、北京大學生物系教授張宗炳也遭逮捕，關入秦城監獄。當年張宗炳以第一名的成績考取了公費留美資格，並順利摘取康乃爾大學博士學位。朋友們都說張是一位絕頂聰明之人，在圈子中流傳著關於他過人才智的有趣故事。除了生物專業上的成就，張還精通數門外語，並在詩詞繪畫書法藝術方面有很深的造詣。其人口才極好，和陳同度教授一起被認為是北京大學生物系講課最好的兩位教授，很受學生歡迎。不過陳同度在張宗炳入獄不久的一九六八年八月二十八日，於「文革」「清理階級隊伍」運動中服毒自殺。張宗炳和他父親在秦城監獄的五年中，相互並不知道對方竟被關在隔壁監室。張東蓀被折磨致死後，張宗炳在監獄中也被折磨得精神錯亂，被祕密關押七年後，一九七五年被釋放。

當時在中國科學院動物研究所圖書館工作的張東蓀之妻劉拙如，在丈夫被捕後，被單位定為「批判鬥爭」的對象，後被「扭送」到海淀區公安局，監禁近一年。

由於張東蓀的「敵特」罪名，「文革」開始後的一九六六年，張東蓀的三兒子、社會學家張宗穎和其妻呂乃樸在遭到「鬥爭」後，雙雙自殺身亡。

一九六九年，在「清理階級隊伍」中，張東蓀的二兒子、中科院學部委員、著名物理學家張宗燧在北京中關村中國科學院宿舍自殺。

張東蓀的長孫張鶴慈（張宗炳之子），一九六三年在北京師範學院讀書期間，與郭沫若之子郭世英等幾個原高幹子弟學校——北京一〇一中學的同學搞了一個「X詩社」，經常寫詩並議論政治，其活動被公安部門偵知，立捕。經審訊關押後，除郭世英沾了他老子郭沫若的光，被「勞教」處理外，其他幾人則以「X反動集團」的罪名判刑「勞改」。張鶴慈被押往天津茶淀勞改農場勞動改造，三年期滿後正逢「文革」爆發，復又被戴上「反革命分子」的帽子加重懲處。又過了十六年，滿頭白髮的張鶴慈才結束了勞改生涯，走出監獄大門。

張東蓀另一位孫子張佑慈（張宗穎之子），其父母於一九六六年雙雙自殺後，他因「企圖給父母報仇」等「反革命罪行」，被判刑十五年。一九七八年獲「平反」被無罪釋放時，已在監獄度過了十二個年頭。

綜觀張氏家族的命運，可謂血淚交織，悲慘淒絕。張東蓀自己被關死在監獄中，其妻在監獄中度過了一年。三個兒子有兩個自殺，一個被長期關押後精神失常。兩個孫子被判重刑，長期監禁。而這一切的前因後果，其真實情況和「犯罪」細節，局外人竟全然不知，就連當年具體的偵查、辦案人員，後來也出面證明不知他們一家「為啥子都一個個自殺和進去了」。其間的荒謬真是令人欲哭無淚，後人能聞知的只是一個曾經名動公卿、顯赫一時，好「玩政治」的高級知識分子及其整個家族，像夢一樣瞬間走向毀滅的悽惋故事。

25 巫寧坤，〈一代才女趙蘿蕤教授〉，《溫故》之八（桂林：廣西師範大學出版社，二〇〇七）。
26〈致杜運燮六封〉（一九七七年二月四日），穆旦，《穆旦詩文集二》（北京：人民文學出版社，二〇〇六）。
27 陳伯良，《穆旦傳》（北京：世界知識出版社，二〇〇六）。
28 同前注。
29 戴煌，〈巫寧坤教授回國落難記〉，《炎黃春秋》二〇〇七年四期。

30〈致陳蘊珍（蕭珊）二封〉（一九五四年六月十九日），《穆旦詩文集二》（北京：人民文學出版社，二〇〇六）。

31 陳伯良，《穆旦傳》（北京：世界知識出版社，二〇〇六）。

32 周一良，《鑽石婚雜憶》（北京：生活・讀書・新知三聯書店，二〇〇二）。

33 一九六〇年，落魄的原燕京大學哲學系主任張東蓀好友、史學大師鄧之誠去世，孤零零沒人弔唁，張氏想起一九四九年年初，在國共兩黨間居中促成北平和平解放的協調後，多元民主聲音在新中國的逐步零落，今昔相較，不勝感慨，遂寫下七言律詩追悼至友，並言感慨「人間熱淚已無多」（見戴晴，《在如來佛掌中：張東蓀和他的時代》（香港：香港中文大學，一九九五）。

34 戴煌，〈巫寧坤教授回國落難記〉，《炎黃春秋》二〇〇七年四期。

35 巫甯坤攜妻兒老母來到位於北京西郊那所學院，開始尚算平靜，一九五七年九月一日開學之後並未上課，而是停課搞「反右」運動。巫寧坤稀里糊塗地被定為「極右分子」，「開除公職，勞動教養」。面對禍從天降，巫寧坤自是不服，找學校的毛校長理論。想不到這位女校長半躺在椅子上抽著一支香煙，慢聲慢氣地說：「巫寧坤，我猜想你未必真正體會到你有多麼幸運。如果你對國民黨犯下了你對共產黨犯下的罪，你會被槍斃，絕對沒錯兒。」巫氣得幾乎吐血又毫無辦法，只得自認倒楣。一九五八年四月十七日下午，巫被送到了北京南城半步橋監獄，與小偷流氓和各單位送來的「右派分子」一起關押。六月十一日深夜，幾百名「右派」被揪上一長溜公共汽車，由前門火車站登上武裝押解的悶罐「專列」，運往黑龍江省小興凱湖上沼澤遍布的勞改農場，自此巫與其他「右派」開始了嚴酷的勞改生涯。一九六〇年十月二十六日，巫寧坤等又被武裝押送到河北省清河農場的三分場，又稱寧河農場勞改。此時正是中國遭逢中共文件上稱為「三年自然災害」的時期，全場的勞改犯都陷入了更嚴重的饑餓。一名年輕的「右派」俄語教師由於長期便祕得了腸梗阻，差點喪命。更可怕的是全都浮腫，時有人死去。有一次，李怡楷的大哥從家鄉送來了高價購買的一包烙餅，同房中一個搞中國古典文學的姓劉的「右派」已極度浮腫，見到巫的烙餅，頓時兩眼放光，遂用優美的柳公權字體給巫寫了一張條子：「教授，我懇求您借給我一張烙餅，等內人從湖南來給我送食品，我保證一定加倍奉還。」還說「救人一命勝造七級浮屠」。巫寧坤看罷，悲從中來，心中發著同是天涯淪落人的慨歎，悄悄遞給老劉一張烙餅。第二天，病重得幾乎難以挪步的老劉被轉移到重病號集中的屋子裡去了。分手前，老劉用濃重的湖南口音對巫寧坤說：「老巫，你不知道那張餅味道有多好。我內人一到，我就加倍奉還。」巫寧坤說：「別掛在心上，老劉，你要多多保重。要是你不還，我就把你的柳體字借條裱起來做個紀念。」第二年五月的一天，巫寧坤奉命帶另外兩名「右派」去農場一個偏僻的角落，挖一個六尺長、二尺寬、三尺深的坑。坑剛挖好，就看到一匹瘦馬拉著一部平板車慢慢走來。快到眼前時，巫寧坤看到車尾一個草墊子下露出一雙枯瘦的腳。他掀開草墊一看，大驚失色，原來是老劉！巫以淒惋傷感的心境含淚將老劉掩埋。

自一九五八年巫寧坤被「勞教」後，其妻李怡楷（原南開大學英語系學生，畢業後嫁巫）被流放到合肥的安徽大學當英文打字員。一九六一年六月二十九日，身患重病的巫寧坤得以保外就醫，並准許回到合肥妻子組織的一個簡單的家中待業。一九六二年秋季開學，被特許在安徽大學當臨時工。一九六四年七月四日被「摘掉極右分子的帽子，解除勞動教養」。一九六五年，隨著「文革」開始，巫寧坤被作為「牛鬼蛇神」關進「牛棚」，七十多歲久患糖尿病的老繼母被誣稱為「地主婆」趕回揚州老家，不久離開了人世。未久，巫寧坤夫婦被下放農村「勞改」。一九七四年一月底，巫寧坤被調到蕪湖安徽師大任教，恢復了每月七十元的待遇。一九七九年五月奉命回北京已改稱「國際關係學院」的原單位辦理「右派」改正手續。

當巫寧坤從蕪湖來到北京辦理「右派改正」手續時，意外地從報紙上看到「愛國美籍華裔科學家李政道博士」又從美國回來講學的消息，大為激動，便跑到北京飯店國賓館看望老同學。此時已是國賓級貴客的李政道很忙，但還是與巫匆匆說了幾句話。臨別時，巫寧坤忽發奇想：如果當年在舊金山，是他巫寧坤送李政道回國任教，結果會怎樣？換言之，回國的李政道還會不會以傑出的科研成就榮獲諾貝爾獎，並成為中國政府的國賓？一九八〇年二月二十九日，巫寧坤和李怡楷帶著正讀高三的三兒子巫一村啟程回京任教，另兩個兒子留在安徽讀書。

一九九一年，巫寧坤偕妻定居美國維吉尼亞州（參見巫寧坤，《一滴淚》（臺北：遠景出版公司，二〇〇二）。巫氏重返美國後，曾偕妻到母校芝加哥大學訪問。此時，在這座舉世聞名的大學校園物理系對面，已立起了一座高大的銅鑄雕塑，以紀念一九四二年費米教授在這裡領導完成了人類第一個可控制的鏈式原子能反應堆重大工程。這個工程的成功運轉，開啟了人類原子時代。望著偉人的雕像，巫寧坤感慨萬千。作為義大利科學家的費米一九三八年由於「通過中子照射展示新的放射性元素的存在，以及通過慢中子核反應獲得的新發現（demonstrations of the existence of new radioactive elements produced by neutron irradiation, and for his related discovery of nuclear reactions brought about by slow neutrons）獲得諾貝爾物理獎。也就在這時，他卻在義大利遇到了麻煩。一是因為他的妻子是猶太人，義大利法西斯政府頒布出一套粗暴的反對猶太人的法律；二是因為費米強烈反對法西斯主義——墨索里尼獨裁統治下的一種危險的態度。費米面臨身陷囹圄的危險。

一九三八年十二月，費米趁前往斯德哥爾摩接受諾貝爾獎的機會一去不返，轉往美國紐約，先在哥倫比亞大學任教，一九四二年進入芝加哥大學，此時美國已向義大利宣戰，有關法律使他成為「敵國僑民」。但是美國政府和芝加哥大學沒有因為費米夫人的種族以及這對夫婦從敵國轉來而把他們當作敵人，或當作「特務」隔離審查，更沒有妨礙費米繼續從事核子物理研究並完成這項決定二戰命運的重大工程。假如美國政府和芝加哥大學也採取納粹方式，或中國對待巫寧坤與穆旦等人的政策，情況會是如何？費米夫婦的命運自不必說，第二次世界大戰的歷史無疑要改寫——巫寧坤如是想。

36 英、明、瑗、平，〈憶父親〉，收入杜運燮、袁可嘉、周與良編，《一個民族已經起來：懷念詩人，翻譯家穆旦》（江蘇：江蘇人民出版社，一九八七）。英、明、瑗、平，即穆旦夫婦的四個子女，分別是，男：查英傳、查明傳；女：查瑗、查平。

37 陳伯良，《穆旦傳》（北京：世界知識出版社，二〇〇六）。

38 〈李方與周與良訪談錄〉，轉引自李方，〈穆旦（查良錚）年譜〉，收入穆旦，《穆旦詩文集二》（北京：人民文學出版社，二〇〇六）。

39 穆旦，《穆旦詩文集一》（北京：人民文學出版社，二〇〇六）。此詩寫於一九七六年五月。原載《詩刊》一九八七年二期，總標題為〈穆旦遺詩六首〉。

40 來新夏，〈穆旦的半生悲歌〉，《隻眼看人：來新夏隨筆選（人物編）》（北京：東方出版社，二〇〇六）。

41 謝冕，〈一顆星亮在天邊——紀念穆旦〉，收入穆旦，《穆旦詩文集二》（北京：人民文學出版社，二〇〇六）。

第十五章

狂釁覆滅，豈復可言

一、當年盛事久成塵

南開大學的政治風暴波滾浪湧，作為「文革」發源地的北京大學更是濁浪滔天，越演越烈。

就在陳夢家自戕兩個月後，與他並駕齊驅的「四大右派」分子之一、著名歷史學家，中科院歷史研究所第二所副所長、北大歷史系教授兼圖書館館長向達也命赴黃泉。

抗戰勝利隨校復員回到北平的向達，與其聯繫最多，也是最令向達欽佩的學者就是蟄伏於南國的陳寅恪。當中共即將全面翻盤之際，向達一直掛念著身在嶺南的陳寅恪，而陳氏也關注著這位老友的命運。一九五四年，向達出任中國科學院歷史研究所第二所副所長，就是汪籛南下廣州晉謁、勸說恩師北返時，陳寅恪通過汪向北京方面推薦的結果。當時陳對汪說過如下的話：「唐朝中西交通是中古史的一大特點，向達對此素有研究」[1]云云。後來向達果然擔負起了組織國家級的中古史，特別是中西交通史研究的使命。

「文革」開始的頭兩年，即一九六四年三月，向達專程赴廣州中山大學晉謁陳寅恪，就他正在進行的《大唐西域記校注》一書涉及梵文的問題向陳寅恪請教。因為當時懂四門外語的向達對這部在中西交通史上占有重要地位的皇皇巨著中的一些梵文描述不盡明瞭，而深諳十幾國外語特別是中亞古文字的陳寅恪顯然要比向達技高一籌。此次南行是向達自費而來，當時向達服務的學術機關主要領導人不同意出資讓其去拜見一個「資產階級的學術權威」，但向達以湖南人的倔強脾氣，知難而進，終得成行。陳寅恪的名聲光照日月，向達的名氣也冠蓋學界，兩位大師級史學巨擘在嶺南這塊潮濕之地的會晤，在中山大學引起了震動。為此，中大歷史系不失時機地專門安排向達做了一場「敦煌學六十年」的學術報告，並受到師生的廣泛好評與激賞，陳寅恪與向達之間的友誼也再次得到昇華。分別時，已很少作詩贈人的陳寅恪於三月二十日，特作〈甲辰春分日贈向覺明〉三首絕句相贈。其中最後一首曰：

握手重逢庾嶺南，失明臏足我何堪。
儻能八十身猶健，公案他年好共參。[2]

陳寅恪這個「八十身猶健」的夢想與祝願最終成了空想，向達不但沒有活著看到那一天的到來，且先於陳寅恪而去。

因有全國「四大右派」的前科，「文革」一開始，向達就被北大造反派列為最早登上「鬥鬼臺」的一批「黑鬼」，遭遇無情的批鬥、折磨與汙辱自是不在話下。與其他「黑鬼」不同的是，除了在「鬥鬼臺」被「點將」，還要拖到其他地方批鬥。有一段時間，向達被紅衛兵命令在毒日頭下跪在歷史系辦公室二樓陽臺欄杆外狹窄的平臺上接受批鬥，期間幾次差點從空中摔到地下斷送性命。因此地狹小，不易展開大規模行動，後又被造反派拖到校園內寬敞之地讓更多的革命者批鬥。許多年後，歷史系教授鄒衡記下了向達慘遭批鬥的情景：「我永遠不能忘記那個可怕的太陽似火的上午，時在一九六六年六月，幾個『造反派』架住

1949年以後，向達貼在歷史研究所工作證上的照片。

被迫剃光了頭的向達先生在三院二樓外曬得滾燙的房簷瓦上『坐飛機』，一『坐』（跪）就是幾個小時，向先生像過去給我們上課一樣老是不敢（實際上已不能）抬頭……向先生已是六十六歲高齡。我看到有的教師嚇得直哆嗦，我也感到他凶多吉少，躲在一邊落淚。果然，從此以後，我再也沒有見到一代巨匠向達先生。」[3]

原本體質強健，「常以鐵漢自詡」[4]的向達，到了此時還暗中囑咐祕密前來探望的友人「不必耿耿」，自己將如「鳳凰涅槃，獲得新生」[5]云云。無奈事與願違，本已身患重病的他，在「坐噴氣式飛機」之後，又被造反派勒令收集全國各地到北大串聯的紅衛兵小將們扔得滿校園的西瓜皮。在撿拾過程中突然暈倒在地，昏迷不醒，因未得及時救治，腎嚴重衰竭。九月底，向達和歷史系其他「牛鬼蛇神」又被押到昌平縣太平莊勞動，晚上寢室門被反鎖，包括夜間出門上廁所之類的活動一概得不到批准。向達的腎病越發嚴重，全身浮腫，尿液不能排出，痛得滿地打滾，哀苦不已。即使如此，監工的紅衛兵仍不准送醫院救治，只是轉入校內「勞改」。延至十一月二十四日，一代史學巨匠在極度的痛苦中被尿憋死，終年六十六歲。

此時的北京大學，沒有因為汪籛、程賢策、俞大絪、向達等教授的自殺和暴斃而停止「文攻武衛」的腳步。相反，血腥暴力與奪命的劫難越演越烈，被關押和勞改的「反動學術權威」達五百多人。每天晚上，北大校園內十幾個審訊室同時挑燈夜戰，開始「審訊工作」。除原有的工作組，陸續進駐北大的造反派們組成一個個聯合審訊班子，將提審對象拉進審訊室先是一頓耳光加拳腳伺候，爾後開始審問，此為「敬酒」。幾句話之後，開始動刑，主要刑具是用橡皮包著的二尺左右拇指般粗細的銅棍，據說這種東西遠比皮鞭打下去扎實，傷其筋骨而又不傷皮膚。打的時候，常常是剝光衣服，不論男女，此為「罰酒」。如此反覆折磨、蹂躪，許多「反動學術權威」決定以自殺的方式早日解脫，這種想法像傳染病一樣在燕園流行開來，跳樓和上吊者成倍地增加，有幾幢教學樓成為鬼氣迷濛的人間地獄，在校的女學生晚上都不敢靠近。幾個月內，就有二十四位著名教授自殺，而自殺的方式各不相同，據北大教授季羨林晚年回憶說：「他們有的從很高的樓上跳下來，粉身碎骨而死；有的到鐵道上去臥軌，身首異處而死……當時兩位教授投未名湖自盡。湖水是並不深的。他們是怎樣淹死的呢？現在想來，莫非是他們志在必死，在水深只達到腰部的水中，把自己的頭硬埋入水裡生生地憋死的嗎？差不多同時，一位哲學系姓方的教授用刮鬍刀切斷了自己的動脈，血流如注，無論怎樣搶救也無濟於事，人們只能眼睜睜地看著他慢慢地痛苦地死去。」[6]

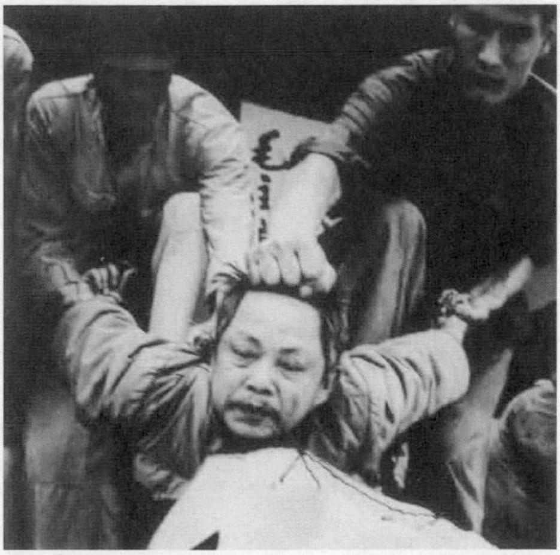

「文革」中著名的「噴氣式」批鬥法

據後來研究者統計，當年知識分子自殺的方式，除了上吊、服毒、割腕等自殘手段外，跳湖、跳河成為一大頗時髦的特色，其慘烈之狀尤以風暴中心北京大學為甚。一九六八年八月，北大圖書館系講師、中共黨員許世華在北大附近的西苑投水自殺；十月十六日晚，北京大學教務長崔雄昆從校內二十八樓出走，次日晨，被發現死在校內紅湖游泳池內。校工宣隊對外公布說：「經法醫檢查，是投水炸肺自殺。」

這段瘋狂歲月所釀成的人性喪失和人類悲劇，正如鄧小平女兒毛毛所做的描述：「北京大學，這所中國最著名的學府，竟然變成了法西斯的集中營，變成了血腥暴徒們施虐的場所。在這裡，不知有多少人被冤、被屈、被整、被迫害，不知有多少人在武鬥、批鬥、刑訊中致殘、致死。一位教師不堪受侮辱被虐待，自覺生不如死，竟然一次不成二次，二次不成三次，三次不成四次，跳樓、服藥、割腕、臥軌、觸電什麼方法都用過了，反覆自殺。一位反對聶元梓的學生，被用釘子釘穿膝蓋骨、用竹籤刺進十指指甲縫、用鉗子鉗斷手的指骨，還把人裝進麻袋中從樓梯上往下踢，被毒刑拷打得奄奄一息。原北大校黨委書記、校長陸平被用鋼絲纏捆著兩隻手的大拇指，吊在天花板上逼供刑訊，讓其承認是『假黨員』、『叛徒』。著名哲學家馮定也被逼得三次自殺。以上這些，僅是列舉。『文革』期間，在北大，武鬥中打死三人，教職員工和學生被迫害致死六十餘人，其中包括著名歷史學家翦伯贊、著名物理學家饒毓泰等諸多享有盛譽的一級教授。」[7]

毛毛所說的翦伯贊，即北大歷史系主任，後來一度出任過副校長的著名馬列主義歷史學家翦老。當「文革」導火索被姚文元一篇批吳晗的《海瑞罷官》點燃後，面對躥動的火苗，翦伯贊不明底細，還以為自己身處國民政府統治的言論自由時期，遂稀里糊塗地以盟友加「鬥士」的身分跳將出來為吳晗辯護，並對前來採訪的《文匯報》記者說：姚文元的批判文章牽強附會，態度極粗暴，完全是對吳晗的誣蔑和陷害等。沒過多久，騰起的烈火就燒到了翦伯贊本人身上，並以「黑幫分子」兼「反動權威」被揪出來批鬥。一九六八年十月，在中共舉行的八屆十二中全會上，毛澤東在講話中說，對資產階級學術權威也要給出路云云。此時已駐進北大的軍人宣傳隊很快向正在牛棚中被整得以頭撞牆的翦伯贊傳達「最高指示」，把翦氏夫婦遷移到燕南園的一幢小樓獨家居住。夫妻倆住樓上，另派一杜姓工人師傅住樓下，在照顧其生活的同時負有監視之責。

北大校園內未名湖

好日子沒過一周，厄運再次來臨，起因是關於劉少奇的定案問題。此時名為國家主席的劉少奇已被內定為「叛徒、內奸、工賊」。具體罪行之一是三〇年代曾與蔣介石以及宋子文、陳立夫勾結，而這一時期在蔣、劉之間周旋的人，就是諶小岑、呂振羽和翦伯贊等人。於是，翦氏順理成章地成為劉少奇專案組搜取這一證據的關鍵人物。一九六八年十二月四日，由江青祕密成立和控制的「劉少奇、王光美

剛從海外留學歸國不久的饒毓泰

專案組」副組長、駐軍某師副政委巫中帶著幾名副手，氣勢洶洶地直奔北大燕南園，向翦伯贊明確表示一九三五年的國共南京談判，是劉少奇叛賣共產黨的活動，令翦提供證據。翦表示自己年紀大了，一時記不得了。經過幾次談話，翦仍交代不出具體內容，於是巫中大怒，衝到跟前，把手槍頂在翦伯贊的鼻孔底下，大吼：「快說，不說馬上就槍斃你！」翦仍交代不出。巫中肚子餓得咕咕亂叫，欲找地方吃飯，臨走撂下一句狠話，必須在三天之內想出來，否則就地正法。翦氏在極度的恐懼和走投無路中，於一九六八年十二月十八日夜，與妻子雙雙吃下大量安眠藥自殺身亡。第二天，前往察看者發現夫妻倆平臥於床。二人穿著新衣服，合蓋一條新棉被。經過檢查，發現翦伯贊身著中山裝的左右口袋裡，各裝一張字條。一張寫著：「我實在交代不去（出）來，走了這條絕路。我走這條絕路，杜師傅完全不知道。」另一張則寫著：「毛主席萬歲！毛主席萬歲！毛主席萬萬歲！」

毛毛所說的另一位北大教授饒毓泰，就是與葉企孫並稱「雙雄」或「雙子星座」的中國物理學奠基人、開山老祖、恐龍級學術權威饒樹人。早在翦伯贊走前兩個月，饒氏已捷足先登了。

饒毓泰，字樹人，其父饒之麟為清朝舉人、拔貢生，曾任戶部主事。幼年饒毓泰在叔父和舅父教導下習四書五經，一九〇三年入撫州中學堂學習，一九〇五年隻身去上海，就讀於中國公學。一九一一年以優異成績畢業於上海南洋公學（上海交通大學前身），一九一二年回臨川中學任教半年，一九一三年考取江西省公費留學，初入美國加州大學，感覺不太適應，遂轉入芝加哥大學物理系就讀，獲益頗多。一九一七年十二月十八日，饒氏於芝大畢業，此後仍在該校旁聽了一些課程。一九一八年春，饒赴耶魯大學和普林斯頓大學，並於一九二二年獲普林斯頓大學哲學博士學位。與饒氏齊名的另一位中國物理學家葉企孫，於一九一八年八月至一九二〇年六月在芝加哥大學物理系學習並獲理學學士學位，同年九月轉入哈佛大學，並於一九二三年六月獲哲學博士學位。當饒葉二人在芝加哥大學物理系就讀的時候，正是這所大學物理學科飛速發展的鼎盛時代，物理系的創建者兼主任邁克爾遜（Albert Abraham Michelson）精力旺盛，在主持系務和專業課題研究中，堅持為學生開課。正是這位天資過人的物理學家在光學研究中，設計了一個十分巧妙的裝置，即一個快速旋轉的齒輪和遠距離相隔的反射鏡，測出了世界中小學生在課本上知道的每秒三十萬公里的光速。因發明精密光學儀器並借助這些儀器在光譜學上的特殊貢獻以及發展了同位素年代測定法，邁克爾遜於一九〇七年成為榮獲諾貝爾獎的第一個美國人，芝加哥大學作為物理學界具有光榮歷史和傳統的「聖地」地位也因此奠定。當年饒毓泰、葉企孫這兩位來自東方古老國度的青年學生，能見到這位大名鼎鼎、頭上罩著一圈「聖光」的老師，且親身聆聽其教誨，內心確是感到欣喜和榮幸。

一九二二年，饒毓泰歸國，應南開大學校長張伯苓聘請，擔任南開大學教授，創立物理系並兼系主任。饒的學生後來成名的有吳大猷、吳大任、郭永懷、馬仕俊、江澤涵、申又振、陳省身、鄭華熾等人，從這一串響噹噹的名錄中，可見饒氏確是一位傑出的物理學家與教學能手。

一九二九年，饒毓泰獲中華教育文化基金董事會獎助金，赴德國萊比錫大學波茨坦天文物理實驗室進修，從事原子光譜線的倒斯塔克效應研究。一九三二年回國任北平研究院物理研究所研究員，一年後與馮祖荀、曾昭掄、張景鉞等一起受北大校長蔣夢麟之聘，重建北大理學院，馮、曾、張、饒等四人分別出任數學、化學、生物、物理等四系主任。饒毓泰分別聘請一批青年新銳學者如吳大猷（理論物理、原子分物理）、朱物華（電機學）、周同慶（氣體導電、分子光譜）、張宗蠡（光學）、鄭華熾（拉曼光譜）等，展開原子理論、光譜實驗等研究。這個班底，基本上是饒在南開創建物理系後培養的優秀學生，皆是物理學界的天才人物。一時間，北大理學院人傑雲集，聲光頓起，其鋒頭力壓群雄，令以葉企孫為旗幟、號稱全國高校理科中的龍頭老大清華大學，都有難以招架之感。因了這一局面的形成，才有了吳大猷後來的一段話：我國物理學研究的開始，不過是一九三一年前後的事。那時的北大物理系主任王守競在量子力學研究上頗有成就，但他後來卻投身於飛機製造業。一九三三年饒毓泰接任後，不僅聚集了一批年輕有為的學者，還邀請國際著名科學家前來訪問。這種少長咸集、群賢畢至的局面，使當時的研究工作非常活躍，既有享譽國內外的老專家，又有甘願放棄國外優越條件，回國培養人才的年輕學者如物理系的王竹溪等才俊，他們帶來國際最新的科研成果和國際先進的科研發明信息。因而，當時北大物理系的教學已接近了國際水準。

一九三七年抗戰爆發後，饒毓泰夫婦由平、津、青島、濟南、鄭州、漢口至長沙。十一月，日機空襲長沙，情形艱危，饒氏送夫人去滬岳母處暫避，不幸夫人旋得傷寒病亡。饒毓泰以沉痛的心情回歸長沙後又隨校遷昆明，出任西南聯大物理系主任。當時在聯大各系中，無論是人數、家底和師資力量，清華顯然占絕對優勢，僅就師資力量而言，北大也處於下風，南開更不在話下。但唯有一個物理系，北大的實力完全可與清華抗衡，並且還有過之，僅就畢業生而言，此時已有兩百三十人自北大校門走出，為全國之冠，而清華只有五十三人。這就是為何西南聯大各院院長及系主任之職多以清華教授兼任，而物理系主任卻由北大出身的饒毓泰執掌的原因。綜觀古今中外，無論是政治、經濟、文化聯合體，還是象牙塔中的學術圈，以及在這一聯合體與學術圈中，欲執牛耳者之間的角逐，實力就是最大的本錢。西南聯大文學院設在蒙自時代，因為胡適的缺席，聯大文學院院長落入胡適的學生輩人物馮友蘭手中，北大師生為此在校長蔣夢麟面前憤憤不平，而蔣亦無計可施。何也？儘管有錢穆出面勸說大家要以抗戰大局為重，從而平息了這場風波，但就當時的蔣夢麟而言，他心中並不是不想讓北大教授兼任這一職位。無奈，當時北大文學院的整體學術地位，確實無法與以陳寅恪為首的清華系統相抗，因而也只好承認馮友蘭執牛耳的結果和地位了。

一九四〇年，昆明空襲頻仍，饒氏則避居城外約五公里的崗頭村北大所建的一間茅草頂、泥牆、紙窗房中。對這段生活，吳大猷回憶說：「饒氏於二〇年代初結婚，妻朱氏（朱經農之妹），聞有精神病；饒家庭生活頗不愉快，於一九二九年去德時，伊在國內療養病院中，旋即離婚。饒於一九三二年返平，旋經北大教授孫雲鑄教授夫人之介，翌年與張女士

左起：饒毓泰、邱宗岳、楊石先合影於1937年抗戰前後。

結婚，方以為可享家庭之樂，乃抗戰事起，夫人於長沙避居上海岳家時逝世。饒氏素患胃潰瘍，此疾之特性是人當心情憂慮時胃酸增加而愈劇痛，饒一方憂國，一方喪偶，乃胃病時發，心情低劣而疾病愈劇。在昆明崗頭村鄉居，弟子在旁者只有吳大猷夫婦而已，故只有藉埋首物理典籍以度過身心皆極痛苦的抗戰數年生命。」[8]當然，吳氏這段回憶是說的課餘的避居生活，並不是生活的全部。同西南聯大其他系一樣，饒氏擔任這個在校中占有強勢地位的物理系主任也並不易，師生生活十分艱苦，經常是食不果腹，衣不遮體，特別是儀器設備極為缺少。為了保證教學品質，饒規定堅持正常實習，每周一次，風雨無阻。為避免日軍空襲，饒毓泰帶領師生把貴重儀器搬到離昆明城十多里地的大普吉農村，需要實習時再搬到昆明，用完後再搬回去。有的儀器放在大鐵桶內，埋在地下，用的時候取出來，用完後再放入大鐵桶埋起來，這樣可避免日機轟炸造成損失。在饒氏主持下，物理系還辦了一個金工車間，有車床、銑床，為實驗室生產零配件和簡單的設備，學生既有理論知識，又能鍛鍊實際操作的能力，學生受益頗大。作為饒氏本人，在料理系內事務的同時，仍堅持教學和學術研究，且教學時用力甚勤，講義稿每年都做修改。其研究論文，起於一九二二年至一九四六年，多刊於美國《物理評論》期刊及德國《物理》期刊。儘管饒氏感時憂國，兼及喪偶之痛與胃病不斷復發，平時寡言笑，但因其精通英、德、法文，國學根底又好，對師生皆熱情相待，又具有嚴正不阿的人格魅力，因而成為吳大猷所說的「儕輩所尊敬的人」。[9]

一九四四年，美國國務院聘中國教授赴美訪問，饒氏有幸去美，先後在麻省理工學院、普林斯頓及俄亥俄大學訪學，並在俄亥俄大學從事分子紅外光譜的實驗研究，暇中以英語翻譯法國德布羅意（L. de Broglie）氏專著一冊。此譯稿完成後寄給西南聯大的吳大猷，不幸在輾轉遷移中失去，遂成一大損失。一九四七年，饒毓泰由美返國，任抗戰勝利復員後的北京大學理學院院長兼物理系主任。此時胡適已歸國出掌北大，饒氏認為正是復興北大的最好機會，建議擴充發展北大物理系，並致函邀請在美國的錢學森等一批物理學新秀回國加入北大效力。翌年，饒又得中基會借予北大十萬美元，以備擴充學科，而胡適對此表示支持，遂決定用全部款項建立一個近現代物理中心，囑吳大猷在美與吳健雄等學者共商購置儀器事宜。與此同時，饒毓泰又計畫延邀吳健雄、張文裕、胡寧、馬仕俊等在美學者返國，共同為物理學發展貢獻才智。惜因國內局勢急轉，此項計畫未及實現，而錢學森也因複雜的原因未能及時歸國。當時在美擔當購置儀器重任的吳大猷雖手握重金，見事不可為，遂將款項全數交還中基會，以圖將來。

一九四八年年底，胡適乘飛機離開北平之時，作為中央研究院第一屆院士和北大理學院院長的饒毓泰，自然列在國民政府搶救學人計畫名單中。傅斯年在南京拍發給平津鐵路局石樹德局長，並請其轉譯給梅貽琦、鄭天挺等人的加急電報中說道：「名單包括四類：（一）各院校館所行政負責人，如梅、李、袁、陳、胡、鄭、賀、霍、褚、沈、湯、馮、舲、饒等。」[10]這個「饒」就指饒毓泰。想不到名列第一類的饒氏卻拒絕南飛，堅決留了下來。當時他作如何想，是什麼原因讓他置國民政府急電催促而不顧，非要留在北平？因饒是個沉默寡言、有事憋在心裡不輕易吐露的人，亦無相關的文字材料加以證明，世人就難以弄清了。人們看到的是，一九四九年以後，饒毓泰繼續擔任北大校務委員會委員兼理學院院長、物理系主任。此時饒氏雄心勃勃，準備大幹一番事業，並有「急起直追，趕上世界學術水準」的講話。想不到一九五二年年初，「三反運動」開始，饒毓泰即成為箭靶，他最得意的一個學生在大會上指責其所謂「趕上世界學術水準」，是自私自利的思想在作怪。饒聞聽大怒，表示不能接受這一指責，但隨之而來的是北大副校長湯用彤站出來，以同樣的觀點批評饒的思想有問題，饒如同當頭挨了一記悶棍，頓感天旋地轉，不知如何是好。隨著運動不斷深入，饒毓泰在北大的本兼各職全被抹掉。饒氏悲憤交加，舊病復發，暈倒於家中，隨後又一度精神失常，不辨牛馬。當他的好友、中國科學院副院長竺可楨去看望他時，只見饒「眼睛直視無睹，不能認人，但云『為什麼緣故』？」[11]

幾年過去，饒氏病情稍有好轉，政治空氣也稍緩和，復登臺教授光之電磁理論、原子光譜、氣體導電、光之干涉理論、光磁雙共振等課業。

一九六二年二月二十四日，胡適臨死前在臺灣中央研究院選舉新一屆院士時，曾說過這樣一段話：「我今天還可以講一個故事。我常向人說，我是一個對物理學一竅不通的人，但我卻有兩個學生是物理學家：一個是北京大學物理系主任饒毓泰，一個是曾與李政道、楊振寧合作證驗『對等律之不可靠性』的吳健雄女士。而吳大猷卻是饒毓泰的學生，楊振寧、李政道又是吳大猷的學生。排起行來，饒毓泰、吳健雄是第二代，吳大猷是第三代，楊振寧、李政道是第四代了。中午聚餐時，吳健雄還對吳大猷說：『我高一輩，你該叫我師叔呢！』這一件事，我認為生平最得意，也是最值得自豪的。」[12]

胡適的「代數排列法」雖算不上科學，但大體說來還是不差的。一八九一年生於江西臨川的饒毓泰，本與胡適是中國公學的同學輩人物，但因十七、八歲的胡適為了生計兼任英語教師，饒便成了胡的學生。因此，胡適在他的《四十自述》中說：「以學問論，我那時怎配教英文？但我是個肯負責任的人，肯下苦功去預備功課，所以這一年之中還不曾有受窘的時候，我教的兩班後來居然出了幾個有名的人物：饒毓泰（樹人）、楊銓（杏佛）、嚴莊（敬齋），都做過我的英文學生。後來我還在校外收了幾個英文學生，其中有一個就是張奚若。可惜他們後來都不是專習英國文學；不然，我可真『抖』了。」[13]

當此之時，站在臺北南港中央研究院蔡元培館講臺上的胡適，像仍不能確切知道自己的兒子胡思杜已懸梁自盡一樣，他並不知道自從「三反運動」以後，饒毓泰就被革職查辦，精神受到重創且即將步入鬼門關。一九六六年「文革」開始的時候，已是七十五歲高齡的饒毓泰仍然未被放過，他作為與向達等著名教授同一等級的「反動學術權威」被揪上「鬥鬼臺」，遭到凌辱與迫害，其被迫彎腰屈膝之狀，令見者不忍目睹。

一九六八年十月十四日，已重病在身的饒毓泰被迫向「革命的當權派」做口頭交代，素來沉默寡言的他眼含淚水說出了下面一段話：「解放前我們看到祖國落後，被外國人看不起，很難過。如何使中國富強起來呢？當時想的是科學救國的道路。解放後學習了一些馬列原著和毛主席著作，思想上受到很大教育，特別是毛主席關於『全心全意為人民服務』的思想，對自己的教育最深刻。」最後，饒以哀惋的語調說道：「我們這樣的人已經老了，沒有用了。今後建設國家的擔子落在你們年輕人身上。」[14]

兩天後的十六日（星期三），北大傳出了饒毓泰在校內燕南園四十一號家中死亡的消息。到底因何死亡，在當時及以後相當長一段時間裡，北大當權者諱莫如深，直到八〇年代初才漸被外界所知。遠在大洋彼岸、一直關注著饒氏命運的吳大猷於〈懷念饒毓泰師〉中做了一點披露：「一九六八年大陸『文革』之亂，有如蝗蟲，即一生嚴正從無政治活動如饒氏者，亦橫遭侮辱，於十月十六日自縊於北大教授住宅。」[15]

對於饒氏之死，物理學家錢臨照曾把他和與之齊名的好友葉企孫做過比較，錢說：「他們兩人都很剛強，但饒先生像玻璃，雖然硬，卻容易碎；而葉先生像一塊鋼，不僅硬，還有Plasticity（塑性）。」[16]錢臨照可謂是真正懂得饒、葉兩位大師性格的後學之一，正因為葉企孫比饒毓泰有塑性，才比饒晚死了幾年，但就整個人生的悲劇性而言，二者基本相同，或許還要過之，其辛酸悲涼的結局，同樣令人扼腕長歎。

二、清華一把手葉企孫

一九四三年秋，在中央研究院總幹事任上的葉企孫，因傅斯年的霸道而不堪忍受有職無權的羞辱，毅然辭職離開重慶回到昆明西南聯大，繼續擔任清華大學「特種研究事業」委員會主任。一九四五年八月，因西南聯大理學院院長吳有訓調任重慶中央大學校長，葉繼任聯大理學院院長。抗戰勝利後，西南聯大常委梅貽琦、傅斯年，頻繁往來於重慶、南京、北平之間辦理學校復員事宜，葉企孫被國民政府教育部指定代理清華大學校長、聯大常委並主持聯大校務，成為事實上的西南聯大第一把手。期間，國民政府為實施「種子計畫」，在吳大猷推薦下，葉企孫力挺年少聰敏的物理學天才李政道公費出國學習並取得留美成功。許多年後，李政道頗為感激地說道：「葉師不僅是我的啟蒙老師，而且是影響我一生科學成就的恩師。」[17]

一九四六年秋，清華大學復員回到北平並於清華園復課，葉企孫擔任校務委員兼理學院院長，是除梅貽琦之外清華第二號實力派人物。一九四八年年底，梅貽琦倉皇南飛，清華大學很快被中共接管。據葉企孫「文革」期間「交代材料」披露：「清華復員以後，吾曾一度向梅貽琦說：倘有短期出國研究物理學或科學史的機會，吾可以考慮。後來，美國某基金會（我記不清哪一個了）來信，說已給我一個研究科學史的學侶補助金（fellowship stipend），研究地點在麻省理工學院或哈佛大學。吾收到這封信時，人民解放軍已接近北京郊區。吾願意留在清華，等候解放。我沒有答覆基金會來信，也沒有去領款。」[18]當葉決定放棄這個機會時，梅貽琦想拉葉離開北平，並有了與葉企孫共同到福建省利用海外保存的清華基金，重新建立清華大學基地的打算，但葉經過一番搖擺、觀望，最後「自信作孽無多，共產黨也需要教書匠」，便決定既不出國也不南飛，堅持留下來迎接對他來說並不了解的新政權。

梅貽琦出走後，清華事務暫由以文學院院長馮友蘭為主席的校務委員會維持。一九四九年一月十日，中共北平軍事委員會文化接管委員會主任錢俊瑞偕同教育委員會張宗麟等人到清華園正式接收，並由校務委員會主席馮友蘭在大禮堂召集師生，聲明「清華從今日起正式成為人民政府的大學（全體鼓掌一分鐘），並且是人民解放軍第一個解放的大學」。[19]一月三十日，即宣告北平和平解放的前一日，中共所屬解放軍兩千餘人以參觀的名義開赴清華園，實際是一個占領儀式。解放軍官兵與清華學生進城工作隊會集於體育館廣場，一起唱歌、呼口號，從自家居室攜妻帶子跑出來瞧稀奇的清華教授們，第一次聽到「中國共產黨萬歲！」、「毛主席萬歲！」等口號。這幾句不同凡響的口號，在清華教授心中形成了很大衝擊，多數人不得不認為，天確實變了，人如何變，恐怕要看天行事了。

一月三十一日，中共代表錢俊瑞受命赴清華園大禮堂演講新民主主義及共產黨政策，有兩千餘名師生聽講。就在錢俊瑞在清華講演的同時，清華教授會也因政府欠薪問題緊急召開會議討論。原解放軍北平軍委會文化接管會答應在一月底前為清華教職工發薪一次，但月底來臨，眾人沒有見到一個銅子。於是，參會的眾多教授認為是以馮友蘭為首的校務委員會不夠努力造成的，讓馮速到中共當局催款。馮在原地轉著圈，以各種理由哼哼唧唧地向諸方辯解開脫，仍得不到眾人諒解，一氣之下說：「我在這裡辦學，並不是去討飯。」[20] 生物系一個叫吳征鎰的「先進教員」立即站起來指責道：「這是個思想問題。」據馮友蘭許多年之後反思說：「我當時心裡想，我搞了幾十年哲學，還不知道什麼思想？後來才知道，解放以後所謂的思想，和以前所謂的思想並不完全一樣。」馮支吾不能言，且在會場多次失態。據浦江清當天的日記載：「清華各團體自解放後，盛行檢討之風，而檢討之習慣未養成，所以多意氣和裂痕。馮公說了一舊話，說清華原有一句成語：『教授是神仙，學生是老虎，辦事人是狗！』校務會議在此刻無論怎樣總是錯的，希望不久新政府派校長來也！」[21]

浦江清日記透露了兩個事實：一是此時的馮友蘭已不被眾教授，特別是新派教員們所接受和放在眼裡；另一個則是檢討之風興起之迅猛，令老牌教授們感到措手不及，而隨著政治局勢的變易，這股新風很快掀起滔天巨浪，將涉世未深的書生們淹沒於茫茫大海之中。

未久，主持清華校務的馮友蘭被踹到了一邊，另以吳晗為軍代表，接管全盤事務。

對於自己馬失前蹄，丟掉了清華「一把手」的紙糊官帽，馮友蘭認為有兩個原因：一是自己在政治上不能與時俱進，甚至糊塗透頂；二是與吳晗在背後搗鬼下絆子有關。對此，馮氏列舉兩例：一是在國民黨軍撤退，中共軍管會尚未進入清華園接管的「真空時期」，有一天，國民黨軍飛機突臨清華園上空扔炸彈，其中一顆爆炸聲響之大，把坐在家中沙發上的馮友蘭給摔了出來。馮於驚恐中急忙爬起來從窗戶向外觀看，只見有些教職工家屬披著被子，尖叫著在路上狂奔亂竄，場面十分恐怖混亂。馮友蘭出門察看，方知剛才的炸彈落在了工字廳後面滑冰場旁邊的樹林裡，有兩棵樹被炸飛，遺留一個很大的彈坑。當時有許多大人小孩在滑冰場溜冰，倘若炸彈落入滑冰場，後果將不堪設想。馮友蘭懷著驚悸不安之心找了幾個人一起調查，發現清華園一共落了十二枚炸彈，其他的十一枚都落在園內邊角的空地上，只有滑冰場旁邊的一枚離人群較近，但沒有一人受傷，也沒有什麼財物受損失。第二天國民黨報紙有消息說，南京的空軍在西郊轟炸解放軍炮兵陣地，使解放軍受到不少損失云云。既然在西郊轟炸解放軍炮兵，為何又到清華園投彈？馮友蘭與教授們如墮霧中。據幾個號稱「臥龍」「鳳雛」的教授分析，國民黨軍此次行動顯然有備而來，並有詳細的轟炸計畫，其目的可能有二：一是防止清華園進駐解放軍，如果有解放軍暗中進駐，這種打草驚蛇之法將迫其退出，否則清華師生出於自身安全考慮會群起攻之，主動將其驅逐出園；二是給清華師生以震懾，表明國民黨軍尚有作戰的實力，鹿死誰手殊難預料，你們不要太輕薄了，心中沒有個死數，像一堆腹中空空根柢淺、懸空飄蕩的牆頭之草，東風來了向西倒，西風來了向東歪。平時滿口的仁義道德、禮義廉恥，外加一堆春秋大義、民族氣節等，一旦強勢壓境，這些大義和氣節全部打發到他老娘家去了，或者直接送給了西天老佛爺。剩下的只有茫然四顧，或山呼萬歲，或磕頭作揖，耷拉著睡眼惺忪的眼皮迷迷糊糊地轉著圈尋找新的主子罷了。

作為清華校務委員會主席的馮友蘭，自然顧不得這些猜測和議論，趕緊做一些安撫性的宣傳和疏散工作。就在這時，毛澤東主席給清華發來了慰問電以示關心和安撫。這封發於一個偉大歷史轉折時期的電報，同歷史上任何一個鼎革時期一樣，都是一件特別值得重視的大事、要事與非凡之事。可惜號稱研究了大半輩子哲學，又每以「帝王師」自居且自負的馮友蘭，並沒有把統率百萬雄師的毛澤東放在眼裡，竟不識抬舉地仍然按舊觀點、舊規矩，當作原北大一個小小的圖書館管理員寄來的信函予以處理，這無疑是對毛澤東與所代表黨派的一種羞辱。馮氏不懂政治、不識時務和人情世故的做法，正如他自己後來痛心疾首的懺悔：「在清華遭到國民黨空襲以後，黨中央、毛主席打來慰問的電報，這是對清華的關心，應該大張旗鼓地宣傳，可是我是照舊辦法，把來電在學校布告欄內一公布，就算完事。」[22]此事在當時的馮友蘭看來無足稱道，但在即將推翻國民黨政權，準備來一個鮁魚大翻身的一方看來則是大逆不道。因大局尚未明瞭，中共一方暫時忍而不發。未久，吳晗事件發生。

北平和平解放後，在馮友蘭主持的校務會議上，做出了願留清華者需要簽名登記的決定。此時吳晗正作為中共一方的「託命之人」，豪氣沖天地從中共解放區河北一帶回到北平，並作為接收大員隨解放軍浩浩蕩蕩地開進北平接收人、財、物。有一天，吳晗突發奇想，採取打槍的不要，悄悄地進園的方式，獨自溜進清華，向會計科領工資。吳氏搞這一手，可能不願意在舊同事面前聲張，給人一種小人得勢或唯利是圖的印象，更怕別的教授當面或背後指斥自己作為中共麾下的一名先進分子、中共接受大員，何必計較這份少得可憐的薪水？況且，自己置清華師生與所授課程而不顧，偷偷溜掉已有幾個月了，既沒上課又沒有為嗷嗷待哺的教職員工和窮得像叫化子一樣的學生，拉回一個盧布的贊助費，可謂寸功未立，反而給校務委員會添了不少麻煩，如今領的是哪門子薪水？依據何在？若熟人問及，情何以堪？

吳晗的擔心很快成為事實，因校委會出爐的規定，同樣牛氣烘烘，自認為校長是老大、自己是老二，甚至與老大平起平坐的清華會計科科長，一查登記簿，沒有吳晗的大名，於是斷然決定不發給工資。吳晗解釋說自己原是清華的教授，幾個月前才竄出清華溜到了解放區，為革命拋頭顱，灑熱血，很不容易，沒有功勞也有苦勞，沒有苦勞也有疲勞，清華應該發給自己離校期間的工資作為苦勞或者疲勞的報酬和獎賞云云。但會計科長堅持讓吳去找主持清華校務的馮友蘭，只要馮簽字認可，會計科就照辦，否則，說你曾受到列寧、史達林接見，於蘇聯莫斯科紅場那旮旯溜回來也沒用。吳晗對馮友蘭自是露出不屑一顧的態度，表示堅決不理那塊洋鹹菜。如此這般，雙方你來我往地較起勁兒來。任憑吳晗如何搖頭晃腦地來回比畫，唾液飛濺地加以解釋，那位牛氣沖天的會計科長心中只有馮友蘭而沒有吳晗，其態度咬鋼嚼鐵般生硬，毫無通融餘地。爭得急了，會計科長嘴裡大聲叫嚷道：「原來是什麼，不見得現在是什麼，原來蔣介石還是總統，現在不是下野了嗎？原來汪精衛是國民黨領袖，現在不成為漢奸了嗎？」吳晗聞聽，知道這位會計科長壓根就沒把自己這位即將登上政治舞臺的紅色人物放在眼裡，盛怒中臉脹成紫黑色，嘴裡嘟囔著別人聽不清楚的狠話，揚長而去。

很快，吳晗在中共接收委員會上就清華的登記問題做了慷慨激昂的發言，大意是：「清華規定，凡是從解放區回來的都得登記。我不了解『登記』這個名詞的新的含義，大概新的含義是對於有問題的人才稱為『登記』。」[23]吳晗的發言引起了中共接收大員的高度重視，認為清華校方主持者對到解放區的革命師生不懷好意，甚至產生敵意，遂拿出對付敵人的辦法對付這些先進的革命者，這成何體統？於是，中共文管會派出大員到清華追查責任，作為校委會主席的馮友蘭自是首當其衝，成為追查和斥責的對象。向來口吃的馮友蘭依舊是支支吾吾說不清楚，弄了個灰頭土臉，最後懵懵懂懂地挨了一頓警告和拐彎抹角的敲打。

未久，隨著解放軍入主北平並穩住陣腳，中共文管會負責人錢俊瑞到清華宣布：派吳晗為軍代表，主持清華校務。待南京被解放軍占領之後，清華大學校務委員會奉命改組，由葉企孫出任主任委員，吳晗為副主任委員兼文學院院長兼歷史系主任。馮友蘭被一腳踢出領導者圈外，免去本兼各職，專任哲學系教授，一下便垮了下來。待馮氏東山再起，並緊跟高舉，擠入「四皓」之列，成為江青卵翼下名震海內的「梁效」一員，則是十七年之後的事了。那時的吳晗不鬥自垮，最後被弄上了絞刑架。這個結局，算是為馮友蘭出了一口埋藏在心中發酵得太久且有些酸臭的惡氣。

一九四九年十一月，時任清華大學軍管會副代表、文學院院長兼歷史系主任吳晗受中共高層之命到蘇聯訪問。回國途中，聽到無線電臺廣播自己當選為北京市副市長的消息。吳在丁零噹啷的火車上沒事偷著樂的同時，按照官場老規矩，立即給周恩來總理發了一封電報表示婉拒，謂自己想「繼續從事史學研究和教育工作」云云。周恩來接電，也按照老規矩，以「勸進」的方式出面與吳談話。吳晗經過三天三夜的思考（如果是三個小時，顯然是少了，不成體統），懷著救斯民於水火的信念和「為顧大局」的胸懷，答應就職。這種古代流傳下來的「勸進」方式，在吳晗身上，頗有點《聖經》上說的猶太教徒掃羅（保羅）最後歸教的故事。而日後的吳晗對中共的狂熱追求，以及「加入黨組織」的堅忍不拔之志，可謂比掃羅還掃羅。

自出任北京市副市長之後，吳晗搬到市政府高大威嚴的樓宇中寬敞明亮的辦公室辦公，一直被吳晗架空、名義上的清華校委會主任葉企孫，這時才算正式成為清華園的一把手。

出任北京市副市長後的吳晗

不過，明眼人心中明白，儘管葉企孫暫時坐上了清華園「忠義堂」中的第一把交椅，但這把椅子並不穩當安定，而是在吱吱咯咯地發著悶響。據與葉共事幾十年的一位清華老教授說：就葉的性格和思想而言，屬於敦厚學者型人物，性溫口訥，「似不能言者」，且有牢固的自由思想和獨立精神，並不適於躋身「仕」位。雖曾幾次代理校務，但那只是他很少有人與之匹敵的聲名與學術地位使然，而且多屬維持和留守性質，真正長期搞行政工作，既不是他的特長，也不是他的願望。至於政治，更是他一向避之唯恐不及的。當年在重慶任中央研究院總幹事時，身為國民黨中央組織部長的朱家驊不止一次拉他入國民黨，都為其所拒，一直作為無黨派人士立足學界。不僅如此，他獨善其身，終身不娶，視學生為兒女，度過了悲欣交集的一生。

這個說法基本符合事實與情理，也有一點較為模糊，比如葉的婚姻問題。據《吳宓日記》透露的信息，葉在清華時似乎談過戀愛，如一九三七年七月二日條下有：「K之美日增。二年中，變化增長，幾於每見不同。然宓對K，譬如鮮花美物古玩珍品，可以把玩鑑賞，而精神則無深契，情感亦不易交流。此宓之所感也。K是晨收拾諸物，將歸香山……又謂已決定今晚住宿陳慈家。陳慈且將伴送伊至漪瀾堂云。旋閒談，談及葉企孫愛賀恩慈；宓謂未嘗不可，而K則力言絕對不可。夫以此二人猶絕對不可，則宓對K不能有絲毫之希望可知。K以此示意，使宓對K之情冷如冰矣。」[24]

賀恩慈乃廣東番禺人，清華大學外語系一九三六年畢業，在北平圖書館工作。而K是當時吳宓熱戀的一位清華女生，此時吳宓已從對方的態度中得知兩對姻緣將無果而終，事實上也是雞飛蛋打，夢想成空。另據清華大學物理系教授虞昊說，葉企孫之所以不娶，是由於暗戀著一直孀居的寡嫂之故。這個說法後來遭到了葉的侄子葉銘漢的否定，謂葉與其嫂沒有感情糾葛云云。但無論有無情緣，葉終身未娶卻是事實。

既然政治不是葉企孫這位「不諳新事理、新邏輯」的人所能玩得了的，被人稀里糊塗地扶上牆後，不知道看風視水、左右施展鉤箝與轉圜之術，悲劇性的命運也就不可避免。

早在一九四九年一月十九日，中共北平軍管會文化接管委員會代表錢俊瑞、張宗麟，在零星的槍炮聲中率部赴清華園正式接管時，站在院門外靜靜觀看的葉企孫不禁浮想聯翩，曾對他的一位知近友生說：「國民黨在一九二七年，也有一些如張道藩那樣的人，和今天的錢俊瑞這些人一樣，朝氣蓬勃，也像年輕有為的樣子，但後來變壞了。」[25]張道藩就是那位青年時代在法國學繪畫，狂追蔡威廉未成功，後以國民黨中央宣傳部長的身分和地位暗中報復。再後來以有婦之夫的身分，懷抱徐悲鴻原夫人蔣碧微跑到臺灣的那位官僚。葉企孫如此做比，可見他對眼前接收大員們是一種怎樣的心理和印象。也就在這一年，清華一些學生被迫做自我檢查，以消除家庭對自己的影響。葉企孫頗為不滿，說道：「共產黨的自我檢查，很有點像基督教、天主教的懺悔，如果讓清華的教授也這樣做，可能有好些人會自殺。」[26]葉的言論，不幸在幾年後竟成讖語。

一九五〇年，韓戰爆發後，葉企孫認為這是「美國的一種戰略考慮，是針對蘇聯極權主義陰謀的」戰爭，並且斷言「戰爭永不會消除，帝國主義消滅後，共產黨內部又要打了，南斯拉夫就是一例」。又說：「共產黨的報紙太刻薄，如『美國娼妓』等這些用詞是不應該寫的。」與此同時，他針對馮友蘭發表的〈美國法西斯化〉一文，批評馮是政治投機分子，並指責馮「寫得太過分了」。[27]隨著一九五一年秋展開的「思想改造運動」以及對胡適思想批判運動，作為清華大學名義上最高領導人的葉企孫，其表現令當局「大為失望」。他不但不按當局的意圖改造自己的思想和大罵胡適、傅斯年等「反動文

陳毅送葉企孫的照片，背後題詞：「1949年10月參觀清華大學留念，企孫先生惠存，陳毅敬贈。」攝影地點在清華圖書館門前的高臺階上。前排左起：葉企孫、張奚若、陳毅、吳晗。後排左起：潘光旦、張子高、周培源。時葉企孫為清華大學校務委員會主任兼理學院院長；張奚若為校務委員，不久出任教育部長；吳晗為校委會副主任，不久出任北京市副市長。（虞昊提供）

人」，還不知趣地在師生中間倡導「高校教學與科研要自由、民主」等與時興的「階級鬥爭」、「集體主義」等政治口號相對立的思想。當中國科學院院長、副院長名單發表後，葉企孫對他的一位同事說：「陳伯達當副院長，表明共產黨對科學院的工作是要管的。」[28]在他的思想意識裡，學術是獨立的，不應攙雜黨派成分。與此同時，葉還不知輕重地提倡「凡事都要獨立思考」一番，並謂對學術如此，對政治問題也是如此等等。

葉企孫的言論和表現終於激怒了當局，中共高層下令發動清華師生對其展開「狂風暴雨式的批評」。葉一看勢頭不對，略有省悟，被迫在大會上做「深刻檢討」。在「精神洗澡」中獲得頓悟的一批清華「進步」師生，以「深厚的無產階級感情」，紛紛指責葉是「以資產階級觀點辦清華，是繼承梅貽琦的腐朽傳統和遺毒」。在一片喊打聲中，葉企孫被趕下臺來。

就在批葉的同時，由於中共主張學習蘇聯的教育模式，教育部開始對全國高校進行大調整。一九五二年六月二十七日，京津高等學校院系調整清華大學籌備委員會成立，劉仙洲任主任委員，錢偉長、陳士驊任副主任委員。原出身機械科的工學院教授劉仙洲榮登大位後，第一件事就是勒令葉企孫「應向教育部自請處分」。[29]

已經倒臺的葉企孫在三番五次檢討之後，最後由「組織」出面做了結論性的調子：「他現在已在清華失去了威信。故擬不再採取群眾大會方式對之進行批評，打算找一些人幫助他一下，如沒有什麼變化，就拖著尾巴過關，以後再耐心地在長期中給以教育……」[30]這個結論，實際上是一個不動聲色、暗含殺機的隱語。自此之後，葉企孫踏上了一條危機四伏、命懸一線的孤獨之旅。

一九五二年十月，院校調整基本完成。根據教育部指令，天津南開大學由私立改為國立，屬教育部直屬院校。由美帝國主義庚款起家的清華大學，自然屬於重點調整與「清算」的對象，為減少美帝在清華留下的印痕和毒素，清華大學被五馬分屍，從整體上被肢解和「清算」，其文學院、法學院、理學院三個學院被割掉，併入北大，清華得到的只是北大一個小小的工學院。清華只能作為一個工科大學，於風雨飄搖中單腿獨立，嘯傲寒秋，孤獨地存活下來。而作為「五四運動」策源地和「革命搖籃」的北大，則成為最大的受益者，不僅兼併了清華的三個學院，還兼併了赫赫有名的燕京大學的校產與全部教職員工與學生。自此，北京大學陸續撤出城中心以沙灘紅樓為主要根據地的一、二、三院，盡數遷到城郊海淀鎮原燕京大學校園開課，與清華大學成為間隔一條馬路的近鄰。當然，北大也有損失，比如上層決策者假以調整的名義，把過去屬於胡適派的教授藉機調出北京大學，有的調往別的機關，有的乾脆發配或充邊，如羅常培調中國科學院語言研究所，鄭天挺到天津南開大學，楊振聲到東北人民大學等，在最大範圍內消除胡適的影響。[31]

按照當時教育部調整方針，清華把三個學院交出的同時，必須把館藏的全部文、法圖書一同交於北大。清華同人認為自己並無大錯，只因與美國的關係較其他國立學校走得更近，在這場調整中受傷最大，可謂賠了夫人又折兵，一個繁盛的清華大學頓時坍塌衰落，成為半截破廟，而廟裡的和尚也幾無藏身念經作法之地，遂開始把滿腔怨氣與激憤之言撒到教育部，特別是清華主事者劉仙洲身上。一時間，劉頓成過街老鼠，人人喊打，整日灰頭土臉，工作大受影響。在這種情形下，十二月四日，經中央人民政府委員會批准，任命三十八歲的原清華學生、中共地下黨員蔣南翔為清華大學校長，劉仙洲為副校長。年輕氣盛的蔣南翔一上任，就以凌厲的作風和初生牛犢不怕虎的威勢，立即下令截留了正準備向北大搬運的館藏文、法圖書。正是這批寶貴書籍未能流走，為三十多年後清華順利恢復文科埋下一條暗道。稍後，蔣南翔以深遠的眼光和宏大的氣魄再顯神通，於清華園基礎上奮力向南、向東兩個方向極度拓展，並以驚人的處事能力把東部的鐵路推出新規畫的校園之外。由此，清華園占地面積巨增，成為中國大陸無一可與之匹敵的面積最大的園林式校園。這一決策與成果，為四十年後清華的全面復興埋下了伏筆。

隨著院系調整結束，整個清華園被高鼻深目、周身呈酒囊飯袋狀的蘇聯專家，以及一色中山裝的革命家所領導，維繫了幾十年的校務委員會與「教授治校」等一切規矩被拋棄，清華師生開始了馬列主義路線治校的新時代。

當這個時代來臨之際，原清華校委會六名大腕，張子高留校任普通化學組主任，吳張二人出校做官，潘光旦調中央民族學院，[32]周培源與葉企孫皆調往北大物理系，葉作為一名普通教授登臺講授「光學」等基礎課程。此時，已沒有多少人把他放在眼裡，更忘卻了這位黑髮漸白的老人乃是中國物理學界的一代宗師。直到許多年後，人們才忽然憶起，墓木已拱的葉企孫原來是中國「兩彈一星」的元勛和老祖，才曉得新中國建政五十周年之際，在二十三位獲得「兩彈一星功勛獎章」的科學家中，有九位是他的學生，兩位是他學生的學生，還有另外兩位院士級（學部委員）的事業與他有著密切關係。[33]

葉企孫在一系列政治思想「改造」與「洗澡」中，雖有無數次被迫彎腰低頭向革命群眾檢討認罪的羞辱，總算突出重圍，僥幸活了下來並開始了他心愛的事業。隨著「文革」爆發以及鐵道部部長呂正操遭到關押，中央軍委成立專案組審查呂的問題，一個不為世人所知的「神祕人物」被牽扯進來，又由於這個「神祕人物」的株連，潛禍爆發，葉企孫的厄運從天而降。

這個神祕人物，便是葉企孫的學生熊大縝。

熊大縝於一九一三年生於上海新閘路，一九三一年由北師大附中考入清華大學，次年入物理系開始聽葉企孫的課程。熊的英俊、聰明與善解人意，很快受到葉的注意，因熊與葉同操滬語，相互間又增添了幾分親密感。從一九三三年到一九三六年的四年間，每年暑假，葉都帶熊到外地「遊歷山水」。一九三五年夏，熊從清華物理系畢業，其畢業論文是葉指導的〈紅外光照相術〉。在葉的推薦下，熊於同年秋留校任助教，並作為葉的助手住進尚是獨身的葉企孫家中，師生情誼甚篤。

一九三七年盧溝橋事變爆發，平津淪陷，葉企孫於八月中旬隨清華大學師生祕密赴天津準備轉道南下。就在等船的時候，葉得了副傷寒症，不得不住進天津醫院治療。在治療期

原燕京大學西校門，1952年院系調整後改為北京大學校門。（作者攝）

間，他得到了梅貽琦從南京拍來的密電，令他在天津留守，組織部分人員負責接待經天津轉赴南方的清華大學教職員工，葉服從了這一決定，並於十月初出院後移住在天津成立的清華同學會辦公處，一邊療養，一邊主持接待事宜。熊大縝作為葉的助手隨侍左右，並出面處理食宿接待、買船票、送站等煩瑣事務。舊曆年過後，清華教職員工大部分已經南下，葉的留守已無必要，遂準備南行。正在這時，又聽到已遷到長沙的清華大學與北大等校欲自長沙再遷昆明，葉決定稍緩行動，以便不經長沙而直達昆明。就在滯留的空隙，一件決定葉、熊師徒命運的意外事件發生了。

熊大縝贈給葉企孫的照片（虞昊提供）

1935年，熊大縝畢業論文〈紅外光照相術〉的成果：深夜站在清華氣象臺上拍下北平西山夜景。在當時普通照相底片都靠進口的條件下，四年級的大學生就靠自力更生拍出如此清晰的夜光照片，可見其水準非同一般。（清華大學物理系教授虞昊提供並解說）

三、熊大縝遇害之謎

一九三八年三月的一天，熊大縝突然對葉企孫說：「我要到冀中區去，幫助那裡的人們進行武裝抗日，那裡需要科技人員幫助。」葉聽罷有些吃驚，便問：「是誰介紹你去的？」熊答道：「是一位姓黃的，事情緊急，我這幾天就要動身。」面對突如其來的變故，葉在後來的交代材料中說：「吾是不贊成他去的，但因事關抗日，吾無法極力阻止，也沒有什麼理由可以阻止他。幾天後，他動身了。吾只送他到同學會門口，沒有看到帶路的人。」[34] 到了這年的端午節，熊大縝與一位北平工學院的畢業生結伴來到天津，師生見面，葉才得知熊到冀中後，在呂正操麾下的後勤部門工作。

呂正操原是東北軍首領張學良的副官，「七七事變」時任原東北軍改編的國民黨五十三軍一三〇師六九一團團長，防區在石家莊、保定一線。一九三七年十月十四日，呂正操「反水」，率部在小樵鎮宣布脫離國民黨五十三軍，改稱「人民自衛軍」，自封總司令，同時接受共產黨中央北方局負責人劉少奇的指示，向敵後撤退，獨立抗日打游擊。後隨著戰爭形勢發展，呂又出任八路軍第三縱隊司令員兼冀中軍區司令員、冀中區總指揮部副總指揮、晉綏軍區司令員等要職，率部在冀中地區與日軍展開游擊戰，創建了共產黨領導的第一塊平原抗日根據地。

當時的冀中軍區極需武器彈藥特別是無線電收發設備，冀中軍區黨委便祕密派遣地下黨員張珍（原輔仁大學助教）赴平津組織一批知識分子、技術人員到根據地，輸運、製造烈性炸藥和收發報機的裝配。張珍領命後祕密潛往北平，打聽到輔仁大學的同學孫魯以及住在北平某教會學校的長老會長老黃浩（南按：黃與中共地下黨有來往，其子與張珍同學），孫與黃又找到了在天津留守的熊大縝（南按：孫後來由輔仁轉到清華念書，與熊一個宿舍）。在孫與黃的鼓動下，熊頭腦一熱，急火攻心，決定放棄南下計畫，不顧葉企孫勸阻毅然決然地奔赴冀中參加抗日。熊大縝安全到達預定地點後，很快被任命為冀中軍區供給部部長，並著手籌建技術研究社，開展烈性炸藥、地雷、雷管等研製工作，以炸毀從北平到滄州、石家莊一線的鐵路，切斷日敵交通大動脈。同時研究、安裝短波通訊工具，以保證軍事通訊的暢通。要完成這一工作，就需要購買材料和尋找相關的技術人才，於是，熊大縝於一九三八年的端午節化裝打扮，悄悄潛入天津尋求恩師葉企孫幫助。

分別數月的師生相見，自是一番親熱交談，當熊大縝談了自己的情況與受領的任務後，葉很為熊的處境擔心，曾言：「縝弟去冀中任供給部長時，予即以為彼在區中無可靠的、素來相熟的、而且有見識的朋友，而即應此重任，恐無好果。」[35]葉企孫此言，不失為上海人的精明與幾度主持清華校務的「過來人」的經驗之談，後來的事實被他不幸言中，除了熊本人丟掉了性命，葉企孫也在許多年後因受株連而橫遭下獄。但當時國共在表面上已形成了抗日統一戰線，全國範圍內興起了「抗戰第一，其他政治見解、個人利益均放在一邊」等抗日愛國口號和風潮，葉在為弟子擔驚受怕的同時，也認為「在全國抗戰時期，須得容忍不同的政治思想和組織，凡是確在做抗戰工作的人，大家都應鼓勵他們、支持他們」。[36]在這種思想和風潮感召下，葉企孫不但未阻止熊大縝的人生選擇和工作計畫，反而在留津的空隙祕密幫助熊接通關係，購買製備雷管需用的化學原料和銅殼，製備電雷管需用的鉑絲和控制爆炸用的電動起爆器等。同時按熊的要求，葉先後介紹了汪德熙、李廣信、閻裕昌、胡大佛等清華師生和職工及平津高校的畢業生去冀中軍區參加了「技術研究社」，開展各種軍火通訊設備的研製工作。

美國外交官陸登（R. P. Ludden）於1944年10月給呂正操拍攝的照片。1996年秋，陸登之子通過華裔學者馬振華博士轉給清華大學物理系教授虞昊再轉交呂正操本人。（虞昊提供）

冀魯農民用石頭造地雷打鬼子

熊大縝得到葉企孫推薦的人才與材料回部隊後，在製造炸藥的同時，又用土辦法、土設備成功研製出了合格的槍炮彈藥。一九三八年九月，熊大縝等幾位技術人員與官兵一起，在平漢鐵路保定方順橋附近埋設了由「技術研究社」研製的TNT藥性地雷，將日軍的機車車頭炸得粉碎。自此，這種含TNT烈性炸藥的地雷在冀中平原廣泛應用，使日軍聞之喪膽，吃盡了苦頭。當時呂正操部控制的冀中平原，既無山亦無森林，是打游擊戰的禁忌，甚至在兵法上被視為「死地」與「絕地」。而呂部在無軍工物資彈藥來源的情況下，竟能與強大的日軍機械化部隊抗爭，除了巧妙的組織指揮和官兵英勇善戰外，很大一部分原因取決於熊大績等愛國知識分子的加入，及其發揮的科學技術作用。正是科技人才和科技力量的加盟，抗戰八年，不但冀中軍區沒有被日軍消滅，反而創造了二次世界大戰史上的奇蹟。因了這一奇蹟，使許多抗日文藝作品的原型出在這裡，而且受到國外報刊的稱讚。當時有一位叫雷蒙德・保羅・陸登（Raymond Paul Ludden）的美國外交官，率領美國軍事觀察團深入共產黨領導的各抗日根據地進行實際考察後，在撰寫的報告中說：「冀中的形形色色地雷和美國的火箭差不多，美國的技術在中國的晉察冀都有了。」[37]陸登為此專門向羅斯福總統建議，美國應直接與共產黨聯繫，協同作戰。

由當時冀中軍區的作戰成果和美國觀察家陸登的報告，從另一個方面證明了決定戰爭的主要因素不是地利，而是人，特別是掌握科學技術的人才。但自新中國成立後，在所有涉及冀中抗日戰爭的史著、文藝作品中，很難見到對知識分子的描述。在著名的《地雷戰》、《地道戰》、《平原作戰》號稱「三戰」電影大片中，均沒有科技人才和愛國知識分子的蹤

許多年後，平原地區的老民兵還不無自豪地向幼稚的少年講述他們當年用土法造地雷，炸得鬼子滿地找牙的神奇故事。

影，有的只是文化程度不高的農民，於偏僻的鄉村刻苦研制、發明巧妙神奇的地雷。就藝術角度言，農民造地雷炸鬼子的故事顯得既熱鬧、新奇，又適應了「人民創造歷史」的理論導向，但就歷史事實論，則十分不符。或許正是後來的勝利者骨子裡對知識分子的輕視和不信任，才導致了熊大縝、葉企孫等知識分子群體的悲劇。

一九三九年九月，晉察冀軍區鋤奸部懷疑熊大縝等知識分子是天津國民黨特務機關——「天津黨政軍聯絡辦事處」（南按：據黨史資料顯示，該辦事處是抗戰初期，根據中共的指示，由國共兩黨共同商訂建立的統一戰線的祕密組織）派到冀中軍區的C.C.特務、漢奸。在未經過晉察冀軍區司令員聶榮臻批准的情況下，就透過冀中軍區鋤奸部擅自將熊大縝及一百八十餘名來自清華及全國其他高校的青年知識分子祕密逮捕。這批人「有押入邊區政府者，有押送延安受訓者」。被押解者全部手銬腳鐐，遭到刑訊逼供、殘酷折磨。呂正操雖是冀中軍區司令員，但他原是張學良的副官，剛加入共產黨不久，對於上級派來的鋤奸部所做的一切事情無權過問，因而眼看著熊大縝等青年知識分子落入虎口卻無力施救。

在熊大縝等「技術社」人員關押、審訊期間，由於沒有科技人才製造武器彈藥用於抗戰中的消耗補給，導致冀中軍區官兵在一個時期內只能手拿空槍，用稭稈塞在彈袋裡假裝子彈與敵人作戰、周旋，緊急時候只能用拚刺刀的方式與敵人肉搏，死傷慘重。當這一悲劇性的祕密被敵人知曉後，中方官兵連徒手的漢奸都難以嚇住，結果引來了敵偽軍的猖狂進攻和掃蕩，冀中平原抗日根據地受到未曾有過的重創，基本上土崩瓦解。

而在這個歷史時刻，葉企孫已離開天津抵達昆明，並在西南聯大開始了教學、研究生涯。時在重慶的朱家驊透過天津「黨政軍聯絡辦事處」得知這一消息，立即給昆明的葉企孫拍發電報，謂熊「生死莫卜」。葉接電後速給朱回電，請朱設法予以營救。與此同時，葉還透過與中共友善的陶孟和，請其設法向重慶八路軍辦事處周恩來反映情況，幫助營救。就在各方緊密聯絡與想方設法之際，日軍趁呂正操部武器彈藥供給不足的劣勢，展開對冀中抗日根據地大規模掃蕩，呂部力不能敵，被迫進行戰略轉移。當時熊大縝由冀中軍區鋤奸部看押，在轉移途中，為防熊大縝逃跑，鋤奸部看押人員密謀將其暗中槍決。於是，將熊引入路邊一塊高粱地。熊覺異常，猛回頭，只見一支槍口對準了自己，大驚，旋即明白，遂平靜地說：「現在抗戰正緊，彈藥奇缺，你們想個別的辦法，省下一顆子彈打鬼子吧。」負責看押的頭目說：「好，成全你！」從旁邊找來一塊石頭，從背後猛擊頭部數下。熊當場鮮血噴濺，腦漿迸出，倒地斃命，鋤奸部人員棄屍而去。據說，那個親手砸死熊大縝的人，新中國成立後為某省的主要領導者之一，一直活到二十世紀八〇年代末。

一九四〇年一月二十三日，朱家驊在接到天津市執行委員許惠東對熊大縝等人被捕事件的方式報告後，以中國國民黨中央執行委員會組織部的名義致函國民政府行政院，提出了解決意見。當時朱尚不知熊已被押解人員用石頭砸死，函文稱：「其中張方（南按：燕大化學系畢業生，由熊引薦到冀中軍區技術研究社製造炸藥、雷管等）受刑最慘，兩手四肢全斷；其次為熊君及李琳，殊乖聽聞。查熊君純係熱誠愛國抗日青年，其一切均為惠所深知。若誣為漢奸，實為不倫。務祈嚴飭邊區政府，迅即釋放，並嚴予制止，嗣後不再發生此類事件等事情。」此函由行政院轉報蔣介石，根據蔣的指示，「轉電朱彭兩副總司令查明、釋放」。[38]在國民黨政府的壓力和中共高層指示下，「四肢全斷」的張方等人得以釋放，僥幸撿了一條性命，而熊大縝卻未等到這一天即命赴黃泉，淪為冤死之鬼。

四、離奇的C.C.特務案

新中國成立後，葉企孫一直為熊大縝冤案奔走呼號，尋找為其平反昭雪的機會。想不到沉冤未雪，自己又遭禍端。「文革」爆發後的一九六七年十一月，葉企孫因為熊大縝案牽連，作為「歷史反革命分子」被揪出，成了人民的敵人。在一連串的抄家、揪鬥、關押，站「鬥鬼臺」、送「黑幫勞改隊」改造，以及無休止的交代「歷史問題」等凌辱折磨下，葉企孫一度神經錯亂，進入了陳寅恪〈南飛〉詩所言「眾生顛倒誠何說，殘命維持轉自疑」的悲慘境地。

據葉企孫的侄子、核子物理學家葉銘漢受株連後被迫寫下的一份「揭發材料」說：「新北大公社的大字報說，校文革和新北大公社早就掌握了葉的材料，並曾上報中央文革，因案情嚴重，牽涉到很多人，所以沒有公布……今年二月初，有一次葉忽然說，『井岡山』開辦學習班，要他和崔雄昆去，他未去。因此『井岡山』電臺天天點名批判他。以後葉每次來我家都說一件事，並說他到王府井去，也可以聽到『井岡山』的廣播。還說有一種小聲的特殊廣播，是專門為他的。有時『井岡山』和『新北大』兩個電臺為他的問題而辯論。[39]一開始我覺得葉所說的內容不合情理，後來逐漸越來越感到他的神經不正常。到三月中，我為了證實他所說的是錯誤的，特地去找過周培源，問他井岡山有沒有這種廣播，周聽罷來意，說沒有這種廣播。[40]我向周說：『看來葉是神經失常了，能否請你做些思想工作，跟他說井岡山電臺根本沒有這種廣播，是他自己神經錯亂了，是幻覺。』周說：『你跟他說說就行了。』」葉銘漢又說：「三月中，葉說他一舉一動『井岡山』都有反映（應），他喝一口茶，電臺就說他喝茶不對。他走出門，電臺就叫他馬上回去等等。葉說，『井岡山』一定有一套類似雷達偵察系統，可以看見他的一切行動。我跟葉講，你是學物理的，你知道電波透不過牆，根本沒有這種事，是幻覺。葉根本不相信我的話。葉說你到我家來聽聽就知道了。葉還說，說不定現在就有這種雷達。我為了打破葉的幻覺，曾在三月下旬到葉家去了一次，葉說：『你注意聽，我現在喝一口茶，等一會馬上就會有廣播。』等了一會，我說，根本沒有。葉說：『有，是你的耳朵聾，因此聽不見。』……過了幾天，老周（南按：葉僱的工友）來找我，說他覺得葉的神經有毛病了。周說葉這幾天常說，電臺廣播要他去中南海開會。有一天，葉忽然穿好衣服要出去，說廣播說在車庫上車。出去過了一會葉又回來，說廣播不讓他去。」[41]後經葉銘漢送葉企孫到北醫三院神經科檢查，診斷為「幻覺症」，因葉是「反革命分子」，醫院給了幾片藥打發回家了事。葉的病情越發嚴重，幾次半夜穿衣欲去中南海開會，結果是中南海未能成行，卻一腳踏進了地獄之門。

一九六七年七月十二日，呂正操以「反革命修正主義分子」被捕入獄，緊接著，原東北軍出身的將領張學思（南按：張學良四弟，時為海軍參謀長）等與呂正操有關聯者相繼被逮捕、關押，並由中央軍委成立專案組，審理過去的政治問題。當年在呂正操部隊遇難的熊大縝再度死屍復活，引起了有關部門高度重視。由於熊大縝死屍復活，葉企孫受到牽連，被迫向前來調查的中央軍委辦公廳「呂正操專案組」人員寫交代材料。一九六八年四月，「呂正操專案組」將葉企孫作為C.C.特務逮捕關押，開始進行審訊。在押期間，「專案組」進行了大量的「內查外調」，除葉企孫本人，曾對眾多人員，包括許多知名人士如翁文灝、馮友蘭、趙訪熊、戴世光、何成鈞、周仁、周同慶、吳澤霖，以及清華大學祕書長沈履、原清華庶務科長畢正宣等進行調查審問。一時間，搞得雞飛狗跳，人人自危，凡與葉企孫熟悉的人都處在驚慌恐怖之中。在威逼恐嚇下，被調查審問者有的始終堅持了人格魅力與文化良知，據實相告。有的出於各自的目的，信口開河，甚至有些神經質地胡言亂語，使本來並不複雜的一個案件，變得撲朔迷離，難辨真偽，最後導致許多人捲入案中蒙受不白之冤。

從「專案組」審訊案卷可以看到，葉企孫涉案問題主要有二：一是與熊大縝的關係；二是在抗戰期間和朱家驊的關係。或者說，葉在與熊朱二人交往中，是否參與了特務組織和從事反革命活動。

一九六八年九月三日，被捕入獄的葉企孫第一次被提審，審訊員是雲、李、孫、劉等四人。身戴手銬腳鐐，頭髮蓬亂，一身破衣的葉企孫，被帶進審訊室落座，審訊員第一句話便是：「你的罪行是嚴重的。交代你和熊大正（南按：原案卷為熊大正）的往來關係!!」[42]

葉企孫於驚恐中交代說：「熊大正去冀中是由北京教會中一個姓黃的送往冀中的。這段話是熊大正在天津清華同學會和我講的。我反對熊大正去冀中，熊大正在一九三八年端午節從冀中來到天津，劉維來天津交給我一張紙條，是熊大正親筆寫的，信上說，介紹劉維與你接頭（劉維是代表熊大正到天津辦事，是熊大正派出來的，與我接頭）。在冀中呂正操是領導，也可以講劉維是代表冀中的。很快我代（帶）劉維到王崇植那裡去了，見到了王。我知道王是C.C.，我的態度是支持南京政府的。」[43]

在被問及何人、在何地搞無線電臺時，葉企孫交代說：「做無線電臺是在清華同學會，是我安排在三樓一間房子裡做電臺，我是清華大學臨時辦事處負責人，他們兩人來也是找我。不久，熊大正來了，時間是端午節，從冀中到天津的，住在清華同學會。熊大正來了之後，和我講了一些冀中情況：1. 貨幣情況；2. 經濟商業情況；3. 交通情況；4. 軍隊情況沒談多少。我和熊大正講過呂正操應該同鹿鍾麟取得聯繫，這是我的意見，熊大正贊成我的意見，並說這件事還得看情況。我們當時在呂鹿問題上定了暗號，用『呂鹿合婚』的暗語與熊大正互通情報。」[44]

因葉企孫已經牽涉到控制中共冀中軍隊的呂正操，與時任國民黨政府河北省主席的鹿鍾麟的敏感問題，而鹿在河北建立敵後省政權，又曾與八路軍發生過摩擦和不快，此事立即引起了審訊人員的警覺，隨後的問答也變得緊張、簡短、尖銳起來。

問：目的是什麼？呂鹿合婚目的？

葉：我的目的是支持蔣介石。

問：呂正操當時受誰領導？

葉：是共產黨領導。

問：鹿鍾麟當時受誰領導？

葉：是蔣介石領導。

問：呂鹿合婚你主張由誰領導？

葉：我支持蔣介石，由蔣介石領導。

問：交代以後如何搞呂鹿合婚及通情報問題。

葉：我於一九三八年十月五日離開天津到上海，十月底到香港，十一月十日在香港收到熊大正的來信（熊大正的信是從天津發到香港。信中談到呂鹿合婚等情況，詳見原信件），信中說：「林兄近日對生等印象不佳，現為生詳為解說，不快之感已去，並願與生合作編輯書籍之事。」這段話的意思是說，林風對參加冀中工作不滿，「編輯科學書籍」，此話是指「參加冀中工作的問題」。

問：熊大正在冀中工作與林合作「搞編輯科學書籍」之事，你必須交代實質問題！

葉：說不清……

問：南方家中指什麼？

葉：是指西南聯大。我給熊回了二至三封（信），內容記不清了。我是從一九三八年十一月底由香港回到昆明，一九三九年三月朱家驊從重慶給我來電報，電文是「生死莫卜」，意思是指熊大正在冀中被捕生死不知。朱家驊怎知熊大正被捕之事？朱是從天津黨政軍辦事處那知道的。天津黨政軍辦事處知道我與熊大正很熟，所以他們叫朱家驊給我打的電報，我接到朱家驊電報後，給朱家驊回信，叫朱家驊營救熊大正。

問：還採取什麼行動營救熊大正？

葉：我在一九三九年四至五月到昆明找到國民黨中央研究院叫陶孟和（社會科學所所長，在葉企孫領導下）幫忙，請他再託人幫助營救熊大正，但是不久在昆明路上聽說熊大正死了。誰說的記不清了。[45]

第一個回合的審訊結束後，緊接著是第二個回合、第三個回合與無數個回合的交鋒。審訊內容仍是圍繞上述兩大主題展開。從部分審訊材料看，「專案組」對葉企孫如何進入中央研究院，以及是否加入陳立夫的C.C.特務組織之事，似乎更加關注。

在抗戰期間和勝利之後，沒有人特別關心朱家驊、葉企孫二人的關係，當時學術界知識分子普遍認為，葉氏暫辭清華大學「特種委員會主任」，加盟中央研究院並出任總幹事一職，屬於正常的工作調動，沒有任何特殊的背景和政治色彩。想不到二十個春秋之後，這個簡單的工作調動已變得不再普通和尋常了，葉企孫與朱家驊的關係，由此成為決定他在深牢大獄中待多久，甚至是否能保住人頭的焦點所在。按照葉企孫的交代，他突然轉行出任中央研究院總幹事，主要是朱家驊的盛意。葉說：「據吾推測，中央研究院要吾擔任總幹事的理由，是因為吾對各門科學略知門徑，且對於學者間的糾紛，尚能公平處理，使能各展所長。」[46]

在葉企孫當時和之後的歲月裡，他認為此事只是人生歷程中一個很小的平常枝節，沒有什麼值得特別說明的。但是，在「專案組」人員看來，問題卻沒有如此簡單。因為辦案人員已從梅貽琦與葉企孫的學生、後來擔任清華大學中層領導的某君處得到了一份祕密揭發材料，聲稱：梅貽琦與葉企孫二人均是朱家驊手下的國民黨中統特務，且中統在清華還有一個分支機構，主要負責人就是校長梅貽琦。為證明這個說法成立，某君解釋道：「葉企孫是理學院長，一向梅貽琦因事外出，總是由葉企孫代行校長職務，即在抗日戰爭前後都是這樣做的。直到解放後，還是沿襲過去慣例由葉擔任過一個時期的校務委員會主席。當時偽教育部長朱家驊是反動組織『中統』頭子陳立夫手下的第一名打手，與葉的關係相同於梅與朱的關係。因此，我認為朱家驊不可能不拉葉參加這個反動組織。」[47]

在被拘押前，葉企孫於一九六八年一月二十二日向「專案組」就自己與朱家驊相識與共事經過，曾做過如下交代：「一九一八年八月，我同朱家驊同船赴美國留學。那時吾同朱並不熟識。朱不是清華公費生。到美後，吾同朱並不同學，也不通信。朱留美不久，即轉往德國留學。朱回國後，曾在北京大學教地質學，但為時不久，比李四光在北大教地質學的時間要短得多。在同類地質學家中，吾同丁文江、翁文灝和李四光相熟在前，同朱相熟在後。約一九三三年，中央研究院成立第一屆評議會，吾當選為評議員。評議會約每年或每兩年開一次會，開會時可以會到丁、翁、李、朱四位地質學家。」又說：「朱就院長時，總幹事為任鴻雋，不久辭職。一九四一年春，朱來信要吾擔任總幹事。吾應允了，但須秋間方能到職。」[48]

因那位清華大學的中層幹部、葉企孫「高足」某君橫空出世的震撼性揭發，使葉企孫與朱家驊的關係變得嚴重複雜起來。在提審人員冷峻與冷厲目光逼視下，葉在堅決表示沒有加入C.C.特務組織的同時，不得不細心回憶與朱家驊交往的陳年舊事，盡量在每一個細節上都交代清楚且與以前交代的相吻合。九月四日上午，葉交代說：「我從一九一八年同朱家驊認識的，是一同去美國的。在一九一八年八月在南京號輪船上認識的。朱到紐約，我到芝加哥。一九二四年三月（我）回國在南京東南大學任物理系副教授。一九三三年在南京中央研究院開評議會時同朱家驊見面。他是地質組，我是評議員，議長是蔡元培，物理組組長是丁燮林（現叫丁西林）或李書華。一九四一年開始同朱家驊往來多了。一九四一年春夏時期，我在昆明受（收）到朱家驊的來信，叫我到國民黨政府中

1918年，全體清華學校應屆赴美留學生於上海黃浦江碼頭即將啟程的海輪上合影。第四排左一為葉企孫。與葉同船的有李濟、徐志摩、董時、查良釗、張道宏、劉叔和、朱家驊，以及出國考察的汪精衛等人。（清華大學檔案館提供）

央研究院工作擔任總幹事。當時朱家驊是該院院長，又是國民黨黨內的反動特務，是中央組織部部長。我應允朱家驊的邀請到了重慶做了中央研究院的總幹事。我管計畫、預算、審查著作、聘請人、籌備開會等。」又說：「我在中央訓練團做過兩次報告。中央訓練團是培養訓練政治上的反動分子，參加受訓的都是（國民黨）黨員。我講課兩次，中央訓練團負責人是陳立夫、段錫朋、朱家驊。我去中央訓練團所做的兩次報告是應中央訓練團的聘請書而去的，所報告的內容是『科學問題』『數理化』科學的重要性等。」[49]

當「專案組」人員問到既然葉不是國民黨員，為何收繳黨費卻要蓋葉企孫私章的問題時，葉回答說：「因為朱家驊是黨員，我是研究院負責人之一——總幹事，我的圖章放在總務主任王毅侯那，所以蓋我的圖章……（本來）應該蓋朱家驊的章。為什麼蓋我的章，我也搞不清。」[50]這個口供顯然比葉企孫入獄前的交代要詳盡得多，但從辦案的角度看，要想與C.C.特務組織掛上鉤，還有一大段距離。

從葉企孫前後兩次交代中可以看出，朱與葉作為同事之前，僅是熟悉而已。朱家驊之所以瞄上了葉企孫，除了葉自己所說的受到「正統思想」和「歐美資產階級思想」的雙重教育，一個重要原因就是葉的學術地位和組織處事能力非一般人可比擬。當時中央研究院各所的主要支柱，基本都是清華出身或與清華相關的歐美系統，而葉企孫在這個系統的地位之高之重是有目共睹的。按馮友蘭親筆向中共中央軍委專案組提供的「揭發」材料說：「葉企孫，按解放前北京教育界的派系說，是清華派的第二號人物（第一號人物是梅貽琦），在清華幾次代理校務，當過理學院院長，負責清華的幾個研究所的工作，在清華有很大的影響。」[51]馮友蘭此話大致不差，正是緣於這種其他人無法企及的影響力，葉企孫才能做到「對於學者間的糾紛，尚能公平處理」。加之葉是一個無黨派人士，性格溫和，以此面目出現，對於各政治派別和學術利益集團的平衡，更有一種無形的親和力與說服力——這便是朱家驊請其出山的根本動機。

據資料顯示，朱家驊最初想讓葉企孫出任中央研究院總幹事的計畫是在一九四〇年夏，當時梅貽琦因公赴渝與朱家驊相見，朱向梅表示，有意聘葉企孫接替身體欠佳的傅斯年擔任中央研究院總幹事。此前朱家驊和翁文灝、傅斯年已與葉單獨做過溝通並談及此事，葉表示「亦未嘗不可盡其綿力，逐漸使該院之研究事業更上軌道」。[52]但又說要看梅的態度再商定。梅聽罷朱家驊的要求，頗感為難，表示清華方面的事務很難離開葉。當時西南聯大的情況如馮友蘭所言：「除了聯大的總部外，三校各有其自己的辦事處，自己設立一些機構，與聯大無關。清華的辦事處最大，自己設立的機構也比較多，主要的是那些原來辦的研究所，有農業、航空、無線電、金屬和國情普查等研究所，這些所都不招學生，與聯大毫無關係。清華還有研究院，招收研究生，他們雖然也往聯大聽課，可是不算聯大的學生。北大辦有文科研究所，招收研究生，也與聯大無關。」又說：「當時的聯大，好像是一個舊社會中的大家庭，上邊有老爺爺、老奶奶作為家長，下邊又分成幾個房頭。每個房頭都有自己的『私房』。他們的一般生活靠大家庭，但各房又各有自己經營的事業。『官中』、『私房』，並行不悖，互不干涉，各不相妨，真是像《中庸》所說的『小德川流，大德敦化，此天地之所以為大也』。」[53]

清華辦理的所謂「特種研究事業」，是指清華在戰前辦的農業、航空工業、無線電三個研究所，以及到昆明之後增辦的金屬學及國情普查等兩個研究所。為便於統籌管理，清華把五個所組成一個「特種研究事業委員會」，葉企孫為主任，主持全面工作。為了不駁朱家驊的面子，梅貽琦最後答應如果中央研究院非要葉出山赴重慶就任，最好不脫離清華而兩邊兼顧。對這一條件朱家驊未置可否，表示與同人商量後再做決定。

到了這年的九月二十九日，朱家驊致信梅貽琦，說已同翁文灝與傅斯年二人商量，不同意葉企孫兩邊兼顧，只能放棄清華而專任中央研究院總幹事職。其理由是按中央研究院章程規定，凡院內專任人員不能兼職。為使問題更加清楚明瞭，在朱家驊授意下，一九四〇年十月十五日，翁文灝以中央研究院評議會祕書的名義致信梅貽琦，信中說道：

葉企孫兄至渝後接理中央研究院各事，朱騮先及傅孟真諸君均熱誠匡助，可以順利進行。惟有一事竊願以友誼奉商者：兄前次至渝時，曾經談及企孫兄於短時間內暫兼清華教務名義，但可以隨時商停。此事固僅為一名義問題，但事實上亦有若干影響。中央研究院總幹事一職向為專任，丁在君兄初受院聘時，方任北京大學教授，當經商定，俟功課教畢，完全離開北大（教授名義亦辭卸），然後方至院內任事。企孫兄最好能免兼大學教授（但如聘為名譽教授則似尚可行）。此事弟與企孫兄面談時亦經提及，並以奉陳，敬希察照酌采，至為企幸。[54]

梅貽琦接信後，對這種「霸王條款」表示不能接受，遂置之不理，坐看朱、翁等人如何處理。

一九四一年五月十六日，梅貽琦因公再赴重慶，想起幾個月來朱、翁二人書信不斷，為葉企孫事糾纏不休，便想藉此機會就此事來個徹底了結。據梅貽琦日記載：

五月二十一日，「六點半至牛角沱資源委員會訪翁詠霓，談企孫就中央研究院總幹事問題。」

二十二日，「五點往巴中組織部訪朱騮先部長談企孫問題。」

五月三十日，「十一刻至中央醫院門前，往返園中一刻許，尋得傅孟真所住病室，渠於前日曾割扁桃體腺一半，說話不便，未敢與之多談。」55

此時傅斯年重病在身，中央研究院總辦事處急需有人接替料理，在朱、翁、傅等人的懇切要求下，梅貽琦終於同意葉企孫以請假的名義離開清華，專任中央研究院總幹事職。朱、翁、傅等人聽罷，各自才長出了一口氣。

葉企孫在獄中受審訊時，因幾次提到拉他入中央研究院的關鍵人物翁文灝，「專案組」遂找到國民黨統治後期的行政院長、時住在北京的翁氏，讓其寫揭發葉的材料。在一份由他人代筆，翁文灝本人閱後簽字的材料中說：「葉在清華大學，做物理學系主任。我也在那裡教過書。解放以前，聽人家說，那時是偽中央研究院，朱家驊想請葉當總幹事。權力第一是院長，第二位就是總幹事。葉去過一下，時間很短，沒有做下去，很快就離開了……朱家驊做過交通部長，北洋軍閥時期朱是北大教授，後來做過很多國民黨的工作。朱與葉一定認識，否則，朱請不動葉到中央研究院當總幹事。」[56]

聽翁文灝的口氣，似乎國民黨在重慶期間，他本人沒有同朱家驊爭奪過中央研究院院長的位子，也不是大權在握的中央研究院評議會的祕書，更不知朱與葉此前是否相識，只是「聽人家說」，那時有個偽中央研究院的機構如何如何。翁氏真不愧是宦海名宿，從官場名臣李鴻章那裡學來的「搗糨糊」的迴旋術和脫身術，可謂至絕至妙矣！

「專案組」在葉企孫與相關證明人的口供中找不到葉企孫參加C. C.特務的證據，很是惱火，便幾次將清華大學那位揭發葉是C. C.特務的中層行政幹部捉來審問，希望從中找到突破口。這位幹部一口咬定葉企孫確實C. C.特務，並煞有介事地說：「中統（特務組織）在清華，梅貽琦、吳澤霖、沈履、葉企孫、戴世光等人是領導核心。梅貽琦總其全權，在北平由國民黨市黨部情報組直接領導。」又說：「清華的幾個院長如馮友蘭、陳岱孫、湯佩松等人都是中統分子……在清華反動組織『中統』骨幹分子的分工。據我所了解的是，沈履負責職工方面的工作，戴世光負責學生方面，吳澤霖負責教師方面的。沈履在一次談話中還說到過葉在校內監視進步教師的一些活動。」[57]

面對此人慷慨激昂的言辭和信誓旦旦的保證，「專案組」人員一時感到丈二和尚——摸不著頭腦，不得不一次又一次地把相關人員捉來調查、審問。當把「揭發」出的戴世光捉來審訊時，戴回答說：「我沒有聽說過清華有什麼中統組織，我想，『中統』大概是指國民黨反動派的特務組織，而不是國民黨時代的『中國統計學會』。我參加過中國統計學會，是會員，但清華沒有統計分會。葉企孫沒有，也不會參加中國統計學會。」戴氏的「交代」既不乏幽默，又似乎是事實，辦案人員如墮霧中，只得本著寧信其有，不信其無的原則，繼續加大調查與審訊的力度，於是，一群又一群涉案者被捉來審訊。

如此往復調查、審訊，葉企孫在獄中反覆解說、回憶、爭辯、檢討、坦白，在極度的恐慌與沒完沒了的坦白交代與花樣百出的折磨中，葉精神分裂症加重，身體狀況急遽下降。「專案組」在經過花樣百出的折騰後，開始認為「葉證據不足，不能定特務」，但又不知如何處置，遂將情況上報。在周恩來的親自批示下，一九六九年年底，葉企孫被放出監獄，由北大紅衛兵組織對其實行「隔離審查」。也就是說，中央軍委專案組歷時一年半未能搞清的案情，將由神通廣大的紅衛兵小將們來完成。葉企孫出了監獄又步入地獄，從此落入紅衛兵手中，經受更嚴酷的煎熬。經過一陣亂拳加亂棍的捧打錘鍊，葉企孫病情再度加重，前列腺肥大，小便失禁，兩腿腫脹難以站立。偶爾走動，腰彎成九十度，似一根彎曲的枯木在風雨中搖晃。再後來，葉的神經徹底崩潰，成了一個胡言亂語的瘋子。

日夕涼風至，聞蟬但益悲。自一九六九年出獄始，葉企孫每月只能領五十元工資，吃飯穿衣皆不能足，生活悽慘。當看管的紅衛兵稍微放鬆一點，葉本能地溜出來在中關村一帶的小攤上討吃討喝，嘴裡不住地嘟囔著別人很難聽懂的話語。當時中科院有幾個研究所已遷往北大校園所在的中關村一帶，不少與葉熟悉的朋友見到了下列慘不忍睹的一幕：葉企孫頭髮花白，弓著背，整個身子呈九十度直角狀，穿著一雙破棉鞋，躑躅街頭，間或踽踽前行。有時來到一家店鋪小攤，或買或向攤主伸手索要一、二個明顯帶有蟲咬疤痕的小蘋果，邊走邊津津有味地啃著，碰到教授模樣或學生打扮的人，便伸出一隻枯乾的手，說：「你有錢給我幾個」，[58]所求不過一、二角而已！望者無不為之潸然。

一九七二年，海外友人任之恭、趙元任和學生輩人物林家翹、戴振鐸、楊振寧等著名學者陸續回國觀光時，曾分別向有關部門請求探望葉企孫，均被對方以各種說辭婉拒。幾位不明就裡的書呆子於失望之中又不甘心，設法躲開陪同人員的掌控，悄悄向北大校園家屬區探聽消息，但復被有關方面發現並加以勸阻。就在海外學人幾番探詢未果之時，卻意外從清華園得到了葉企孫好友、一代建築學大師梁思成撒手歸天的消息。

五、梁思成與葉企孫之死

當梁思成心中的一代女神林徽因匆匆告別這個世界的時候，在政治夾縫中苟延殘喘的梁思成，與其他留美派教授一樣，自然被視為「資產階級的代言人」和「反動學術權威」在政治風浪中浮沉。

自一九五五年始，在全國範圍內陸續展開了對「以梁思成為代表的資產階級唯美主義的復古主義建築思想」批判。「文革」開始後，梁思成被造反派打成與彭真一夥的「反黨分子、混進黨內的大右派、反動學術權威」受到批鬥。據梁思成續弦夫人林洙（南按：一九六二年梁思成與清華大學建築系資料員林洙女士結婚）回憶：「我最怕的事終於發生了。那天我正在系館門口看大字報，突然一個人從系館裡被人推了出來，胸前掛著一塊巨大的黑牌子，上面用白字寫著『反動學術權威梁思成』，還在『梁思成』三個字上打了一個『×』。系館門口的人群『轟』的一聲笑開了。他彎著腰踉蹌了幾步，幾乎跌倒，又吃力地往前走去。我轉過臉來，一瞬間正與他的目光相遇。天啊！我無法形容我愛的這位正直的學者所表現出來的那種強烈的屈辱與羞愧的神情……那一天回到家裡，我們彼此幾乎不敢交談，為的是怕碰到對方的痛處。從此他一出門就必須掛上這塊黑牌子。看著他蹣跚而行的身影，接連好幾天我腦子裡一直在重複著一句話：『被侮辱與被傷害的』。」[59]

一九六六年八月，戴紅袖章的紅衛兵造反派以「破四舊」（破除舊思想、舊文化、舊風俗、舊習慣）的名義，開始在校園內外幹起了打砸搶燒、殺人越貨的勾當。清華園中的梁家時刻擔心遭到洗劫，但這一天還是到來了。大約九月中旬，一個涼風突起的夜晚，一群「紅衛兵革命闖將」用鐵榔頭砸開了梁家的院門，氣勢洶洶地衝了進來，為首的頭目高聲叫喊著讓梁思成全家站在一個地方，然後

1950年，清華大學舉辦少數民族文化史展覽會開幕式上。右起：陳夢家、葉企孫、梁思成、丁惠康（該批文物收藏家）合影。（虞昊提供）

衝進屋內翻箱倒櫃地搜查起來。半小時後，見沒有找到心中渴望的值得賣錢的文物和存款，一個頭目模樣的紅衛兵垂頭喪氣地把在廚房擺放的西餐具中的全套刀叉收到一起（大小共三十六件），爾後一把將站在門口惶恐不安的梁思成拽過來質問道：「家裡藏這麼多刀子幹什麼，是不是想謀反暴動，搞反革命政變？」站在一旁的林洙剛要開口辯解，「啪」的一聲挨了一記耳光，林洙深感委屈又不敢抗爭，雙手捣臉抽泣起來。正在這時，突然從老太太（南按：林徽因之母，一直隨梁思成一家生活）的房間裡哇哇亂叫著衝出兩位「闖將」，手裡搖晃著一把寒光閃耀的短劍，大聲嚷道：「蔣介石，蔣介石，我們發現了蔣幫特務的罪證。」眾人大譁，紛紛擁上前去觀看，只見短劍上鐫刻著「蔣中正贈」四個字。梁氏一家老小見狀大驚失色，梁思成剛要上前解釋，就被一頓亂拳打倒在地，抽泣中的林洙衝上前欲救梁，被幾腳踹翻。紅衛兵頭目趁勢把手往空中一揮，牙縫裡蹦出一個重重的「走」字，一行人攜劍帶刀（具）另抱著一堆搜查的東西，屎殼郎搬家一樣「轟」的一聲湧了出去。老太太見短劍被人掠走，「嗚嗚」地放聲哭了起來。

事後林洙才知，這把短劍是老太太的兒子即林徽因同父異母的弟弟林恆當年於空軍航空學校畢業時，校方以「名譽校長」蔣介石的名義頒發的用於禮服上的佩劍，當時凡蔣介石擔任校長或名譽校長的軍事院校，學員在畢業時都可得到一把精製的鐫刻「蔣中正贈」的佩劍。在當時的軍人看來，這把佩劍象徵著身分與榮耀，當然還有保家衛國、抵禦外虜的天職與責任。一九四〇年年底，林恆在成都陣亡後，梁思成前往處理後事並把他的遺物帶回李莊，先是藏起來未作聲張，後老太太終於得知這一噩耗，便把部分遺物包括這把佩劍交給她保存。林母在哀痛中把遺物包裹在一個黑色包袱裡並放進木箱的箱底，作為永久珍藏。這把短劍隨梁家越過千山萬水，終於在北京安頓下來。事隔多年，當梁家老少已經逐漸遺忘的時候，短劍又橫空出世，大禍隨之降臨。

從梁思成家抄出蔣介石親自贈送的寶劍的消息很快在清華園傳開，立即引起了各種政治派系和造反派的高度關注，梁思成遂以「國民黨潛伏特務」罪名，被造反派從家中揪出，關到清華建築系一個場館內，與外界隔離起來，以防「與國民黨內外勾結，助蔣幫竄返大陸」。此時的清華園早已籠罩在白色或謂紅色恐怖之中，造反派在全校展開大搜捕，大批教授被抓，開始在皮帶與棍棒交織爆響中接受殘酷的折磨，幾乎每個星期甚至每一天都有自殺和被殺的消息傳出，整個清華園浸染在鮮血飛濺、人哭鬼叫的哀號之中，梁思成就在這陣陣哀號聲中遭受著日甚一日的殘酷蹂躪與折磨。

遙想一九四四年秋，衡陽大戰爆發，梁家認識的老飛行員中，最後一位叫林耀的傷患強行駕機參戰，不幸被敵擊中後失蹤。在李莊的林徽因得此消息，於深深的哀痛中，提筆在病床上寫下了醞釀已久的詩行〈哭三弟恆〉：

弟弟，我沒有適合時代的語言
來哀悼你的死
它是時代向你的要求，
簡單的，你給了

這冷酷簡單的壯烈是時代的詩
這沉默的光榮是你。
……
你相信，你也做了，最後一切你交出
我既完全明白，為何我還為著你哭？
只因你是個孩子卻沒有留什麼給自己
小時我盼著你的幸福，戰時你的安全，
今天你沒有兒女牽掛需要撫恤同安慰
而萬千國人像已忘掉，你死是為了誰！

詩成時，離林恆殉難已三年。林徽因所悼念的，顯然不只是自己弟弟一人，而是獻給抗戰前期她所認識的所有那些以身殉國的飛行員朋友們。詩人對這批朋友們寄予了無限深情，以及對民族前途的關懷。正如梁從誡所說，「從中可以看出當時她對民族命運的憂思和對統治當局的責難」，只是想不到「母親當年悲憤的詩句『萬千國人像已忘掉，你死是為了誰！』竟在這批人身上再一次得到印證。這歷史的回聲該有多麼刺耳！」假如林恆地下有知，一定會為當年的舉動痛苦地反思並自問：「我的死到底是為了誰？」

一九六八年十一月，梁思成在遭受長期的折磨、摧殘下，心力衰竭，呼吸短促，生命垂危，急需入院救治。經林洙多次向有關方面寫信請求，最後在周恩來親自過問下，梁被造反派放出，送進北京醫院搶救。當病情稍微穩定後，復被接回清華園繼續接受造反派批鬥。此時梁思成身體已虛弱得不能站立和走動，經學校革委會正、副主任特批，每次召開「鬥鬼會」，學校便派人把梁思成從家中抬出來，放在「一輛全清華最破的手推車上，讓他坐在上面，像耍猴似地推到會場」[60]接受批鬥。鬥完後，再用這輛最破的小推車像耍猴一樣送回家中。而每次回家，梁思成都像死人一樣長時間緩不過氣來。經過日復一日的折磨，梁思成已被鬥得奄奄一息，不得不再次入院治療。但按清華革委會規定，在治療期間必須繼續寫檢查，交代自己對國家和人民犯下的「滔天罪行」。梁思成已失去了握筆的能力，只得由夫人林洙代勞，但往往又被以「假檢查，真反撲」為由一次次退回重寫。在如此反覆折騰中，梁思成終於走到了生命的盡頭，他於絕望中對悲慟的家人長歎道：「抗戰八年，我跋山涉水，先長沙，後昆明，再李莊。面對饑餓與疾病，我是過關斬將，終於迎來了勝利之日。現在看來，我是過不了『文革』這一關了！」

梁思成不幸而言中，一九七二年一月九日黎明，一代建築學宗師溘然長逝。

當年梁啟超、林徽因去世時，作為建築學家的梁思成為其親自設計墓體與墓碑，而當梁思成告別這個世界的時候，已經沒有人膽敢出面為這個清華營建系的開山鼻祖設計一寸墓碑了，不高的山嶺上只有蕭瑟的寒風與風中飄搖的萋萋荒草伴他長眠。

就在梁思成死去三年後的一九七五年，一直生活在恐懼憂鬱中的葉企孫被解除「隔離審查」，但仍然被指令「只許老老實實，不能亂說亂動」。據葉企孫的侄子葉銘漢回憶說，到了油盡燈枯的晚年，葉企孫自知將不久於人世，心胸遂開朗、坦然了許多。而此時的社會環境亦稍有改善，他的精神分裂症得以好轉。對自己經歷的苦難與冤屈默默忍受，從不向外人訴說的葉企孫，突然有一天，翻出范曄的〈獄中與諸甥侄書〉，指給一位前來探視的摯友閱看，〈書〉的首段是：「吾狂釁覆滅，豈復可言，汝等皆當以罪人棄之。然平生行己任懷，猶應可尋，至於能不意中所解，汝等或不悉知。」[61]

范曄是南朝（宋）著名的官宦和史學家，也是備受世人稱道的「前四史」之一《後漢書》主要編撰者，晚年因參與謀立彭城王劉義康為帝，事洩而遭殺身之禍，並株連家人與親朋好友。范與葉的具體情形自然不同，一個是事敗入獄，一個是蒙冤身陷囹圄，想來葉氏心中的冤屈與渴望別人理解自己的情感，要比當年的范氏強烈得多。遺憾的是，在風聲鶴唳、草木皆兵的政治背景下，沒有人敢冒天下之大不韙，去窺探他的「意中所解」，與「悉知」其內心的苦痛與悲涼。

一九七七年一月十日，葉企孫的侄子葉銘漢從北大將工資取回交給叔父，發現他說話顛三倒四，又出現幻聽症。當天，原清華同事、院系調整後出任北大經濟系教授的陳岱孫也去看望葉企孫，覺得葉說話很不對勁兒，知其精神分裂症復發。當晚，葉銘漢到北大校醫家裡要了一點藥給叔父吃下，第二天，葉企孫陷入昏迷狀態，急送北大醫院救治，復轉北醫三院搶救。一九七七年一月十三日二十一時三十分，葉企孫終於走完了最後一段淒苦悲涼的人生旅程，默默地告別了這個紛亂的世界。[62]

注釋

1 陸鍵東，《陳寅恪的最後二十年》（北京：生活．讀書．新知三聯書店，一九九五）。
2 中國社會科學院《當代中國社會科學名家》編寫組編，劉啟林主編，《當代中國社會科學名家》（北京：社會科學文獻出版社，一九八九），頁二〇二。
3 鄒衡，〈永遠懷念向達先生和夏鼐先生〉，《夏商周考古學論文集》（續集）（北京：科學出版社，一九九八）。
4 閻文儒、陳玉龍，《向達先生紀念論文集》（烏魯木齊：新疆人民出版社，一九八六），頁二一「附記」。
5 肖良瓊，〈向達〉，收入中國社會科學院《當代中國社會科學名家》編寫組編，劉啟林主編，《當代中國社會科學名家》（北京：社會科學文獻出版社，一九八九）。
6 季羡林，《牛棚雜憶》（北京：中共中央黨校出版社，一九九八）。
7 毛毛，《我的父親鄧小平：「文革」歲月》（北京：中央文獻出版社，二〇〇〇）。
8 吳大猷，〈懷念饒毓泰師〉，《傳記文學》五一卷三期（一九八七年九月）。
9 同前注。
10〈致石樹德等電〉，收入歐陽哲生主編，《傅斯年全集》卷七（長沙：湖南教育出版社，二〇〇三）。
11 竺可楨，《竺可楨全集》卷一二（上海：上海科技教育出版社，二〇〇七），頁五七三。
12 胡頌平編著，《胡適之先生年譜長編初稿》（臺北：聯經出版，一九八四）。
13 胡適，《四十自述》（合肥：安徽教育出版社，一九九九）。
14 宋增福，〈我國近代物理學奠基人之一——饒毓泰〉，收入中國科學技術協會編，《中國科學技術專家傳略．理學編》（北京：中國科學技術出版社，二〇〇一）。
15 吳大猷，〈懷念饒毓泰師〉，《傳記文學》五一卷三期（一九八七年九月）。
16 劉克選、胡昇華，〈葉企孫的貢獻與悲劇〉，《自然辯證法通訊》一九八九年三期。
17 何威、徐晨亮編著，〈葉企孫〉，《清華名流》（武漢：長江文藝出版社，二〇〇二）。

18 虞昊、黃延復，《中國科技的基石：葉企孫和科學大師們》（上海：復旦大學出版社，二〇〇〇）。
19 浦江清，《清華園日記・西行日記》（增補本）（北京：生活・讀書・新知三聯書店，一九九九）。
20 馮友蘭，《馮友蘭自述》（北京：中國人民大學出版社，二〇〇四）。
21 浦江清，《清華園日記・西行日記》（增補本）（北京：生活・讀書・新知三聯書店，一九九九）。
22 馮友蘭，《馮友蘭自述》（北京：中國人民大學出版社，二〇〇四）。
23 同前注。
24 吳宓著，吳學昭整理、注釋，《吳宓日記》第六冊（北京：生活・讀書・新知三聯書店，一九九八）。
25 虞昊、黃延復，《中國科技的基石：葉企孫和科學大師們》（上海：復旦大學出版社，二〇〇〇）。
26 同前注。
27 同前注。
28 同前注。
29 同前注。
30 同前注。
31 關於羅常培的幾個問題，作者專門向羅的女兒羅慎儀做了請教，定居美國的羅女士答覆如下：

岳：抗戰勝利後，北大即將復員回北平，傅斯年給胡適一信，其中有「國文系：二羅皆愈來愈糟，孫子書、孫蜀丞、俞平伯在北平苦苦守節（三人似可擇聘），語言學亦有很好的人。此系絕對有辦法，但主任無人。」做何解釋？

羅：西南聯大是「教授治校」，羅常培曾是校委會成員，也是中文系主任，這都是選出來的。傅斯年屬於中央研究院歷史語言研究所，聯大中文系跟他沒有關係，至少沒有直接的關係。至於說傅羅二人之間的關係，抗戰前，羅在中研院史語所，趙元任、羅常培、李方桂一度合作，從法文翻譯高本漢的《中國音韻學》序言中，傅做了很高的評價，認為可與翻譯《天演論》諸賢相比……傅斯年給胡適發信時，羅常培已在美國（我還看到一張傅、羅，還有董彥堂三人在耶魯大學羅辦公室的照片）。羅從一九四四年離開昆明，經印度去美國，前後四年，如果說「愈來愈糟」，我很難想像與學術有關，只能是更有長進，這也是事實。聯大結束，三校在各自東西的變動當中，「大洗牌」是不難想像的（在這以後的五〇年代，院系調整中，又是一次，牽涉到不少人）。羅於一九四八年秋回國，職務是北大文研所的所長。這又一次印證了「桌下」的情緒，羅常培最不能釋懷的可能還是中央研究院在評選院士時，把自己排除在外。他在中研院七年，完成四部專著，幾十篇學術論文。當時史語所語言組的三巨頭，趙、李、羅，各有所長，互相合作，又互不跨界。唯一的差別是羅沒有吃過「洋麵包」。

羅庸中先生有「出世」傾向，他的夫人到死都是「居士」。他們的遭遇比小說還要離奇。後來羅庸中去了四川的「勉仁學堂」，是梁漱溟辦的，更像做慈善事業。無論如何，二羅都不是政治人物。傅指的是第二個羅，還是兩個羅？當時，大羅被稱為「羅長官」，他管理太嚴。他可在系辦公室門上貼出「本系暫不執行教育部X號通令」之類，但對學生絕對關照。

岳：傅斯年所指顯然是「兩個羅」，不是「第二個羅」，因為信中有「二羅皆愈來愈糟」的「皆」字，即證明是說羅常培與羅庸中二人。

羅：抗戰後，我姐姐的婚禮是傅主持的……我解釋不通為什麼「愈來愈糟」！

岳：羅常培為何不隨傅斯年、胡適等人南飛，赴臺灣或到美國去？

羅：據我了解，羅之所以沒去臺灣，可能有以下幾個原因。他十四歲喪母，十七歲喪父，靠半工半讀上了大學，讀了中文系，又讀了兩年哲學系。一九二七年，進了中央研究院，買了二十年的人壽保險，準備大幹一場，補足自己的「底子薄」。比起留過洋的同儕，他說過，今後要叫外國的名校請他去講學。這個願望他實現了，耶魯算得上一流。在整理他的文件時，發現當時有三方面爭取他：一是中共地下黨，北大哲學系的汪子嵩，轉達叫他留下來；二是耶魯大學聘請他做終身教授；三就是去臺灣。其實，當時去臺灣的北大、清華的菁英並不多，大部分都留下來了。記得當時有個說法，難道共產黨還能比國民黨更壞嗎？總而言之，羅沒有走，有他的「先天」因素，再加上外界大環境，他的選擇是可以理解的。

岳：一九四九年年底，羅常培回顧中共進駐北京前，謂：「當時我發生了這樣一種心理，『殉節』，可不是為國民黨而是為北大，為我的稿子……我是把在抗戰時期對付日本人的『殉節』辦法，拿來對付共產黨了，我以為共產黨一進城，中國的文化也就完了，所以我要為北大，為我的稿子『殉節』『殉道』……」（羅常培談，北京大學大字報記者記，見裴文中等著，《我的思想是怎樣轉變過來的》〔北京：五十年代出版社，一九五〇〕）羅的想法與馮友蘭所言陳寅恪「見解放軍已至北京，亦以為花落而春意亡矣，故突然出走，常往不返也」類似。

羅：我不清楚，羅是否擔心書稿的前途。不過，代表中共的汪子嵩確曾表示保證他今後學術研究的自由（汪後來似乎擔任過《人民日報》副主編一類），但後來的事，可能就不是汪能控制得了的了。關於二十世紀五〇年代思想改造運動時期，知識分子的「檢討」究竟應該如何評價，值得探討。當時在沙灘「民主廣場」搞得轟轟烈烈，高音喇叭響徹四鄰，不亞於一九六六年。在舊社會度過了五十年，總得找出點什麼「岔子」吧。我曾為羅聽寫過「自傳」。

最近，鄭克揚，即鄭天挺先生的兒子，轉給我兩封羅鄭之間的通信，很有趣味（有關運動中的座談會發言）。羅的日記和來往書信一九六六年以後「遭了劫」，鄭先生的日記，不敢出，牽涉人太多，家屬有顧慮，意見不一致。

岳：最近有報導說：二〇〇八年十一月二十七日羅常培家屬將其遺留的音韻學類書籍及稿本二十三種一百二十六冊捐贈國家圖書館。

羅：羅常培的書，最大一批，一九五八年後捐給了內蒙古大學，一批外文書捐給了中國科學院語言所。留下的未刊稿，十年前已經捐給了國圖，共六箱。

這次捐贈的是一批善本書，有過羅批校和羅本人的校注。「文化大革命」時，北大曾把他的著作沿街擺攤，論斤出售。所幸，他的文集十卷已於去年底問世，還開了一個發布研討會09—04—30。以上僅供參考。

（南按：此信通過電子郵件方式，始於二〇〇九年十一月七日至十一月十一日。）

32 一九五二年全國院系調整，除關停併轉的教會與私立大學，有些被認為是資產階級性質的學科也被撤銷，如陶孟和與潘光旦、吳文藻、費孝通等學者搞的社會系學科被取締，潘光旦調入中央民族學院從事少數民族歷史研究。一九五七年「反右」，潘被劃為「右派分子」，成為人類學、民族學界著名五大「右派」（吳澤霖、潘光旦、黃現璠、吳文藻、費孝通）之一。其罪名之一是「破壞民族關係」、「鼓動土家族知識分子和群眾找中央要求自治」等。潘當年對土家族的民族識別問題做了艱辛工作，其成果竟成為「右派」罪行。一九五八年，潘夫人趙瑞雲為潘打成「右派」檢討挨批擔心焦急，發病而死。

一九六六年「文化大革命」爆發，潘光旦被打倒，因其之前研究過性心理學、優生學，出版《優生概論》等，被辱罵為「流氓教授」。繼之家被抄、被封，只有廚房和貼著廚房搭建的一間小披屋尚保留，潘光旦和老保母及小孫女在這間小披屋的水泥地上席地而臥，冬天沒有被子，同在民族學院任教、學生輩的費孝通把自家尚未被封存的被子送來為其禦寒。批鬥時，潘拄著雙拐，脖子上掛一塊「反動學術權威」大木牌，被迫與造反派一道跑步，名曰「鍛鍊身體與靈魂」。批鬥過程中，造反派要潘作文攻擊美國，潘拒絕說：「我不能仇視美國，因為美國人講正義」，紅衛兵便將其暴打一頓，罰其到角落拔草悔改。潘時已進入衰老之年，殘疾之軀不能承受生命之重，而拔草需要蹲著，獨腿的潘光旦無法像正常人一樣下蹲勞動，曾懇求攜一小凳，以便於坐，竟遭到曾是昔日學生的造反派頭目拒絕。遂被迫坐於潮濕的地上，像畜生一樣爬行著除草。

一九六七年五月，潘光旦病情加重，膀胱及前列腺發炎，小腹腫脹如鼓，便溺不通，慘痛哀號數日方被准許住進醫院。時潘小便都已插上管子，造反派仍不放過他，常來騷擾。醫生態度惡劣，對潘經常呵斥並敷衍治療。潘自知來日無多，不願死在醫院，要回家。女兒乃穆被特許從勞改農場回京，備了一輛幼兒乘坐的竹製手推車，把他推回家後又返回勞改隊。時家人俱被送往各地勞動改造，身邊沒有一位親人，只靠老保母照料。臥室與書房仍被封著，潘只能躺在小披屋的小帆布床上經受病痛折磨。六月十日晚，潘病情惡化，老保母急忙找隔壁的費孝通過來。潘張著口，有氣無力地索要止疼片，費搖頭；復索安眠藥片，仍沒有，潘露出極度痛苦與絕望的神色。費孝通見狀，將潘擁入懷中，熱淚橫流。當晚，潘光旦死去。

據到醫院探視潘的葉篤義回憶，潘光旦在去世前，曾用四個S來描述自己的一生：surrender（投降）、submit

（屈服）、survive（活命）、succumb（滅亡）。

33 一九九九年九月十八日，中共中央、國務院、中央軍委在北京召開大會，隆重表彰研製「兩彈一星」的功臣，共有二十三位科學家獲得「兩彈一星功勳勛章」。分別是：于敏、王大珩、王希季、朱光亞、孫家棟、任新民、吳自良、陳芳允、陳能寬、楊嘉墀、周光召、錢學森、錢三強、屠守鍔、黃緯祿、程開甲、彭桓武；（追授）王淦昌、鄧稼先、趙九章、姚桐斌、錢驥、郭永懷。

其中葉企孫在清華大學物理系、理學院主政和任教期間培養的學生如下：王淦昌，一九二九屆。趙九章，一九三三屆。彭桓武，一九三五屆。錢三強、王大珩，一九三六屆。陳芳允，一九三八屆。屠守鍔，一九四〇屆清華航空系。鄧稼先、朱光亞，一九四五屆。

葉企孫學生之學生：周光召、程開甲；錢驥；于敏。另有兩位院士級著名物理學家：張宗燧，一九三四屆；胡寧，一九三八屆。

34 虞昊、黃延復，《中國科技的基石：葉企孫和科學大師們》（上海：復旦大學出版社，二〇〇〇）

35 同前注。

36 同前注。

37 同前注。

38 同前注。

39 「井岡山」又稱為「井岡山兵團」，是「文革」中北大一個紅衛兵造反派組織。另一個紅衛兵造反派組織是「新北大公社兵團」，這兩個既統一又敵對的派別一度掌控了北大的政治命運。

40 周培源，留美博士，物理學家，時任北大副校長兼「井岡山兵團」總部勤務員和核心組組長。

41 虞昊、黃延復，《中國科技的基石：葉企孫和科學大師們》（上海：復旦大學出版社，二〇〇〇）

42 同前注。

43 同前注。

44 同前注。

45 同前注。
46 同前注。
47 同前注。
48 同前注。
49 同前注。
50 同前注。
51 同前注。
52〈葉企孫致梅貽琦函〉，收入虞昊、黃延復，《中國科技的基石：葉企孫和科學大師們》（上海：復旦大學出版社，二〇〇〇）。
53 馮友蘭，《馮友蘭自述》（北京：中國人民大學出版社，二〇〇四）。
54 黃延復整理，〈梅貽琦一九三七—一九四〇來往函電選〉，收入李學通主編，《近代史資料》一〇二號（北京：中國社會科學出版社，二〇〇二）。
55 黃延復、王小寧整理，《梅貽琦日記》（一九四一—一九四六）（北京：清華大學出版社，二〇〇一）。
56 虞昊、黃延復，《中國科技的基石：葉企孫和科學大師們》（上海：復旦大學出版社，二〇〇〇）
57 同前注。
58 劉克選、胡昇華，〈葉企孫的貢獻與悲劇〉，《自然辯證法通訊》一九八九年三期。
59 林洙，《困惑的大匠：梁思成》（濟南：山東畫報出版社，二〇〇一）。
60 同前注。
61 同前注，頁五七八。〈獄中與諸甥侄書〉，最早收自梁代沈約撰《宋書．范曄傳》，後各類史書、文學類書籍多有轉載。首段「至於能不」之「不」字，音fǒu，同「否」（見段安國注譯，章惠康、易孟醇主編，《後漢書今注今譯》（長沙：岳麓書社，一九九八），頁二九三九）。
62 葉企孫去世後，北大聞訊，以「敵我矛盾按人民內部矛盾處理」，對其做了結論。一九八六年八月二十日，中共河北省委發出〈關於熊大正（績）問題的平反決定〉，文中稱：「當時定熊大正為特務的依據有四條：一、熊大正是天津國民黨特務機關——「天津黨、政、軍聯合辦事處」派到冀中軍區的特務，並向冀中輸送特務搞破壞活動；二、他在北京新街口基督教會及東珠市口九號兩個聯絡點，與黃浩和日本特務德先生接頭，並派裕少青幫助德先生進行特務活動；三、他是葉企孫發展的C.C.特務；四、他在冀中軍區成立「技術研究班」進行特務活動。現已查明上述四條依據都不存在。」「熊大正同志是一九三八年四月經我黨之關係人葉企孫、孫魯同志介紹，通過我平、津、保祕密交通站負責人張珍和我黨在北平之祕密工作人員黃浩同志，到冀中軍區參加抗日工作的愛國知識分子……定熊大正同志為國民黨C.C.特務而處決，是無證據的，純屬冤案。省委決定為熊大正同志徹底平反昭雪，恢復名譽，按因公犧牲對待。」一九八七年二月二十六日，《人民日報》發表〈深切懷念葉企孫教授〉一文，正式為葉企孫恢復名譽。

第十六章

悲回風

一、北歸殘夢終成空

當葉企孫於淒苦中悄然作別世界的時候，同儕中蟄伏嶺南的陳寅恪已去世七年有餘。再過一年零一天，病臥陝西涇陽家鄉的吳宓，也將命赴黃泉，在另一個世界與陳、葉等清華好友團聚一堂。

一九四二年八月，任教於西南聯大的吳宓被教育部聘為英國文學「部聘教授」。按規定，每個學科在全國範圍內只有一人，本次共選出「部聘教授」十六人，分別是：陳寅恪、陳建功、吳有訓、吳宓、曾昭掄、周鯁生、張其昀、徐悲鴻、李四光、柳詒徵、梁希、湯用彤、胡小石、蘇步青、茅以昇、黎錦熙。當年「哈佛三傑」陳寅恪、湯用彤、吳宓同時位列其中，可見「三傑」之說並非虛妄。教育部此舉，對抗戰時期正處於艱難困苦中的知識分子是一個鼓舞。據《吳宓日記》說，清華外文系主任陳福田「首來函（英文）道賀」，但吳認為「此固不足榮，然得與陳寅恪（歷史）、湯用彤（哲學）兩兄齊列，實宓之大幸矣！」[1]

在吳宓心中，此時的陳福田是否內心發點酸水，或假作恭維狀來個貓賀老鼠等，已經不重要了。重要的是自己的學術水平和勞動成果得到了政府承認並賜以榮譽，且與陳寅恪並列齊肩，這是特別引以為豪的。當然，一旦成為部聘教授，也有經濟上的實惠，除由教育部每月支付薪金六百元，另外還有每月四百元的研究費。而當時一般教授的薪水每月僅為三百六十元，可見這個實惠也確實有點實在的東西。

自抗戰軍興，吳宓由北平轉長沙、蒙自，再至昆明的近六年間，生活過得並不愉快，費盡苦心追求的毛彥文，儘管那個大自己幾十歲的糟老頭子早已死掉，但對吳宓的痴情與數十次透著火辣辣感情的書信不覆一言，甚至讓其亡夫熊希齡的同鄉沈從文將不曾拆封的吳宓來信原封寄回，且在信封上注有「永勿來信」的大字以示警告。除毛彥文外，在吳宓心中掀起愛情波瀾的另外幾位女子如K、絳珠、黎憲初、盧雪梅、高棣華、陳仰賢、張爾瓊等等，無一人對其傾心相注。而吳宓在清華與西南聯大的學術地位，也非當年可比。思想文化的差異，對政治、人事認識的不同，以及上下左右甚至同事間的傾軋，越來越複雜的環境變化令他戰戰兢兢，如履薄冰。在抗戰前的一九三七年六月二十九日，《吳宓日記》曾記載過一件令他不快與警覺之事：「12：00方午餐，文學院長馮友蘭君，送來教育部長公函，擬舉薦宓至德國Frankfourt-am-Main之中國學院任教授。月薪僅四百馬克，不給旅費。按此職即昔年丁文淵君所任，原屬微末，而校中當局乃欲推薦宓前往。此直設計驅逐宓離清華而已。蛛絲馬跡，參合此證，則此次系主任易人之事，必有一種較大陰謀與策畫在後，宓一身孤立於此，且不見容，誠可驚可悲矣！」[2]好在此次吳宓還算心中有數，沒有落入馮友蘭等輩設下的圈套而被驅出清華。

抗戰爆發，清華南遷後的一九三七年十一月十九日，吳宓一到長沙，就得悉臨時大學文學院設於衡山聖經學院並於當日開學，文科教授需赴南嶽授課。下午，吳宓赴長沙北門外麻園嶺二十二號清華辦事處報到，五點三十分赴湘雅醫院內湖南省教育廳長朱經農宅拜訪。據《吳宓日記》載：「先見朱，次梅貽琦校長出。宓向梅陳述北平近況，及清華被日兵占據情形，甚詳。梅但頷首而已，似頗冷落。宓出。時，雨甚大，宓躑躅泥路中，燈少，昏黑不能見，往返迷途。」[3]

從上述兩則日記所述內容，不難見出清華高層對吳宓的態度，亦可見吳在清華中的地位之尊卑。而這種狀況，到了昆明西南聯大似未改變，一九三九年十一月十七日，吳宓在日記中就當日宴會情形又發了一番感慨：「宓深感宓近者與公宴，論年則幾為最老，敘座則降居最末。今晚即然。其上皆校長、館長、教務長、院長，宓僅教授而已。愈可見宓在此世間之失敗而不容戀戀矣！」[4]

此事在吳的內心引起的悲憤之情未平，又出現了錢鍾書被陳福田、葉公超等輩排擠出清華之事。儘管年輕氣盛的錢鍾書曾公開放言「西南聯大的外文系根本不行；葉公超太懶，吳宓太笨，陳福田太俗」等狂話，但天生「傻得可愛」的吳宓總是站在愛護後進的角度不以為忤。[5]只是「太懶」的葉公超與俗人陳福田二人合力設謀，把個狂妄書生兼才子錢鍾書一腳踢出門外，任其流落他鄉。吳宓對陳葉二人向校長梅貽琦進讒言大為不滿，認為彼輩「殊無公平愛才之意」、「皆妾婦之道也」，並以悲天憫人的情懷為錢鍾書重返聯大奔走呼籲。但「終憾人之度量不廣，各存學校之町畦，不重人才」而作罷。[6]

因了這一連串的事件，吳宓對陳葉二人大為不滿，彼對吳宓亦心存芥蒂，雙方之間屢生齟齬，裂痕漸大，促使吳宓萌生去意。一九四〇年一月二十九日，吳宓突然收到西北大學校長胡庶華和教育部次長顧毓琇的電報，敦請其為西北大學文學院院長。吳考慮再三，覆電顧次長並轉胡校長「敬謝雅命」。但在嗣後的半年多時間裡，是否往西北大學又幾經反覆，頗為躊躇。一九四〇年七月二十六日，吳宓同時接到浙江大學和西北大學的聘電，且均言明月薪之數，浙大為三百八十元，西大為四百六十元。吳宓對去留問題大費思量，後經清華要好的同事特別是葉企孫勸說，遂決定暫且蟄伏下來，繼續在昆明西南聯大任教。一九四三年二月，清華評議會決定吳宓於一九四三至一九四四年度休假，吳應允在休假期間考慮赴貴州遵義浙江大學與成都燕京大學講學，後因「抗戰期間，應加緊工作」為由延緩休假。

新婚時期的錢鍾書和楊季康（絳）

一九四三年八月四日，吳宓接到陳寅恪由桂林發出的書信，得知陳將於八月中旬攜家赴成都燕京大學任教。吳痛感在昆明經濟窮迫，精神壓抑，工作、生活、愛情等皆不暢快，遂決定赴成都與陳寅恪共同執教燕大。主意打定，吳宓向燕京大學代理校長梅貽寶拍發電報，謂：「宓仍欲來燕京。如可，祈速留止學淑。」[7]時吳宓與元配妻子陳心一生育的長女吳學淑就讀於燕京大學，準備轉學西南聯大，既然吳宓決定赴燕大，轉學的事自然停止。由於吳宓假期一直未能批准，直到第二年的八月，教育部才核定本年度休假進修教授名單，西南聯大為羅常培與吳宓，他們在休假期間可到國外大學進修，亦可在國內其他大學訪學，或者躺在家中睡大覺等，聽憑自願。羅常培謝絕了聞一多、吳晗等「鬥士」讓其留下來共同一「鬥」的挽留，毅然決然地應美國樸茂納學院之聘，赴美講學，並任朴茂納大學和耶魯大學訪問教授。此時吳宓結合教學所得，已寫成英文本《世界文學史大綱》、《歐洲文學史大綱》、《文學與人生》等三本著作，因無暇修訂梓行，遂向梅貽琦報告，欲藉休假之機完成以上三書的修訂並譯成中文，同時還因對陳寅恪的牽掛，決定赴成都燕大等校講學。梅貽琦慨允，但囑在蓉「只可講學，不可授課」云云。

一九四四年九月二十三日，吳宓由昆明出發，經貴陽、遵義、重慶、白沙，於十月二十六日傍晚來到成都燕大，得以與老友陳寅恪相聚一校。對於二人相見後的情形，吳宓之女吳學昭在《吳宓與陳寅恪》中這樣記述道：「父親與寅恪伯父四年多不見，感到寅恪伯父顯得蒼老，心裡很難過。使他更為擔心的是寅恪伯父的視力，右眼久已失明，唯一的左眼勞累過度，而戰時成都的生活又何其艱難！寅恪伯父有『日食萬錢難下箸，月支雙俸尚憂貧』的詩句，說明物價飛漲，貨幣貶值的嚴重。從父親當時《日記》中的片言隻字，也可看出一二：『晚無電燈，早寢』，『無電燈，燃小菜油燈』，『窗破，風入，寒甚』，『晚預警，途人馳奔』，『旋聞緊急警報，宓與諸生立柏樹蔭中，望黯淡之新月，遠聞投彈爆炸之聲』。」又說：「父親很清楚，對於寅恪伯父來說，視力是何等的重要。然而，使父親最為憂慮和擔心的事，不久還是發生了。」[8] 據《吳宓日記》載，一九四四年十二月十二日下午，吳步行至華西壩，「訪寅恪於廣益學舍宅。始知寅恪左目今晨又不明……而夫人與幼女亦皆病」[9]。越二日，陳寅恪入醫院治療，因瞳孔之內膜已破出液，後雖經手術治療，但均告失敗，轉英國治療亦無濟於事，最終導致雙眼失明。

吳宓受聘燕京大學國文系教授後，開設「世界文學史」、「文學與人生」等課程，以及「《紅樓夢》評論」等系列講座。吳氏的到來，為燕大增添了光彩，與陳寅恪、蕭公權、李方桂三位教授並譽為「四大名旦」。除燕大課程，吳宓另兼四川大學國文系教授，其間曾赴樂山武漢大學講學，做《紅樓夢》演講。也正是樂山之行，使他在抗戰勝利後與武漢大學結下了一段情緣。

抗戰勝利之前，陳寅恪應牛津大學邀請準備前往講學並治療眼疾。一九四五年九月十四日，陳氏在燕大教師劉適的陪護下，由成都飛昆明，爾後由西南聯大教授邵循正陪同轉印度飛倫敦。此時吳宓假期已滿，梅貽琦力促其回昆明，吳為之心動，擬伴陳寅恪飛昆，繼續在西南聯大任教。不慎於八月九日滑跌傷其右胯骨，並左乳突患胸疽，瘡口大如酒杯，濃管集注，狀如蓮蓬，甚是駭人。手術後在妹夫羅清生教授家調養，既無法伴陳寅恪同行，又不得不致信梅貽琦、潘光旦、馮友蘭，連同那個他

位於成都華西壩的華西協和大學鐘樓與校舍。抗戰時期由內地入遷的齊魯大學，燕京大學等借該校校舍開課。

極不喜歡的陳福田等校、院、系諸領導請假留蓉。按吳宓在信中陳述：「病癒後，即在燕京大學授課，明春或仍赴武漢大學講課，則行李就近全可帶去，嘉州山水，亦得登涉，明春隨武大東下長江，兼覽巫峽之勝，抵武漢後，火車直抵故都，既便且速，屆時回到清華園中，追隨左右，服務本校，當不致遲期誤事也。宓一再反覆，殊深愧疚歉，然疾病侵襲，實非得已，至祈鑒察。」[10]如同對毛彥文的愛情一樣，儘管吳宓「一再反覆，深愧疚歉」，一旦時移事異，照舊是反覆無常，至於愧疚不愧疚，就顧不得了。

一九四六年秋，清華在北平復校，吳宓沒有隨校北返，而是接受青年時代的「學衡」老友、時任武漢大學文學院院長的劉永濟之邀，於八月二十日離成都到重慶，三十日由渝乘飛機抵達武昌，出任武漢大學外文系教授兼系主任一職。

此前的八月十日，吳宓致函梅貽琦，提出辭去清華教職。二十日，梅貽琦覆吳，表示挽留。九月二日，也就是吳宓到達武漢大學的第三天，致函梅貽琦，訴說衷腸：「……按宓以北京為今生之故鄉，而清華母校學於斯，長於斯，二十餘載，尤為感情夢魂之所繫戀，無日不思北歸，他年且當畢命於此校園，方合素心。況宓近年心境日益超脫平靜，但思盡力教課，餘時休養自適，完成其著作。……」[11]十月一日，吳再致梅貽琦以訴心曲，仍得梅貽琦勸勉。十一月四日，吳宓致梅貽琦，決定回清華任教。十一月八日，梅貽琦致吳宓函，並附聘書，信曰：「雨僧大鑒：接誦十一月四日手示，備審文旌決於寒假後返回清華任教各節，校中同仁聞悉，同深忻企。茲將聘書寄上，即希察收，於應聘書上簽章寄還。並請準於下學期（一九四七年三月中）返校，毋任盼幸。匆覆。敬頌教綏……尊囑關於尊夫人由滬返平事，已函知留滬照料員丁兆興君洽辦，並已告學淑稟達矣。」[12]

至此，事情似乎已圓滿解決，但出乎梅貽琦意料的是，吳宓再一次做了反覆，停在武漢大學遲遲未得行動。內中緣由據說是吳當初答應劉永濟在武大任教一年，若不踐行，便覺心中有愧，對不住朋友。另在抗戰勝利不久，報載胡適將出任北京大學校長，這個消息對向來與胡氏不睦的吳宓猶如當頭一棒。對此，吳於一九四五年九月二十五日在日記中寫道：「又述教育部擬擴充北京大學（校長胡適，傅斯年代。上月已公布）。統轄北京諸大學，則他日清華更非宓所可安矣。」[13]從這段記述中，得見吳宓對胡適派的厭惡與畏懼心理。

當然，吳氏對胡適派深惡痛絕，胡對吳宓及其周圍的一幫人同樣不無感冒，這從胡適的日記中可以見出。一九三三年十二月三十日，胡適在日記中憤然記載道：「今天聽說，《大公報》已把『文學副刊』停辦了。此是吳宓所主持，辦了三百一十二期。此是『學衡』一班人的餘孽，其實不成個東西。甚至於登載吳宓自己的爛詩，叫人作嘔心！」到了抗戰前的一九三七年二月十九日，胡適在日記中痛責陳銓時，又附帶地把吳宓也拎出來猛踹一腳，胡說：「看陳銓的《中德文學研究》，此書甚劣，吳宓的得意學生竟如此不中用！書中有云：《西遊記》（小說）的作者邱長春（一二〇八—一二八八），他還不知道《西遊記》小說不是邱長春的《西遊記》！他記長春生卒（一一四八—一二七七）都遲六十年，不知根據何種妄書！他又說《聊齋志異》的『作者蒲松齡生於一六二二年（實則生於一六四〇年），山東磁州人』！真不知何以荒誕如此！」

胡適指斥的這位陳銓，早年就讀清華，一度受到吳宓賞識和著意栽培，後赴美、德留學，獲德國克爾（Kiel）大學博士學位後歸國，先後在武漢大學、清華大學外文系任教。其間參加吳宓主持的「學衡派」的一些活動，並為其雜誌撰稿，後任編輯，與川人賀麟、張蔭麟與吳宓過從甚密，被時人稱為「吳門三弟子」。抗戰時期，陳銓執教於西南聯大外文系，一度搞「石頭記研究會」，並因演講《紅樓夢》而大出鋒頭，其創作的戲劇《野玫瑰》、《黃鶴樓》和長篇小說《狂飆》等曾風靡一時。特別是由當紅影星秦怡主演，以國民黨特工人員在淪陷區臥底，並潛伏於大漢奸身邊搞情報兼及三角戀愛的話劇《野玫瑰》，於一九四六年在重慶上演後，山城為之轟動。朱家驊特別邀請陳銓和原西南聯大兩位常委蔣夢麟、梅貽琦一起觀看演出並給予高度評價。時在重慶的共產黨領導人周恩來偕夫人鄧穎超也觀看了演出。一時間，陳銓風光無限。

在抗戰勝利前的一九四三年，陳銓即離開西南聯大赴重慶中央政治學校任教，並被聘為正中書局總編輯。抗戰勝利後，陳銓可能出於和吳宓一樣的顧慮與心境，沒有返回清華，受聘為上海同濟大學文學院外文系主任。一九四九年在國共易鼎之際堅留大陸，繼續在同濟任教兼任復旦大學教授，一九五二年調往南京大學外文系任德語教授。一九五七年被打成「右派」。「文革」爆發後，因他當年在重慶創作的《野玫瑰》和主辦刊物《戰國策》等，成為「糖衣毒藥」、「美化漢奸」、「反黨反人民」的鐵證，陳氏被打成「反動作家」受盡汙辱與折磨。一九六九年一月三十一日這個寒冷的冬日，時年六十六歲，脖子上掛著一塊沉重黑牌的陳銓，在群眾遊鬥中體力不支，頹然倒地，氣絕而亡。曾風光一時、宣揚「一個主義、一個領袖」的劇本《野玫瑰》，被冠以「漢奸、特務文學」批倒、批臭，並被「釘在現代文學史的恥辱柱上」。當然，這是後話了。

且說胡適出任北大校長這一既成事實，在給吳宓精神上造成壓力的同時，也在一定程度上牽扯、阻擋了其北歸的步伐。但此時清華園的大門仍對吳宓敞開，主動權仍握在吳氏手中。一晃到了一九四八年初，在與清華方面聯繫後，吳宓打算下學期棄武大奔清華園任教，遂又舉棋不定，寫信向陳寅恪求教。時已於清華執教的陳寅恪很快覆函，略謂四條：(1)在平薪多而實不為益；(2)書宜售出，免遭兵損；(3)宜授外文系高深課程；(4)華北大局，應視兩月內錦州能否堅守云云。[14]面對陳寅恪的勸告和國共兩黨大軍雲集、兵鋒正盛的北方局勢，吳宓北上的腳步更加踟躕，最終決定留下來繼續觀望。未久，吳宓收到青年學者金克木從北京大學發來的信函，告訴清華已經對他失去了耐心，並有人揚言以後不能再讓他自由回到清華校園云云。至此，清華的大門已向吳宓關閉，當年的藤影荷聲之館裡再也見不到吳雨僧的身影了。

吳宓遲遲未能北歸的原因，與劉永濟的拉攏、陳福田輩的嫉妒、胡適派擠壓、陳寅恪勸告等固然有很大關係，但主要原因則是他頭腦中有一個中國將出現南北朝局面的預測或稱幻想。南北分野既是政治、軍事的，更是文化上的分野，這個觀念早在抗戰勝利之前即已開始。一九四五年三月二十一日，在成都燕大任教的吳宓於日記記載：「六—八訪寅恪。寅恪亦勸宓春假往訪濟（南按：劉永濟）等。觀察情形，再定行止。又權（南按：蕭公權）與寅恪均認為異日華北必入共產黨掌握，吾儕只宜蟄居長江流域，則武大較宜云云。」又，同年十月十日記載：「上午8—10孫貫文來，久談時局。按中國今成南北朝之形勢。河、淮以北，甚至江、淮以北，將為共產黨所據，而隸屬於俄；（近新疆已有爭戰。）南方則為國民黨之中國，號稱正統，（以孫中山為國父，與古昔斷絕。）而稟命於美。異日縱橫相鬥，俄與英、美、日等國大戰，中國適成戰場。而分立鬩牆，互攻互殘。赤縣古國，遂至末日，淪胥以盡。」[15]

就在吳宓蟄居長江流域的珞珈山瞪著警覺的眼睛南北觀望之際，國共兩黨的裂痕越來越大，終至再度同室操戈，相互砍殺起來。面對東北與中原騰起的硝煙炮火，吳宓有離開武大之意，除了躲避臨近的兵禍，還有一點，即吳在武大的生活並不如意。劉永濟雖熱心相邀，但劉本人在武大的地位、權力有限，且不是一個辦事幹練有條理的人，結果弄得吳在武大的飲食住宿都成了問題。加之時局混亂，人心惶惶不安，學校當局又未把吳宓當作一盤特殊的大菜看待，搞得擁有「部聘教授」身價的吳氏在校中處境頗為尷尬，慍怒中便有了「此處不留爺，自有留爺處」的念頭與打算。期間，中山大學欲聘吳宓為該校文學院院長，吳思慮再三，未就聘。又有到美國教授漢文或講中國文化的機會，「然宓決定不去」。[16]後又答應就聘四川大學，到成都任教，並與主辦成都東方文教學院的王恩洋約定，到其院義務講學，目的是從王恩洋研修佛教，「慢慢地出家為僧，並撰作一部描寫舊時代生活的長篇小說《新舊因緣》，以償多年的宿願」。[17]一九四八年十月初，吳宓僱人把書籍行李悄悄運至漢口，不日即乘輪船溯江入川。結果是未及登輪，即被校方勸阻回校。

心中鬱悶煩躁加惴惴不安的吳宓，在珞珈山武漢大學校園又徘徊搖擺了兩個月，突於這年十二月十六日讀到了老友陳寅恪攜眷南歸的消息，大為震驚。因南北交通中斷和國民黨封鎖消息，此時的吳宓才知北平已經圍城，傅作義部即將崩潰，解放軍南下的日子已迫在眉睫，吳宓遂決心入川，以避兵禍，為民族保存文化香火於一隅之地。一九四九年春，吳宓收到陳寅恪自嶺南大學寄來的〈戊子陽曆十二月十五日於北平中南海公園勤政殿前登車至南苑乘飛機途中作並寄親友〉詩，即吳宓所稱的陳寅恪逃離北平時所作〈南飛〉詩與〈乙丑元旦〉詩二首。一九四八年十二月十五日，陳寅恪攜家與胡適等人自中南海勤政殿搭乘傅作義派來的汽車趕往南苑機場的路上，留下了他一生極其重要的「亂離詩」：

戊子陽曆十二月十五日於北平中南海公園勤政殿門前登車至南苑乘飛機途中作並寄親友

臨老三回逢亂離，蔡威淚盡血猶垂。
眾生顛倒誠何說，殘命維持轉自疑。
去眼池臺成永訣，銷魂巷陌記當時。
北歸一夢原知短，如此匆匆更可悲。[18]

詩中的三回亂離，指的是盧溝橋事變、香港太平洋戰爭及國共內戰。「蔡威淚盡血猶垂」句，出自庾信〈哀江南賦〉「申包胥之頓地，碎之以首；蔡威公之淚盡，加之以血」，意在傷悼梁朝滅亡和哀歎個人身世。陳氏借用此典，是把當時的社會嬗變看作像梁朝滅亡一樣的重要歷史事件，藉以傷悼當時政局和個人處境。而「眾生顛倒」之寓意，不僅為當時戰亂中全國生靈塗炭而感傷，更暗示「嬗變」後清華園乃至整個中國在政治高壓下，「眾生顛倒」的局面。後來發生的一系列政治運動，證明了陳氏的預言和被「顛倒」後眾生的悲慘命運。當吳宓讀到「北歸一夢原知短，如此匆匆更可悲」時，感慨悲戚，不禁淚下。吳於哀惋中在陳詩後寫有附注，並作〈將入蜀〉詩一首，藉此紓解心中鬱結的悲情。

將入蜀，先寄蜀中諸知友

步陳寅恪兄〈乙丑元旦〉詩韻

吳宓

餘生願作劍南人，萬劫驚看世局新。
野燒難存先聖澤，落花早惜故園春。
避兵藕孔堪依友，同飯僧齋豈畏貧。
猶有月泉吟社侶，晦冥天地寄微身。[19]

既然陳氏已作「嶺南人」，自己願作「劍南人」。「月泉吟社」原指由一些南宋遺民詩人組成的群體，活動在浙西一帶，以浦江名勝地命名，用詩歌形式表達反元復宋的心聲和意志。月泉一時成為全國文化學術的活動中心和知識分子人格的象徵。吳宓詩的寓意和志向大體是指值此世變，不如隱去，找個清淨的地方，與友同依，與僧同飯，詩書唱和，聊寄餘生。惜時代的大潮沒有讓他這樣做。

二、虎落平川

一九四九年四月二十日，解放軍開始橫渡長江，二十四日南京解放。二十九日，吳宓於慌亂中作別風景秀麗的珞珈山，由漢口乘飛機到重慶，「初意本欲赴成都，在川大任教授而在王恩洋主辦之東方文教學院講學，但因行途不便，遂止於渝碚，而在私立湘輝文法學院任教授，並在梁漱溟主辦之私立勉仁文學院講學。此時，宓仍是崇奉儒教、佛教之理想，以發揚光大中國文化為己任」。[20]十一月三十日，重慶解放，為中央直轄市與西南軍政委員會（大區）駐地。一九五〇年四月，吳宓任重慶沙坪壩四川教育學院外文系教授，兼任重慶大學外文系、北碚相輝學院、勉仁學院教授。同年十月，四川教育學院與國立女子師範學院奉命合併建立西南師範學院，吳宓與方敬、賴以莊、郭豫才等七人為院務委員會委員。歷史進展至此，吳宓後半生的生死榮辱，就緊緊地和這個新組建的西南師範學院捆綁在了一起。

一九五二年，「思想改造運動」在全國展開，吳宓踴躍參加，並於七月八日在重慶《新華日報》發表〈改造思想，站穩立場，勉為人民教師〉長文，委婉地表達了自己一直堅守的文化觀，並放言：「中國即使亡於日本或任何國家，都不足憂，二三百年後中華民族一定可以恢復獨立驅除異族的統治，但若中國文化滅亡或損失了，那真是萬劫不復，不管這滅亡或損失是外國人或中國人所造成的。」此文後由《光明日報》轉載，於全國文化教育界轟動一時。同年十月，西南師範學院在院系調整中擴大建制，並從沙坪壩遷往重慶北郊縉雲山麓的北碚。吳宓自此定居北碚，後半生的一切愛恨情仇、悲歡離合都將在這裡展開。

此時的吳宓尚有點天將降大任於是人，沾沾自喜的感覺，認為：「四川（西南）學生一樣聰敏好學，而需要一位西洋文學通博詳實而又授課講解認真且得法之好教授乎？目前具此資格者在重慶（在西南地區）實只有宓一人，是故為國家計，真應遣派宓駐此地區。」[21]懷揣這樣一種悲天憫人的文化情懷，以中國文化託命之人自承的吳宓，在新的時代大潮中，精神亢奮地在各種會議場所大呼小叫高嚷「我是一塊磚，走到哪裡任黨搬」之時，又交了桃花運，重慶大學法律系一名叫鄒蘭芳的學生暗戀上了他，儘管吳宓已是六十歲的老人，面對這個二十多歲純情少女的示愛有點不好意思，但小鄒很嚴肅認真地告訴說，當今時代天底下最帥的帥哥，就是一代情痴吳雨僧，表示從此之後，生是吳家的人，死是吳家的鬼，非吳不嫁。吳氏聽罷，自是感動不已。一九五三年，吳宓與鄒蘭芳鑽入花燭綻開的洞房，結成了百年之好。可惜百年尚未到來，僅過了兩個春秋，小鄒就不幸病逝，未留子嗣，吳宓後半生短暫的婚姻生活就此結束。對漸入老境的吳宓而言，這場戀愛與婚姻，似是曇花一現，又像大夢一

原西南師範學院校園，後來改為師範大學，後又與原西南農業大學合併為西南大學。

場，其間的痛苦多於幸福。小鄒死後，吳宓復入孤苦伶仃的老年單身漢行列，直到死去，未結姻緣。

一九五五年，西南師院外語系取消帝國主義的英語專業，改設社會主義老大哥蘇聯的俄語，吳宓雖精通英、法、德、拉丁語等歐美語系，但偏偏不懂俄語，身價暴跌，只好由外語系調任歷史系世界古代史教研室講授世界史。此時的吳宓仍滿含熱情把身心投入學校建設和教學研究中，見學校圖書館藏書不豐，特別是稀缺的古舊書更少，便致函北京的親屬，把戰前藏於其家中的一千餘冊書籍寄往重慶，無條件贈予西南師範學院圖書館。這批書中，其中多數是難以在市面上購到的好書，一部分為罕見的善本、孤本，甚至是吳宓留學美國時購買的外文書籍。也就在這一年，吳宓沒有登臺講課，僅參加各種學習，其內容包括批胡適、學辯證唯物主義、自我檢查與批判、工會組織生活、學習憲法等，搞得苦不堪言。對此，吳在日記中載道：「近半年來宓未作詩，少讀書，惟碌碌於上列十事，開會、聽講、撰公文、填表格，故身勞而心苦，至乃每日無時休息，每夕不外出散步，朋友書信斷絕不覆，詩不作，更不親聖賢典籍、古典名著，於是志愈摧、氣愈塞、情愈枯、智愈晦、神愈昏、思愈滯，而身愈瘦、肢愈弱、目愈眩、髮愈白、容愈蹙、膽愈怯，尚不足

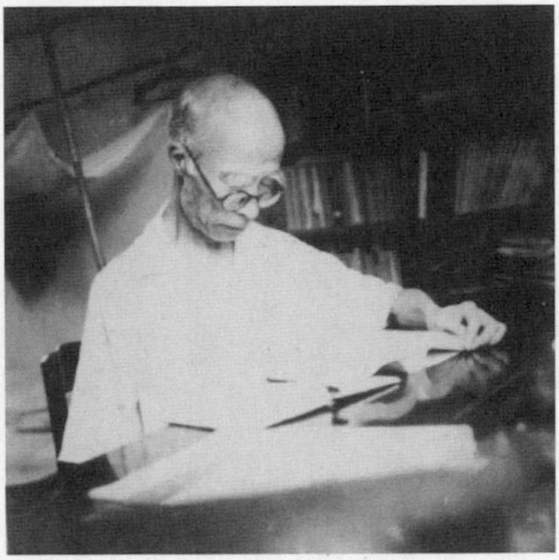

吳宓在西南師範學院圖書館查閱資料

為重輕者矣！」[22]

一九五六年，全國高校進行工資普調與教師定級，西南師院評審組一致評吳宓為一級教授，但吳連寫二信堅辭，提出只要三級，並云：「共產黨對宓太好了，宓怎能提過高的要求呢！」[23]據知情者說，吳宓之所以如此高調對待此事，是暗中受了高人指點，其主題一是謙，二是避。謙是天生固有的謙虛性情和文化良知；避是避校內共產黨出身的年輕幹部，彼輩都在二級以下，吳宓怕在個人利益問題上，超過這些不學無術但整人有方的掌權者，招致嫉妒，引來禍端。後經民主黨派人士曹暮樊（原勉仁學院同事）勸說，遂定為二級教授，月薪兩百七十二・五元。

吳宓向來自奉甚儉，衣食住用甚為儉樸，到手的工資大部分長期用於資助親朋和困難學生，定級後的工資分配情形依然如故。為表示自己積極上進，吳宓經常公開講一些「願終老餘年，報共產黨於萬一」之類迎合時尚的話語。只是吳宓並不善政治辭令，常常弄巧成拙，有一次在政治學習會上，吳慷慨激昂地表態道：「宓在舊中國生活了幾十年，國民黨是我的親媽，共產黨是我的後母，我的親媽死了，我的後母對我很好，超過我

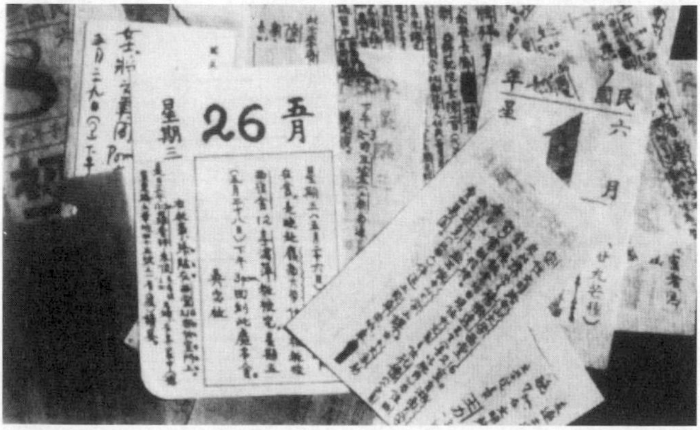

殘存的吳宓晚年日記

的親媽，我更愛我的後母。」[24]此番不倫不類的蹩腳比喻，先是引起一陣竊笑，繼之惹怒了臺上端坐的那些以共產黨為親媽、且「用乳汁哺育了我」的領導，吳宓遭到一頓痛斥，灰頭土臉地退出會場。

一九五七年一月，在重慶市教育工會主辦的敬老會上，吳宓再次有點不識時務地坦陳與中央高層意見相左的言論，公開反對廢除正體漢字和使用簡體字。同年六月，根據中央「引蛇出洞」的「陽謀」，重慶市高校、文化系統展開「大鳴大放」等行動，一些「牛鬼蛇神」紛紛出洞，各抒己見。據六月三日《重慶日報》報導，西南師範學院的外語系熊正倫、秦蔭人，歷史系吳宓、孫培良，教育系郝慶培、鄧胥功，地理系王鍾山等教師，「在發言中，一致主張高等學校仍然應當實行黨委領導制，但須克服缺點，擴大民主」。而「吳宓認為學校還是要用黨委領導制，但他主張實行在黨委領導下的院長負責制，使院長職權分明，名實一致。吳宓和郝慶培都主張在學校設立學術委員會，負責評級、升級等、審查論文、辦理學報等」。想不到十幾天後，中共開始收網，出洞的「牛鬼蛇神」基本盡數裝入網中，作為「右派分子」和人民的敵人接受革命群眾的批鬥。短短幾日，西南師院揪出的「右派分子」多達六百一十二人，如此驚人的數字幾乎居全國高校之首。落入圈套的吳宓終於回過味來，對自己的命運和國家民族前途痛心疾首。從這一時期的吳宓日記中，可見出他對當時的社會形勢、天命人事的分析評判以及內心的恐懼與痛苦：

〔一九五七年六月二十四日〕此次鳴放與整風，結果惟加強黨團統治與思想改造，使言者悔懼，中國讀書人之大多數失望與離心，而宓等亦更憂危謹慎與消極敷衍而已。

〔六月二十八日〕昨接穌六月二十一日函，有云，「近讀夏侯湛〈東方朔畫贊〉，潔其道而穢其跡，清其質而濁其文。人間何世，其用心亦良苦矣。」後之讀宓日記者，可知宓近來每日費時費力於何等事。讀書且不能，遑言著作？自適且不能，遑言益世？犧牲一切，放棄百事，只辦得全身苟活免禍，以獲善終。而已。

〔七月三日〕今晚聞豫言，今日下午4：30本校民盟會中，蕭華清宣稱，澄等之罪甚重，勞動改造仍不足蔽辜，云云。（南按：豫，指郭豫才，歷史系教授、系主任。蕭華清是一九二五年加入中共的老黨員，時為重慶市政協副主席、民盟中央委員、民盟重慶市委主任委員。澄，指的是民盟西南師院支部負責人、師院副教務長、歷史系教授李源澄，因此時民盟已被視為「章羅同盟」，作為民盟負責人之一的蕭華清差點被打成「右派」，只因其與中共重慶市委書記任白戈有師生之誼，任氏出面保他過了「反右」關。對於這位已倒楣的下屬李源澄，蕭華清自然要以批判的態度來「劃清界線」。）

〔七月四日〕此次知識分子被謚為右派，一網打盡。其存心者伈伈俔俔，苟合取容。無學、無才、無德而陰狠忌刻，又諂諛逢迎，如今西師中文系、外語系、教育系、歷史系主任之魏、趙、普、郭諸君者，皆固位得志，而肆行報復矣！……早寢，而以終日參加此運動，神經受刺激過度，久久不成寐。

〔七月七日〕上午復閱並整理五至六月「鳴放」期中之《重慶日報》，尋其議論之蹤跡，則今日被罪斥之右派分子，如鳥之始出巢，弋人早彎弓張網以待矣。

〔七月十一日〕連日開會，宓雖未受檢討，且少發言，亦已極昏倦，夜遂失眠。神經受刺激太多，耳鳴不止。

〔七月十二日〕晨閱昨報，凡鳴放中略抒感憤不平者，悉為罪人矣。此次鳴放及反擊右派，只為偵察不軌，剷除異己，並堅定全國知識分子之社會主義立場，加強其思想改造而已，整風徒託辭耳。即如本校中文系之腐敗與改良辦法，樊既以獲罪，誰敢復言之耶？

〔七月二十二日〕今夕聞賴公言，昨遇委夫婦見告，澄已得瘋疾，見委亦怒斥之曰：「汝亦來打擊我乎？」嗚呼，經此一擊，全國之士，稍有才氣與節概者，或瘋或死，一網打盡矣！（南按：指李源澄被鬥瘋。委，即李源澄之弟李源委，時在西南師範學院圖書館工作。）

〔八月十日〕連日校內獲罪者益多，如總務長葉誠一，圖書館職員侯文正，其父叔兄均誅戮，本人以多言得咎。史三學生賴澄，已奉電回校皆成為右派分子。宓細察此次定罪之徑路及範圍，要以全國各地章、羅之黨羽、民盟之活動為主；故在西師，以澄為中心首犯，若……等，皆視為澄民盟活動之謀逆從犯。」

當此之時，作為民盟西師負責人的李源澄，並未像西師其他一些「右派」如董時光（教育系講師，後死於勞改地）、陳東原（教育系教授）、羅容梓（教育系教授，後死於「文革」中）、孫銘勳（中文系教員，後死於大饑荒）那樣有過激烈的「鳴放」言論，但仍被網羅於密網打成「右派」而折騰成一個胡言亂語的瘋子。在這個足以籠罩整個中國天空大地的天羅地網中，吳宓自是學校當局、特別是他所在系的頭頭們早就想捕獲的一條「大蛇」，只因在鳴放中途吳宓有些警覺，加之受到一位不願透露姓名的世外高人指點，遂利用群獸合圍、爭搶骨頭，直至為分功行賞、老鼠動刀——窩裡反的短暫空隙，左躲右閃突出重圍，成為一條漏網之蛇。

僥幸躲過一劫的吳宓，在驚出一身冷汗的同時，也真切地領略到新政權的厲害。於是心緒惴惴，蟄伏在草叢中喘著粗氣，瞪著眼睛觀看著學院操場上一批又一批被牽出來批鬥，並不時被打翻在地的「右派分子」。物傷其類，兔死狐悲，從這些「右派分子」所遭受的痛楚，吳宓彷彿看到了自己的未來，悲哀愁苦中四處訪問同事，探聽消息，惶惶然不可終日，但又難以掩飾心中的悲憤與文化良知。八月十六日夜，吳宓在讀《史記・秦始皇本紀》時，悲憤交加地在日記中記下了這樣一段話：

二世元年，趙高曰：「……明主收舉餘民，賤者貴之，貧者富之，遠者近之，則上下集而國安矣。」按近今階級革命以得天下，實亦用此術者也。

八月十八日日記中再記：

晚訪新，病臥。（南按：新，即西師教授。）新述八月十五日下午，經忠、藝、修三人來盤問後，寫就二次檢討書繳入，未知能過關否？……新悲歎，自悔昔在燕京時仰望共產黨之非，而今則無術遠遁，寧願原子彈從天而下，毀滅此無人性、不合理之中國，亦所樂矣！[25]

此處所說的燕京，指北平，或指北伐成功前的北京。所謂自悔如今「無術遠遁」，用在吳宓身上似更切實恰當。據吳宓在「文革」中的交代材料「坦白」，除了一九四八年放棄赴美講學機會外，一九四九年二月，「香港大學徵求一位中國學者去做教授（講座），用英語講中國史及中國宗教哲學大要，友人欲以宓薦，且云『必成』。宓即去函阻止」。又，一九四九年十月，「錢穆在香港，和知友們辦一東亞文學院，寄來章程及課表，以『學術主張及宗旨素同』，力勸宓赴港共事。宓謝卻之」。「快到解放時，宓自己決定，不問禍福如何，我決定不到外國去。」[26]據說傅斯年到了臺灣後，曾致函吳宓勸其赴臺任教，而吳亦未應允。

當國民黨軍隊被解放軍全部趕出大陸的時候，國門被鋼鐵一樣堅硬厚實的幕布封鎖，藍色的天空罩上了巨網，可謂天網恢恢，疏而不漏。生活在無產階級專政鐵拳之下的各色人等，即使身上插上翅膀也難以越過沉沉的密網流竄到邊境之外，更不可能像狡兔一樣有三個洞窟藏身避難，只有像被堵住老窩的兔子或其他蛇獸，老老實實地等待被捕獲後，或剝皮，或開膛，或下油鍋任意處置了。正是曾經有過的諸多前緣和機會，才使包括吳宓在內的一批陷於絕境的自由知識分子，發出了如此悲恨交加的哀鳴。只是想像的原子彈沒有從天空落下，而吳宓與他的許多同事卻一步步走向了「自絕於人民」的毀滅之途。

九月二十九日，吳宓日記載：

上午八—九時，委來，詳述其兄澄之瘋疾情形……昔一九五一雪之瘋也（南按：指一九五一年西師女職員張宗芬在鎮反運動中被疑為「特務」而致瘋），宓猶能挺身而出，為求醫，治之癒，且護其兒，多方援助，不恤人言，不畏嫌疑雪為反革命之妻。今於交久誼深之澄，宓乃不敢至其家一探視，亦不能延蔡醫為之診治，足見今日法網之密，禁令之嚴，亦可見宓之衰老畏怯，見義無勇，自視實毫無人格，有生如死者矣。[27]

吳宓述及的這位李源澄，於一九五八年五月，在淒風冷雨中發瘋病重死在床上，時年五十一歲。

李死後，院方將其夫人及女兒送回李的老家四川犍為縣農村務農。而李的遺稿無人收拾，遂皆散失。據說李在一個短暫的清醒之時，將他撰寫的一部《魏晉南北朝史》書稿託付給摯友吳宓，以待將來出版之日。想不到吳宓很快就成了泥菩薩過河——自身難保。而隨著吳宓遭遇的一連串不幸，這部書稿亦不知所蹤，徒讓後人空為扼腕。

此時的吳宓已調往中文系，講授古典文學、外國文學等課程。西南師範學院又掀起了「拔白旗」與「開展教育革命運動」高潮，至六月達到鳴放最高峰，在短短的兩周內，全院師生共寫大字報三百六十六萬零一百四十二張，平均每天三十萬張。就在這個運動的風口浪尖上，吳宓在一次課堂上竟惹下了奇禍。其因是為學生講解「猶……況……」結構和「者……也……」的句式用法，因一時興起，吳脫口說出了兩個例句：「吳宓者，西師之教授也。」「三兩猶不夠，況二兩乎？」同學們聽到如此風趣幽默的句子，禁不住大笑起來，臺上的吳宓也得意地吐了下舌頭，露出了孩子般天真的笑容。

這個時候，吳宓和同學們並不知道，暗伏在課堂中的「積極分子」，立即意識到後一個句式隱含的政治內容，一下課即向學校教務處專門負責收集「教學意見」，實際是地下「情治工作」的人員做了祕密彙報。此時中國大陸經濟陷入困境，物資日益匱乏，遍布中共控制區的大饑荒已經來臨，成千上萬的人活活餓死，各機關、廠礦、企業、學校的工作人員實行配給制，糧油定額不一，但都難以吃飽。吳宓心有所感，順口而出佳句。想不到這一句式被學校當局認為是惡毒攻擊黨和社會主義路線，吳宓受到校領導的嚴厲批評，責令其第二天在課堂上向學生公開檢討，吳宓自是戰戰兢兢地一一照辦。自此之後，吳宓的「三兩猶不夠」作為經典的「罪證」，成為歷次運動中革命群眾批鬥的靶子。為防止吳氏繼續在講臺上藉機「放毒」，學校領導將其當作「白旗」拔掉，不再為學生開課，只偶爾讓其輔導一下中文系和外語系兩、三個立場堅定的青年教師。

一九五九年一月，《西南師範學院學報》發表了中文系學生撰寫的長篇戰鬥檄文——〈批判吳宓先生在「外國文學」教學中的封建階級、資產階級學術思想〉。文章認為吳宓在課堂教學中宣揚資產階級的「人性論」、「天才論」，封建迷信「有神論」，嚴重的「厚古薄今」和「煩瑣的考證」。這一切散發著「毒氣」的「論」，作為吳宓的一大罪證，像擺脫不掉的影子一直伴隨終生，直到死去。

三、康樂園之會

就在全國展開「拔白旗」，批判「厚古薄今」運動中，時任中山大學歷史系教授的陳寅恪與吳宓一樣，遭到無情加無理的批判，陳氏遂向學校提出不再教課，以免毒害更多的師生。身處西南一隅之地的吳宓聞訊，對老友陳寅恪的處境十分關切和掛念，遂產生利用暑假赴廣州探望陳氏夫婦的想法。因全國各高校政治運動如火如荼地進行，吳宓不得脫身，這個願望直到兩年之後才得以實現。

一九六一年七月三十日下午，吳宓作長函致陳寅恪，「述一年來宓之情況。告即來粵晉謁，請通知此行應注意之事項」云云。[28]八月四日，陳寅恪收到吳宓航空信函並做了如下回覆：

雨僧兄左右：七月卅日來書，頃收到，敬悉。因爭取時間速覆此函，諸事條例如下：

一、到廣州火車若在日間，可在火車站（東站即廣九站）雇郊區三輪車，直達河南康樂中山大學，可入校門到大鐘樓前東南區一號弟家門口下車。車費大約不超過二元（一元六角以上）。若達（搭）公共汽車，則須在海珠廣場換車，火車站只有七路車，還須換十四路車來中山大學。故搭公路車十分不方便。外來旅客頗難搭也。若搭三輪車，也要排隊，必須排在郊區一行，則較優先搭到。故由武漢搭火車時，應擇日間到達廣州者為便。嶺南大學已改稱中山大學。

二、弟家因人多，難覓下榻處，擬代兄別尋一處。兄帶米票每日七兩，似可供兩餐用，早晨弟當別購雞蛋奉贈，或無問題。冼玉清教授已往遊峨嵋矣。

三、弟及內子近來身體皆多病，照顧亦虛有其名，營養不足，俟面談。

四、若火車在夜間十一點到廣州，則極不便。旅店由組織分配，極苦。又中大校門在下午六點以後，客人通常不能入校門。現在廣州是雨季，請注意。夜間頗涼。敬請

行安

弟　寅恪敬啟

六一年八月四號下午五點半[29]

吳宓接信，於八月十八日覆函，告知陳寅恪自己先乘船沿長江下行，抵武漢大學訪友，然後啟程赴粵，約於八月二十六日到廣州，糧票所帶甚多，每日可有一斤，無須另備早餐等。

八月二十三日清晨，吳宓由重慶碼頭登船赴武漢大學訪問舊友。到武大後，因故舊較多，來訪者絡繹不絕，直到八月二十九日始由武漢乘火車向廣州駛去。

按原定計畫，吳宓所乘火車到達廣州的時間為白天，但一入廣東境，因洪水氾濫，鐵路多處遭塌阻或淹沒，火車時走時停，直到三十日夜晚十一點三十分才抵車站。時陳家已派出小彭、小彭夫婿林啟漢與陳美延三人前往車站迎候。吳宓出站，「乘中山大學之汽車，過海珠橋，行久久（似甚遠），方到中山大學。即入校，直抵東南區一號（洋樓）樓上陳宅。寅

恪兄猶坐待宓來（此時已過夜半十二時矣）相見」。只見陳寅恪「雙目全不能見物，在室內摸索，以杖緩步；出外由小彭攙扶而行。面容如昔，髮白甚少，惟前頂禿，眉目成八字形，目盲，故目細而更覺兩端向外下垂（八）」。[30]

老友相見，自是一番感慨。儘管陳寅恪目盲病弱，但因吳宓的到來顯得精神興奮，憋在心中的話也如開閘的洪水傾瀉而出。吳宓在日記中敬重地記下了這次相見的場面與陳氏思想志向，謂：「黨國初不知有寅恪，且疑其已居港，而李一平君有接洽龍雲投依人民政府以是和平收取雲南之功，政府詢其所欲得酬，李一平答以二事：（甲）請移吳梅（瞿安）師之柩，歸葬蘇州——立即照辦；（乙）請迎著名學者陳寅恪先生居廬山自由研究、講學——政府亦允行，派李一平來迎。寅恪兄說明寧居中山大學較康樂便適（生活、圖書），政府於是特致尊禮，毫不繫於蘇聯學者之請問也！（宓按：劉文典之為政府禮重，亦必由於李一平之力；典一九五六年對宓所言由於蘇聯學者之曾讀典所著書而追詢及典，乃有政府擬派其赴蘇聯講學之意云云，恐非事實。又按王德錫之得入科學院文學研究所，似亦出於李一平之推薦）。」

吳宓記述中所說的李一平，雲南大姚人，二〇年代初肄業於東南大學，是吳梅的得意門生。青年時代曾領導參與南京「五卅運動」，結識陳銘樞、廖仲愷等人，並參加過北伐。後與林森、陳誠、李四光等人交往甚密，無黨派人士。解放戰爭後期，曾策動雲南滇軍倒戈，為中共政權控制西南建過功勛。新中國成立後，任國務院參事室參事，中國佛教協會常務理事等職。因吳梅早年曾拜陳三立為師研習詩詞，李一平繼之與陳氏家族建立了密切關係。從上述事例中可以見出李一平其人高風亮節與對師友的敬重和情意。

吳氏提到的蘇聯學者請問一事，是流傳於學術界的一則逸聞，說的是一九四九年年底，毛澤東訪問蘇聯，與一代霸主史達林會晤時，對方突然問起陳寅恪的行蹤，毛澤東感到意外，詢問詳情，才知史達林在寫《中國革命問題》時，曾引用了陳寅恪著作中的很多材料。毛澤東不知陳寅恪是何方人士，當然更不知其蹤，但既然世界頭號「大鱷」史達林如此重視，說明此事非同小可，遂立即表示回國查詢後再呈報。當夜，一份特急密電發往北京，相關人員迅速行動，這才知道陳寅恪沒有去香港，而是流落到了廣州的嶺南大學。自此之後，陳寅恪的身影進入了中共最高當局的視野，後來發生的一切政治、生活優待，都與史達林這個詢問有關。這個傳聞不知何時何日，又弄到了劉文典身上。不知是別人附會，還是劉氏為了唬住當時沒什麼政治地位的吳宓而故意自吹自擂，但劉文典於五〇年代確曾被推選為全國政協第一、二屆委員。這一切，隨著陳寅恪自身經歷的釋解，劉文典得之於蘇聯高層重視之說也就不攻自破了。

吳宓這天的日記還有如下記載：「此後政府雖再三敦請，寅恪兄決計不離中山大學而入京：以義命自持，堅臥不動，不見來訪之賓客，尤堅決不見任何外國人士（港報中仍時有關於寅恪之記載），不談政治，不評時事政策，不臧否人物——然寅恪兄之思想及主張，毫未改變，即仍遵守昔年『中學為體，西學為用』之說（中國文化本位論），而認為共產黨已遭遇甚大之困難，彼之錯誤，在不效唐高祖事突厥，藉以援以成事建國，而唐太宗竟滅突厥，即是中國應走『第三條路線』，與印度、印尼、埃及等國同列，取雙方之援助，以為吾利，舉足為左右之重輕，獨立自主，自保其民族之道德、精神、文化，而不應『一邊倒』，為C.C.P.之附庸……但在我輩個人如寅恪者，則仍確信中國孔子儒道之正大，有裨於全世界，而佛教亦純正。我輩本此信仰，故雖危行言殆，但屹立不動，決不從時俗為轉移；彼民主黨派及趨時之先進人士，其逢迎貪鄙之情態，殊可鄙也云云。」[31]

陳寅恪說的共產黨遭遇甚大困難，除了政治上在國際上陷入孤立，更大的困難是全國陷入空前的饑荒，人民衣食無著，因饑餓而死人的事時有發生，國家經濟到了崩潰邊緣。而導致這個惡果的一個重要原因，則是當局沒有效法唐初李淵建國時稱臣突厥的做法，保持獨立的文化道德精神。相反的，正是唐初保持了獨立的文化道德與精神，才於十年後的唐太宗時代一舉滅掉了突厥，成為亞洲第一霸主，創造了稱雄於世的皇皇偉業。反之當世中國政府，其政策是全面倒向蘇聯（C.C.C.P.），搬用蘇聯模式，值得懷疑。正是出於這樣一種思想和考慮，才有了陳寅恪「屹立不動，決不從時俗為轉移」的獨立之精神。至於對趨炎附勢的民主黨派，陳寅恪當年就對其主要成員如聞一多、羅隆基，外加一個學生輩人物、且對陳氏恭奉有加的吳晗等輩不屑一顧，至於對章伯鈞等看風使舵，拍馬溜鬚，隨時找機會拖著第三黨「歸宗」等輩更是不放在眼裡。早在一九五三年七月二十六日，陳寅恪在答朱師轍詩〈癸巳六月十六夜月食時廣州苦熱再次前韻〉中，曾寫下了這樣的詩句：

墨儒名法道陰陽，閉口休談作啞羊。
屯戍尚聞連浿水，文章唯是頌陶唐。

海天明月傷圓缺，嶺樹重樓困火湯。
一瞬百年強半過，不知何處覓家鄉。[32]

陳詩中的墨儒名法道陰陽「六家」，無疑是暗喻中共之外的八個民主黨派（民革、民主同盟、民主建國會、民主促進會、農工民主黨、致公黨、九三學社、臺灣民主自治同盟）。啞羊，本是佛教語言，指不知解悟的僧人。《大智度論》卷三：「云何名啞羊僧？雖不破戒，鈍根無慧，不別好醜，不知輕重，不知有罪無罪，若有僧事，二人共諍，不能斷決，默然無言，譬如白羊，乃至人殺，不能作聲，是名啞羊僧。」清代錢謙益〈葉九來《鋤經堂詩》序〉，有「余今為啞羊僧」句。詩中首聯意指中國文化中無論哪門哪派，都在「思想改造運動」中變成了「啞羊」。陳寅恪對此鄙視有加，且耿耿於懷。一九五五年，時任中國科學院廣州分院院長的杜國庠請陳寅恪出任全國政協委員，陳氏當場回絕並說道：「我眼睛看不見，耳朵還是能聽得清的，那些個政協委員說的東西，淨是歌功頌德，不講真話，沒有什麼意思，我聽著聽著就氣得把收音機關掉。另外，我自己身體不好，患高血壓，怕冷，不適應北京的寒冷。請你轉告周先生，我還是不擔任政協委員。」[33] 陳氏此言，顯然是不樂意與彼輩同流合汙的義憤之舉。

陳詩頷聯的前半句似指此時韓戰雖處於僵持狀態，但仍未結束。「涓水」，即朝鮮平壤北的清川江。就在這首詩寫畢的第二天，即七月二十七日，朝鮮停戰協議正式簽訂，這首詩算是為韓戰做了一個小小的注腳。其後的「文章唯是頌陶唐」句，諷喻當時輿論充斥著對當局和毛澤東的頌揚。陶唐，中華民族上古部族時代的古帝名，即唐堯，與舜並稱上古聖明的帝王。《孔子家語．五帝德》：「宰我曰：『請問帝堯。』孔子曰：『高辛氏之子，曰陶唐，其仁如天，其智如神，就之如日，望之如雲。』」當時有些身患「軟骨症」的知識分子吟詩作賦，把毛澤東與古代的帝王堯舜相提並論，宣傳部門更是藉此大作文章，加以鼓吹，形成了一個「聖人出，黃河清」的輿論大潮。在這股洶湧澎湃的大潮中，終於導致三門峽大壩的出籠，以及該壩建成後至今難以解決的歷史性悲劇的產生。對於當時知識界與宣傳機構聯手打造的「堯舜讚歌」，時在中山大學中文系任教的容庚（南按：抗戰勝利後被傅斯年拒入北大之門的那位），對整日昏天黑地學習毛著，並且還要評選積極分子以作為一種政治榮銜等做法大為不滿，容氏在中文系小組發言中慷慨陳詞，質問負責人：「『言必稱堯舜』，現在大家擁護毛主席跟封建時代擁護堯舜有什麼不同？」[34]此話後來成了容氏反黨反社會主義的「鐵證」，被打入另冊。儘管陳寅恪與容氏關係不洽，陳氏退出中文系與二人關係不睦有直接關係，但在這一點上卻是息息相通的。時在重慶的吳宓有「共頌河清未許悲」的詩句，[35]傾訴了與陳寅恪甚至是容庚等知識分子一樣的鬱悶心理。而就在這首詩寫畢四個月後，馬列主義學者汪籛來到了中山大學勸其北返。陳寅恪與其談話中除了對郭沫若等輩表示不滿，盛怒中還捎帶著大罵了一通民主黨派的朋友，稱他們是「自投羅網」、「無氣節」、「可恥」等。[36]無論是詩文還是談話，皆見出鬱結在陳寅恪心中的憂憤之情，而如今一對離別幾十年的衰弱老友重逢嶺南，陳寅恪傾吐的欲望與心中迸發的激情當是比以往更澎湃勇猛的。

吳宓在陳宅一直談到約深夜十二點半，方由小彭送往中山大學招待所休息。第二天上午，吳再到陳宅與陳寅恪敘談，陳氏「專述二十年來身居此校『威武不能屈』之事實，故能始終不入民主黨派，不參加政治學習，不談馬列主義，不經過思想改造，不作『頌聖』詩，不作白話文，不寫簡體字，而能自由研究，隨意研究，縱有攻詆之者，莫能撼動；然寅恪兄自處與發言亦極審慎，即不談政治，不論時事，不臧否人物，不接見任何外國客人，尤以病盲，得免與一切周旋，安居自守，樂其所樂，不降志，不辱身，斯誠為人所難及；彼臺灣、香港之報紙時有記載寅恪兄之近況及著作者，此類記載乃使人民政府及共產黨更加意尊禮寅恪兄，以反證彼方報紙傳聞之失實而表示我方之確能尊禮學者云爾。其間宓亦插思想改造、教學改革經歷之困苦及危機，附述若干友好之生死存亡情事」。[37]

當天上午，陳寅恪送吳宓《論再生緣》自費油印稿一冊，同時贈〈辛丑七月雨僧老友自重慶來廣州承詢近況賦此答之〉一首：

五羊重見九迴腸，雖住羅浮別有鄉。
留命任教加白眼，著書唯剩頌紅妝。
近八年來草《論再生緣》及《錢柳因緣釋證》等文凡數十萬言。
鍾君點鬼行將及，湯子拋人轉更忙。
為口東坡還自笑，老來事業未荒唐。[38]

《論再生緣》，是陳寅恪先前完成的一部書稿，緣起於清華國學研究院時代的學生、時任上海復旦大學教授蔣天樞，於一九五三年給陳氏寄來一部長篇彈詞《再生緣》。此書乃清乾隆年間浙江錢塘才女陳端生所著之長篇彈詞小說，所敘內容為元成宗時尚書之女孟麗君與都督之子皇甫少華的悲歡離合故事，其中青年女子孟麗君喬扮男裝，一波三折中狀元做宰相，最後在各種陰謀與陽謀的合力夾擊下左衝右突，但總是難以突出男性社會的桎梏與圈套。但陳端生只寫到十七卷，未完成全稿即殞命，後由另一才女梁楚生與其夫許宗彥續作三卷終結，故後世流傳的本子共二十卷。此類彈詞小說，因文字通俗，一向不登大雅之堂，文人學者對此類獨彈詞七字唱之體頗為鄙視。這一好惡在陳寅恪青少年時期同樣有所體現，陳氏說：「寅恪少喜讀小說，雖至鄙陋者亦取寓目。獨彈詞七字唱之體則略知其內容大意後，輒棄去不復觀覽，蓋厭惡其繁複冗長也。」但自「中歲以後，研治元白長慶體詩，窮其流變，廣涉唐五代俗講之文，於彈詞七字唱之體，益復有所心會」。以至到了衰年病目之日，「偶至《再生緣》一書，深有感於其作者之身世，遂稍稍考證其本末，草成此文。承平豢養，無所用心，忖文章之得失，興窈窕之哀思，聊作無益之事，以遣有涯之生云爾」。[39]此為陳寅恪接觸和決心考證《再生緣》的心曲。

自一九五三年九月，病弱目盲的陳寅恪在授課之餘，正式開始《論再生緣》的研究與創作。其過程是先由中山大學派來的助手黃萱誦讀，陳氏逐句逐段琢磨思考，每需查找資料，便由黃萱連同陳寅恪的弟子們相助，爾後在辨別材料真偽的基礎上構思成文，口述於黃萱。對於這段經歷，黃萱回憶說：「他的文章取材廣闊，每篇都是經過一絲不苟地考慮、縝密精心地結構才口授給我筆錄的。雖然這樣敬重其事，還要屢經修改、補充。他常把自己的著作稱為『稿』，如《元白詩箋證稿》及《錢柳因緣詩釋證稿》（後改為《柳如是別傳》）等，即是其例。他說，這都是未定稿，準備有新材料、新見解，便隨時修改增補。」[40]如此循序漸進，一部六萬多字的書稿於半年的時間撰寫完成。

陳寅恪《論再生緣》，內容主要涉及以下三點：一、考證著者陳端生及續者梁楚生兩位才女的身世、家庭背景、環境及作（續）《再生緣》的年代地點；二、論述《再生緣》的內容思想和藝術價值；三、陳氏本人對《再生緣》的感想。當然，陳寅恪對《再生緣》之論，絕不是專作考證家的文章，為考證而考證。他在考證的同時，貫穿著自己的思想和情感，是現代學者對歷史往事的追述，更是對當世環境和民族文化興廢的感痛與哀歎。[41]對於《再生緣》的價值，陳氏做了這樣的評價：「年來讀史，於知人論事之旨稍有所得，遂取《再生緣》之書，與陳端生個人身世之可考見者相參會，鉤索乾隆朝史事之沉隱，玩味《再生緣》文詞之優美，然後恍然知《再生緣》實彈詞體中空前之作，而陳端生亦當日無數女性中思想最超越之人也。」[42]

所謂「思想最超越」，即陳端生對世俗命運的抗爭，特別是一個弱女子以自尊和強悍的作風，窮盡心力擺脫男權社會強加於自己身上的桎梏，追求人性自由和獨立精神。然「端生此等自由及自尊即獨立之思想，在當日及其後百餘年間，俱足驚世駭俗，自為一般人所非議」。[43]這些非議中夾雜了聲嘶力竭的指斥與詛罵：如「習成驕傲凌夫子，目無姑舅亂胡行」，「竟將那，劬勞天性一時捐。閱當金殿辭朝際，辱父欺君太覺偏」等。[44]對著中人物不見容時代的悲愴命運，陳寅恪以傷感的語調發出了哀惋的慨歎：「噫！中國當日智識界之女性，大別之，可分為三類。第一類為專職中饋酒食之家主婆。第二類為忙於往來酬酢之交際花。至於第三類，則為端生心中之孟麗君，即其本身之寫照，亦即杜少陵所謂『世人皆欲殺』者。前此二類滔滔皆是，而第三類恐止端生一人或極少數人而已。抱如是之理想，生若彼之時代，其遭逢困阨，聲名湮沒，又何足異哉！又何足異哉！」[45]

此處明白地指出，自由及自尊之思想，不能為世所容。《再生緣》中的主角孟麗君就是作者陳端生本人的寫照。而陳端生的遭際又何嘗不是追求「獨立之精神，自由之思想」的陳寅恪自身的投影？字裡行間顯示著陳寅恪為時代和時人所不容的內心苦痛。撫今追昔，不免悵然，陳寅恪發出了如下警世感慨之語：

六朝及天水一代思想最為自由，故文章亦臻上乘，其駢儷之文遂亦無敵於數千年之間矣……《再生緣》一書，在彈詞體中，所以獨勝者，實由於端生之自由活潑思想，能運用其對偶韻律之詞語，有以致之也。故無自由之思想，則無優美之文學，舉此一例，可概其餘。此易見之真理，世人竟不知之，可謂愚不可及矣。[46]

陳氏強調自由思想的重要乃普世真理，有自由之思想，才能有優美的文學和真正的學術，而世人竟不知，或竟完全拋棄，自是愚不可及。陳寅恪道出這個已被歷史檢驗的事實，顯然有借古諷今的意味，以先賢的才智和創造的燦爛文化成果，諷喻今人的無知和陳氏本人所處的社會政治環境。表面上考證一部古代彈詞，實在是陳寅恪向世人泣訴自己的遭遇。而更令陳氏感慨萬端的是，隨著歷史的演進，世道人心已隨社會環境發生了重大顛覆性變化，民族文化中優秀的懿德敦敏傳統已不復存在。當《再生緣》書中講到端生的妹妹長生不忘懷端生一段時，陳氏更是悲從中來，謂：「觀其於織素圖感傷眷戀，不忘懷端生者如此，可謂非以勢利居心，言行相符者矣。嗚呼！常人在憂患顛沛之中，往往四海無依，六親不認，而繪影閣主人於茫茫天壤之間，得此一妹，亦可稍慰歟？」[47]陳端生本身既無犯罪受過，雖在憂患之中，六親何至不認？這分明是陳寅恪為自己的遭遇傷懷感歎，心中迸發出的憤懣不平之音。

「文章我自甘淪落，不覓封侯但覓詩。」這是陳寅恪對全篇的總結，也是他晚年心境和志趣、風骨的映射。

一九五四年二月末，《論再生緣》幾經修改終於定稿，中國文化史上又一座里程碑式的篇章就此奠定。過去的歲月，無論是在清華園還是顛沛流離於西南之地，陳寅恪每完成一部著作，都請自己的夫人題寫封面。《論再生緣》完成了，封面依然由唐篔題寫。只是在當時的政治環境中，這部閃耀著「獨立之精神，自由之思想」靈光的稀世珍品，當局不予正式出版，陳寅恪只能自己出資請人用蠟版刻印若干冊，分送友人，以示誌念。這便是吳宓在日記中記載陳寅恪所贈《論再生緣》的背景。

就在陳寅恪《論再生緣》自費油印後不久，前往探訪的著名民主人士章士釗把一份陳氏贈送的油印稿帶到了香港，後輾轉由香港友聯出版社出版，一時間海外震動，議論紛紜，謂陳寅恪大師在大陸不但生活艱難，心情悲戚，所述著作都不能出版，只好自費油印小冊子分發友朋，此乃實為中共對知識分子迫害的鐵證等。海外的議論與政治和道義上的強烈譴責，立即引起北京高層的關注，有關方面與郭沫若、周揚、齊燕銘等負責宣傳文化界的大老交換意見，決定在內地出版陳著和郭氏親自校訂的十七卷本《再生緣》，以回應海外學術界與媒體對陳寅恪艱難處境和著述不能出版的同情、議論與譴責之風浪。這便是吳宓日記所言「彼臺灣、香港之報紙時有記載寅恪兄之近況及著作者，此類記載乃使人民政府及共產黨更加尊禮寅恪兄」。而這個「尊禮」當然不是出於對一位學術大師真情的尊敬與重視，而是作為政治集團之間相互博弈的一個砝碼，進行鬥爭的權宜之計，以這個舉動來「反證彼方報紙傳聞之失實而表示我方之確能尊禮學者」。歷史的詭譎荒謬就在此處，陳寅恪無意中成為中外政治集團博弈的一枚棋子，一旦這個集團不再需要這枚棋子的時候，必然拋之於桌下或垃圾桶。事實上，不但《論再生緣》最終未能出版，陳寅恪本人的悲劇性命運也就注定了。

繼《論再生緣》之後，陳寅恪又強撐病體，開始撰寫晚年最重要的一部大作《錢柳因緣釋證稿》，也就是後來轟動海內外的皇皇大著《柳如是別傳》。

《柳如是別傳》堪稱陳寅恪學術生涯中「發覆」的「典範」之作。如陳氏所言，對於「才學智俠」俱全的柳如是這樣一位民間奇女子，其身世之所以不彰，正是因為「當時迂腐者」和「後世輕薄者」的諱飾詆誣與虛妄揣測，導致人事全非，聲名湮沒。[48]因此，陳寅恪發出了「明清痛史新兼舊，好事何人共討論」的感歎，立志「推尋衰柳枯蘭意，刻畫殘山剩水情」。[49]陳氏對著述結構和內容如此安排，除了柳如是本身有「待發之覆」的材料之多，以及陳寅恪對柳氏「情有獨鍾」，認為是可以與自己在心靈深處對話交流之人外，還有為錢柳二人翻案的意圖。

在以往的歷史敘述中，柳如是不過是明末清初一個倚門賣笑的煙花女子，錢牧齋更是卑鄙無恥的下流人物。一九三一年五月，傅斯年在錢謙益《牧齋有學集》封面上題了如下的幾句話：「此老行事奇醜，斯文之恥辱，人倫之敗類也。然三十載風流，數朝掌故，其書固不可刪，存之益彰其醜焉。」[50]陳寅恪在對錢柳著述「發覆」之後，肯定了柳如是乃一位具有民族大義，有氣節、有主見的忠烈才女。而柳如是被厚誣、封殺、訛傳、扭曲的生命形態，十分類似於現代中國翻天覆地的歷史進程中，中國文化自身的命運。因而陳氏的發覆祛疑工作，透過為錢柳二人辨誣洗冤的表象，暗含為中國文化現代歷史命運清洗煩冤、發覆祛疑的深意。只是限於當時的環境，陳寅恪不得不隱晦地表明錢氏同樣是一個「反清復明」運動的中堅人物，而把主角和表彰的光亮更多地移於柳如是身上。

從《柳如是別傳》這部傳記大作中不難看到，陳寅恪把西方學術手法運用於研究之中的同時，特別注重首倡於清初顧炎武，而為後世樸學家奉若圭

陳寅恪寫作《柳如是別傳》時，與助手黃萱在中山大學寓所工作（1957年3月8日）。

臬的「實事求是」精神。凡立一言，必不拘煩瑣地進行大量考證，甚至逐字逐句地排比考辨，爾後歸納分析，得出結論。因了陳氏對西方學術研究方法的掌握和運用，比之於清代的傳統樸學更高一籌，也更具創新性和突破性。此種長處從兩個方面可以明顯地看出：一是以詩證史，突破了傳統訓詁學沉溺於文字音韻的陋習；二是將具體的人與事的「發覆」，以宏觀的文化視野放在歷史長河大背景下縱橫考察對比，藉此洞悉「大歷史」下人物活動與思想情感變化的幽微，爾後從不易察覺或容易被人忽略的情感與事件中，反觀在歷史進程中所起的積極或消極的作用。在錢柳二人身上，陳寅恪面對的是「衰柳枯蘭」、「殘山剩水」，生發出一股惜舊懷春的傷逝之情自屬當然。但這只是飄蕩於微波之上的浮萍，在浮萍掩映下，則湧動著浩瀚壯闊的急流，只有細讀陳氏全文並加以思考探究，方知作者立意深焉。

雖然，披尋錢柳之篇什於殘缺毀禁之餘，往往窺見其孤懷遺恨，有可以令人感泣不能自已者焉。夫三戶亡秦之志，九章哀郢之辭，即發自當日之士大夫，猶應珍惜引申，以表彰我民族獨立之精神，自由之思想。何況出於婉孌倚門之少女，綢繆鼓瑟之小婦，而又為當時迂腐者所深詆，後世輕薄者所厚誣之人哉！

寅恪以衰廢餘年，鉤索沉隱，延歷歲時，久未能就，觀下列諸詩，可以見暮齒著書之難有如此者。斯乃效《再生緣》之例，非仿《花月痕》之體也。[51]

一個倚門賣笑的弱女子，在明清易鼎之際，竟比五尺男兒更看重家國、民族大義，並具有堅持獨立思考、拒絕曲學阿世的凜然正氣。正是這種將生命體驗內化於史料的「心通意會」，才使身處風雨如晦的年代裡的陳寅恪發思古之幽情，探文化之良知，求天道之轉還；才促使一位目盲病弱的老人，於暮齒之年窮竭心力，為這個被士大夫輕蔑的奇女子立傳，以彰顯我民族「獨立之精神，自由之思想」。透過這樣一個易鼎時代中的特殊人物，把明末清初那段波瀾壯闊的歷史，以百科全書式的視野展現於世人。這部「痛哭古人，留贈來者」的大書，以其豐富的史料和精密的排比、考據，「忽莊忽諧，亦文亦史」（陳寅恪語）與穿插其間的陳寅恪天才的感悟融為一體，濃縮了陳氏一生的學養和志趣，無疑是百年中國一位大學者奉獻給人類的創世紀之作。

正當陳氏於錢、柳內心世界跋涉追索，藉此抒發心志之時，吳宓到訪並有了陳寅恪〈辛丑七月雨僧老友自重慶來廣州承詢近況賦此答之〉贈詩。吳宓不愧是陳氏的知己，對於這首詩的寓意，自是心領神會。詩中的「五羊重見」，自是指廣州中山大學康樂園陳、吳重逢。第二句似謂陳寅恪雖身在嶺南，而心靈的寄託實在別處。頷聯的第一句，自是指一次次政治運動，使得陳氏教學徒遭白眼、嘲諷與批判，甚至性命堪憂。而「著書唯剩頌紅妝」，是此詩情感思想最為關鍵所在，可視為該詩的詩眼。就淺顯的寓意而言，儘管此時陳寅恪教書和撰著都不合時宜，但堅守民族文化巋然不動，繼絕扶衰，為這一文化命脈的延續苦心孤詣，尋覓精研，以澤被儒林，傳香火於後契。此舉正應了明末清初一代大儒顧炎武「人間尚有遺民在，大節難隨九鼎淪」之精神風骨與文化血脈湧動不息的預言。《柳如是別傳》透過一代奇女子柳如是的縮影，既是表彰我民族獨立之精神，自由之思想的光榮歷史，更是陳寅恪人生追求與思想信念的光輝寫照。

對於陳寅恪的贈詩與談話，九月一日，吳宓在日記中做了如下記述：「堅信並力持：必須保有中華民族之獨立與自由，而後可言政治與文化。若印尼、印度、埃及之所行，不失為計之得者。反是，則他人之奴僕耳。」又「細述其對柳如是研究之大綱，柳心愛陳子龍，即其嫁牧齋，亦終始不離其民族氣節之立場，贊助光復之活動，不僅其才之高、學之博，足以壓倒時輩也。又及卞玉京、陳圓圓等與柳之關係，侯朝宗之應試，以父在，不得已而敷衍耳。總之，寅恪之研究『紅妝』之身世與著作，蓋藉此以察出當時政治（夷夏）、道德（氣節）之真實情況，蓋有深意存焉，絕非消閒、風流之行事……」[52]

因環境和時間限制，此時的吳宓只能記述大概，對陳氏的思想情感及其詩文和寫作《柳如是別傳》更深層的用意，不可能全面深刻理解，何況當時沒有時間詳細翻閱陳氏這部大著。其中一個明顯的隱喻，吳氏似沒有意會。就在吳、陳相會的半年前，即一九六一年二月，毛澤東發表了他那首一夜之間傳遍大江南北的〈為女民兵題照〉七絕詩：「颯爽英姿五尺槍，曙光初照演兵場。中華兒女多奇志，不愛紅裝愛武裝。」

面對中華大地一片喧騰，喊殺之聲此起彼伏，刀光劍影中紅妝盡退，綠裝叢生，開創了千年未有之一大變局，雙目失明但心靈敏感的陳寅恪已經預感到了什麼。幾年之後「文革」爆發，五尺之槍的子彈不是射向美帝蘇修，而是瞄向了從各行各業、特別是文化教育界拖出來的知識分子的頭顱。那捆紮於綠色軍裝中間寬大厚重的銅頭皮帶，所抽向的目標正是陳寅恪、吳宓之類千萬教授和自由知識分子那薄薄的腦殼。面對即將到來的「摧枯拉朽」的革命風暴，陳寅恪企圖在歷史文化進程的險絕處，以「頌紅妝」的獨特方式，提示世人挽狂瀾於既倒，扶大廈之將傾。只是山河已改，大勢已去，他所有的用心和努力，只能落得個「衰淚已因家國盡，人亡學廢更如何」[53]了。

九月三日早晨，原嶺南大學校長，時從中大普通教授晉升為中山大學副校長的陳序經，請吳宓到家中共進早餐。席間，陳氏談到在西南聯大任教時與吳宓的友誼，以及南開大學的張伯苓、張仲述兄弟、經濟學家何廉等故舊好友。在談到陳寅恪時，陳序經特別提及陳氏由北平南飛轉至上海後，給時任嶺南大學校長的陳序經發電，有南來之意。陳序經表示「竭誠歡迎」，陳寅恪一家始往廣州。又談到「解放後寅恪兄壁立千仞之態度：人民政府先後派汪籛、章士釗、陳毅等來見，勸請移京居住，寅恪不從，且痛斥周揚（周在小組談話中，自責，謂不應激怒寅恪先生云云），今寅恪兄在此已習慣且安定矣」。[54]

當天晚上，吳宓往陳宅辭謝並晚餐，決定於第二日告別陳寅恪一家北返。此為吳宓與陳寅恪自哈佛同窗以來五十年

1959年2月8日（春節），陳寅恪夫婦與女兒小彭（後右）、美延合影。（引自陳美延編，《陳寅恪集》〔北京：生活・讀書・新知三聯書店，2009〕）

中所見的最後一面。臨走，陳寅恪有〈贈吳雨僧〉詩：

問疾寧辭蜀道難，相逢握手淚汍瀾。
暮年一晤非容易，應作生離死別看。
因緣新舊意誰知，滄海栽桑事已遲。
幸有人間佳耦在，杜蘭香去未移時，玉溪生重過聖女祠詩原句。
圍城玉貌還家恨，桴鼓金山報國心。
孫盛陽秋存異本，遼東江左費搜尋。
弦箭文章那日休，蓬萊清淺水西流。
鉅公漫詡飛騰筆，不出卑田院裡遊。[55]

陳詩前四句自是抒發兩位老友相隔千里，道難路險，相見時難別亦難的感慨。接下來則暗含吳宓的愛情姻緣。

吳於一九二九年與結髮之妻陳心一離婚，此後開始了漫長而又徒勞無功的追逐心中的「聖女」毛彥文的生涯。當追毛的單相思大夢徹底告破後，於一九五三年在西南師院與鄒蘭芳結婚，未及生兒育女，鄒又因體弱多病而病逝。鄒的去世，給剛剛嘗到一點愛情滋味的吳宓又一個沉重打擊。因而每到吃飯之時，再次淪為單身漢的吳宓必放置兩雙碗筷，以為去世的鄒妻留有位置，藉此表示思念之情。幾年之後，寂寞難耐又無處尋覓女性以結百年之好的吳宓，復又生出與前妻陳心一重婚的念頭，並於一九五九年一月二十九日致函陳寅恪夫婦請其參謀。函中大意說：「心一素健，而近者屢病，憂其將先宓而逝。昔讀顧亭林晚年〈悼亡詩〉，嘗生感而思及心一，以心一昔曾為宓鈔寫之《學衡》文稿，又寄發外人訂閱之《學衡》各期，助成宓之理想事業，亦猶如亭林夫人之『北府曾縫戰士衣，酒漿賓客各無違；虛堂一夕琴先斷，華表千年鶴未歸』云云。」[56]

陳寅恪夫婦接信後，很快覆函，對吳與髮妻重婚之事極表贊同。吳宓接信後做了如下記錄：「正午，接陳寅恪兄一九五九年二月十日覆函。極贊宓與陳心一復合。錄去年夫人唐篔瑩六十生日，寅恪撰贈聯云：『烏絲寫韻能偕老，紅豆生春共卜居。』『（寅恪）自謂此聯可代表十年生活情況也。』宓按，上句敘寅恪目盲，夫人為做書記。下句指人民時代紅色政權同屈子之安命居南國也。」[57]

1923年，吳宓與夫人陳心一、長女吳學淑攝於南京東南大學。

陳寅恪之詩，除了敘述自己的境遇，顯然是想勾起吳宓對往昔時光的回憶，並將這份溫情投射到與陳心一破鏡重圓的美好現實中。想不到吳宓前瞻後顧，左右搖擺了兩年，與陳心一重婚之事仍無結果。因而，當他此次拜訪陳寅恪夫婦即將離別的時候，唐篔專門讓小彭把在廣州的吳宓與陳心一所生長女吳學淑召到家中，與吳見面並共餐，以讓吳宓真切感知兒女親情，重溫與髮妻陳心一共度時光的舊夢。因吳宓已明確離廣州後將重遊北京並會見時在北京定居的陳心一，唐篔除了復勸吳抓住機會與原妻和好外，還鄭重其事地贈陳心一方糖一包，強行讓吳宓轉贈。同時贈詩二首，其中末首為：

送雨僧先生重遊北京

北望長安本有家，雙星銀漢映秋華。
神仙眷屬須珍重，天上人間總未差。58

唐篔之詩，明確表達了期盼吳、陳重婚的良好祝願。遺憾的是，吳宓北返，仍在合與分之間反覆無常，終於無果而終。

九月四日晨，吳宓自中山大學招待所出發，乘車趕奔火車站，登上了開往北方的火車。陳寅恪詩中一句「暮年一晤非容易，應作生離死別看」，竟一語成讖。

九月六日晨，吳宓抵達北京。先後會見了賀麟、李賦寧、金岳霖、錢鍾書、楊絳等昔日清華同事和弟子。賀麟對吳宓任教西南師院頗為惋惜，認為是虎落平川，難有容身和發揮才學之處，日後必然遭到犬欺。同時賀告訴吳一個消息，中共掌管宣傳和文化的大員周揚「嘗公開主張，應調取宓為中央文史館研究員，命宓住居北京，專力續譯沙克雷之小說。賀麟欲陪導宓往謁周揚，宓懼禍，辭未往。惟此事而論，周揚實際上宓之真知己，亦『可人』哉！」59

據吳宓在〈自編年譜〉中所說，早年創辦《學衡》時，曾翻譯過英國小說家沙克雷的小說《鈕康氏家傳》（*W. M. Thackeray The Newcomes*），並在《學衡》連載，每期登一回。此為吳宓一生中最得意之譯作，也受到外界廣泛關注和好評，周揚當時應為關注者和好評者之一，因而幾十年後產生了調吳宓入京繼續從事這項翻譯工作的想法。當賀麟對吳宓透露這一消息並欲拉吳順杆往上爬時，已對政治有了警覺的吳宓沒有回應，內中原因，許多年後吳宓在校訂〈自編年譜〉時做了這樣的解釋：「若竟從之，後來周揚得罪，宓必致牽連。然謹慎不往，伏處西師，一九六八年以後仍受種種之懲罰與鬥爭，則何如其往耶。」[60]

綜觀吳宓一生為人處世，憨厚有餘而精明不足，結識的敵人與仇家自不必說，往往在許多時候被不懷好意的同事、朋友，甚至弟子引入早已挖好的坑中，上當受騙，落入無妄的屈辱與災禍之中難以自拔。但這一次卻是少有的異數，吳清醒而自尊地做了拒絕，在當時看來，這個抉擇是明智的。至於日後於西師遭受的侮辱與肉體折磨，就不是吳宓的心智所能控制得了的。

一九六一年九月十三日早晨，吳宓在元配夫人陳心一住處檢視從昆明運回、存放於此處的兩箱書籍，做了妥善安排，準備離開北京。早餐時，吳宓面對陳心一賢慧的品性和殷勤伺候，想起陳寅恪夫婦特別是唐篔再三讓自己與陳氏重婚的殷切叮囑，有些動情，但仍心神不定，無法下定決心剖白心事。聯想到自己已是六十七歲高齡，陳心一也衰老了，此次分別，未必能再相見。想到此處，「忽覺悲從中來，幾於食不下嚥」。[61]餐畢，吳宓在陳心一和友人陪同下於北京火車站登上了西去的列車，吳陳這對恩怨夫妻就此永訣。

吳宓此次西行，除應陝西師範大學之邀前往講學，還在妹妹吳須曼陪同下由西安返回家鄉涇陽安吳堡探親訪友，此為吳宓離開安吳堡五十一年後首次返回故土，自是感慨良多。吳在安吳堡住一宿，於九月十七日返西安，旋回重慶西南師院。此次重返，等待他的自然不是鮮花美酒，而是陷阱和地獄。

吳宓先是被內部監控使用，繼之作為「資產階級教育思想腐蝕青年」的典型受到一次次批判。到了一九六四年，吳宓原擬在暑假、十月上半、十二月下半請假再度南下，探望他一直掛念於心的陳寅恪夫婦，並打算在中山大學「住半年，為寅恪兄編述一生之行誼、感情及著作，寫訂年譜、詩集等」。[62]但三次出訪計畫和努力均告落空。當最後一次南渡化為泡影，吳宓悲劇命運的高潮大幕隨之開啟。一九六五年初，「四清」運動全面展開，吳宓被革出教師隊伍，不准再授課，屬他所做的是接受師生批判與校內組織的勞動改造。

一九六六年，「文革」風潮突起，吳宓被打成「牛鬼蛇神」和「反動學術權威」關進「牛棚」，成為重點批鬥對象。除了站「鬥鬼臺」接受批鬥，還要戴白紙高帽遊街示眾，接受眾人的打罵與人格侮辱。其間，大量日記、文稿、藏書遭到洗劫，落入學校造反派手中的一部分，則一一審查，看是否能從字縫裡找出反黨反社會主義的罪證。吳宓早年以「學衡派」代表聞名學界，一生提倡國學，無論是板書、鋼筆字，幾十年來一直為直行書寫，正體字。當文稿、日記被查抄後，紅衛兵從字縫裡沒有找到反革命吃人的罪證，卻從書寫格式和字體本身找到了「罪證」，遂進行大肆批鬥。生性耿直、倔強的吳宓內心不服，說毛主席詩詞也有繁（正）體字，難道他老人家也反黨反社會主義？話剛一出口，就挨了兩個大嘴巴，接著被紅衛兵卡住脖子按倒在地，拳腳相加，揍了個鼻青眼腫。最後拖下去的時候，一紅衛兵頭目喝了一句：「毛主席寫繁體字是革命的藝術，你吳宓寫繁體字就是反革命的禍水。」[63] 言畢，朝已呈麵條狀的吳宓臀部猛踹一腳，吳立撲，躺在地上半天動彈不得。

一九六九年四月二十七日，吳宓與中文系「牛鬼蛇神」教師七人，被學校工宣隊、專政隊押解到離重慶七百里外的梁平縣鄉間的西南師範學院分院勞動改造。在一次批鬥大會開始前，專政隊派出一群革命小將拖著吳宓向會場狂奔，接近食堂時，身體虛弱的吳宓已跟不上小將們的步伐，身體下墜，高呼饒命。專政人員見狀，怒火頓起，幾個小將把吳宓身體架於空中，像投擲麻袋一樣猛地向前推出，吳宓從空中落下一個踉蹌撲倒在堅硬的磚鋪地上，當場左腿骨折，痛得在地上打滾兒。少頃，小將們把吳宓架上一張桌子做成的「鬥鬼臺」開始批鬥。吳宓站在臺上，疼痛難忍，汗如雨下，未鬥幾個回合就從臺上滾落下來昏死過去。專政組人員見狀，認為吳宓以裝死的手法抗拒革命行動，罪加一等，於是令人將其拖到一間密不透風的小黑屋關了起來。半夜時分，吳宓從昏迷中醒來，面對漆黑的四壁，不知身在何處，疼痛與饑餓使他難以忍受，遂趴在堅硬的地上，抬起浮腫的手拍打著上鎖的木門喊道：「我是吳宓教授，

1962年，吳宓（左二）在西南師範學院與研究生討論課程。

給我開燈……我餓得很呵，給我一碗稀飯吃吧……我是吳宓教授，給我水喝……」

斷斷續續的聲音在暗夜中傳出，哀婉淒厲，撕人心肺。只是任其如何拍打叫喊，不見一個人影前來探望，直至吳宓力盡泣血，聲音由沙啞轉為全啞的三天之後才被放出。經此一番折騰，吳宓左腿致殘，膝關節脫臼，多日尿血不止，全身浮腫疼痛，只有拄杖才可站立。儘管如此，專政人員還要強令其早晚架拐在廣場「練習行走」，稍一停留即遭到拳打腳踢和幾個響亮的耳光。六月二十一日，在專政組人員押送下，吳宓得由梁平回到重慶西南師範學院，經人背負回宅。對於這段經歷，《吳宓日記》有載：「宓受一生未經歷之苦，凡五十七日。」[64]

一九七一年，因戰備原因，西南師範學院被強令遷往梁平縣、忠縣農村辦學。吳宓向校黨委寫報告請求「年老衰弱留校勞動」，未被批准，仍以戴罪之身被遣送到梁平縣屏錦區七間橋農場勞動改造。其間獨住一無頂、席牆，逢雨即漏水的工棚內，睡的是重疊的馬槽式床板，生活困頓。一月二十九日上午，身在校舍的吳宓突然感到身體不適，一種錐刺般的隱痛與不祥預感在心中瀰漫，心坎裡生出一股從未有過的蒼涼與悲哀。在極度的苦痛、憂傷中，吳氏隱約感到了什麼，他身披大衣臥床朗誦王國維〈頤和園詞〉，繼之默吟陳寅恪〈王觀堂先生輓詞〉，直至「涕淚橫流，久之乃舒」。[65]

自這天起，陳寅恪的身影不斷在吳宓睡夢中出現，且經常夢到二人在一個世外桃源秉燭長談，直到洞外出現狼嗥虎嘯或令人恐怖的巨蟒盤亙在洞壁上，吐著長舌發出「滋滋」瘮人之聲，驚醒的吳宓抹著滿頭汗水，才知是南柯一夢。如此這般，吳宓於恍惚中度過半年，陳寅恪仍是音信全無。痛苦與思念皆達到極致的吳宓於同年九月八日，提筆給中山大學革命委員會寫去一信，以老友的身分詢問陳寅恪狀況。信曰：

廣州國立中山大學革命委員會賜鑒：

在國內及國際久負盛名之學者陳寅恪教授，年壽已高（一八九〇光緒十六年庚寅出生）。且身體素弱，多病，又目已久盲。不知現今是否仍康健生存，抑已身故（逝世）？其夫人唐稚瑩女士，現居住何處？此間宓及陳寅恪先生之朋友、學生多人，對陳先生十分關懷、繫念，極欲知其確實消息，並欲與其夫人唐稚瑩女士通信，詳詢一切。故特上此函，敬求 貴校（一）覆函示知陳寅恪教授之現況、實情。（二）將此函交付陳夫人唐稚瑩女士手收。請其覆函與宓。不勝盼感。

附言：宓一八九四年出生，在美國哈佛大學與陳寅恪先生同學，又在國內清華大學及西南聯合大學與陳先生同任教授多年。一九六一年宓曾親到廣州貴校，訪陳先生及夫人（時住居嶺南大學舊校舍內）。自一九五〇以來，宓為重慶市西南師範學院教授（一九五八以後，在中文系），但自一九六五年起，已不授課。現隨學校遷來梁平新建校舍。覆函請寫寄「四川省萬縣專區，梁平縣，屏錦鎮、七一房郵局，交：西南師範學院中文系教師，吳宓先生收啟」。即致

敬禮。

一九七一年九月八日吳宓上[66]

吳宓的信發出後如泥牛入海，始終未得到回音，在焦灼等待中，只有默默吟誦陳氏詩文以紓解心中積塞的鬱懣與思念之情，心中渴盼與老友再次相聚的日子。但這一切，只能成為一個布滿塵土的殘夢縈繞於心間。其時正在勞改的吳宓自然不會知道，當他伏案寫這封信的時候，陳寅恪已去世一年零三個月了。[67]

四、陳寅恪之死

吳宓作別陳寅恪夫婦離開中山大學康樂園，陳氏在感情震盪平息後，又於孤寂中把全部心思放在《柳如是別傳》的研究寫作中。一九六二年六月十日，已是七十三歲高齡、雙目失明的陳寅恪入浴時不慎滑倒於浴盆中，右腿股骨頸跌斷，次日進中山醫學院第二附院救治，因疼痛過度，三天昏迷不醒。醫生考慮其年紀偏大，若開刀手術其體質難以承受，經家屬同意和醒來的陳寅恪本人認可，乃採取保守之物理療法，但效果不佳，從此斷肢再也沒有復原。半年後的一九六三年一月二十一日，為了過個團圓的春節，陳寅恪出院，在凜冽寒風中被人抬回家中。

目盲臏足的陳寅恪失去了活動能力，整日躺在床上，或被抬放到一張木椅上靜坐，外界的光明與他已徹底絕緣，只有無盡的黑暗與他為伴。淒風苦雨中，陳寅恪於元宵節作〈癸卯元夕作，用東坡韻〉詩一首：

燈節寒風欲雨天，凌波憔悴尚餘妍。病室中有水仙一株。
山河來去移春檻，身世存亡下瀨船。
自信此生無幾日，未知今夕是何年。
羅浮夢破東坡老，那有梅花作上元。68

這年的元宵節在二月，蘇東坡有〈二月三日點燈會客〉詩，內有「蠶市光陰非故國，馬行燈火記當年」等句。詩即步東坡韻而作。尚以溫暖著稱的南國，在這年二月仍然透著寒風苦雨的冷意，這種苦境既是現實的，更是陳氏的心理感受。第二句中的「凌波」，是水仙花的別名。頷聯中的「春檻」，典出五代王仁裕《開元天寶遺事》「移春檻」條：「楊國忠子弟每春至之時，求名花異木，植於檻中，以板為底，以木為輪，使人牽之自轉。所至之處，檻在目前，而便即歡賞，目之為移春檻。」後一句「下瀨船」之瀨，即湍流。「下瀨船」，指平底的快船行於淺水急流之中。整個頷聯指世事興廢，時轉勢移，人生變化之快。頸聯中的「今夕是何年」，襲用蘇軾〈水調歌頭〉詞「不知天上宮闕，今夕是何年」句。尾聯中的「羅浮」指羅浮山，即廣東道教名山。「東坡老」乃陳寅恪自況，意為自己已經衰朽，與上聯的「自信此生無幾日」對應。尾聯的後句與前句實出自同典，據柳宗元〈龍城錄〉載：「隋開元中，趙師雄遷羅浮。一日，天寒日暮，在醉醒間，因憩僕車於松林間酒肆旁舍，見一女人，淡妝素服。與語，但覺芳香襲人。至酒家共飲，有綠衣童子，笑歌戲舞。師雄醉寐，久之東方已白，起視，乃在大梅花樹下。」遂感而賦入律古風一篇以誌焉。內有「醉眸不見隴頭梅，壚邊長臥不肯醒。恍兮惚兮安在哉？人生彷彿羅浮夢！」後人稱作「羅浮夢」。此典故意指好景不長，人生如夢。後也用「羅浮」、「羅浮美人」、「羅浮夢」等代指梅花。

此詩乃陳寅恪預見了自己行將就命，不久於人世的情形，同時道出了面對時局的憂傷與內心的悲涼。在這一艱難時局與破碎心境中，陳寅恪立下了在告別人世之前，完成最後一件因緣大事的雄心大願，遂加快了《柳如是別傳》的創作。在助手黃萱協助下，陳寅恪不憚辛苦，經之營之，鉤稽沉隱，終於於一九六五年完成了這部長達八十餘萬言的皇皇巨著，為中國歷史傳記文學開一嶄新篇章。「其堅毅之精神，真有驚天地泣鬼神之氣概。」[69]

此後，陳寅恪再度用盡殘力，以蠟燭成灰、淚盡泣血之意志，著手書寫《寒柳堂記夢》，以記敘其三世及本身舊事，作為對這個世界最後的告別。令陳氏始料不及的是，隨著「文化大革命」的到來，最後的願望竟成為一曲魂斷西天的殘夢。

「文革」爆發後，在大鳴、大放、大字報、大辯論的「四大」聲浪中，中山大學的「革命者」聞風而動，開始造起反來。霎時，整個校園內雞飛狗跳，人喊馬嘶，大字報鋪天蓋地。陳寅恪由原來的大字號「資產階級反動學術權威」，也水漲船高地被加封為「牛鬼蛇神」、「封建餘孽」、「死不改悔的走資派」，同時被指斥為大肆揮霍國家財產，享受高級護理待遇，非美帝國主義的藥物不吃，有意汙辱為其理療的年輕女護士等的「罪魁禍首」。而隨著原中共廣東省委第一書記、中共中央中南局第一書記陶鑄被打倒在地，一直頗受陶氏關懷的陳寅恪更是雪上加霜。在一份紅衛兵撰寫的「戰報」中宣稱：「像中大歷史系教授陳寅恪，簡直是革命陣營中一枝大毒草，陶鑄卻偏偏要格外照顧他、優待他……這樣浪費人民的血汗，去照顧一個『反動文人』，他究竟安的什麼心？」[70]

　　在神州鼎沸，子夜唯聞唱鬼歌的陣陣呼嘯聲中，跟隨陳寅恪多年的助手黃萱被造反派趕走，不許她再與這個「反動文人」見面。當年受陶鑄直接關懷而委派到陳家的三名護士被撤除，陳寅恪工資停發，個人一點存款被凍結，並以中山大學「特號反動權威」之罪被批鬥，三個女兒中的老大、原在醫院工作的陳流求，被從四川發配到西昌一個幹校勞動改造；老二小彭、老三美延均被發配到廣東英德茶場幹校勞改，家中只有陳寅恪夫婦相依為命。一個目盲臏足，一個體弱多病，兩位老人相濡以沫，艱難圖存。因工資停發、存款被封，陳氏夫婦生活無著，只得寫「申請書」上呈學校黨委，請求恩賜。這份被保留下來的「申請書」大意有二：一是陳寅恪心臟病加重，為維持殘弱的病體，在粗食已經難進，只能進流食的情況下，請求用自已被凍結的一點積蓄，每日購買四支牛奶喝，「以維持生命，不勝感激之至」。[71]

　　一九六九年，陳寅恪一家被造反派掃地出門，由原校園內所居二層小樓遷至中大校園西南區五十號一所四面透風、搖搖欲墜的平房居住。此時目盲臏足的陳寅恪病體衰弱得已不能吃飯，只能進一點湯水之類的「流食」，偶有親友偷偷登門拜望，躺在病榻上已說不出話，只是眼角不斷有淚流出，望者無不淒然。身處困厄絕望的陳寅恪自知將不久於人世，面對幾次被「革命者」亂拳打倒，心臟病日趨嚴重，幾乎癱瘓的唐篔，認為愛妻可能將先於自已命赴黃泉，悲涼無助中，夫妻相對而泣。奄奄一息的陳寅恪，憐夫人之悲苦，歎命運之不公，心懷無盡的怨憤與痛楚，留下了生命中最後一曲輓歌〈輓曉瑩〉：

涕泣對牛衣，卌載都成腸斷史。
廢殘難豹隱，九泉稍待眼枯人。[72]

一九六九年五月五日下午，躺在床上氣脈已竭的陳寅恪，再次被迫向當權者做口頭交代。陳寅恪有「我現在譬如在死囚牢中」之語，終至淚盡而泣血，口不能言方休。延至十月七日晨五時三十分，心力衰竭的陳寅恪於淒風苦雨中溘然長逝。十一月二十一日，唐篔撒手人寰，追隨陳寅恪而去。

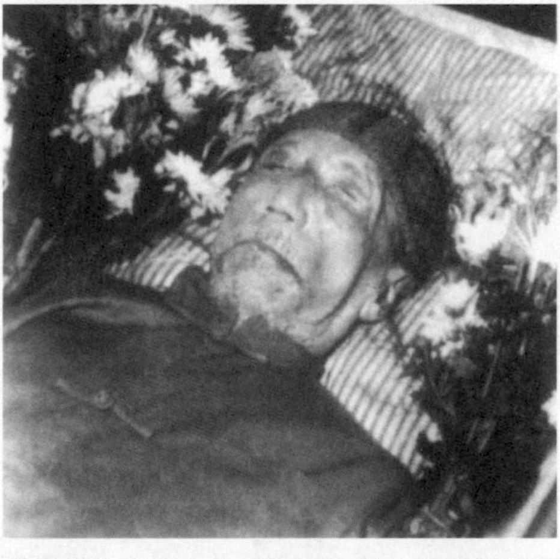
陳寅恪先生遺容。1969年10月17日於廣州殯儀館攝。（引自陳美延編，《陳寅恪集》〔北京：生活・讀書・新知三聯書店，2009〕）

關於陳寅恪生命旅程中最後一段時光的生活以及因何致命創傷而死去，當時住在中山大學的梁宗岱夫人甘少蘇在回憶錄《宗岱和我》中說：「那時候，挨整的人及其家屬都特別害怕高音喇叭，一聽到高音喇叭聲，就戰戰兢兢，因為紅衛兵經常用高音喇叭通知開會，點人出來批鬥遊行；而出去一次也就是小死一場。歷史系一級教師陳寅恪雙目失明，他膽子小，一聽見喇叭裡喊他的名字，就渾身發抖，尿濕褲子。就這樣，終於給嚇死了。」[73]

泰山其頹，梁木其壞，哲人其萎。三百年乃得一見的史學大師就此遠去。

五、吳宓之死

目盲臏足的陳寅恪走了，遠在西南之地鄉間勞動改造並一直牽掛著陳氏夫婦的好友吳宓，也即將走到生命的盡頭。

自那封向中山大學革命委員會詢問陳寅恪夫婦是死是活的信函發出不久，身在四川梁平仍獨身生活的吳宓，算是真正虎落平川遭犬欺，墜入了漆黑看不見盡頭的人間地獄。按造反派規定，在三頓飯前，「反動學術權威」們都要拿著碗筷站在豎立的毛主席雕像前報名「請罪」，如我叫吳二，或我叫馬六，我不是個好東西，一貫反對毛主席的革命路線，是一個混帳王八蛋等。若稍有遲緩或吐字不清就要遭一頓毒打，不但飯食免掉，涼水也不准喝一口。幾個月後，吳宓原患眼疾加重，右眼忽然全盲，左眼患嚴重白內障，即將失明。面對如此不幸命運，吳宓發出了「實不能應付生活，不如速死」[74]的悲鳴。

一九七二年，已是七十九歲，行將就木的吳宓被允許自梁平返回重慶養病，住在原校內文化村老一舍樓三層一間九平方米的小黑屋中。自一九七〇年起，吳的工資就被學校扣發，每月只給三十元生活費，且吃藥、療傷均包括在內，生活極其艱難。吳宓回校後，因腿斷眼瞎，生活基本不能自理，只得託人從當地雇一老嫗曾婆婆服侍，書信由學校中文系曹慕樊老師代讀，生活的難度越發加大。無奈中，吳不得不靠借債度日。這年七月十二日，吳令人代為寫信向舊友姚文青求助，信中說，「每月發薪時『特別扣發兩百三十四元』（扣發之錢另行存儲），迄今已共『扣發』了五千數百元」，「固宓一生喜助人，迄未積聚一元錢」，「因宓經濟困窘……今懇求兄惠助宓十元（作為還宓前款十元，宓亦樂受）。不勝感盼之至」。[75]這個時候，負責管制的專政人員和紅衛兵殘渣餘孽，不時以「獻金贖罪」為名詐其錢財。據與吳宓一同關入「牛棚」的同校教授譚優學回憶，吳宓若特別需要用錢，可打報告由學校批准從被扣工資中支取少部分，有一次紅衛兵與吳宓談話，一次就榨去二百元，或許此款就是吳專門打報告特批取得後的「捐獻」。當時西師有「格借勿論」的口號在「牛棚」中流傳，即凡是專政人員與紅衛兵向「反動分子」借錢，被借者必須「捐獻」，否則整你沒商量，罪加一等，搞你個死去活來。

在如此艱難處境中，吳宓在陝西老家的弟弟、妹妹以及好友吳芳吉之子經常寄一些零錢給予接濟，但生活仍然困苦。學校留守人員曾與吳的女兒們聯繫，希望吳氏姐妹來重慶照顧一下她們那個腿斷眼瞎的父親，但回覆說：「解放前我們母親就與他離婚了，我們沒有贍養他的義務！」[76]在這種情況下，校方只能同意吳宓與陝西老家的妹妹吳須曼取得聯繫，並讓對方想辦法，以免死後喪事無人料理而屍身臭在屋內。

一九七三年九月下旬，在陝西涇陽縣麵粉廠工作的吳須曼來到重慶西南師範學院文化村老一舍樓吳宓住處探望。兄妹相見，百感交集。此時吳宓已經禿頂，只有少許稀疏的白髮和白鬚，面容憔悴，神情憂鬱，一派風燭殘年的衰頹模樣。環視屋內，灰塵遍布，除一張單人床，另有三抽書桌、小書架和舊藤椅各一，書架上擺著一堆同樣布滿灰塵的中外書籍。唯一屬於自己的家當是擺在地上的樟木箱和一只小皮箱。生活用品只有一條單薄的被單，之上是一床堆在床頭的爛被子，衣服只有兩三套，一件藍布面的棉襖縫補多達三十餘處，可見年月之久。另有一床蚊帳，據說購於一九三八年，上面滿布窟窿與用紙黏糊的補靪。問及購衣物必需的布證和棉花票，回答一樣也沒有。吳須曼望著腿瘸眼瞎的長兄哆哆嗦嗦的樣子和孤獨求助的眼神，禁不住潸然淚下。十月初，吳須曼回到涇陽，即刻向同事湊了一些布票、棉花票買來布匹，縫製了棉衣、棉褲、被子和毛衣、毛線帽等衣物寄給吳宓，以備過冬。

一九七四年春，「批林批孔」運動在西南師範學院漸入高潮，專政組人員想起還有個「老古董」貓在文化村一舍三樓三十七室，且這個「古董」向以宣傳國學為榮，這孔老二和林彪都是「克己復禮」的倡導者，吳宓自然是他們的孝子賢孫，儘管腿瘸眼盲，但他「人還在，心不死」，說不定正在做著「克己復禮」的黃粱美夢，必須進行批鬥改造。於是，吳宓被一夥專政人員從宿舍裡連拖加拉地弄出來，先在校門內毛主席巨幅塑像前「請示」，罵一頓自己是王八蛋，然後被架上操場中的「鬥鬼臺」開始批鬥。這一天，吳宓似乎有點反常，倔強的性格如同回光返照般再度顯示出來，態度強硬地表示：「只批林，不批孔」，「沒有孔子，中國還在混沌之中」云云。[77]當問及「你對林彪搞『克己復禮』怎麼看，是不是中了他的流毒」時，吳宓低著的頭猛地抬起，大

晚年的吳宓

聲說：「『克己復禮』是很高的文化標準，林彪是反革命，他不配搞『克己復禮』。」幾句話搞得批鬥者大怒，當場將其升級為「現行反革命分子」，拖下「鬥鬼臺」先是一頓毒打，爾後戴上一頂紙糊的高帽被幾個大漢拖著遊行示眾。

經過「批林批孔」運動幾次批鬥和毒打，吳宓的身體更顯衰頹，心理更加脆弱，對外界的一切都產生恐懼。吳須曼的長婿魯予生去武漢出差，順道去重慶探望吳宓，代表吳須曼邀請吳宓返鄉居住，以便照顧。吳表示同意，並與吳須曼書信往來商談回鄉的具體細節。但到了五月，吳宓突然致信吳須曼，表示自己不再回鄉，願長久住在師院文化村直到壽終，並在「近處的梅花山上火化遺體，藏放灰瓶」等。對於這一變故，吳解釋說：「我所以做出這樣的決定，理由甚多，其中最重要的是第五條……聽人述說故事，在四川省有許多『地位高（工廠、機關、學校之領導人）、名望大、工資極多』的人，退休後回家，住在省城、縣城中，歸居民委員會及街道辦事處管理，還是對他很好、很尊重，但他所住的小街巷中，卻有一部分流氓群眾（形同劫匪），忽在半夜裡破門而入，說他是『地主餘孽』，是『反動學術權威』，是『資產階級、反革命分子』，把他用刀砍傷，而搶劫去了他的錢財、器物，全部不留。」[78]

吳須曼看罷來信，心中一片茫然，不知如何回覆、解釋是好。後來逐漸得知，根據上級指示精神，西南師院已有為吳宓發還過去扣除工資的風聲，一九七二年即被扣除五千多元，那麼到一九七四年應補發一萬餘元。這在當時可謂天文數字，不是一般工人和職員所能望其項背的。正因為如此，吳宓開始陷入專政隊與校內外宵小的雙重包圍，信中所說的第五條，即是宵小們欺騙恐嚇的結果，因為一旦吳宓離開重慶，這夥人詐騙錢財之夢就隨之破滅。一生憨厚純正的吳宓果然中計，日後的悲慘結局似乎成為必然。

一九七五年，吳須曼接到吳宓信函，講述自己身體狀況和孤獨之境：「最近又有頭暈，腦沸耳鳴不時發生……我身邊極少人來談話，出外更無人作伴……」妹妹讀罷來信，想像著兄長一人孤苦生活之不易，遂決定再赴重慶，說服對方回到家鄉居住。這年八月，吳須曼再次來到西南師範學院文化村吳宓居處，很明顯可以看出，吳又比上次兄妹見面越發衰老不堪，死神隨時都有前來敲門的可能。

時值盛夏酷暑，但吳宓居室的窗戶和門上小窗卻全部用釘子封死，不大的小屋如同一個不透氣的蒸籠，吳須曼不解地問何以如此，吳宓答怕人晚上破門而入，拿刀砍殺自己搶劫財物才這樣做的。吳須曼又問是誰讓這樣做的，吳宓答是重鋼五廠的工人楊宗富出的好點子。此時的吳宓不怕死神敲門，而怕活鬼鑽窗子，亦可見人世間這群活鬼給吳宓心中造成的恐懼遠遠大於死神。吳須曼又看到桌子上擺了一個小鬧鐘，問是何時所買？吳宓答是楊宗富買來和自己的手錶交換的。吳須曼一驚，不解地問：「你那是一只國外進口的名牌手錶，價值幾百元，這個小鬧鐘不過幾元錢，這種交換太不等價了！」吳宓沉默了一會兒，說：「楊宗富說他工作需要手錶，這鬧鐘不但可以鬧，而且字大，我容易看清。」吳須曼搖搖頭，歎口氣，不再吭聲，心中已明白長兄何以怕回陝西老家遭到「流氓群眾」搶劫的理由了。而隨著進一步了解，越發明白這一理由確是宵小們恐嚇阻止的結果。

第二天，吳須曼攙扶著吳宓到學院儲蓄所取了一點款子，營業員告訴吳宓存款已全部取完了。吳須曼為此又感到不解，回到居處問及一萬餘元的工資何以這樣快就花光了？吳宓皺了下眉頭，斷斷續續地說：「有些親友和學生目前生活很不寬裕，我須不時地對他們接濟一些。前次有個過去的姓淩的女生，現在已經有工作，前一段要去上海治病，急需兩千元，我就如數給了她。」

當吳須曼問及後來那個女生的病情如何了，吳宓想了一會兒說再也沒有見過她的面，但又像小孩似的辯解說：「濟人之難總是好事。」被問得急了，吳宓對有些事也覺得不可思議，如他保存的二十六本一九三五年由上海中華書局出版的《吳宓詩集》，不到半月便被來人「偷走」，每到吳發工資時，有人便拿了詩集讓吳宓出錢贖回，一本詩集索價幾十元。這幾十本詩集是吳宓歷經八年抗戰、三年內戰，越過千山萬水，克服無數次艱難險阻，好不容易才保存下來，豈容眼看著任其流落？何況這詩集中還收有「吳宓苦愛毛彥文」的動人情詩？於是，吳宓便拿錢一本一本地贖回。當詩集基本回到原處，屋內的其他書又開始丟失，不久又有人送來要求以錢贖回。有的學校同事見用此法非常容易得手，索性把幾年前當面借閱未還的書籍從家中翻出來，送到吳宓處要求用錢贖回，愛書如命的吳宓大都見書付錢，用高價贖回一部分不能成套的中外文書籍。但未過幾天，手稿、日記等又被「偷走」，又需重新贖回。如此循環往復，吳宓大約一半的工資花在了贖回自己書和手稿、日記上。在被一次次高價贖回的《吳宓詩集》中，有「飛揚頗恨人情薄，寥落終憐吾道孤」[79]的詩句，其中「吾道孤」三字，正應了吳氏此刻內心的想法，也是其一生際遇，半生淒涼的悲愴寫照。

詩集、書籍、手稿、日記等騙錢的道具幾乎全部散盡，群小們抓住吳宓長期遭到恐嚇、批鬥和殘酷折磨，見人便心驚膽戰且神經近乎失去控制的心理，乾脆拋開所有道具和花樣，直接登門索要或空口騙取。每到發工資之日，一些人便前來告貸，只要加以哄騙與恐嚇，吳宓的神經就不能自制，很快如數奉上。有一日，忽來幾個學生模樣的年輕人，拿著一封信在念，大意是吳的一個學生因住醫院動手術，急需一筆款子，請吳老師給予幫助，錢款可由來人帶回云云。當此之時，照顧吳宓的曾婆婆正在屋裡收拾東西，覺得有點不對勁兒，過去一看，年輕人讀的竟是一張白紙，上面根本無一字。曾婆婆知道又遇上了騙子，急忙出門到隔壁喚學校的劉老師前來察看。恰巧劉老師不在家，她的女兒隨曾婆婆進門，要過那張紙一看，果然一個字也沒有，質問對方是怎麼一回事。唸信者支支吾吾說不上來，劉老師的女兒急忙召來保衛處的人，把幾個年輕人帶走。後來聽說為首者姓張，是想詐取吳宓一筆錢財，因表演太過自信和直白，露出馬腳，被曾婆婆識破，才未得逞。

儘管如此，當吳須曼提出讓其回陝西老家時，吳宓仍不答應，其理由仍是怕「流氓群眾」半夜持刀闖進門來，圖財害命。群小們對其施加的流言和恐嚇之「深入人心」，藉此可見。吳須曼無法，只好獨自返回陝西。

一九七六年，號稱禍國殃民的「四人幫」被打翻在地，一個新時代即將來臨。這年十二月，吳須曼接到一位朋友從重慶北碚發出的信函，謂吳宓臥病在床已有多日，朝不保夕，有一次從床上滾下來，在地上睡了一夜，第二天才被曾婆婆發現，其狀甚慘，請家鄉速派人前往探訪。吳須曼憂心如焚，急忙向單位領導請假，於十二月三十日乘飛機趕往重慶。此時的吳宓躺在床上已不能行動，身體極度虛弱，面容枯槁，眼窩深陷，神志有些迷惘，並出現輕度的痴呆症狀，望之令人鼻酸。當吳須曼擦乾悲傷的淚水，再度提出接其回家鄉療養時，吳宓終於說出了「好，回吧！回吧！」幾個字。吳須曼聽罷甚為欣慰和激動，在徵得學校領導同意後，立即急電長婿魯予生偕自己的長子王玗火速來渝，並請學院辦理相關手續，幫忙購買火車票。此時吳宓萬餘元的存款早已贖光散盡，所有的錢竟只有枕頭下的七分硬幣。

一九七七年一月八日晨，雨雪瀰漫，吳家人用一把涼椅綁成滑竿樣的轎子把吳宓抬於樓下，乘學校派出的吉普車冒著風雪，滿懷淒然地離開了文化村，傾注了吳宓十七年心血並留下痛楚記憶的西南師範學院就此消失於風雪之中。

吳宓回到家鄉涇陽，先住吳須曼在麵粉廠分到的一間宿舍，三天後在廠外對街租賃一間民房安居，漂泊了六十餘載的遊子終於回到了故鄉懷抱。其間，一些親朋故舊前來探望，令吳宓的心靈得到一絲安慰。唯經過長期批鬥折磨，心靈深處的創傷與恐懼難以消除，神志仍有些恍惚。每次招呼吃飯，雙眼幾近全盲的吳宓都要以謙卑的神態小聲問道：「還要請示嗎？」當家人連說幾遍「『四人幫』已經打倒，不要請示了」，方才敢碰碗筷。有時夜間驚起並大呼：「快開燈，我是吳宓教授，我餓得很呵，給我一碗稀飯吃吧，我要喝水……」

一九七八年一月十七日凌晨，在孤獨與驚懼中氣脈已竭的吳宓終於走到了生命盡頭。一顆承載著民族學術巨量的孤寒之星，於黎明的暗色中劃過天空大地，就此寂滅無息。[80]

六、絕響

就在吳宓於中國西部鄉間暗夜的屋子裡，神經質地叫喊「我是吳宓教授，給我一碗稀飯喝吧」之時，遠在北京的一家醫院裡，一個瘦削乾癟的老頭躺在病床上，同樣有些神經質地在夜間呼叫：「我老金呵，我是高級幹部……」接著便是一陣胡言亂語，最後進入昏迷狀態。這個自稱「高級幹部」的老頭，就是金岳霖。

所幸的是，老金沒有像吳宓一樣就此閉眼西去，而是躺在病床上與死神經三十個回合、六十個重手，拔了一個多月的軲轆後，終於由鬼門關破門而出，從陰間摸索著回到了陽界，爾後直起腰板，大踏步走向了一九七八年那個明媚的春天。

就在這個乍暖還寒的早春，中國的政治寒冰開始解凍，潛伏於河床下層的激流沖破高壓和黑暗破冰而出，於陽光照耀中捲起歡騰的波浪，一個具有歷史轉折意義的新時代業已來臨。衝破禁區，撥亂反正，為冤案平反，知青返鄉，學校撤銷紅衛兵組織，傷痕文學發軔，《哥德巴赫猜想》橫空出世，舉世矚目的十一屆三中全會召開，「科學技術是第一生產力」等等一系列令人眼花撩亂的事件、口號、宣傳標語，伴著喇叭褲、鬈毛披肩髮、迪斯可舞曲，構成了二十世紀中國第三次歷史劇變的偉大年代。

這年二月，歷經苦難的金岳霖康復出院，他此前撰寫的〈評羅素的所謂「永恆的真理」〉文章，正好於《哲學研究》第一、二期合刊發表，似是專門為老金擺脫死神的糾纏、重返人間大地而頒贈的賀禮。二月二十四日，老金以全國政協委員的身分和榮譽，在京參加了第五屆會議並做了慷慨激昂的發言。四月二十二至二十四日，香港《萬人日報》分期發表了何水中撰寫的長篇通訊《金岳霖》。七月二十一日，香港《快報》發表無依依的文章〈懷念金岳霖教授〉。八月，老金的名作《邏輯》一書由三聯書店第三次印刷發行，香港《大公報》予以報導。九月十五日，香港《文匯報》發表四維的文章〈金氏邏輯〉。同月，臺灣遠景出版社出版了由陳鼓應記錄、整理殷海光臨終前話語的《春蠶吐絲》一書，書中多處談到殷海光求學時代和金岳霖的交往及對金的評價。同年，由金岳霖主編的《形式邏輯》書稿在出版社積壓了十四年之後，經部分作者再次修改定稿，於一九七九年二月交出版社發排。與此同時，老金潑墨揮毫，開始書寫早已醞釀成熟的《真理論》大著。

儘管老金以亢奮的心情和「老夫聊發少年狂」的喜悅姿態投入到工作、學習、生活之中，但舊相識者發現，此時的老金已經不再是當年的金岳霖了，除了容貌形體的變化，還有他那經過幾十年鍛造和歷練，脫胎換骨般的新思維……

一九四九年九月，隨著國民黨軍在北平郊外退卻與解放軍節節勝利，未受中共高層喜歡的原清華哲學系主任馮友蘭知趣地提出辭職。根據吳晗等人的意見，由與中共交情尚好的金岳霖繼任清華哲學系主任。幾個月後，老金官運亨通，又被任命為清華文學院院長兼校務委員會委員，並有幸參加了《毛選》一卷的英文版翻譯定稿工作。

一九五一年秋，周恩來向京津高校三千多家名教師做了長達五個小時的〈關於知識分子思想改造〉的報告。報告中，周以身示範，主動檢查自己的歷史錯誤。當天參加會議的金岳霖對周恩來的舉動佩服得五體投地，既然身居高位的一國總理都如此拿自己「開刀」，作為一個小小的大學教師又有何不能對自己進行外科手術式的「解剖」？懷著對中共領導者的萬分敬仰和一顆怦怦跳動的心，回到學校之後的老金就開始在文學院帶頭解剖自己，當時通行的說法是「洗澡」。

據金岳霖的學生周禮全說，當時按照群眾參加人數的多少，澡盆分為小澡盆、中澡盆和大澡盆，急於改造的老金一開始就搬來大澡盆對自己猛洗狠搓，但要達標或過關也不是一個簡單的事情，因為老金畢竟是從中華民國時期的清華和西南聯大過來的人，總擺脫不了自由知識分子的名士氣與頭腦中固有的思想、生活觀念，對新式的馬列主義、毛澤東思想，刻苦鑽研了好長時間也沒有鑽上幾個窟窿。儘管如此，老金在洗澡中還是盡量以馬克思、毛澤東思想理論為準繩，誠惶誠恐地檢討說：「在日本占領北京之前，我有一次碰見錢稻孫，他那時是清華的圖書館長。我表示非抗日不可。他說萬萬抗不得，抗，不只是亡國，還要滅種。我很想打他，可是受了『不能打』這一教訓的影響，沒有打。」老金檢討畢，滿以為自己在民族立場上是站得住腳的，結果遭到聽眾一頓劈頭蓋臉的棒喝，其中有一句：「蔣介石讓美國船在長江自由航行，你一句反對話都沒有說。」如此這般，表明老金對自己的靈魂解剖不夠，大號澡盆算是白用了，仍是灰頭土臉的光棍一根，不能擠入純潔的無產階級隊伍中來。幾十年後，老金在回憶這段往事的時候還說：「我不得不承認在這一點上，我確實喪失了民族立場。群眾的眼睛是雪亮的。」[81]

此後的日子，老金在刻苦攻讀馬列書籍的基礎上總結經驗，先後三次在全院師生大會上沉痛檢查，歷數自己的經歷和腐朽思想，說到自己的思想不端和可惡之處，聲淚俱下，痛悔不已。金說：「我在十九歲的時候到美國去讀書，在五四運動的時候，已經在大學研究院讀了兩年書。這時，知識分子自高自大的心已經養成了。憑個人的興趣，我已陷入資產階級腐朽哲學的泥坑。回國後，我又介紹這一類的形而上的、概念圖案式的哲學，並且還努力創造了這一類的個人哲學體系。」又說：「因為我根本不願意問政治，我有一套表面上看來實在是莫名其妙的糊塗思想。我贊成共產主義，可是又反對共產黨。在昆明談到共產黨有解放北京的可能時，我表示我願意接受共產黨的領導，可是在北京解放前我又表示動搖……像我這樣的知識分子的主要思想是一種特別的保守主義，一

1951年清華哲學系師生合影。第一排右起：周禮全、羊滌生；最後排左起：沈有鼎、張岱年、王憲鈞、金岳霖、鄧以蟄、任華、馮友蘭。

種『騎驢』主義。我個人固然不十分想做在我前面騎馬的人，但是更不要做在我後面推車的人。我的主要思想是要維持原來的統治。」[82]最後，老金認為自己「從前是對不住人民的人，是有罪過的人」。[83]

隨著改造運動不斷深入，老金的狠話隨之加重，其間又寫了兩篇極其沉痛的懺悔錄和檢查，把自己的唯心主義和反動思想罵了個狗血噴頭。由此，老金得以過關，並成為五〇年代初期知識分子自我批判和改造的優秀代表，此後所寫的批判文章頻頻出現於中共高級報章雜誌上，成為引導知識分子隊伍改造的一面大纛。

由「騎驢」觀望到騎上紅色戰馬一路狂奔，且過關奪隘成了紅色經典角色的老金，並未忘掉革命隊伍中那些落在自己後邊、彎腰弓背的「推車的人」。時已失勢的馮友蘭被校領導指定用大盆「洗澡」，必須在清華文學院和全校範圍內做深刻的思想檢查，但幾次洗下來，馮氏身上的灰甚至皮肉都掉下了不少，參與的群眾覺得馮氏可以馬虎過關，但領導層仍認為只掉皮毛沒觸及靈魂，仍是「問題嚴重」，不能過關。對此，馮氏痛苦不堪，又不知如何洗下去是好。對這一切，作為新科文學院院長的老金看在眼裡，痛在心中，遂產生了「拉兄弟一把」的念頭。據周禮全回憶說：有一天上午，老金叫自己陪他一同到馮友蘭家中去，因為馮下午要做思想檢查，給他鼓鼓勁，好順利過關。在馮的客廳裡，老金說了一些勸慰和鼓勁的話，馮點頭表示謝意。當幾人站起來告別時，老金突然激動地大聲對馮說：「芝生，你問題嚴重啊！你一定要好好檢查，才能得到群眾的諒解。」馮接著說：「是、是、是，我問題嚴重，問題嚴重……」金岳霖猛地上前幾步，抱住馮友蘭，「兩顆白髮蒼蒼老人的頭緊緊地依偎在一起，眼淚和鼻涕齊下……」下午兩點，馮友蘭被勒令在文學院全體師生和燕京大學部分前來「取經」的教師面前做思想檢查，「剛開始說話，就泣不成聲。此後約兩個小時的檢查都是在極其沉痛的情緒下做出的」，經過這一番折騰和老金暗中助力，馮友蘭終於得以過關。[84]

一九五二年院系調整，全國六所大學（南按：北京大學、清華大學、燕京大學、南京大學、武漢大學、中山大學）的哲學系合併為北京大學哲學系，老金調任北大哲學系主任。一九五三年三月五日，聲震寰宇的史達林撒手歸天，毛澤東前往蘇聯駐中國大使館弔唁。三月九日，毛發表了〈最偉大的友誼〉一文，以此悼念史達林。此時的老金覺得無產階級最重要的領袖去世了，思想上「開始有保衛黨的要求」。是年，在朱伯崑、任繼愈等人根據上面指示具體操作下，老金加入了中國民主同盟，後曾任民盟中央常委等要職。

據老金回憶說：「解放初，張奚若忙得不可開交，梁（思成）、林（徽因）參加國徽設計工作也忙得不亦樂乎。我好像是局外人。有一次在懷仁堂見到毛主席，他對我說：『你搞的那一套還是有用的』，這我可放心了，我也就跟著大夥前進了。」[85]老金正如他自己所言：心一放下，便借坡下驢，立刻換上高頭大馬，不是跟著「大夥前進」，而是後來者居上，衝鋒在前，狂奔如飛，很快超越了梁思成、林徽因等「大夥」，達到了同行們仰慕的高度和深度。據當時北大哲學系學生羊滌生、劉鄂培等輩回憶：那時的老金已年近花甲，視力衰退，精力大不如前。但「在這段時期裡，金老擔負繁重的行政、教學科研工作，又要孜孜不倦學習馬列主義，還要以他切身經歷教育同學，和與同事促膝談心，互相幫助，共同進步。金老不服年老，始終保持著高昂的革命激情。因為金老已下定決心，終身獻給黨的教育事業。金老的一次發言是我們永遠難忘的，他緊捏著拳頭，捶著桌子，鏗鏘有力地說：『我決心在黨和毛主席的領導下，做一個真正的人民教師！』語言剛勁有力，激情奔放，它打動了在座的師生，大家含著熱淚迎上去表示歡迎，這時金老早已熱淚盈眶。」[86]

一九五五年春，老金奉調到中國科學院哲學研究所籌備會，九月被任命為中國科學院哲學研究所副所長兼邏輯研究組組長。老金晚年在回憶從清華到哲學所這段生活時說：「解放後調整到北大。周培源先生說要我做北大的哲學系主任。我說我不幹，還說艾思奇擺在那裡，不去找他，反而來找我。周培源說：『要你做，你就得做。』我就做起系主任來了。不久就有人當面大罵我一頓。這樣的事，在舊社會不是開除他，就是我辭職。在新社會怎麼辦呢？不知道。結果他不走，我也不辭。事也辦不了，更談不上辦好辦壞。」又說：「到了哲學所，另一副所長張鏞說我應該坐辦公室辦公。我不知『公』是如何辦的，可是辦公室我總可以坐。我恭而敬之地坐在辦公室，坐了整個上午，而『公』不來，根本沒有人找我。我只是浪費了一個早晨而已。這以後沒有多久，哲學所的同志做出決議，解除我的行政職務，封我為一級研究員。顯然，他們也發現我不能辦事。如果我是一個知識分子的話，我這個知識分子確實不能辦事。」[87]

據查，老金所說的解除職務，是他的糊塗或者誤會，當時，哲學研究所領導無權解除老金的行政職務，事實上也沒有解除，只是決定老金不必每天到研究所坐在辦公室裡無「公」可辦了。於是，老金在家中搞起了研究和寫作。

一九五六年六月十日，老金在北京飯店請客。老朋友接到通知後都納悶，不知請客緣由何在。待人到齊後，老金突然起身宣布：「今天是徽因的生日。」來者無不驚訝，並為老金的一片痴心真情所感動。

儘管老金心中一直思念著林徽因，但在感情的大海中有時也翻起點異樣的漣漪，投下另一種影子。據與金岳霖相識的中共黨員、民盟中央副主席李文宜於一九九三年回憶，二十世紀六〇年代後期，老金作為民盟中央常委，經常參加民盟組織的學習活動。在學習期間與同組的名記者浦熙修過從甚密，金常約浦到自己家中用餐。因為金家有一位高手廚師做得一手好菜，無論中西餐都讓金老滿意，也得到浦熙修的賞識。不久，他們便相愛了，並準備結婚。不巧的是，此時老金因病住院，浦熙修也確診患了癌症。當時正在批判彭德懷的右傾機會主義（南按：浦熙修的三妹浦安修是彭德懷夫人），同時得知浦熙修的女兒恰好又是彭德懷愛侄的未婚妻。在當時的歷史條件下，李文宜考慮到這兩代人的婚姻可能為政治問題所牽連，並且老金是黨員，又很單純，不一定了解這些情況的複雜性。於是，李便決定插上一手，在去醫院探望金時，她婉轉地勸老金「不要急於結婚，再考慮一下」云云，並將浦熙修的病情和她女兒與彭德懷侄子的關係說

金岳霖（左一）在中科院哲學所門前與外國專家合影

了出來。老金聽後認為此事非同小可，這是在政治線上的戀愛，弄不好要進大牢和砍頭的，於是立刻嚴肅地表態「這是件大事」，自己要慎重。出院後，老金便去看望浦熙修，想與對方一刀兩斷。而此時，由於病情發展很快，浦已臥床不起了。在政治的高度壓力下，老金的最後一次戀情如同西邊的晚霞，一閃而過，倏忽消失於西天的雲山霧海之中，以致一生都沒有結婚。對此，李說「這件事至今回想起來仍感到遺憾」。[88]

老金在婚姻問題上有「騎驢」搖擺的現象，但在政治追求上卻一點都不含糊，據可考的資料顯示，老金申請加入中國共產黨的具體日期是一九五六年九月二十九日，他在志願書上寫道：「中華人民共和國成立後，人民確實站起來了……在這樣一個人口眾多的大國裡，我認為我們非有相當多的人無條件地服從黨的領導、接受黨的任務不可。我要求把自己投入到這個偉大的革命建設潮流中，因此，我申請入黨。」同時，老金還寫道，有幾本馬列的書對自己影響很大，如《實踐論》、《唯物論與經驗批判論》、史達林的《辯證唯物主義和歷史唯物主義》、《馬克思主義和語言學問題》等等。

鑑於老金在革命道路上的辛苦與貢獻，加之思想境界已臻化境，十二月十一日，中國科學院黨委批准其為中共預備黨員。從此，老金「從民主、愛國主義，轉變為共產主義，終於成為共產主義先鋒戰士」。[89]

由一名自由知識分子一夜間變成「戰士」的老金，深知自己腦海裡還殘存著類似陳寅恪所堅守不移的那種不合時宜的「獨立之精神，自由之思想」。於是，他下定決心要洗心革面，重新做人，主動放棄青壯年時代立志研究的邏輯哲學，開始「如饑似渴地學習馬列主義、

金岳霖如饑似渴地學習馬列著作

毛澤東思想，認真解剖自己，以提高思想覺悟」。並與「舊的自己」和過去在清華、西南聯大當教授時搞的那一套哲學體系毫無保留地、徹底地決裂。同時公開表示：「學好馬列主義、毛澤東思想，一年不行用二年；二年不行用五年；五年不行用十年；十年不行用二十年！」[90]誓要做一個黨指向哪裡就打到哪裡刀山火海也敢闖的無產階級先鋒戰士。

一九五六年除夕，毛澤東請金岳霖、章士釗等幾位儒生吃飯。毛對老金道：「數理邏輯還是有用的，還要搞。希望你寫個通俗小冊子，我還要看」云云。據老金後來說，自這一次開始，至「文革」爆發前的十年間，毛主席一共請他吃過四次飯，還知道他是湖南人，並專門用筷子夾給他兩個炒得黑紅、個頭較小的尖辣椒品嘗。對於這四次吃飯和夾小辣椒的恩情，老金終生念念不忘，即便到了晚年思維衰頹得對過去的事都已忘卻，對此事卻牢記心懷。每向人言及，總是兩眼放光或閃爍著激動的淚花，神情中透著無比得意和自豪。

除了與領袖同桌共餐的榮耀，作為學者也不能忘了以學術成就服人，晚年的老金對人說，他在一九四九年以前共寫過三本著作，「比較滿意的是《論道》」。這本書是他一生中最看重的一部。可當政治風潮來臨的時候，老金不敢說「滿意」，而要視之為狗屎一堆。一九五八年二月，老金寫了一篇兩萬多字的文章，按照馬列主義觀點，對自己一世英名之作《論道》進行辱罵式的批判，可能辱罵得還不夠火候，此文遲遲未得發表。老金一看文章不能發表，索性一不做二不休，來個破釜沉舟，直接向他的上級黨委寫起檢討書，以示痛心疾首與洗心革面的決心。老金說：自己頭腦裡的資產階級學術思想阻礙了邏輯組對辯證邏輯的學習和研究，「我口頭上贊成學習辯證邏輯，可是骨子裡是另外一件事」。關於辯證法或辯證邏輯和形式邏輯關係問題，就好些舊邏輯學家來說，仍然「茫然」。辯證法「好像懂得一些」，辯證邏輯他們「大都不懂」，既然如此，二者的關係「就很難深入地討論」云云。91

一九五九年五月，金岳霖在這年的《哲學研究》第五期，發表〈對舊著《邏輯》一書的自我批判〉一文，再次對自己過去的哲學觀進行批判和痛罵。年底，哲學研究所根據上級部署開展「反右傾運動」，老金即刻寫了一個長篇〈自我檢查〉，除了對自己原來的哲學觀進行痛罵，還對現實中加入中共之事有些神經質地提出疑問和交代，說自己入黨動機不純，「很可能用自欺的方式來欺人」。老金冷不丁地拋出這個檢討，搞得各級黨組織頗為驚恐與糊塗，以為他背後有什麼來頭，或在思想深處潛伏著什麼不可告人的卑鄙目的，只得對其言行更加提心吊膽地注意，加大考察力度。好在老金只是和尚念經一樣，按照經卷的意思隔三岔五地對自己痛罵一次，沒有做什麼出格的事或發表與時代相悖的言論，這樣到了一九六〇年九月二十九日，即新中國成立十一周年紀念日前，中科院黨組織討論決定，將老金預備黨員中的「預備」二字真除，正式批准其為中共黨員。

老金成為中共正式黨員的事傳到毛澤東耳中。年底，毛澤東請老金到家中吃飯。在座的客人有章士釗和程潛，均為湖南人。老金去得最晚，一進門，毛向章、程介紹說：「這是中共黨員金岳霖。」一句話說得老金心潮澎湃，感動得熱淚盈眶。席間，毛對金說：「你的檢討（南按：一年半前老金發表的〈對舊著《邏輯》一書的自我批判〉一文）我看了。在新的情況下，對舊的東西就有點討厭了。不過……」毛沒有說下去，其他人也沒敢追問。後來老金回憶說：「毛主席說『不過』什麼，當時我沒有理解，如果理解了就可以警惕，以後就不會混淆形式邏輯和辯證法的錯誤了。」[92]正是老金對上意沒有理解清楚，或者說理解得不夠，才導致思想觀念越來越「落後」，並受到毛澤東的長期冷落。對此，晚年的老金深居簡出，不再「捏著拳頭」、「熱淚盈眶」地熱中於政治風潮了。此事被毛主席聞知，在最後一次吃飯中，毛不再主動給老金夾那幾個小尖辣椒，且在席間有些不滿地擲給老金一句話：「你要接觸接觸社會！」此時已七十多歲高齡的老金受到毛主席的當頭一棒，大駭，立即意識到這可能是自己在祖國真正的心臟——中南海最後的晚餐了。為了爭取與毛主席共同吃上第五次飯，老金當場信誓旦旦地保證要按主席的指示辦，想方設法「接觸社會」。

暈暈乎乎地回到家中，老金連續三天皆是「停杯投箸不能食，拔劍四顧心茫然」。在寂靜的夜裡，「只要燈一滅，紙糊的頂棚上就好像萬馬奔騰起來，小耗子就開始它們的運動會了」（金岳霖語）。老金一邊聽著小耗子們吱吱叫喚著開運動會，一邊想著飯桌上偉人的不滿與批評，如芒在背，輾轉反側不能入睡。按照自己一生所學的強項——大邏輯、小邏輯及其他各種不同邏輯的推理論證，苦熬了三天三夜之後，終於謀畫出了一個「接觸社會」的對應方略。

這一天早晨，老金神情亢奮地走出家門，在胡同口找到一個約六十歲、腿有點蹩，平時很難攬到生意的老三輪車夫，相約每天上午由三輪車夫拉老金到王府井大街轉一圈。於是，蹩足車夫按時蹬車來到老金的家門口，老金則梳洗打扮，拄著拐杖走出來，顫顫悠悠地爬上平板三輪車。蹩足車夫有了固定工作和薪水，自是高興得不得了，拿出幾十年練就的絕招，在車水馬龍的路上緊蹬快踏，左躲右閃，飛一樣地前行。車上的老金一手按拐杖，一手死死抓住車夫屁股底下那個坐凳，以免中途被甩將下來，像燒地瓜一樣被眾車輪輾得粉身碎骨。當一路有驚無險地來到人群壅塞、肉球飄蕩的王府井大街後，三輪車夾在人流中，像一隻並不靈便的蛤蟆於稻田中遊走穿行，躲閃騰跳，老金則坐在蛤蟆背上，說不清像什麼地兩眼亂轉，東張西望，認真「接觸社會」。如此這般風雨無阻兩年下來，終於被好事者發現並傳到毛主席的耳中，毛聞知後哈哈大笑，曰：「我那不過是隨便一說，他竟放到了心上，我這個搞邏輯學的同鄉確實有一套不同於常人的邏輯思維呵！」

老金輾轉探知這一評語後，認為毛主席對自己的所作所為，儘管沒有太放在心

1963年秋，金岳霖在居所門前留影。

上，但總體上是認可的，憋屈心裡兩年多的苦悶如針扎皮球，氣消了不少，於是抖起精神，高呼著「仰天大笑出門去，我輩豈是蓬蒿人」的詩句，欲上車好好地展示一下「烈士暮年，壯心不已」的豪氣風采。想不到一時興奮過度，剛出大門就被一塊頑石絆了一跤，此後再也爬不上那輛平板三輪車了。

一九七四年春，已是八十歲高齡的老金身體狀況大不如前，精神比以前更加孤獨和痛苦。梁思成、林徽因夫婦的兒子梁從誡感念老金與梁家幾代人的真摯友誼，不忍一位老人長期不能「接觸社會」，也沒有人同他一桌吃飯而身陷寂寞、孤獨之淵，於是攜家搬到老金在東城乾麵胡同的住所共同吃住。自此，老金又重新回到了當年「太太客廳」時代，只是客廳的主人不是自己的摯友梁林夫婦，而是年輕的小字輩了。在這個充滿著友情摯愛的溫馨家庭裡，梁從誡一家一直視老金如親生父輩，並呼曰「金爸」，而老金也視梁從誡為親生兒子，無論生活中的大事小事都與梁從誡相商，特別對自己弄不清、道不明的「社會」中事，他總是以梁從誡所說為然。

一九七七年十二月，老金因肺炎住進了北京醫院，這是一所重點為中共高級幹部服務的醫院，老金認為自己是高級幹部，遂住了進來。想不到院方並不把他當作高級幹部看待，各方面的待遇與普通職員、群眾無異。在院方與醫療人員的漠視下，老金病情加重，直至昏迷不醒，有時半夜說胡話，或大喊大叫：「我是高級幹部……」[93]

一九八〇年十一月，老金肺病復發，再度住院治療。此次吸取了教訓，不敢再送門檻奇高的北京醫院，而是進了低一級的首都醫院。此時的老金仍認為自己是高級幹部，結果又弄了個頭暈心寒。對此，老金後來抱怨說：「哲學所的領導小組曾解除我的行政工作，封我為一級研究員。我想一級研究員當然是高級幹部。無論如何我認為我是高級幹部。」但自進首都醫院住院後，「他們把我安排在一間前後都是玻璃通明透亮的大房間。我是怕光的，戴眼罩子戴了幾十年的人住在那樣一間房子真是苦事。要單間房，首都醫院不能照辦，據說是因為我不是高級幹部。後來我住到郵電醫院去了。病好出院我向梁從誡提及此事，他說我根本不是高級幹部。我看他的話是有根據的。這樣，我這個自以為是高級幹部的人才知道我根本不是高級幹部。」[94]

不是高級幹部而被迫離開首都醫院的老金，自郵電醫院出院後已不會走路了，只能長期臥床療養。有一次，哲學研究所的領導們看望老金，寒暄過後，拐彎抹角、小心謹慎地提到了老人的書籍之事，暗含的意思是希望他捐給哲學所。並不糊塗的老金一聽就明白，但他明確表示，自己的藏書是幾十年積攢的結果，其中有些書的蒐購，有梁思成與林徽因的情感和功勞，因而，當自己百年之後，所藏書籍要留給梁從誡，以寄託對梁林二人的緬懷之情。

一九八二年春，老金覺得死神已在家門口守候，自己行將魂歸道山，遂於三月七日特別給社科院哲學研究所黨組織寫信，謂：「我可能很快結束。我要藉此機會感謝黨、感謝毛澤東同志、感謝全國勞動人民把中國救了。瓜分問題完全解決了。四個現代化問題也一定會解決。」又說：「我死之後，請在我的存款中提出三千元獻給黨。請勿開追悼會，骨灰請讓清風吹走。」[95]

一九八四年十月十九日下午三點三十五分，老金因雙側肺炎、肺氣腫、冠心病等病症醫治無效，在北京三〇五醫院逝世，終年八十九歲。

十月二十日，中央人民廣播電臺播發了消息，稱：「著名哲學家、邏輯學家、中國人民政治協商會議全國委員會委員、中國科學院前哲學社會科學部委員、中國社會科學院哲學所副所長、中國共產黨優秀黨員金岳霖同志……畢生致力於我國哲學、邏輯學的研究和教學工作，對我國邏輯學的建設和發展，對我國哲學研究和教育事業都做出了重大的貢獻，在國內外學術界享有很高聲譽……」

一座文化大山承載著學術鉅子就此隱入歷史天空的霧靄中，在大山移動和巨人揮手告別的歷史回聲裡，八寶山殯儀大廳肅立棺前涕泣送別的後生學子們，聽到了如下一段對話：

晚年與梁從誡住在一起的金岳霖

學生：現在是各種主義相爭雄的時候，請問老師哪一派才是真理？

老師：凡屬所謂「時代精神」，掀起一個時代人興奮的，都未必可靠，也未必能持久。

學生：什麼才是比較持久而可靠的思想呢？

老師：經過自己長久努力思考出來的東西。比如說，休謨、康得（德）、羅素的思

想……96

濃重的天幕逐漸開啟，送別者隱約辨出對話中的老師是金岳霖教授，學生是十五年前死於臺灣孤島的殷福生（海光）。對話地點在昆明西南聯大院內，時間是一九四三年一個秋風飄拂、月光斑駁的晚上。兩個並排的身影踏著微風掀起的零星樹葉，在悠揚的琴聲中漸行漸遠。倏忽間，如濤似浪的哀樂灌頂而來，月下身影瞬間消失，一陣冷風襲過，師生的對話成為一曲渺遠空靈的絕響。

注釋

1 吳宓著，吳學昭整理、注釋，《吳宓日記》第八冊（北京：生活·讀書·新知三聯書店，一九九八）。

2 同前注，第六冊。

3 同前注。

4 同前注，第七冊。

5 錢鍾書夫人，也是吳宓清華時代的學生楊季康（楊絳）言：「我對吳宓先生崇敬的同時，覺得他是一位最可欺的老師。我聽到同學說他『傻得可愛』，我只覺得他老實得可憐」（楊絳，〈吳宓先生與錢鍾書〉，《文匯報》，一九九八年五月十四日）。楊氏的評價是否公允或可保留，但確是一個學生對老師的深切認知和感受。在這篇文章中，楊絳還提到自己於三〇年代在北平清華園讀書時，就經常「驚聞」吳宓與毛彥文的情事。當收有那首著名「苦愛毛彥文」的詩集出版後，楊在外文系的同班同學便藉口研究典故，追問每一首詩的本事。有的吳樂意說，有的不願說，但整體上像個不設防城市，一攻就倒，問什麼，說什麼，甚至連他意中人的小名兒都說出來。楊絳說：「吳宓先生有個滑稽的表情。他自覺失言，就像頑童自知幹了壞事那樣，惶恐地伸伸舌頭。他意中人的小名並不雅馴，她本人一定是不願意別人知道的。吳先生說了出來，立即惶恐地伸伸舌頭。我代吳先生不安，也代同班同學感到慚愧。作弄一個痴情的老實人是不應該的，尤其他是一位可敬的老師。吳宓先生成了眾口談笑的話柄——他早已是眾口談笑的話柄。」正是由於吳氏成了學生間談笑的話柄，年輕氣盛、少不更事的錢鍾書也「多此一舉」地攪和了進來，給老師吳宓那原本受傷的心靈再次一擊。

一九三七年春，一位叫溫源寧的師輩人物來信，要當時正在英國牛津留學的錢鍾書為他《不夠知己》一書中專論吳宓的一篇文章寫個英文書評，擬在其主編的《天下》英文月刊發表。錢氏立即遵命以書信的形式寫了一篇。文章寄出後，又嫌寫得不夠好，於是又增補一篇長稿。據楊絳說，當時錢鍾書「對吳宓先生的容易受愚弄不能理解，對吳先生的戀愛深不以為然，對他鍾情的人尤其不滿。他自出心裁，給了她一個雅號：super-annuated Coquette。在我國語言裡好像沒有等同的名稱，我們通常譯為『賣弄風情的女人』，多少帶些輕賤的意思。英語裡的這個字，並不一定是貶辭。如果她是妙齡女郎，她可以是個可愛的女子。但是加上了一個形容詞 super-annuated（過期的，年齡過高的，或陳舊的），這位只能是可笑的了。如譯成中文，名稱就很不客氣，難免人身攻擊之嫌。而這兩個英文字只是輕巧的譏誚。鍾書對此得意非凡，覺得很俏皮。他料想前不久寄給溫源寧先生的稿子不會立即刊登。文章是議論吳宓先生的，溫先生準會先讓吳先生過目。他把這篇修改過的文章直接寄給吳先生，由吳先生轉交溫先生，這樣可以縮短郵程，追回他的第一稿。他生怕吳先生改掉他最得意的 super-annuated Coquette 之稱，蠻橫無禮地不讓刪改一字。他忙忙地寄出後就急切地等待溫先生的欣賞和誇獎。溫先生的回信來了，是由吳先生轉來的。溫先生對鍾書修改過的文章毫無興趣，只淡淡說：上次的稿子已經刊登，不便再登了。他把那第二稿寄吳宓先生，請他退回錢鍾書，還附上短信，說鍾書那篇文章當由作者自己負責。顯然他並不讚許，更別說欣賞。

錢氏甚為得意，可當吳宓讀到這篇「大作」時卻勃然大怒，這位「老實得可憐」的吳教授悲憤交加，對錢鍾書甚至溫源寧皆大為痛斥。一九三七年三月三十日晚，吳宓將他的怒氣與怨恨傾注於筆端，在日記中寫道：下午，接錢鍾書君自牛津來三函，又其所撰文一篇，題曰 Mr. Wu Mi & His Poetry（南按：〈吳宓先生及其詩〉）係為溫源寧所編輯之英文《天下》月刊而作。乃先寄宓一閱，以免宓責怒，故來函要脅宓以速將全文寄溫刊登，勿改一字。如不願該文公布，則當寄還錢君，留藏百年後質諸世人云云。至該文內容，對宓備致譏詆，極尖酸刻薄之致，而又引經據典，自詡淵博。其前半略同溫源寧昔年「China Critic」一文（南按：《中國評論》，三〇年代在上海出版的英文雜誌），謂宓生性浪漫，而中白璧德師人文道德學說之毒，致束縛拘牽，左右不知所可云云。按，此言宓最恨；蓋宓服膺白璧德師甚至，以為白師乃今世之蘇格拉底、孔子、耶穌、釋迦……所患者，宓近今力守沉默，而溫、錢諸人一再傳播其讕言，宓未與之辯解，則世人或將認為宓贊同其所議論，如簡又文所云「知我者源寧也」之誣指之態度，此宓所最痛心者也。至該文後半，則譏詆宓愛彥之往事，指彥為super-annuated Coquette（南按：指徐娘半老，風韻猶存，或年華已逝的賣弄風情的女人），而宓為中年無行之文士，以著其可鄙可笑之情形。不知宓之愛彥，純由發於至誠而合乎道德之真情，以云浪漫，猶嫌隔靴搔癢。嗚呼，宓為愛彥，費盡心力，受盡痛苦，結果名實兩傷，不但毫無享受，而至今猶為人譏詆若此。除上帝外，世人孰能知我？彼舊派以納妾嫖妓為戀愛，新派以鬥智占對方便宜為戀愛者，焉能知宓之用心，又焉能信宓之行事哉？……「錢鍾書君，功成名就，得意歡樂，而如此對宓，猶復謬託恭敬，自稱讚揚宓之優點，使宓尤深痛憤。乃即以原件悉寄溫君刊登，又覆錢君短函（來函云候覆），告以稿已照寄。近今宓沉默自守，與人無爭，而猶屢遭針刺鞭撻。幾於岩穴之間、斗室之內，亦無宓一線生路者，可哀也已！……」（同前注，第六冊）

按楊絳的說法，錢鍾書在得知第二稿沒能刊用之後，「很失望，很失望……可是溫先生只命他如此這般寫一篇書評，並沒請他發揮高見，還醜詆吳先生愛重的人——譏誚比惡罵更傷人啊，還對吳先生出言不遜。那不是溫先生的本意。鍾書興頭上竟全沒想到自己對吳先生的狂妄」。為此事，錢鍾書甚感內疚與自責。一年後，錢氏返國來到了昆明西南聯大任教，與吳宓成為同事。楊絳說：「我知道他到昆明後就為那篇文章向吳宓先生賠罪了。吳先生說，他早已忘了。這句話確是真話，吳宓先生不說假話。」又說：「第二稿並未公開發表，讀到全文的沒幾個人。小事一樁，吳先生早已忘了，鍾書也不必那麼沉重地譴責自己。可是，我過去陪著他默默地內疚，知道他心上多麼不好過。他如今能公開自責，是快意的事。他的自責出於至誠，也唯有真誠的人能如此。鍾書在這方面和吳宓先生是相同的。吳宓先生是真誠的人，鍾書也是真誠的人。」

楊絳在此言之鑿鑿，似乎一切愛恨情仇都如她所說風平浪靜，煙消雲散了，但事實卻並非如此。據「錢學專家」范旭侖、李洪岩考證，楊絳所言有欲蓋彌彰，一廂情願地替丈夫洗刷之嫌。像如此令老夫子傷心難堪的事，怎能在一年多的時間裡就輕易忘掉？儘管錢鍾書的第二稿未公開發表，沒有幾人讀過全文。但事實上錢氏在一九三七年三月七日寫於牛津惱人園（Norham Gardens）十六號的第一封信稿中，就已為毛彥文取了那個並不高雅的「雅號」（super-annuated Coquette），並於溫源寧主編的《天下》月刊四卷四期（一九三七年四月）發表出來。錢鍾書的原文是：「Whet her his objects be but scatter-brained flappers or superannuated coquette com me les mouchoirs anciens qui sentent encore l'amour, to him they are veritable femmes fatales.」、「Superannuated coquette」錢文不作「Super-annuated coquette」，「couqeite」也不當大寫，也不是毛彥文的「雅號」，而是指毛彥文一類人而說，恰如「scatter-brained flappers」是指比吳宓小二十來歲的高棣華（《吳宓日記》頻見的K）一類而言。正是《圍城》所謂「黃毛丫頭，半老徐娘」。二者偶麗，才是「自出心裁」的俏皮妙語。這裡的「they」，顯然表示吳宓喜愛的女人不止一個云云。

據范旭侖說，「我們原先不懂錢先生何以要寫『to him they are veritable femmes fatales』（鏡裡拈花，水中捉月，覷著無由近得伊），看差不多有一半篇幅是自己苦戀的《吳宓日記》，才有所領悟」（參見范旭侖、李洪岩，〈楊絳「吳宓先生與錢鍾書」一文指疑〉，《中華讀書報》，六月十七日）。放下吳宓與錢鍾書為了一個毛彥文是否屬於過期的、陳舊的，或者說是舊瓶裝新酒式的半老徐娘或風騷娘們兒而結下的恩怨，以及後來如何達成諒解等暫且不表。只說錢在第一封信稿中所言吳宓喜歡或曰追逐的女人不止一個，當是鐵定的事實，這從吳氏的日記中不難見到。因而，當吳宓把錢鍾書譏諷自己追過時的風騷娘們兒與其他女人一事對賀麟說後，賀氏明確謂：「錢末為知宓，但亦言之有理云云」（同前注，第六冊，一九三八年三月三十日條）。

6 孔茂慶，《錢鍾書傳》（南京：江蘇文藝出版社，一九九二）。

錢鍾書（一九一〇—一九九八），出生於江蘇無錫，十歲入該縣著名的東林小學讀書。此時在無錫省立師範教書的錢穆與錢基博、錢鍾書父子「相識甚稔」，錢基博時常出示其子鍾書課卷於錢穆，錢驚其才華，嘗謂：「其時鍾書已聰慧異常人矣……及余去清華大學任教，鍾書亦在清華外文系為學生，而兼通中西文學，博及群書。宋以後集部殆無不過目。鍾書畢業清華後，留學英倫。歸，又曾一度與余同在西南聯大任教」（錢穆，《八十憶雙親．師友雜憶》〔北京：生活．讀書．新知三聯書店，二〇〇五〕）。

對於坊間流傳的「葉公超太懶，吳宓太笨，陳福田太俗」之語，錢鍾書夫人楊絳於一九九八年五月十四日同時在《人民日報》與《文匯報》發表〈吳宓先生與錢鍾書〉一文，公開替其夫辯白，說錢氏根本就沒說過這句話。文中稱：「現在卻流傳著一則謠言，說錢鍾書離開西南聯大時公開說：『西南聯大的外文系根本不行，葉公超太懶，吳宓太笨，陳福田太俗。自命『錢學專家』的某某等把這話一傳再傳。謊言傳得愈廣，愈顯得真實。眾口一詞，還能是假嗎？據傳，以上這一段話，是根據周榆瑞的某一篇文章。又據傳，周榆瑞是根據『外文系同事李賦寧兄的話』。周榆瑞去世已十多年了，可是李賦寧先生還健在啊。他曾是錢鍾書的學生。我就問他了。他得知這話很氣憤。他說：『想不到有人居然會這樣損害我的幾位恩師。』他也很委屈，因為受了冤枉。他鄭重聲明：『我從未聽見錢鍾書先生說「葉公超太懶、吳宓太笨、陳福田太俗」，或類似的話。我也從未說過我曾聽見錢先生這樣說。我也不相信錢先生會說這樣的話。他本想登報聲明，可是對誰聲明、找誰申辯呢？他就親筆寫下他的『鄭重聲明』，交我保存。我就在這裡為他聲明一下。高明的讀者，看到這類『傳記』，可以舉一反三。」

楊絳說的周榆瑞那篇文章，名為〈也談費孝通和錢鍾書〉，最早刊發於一九七九年八月四日臺灣《聯合報》，後又收入天一出版社一九八五年出版的《錢鍾書傳記資料》一書。周是早年清華外文系學生，他在發表的該篇文章中說，記得一次陳福田師對我若有所憾地說：「在清華，我們都希望錢鍾書進入研究院繼續研究英國文學，為我們新成立的西洋文學研究增加幾分光彩。可是他一口拒絕了，他對人家說：『整個清華，沒有一個教授有資格充當錢某人的導師！』這話未免有點過分了。」吳雨僧師對於錢鍾書之拒絕進入清華研究院卻沒有不高興，他說：「學問和學位的修取是兩回事。以錢鍾書的才質，他根本不需要碩士學位。當然，他還年輕，瞧不起清華現有的西洋文學教授也未嘗不可。」但是，錢氏的一句名言卻在西南聯大新校舍的氛圍中留下了餘響。

「據外文系同事李賦寧兄說：錢鍾書在臨走前公開說，『西南聯大的外文系根本不行，葉公超太懶，吳宓太笨，陳福田太俗』。這種話實在太傷感情了。隨後的兩三年中，時常有人複述這句傷感情的話」云云。

楊絳在文中所譏諷的自命「錢學專家」的某某，是指以研究錢學而見聞學界且有幾分聲名的范旭侖、李洪岩二人。范、李見報，覺得楊絳好不容易從近乎隱居的環境中出來開口說話，是寂寞的錢學研究界一個千載難逢，不可錯過的熱鬧機會，於是走筆著文予以反駁，促使這個熱鬧場面延續下去，而眾多的看客也好在這鬧嚷嚷如同酒吧的喧譁與騷動中盡情地體會一下「另類感受」。范、李認為錢鍾書總結的太懶、太笨、太俗的「三太」之妙語，不是楊氏所說的「現在卻流傳」，而早在錢鍾書離開西南聯大的「兩三年中」，就時常有人在複述了。並且，周榆瑞的文章發表於十九年前，楊絳何以至今才突然出來予以批駁？況此前也從未聽說錢氏本人對此有過異詞！莫非十九年來他們一直沒有聽說過周文？假如當年沒見過，但錢鍾書去世時為一九九八年十二月十九日，楊絳寫這篇文章時，錢尚在人世且並未糊塗。因而，范、李二氏認為，像這種事，楊絳完全可以向更近的其夫錢鍾書本人做些核對，而不僅僅是「問」什麼李賦寧。最後，范、李認為從錢鍾書的天性——狂，與這話的「語氣」判斷，此「三太」就是錢氏所說，並進一步得出結論曰：「當事人固然可以否認六十年前的所作為所見聞，信誓旦旦，體性風格亦自不虛，章章可識。錢鍾書在西南聯大半年多，頗遭葉公超等嫉妒，很不得意，自行離職，也不跟學校打招呼。一年後陳福田就反對聘任他。再說，那些話並非『損害』或『太傷感情』，而是得自事實的結論。半部《吳宓日記》恰好證實了『葉公超太懶，吳宓太笨，陳福田太俗』。楊絳這篇文章不也說吳宓『傻得可愛』、『老實得可欺』？低錢鍾書一級的季羨林先生也曾經老實不客氣地看不上清華外語系。當然也不妨解釋成一時取快的諧戲之言」（參見〈關於「吳宓先生與錢鍾書」〉）。

錢鍾書是一九二九年入清華的，報考時，數學成績不及格，因中英文成績特優，被破格錄取，入外文系就讀。當時與正在該校讀書的夏鼐、吳晗，號稱清華文學院「三才子」，而以錢氏為龍頭老大。據說錢鍾書在清華四年，其用功之勤，讀書之多，竟「橫掃清華圖書館」，把館內一百三十多萬冊藏書，從A字一號始，全部通覽一遍，未有一冊遺漏者。如此算來，每日讀書數量為八百九十冊還要多一點，這顯然已超出了一般的傳奇演義故事而變成神話小說了。不過錢鍾書當時顯露的才華確為全校師生矚目，而其張狂性格和隨意臧否人物的本事，也同樣為眾生所領教。清華老一輩的劉文典儘管以張狂狷介性格聞名於世，但錢比之劉氏有過之而無不及。劉文典在清華或聯大時還公開承認有佩服之人，如對陳寅恪表示「十二萬分佩服」等。但在錢鍾書的身上卻有了「整個清華，沒有一個教授有資格充當錢某人的導師！」的傳言。儘管後來其夫人楊絳出面為其辯白，但許多人還是寧信其有。一九九八年，楊絳在發表〈吳宓先生與錢鍾書〉中稱：「錢鍾書在〈論交友〉一文中曾說過：他在大學時代，五位最敬愛的老師都是以哲人、導師而更做朋友的。吳宓先生就是其中一位。我常想，假如他有緣選修陳寅恪先生的課，他的哲人、導師而兼做朋友的老師準會增添一人。」

楊絳此言差矣！事實是，錢鍾書完全「有緣選修陳寅恪先生的課」，只是他的年少輕狂，不但沒有把痴情老實的吳宓等人放在眼裡，同樣也沒把陳寅恪這位天下儒林尊崇的史學大師當回事兒，因而他不選陳氏之課則是自然的事情，並不存在「有緣」與無緣問題。後來的事實更證明了這一點。錢鍾書曾幾次公開評譏陳氏的學術觀點和著作。

陳寅恪《元白詩箋證稿》出版後，曾贈送給錢鍾書一冊，錢只稍稍翻了翻，便在一封信中評論說：「不喜其昧於詞章之不同史傳，刻舟求劍，故未卒讀也。」而在致傅璇琮的一封信中則說：「弟今春在紐約，得見某女士詩詞集印本，有自跋，割裂弟三十五年前題畫詩中兩句，謂為贈彼之作，他年必有書呆子據此而如陳寅恪之考《會真記》者！」（《新華文摘》一九九八年四期）

顯然，在錢氏的眼裡，他是把陳寅恪當作一個喜好「刻舟求劍」的「書呆子」來看的，因此對陳寅恪如此考證詩文頗為不屑，屢做譏評。儘管錢對陳的學術思想與造詣沒有像某某所說的那樣「輕踩毛髮，內入骨髓」，但在其《管錐編》、《宋詩選注序》，以及與外國學者交流的信函中，每有直接或間接地指責陳氏治學之語則是事實。錢鍾書在訪美時的演講中曾提到解放前「一位大學者」曾用自己淵博的知識和縝密的細心，研究唐代楊玉環是不是「處女入宮」這個問題，而「這是一個比『濟慈喝什麼稀飯』、『普希金抽不抽煙』等西方研究話柄更無謂的問題」、「彷彿要從愛克司光透視裡來鑑定圖畫家和雕刻家所選擇的人體美」云云。儘管錢鍾書沒有直接點出其名，但明眼人一看即知這個「大學者」乃指大名鼎鼎的陳寅恪。陳氏在世時，中山大學的造反派曾指責、批判陳寅恪偷偷研究楊貴妃入宮前是否處女問題，並在整個學術界傳開。想不到事隔幾十年，錢仍對陳的

「楊貴妃處女問題」研究表示了鄙薄與不屑。這種態度，又怎會產生主動選聽陳寅恪課業的興趣？因而楊絳的話在外人看來就顯得有些矯情。

錢鍾書於一九三五年二十五歲時，以第一名成績考取英國庚子賠款公費留學生，赴英國牛津大學埃克塞特學院英文系就讀。其間與清華同學楊絳結婚，同船赴英。一九三七年於牛津大學畢業，獲得副博士（B. Litt）學位。同年，入法國巴黎大學進修。一九三八年，錢氏將要回國時，時任昆明西南聯大文學院院長馮友蘭，竭力促成其回清華任教。馮在給梅貽琦的一封信中說：「錢鍾書來一航空信。言可到清華，但其於九月半方能離法，又須先到上海，故要求准其於年底來校。經與公超、福田商酌，擬請其於十一月底或下學年第二學期來。弟前囑其開在國外學歷，此航空信說已有一信來，但尚未接到。弟意或可即將聘書寄去。因現別處約錢者有外交部、中山文化館之《天下月刊》及上海西童公學，我方須將待遇條件先確定好。弟意名義可予教授，月薪三百，不知近聘王竹溪、華羅庚條件如何？錢之待遇不減於此二人方好……」（黃延復，〈錢鍾書在清華〉，《清華校友通訊》一八期）。另，蔡仲德編《馮友蘭先生年譜初編》也記載了此事，謂馮「致函梅貽琦，說明已商妥請錢鍾書任清華大學外國語文系教授」云云。

後世有人在論及這段史實時說「當時請錢鍾書來西南聯大教書的除了馮友蘭之外，還有錢鍾書過去的老師吳宓」（謝泳，〈錢鍾書與西南聯大〉，《逝去的年代：中國自由知識分子的命運》〔北京：文化藝術出版社，一九九九〕）。而另一位研究者李森在〈吳宓在聯大受氣〉一文中也說：「錢鍾書大概一九三八年十月間回國，吳宓力薦，西南聯大聘他為教授。當時錢鍾書才二十八歲，而在之前四年，雨僧就說過，蓋當今中國，文史研究方面的奇才，他首推陳寅恪和錢鍾書。」

事實是，錢鍾書來聯大，完全是馮友蘭與聯大外文系兩位大腕「公超、陳福田商酌」並做出的決定，根本沒吳宓什麼事，這從馮給梅貽琦的信中便見得分明。至於李森所謂吳曾稱讚過錢氏，那是幾年前或幾年後的事了。過去的皇曆已經翻不得，在錢鍾書歸國並欲來聯大之時，吳對錢不但沒有稱讚和幫忙，反而對其大為不滿。據《吳宓日記》一九三七年六月二十八日載：「馮友蘭言，擬將聘錢鍾書為外國語文系主任云云。宓竊思王文顯退、陳福田升，對宓個人尚無大害，惟錢之來，則不啻為胡適派即新月派在清華占取外國語文系，結果宓必遭排斥！此則可痛可憂之甚者。」此段記述再明白不過了，馮友蘭聘錢氏，早在這時已開始醞釀，且與吳宓毫無關係。而此時的錢鍾書在吳宓心目中，不過是類似胡適新月派的一個異己分子而已，他的到來還可能對自己極其不利，故而有一種「可痛可憂」的緊迫感。

是什麼原因促使一向對錢鍾書這位學生頗為看重的吳宓，在思想感情上來了個一百八十度的急轉彎呢？除了吳與葉、陳兩位外文系同事的關係不算融洽外，恐怕還是與錢鍾書在這年春季給溫源寧所編輯之英文刊物《天下》寫的兩篇涉及「徐娘半老」毛彥文，並「譏詆宓愛彥之往事」的稿子，以及「使宓尤深痛憤」有關。楊絳在論及此事時，說錢到西南聯大向老師賠罪時，「吳先生早已忘了」。如此大傷感情的事，曾經滴血的傷痕依然健在，豈有輕易「忘了」的道理？據楊絳說，錢氏到昆明時，為以前文章事，曾「向吳宓先生賠罪了」。或許是吳宓這一段日記有缺失之故，「賠罪」一事未見記載（南按：錢鍾書到達昆明的準確日期未見記載。吳氏一九三八年的日記只記到十二月七日，而十一月中旬以後就簡而又簡，每有一二行者。一九三九年又缺前兩個月）。但隨著西南聯大文學院派系傾軋與人際關係的新一輪整合，吳錢二人的感情有些整合。

錢鍾書大約是一九三八年秋冬之交到西南聯大任教並破格晉升為教授的，至次年暑期離開昆明轉赴湖南藍田師範學院任英文系主任，並開始了《談藝錄》寫作，在聯大時間不足一年。關於錢氏為何離開西南聯大有許多說法，其中最具有代表性的說法是錢鍾書在聯大到處罵人，也得罪了人，最後自感待不下去，乃鞋底抹油——溜之乎也。錢在聯大教書時年僅二十八歲，年輕氣盛，才華橫溢，不把時為外文系主任的陳福田與元老級別的葉公超輩放在眼裡應是事實。加之錢氏生性刻薄，難免出語傷人，說出諸如「三太」之類的妄語，引起眾位前輩的反感並非空穴來風。據說，陳福田曾公開說過「錢的學問還欠火候，只能當副教授」云云。但據楊絳《將飲茶》說，一九三八年秋，在湖南藍田國立師範學院任教授的父親錢老先生亦來信來電，「說自己老病，要鍾書也去湖南照料」。看來是出於兩方面的交合，錢鍾書便不辭而別，打點行裝，悄然奔赴湖湘而去了。

在錢鍾書離開聯大的問題上，梅貽琦與吳宓皆顯示了愛才如命的學者眼光與人格魅力，梅氏曾在錢鍾書不辭而別，溜之乎也的情況下，仍致電挽留（南按：錢接信甚感慚愧，後來有信致梅，有謂自己「竟成為德不卒之小人哉」之語）。而吳宓也曾為錢氏的聘任問題與陳福田等輩力爭。吳宓之女吳學昭在《吳宓與陳寅恪》一書中，引述吳宓當年日記說：「父親與寅恪伯父都認為錢鍾書『人才難得』。一九三九年秋，錢辭職別就，父親讀了李賦寧君所記錢鍾書的《Contemporary Novel》、《Renaissance Literature》等講義，『甚為佩服，而更加惋惜錢君之改就師範學院之教職』。」錢來聯大後主講兩門課業，一是《當代小說》，應是當代的英國小說；一是《文藝復興時期的文學》。錢因諸方面的壓力與嫉妒悄然離去，吳宓自是感慨不已，他可能想看一看錢的才學與教學水準到底如何，才找來李賦寧的上課記錄來讀，這一讀竟大感佩服。這個記載可視為錢氏的才學確是了得，同樣映射出吳宓坦蕩的心胸與愛才憐物的情懷。吳學昭又說：「一九四〇年春，父親因清華外文系主任陳福田先生不聘錢鍾書，憤憤不平，斥為『皆妾婦之道也』。他奔走呼籲，不得其果，更為慨然，『終憾人之度量不廣，各存學校之町畦，不重人才也』。又怨葉公超、陳福田先生進言於梅校長，對錢等不滿，『殊無公平愛才之意……』」

對於錢氏出走與聯大的內部傾軋，陳寅恪同意吳宓的看法，並勸吳要冷靜對待。據一九四〇年三月十二日《吳宓日記》載：「寅恪教宓，『不可強合，合反不如離』謂錢鍾書也。」又，一九四〇年十一月四日，陳福田請吳宓等人吃飯，商討清華外文系事務，席間吳宓提議請錢鍾書重回聯大任教，雖「忌之者明示反對，但卒通過」。吳宓與陳寅恪對此稍感寬慰，但錢鍾書最終未能返回聯大（參見吳學昭編，《吳宓與陳寅恪》〔北京：清華大學出版社，一九九二〕）。

如果認為錢鍾書看不起西南聯大外文系諸前輩並說過「三太」之語確有其事的話，他真正得罪的應是葉公超和陳福田等人。吳宓雖在被罵之列，並對錢平時的張狂無忌與口無遮攔多有責難，但仍表現出了惜才容物的心胸。據一九三九年七月二日《吳宓日記》載，吳向錢述及自己同前妻陳心一的「冤苦」關係，「不意明晚滕君宴席中，鍾書竟以此對眾述說，以為談柄！」這則記述，吳宓的怨恨憤怒之情再次顯露。儘管如此，吳仍為錢的去職感到惋惜，並於一年後力主他重回聯大教書，而陳寅恪同樣以類似的心境幫吳宓挽留錢氏出計獻策。錢鍾書在離開聯大後，輕狂的性格與心態有了很大收斂，並逐漸變得謹小慎微，藏而不露，養精蓄銳起來。如此這般才躲過了後來的「反右」與「文革」劫難，僥幸活了下來。到了一九九三年春，錢鍾書夫婦得到了吳宓女兒吳學昭的一封信函，詢問是否願意看看她父親日記中涉及二人的部分。在徵得同意後，吳學昭寄來了她摘錄的日記片段。錢鍾書看到早已過世的「傻得可愛」又「老實得可憐」的老師那飽蘸深情的記述，一幕幕往事浮上心頭，內心受到極大震撼。他立即回信向吳學昭自我檢討，譴責自己「少不解事，又好諧戲，同學復慫恿之，逞才行小慧」等。又說：「弄筆取快，不意使先師傷心如此，罪不可恕，真當焚筆硯矣！」「內疚於心，補過無從，惟有愧悔。」

據楊絳說，這幾句顯然是為了使吳宓傷心的那篇涉及毛彥文的文章。儘管錢早已向吳當面請罪，並得到寬恕，但他始終沒有忘懷。錢鍾書在信中還要求把他這封自我檢討的信附入《吳宓日記》公開發表，「俾見老物尚非不知人間有羞恥事者」。後來這封「請罪信」成了北京生活．讀書．新知三聯書店出版的《吳宓日記》的代序。此時的錢鍾書雖以《圍城》、《寫在人生邊上》、《宋詩選注》、《管錐編》等皇皇大著稱霸儒林，驚聞三洲人士，在學識與聲名上已遠遠超過了自己的老師吳宓，但他在《序》中還是說，願列名吳先生弟子行列之中。——在三尺黃土之下的吳宓老師，聽到弟子這段話，當會感到一絲慰藉的吧。

7　吳學昭編，《吳宓與陳寅恪》（北京：清華大學出版社，一九九二）。
8　同前注。
9　吳宓著，吳學昭整理、注釋，《吳宓日記》第九冊（北京：生活．讀書．新知三聯書店，一九九八）。
10　黃延復，〈吳宓先生與清華〉，收入李繼凱、劉瑞春選編，《追憶吳宓》（北京：社會科學文獻出版社，二〇〇一）。
11　同前注。
12　同前注。
13　吳宓著，吳學昭整理、注釋，《吳宓日記》第九冊（北京：生活．讀書．新知三聯書店，一九九八）。
14　同前注，第一〇冊。
15　同前注，第九冊。
16　同前注。
17　吳宓，〈改造思想，站穩立場，勉為人民教師〉，重慶《新華日報》，一九五二年七月八日。

18 陳寅恪著，陳美延、陳流求編，《陳寅恪詩集》（北京：清華大學出版社，一九九三）。
19 吳學昭編，《吳宓與陳寅恪》（北京：清華大學出版社，一九九二）。
20 吳宓「文革」中交代材料，轉引自吳學昭編，《吳宓與陳寅恪》（北京：清華大學出版社，一九九二）。
21 胡國強，〈憶吳宓先生晚年在西南師範大學〉，收入李繼凱、劉瑞春選編，《追憶吳宓》（北京：社會科學文獻出版社，二〇〇一）。
22 吳宓著，吳學昭整理注釋，《吳宓日記・續編》第二冊（北京：生活・讀書・新知三聯書店，二〇〇六）。
23 同前注。
24 胡國強，〈憶吳宓先生晚年在西南師範大學〉，收入李繼凱、劉瑞春選編，《追憶吳宓》（北京：社會科學文獻出版社，二〇〇一）。
25 同前注。
26 吳宓著，吳學昭整理注釋，《吳宓日記・續編》第三冊（北京：生活・讀書・新知三聯書店，二〇〇六）。
27 吳學昭編，《吳宓與陳寅恪》（北京：清華大學出版社，一九九二）。
28 吳宓著，吳學昭整理注釋，《吳宓日記・續編》第三冊（北京：生活・讀書・新知三聯書店，二〇〇六）。
29 吳學昭編，《吳宓與陳寅恪》（北京：清華大學出版社，一九九二）。
30 陳寅恪著，陳美延編，《陳寅恪集・書信集》（北京：生活・讀書・新知三聯書店，二〇〇一）。
31 吳宓著，吳學昭整理注釋，《吳宓日記・續編》第五冊（北京：生活・讀書・新知三聯書店，二〇〇六）。
32 同前注。見八月三十日條。根據陳寅恪對唐代政治史的研究，唐朝在立國之初曾一度向突厥稱臣，此處的「突厥」暗喻蘇聯，時中蘇開始交惡。「一邊倒」一語，來自毛澤東於一九四九年六月三十日發表的〈論人民民主專政〉講話，謂「一邊倒，是孫中山的四十年經驗和共產黨的二十八年經驗教給我們的，深知欲達到勝利和鞏固勝利，必須一邊倒。積四十年和二十八年的經驗，中國人不是倒向帝國主義一邊，就是倒向社會主義一邊，絕無例外。騎牆是不行的，第三條道路是沒有的。我們反對倒向帝國主義一邊的蔣介石反動派，我們也反對第三條道路的幻想」（中共中央毛澤東選集出版委員會編，《毛澤東選集》卷四（北京：人民出版社，一九九一）。

33 陳寅恪著，陳美延、陳流求編，《陳寅恪詩集》（北京：清華大學出版社，一九九三）。

34 王則楚，〈陳寅恪出任全國政協委員的經過〉，《羊城晚報》，二〇〇〇年四月十五日。

35 中文系青年教師，〈揭露容庚反黨反社會主義的罪行〉，《中山大學》（校報），一九六六年六月十日。

36 吳宓著，吳學昭整理，《吳宓詩集》（北京：商務印書館，二〇〇四）。

37 陸鍵東，《陳寅恪的最後二十年》（北京：生活・讀書・新知三聯書店，一九九六）。

38 吳宓著，吳學昭整理注釋，《吳宓日記・續編》第二冊（北京：生活・讀書・新知三聯書店，二〇〇六）。見八月三十一日條。

39 陳寅恪著，陳美延、陳流求編，《陳寅恪詩集》（北京：清華大學出版社，一九九三）。編者注：本詩第七句唐篔另一錄稿作「為口東坡休自笑」。

40 陳寅恪，《論再生緣》，《陳寅恪集・寒柳堂集》（北京：生活・讀書・新知三聯書店，二〇〇九，二版）。

41 黃萱，〈懷念陳寅恪教授〉，收入紀念陳寅恪教授國際學術討論會秘書組編，《紀念陳寅恪教授國際學術討論會文集》（廣州：中山大學出版社，一九八九）。

42 陳端生（一七五一—約一七九六）彈詞女作家。字雲貞，浙江錢塘（今杭州）人。嫁淮南范秋塘（陳寅恪考證為浙江秀水范璨之子范菼，郭沫若認為是會稽范菼），著有《繪影閣詩集》（失傳），彈詞小說《再生緣》（十七卷）。其祖父陳兆侖（字星齋，號勾山），雍正進士，「桐城派」古文家方苞入室弟子，曾任順天府尹、太僕寺卿等，《續文獻通考》纂修官及總裁，著有《紫竹山房文集》。父陳玉敦，乾隆時舉人，曾任山東登州府同知、雲南臨安府同知。母親汪氏是曾先後任雲南省首府雲南府及大理府知府的汪上堉（起岩）之女，亦是一個飽讀詩書的女子。

陳端生之夫范秋塘以科場案（一說繼母控忤逆）謫戍新疆。端生在家侍奉，期間撰《再生緣》長篇彈詞。經陳寅恪考證，陳端生寫《再生緣》時地點是北京，未滿十八歲，到乾隆二十三年至三十五年（一七五八—一七七〇）完成十六卷時還未滿二十歲，時在山東登州府，因生母去世而擱筆。端生二十二歲嫁范氏，夫妻感情和睦。後因范氏應順天鄉試，請人代筆被破獲，發配伊犁為奴。乾隆四十九年，三十三歲的陳端生在親友的催促下用了將近一年的時間又補寫第十七卷，從此不復有作。後范遇赦歸，未至家而陳卒。端生的十七卷共計六十餘萬字，後由梁、許夫婦所續三卷不僅文詞遜於原作，而且在故事發展上寫孟麗君被封為保和公主，與皇甫少華終成眷屬，並形成三女共一夫的結局，已非原作本意。道光元年（一八二一）刊行的《再生緣全傳》，女彈詞家侯芝（香葉閣主人）為之作序，她不滿意陳作和梁、許續作，刪改而成《金閨傑》，將原著改得面目全非。又作續書《再造天》，極力宣揚「女子無才便是德」，格調更低。

43 陳寅恪，〈論再生緣〉，《陳寅恪集・寒柳堂集》（北京：生活・讀書・新知三聯書店，二〇〇九，二版）。

44 同前注。

45 同前注。

46 同前注。

47 同前注。

48 同前注。

49 柳如是（一六一八－一六六四），浙江嘉興人，出身賤微，身世坎坷，垂髫時穎慧絕倫，後被人賣到盛澤歸家院名妓徐佛家為養女。受徐教養，柳詩擅近體七言，分題步韻，作書得虞世南、褚遂良筆法。年稍長，流落青樓。其文學和藝術才華堪稱「秦淮八豔」之首（據明朝遺老余澹心《板橋雜記》載，秦淮八豔分別為：柳如是、顧橫波、馬湘蘭、陳圓圓、寇白門、卞玉京、李香君、董小宛）。柳如是本名愛柳，因對辛棄疾詞「我見青山多嫵媚，料青山見我應如是」之句頗為讚賞，遂改名是，字如是，號河東君，又號蘼蕪君。後世以其字或號流傳。墜入煙花巷的柳如是個性堅強，正直聰慧，魄力奇偉，以絕世才貌與幾社（後為反清復明組織）、復社、東林黨人相交往，常著儒服男裝，與諸文人縱談時勢，詩歌唱和。時人陳臥子（子龍）、程孟陽（嘉燧）、謝象三（三賓）、宋轅文（徵輿）、李存我（待問）等輩與柳如是分別有過感情糾葛。後柳氏慕東林領袖、虞山錢謙益（字受之，號牧齋，晚號蒙叟）之才學，於明崇禎十四年（一六四一）與歷任過晚明編修、詹事、禮部侍郎，後遭罷黜的錢牧齋結為夫妻。錢時年六十歲，柳二十四歲。老夫少妻同居絳雲樓，讀書論詩相對甚歡，錢戲稱柳如是為「柳儒士」。

清軍入關，崇禎帝自縊身死，明朝傾頹。殘明勢力在南京建立弘光政權，柳如是支持錢謙益當了南明的禮部尚書。未久，清軍南下，金陵即將傾覆，旦夕之危中，柳勸錢與自己一起取義殉節，在刀、繩、水三種死法中選其一。錢面有難色，沉思無語，最後選擇水池了結。當錢走下水後，心有不甘，以「水太冷，不能下」為由欲反身上岸。剛烈耿介的柳如是則「奮身欲沉池水中」，卻被錢氏托住並拽上岸。錢謙益涕泗滂沱，欲謀他圖。柳如是不忍，乃隨錢氏之便。於是錢便靦顏出城迎降，未久隨例去北京做了清朝的禮部侍郎管祕書院事。柳氏拒絕隨夫北上，堅留在南京做明朝遺民。錢受柳氏民族氣節的感召，又遭清廷猜忌，半年後便稱病辭歸。後又因案件株連，吃了兩次官司。柳如是在病中代他賄賂官吏營救出獄，並鼓動錢與尚在抵抗清廷的鄭成功、張煌言、瞿式耜、魏耕等仁人志士聯繫，共同進行反清復明大業。柳如是盡全力資助反清復明運動，並捐出私房錢和身配飾物慰勞抗清義軍。錢謙益降清，為後世所詬病，但賴有柳如是的義行，錢氏也一度婦唱夫隨地暗中投入反清復明運動，懺悔自贖，取得世人諒解，多少彌補了心理愧疚，曾寫下一些懷念故國、反對清朝、悔恨生平的詩作，內中多有不滿清室的情緒。

錢謙益一生終因大節有虧，仍為後人指斥，留下諂事閹黨、降清失節的汙名。乾隆三十四年，弘曆調閱《初學》、《有學》二集，見其中多有記載滿洲先世、明清和戰、譏諷薙髮，且於字裡行間散布排滿思想。至於詆詈之詞，如「犬羊」、「奴狼」、「醜虜」、「雜種小醜」、「蛇豕」等含種族之見者，不一而足。弘曆認為這些「荒誕悖謬」、「詆毀本朝」之語，實屬「悖理犯義」，乃明諭查禁。乾隆皇帝在御批中指斥道：「今閱其所著《初學集》、《有學集》，荒誕悖謬，其中詆謗本朝之處，不一而足。夫錢謙益果終為明臣，守死不變，即以筆墨騰謗，尚在情理之中。而伊既為本朝臣僕，豈得復以從前狂吠之語列入集中，其意不過欲藉此以掩其失節之羞，尤為可鄙可恥。錢謙益業已身死骨朽，姑免追究，但此等書籍，悖理犯義，豈可聽其流傳，必當早為銷毀」（見蔡冠洛編，《清代七百名人傳》（北京：北京中國書店，一九八四）；王鍾翰點校，《清史列傳．貳臣傳乙》（北京：中華書局，一九八七））。除滿清王朝外，錢氏所為在漢民中亦多受指責抨擊。

錢柳二人共同生活了二十四年。一六六四年錢氏鬱鬱而死，其屍骨未寒，鄉里族人便向柳氏發難，聚眾逼索房產財物。柳如是於悲憤交織中吮血立下遺囑，投繯自盡，時年四十七歲，距錢謙益之死僅一個多月。柳如是死後，未能與錢謙益合葬，被逐出錢家墳地，在虞山腳下另修一座孤墳埋葬。百步之外的墳塋內，埋葬著錢謙益與他的元配夫人。

50 陳寅恪，〈柳如是別傳〉，《陳寅恪集・寒柳堂集》（北京：生活・讀書・新知三聯書店，二〇〇九）。

51 傅樂成，〈傅孟真先生的民族思想〉，《傳記文學》二卷五、六期（一九六三）。

52 陳寅恪，〈柳如是別傳〉，《陳寅恪集・寒柳堂集》（北京：生活・讀書・新知三聯書店，二〇〇九）。

53 吳宓著，吳學昭整理注釋，《吳宓日記・續編》第二冊（北京：生活・讀書・新知三聯書店，二〇〇六）。見九月一日條。

54 〈余季豫先生輓詞二首〉，陳寅恪著，陳美延編，《陳寅恪集・詩集》（北京：生活・讀書・新知三聯書店，二〇〇九，三版）。此詩作於一九五五年。余季豫即余嘉錫（一八八三—一九五五），湖南常德人，字季豫。目錄學家、文獻學家，以《四庫提要辨證》知名當世。二〇年代至京，此後一直在北京任教。一九三一至一九四九年任輔仁大學教授兼國文系主任，與任教清華的陳寅恪友善，並在一九四八年與陳寅恪同被選為中央研究院首屆院士。中共建政後，余被免去教職，一九五二年摔傷右股，因腦出血而癱瘓，至一九五五年因進食時被噎而辭世。陳寅恪為余氏生前最知心的好友，二人多有詩唱和，可謂情投意合。

55 吳宓著，吳學昭整理注釋，《吳宓日記・續編》第五冊（北京：生活・讀書・新知三聯書店，二〇〇六）。內中提到的陳序經（一九〇三—一九六七），出生於海南島文昌縣。美國伊利諾大學博士，後偕夫人赴德國柏林大學研究政治學、主權論和社會學。回國後在南開任教，並一度出任西南聯大法商學院院長。一九四八年任嶺南大學校長。一九四九年，說服陳寅恪、姜立夫等著名學者留在了大陸。一九五二年院系調整之後，先後出任中山大學籌備委員會副主任、教授、副校長。一九五七年，兼任暨南大學籌備委員會副主任。一九六三年，任暨南大學校長、校董事會籌備委員會副主任、校董事會副主席。一九六四年秋，因為在香港出版東南亞古史，被中共領導人劉少奇不分青紅皂白怒斥為沒有組織紀律，下令將其調任南開大學副校長，並發狠說「此人以後永遠不能擔任正職」。「文革」期間，陳序經受到迫害。一九六七年二月因心臟病突發逝世，享年六十四歲。紅衛兵說是畏罪自殺，後解剖屍體，未做結論。陳氏留在中山大學的書籍被造反派當廢品賣掉。

56 陳寅恪著，陳美延編，《陳寅恪集．詩集》（北京：生活．讀書．新知三聯書店，二〇〇九，三版）。

57 吳學昭編，《吳宓與陳寅恪》（北京：清華大學出版社，一九九二）。

58〈雨僧日記〉，一九五九年二月二十七日條，轉引自吳學昭編，《吳宓與陳寅恪》（北京：清華大學出版社，一九九二）。

59 吳宓著，吳學昭整理注釋，《吳宓日記．續編》第五冊（北京：生活．讀書．新知三聯書店，二〇〇六）。

60 梅伯青，〈晚年的吳宓與梁漱溟——吳宓先生關門弟子周錫光訪談〉，《成都日報》，二〇〇九年七月二十日。

61 吳宓著，吳學昭整理，《吳宓自編年譜：一八九四年至一九二五年》（北京：生活．讀書．新知三聯書店，一九九八，二版），頁二三一。

62 吳學昭編，《吳宓與陳寅恪》（北京：清華大學出版社，一九九二）。

63 吳宓著，吳學昭整理，《吳宓自編年譜：一八九四年至一九二五年》（北京：生活．讀書．新知三聯書店，一九九八，二版），頁二三一。

64 王泉根，〈吳宓先生年表〉，收入李繼凱、劉瑞春選編，《追憶吳宓》（北京：社會科學文獻出版社，二〇〇一）。

65 吳學昭編，《吳宓與陳寅恪》（北京：清華大學出版社，一九九二）。

66 同前注。吳學昭在整理時按：信中所言陳寅恪出生年月有誤，應為一八九〇年，唐稚瑩係唐篔別名。

67 陳寅恪夫婦去世的消息，吳宓至死不知，因而經常夢見與陳氏相聚的時光。據一九七三年六月三日《吳宓日記》載：「陰雨夜一時，醒一次。近曉4：40再醒。適夢陳寅恪兄誦釋其新詩句『隆春乍見三枝雁』，莫解其意。」

68 陳寅恪著，陳美延編，《陳寅恪集．詩集》（北京：生活．讀書．新知三聯書店，二〇〇九，三版）。

69 黃萱，〈懷念陳寅恪教授〉，收入紀念陳寅恪教授國際學術討論會秘書組編，《紀念陳寅恪教授國際學術討論會文集》（廣州：中山大學出版社，一九八九）。

70 壺公，〈陳寅恪先生之死〉，《中央日報》副刊，一九七〇年一月二十六日。

71 蔣天樞，《陳寅恪先生編年事輯》（增訂本）（上海：上海古籍出版社，一九九七）。見一九六八年條，引「申請書」。

72 陳寅恪著，陳美延、陳流求編，《陳寅恪詩集》（北京：清華大學出版社，一九九三）。此詩為該詩集所收陳寅恪詩最後一首，據陳寅恪女兒、編者陳美延和陳流求注：「此聯可能預作於一九六七年前後。」

73 甘少蘇，《宗岱和我》（重慶：重慶出版社，一九九一）。

74 吳宓著，吳學昭整理注釋，《吳宓日記・續編》第六冊（北京：生活・讀書・新知三聯書店，二〇〇六）。六月十五日條。

75 周錫光，《追記吳宓教授》，收入李繼凱、劉瑞春選編，《追憶吳宓》（北京：社會科學文獻出版社，二〇〇一）。

76 參見李牧之〈吳宓日記札記〉一文。吳宓與前妻陳心一生有三個女兒（學淑、學文、學昭），最小的女兒吳學昭周歲剛過，吳宓就與陳心一離婚，三個女兒跟母親，吳宓只出撫養費，父女之間離多聚少。一九四八年，三女兒吳學昭作為燕京大學新聞系學生在《武漢日報》實習，與父親接觸較多，相處卻不甚愉快。吳宓在一九四八年八月十四日的日記中記載：「昭謂大變革後，一切不同目前，學問資力均無用，故徑欲止讀，不回燕京，而徑往參加某方政治工作云云。」吳宓「力勸阻之，然而心傷矣」（《吳宓日記》第一〇冊）。此後，吳學昭在政治大潮中勇往直前，光榮地加入了中國共產黨，由京調往中共西南局機關工作，再後來又成為歷任過清華校長、教育部長蔣南翔的續弦。再後來至全國人大工作。一九五二年，吳宓在他那篇著名的「洗澡」文章〈改造思想，站穩立場，勉為人民教師〉中寫道：「一九四八年暑假，我在武漢大學答覆我第三個女兒學昭『各行其是』的話，我決不再說。因為是非只有一邊，此是則彼非。」可見父女二人政治立場之不同，而讓其子女照顧自己晚年的生活，也就成為校方和吳宓的空想。雖然吳宓死時吳學昭並未赴陝西安吳堡奔喪，因她是吳宓的合法繼承人，死後一切財產、特別是手稿、日記等大部分落入吳學昭手中。其中一些收藏物，如學者給吳的贈書，書信和吳宓的講義資料等，在吳宓的晚年弟子周錫光手中，吳學昭為取得周氏手中的這批東西，曾將周錫光告上法庭，周出示吳宓當年給他的上寫「作為宓身後付託（周錫）光永久保存並傳後之文件」字據，迫使吳學昭撤訴，此案在學術界盛傳一時。現已出版的《吳宓日記》等即為吳學昭整理。

77 王泉根，〈吳宓先生年表〉，收入李繼凱、劉瑞春選編，《追憶吳宓》（北京：社會科學文獻出版社，二〇〇一）。

78 吳須曼，〈吳宓回陝前後〉，收入李繼凱、劉瑞春選編，《追憶吳宓》（北京：社會科學文獻出版社，二〇〇一）。

79〈悲感〉，收入吳宓著，吳學昭整理，《吳宓詩集》（北京：商務印書館，二〇〇四）。

80 本章節對吳須曼，〈回憶先兄吳宓教授〉、〈吳宓回陝前後〉（收入李繼凱、劉瑞春選編，《追憶吳宓》（北京：社會科學文獻出版社，二〇〇一））二文多有參考、引用，特別加以說明和鳴謝。

81 劉培育主編，《金岳霖的回憶與回憶金岳霖》（成都：四川教育出版社，一九九五），頁七。

82 金岳霖，〈分析我解放以前的思想〉，《人民日報》，一九五一年十一月十日。

83 金岳霖，〈批判我的唯心論的資產階級的教學思想〉，《光明日報》，一九五二年四月十七日。

84 周禮全，〈懷念金岳霖師〉，《人物》一九九五年六期。

85 劉培育主編，《金岳霖的回憶與回憶金岳霖》（成都：四川教育出版社，一九九五），頁四二七。

86 同前注，頁一八九。

87 同前注，頁五五。

88 李文宜，〈回憶金岳霖同志生活軼事〉，收入劉培育主編，《金岳霖的回憶與回憶金岳霖》（成都：四川教育出版社，一九九五）。另，浦氏在民國時期與袁子英結婚並生有一對兒女，其間與政客羅隆基發生婚外戀，但折騰一陣沒有結果，後浦與袁離異。一九四九年後，浦任上海《文匯報》副總編輯兼該報駐北京辦事處主任，並被選為民盟候補中央委員、全國政協委員。一九五七年劃為「右派」，一九五九年任全國政協文史資料辦公室副主任，一九七〇年四月二十三日病逝，終年六十歲。

89 劉培育主編，《金岳霖的回憶與回憶金岳霖》（成都：四川教育出版社，一九九五），頁一九一。

90 同前注，頁一九二。

91 同前注，頁四一一。

92 同前注，頁四一三。

93 劉培育編撰的金岳霖年譜一九七七年條載：「十二月下旬，金患肺炎住北京醫院，約月餘。夜裡經常說胡話。」另有當時在醫院看護的當事人在接受採訪時稱老金病重期間經常說胡話，包括喊「我是高級幹部」等語。

94 劉培育主編，《金岳霖的回憶與回憶金岳霖》（成都：四川教育出版社，一九九五），頁五六。

95 同前注，頁四二七。

96 陳鼓應編，《春蠶吐絲》（臺北：遠景出版公司，一九七八）。

增訂版後記

二〇一一年四月底，《南渡北歸》的第三部《離別》簡體字本終於出版上市。五月，臺北時報文化出版公司一口氣推出正體字版《南渡北歸》之《南渡》、《北歸》、《傷別離》三部曲，在臺北最著名的誠品書店和諸家大小不一的書店、電子網路平臺與讀者見面。海峽兩岸在如此接近的時間裡推出這部以抗戰時期為主軸，反映中國知識分子理想、追求與不同命運的著作，對讀者形成的衝擊與出版人、編輯、作者等此前預想的效果基本吻合。因這部著作牽涉的人物和內容有相當一部分被遮罩、湮沒於歷史的風塵之中，世人已「不知有漢，無論魏晉」。這一個世紀之初，突然將消失的人物與湮沒的故事發掘出土，自然使讀者眼睛一亮，並抱有一種對消失的那段往事懷念的溫情與敬意。有了這一個心靈的切合點，讀者迅速做出回應並在社會上引起反響就成為一種自然的事情。而在這個時空裡，約超過一百家報刊、電臺、電視臺、電子網站，先後以不同的方式予以報導，客觀上增加了傳播力度、廣度和深度，使更多的、不同層次的讀者給予關注、閱讀和討論。隨著二〇一一年底《亞洲週刊》將本著評為該年度非虛構文學類作品十大好書之冠，以及臺灣出版方抓住機遇先後兩輪大規模調動媒體力量全方位進行跟蹤宣傳，使作者本人和這部著作在全球華人圈讀者中的知名度與熱度進一步提升，並在不同階級、階層和不同的地域、圈子引發了新一輪「獨立之精神，自由之思想」、「大師之後再無大師」、「大師之後還有大師」等廣泛討論。不到一年的時間裡，出版人與作者收到海內外郵件和微博私信三千餘封，其中多半是讚譽，但批評者也不少，更多的是從關懷愛護的角度，對書中不恰當的觀點、提法、疏漏舛誤，特別是錯別字予以提示、指教，希望再版時加以改正。

蒙讀者朋友和出版方的雙重好意，當時已受聘為臺灣清華大學駐校作家的我，決定在完成本職工作之餘，借在臺島的便利，對拙著進行全面的糾偏改錯，還原增補，添加部分以前沒有收入的內容。其間，除查閱臺灣清華大學、臺灣大學、中央大學、輔仁大學、世新大學甚至佛光大學圖書館資料，更多的是每日坐班車，由臺灣清華大學所在的新竹市到臺北市南港區中央研究院大院內附屬研究所，特別是聞名海內外的史語所資料室、傅斯年圖書館、近史所檔案室、胡適紀念館等查閱相關圖書、資料、檔案，在此基礎上對書中涉及的歷史史實排比考察，詳加考證，對錯訛之處予以改正，特別是對最新增加的原北大校長蔣夢麟、原清華大學外文系教授葉公超於國共易鼎之際赴臺灣，以及後半生的史實人事更是著意搜尋，並透過各種管道訪問與蔣葉二公有交往、倖存於人世的同事、同僚或下級、朋友、學生輩人物，透過現實的回憶還原本真，經過一番努力，總算把二公在臺島的舊事大體勾畫了出來，給世人一個較為清晰的輪廓。現在回憶起來，如果不是本人親到中央研究院史語所、近史所、傅斯年圖書館等民國文獻、史料、檔案豐富浩瀚之地加以稽考鉤沉，探賾索隱，尋尋覓覓，訪問與之相關聯者，要勾畫出這樣一個輪廓是不太可能的。那麼，蔣葉二公的本事與他們那個時代隱藏的祕史，或許就永遠埋入塵土中不為世人所知了。今天，讀者在看過蔣夢麟、葉公超晚年的際遇之後，或許會生發出上述感想並和我一樣為二公的命運扼腕、唏噓吧。

本次增補修訂，得到了海峽兩岸學術界、教育界、文學界、企業界朋友們的大力支持幫助，由於人數眾多，實在無法一一舉出，權且在這裡一併表示感謝吧。

另外，部分讀者朋友在通讀的基礎上對錯訛和文詞不當、特別是錯別字方面進行了校正並提出修訂意見，如濟南讀者劉連軍先生等為此花費了很多心血，在此，對以上諸君表示誠摯的謝忱。同時，對給予大力支持的中國科學院考古研究所王世民研究員，臺灣中央研究院前副院長王汎森院士，中央研究院歷史語言研究所前所長黃進興（筆名吳詠慧）院士，中央研究院近代史研究所陳永發院士、臺灣清華大學校長陳力俊院士，以及湖南文藝出版社、中南博集天卷的相關領導兼及具體為本著操勞的工作人員于向勇、康慨、楚靜、孫瑋婕、劉菲菲、張麗娜等一併表示感謝。

本次還原、增補、修訂的工作，儘管自感費力不少，因水平有限，謬誤在所難免，期盼讀到新版本的各位方家直接與出版人交流並提寶貴意見，同時也可透過新浪網「岳南博客」、新浪微博@作家岳南，或電子信箱賜教。謝謝。

歷史與現場 296

南渡北歸：離別・第三部（全新校對增訂、珍貴史料圖片版）

作　者—岳南
主　編—王育涵
特約編輯—蔡宜真
校　對—蔡宜真、呂佳真
責任企畫—林進韋
美術設計—兒日設計
內文排版—極翔企業有限公司

總編輯—胡金倫
董事長—趙政岷
出版者—時報文化出版企業股份有限公司
一〇八〇一九台北市萬華區和平西路三段二四〇號七樓
發行專線—（〇二）二三〇六六八四二
讀者服務專線—〇八〇〇二三一七〇五・（〇二）二三〇四七一〇三
讀者服務傳真—（〇二）二三〇四六八五八
郵撥—一九三四四七二四時報文化出版公司
信箱—一〇八九九臺北華江橋郵局第九九信箱

時報悅讀網—www.readingtimes.com.tw
人文科學線臉書—http://www.facebook.com/humanities.science/
法律顧問—理律法律事務所　陳長文律師、李念祖律師
印　刷—勁達印刷有限公司
初版一刷—二〇一一年五月二十七日
二版一刷—二〇二一年十一月三十日
二版四刷—二〇二四年八月二十九日
定　價—新台幣八五〇元
（缺頁或破損的書，請寄回更換）

時報文化出版公司成立於一九七五年，
並於一九九九年股票上櫃公開發行，於二〇〇八年脫離中時集團非屬旺中，
以「尊重智慧與創意的文化事業」為信念。

南渡北歸：離別・第三部 / 岳南作. -- 二版. -- 臺北市：時報文化出版企業股份有限公司, 2021.03
面；　公分. --（歷史與現場；296）
ISBN 978-957-13-8542-6（平裝）

1.知識分子 2.傳記 3.民國史

782.238　　1090222234

南渡北歸・離別By岳南
由中南博集天卷文化傳媒有限公司授權出版

ISBN 978-957-13-8542-6
Printed in Taiwan